IMRE TRENCSÉNYI-WALDAPFEL

DIE TÖCHTER DER ERINNERUNG

IMRE TRENCSÉNYI-WALDAPFEL

DIE TOCHTER DER ERINNERUNG

GÖTTER- UND HELDENSAGEN DER GRIECHEN UND RÖMER MIT EINEM AUSBLICK AUF DIE VERGLEICHENDE MYTHOLOGIE

RÜTTEN & LOENING · BERLIN
1989

Titel der ungarischen Originalausgabe:
MITOLÓGIA

Aus dem Ungarischen von Mirza Schüching

Mit 49 Abbildungen

Trencsényi-Waldapfel, Imre:
Die Töchter der Erinnerung: Götter- u. Heldensagen d. Griechen u. Römer mit e. Ausblick auf d. vergleichende Mythologie/Imre Trencsényi-Waldapfel. [Aus d. Ungar. von Mirza Schüching]. – 8. Aufl.
Berlin: Rütten & Loening, 1989. – 360 S.: 49 Abb.
EST: Mitológia⟨dt.⟩
NE: Verf.: EST; Übers.

8., veränderte Auflage 1989

Originalverlag Gondolat Könyvkiadó, Budapest
Gesamtgestaltung Michael Roggemann
Karl-Marx-Werk, Graphischer Großbetrieb, Pößneck V15/30
Printed in the German Democratic Republic
Lizenznummer 220. 415/53/89
Bestellnummer 617 807 4
02300

ISBN 3-352-00218-5

INHALT

URSPRUNG, ENTWICKLUNG UND BEDEUTUNG DER MYTHEN

Mythen und mythologische Symbole

Ein halbes Jahr vor den großen Märztagen 1848 schrieb Sándor Petőfi in einem poetischen Brief an Gábor Kazinczy, seinen Freund und Mitkämpfer um die Freiheit des ungarischen Volkes:

> Dort ächzt, ein neuer Prometheus, das
> versklavte Volk seit tausend Jahren schon,
> und Geier hacken ihm die Leber aus,
> und Ketten reiben Hand und Füße wund.

Dies dichterische Bild weist auf eine mehrere tausend Jahre alte Sage der antiken Griechen hin. In den griechischen Sagen, zu denen auch die von Prometheus gehört, treten neben Helden mit übernatürlichen Fähigkeiten auch Götter und Göttinnen auf, die man sich ewig jung und unsterblich vorstellte. Solche *Überlieferungen, die von Göttern und Helden meist göttlicher Abstammung mit übernatürlichen Fähigkeiten handeln, werden* mit einem aus dem Griechischen abgeleiteten Wort *Mythen genannt,* und ihre Gesamtheit sowie auch die sich mit ihnen befassende Wissenschaft heißen *Mythologie.* Um also die angeführten Zeilen Petőfis – und viele andere, auf ähnliche Sinnbilder hindeutende Schöpfungen der Weltliteratur – ganz verstehen zu können, muß man sich an die *Wissenschaft von den Mythen,* an die Mythologie, um Aufklärung wenden.

Von ihr erfahren wir, daß nach einer Sage der alten Griechen den Menschen von einem Verwandten der Götter, dem bereits erwähnten *Prometheus,* Schutz und Hilfe zuteil geworden seien. Die Menschen bedurften zunächst eines kraftvollen Freundes gar sehr. Sie waren unbeholfen und unwissend, hilflos den Mächten der Natur, schutzlos den wilden Tieren ausgeliefert, von denen sie sich noch kaum unterschieden, höchstens insofern, als sie ungeschickter und wehrloser waren als die meisten Tiere. Da erbarmte sich Prometheus der Menschen, und er schenkte ihnen das Feuer, das bis dahin die glücklichen Götter allein besessen hatten. Prometheus' Gabe erhob den Menschen über die Tierwelt. Fror es ihn, vermochte er nun ein Feuer zu entzünden, und auf dem Feuer konnte er sich eine des Menschen würdige Nahrung bereiten. Während bisher eine feuchte Höhle oder eine dürftige Holzhütte sein Unterschlupf gewesen war, brannte er nun aus Lehm Ziegel und baute sich daraus ein festes Haus. Er schmolz die im Schoße der Erde verborgenen Erze und schmiedete sich Waffen und Werkzeuge. War der Hirsch schnell, so waren die mit einer Metallspitze versehenen Pfeile und Wurfspieße, mit denen der Mensch ihm nachstellte, nun noch schneller. War das Fell der Tiere warm, der Mensch war ihnen nun überlegen, er überwand sie und konnte dann aus ihrem Fell die Gewänder herstellen, deren er bedurfte. Hatte er sich bis dahin mit dem begnügen müssen, was ihm die Erde an Früchten freiwillig bot, so brach er nun die Scholle mit eisernem Pfluge um und zwang ihr reichlichere Ernten ab. Dank dem Feuer konnten sich die verschiedenen Gewerbe entfalten. Der Schmied stellte Waffen und Werkzeuge her, der Töpfer kleinere und größere Tongefäße, in denen das zur Erntezeit eingebrachte Getreide, das Öl und der Wein für das ganze Jahr aufbewahrt werden konnten. Denn mit Hilfe des Feuers vermochte der

Mensch nun die von der Natur dargebotenen Rohstoffe seinem Bedarf gemäß umzugestalten. Und während der Mensch den Rohstoff umwandelte, entwickelte er sich auch selbst; seine Hand schickte sich immer geschmeidiger zur Arbeit, sein Gehirn häufte immer mehr Erfahrungen an. Immer erfinderischer verbesserte er sein Werkzeug, wobei er auch sich selbst immer höher entwickelte, so daß er seine schöpferische Tätigkeit und ihre Wirkungen immer planmäßiger zu berechnen lernte. Deshalb mochten wohl die Griechen meinen, Prometheus habe, als er die Menschheit mit dem Feuer beschenkte, auch das Licht des menschlichen Selbstbewußtseins entzündet.

Aber die Götter – so spann die Phantasie den Mythos weiter – neideten dem Menschen das Geschenk des Prometheus. Sie schlugen ihn mit allerlei Leid, mit Krankheit, Alter und Tod, und bestraften auch Prometheus dafür, daß er das Feuer entwendet hatte. *Zeus*, der höchste der Götter, der vom Gipfel des Olympos über die ganze Welt herrschte, ließ den Wohltäter der Menschen von *Hephaistos*, dem göttlichen Schmied, in einer Gegend, die keines Menschen Fuß betrat, an einen einsamen Felsen ketten. Jahrtausendelang erduldete Prometheus, an den rauhen Felsen geschmiedet, die Hitze des Sommers und den Froststurm des Winters, und von seiner Leber, die stets wieder nachwuchs, fraß Tag für Tag von neuem Zeus' Vogel, der Adler, bis *Herakles*, der von einer sterblichen Mutter geborene Sohn des Zeus, den Helden endlich befreite.

Nun erst verstehen wir das eindrucksvolle Gleichnis in den Zeilen Petőfis. Der neue Prometheus ist das werktätige Volk, das mit seiner schöpferischen Arbeit dem menschlichen Fortschritt dient. Es wurde in der nach Klassen gegliederten Gesellschaftsordnung von den Ausbeuterklassen in Ketten geschlagen und zu kaum erträglichen, sich von Geschlecht zu Geschlecht erneuernden Leiden verdammt. Und vergleicht Petőfi das in der Leibeigenschaft schmachtende Volk mit dem Prometheus der Mythologie, so sind – ohne daß es ausdrücklich gesagt wird – jene Helden, Dichter und Freiheitskämpfer, die für das Recht des Volkes streiten, durch Herakles versinnbildlicht, den Helden, der die Welt von bösen Königen und menschenfeindlichen Ungeheuern befreite. Dieser erlegte den von der Leber des Prometheus fressenden grausamen Adler und löste die Fesseln des großen Dulders. So schließt denn auch die mythologische Vision des Petőfischen Gedichtes:

> Wir werden von den Fesseln es befreien
> und von dem Leib die Geier ihm verjagen!
> Der Sieg wird uns gehören, uns allein,
> weil gut die Sache ist, für die wir kämpfen,
> und weil die gute Sache siegen muß.[1]

Ein gehaltvolles Sinnbild, aber für den ungarischen Dichter konnte der Prometheus-Mythos natürlich nur ein Symbol sein, wie er auch für den Deutschen Goethe und den Engländer Shelley nur ein Symbol blieb. Bei den zuletzt Genannten fällt übrigens schärferes Licht auf die andere Seite des Prometheus-Mythos: Prometheus ist dort vor allem Empörer gegen die Götter, Vorkämpfer für das sich der religiösen Beschränktheit entringende menschliche Selbstbewußtsein, was im wesentlichen auch mit Marx' Deutung übereinstimmt, der Prometheus den »vornehmsten Heiligen und Märtyrer im philosophischen Kalender«[2] genannt hat.

Symbolische Bedeutung hatte der Mythos in gewissem Sinne bereits im 5. Jahrhundert v. u. Z. für den großen Tragödiendichter *Aischylos*, der die Leidensgeschichte und die Befreiung des gefesselten Prometheus zu einer dramatischen Trilogie verarbeitet hat. Ihr – allein erhalten gebliebener – erster Teil, »Der gefesselte Prometheus«, schildert nämlich den menschenfreundlichen Titanen als einen, der lieber stolz schwere Leiden auf sich nimmt, als daß er sich vor Zeus demütigt: Er liefert selbst ein Beispiel für das menschliche Selbstbewußtsein, das er der Menschheit mit dem Feuer zugleich geschenkt hat. Zu der Zeit, als diese Tragödie aufgeführt wurde, kritisierten griechische Philosophen bereits scharf die fortschritthemmenden, veralteten Traditionen, darunter nicht zuletzt die überlieferte Religion. In den trotzigen Worten, die der Dichter dem Prometheus in den

Mund legt, erkennen wir klar den Ausdruck des Standpunktes der Philosophen, die gegen die traditionellen religiösen Vorstellungen ankämpften und nach wissenschaftlicher Erkenntnis der Wirklichkeit in Gesellschaft und Natur strebten. Darum sagt Marx von den Göttern Griechenlands, daß sie »schon einmal tragisch zu Tode verwundet waren im gefesselten Prometheus des Aischylos«[3].

Nichtsdestoweniger ist Aischylos' Einstellung zu den religiösen Vorstellungen und zu der Mythologie, die durch das Gewebe phantastischer Erzählungen diese Vorstellungen schimmern läßt, keineswegs eindeutig. Sie ist auch da nicht eindeutig, wo er die Prometheus-Sage auf die Bühne bringt. Den Göttern gegenüber ergreift Prometheus die Partei der Menschen, und offenbar wendet sich die Sympathie des Aischylos gerade deshalb unverhüllt Prometheus zu, obwohl zwei Jahrhunderte vorher *Hesiod* noch der Ansicht war, Prometheus büße zu Recht, weil er die Götter hintergangen habe. Natürlich hat auch dieses Urteil des Hesiod klassenbedingte Wurzeln, die hauptsächlich im Mißtrauen des böotischen Bauerndichters gegenüber dem Gewerbe zu suchen sind. In Athen jedoch, dessen Sklavenhalterdemokratie eine Klassenherrschaft der Werkstättenbesitzer und der Kaufleute war, die die Erzeugnisse des athenischen Gewerbes in ferne Länder verschifften, wurde dem Prometheus zusammen mit zwei anderen Beschützern der handwerklichen Künste, nämlich *Pallas Athene* und *Hephaistos*, Verehrung zuteil. In dem nach dem Helden *Akademos* benannten Hain – den später die Philosophenschule *Platons*, die »Akademie«, allgemein bekannt gemacht hat – befand sich ein gemeinsames Heiligtum der genannten drei Gottheiten. Dort wurde Prometheus unter dem Beinamen *Pyrphoros Theos*, d. h. als »feuerbringender Gott«, verehrt, und von seinem Altar, wo auch seine Statue mit der Fackel in der Rechten stand, wurde alljährlich beim Fest des Feueranzündens das heilige Feuer in wettlaufähnlicher Prozession nach dem Handwerkerviertel der Stadt, in die Werkstätten der Schmiede und der Töpfer gebracht, zum Andenken an jenes erste Feueranzünden, das die Überlieferung dem Prometheus zuschrieb. Alles spricht dafür, daß der dritte Teil der Aischyleischen Trilogie, »Der feuerbringende Prometheus« (Prometheus Pyrphoros), der bis auf spärliche Bruchstücke ebenso verlorengegangen ist wie der mittlere Teil, »Der befreite Prometheus«, nach der Versöhnung des Zeus mit Prometheus mit der Gründung des athenischen Festes des Feueranzündens schloß.

Wenn Aischylos die Philosophie, die das menschliche Selbstbewußtsein befreit und gegen den Thron der Götter kühn anstürmt, zu Worte kommen läßt, bezeigt er gleichzeitig Achtung vor einer althergebrachten Institution der Stadt Athen, dem Fest *Prometheia*, ebenso wie er es in seiner einzigen vollständig erhalten gebliebenen Trilogie, der »Oresteia«, tut, die mit der Legende von der Gründung einer anderen athenischen Einrichtung, des *Areopag (Areiopagos)* genannten obersten Gerichtshofes, endet. »Ich habe meine eigene Meinung, die von jener anderer abweicht« – läßt Aischylos sein Selbstbekenntnis in der Tragödie »Agamemnon« vom Chor der Alten von Argos aussprechen, als er »die alte Lehre, die seit langer Zeit in der Leute Mund fortlebt«, die Lehre von der durch den Neid der Götter bestimmten Wandelbarkeit des Glücks, in Zweifel zieht und das neue Prinzip der persönlichen Verantwortlichkeit, also das moralische Selbstbewußtsein, an die Stelle der religiös-abergläubischen Furcht setzt. Auch in seinem Prometheus-Drama stellt er das Vertrauen des Menschen zu sich selbst, zu seiner Schaffenskraft und Vernunft, der sich vor den Göttern erniedrigenden Furcht entgegen, aber die traditionellen Einrichtungen seiner Vaterstadt hält er in Ehren, ja gelegentlich unterstützt er sogar noch deren Verehrung, indem er ihren Gründungsmythos, die sogenannte *ätiologische Sage* (*aitia*, griech. svw. »Ursache«), in den Vordergrund stellt.

Für das Verhältnis des Mythos zur religiösen Zeremonie *(Ritus)*, in der die Handlung des Mythos in streng festgesetzten Formen zeitweilig wiederholt wird, kennt die Religionsgeschichte – von den athenischen Prometheia bis zu den Karfreitagsfeierlichkeiten der christlichen Passion, in der Jahr für Jahr das Leiden Christi erneuert wird – zahllose Beispiele. Dieses Verhältnis also einerseits, andrerseits das Verhältnis des Mythos zu seiner dichterischen Verarbeitung, die oft in schroffem Gegensatz zur traditionellen Auslegung steht, stellt die Wissenschaft der Mythologie vor eine zweifache Aufgabe. *Die mythologische Forschung hat einerseits* innerhalb der Religionsgeschichte *den Ursprung und die Entwicklung der Mythen sowie den Bedeutungswandel zu untersuchen,* den sie im Laufe der religionsgeschichtlichen Entwicklung durchgemacht haben und der meistens unbewußt die gesellschaftlichen Veränderungen widerspiegelt, *andererseits muß sie* – die Literaturgeschichte, ja die Kunstgeschichte ergänzend – *die Mythen als Symbole und Motive untersuchen,* die sich in der poetisch-mündlichen Überlieferung des Volkes unter bestimmten religiösen Vorbedingungen ausbildeten, allmählich aber von der Religion mehr oder weniger unabhängig wurden und *sich der dichterischen Weiterentwicklung und der künstlerischen Gestaltung darbieten.* Wir sprechen von einer zweifachen Aufgabe, aber in Hinsicht auf das klassische Altertum sind die beiden Aufgaben eng miteinander verbunden. Sie können nicht voneinander getrennt werden, weil es meist nur an Hand von Angaben der Literatur und der bildenden Kunst möglich ist, die Entwicklung und auch die ursprüngliche religionsgeschichtliche Rolle der Mythen zu beleuchten. Sie sind aber auch deshalb untrennbar, weil bei jedem einzelnen Dichter besonders zu untersuchen bleibt, inwieweit er den Mythos im religiösen Sinne »ernst nimmt« und wann er sich seiner nur bedient, um durch burleske Gestaltung die Religion geradewegs anzugreifen, bzw. wann er den Mythos – ähnlich wie die Dichter jüngerer Zeiten, die die mythologischen Erinnerungen der Antike erneuern – einfach als poetisches Symbol oder gar bloß als Zierat bzw. als einen jedem Dichter zugänglichen Motivschatz ansieht, aus dem er schöpfen kann und der es ihm ermöglicht, seine dichterischen Fähigkeiten an jenen seiner Vorgänger zu messen, die den gleichen Mythos bereits vor ihm bearbeitet haben.

Richtungen der Mythologie

Die griechische Wissenschaft, die den Mythos bereits mit einem gewissen kritischen Abstand betrachtete, schrieb die Gründung der Mythologie *Homer* und *Hesiod* zu. *Herodot,* der »Vater der Geschichtsschreibung«, tat es im wesentlichen in anerkennendem Tone, *Xenophanes* und andere Philosophen erhoben jedoch schwere Vorwürfe. Wie verhält es sich damit?

Die Grundformen der Mythen – Elementartypen, die die *vergleichende Mythologie* mit mehr oder weniger ausgeprägter Ähnlichkeit bei den verschiedensten Völkern nachweist – kamen auf jener frühen Stufe der Entwicklung des menschlichen Bewußtseins zustande, auf welcher die sich später scharf abgrenzenden Funktionen Glaube, Phantasie und Erkenntnis noch eng miteinander verflochten waren. Ihre Trennung, ihre Differenzierung hatte im Entwicklungsgang der griechischen Kultur schon Jahrhunderte vor Homer und Hesiod begonnen, ja zur Zeit dieser beiden sicherlich bereits einen ziemlich hohen Grad erreicht. In der sich stets wandelnden mündlichen Überlieferung, aus welcher Homer und Hesiod im 8. bzw. 7. Jahrhundert v. u. Z. geschöpft haben, waren die Grundformen des Mythos – also jene Elementartypen, die unter gleichen Bedingungen der Entwicklung in der Überlieferung der verschiedensten Völker mehr oder weniger gleiche Motive enthalten – bereits um die historische Erfahrung der griechischen Stämme bereichert, zum Teil auch von den entwickelteren Überlieferungen fortgeschrittenerer Völker befruchtet worden. Homer und Hesiod kommt jedoch das Verdienst zu, die Bedeutung des Mythos für die Dichtung eben in den unbegrenzten Möglichkeiten seiner Abwandlungen, seiner Variationen erkannt zu haben. Diese Möglichkeit haben Homer und Hesiod mit erstaunlichem, bewußtem Künstlertum zu nutzen gewußt. Auf Grund der sozusagen noch im Flusse befindlichen mündlichen

Überlieferung schufen sie die ersten dichterischen Werke, die bereits mit dem Anspruch auf Unveränderlichkeit auftraten und zugleich andere Künstler anregten, weitere Möglichkeiten, die der Mythos bot, aufs neue zu entfalten.

So war die Mythologie – und keine andere in so hohem Maße wie die griechische – in den Zauberkreis der dichterischen Phantasie geraten, obwohl parallellaufend ein im religiösen Bereich fortwirkender Prozeß die Grundformen des Mythos im Ritus, in religiösen Zeremonien und abergläubischen Handlungen erstarren ließ, und dies gerade, weil sich die Handlungen des Ritus in bindender Form wiederholten. Sich vollständig von der Religion loszureißen vermag natürlich auch die auf dem Mythos beruhende Dichtkunst nur in den seltensten Fällen, zumeist nur dort, wo sie sich der Religion eindeutig widersetzt, wie zum Beispiel im 2. Jahrhundert u. Z. in den satirischen Dialogen des *Lukian*, in die auch Mythen eingearbeitet sind. Immerhin macht sich die Dichtkunst mehr und mehr von der Religion unabhängig.

Verhältnismäßig spat wird die eigenartige Rolle der Erkenntnis bewußt. Hesiod, auf seine Art auch schon Homer und nach ihnen die größten Dichter, die den Mythos weiterentwickeln, berufen sich gewiß nicht ohne Grund darauf, daß in der Dichtung in schönen Worten das Licht der Wahrheit aufleuchte. Dennoch tritt die griechische Philosophie, sobald sie die ersten weltgeschichtlich bedeutsamen methodologischen Schritte zur wissenschaftlichen Erkenntnis der Natur und der Gesellschaft getan hat, heftig gegen die Dichtkunst auf, gerade wegen ihres mythologischen Inhalts. Von den griechischen Philosophen wendet sich am entschiedensten *Xenophanes* (6. bis 5. Jahrhundert v. u. Z.) gegen die Mythologie. Er behauptet, Homer und Hesiod hätten die Mythen erfunden und den Göttern alles mögliche angedichtet, was nur an Bösem unter Menschen vorkommt: Diebstahl, Betrug, Ehebruch, und man habe erst von den Dichtern gelernt, daß die Götter so beschaffen seien. Er stößt sich jedoch nicht nur an ihren moralisch zu beanstandenden Zügen, sondern verwirft die Mythologie ganz allgemein wegen ihrer *Anthropomorphismen*, d. h., weil sie die Götter in menschlicher Gestalt, mit menschlichen Charaktereigenschaften versehen darstellt (*anthropos*: »Mensch«, *morphe:* »Gestalt«). Er erkennt bereits, daß die Menschen die Götter nach ihrem eigenen Bilde und Gleichnis geschaffen haben; daher komme es, daß sich die Äthioper die Götter stumpfnasig und schwarz, die Thraker sie sich aber blauäugig und rothaarig vorstellten. Ja – setzt er mit scharfem Spott, der ebenso auf die Dichter wie auch auf die bildenden Künstler abzielt, hinzu –, wenn die Pferde oder Rinder malen oder bildhauern könnten, würden ihre Götterbildnisse die Gestalt von Pferden oder Rindern annehmen.

Immerhin vermochte die griechische Philosophie, besonders auf dem Gebiet der *Kosmogonie* (der Lehre von der Entstehung der Welt), die Fäden, welche sie mit dem Mythos als urtümlicher Form der Erkenntnis und Erklärung des Weltenlaufs verknüpften, anfangs nicht zu zerreißen. Homer erklärt z. B., *alles* stamme von dem die Welt umgebenden Urmeer *Okeanos* als Vater und seiner Gattin, der Meergöttin *Tethys*, als Mutter ab. *Thales*, der als Begründer der griechischen Philosophie gilt, geriet im 6. Jahrhundert v. u. Z. trotz seiner entschieden wissenschaftlichen Zielsetzung noch nicht in scharfen Widerspruch zum mythologischen Standpunkt, als er lehrte, daß alles aus dem *Wasser* als dem Urelement stamme.

Aber die Philosophen erkannten bald, daß ihre Deutung der Welt nur, wenn sie die Mythologie verdrängten, zu ausschließlicher Geltung gelangen könne; so mußten sie zwangsläufig zu »Bilderstürmern« des Mythos werden. Es gab Philosophen, welche die Mythen unwirksam zu machen suchten, indem sie verstandesmäßige Erklärungen ihres Ursprungs zu geben bestrebt waren und so zu Begründern der wissenschaftlichen Mythologie wurden. *Metrodoros* von Lampsakos, ein Schüler des *Anaxagoras*, war im 5. Jahrhundert v. u. Z. der erste, der die Mythen Homers als allegorisch auf Naturerscheinungen bezogen erklärte. *Euemeros* glaubte im 3. Jahrhundert

v. u. Z. in den Göttern die in pietätvollem Gedenken fortlebenden Gestalten historischer Personen sehen zu dürfen und vermutete in den Mythen die Erinnerung an geschichtliche Ereignisse. Nach seinem Namen wird Mythendeutung, die auch in den Göttersagen nur das von der Volksphantasie ausgeschmückte und durch langes Überliefern umgestaltete Andenken historischer Ereignisse sieht, als *Euhemerismus* bezeichnet.

Mit den Namen des Metrodoros und des Euemeros könnten auch zwei Richtungen der neueren Mythenkunde gekennzeichnet werden, die lange Zeit herrschten und sich in ihrer Einseitigkeit oft starr gegenüberstanden. Die eine führte sämtliche Mythen auf die Beobachtung der Himmelskörper und sonstiger Naturerscheinungen durch den primitiven Menschen zurück, die andere suchte aus der Hülle des Mythos in jedem einzelnen Fall den Kern geschichtlicher Ereignisse herauszuschälen. Der einen Erklärung nach versinnbildlicht zum Beispiel ein mythischer Kampf zweier Götter den Streit zwischen Tag und Nacht, zwischen Licht und Finsternis, nach der anderen bewahrt derselbe Mythos die Erinnerung an den Zusammenstoß zweier verschiedene Gottheiten verehrender Völker, also zweier Religionsgemeinschaften. Die *»solare«* (vom lateinischen *sol*, das heißt »Sonne«) *Mythenerklärung* erblickt in den beiden Kindern der *Leto*, den strahlenden Zwillingen *Apollon* und *Artemis*, nichts anderes als Sonne und Mond. Nach dem modernen Euhemerismus waren die *Kentauren* ein Reitervolk: Die Urbevölkerung, die das Pferd nicht kannte, hielt Reiter und Roß für *ein* Lebewesen.

Die vergleichende Methode der Mythologie stellt entweder die Mythen von Völkern, die die vergleichende Sprachwissenschaft als verwandt bezeichnet, einander gegenüber und sucht so die Mythologie eines hypothetischen »Urvolkes« zu rekonstruieren, oder aber sie sammelt Material von den verschiedensten Völkern der Erde, um allgemeine Züge einer »primitiven Kultur« nachzuweisen. Doch begnügte sie sich leider damit, den »ursprünglichen« Inhalt der Mythen auf die Bewegung der Himmelskörper und andere Naturerscheinungen zurückzuführen, oder sie fiel in eine andere Einseitigkeit: Sie leitet samt allen religiösen Vorstellungen auch die Mythologie von der Todesfurcht des »primitiven« Menschen und seinen Vorstellungen von einem Weiterleben nach dem Tode ab.

Das Zeitalter des Imperialismus ließ die mit der vergleichenden Sprachwissenschaft parallellaufende Richtung der vergleichenden Mythologie vielfach zur Dienerin des Rassismus werden. Die sich auf eine größere Breite des Vergleichsmaterials stützende »allgemeine« Mythologie wiederum war bestrebt, die Mythologie nun als charakteristischen Bereich einer irrationalen Erkenntnisfähigkeit des Geistes hinzustellen, deren der Mensch durch die Entwicklung der Zivilisation verlustig gegangen sei. In diesem Sinne wertete man die von der Kontrolle des Bewußtseins befreiten Äußerungen der Nervenkranken als den Mythen fast gleichwertige Quellen. Genauso ist im wesentlichen jene ethnologische Richtung einzuschätzen, die in den Mythen die Offenbarungen einer von unseren Denkformen völlig verschiedenen »primitiven Denkweise« sieht; diese Richtung kann nur insoweit nüchterner genannt werden, als sie nicht von jedermann fordert, zur »primitiven Denkweise« als der idealen zurückzukehren, und diese Rückentwicklung höchstens für diejenigen als unerläßlich erachtet, die in das Wesen des Mythos tiefer einzudringen wünschen. Sie trennt aber auch die Gesetze des Denkvorganges von den Gesetzen der Wirklichkeit, erkennt in der Entwicklung des Denkens nicht die immer zuverlässiger werdende Spiegelung der Wirklichkeit, und damit löst sie den Mythos aus seiner eigenen Geschichtsbedingtheit, d. h. aus seinen sozialen Zusammenhängen. Als eine rein idealistische Methode ist also auch diese nicht imstande, Ursprung, Entwicklung und Bedeutung des Mythos wissenschaftlich zu erklären. Sie hat sogar durch Betonung der grundsätzlichen Unterschiede zwischen der Denkweise der sogenannten primitiven Völker und der des zivilisierten Menschen der Politik der kolonialen Unterdrückung falsche Argumente geliefert, da sie zu Scheinergebnissen gelangte, die der rassentheoretischen Verzerrung der vergleichenden Mythologie in vieler Hinsicht ähnlich waren.

Im wirren Durcheinander der verschiedenen wissenschaftlichen und scheinwissenschaftlichen Richtungen kann man sich, wie bei jeder anderen Wissenschaft, auch auf dem Gebiet der Mythologie nur mit Hilfe der sicheren Richtschnur des dialektischen und historischen Materialismus zurechtfinden. Da die Mythen durch ihre göttlichen oder von Göttern abstammenden, mit übernatürlichen Fähigkeiten begabten Helden an die religiösen Vorstellungen der Völker gebunden sind, ist die Frage nach dem Ursprung der Mythen mit der Frage nach dem Ursprung der Religion untrennbar verknüpft. »*Nun ist alle Religion*« – nach Engels – »*nichts anderes als die phantastische Widerspiegelung, in den Köpfen der Menschen, derjenigen äußern Mächte, die ihr alltägliches Dasein beherrschen*, eine Widerspiegelung, in der die irdischen Mächte die Form von überirdischen annehmen.«[4] Diese überirdischen Mächte, Götter und Göttinnen, die der Mensch durch Gebete und andere magische Zeremonien für sich zu gewinnen sucht, spielen auch in den Mythen die Hauptrolle. Und die mythologische Einbildungskraft hängt ursprünglich mit dieser Art religiöser Handlungen eng zusammen. »*Alle Mythologie*«, lehrt Marx, »*überwindet und beherrscht und gestaltet die Naturkräfte in der Einbildung und durch die Einbildung:* verschwindet also mit der wirklichen Herrschaft über dieselben.«[5]

Engels gibt auch in bezug auf die Hauptperioden der Entwicklung der Religion – und damit auch der Mythologie – wichtige Hinweise, indem er feststellt, daß es »in den Anfängen der Geschichte ... zuerst die *Mächte der Natur*« sind, »die diese Rückspiegelung erfahren und in der weitern Entwicklung bei den verschiednen Völkern die mannigfachsten und buntesten Personifikationen durchmachen ... Aber bald treten neben den Naturmächten auch gesellschaftliche Mächte in Wirksamkeit, Mächte, die den Menschen ebenso fremd und im Anfang ebenso unerklärlich gegenüberstehen, sie mit derselben scheinbaren Naturnotwendigkeit beherrschen wie die Naturmächte selbst. Die Phantasiegestalten, in denen sich anfangs nur die geheimnisvollen Kräfte der Natur widerspiegelten, erhalten damit gesellschaftliche Attribute, werden Repräsentanten *geschichtlicher Mächte*.«[6] Hieraus erhellt auch sogleich, daß Natur und Geschichte nicht zwei einander ausschließende Prinzipien der Auslegung der Mythologie – wie es bei den modernen Nachfolgern des Metrodoros und des Euemeros soeben zu sehen war –, sondern aufeinanderfolgende, aber nicht einander aufhebende Faktoren der mythologischen Entwicklung – und auch der Wandlung der einzelnen Göttergestalten und Mythen – sind. Der vergleichenden Mythologie, deren zeitgenössische Ergebnisse er kennt und in vieler Hinsicht anerkennt, macht Engels gerade *den* Vorwurf, daß sie »sich einseitig an deren Charakter als Reflexe von Naturmächten hält« und »den späteren *Doppelcharakter* der Göttergestalten« nicht wahrnimmt.[7]

Wenden wir uns einigen Beispielen zu:

Die höchste Gottheit der griechischen Mythologie, *Zeus*, sowie seine römische Entsprechung, *Iupiter, Dies-piter, Iov-piter*, das heißt ursprünglich »Himmelsvater«, erscheint ebenso wie seine indoeuropäische Verwandtschaft – *dyāúḥ* im Sanskrit soviel wie »Himmelsgewölbe«, *dies* lateinisch soviel wie »Tag«, in der germanischen Mythologie *Zio*, der die Zeichen des Gewitterhimmels an sich tragende Kriegsgott – als Personifikation des Himmelsgewölbes. Darauf deutet auch eine ganze Reihe der Beinamen des Zeus hin: Er ist der »in der Höhe Donnernde« und der »die Wolken Ballende«, und auch sein göttliches Wahrzeichen, sein *attributum*, vor allem der Blitz, den er aus der Höhe schleudert, erinnert daran. Aber seine meteorologischen Züge erhalten mit der Zeit gesellschaftlich-moralische Auslegung: Auf dem Olympos, den man sich nach dem Vorbild der menschlichen Welt vorstellte, ist er der König, und der Blitz wird, dem Zepter der irdischen Könige vergleichbar, zum Attribut der Macht. Mit ihm straft er die sündigen Menschen, die seine Tochter *Dike*, die Personifizierung der Gerechtigkeit, verletzen.

Auf früher Stufe erscheint *Theseus* durch

das Taucherabenteuer, das seine göttliche Abstammung erweist, und durch seine mannigfachen Beziehungen zu Meeresgöttern, vor allem zu *Poseidon*, den ein Teil der Quellen sogar seinen Vater nennt, selbst als eine Meeresgottheit. Dem widersprechen auch die Angaben der allgemein anerkannten Überlieferungen nicht wesentlich, wenn sie *Aigeus*, den König von Athen, als seinen Vater bezeichnen. Der Beiname *Aigaios* kommt nämlich auch Poseidon und einem anderen Gott des Meeres, *Nereus*, zu. Er bezeichnet in der ältesten Phase der Entwicklung eine Eigenschaft des Meeres, nämlich daß seine Wellen wie die Ziegen hüpfen. Der Mythos kehrt allerdings später das Verhältnis um und stellt es so dar: Das Ägäische Meer *(Aigaion pelagos)* sei nach dem König von Athen benannt worden, der sich aus Gram über den vermeintlichen Tod seines Sohnes Theseus in die Wogen dieses Meeres stürzte. Aber um den Kern des Naturmythos setzen sich die historischen Sagenelemente an. Theseus tötet Ungeheuer und grausame Könige, die die friedliche Entwicklung der Menschheit stören, er erschlägt den *Minotauros* und befreit dadurch seine Vaterstadt, Athen, von einem schmählichen Blutzoll. In diesen Mythen spiegeln sich bereits der Erinnerung des Volkes unauslöschlich eingeprägte Ereignisse der Urgeschichte Athens – die Sicherung der Unabhängigkeit des griechischen Festlandes von der verfallenden kretischen Oberhoheit – und die sich an den Namen des heldischen Befreiers knüpfenden Hoffnungen, Motive der Heldensage, die unter immer neuen Namen stets wiederkehren. Hier wäre auch darauf hinzuweisen, daß sich die Gottheit in der historischen Sage, die einen Naturmythos überdeckt, häufig vermenschlicht, d. h., daß sich die Gestalt des Gottes in einen – zwar mit außergewöhnlichen Fähigkeiten ausgestatteten und von Göttern abstammenden, aber dennoch – *menschlichen* Helden verwandelt.

Der Name des biblischen *Simson* bedeutet (ohne das den Personennamen bildende Schluß-*n*) auf hebräisch »Sonne« und ist identisch mit *Schamasch*, dem Namen des Sonnengottes der mesopotamischen Mythologie. Auf die Sonne weisen auch die Grundzüge der Gestalt Simsons hin: das lange Haar, das die Strahlen der Sonne symbolisiert und auch an die goldenen Locken des gleichfalls auf die Sonne hinweisenden *Apollon* erinnert. Auch die Kraft Simsons steckt in seinem langen Haar; er verliert es und damit seine Kraft ebenso wie etwa in der griechischen Sage *Nisos*, der König von Megaris, den die eigene Tochter *Skylla* dem König *Minos* von Kreta durch den Verrat des Geheimnisses ausliefert, es sei vom Schicksal bestimmt, daß Nisos mit seinen purpurnen Locken auch sein Leben einbüße.[8] Ein weiteres wesentliches Moment des solaren Grundmythos ist, daß Simson nach dem Verlust der Haare und der wunderbaren Kraft auch das Augenlicht einbüßt, ebenso wie sich die Sonne zur Zeit der kürzesten Wintertage – nach dem Verlust ihrer Strahlen – verdunkelt. Die gleiche Betrachtungsweise erklärt auch jene Darstellungen des römischen doppelgesichtigen Gottes *Ianus*, des Gottes des Jahresbeginns im Januar, auf denen er ein bärtiges und ein glattes Antlitz hat: Mit dem einen Gesicht blickt er nach dem alten Jahr, das nach weitverbreiteter Auffassung mit dem kürzesten Tage schließt, und mit dem anderen Gesicht blickt er dem neuen Jahr entgegen, das mit der sich erneuernden Sonne aufsteigt. Oder, um ein im vergangenen Jahrhundert aufgezeichnetes Beispiel heranzuziehen: In der Kirche Santa Maria di Carmine in Neapel pflegt man zu Weihnachten einer Christusstatue das Haar zu scheren. Auch der ungarische Name des Weihnachtsfestes, *karácsony* (spr. karaatschonj), ist wahrscheinlich eine Umbildung der slawischen Bezeichnung für den »kürzesten Wintertag«, einer Übertragung des lateinischen Wortes *bruma*. Der 25. Dezember galt, bevor er zu einem christlichen Feiertag wurde, bei den Römern als der – vom persischen Mithraskult übernommene – »Geburtstag der unbesiegbaren Sonne« *(natalis Solis invicti)*. Der neapolitanische Brauch deutet klar auf die mit zahlreichen weiteren Nachweisen belegbare religionsgeschichtliche Tatsache hin, daß Christus die Züge der Helden alter Sonnenmythen erbte, als sein Geburtstag auf den 25. Dezember, in die Nähe des kürzesten Wintertages, festgesetzt wurde.

Die Christusstatue in Neapel mußte um die Zeit geschoren werden, in der die Sonne ihre Strahlen verlor bzw. in der dem Hinschwinden, dem Tod der alten Sonne die Geburt der neuen Sonne unmittelbar auf dem Fuße folgte. Parallelen zur Sonnennatur Simsons könnten beliebig vermehrt werden. Auch in der Grundschicht des hebräischen Mythos kann man also eine Widerspiegelung natürlicher Gewalten sehen. Im Laufe der historischen Entwicklung – und damit auch der Entwicklung des Mythos – wird dann der Sonnengott vermenschlicht, und die mythologische Handlung, in deren Mittelpunkt er steht, erhält geschichtliche Färbung. Schamasch-Simson bekommt die Züge des heldischen Befreiers. Er kämpft gegen die Feinde des Volkes, selbst seine grausamsten Taten gewinnen den Charakter der gerechten Rache; die Heldentaten, die seine übermenschliche Kraft erweisen, fügen sich in die belegbaren Ereignisse der palästinischen Geschichte ein, und in seinem tragischen Sturz manifestiert sich ein bedeutungsvolles Moment der Entwicklungsgeschichte der Familie: die Stellungnahme für die *endogame* – d. h. die Ehe nur innerhalb des eigenen Stammes gestattende – *Ordnung*, da ja der Held durch eine fremdstämmige Frau zu Fall gebracht wird.

Blasser zwar, aber noch immer klar erkenntlich, verrät sich die Grundschicht des Naturmythos z. B. in dem mit dem Simson-Mythos und verschiedenen griechischen Sagen – so denen des Prometheus und des Herakles – gleicherweise verwandten georgischen *Amiran*-Sagenkreis. Die außerordentlich große Lebenskraft dieses Sagenkreises wird einerseits durch archäologische Funde teils aus dem 2. Jahrtausend, teils aus dem 8. bis 6. Jahrhundert v. u. Z., andererseits durch im Mittelalter bereits schriftlich festgehaltene, im Munde des georgischen Volkes aber auch heute noch lebende epische Überlieferungen dokumentiert.[9] Eines der Abenteuer Amirans sichert der Welt den Sonnenschein. *Dew*, der böse Geist, der die finsteren Kräfte in der Natur und der Gesellschaft repräsentiert, verschlingt zwar die Sonne, diese versengt jedoch das Holzgerippe, das Amiran dem Dew vorher anstelle der richtigen Rippen eingesetzt hat. Ob nun bei diesem Motiv an das nächtliche Verschwinden der Sonne, an den kürzesten Wintertag oder an die erschreckende Erscheinung der Sonnenfinsternis zu denken ist, für die die Menschen noch keine wissenschaftliche Erklärung hatten: Amiran wird durch die innerhalb des gleichen Sagenkreises in verblaßterer Form vorkommende Wiederholung desselben Motivs nicht nur als Beschirmer der Sonne, sondern geradezu als später vermenschlichter Sonnenheld legitimiert. Er wird nämlich sogar aus dem Magen des Dew befreit, und er schafft nicht nur das Auge seines Ziehvaters *Iaman* wieder herbei, sondern gewinnt auch das im Magen des Dew verlorene eigene Augenlicht auf wunderbare Weise zurück. Auch die Umstände seiner Geburt deuten auf die Wintersonnenwende hin: Seine Mutter, die wunderschöne *Dali*, muß sterben, bevor er zur Welt kommen kann, und es ist der Verlust ihres Goldhaares, der den Tod der Dali verursacht. An den einstigen Sonnengott erinnern jedoch nur solche vereinzelten Züge des Sagenkreises. Die Kämpfe Amirans gegen die Mächte der Finsternis gewinnen moralische Bedeutung. Seine grausamsten Taten, selbst sein dreifacher Eidbruch, werden vom Volke wohlwollend aufgenommen, führt er doch ganz wie Prometheus den Kampf des Menschen gegen die Götter letzten Endes mit dem Ziel, daß das werktätige Volk nicht blut- und schweißgetränktes Brot essen müsse. Und seinem prometheischen Kampf folgt auch prometheische Strafe; das Volk knüpft seine Hoffnung auf die eigene Befreiung an die Befreiung Amirans. Nach einer Überlieferung wachsen Amiran in den Jahrtausenden der Gefangenschaft unaufhörlich die Nägel, und einmal werden sie so lang geworden sein, daß er mit ihnen seine wunderbare Waffe erreicht, die ihm in so vielen Kämpfen aus der Not geholfen hat. Dann wird er mit ihr seine Fesseln sprengen, die auch die Fesseln des unterdrückten Volkes versinnbildlichen. Ein auf der ganzen Welt verbreiteter Aberglaube verbietet das Beschneiden der Fingernägel an gewissen Tagen des Jahres, des Monats oder der Woche. Vor nicht allzu langer Zeit bestand im Kaukasus noch das

Verbot, an einem gewissen Wochentage die Nägel zu beschneiden; durch diese Enthaltung sollte das Wachstum der Nägel Amirans gefördert werden. Aber die Wirkung der sogenannten *analogen Magie* wurde vom Volksglauben auch im umgekehrten Sinne verstanden: Schlugen die Schmiede am Gründonnerstag mit dem Hammer auf den Amboß, so schmiedeten sie die Fesseln Amirans fester. Und auch dieser Glaube beruht auf uralten Erinnerungen aus der Geschichte der menschlichen Gesellschaft: Der Meister, der die geheimnisvolle Kraft des Feuers beherrscht, die harten Metalle wie Wachs biegt und bildet, verfügt über Wunderkräfte, und nicht nur die Werkzeuge zur friedlichen Arbeit, sondern auch die Waffen und Kettenschließen zur Knechtung des werktätigen Volkes gehen aus seiner Hand hervor. Daraus erklärt sich die höchst zweideutige Rolle, welche Götterschmiede und Heldenschmiede in den Mythen spielen, z. B. *Wölundr* (Wieland) in der germanischen und in gewisser Hinsicht auch *Hephaistos* in der griechischen Mythologie. Wir können hinzufügen, daß nach dem Zeugnis der vergleichenden semitischen Sprachkunde auch der Name des biblischen Brudermörders *Kain* ursprünglich einen Schmied bezeichnete, wie denn der biblische Text als den Erfinder des Schmiedehandwerks den seinen Namen wiederholenden Abkömmling Kains, *Tubal-Kain,* nennt.[10]

Aus einer Bemerkung Lenins folgt, daß zwischen den beiden großen Entwicklungsabschnitten der Religion – und damit auch der Mythen –, für die Engels einerseits die Personifikation der Naturkräfte, andrerseits die der gesellschaftlichen Mächte als kennzeichnend ansieht, die Entstehung der Klassengesellschaft die Grenze zieht. Lenin macht in bezug auf die religiösen Vorstellungen in den beiden großen Epochen eine weitere, außerordentlich wichtige Unterscheidung: »Die Ohnmacht der ausgebeuteten Klassen im Kampf gegen die Ausbeuter erzeugt ebenso unvermeidlich den Glauben an ein besseres Leben im Jenseits, wie die Ohnmacht des Wilden im Kampf mit der Natur den Glauben an Götter, Teufel, Wunder usw. erzeugt.«[11]

Das Leben im Jenseits – ob man es sich in der Unterwelt, ob auf fernen Inseln, ob für die Frommen im Himmelreich, für die Sünder in der Hölle vorstellte – bedeutete jedenfalls (wenn auch nur in der Phantasie) die Korrektion der Ungerechtigkeiten in der Klassengesellschaft: Im Jenseits sollte unerbittliche Gerechtigkeit zur Geltung gelangen. So wurde z. B. im alten Ägypten eine besondere Formelsammlung, das sogenannte *Totenbuch,* neben den einbalsamierten Leichnam gelegt, damit der Text der Verteidigungsrede bei der Hand sei, wenn der Tote vor dem jenseitigen Strafgericht Rechenschaft über sein irdisches Leben abzulegen hatte. Denn nach dem Glauben der Ägypter wurde die Seligkeit im Jenseits nur denen zuteil, die vor dem Herrn der Unterwelt, *Osiris,* und seinen 42 Richtern mit Hilfe dieser Formeln unter anderem beweisen konnten, daß sie kein Unrecht getan, niemanden getötet, die Arbeiter nicht überfordert, niemals einen Sklaven gepeinigt, die Gewichte nicht gefälscht, die Ackerrainsteine nicht verrückt hatten usw. Nach einem griechischen Mythos spielt sich die Rechtsprechung im Jenseits noch »demokratischer« ab: Die Seelen der Verstorbenen treten nackt vor die Richter der Unterwelt, so daß diese ihre irdische Herkunft und ehemaligen Vermögensverhältnisse gar nicht ahnen können und nur die bloße Seele richten, worauf die als gerecht befundenen Toten nach den *Inseln der Seligen* fahren dürfen, während die für sündig erachteten in den Kerker der Unterwelt, den *Tartaros,* verbannt werden. Und nicht ohne Grund stattete die Phantasie der Griechen die Wohnstatt der in die Glückseligkeit Eingegangenen, die Inseln der Seligen, mit den Segnungen des klassenlosen Goldenen Zeitalters, Frieden und von selbst sprießendem Reichtum der Natur, aus. Die jüdische und ihr folgend die christliche Auffassung identifizieren die Heimstatt der Frommen nach dem Tode mit dem Garten *Eden,* dem Paradies, wo das erste Menschenpaar, Adam und Eva, bevor es von den Früchten des verbotenen Baumes gegessen hatte, sorglos und ohne Mühe leben konnte.

Zahlreiche Kennzeichen des mythologischen Jenseits trägt auch das *Feenreich* der

Volksmärchen; so findet z. B. der Volksheld in Petőfis »Held János« die von der bösen Stiefmutter zu Tode gequälte Geliebte im Feenreich wieder. Nur fällt im Volksmärchen der Akzent zumeist auf die glücklich verlaufenden Abenteuer, in denen sich der Märchenheld – nach den schönen Worten Lenins die Verkörperung der »Erwartungen und Hoffnungen« des unterdrückten Volkes – den Weg zum Feenreich aus eigener Kraft, durch Findigkeit und dank seinen der Mächtigen spottenden Vorzügen erkämpft. Das Volksmärchen läßt also die Tatkraft des Volkes in dem von der Religion als unwesentlich hingestellten irdischen Leben nicht durch die Verheißung einer Genugtuung im Jenseits erschlaffen, sondern es erhält im Gegenteil das Selbstvertrauen der Unterdrückten und Ausgebeuteten wach. Denn der Märchenheld ist, wenn ihn auch sein Weg ins Feenreich führt, in der Volksüberlieferung der direkte Nachkomme der Helden des Mythos, die alle Hindernisse überwinden, wie Simson und Amiran oder in der griechischen Mythologie Herakles, Theseus, *Perseus* und *Bellerophontes*.

Engels unterscheidet innerhalb der zweiten, mit der Entstehung der Klassengesellschaft beginnenden großen Periode der religiösen Entwicklung noch eine Stufe, auf der »sämtliche natürlichen und gesellschaftlichen Attribute der vielen Götter auf einen allmächtigen Gott übertragen werden, der selbst wieder nur der Reflex des abstrakten Menschen ist«[12]. Der Eingottglaube *(Monotheismus)* würde die Mythologie grundsätzlich ausschließen; nur der *Polytheismus* (Vielgötterglaube) verfügt ja über die abwechslungsreiche Auswahl an übernatürlichen Wesen, über die zur Abwicklung der mythologischen Handlung erforderlichen, einander feindlich gegenüberstehenden, miteinander verbündeten oder gar miteinander in Liebesbeziehungen tretenden Götter und Göttinnen. In diesem Sinne stellt Marx fest, daß die griechische Kunst und Literatur, für die die Mythologie »nicht nur das Arsenal …, sondern ihr Boden« war, keineswegs im Laufe einer Gesellschaftsentwicklung hätten zustande kommen können, »die alles mythologische Verhältnis zur Natur ausschließt«, wozu Marx noch im gleichen Gedankengang hinzufügt, daß unter »Natur« hier »alles Gegenständliche, also die Gesellschaft eingeschlossen« sei.[13] Vom Künstler wird in der Neuzeit eine »von der Mythologie unabhängige Phantasie« gefordert; diese ist das Produkt der auf die Verbreitung der monotheistischen Religionen folgenden langen Entwicklung, in deren Verlauf die weltliche Kunst sich ihre Rechte erst erkämpfen mußte, und zwar vornehmlich das Recht auf die eigene Phantasie. Im Laufe dieses Kampfes wurde die klassisch-mythologische Überlieferung immer wieder – am augenfälligsten zur Zeit der Renaissance – zum Arsenal der weltlichen Kunst. Was jedoch die andere Seite der obenerwähnten Feststellung Marx' betrifft: sie war jetzt *nur* noch »Arsenal« und nicht mehr ihr »Boden«.

Der Mythos aber lebt in späteren Kulturperioden nach der Ausbreitung der monotheistischen Religionen nicht nur als klassisch-mythologische Überlieferung weiter und auch nicht nur als ein Motivschatz des Volksmärchens, der seine mythologische Herkunft mehr oder weniger deutlich verrät. Auch innerhalb der monotheistischen Religionen ist ein gewisses Fortleben der Mythologie zu verfolgen, da doch der Raumgewinn der monotheistischen Religionen nur als ein relativer bezeichnet werden kann und der Eingottglaube höchstens als eine Forderung zu verstehen ist, die sich nur in einem verhältnismäßig engen Kreise verwirklichen läßt. Hierauf deutet auch die biblische Überlieferung hin: Während *Moses* auf dem Berge Sinai von *Jahve* die Steintafeln der Zehn Gebote übernimmt, läßt sich das Volk ein goldenes Stierkalb anfertigen – noch dazu von Angehörigen des Priesterstammes – und betet es an. Religionsgeschichtliche Forschungen haben erwiesen, daß Jahve selbst – genauso wie einige andere Götter Vorderasiens – ursprünglich in Stiergestalt verehrt worden ist; das Volk konnte sich nur schwer von dieser seiner mythologischen Vorstellung losreißen. Der Prophet *Jeremias* schilt sogar noch die Frauen der vor den Babyloniern nach Ägypten geflüchteten Judäer, weil sie der *Himmelskönigin* opferten und ihr zu Ehren

Kuchen backten. Auch ein deutscher Volksbrauch kennt ein Kuchenbacken, das sich an den Kult der germanischen Göttin *Berchtha* knüpft, und die Form des Festkuchens erinnert auch heute noch allgemein an die geflochtenen Zöpfe des weiblichen Haares.

Im Alten Testament ist nur eine nach monotheistischen Grundsätzen gesichtete Auswahl der althebräischen Literatur erhalten geblieben, die jedoch auch in dieser Form noch zahlreiche mythologische Erinnerungen ältester Art bewahrt. Und zwar nicht immer in einer mit dem Monotheismus wenigstens äußerlich so weit in Übereinstimmung gebrachten Form wie etwa in der Simson-Sage, wo auch das ursprünglich auf den Kreis der Sonnenmythen hindeutende lange Haar zum Zeichen der asketischen Erfüllung eines frommen Gelübdes geworden ist, oder in den mit Parallelen aus der ganzen Welt belegbaren Schöpfungsmythen oder in der mit der mesopotamischen Sintflutsage verwandten Geschichte von der Arche *Noah.* Von der Mannigfaltigkeit der Götter und der Helden göttlicher Abstammung, die sich einst in der Mythologie der alten Hebräer unter den Menschen bewegten, zeugt im I. Buch Mosis (6, Vers 1, 2 und 4) der von seiner gegenwärtigen Umgebung in dem kanonischen Text deutlich abstechende Bericht: »Da sich aber die Menschen begannen zu mehren auf Erden und ihnen Töchter geboren wurden, da sahen die Kinder Gottes nach den Töchtern der Menschen, wie sie schön waren, und nahmen zu Weibern, welche sie wollten ... Es waren auch zu den Zeiten Tyrannen auf Erden; denn da die Kinder Gottes zu den Töchtern der Menschen eingingen und sie ihnen Kinder gebaren, wurden daraus Gewaltige in der Welt und berühmte Männer.«

Außer den späten volkstümlichen griechisch-römischen Philosophen und dem Jahve-Glauben als den Hauptquellen des christlichen Monotheismus ist von vornherein der Einfluß verschiedener Mythen in Betracht zu ziehen. Das gilt auch für den Lebenslauf Jesu Christi im Neuen Testament, auf den vor allem die Mythen verschiedener Erlöserhelden sowie diejenigen Überlieferungen eingewirkt haben, die schon Jahrhunderte vor dem Christentum die Rückkehr des Goldenen Zeitalters mit der wunderbaren Geburt eines Kindes verknüpften. Je mehr sich das Christentum ausbreitete, desto mehr mythologische Elemente flossen ihm zu. Dies wurde durch das bald offen eingestandene, bald verschleiert wirkende Bestreben der Kirche gefördert, die älteren Glaubensvorstellungen, Gebräuche religiöser Art und epische Überlieferungen der bekehrten Völker, wo sie aus der Erinnerung nicht zu löschen waren, unter einer christlichen Tünche zu dulden, die ihren originalen Charakter mehr oder weniger verdeckte, oder sie gar in die Reihe ihrer offiziellen Zeremonien und als authentisch anerkannte Legenden aufzunehmen.

Es war bereits von der Weihnacht die Rede, die ursprünglich das Geburtsfest des Sonnenkindes war. Ebenso trat Ostern an die Stelle der Auferstehungsfeste verschiedener Göttergestalten, die die im Frühjahr wiedererwachende Natur personifizierten. Am Namenstag des Evangelisten *Markus,* dem 25. April, werden noch heute vielerorts die Getreidefelder in einem Umzug gesegnet, was zur magischen Abwehr der Gefahren dient, die die Saaten bedrohen. Ebenfalls am 25. April hatten die alten Römer das Fest *Robigalia* gefeiert, an dem eine vom Oberpriester geführte Prozession auf die Äcker zog, wo er nach Darbringung eines Opfers den Gott *Robigus* oder die Göttin *Robigo* – die Personifikationen des Rostes – beschwor, nicht das Getreide, sondern die Waffen anzufallen, auf daß diese die friedliche Arbeit der Bauern nicht störten.

Die christlichen Heiligenlegenden strotzen förmlich von mythologischen Zügen. *Sankt Georg* tötet den Drachen ebenso wie *Indra* in der indischen, *Perseus* in der griechischen und wie *Odin-Wotan* oder *Sigurd-Siegfried* in der germanischen Mythologie. Der heilige *Christophorus,* der aus einem tierköpfigen Riesen zum Menschen wird, als er das Jesuskind auf der Schulter durch ein tiefes und reißendes Wasser trägt, hat die Züge der verschiedensten mythologischen Gestalten geerbt, die in der Unterwelt Fährmannsdienste leisten. Es ist auch kein Zufall, daß ihm der

Kirchenkalender den 25. Juli geweiht hat, an diesem Tage verehrten nämlich die alten Römer ihre Unterweltsgöttin *Furrina.* In diesen Zusammenhang gehört auch, daß am gleichen Tage der kapuzentragende, winzig kleine *Sankt Cucufatus* (»Kapuzenträger«) im Kirchenkalender steht, dessen Verwandtschaft mit dem aus den steinzeitlichen Funden in der Umgebung von Angara bekannten kapuzentragenden Todesdämon ebenso nachzuweisen ist wie die Verwandtschaft mit dem griechischen *Telesphoros* und mit einem besonders im keltisch-römischen Bereiche heimischen, unter anderem auch auf dem Relief eines in Aquincum bei Budapest aufgefundenen Steinsarges dargestellten kapuzentragenden Genius *(genius cucullatus)* oder mit dem germanischen Zwerg *Alberich* der *Nibelungen*sage, dessen Tarnkappe ihren Träger unsichtbar macht, genau wie der Helm des *Hades,* des Herrn der griechischen Unterwelt.

Es ist ein stetig wirksamer Faktor, daß die Volksphantasie unbekannte Motive rein instinktiv durch bereits bekannte ersetzt. Bei einigen sporadisch auftauchenden Überlieferungen wahrscheinlich jüngerer Herkunft ist besonders damit zu rechnen. So wurde z. B. im ungarischen Ort Szőreg noch im vergangenen Jahrhundert die Entstehung der Spinne wie im griechisch-römischen Arachne-Mythos erklärt – dieser Mythos war allgemein bekannt, man hatte ja auch die »Metamorphosen« Ovids in den Lateinschulen gelesen –, nur trat an die Stelle der auf die Fertigkeit des Mädchens im Spinnen und Weben eifersüchtigen Göttin *Pallas Athene-Minerva* die christliche *Jungfrau Maria.* Von einem lateinisch Gebildeten mochten auch die Leute der Umgebung von Buda zum erstenmal von dem Helden in *Apuleius'* berühmtem Roman »Der goldene Esel« gehört haben, den eine thessalische Hexe in einen Esel verwandelt und der seine menschliche Gestalt beim Fest der ägyptischen *Isis* wiedergewinnt, und zwar dadurch, daß er von dem Rosenkranz frißt, den der im Festzug der Göttin schreitende Priester auf der rechten Hand trägt. Im Dorfe Tök des Pester Komitats wurde nun diese Geschichte erst vor wenigen Jahrzehnten als mündliche Überlieferung aufgezeichnet, aber mit einem bezeichnenden Unterschied: Der in einen Esel Verwandelte wird dadurch wieder zum Menschen, daß er von den Blumen frißt, die bei der Fronleichnamsprozession vor das Allerheiligste gestreut werden. Auch sonst wird gelegentlich die Rolle der Isis, der häufig mit ihrem Kinde auf dem Arm dargestellten altägyptischen Muttergöttin, von der Jungfrau Maria übernommen, unter deren Symbolen der Rosenkranz ebenfalls zu finden ist. Interessante Funde wurden in Bulgarien zutage gefördert, als man die Umgebung einer wegen ihrer Heilkraft berühmten Quelle nahe dem Flusse Topolnitza archäologisch erschloß. An diesem Heilort herrschte noch in jüngster Zeit der Brauch, daß die Geheilten zum Zeichen ihres Dankes Geldstücke in das Wasser der Quelle warfen. Der bulgarische Archäologe Kazaroff berichtet, bei den Ausgrabungen seien auch römische Münzen gefunden worden, die selbstverständlich nur zu einer Zeit in die Quelle geworfen worden sein konnten, als das Gebiet noch römische Provinz war. Nach Ansicht Kazaroffs stand einst an der betreffenden Stelle ein Isis-Heiligtum; es wurde dort jedenfalls eine Statue der Göttin gefunden. Man darf also wohl annehmen, daß damals die Heilkraft der Quelle von der Göttin Isis abgeleitet wurde. Der Name der Göttin mochte sich seither geändert haben, die sich an ihre Gestalt knüpfenden Glaubensvorstellungen haben sich weitervererbt.

Daß die Religion »das Opium des Volkes« sei, hat Marx einprägsam betont.[14] Die Allgemeingültigkeit dieser Feststellung für die Klassengesellschaft wird durch gewisse Ausnahmen nicht beeinträchtigt, für welche Engels einige Beispiele anführt, so, wenn etwa revolutionäre Bewegungen gegen den Feudalismus mit religiös verbrämten Ideologien auftreten.[15] Ähnlich sind unter den Bedingungen der Sklavenhaltergesellschaft die biblischen Propheten oder der Grieche Hesiod zu beurteilen, die das Recht der Unterdrückten und Ausgebeuteten als göttliches Gebot hingestellt haben. Andererseits wird die zukunftsweisende Rolle der Mythologie von Marx anerkannt, wenn er von der »Weltepoche machenden klassischen Gestalt« der auf dem Boden der Mythologie gewachsenen epischen Dichtung und überhaupt von der griechischen Kunst spricht, welche die Mythologie, »das heißt die Natur und die gesellschaftlichen Formen selbst schon in einer unbewußt künstlerischen Weise verarbeitet durch die Volksphantasie« voraussetze.[16] Engels zeigt in der methodologisch geradezu mustergültigen Analyse eines bestimmten Mythos, was unter dem fortschrittlichen Charakter der Mythologie zu verstehen sei: Die Verfolgung des den Tod seines Vaters an seiner Mutter rächenden *Orestes* durch die alten Götter, die *Erinnyen,* und seine Freisprechung durch die neuen Götter *Phoibos Apollon* und *Pallas Athene* weisen auf eine sich anbahnende gesellschaftliche Entwicklung innerhalb der Gentilordnung hin. Gegenüber dem *Matriarchat,* der mutterrechtlichen Ordnung, die die Rolle der Frau über die des Mannes stellt und auch in der Frage der Abstammung nur die mütterliche Linie kennt, tritt der Mythos für die entwickeltere Form der Sippenordnung, das *Patriarchat,* ein.[17]

Die Mythologie beschränkte sich keineswegs darauf, im Dienste der Religion die Entfaltung des menschlichen Selbstbewußtseins zu hemmen, indem sie den Glauben an das Wunder, an die Kraft magischer Riten und an die Macht der Götter nährte. Obwohl im Bannkreis der Religion entstanden, hat sie doch die Erscheinungen der Natur und der Gesellschaft als erste formuliert und vorausweisend ausgelegt. Die Triumphe mythischer Helden gaben das anspornende Beispiel für den Kampf gegen die menschenfeindlichen Gewalten in der Natur und der Gesellschaft; in der Mythologie trat die Geburt des menschlichen Selbstbewußtseins am klarsten hervor.

Obwohl die griechische Mythologie – zumindest für die europäische Kulturentwicklung – zweifellos außerordentlich große Bedeutung hat, wäre es jedoch voreilig, alle zukunftsweisenden Züge der Mythologie nur in der griechischen zu sehen und alle Wirkungen, die das religiöse Gefühl nährten und für den Lebenskampf untüchtig machten, dem Kreis der sonstigen Mythologien zuzuschreiben.

Diejenigen Historiker und Religionswissenschaftler, die nicht von der Bedeutung der Sklavenhaltergesellschaft als eines notwendigen Kettengliedes der Entwicklung, sondern von einer geschichtsfremden Idealisierung des Griechentums ausgehen, vergessen im allgemeinen, daß die Religion – besonders der staatlich geförderte Kult – auch in der griechischen Geschichte oft eine reaktionäre Rolle gespielt hat. Man denke nur an die Verfahren wegen Religionslästerung *(asebeia),* welche die Griechen wiederholt gegen die Größten ihrer Denker eingeleitet haben, oder an die Rolle des Priesters in der Komödie »Friede« des *Aristophanes*: wie da Hierokles erscheint, vom Geruch des Gastmahls angelockt, um den priesterlichen Zehnten zu fordern, und wie er seine Argumente gegenüber den nach Frieden schmachtenden Landwirten in den Dienst der Kriegspartei stellt. Mit leidenschaftlichem Spott zitiert Marx den griechischen Schriftsteller *Plutarch* (1. bis 2. Jahrhundert), der sich als Philosoph nicht scheute, zur Rechtfertigung der Lehre von der Vorsehung vorzubringen, daß die mit den Leichnamen der vom römischen Feldherrn Marius besiegten Cimbern gedüngten Weingärten reiche Früchte getragen hätten.[18] Außerdem kann man griechische Mythen nachweisen, die bis zuletzt dem engen Rahmen der religiösen Zeremonien verhaftet blieben und der griechischen Dichtung und Kunst, die auch in der Bearbeitung von Mythen stets den Menschen verherrlichten, niemals Motive geliefert haben. Ein solcher Mythos ist z. B. die Gründungslegende des *Diipolia*-Festes; sie bewahrte Anklänge an die Religionsform der Sippenordnung, Überreste des *Totemismus,* sogar noch in der Glanzzeit der athenischen Demokratie. Das Fest wurde zu Ehren des Zeus, den man sich einst als Stier vorgestellt hatte, veranstaltet, wobei im Rahmen der Opferzeremonie auch die Gründungsmythe der Kulthandlung jährlich immer wieder aufgeführt wurde.

Nach dieser Sage hat – zu einer Zeit, da die Menschen den Göttern nur Pflanzenopfer darbrachten und auch selbst noch keine tierische Nahrung zu sich nahmen – ein in Attika lebender Fremder namens *Sopatros* im Zorn einen Ochsen getötet, weil dieser den zum Opfer dargebrachten Kuchen zum Teil gefressen, zum Teil zertreten hatte. Der Mörder des als heilig und unverletzlich angesehenen Tieres flüchtete, von Schuldbewußtsein getrieben, nach Kreta, aber von diesem Tage an wurde Attika von Dürre heimgesucht. In *Delphi*, der Orakelstätte Apollons, verkündete die Priesterin *Pythia*, die Strafe würde aufgehoben werden, wenn der Flüchtige bestraft, die Tat aber wiederholt würde und dann jedermann vom Fleische des Ochsen äße. Der auf der Insel Kreta aufgespürte Sopatros war bereit, die Tat unter der Bedingung zu wiederholen, daß er das Bürgerrecht in Athen erhalte und die so mit ihm in Gemeinschaft Tretenden die Mitschuld an dem Frevel auf sich nähmen. Was dem einzelnen verboten war, konnte – wie auch im Falle anderer, von der Ethnographie aufgedeckter totemistischer Kulte[19] – unter bestimmten Umständen eine rituelle Pflicht sein, welcher der ganze Stamm gemeinsam nachzukommen hatte. Und »seither« wurde beim Fest Diipolia jährlich der ganze Vorgang wiederholt, wie er sich in grauer Vorzeit abgespielt haben solle: Mädchen trugen Wasser zum Schleifen von Axt und Messer herbei, die Werkzeuge wurden geschliffen, ein Darsteller überreichte sie, ein anderer schlug den Ochsen nieder, ein weiterer tötete ihn, und nachdem alle von seinem Fleisch gegessen hatten, wurde sein Fell ausgestopft, aufgestellt, ja der Ochse wurde, als ob er noch lebte, sogar vor einen Pflug gespannt. Dann begann die Gerichtsverhandlung: Die Wasserträgerinnen wälzten die Schuld auf diejenigen ab, die die Werkzeuge geschliffen hatten, diese auf den nächsten, der sie weitergegeben, dieser weiter auf den, der den Ochsen geschlachtet hatte, Sopatros aber auf das Messer, an dem dann auch die Strafe vollzogen wurde, indem man es ins Meer warf. Hinzuzufügen ist noch, daß Mythen bekannt sind, die auf ähnliche Weise das Menschenopfer – oder die das Menschenopfer ersetzende kultische Handlung – motivieren sollten. Dies alles legt eindeutig dar, daß die Religion der Griechen – wie jede andere Religion – von der gesellschaftlichen Entwicklung längst überholte Formen konservierte und daß auch der griechische Mythos – wenn er sich nicht aus dem rituellen Milieu befreite – als fortschritthemmende Kraft wirken konnte.

Andererseits werden jedoch nicht nur die griechischen Mythen, sondern auch die Mythen anderer Völker, wenn sie einmal aus dem Kreis ihrer religiösen Bindung herausgetreten sind, im gleichen Maße, wie sie aufgehört haben, Motive religiöser Zeremonien oder magischer Handlungen zu sein, Beispiele für die unbegrenzten Möglichkeiten menschlichen Fortschritts, leuchtende Sinnbilder, die im Kampfe des Menschen um die Unterwerfung der Natur und die eigene Befreiung auch die aufs höchste gesteigerten Anforderungen und weitgesteckte Ziele rechtfertigen. Hierauf mochte Maxim Gorki – der wie kaum ein anderer tief durchdrungen war von der gesellschaftlichen Bedeutung des Mythos und des dem gleichen Stamm entsprossenen Volksmärchens, das sich vom Mythos erst auf einer höheren Entwicklungsstufe der Klassengesellschaft ganz differenzierte, unter seinen Motiven aber zahlreiche Elemente der alleräitesten Schichten der Mythologie bewahrt – mit den Worten abzielen: »Der Mythos ist Erfindung. Zieht diese Erfindung aus der real gegebenen Wirklichkeit deren Grundgedanken und verkörpert sie diesen Gedanken in einer Gestalt – so nennen wir das Realismus. Erweitert man jedoch den aus der realen Gegebenheit abstrahierten Gedanken in der Vorstellung gemäß der Logik der Hypothese mit dem Erwünschten, mit dem Möglichen, und ergänzt man mit diesem die Gestalt – so ist das schon jene Romantik, die die Grundlage des Mythos bildet. Sie ist von ungemein hohem Wert, denn sie fördert das Zustandekommen revolutionärer Haltung gegenüber der Wirklichkeit; diese Haltung verändert in ihrer Wirksamkeit die Welt.«[20] Und daß es sich hier nicht nur um die griechische Mythologie, sondern ganz allgemein um die »mündliche Dichtkunst des werktätigen Volkes« handelt, die nach Gorki »die tiefsten und lebendigsten, die künstlerisch vollendetsten Heldentypen« schafft, ist aus der folgenden – auch nicht annähernd auf Vollständigkeit bedachten, aber die verschiedenen Typen mit bewußter Sorgfalt auswählenden – Aufzählung zu erkennen: »So vollkommene Symbole wie Herakles, Prometheus, Mikula Seljaninowitsch, Swjatogor, der Doktor Faust, Wassilissa die Weise, der törichte Iwan – das komische Glückskind – und schließlich Petruschka, der den Arzt, den Geistlichen, den Gendarmen, den Teufel und den Tod besiegt – sie alle sind Symbole, in deren Gestaltung sich Ratio und Intuition, der Verstand und das Gefühl, harmonisch vereinen. Solche Einheit kommt nur zustande, wenn der Schaffende an der schöpferischen Arbeit der Wirklichkeit, am Kampf um die Erneuerung des Lebens unmittelbar teilnimmt.«[21] An anderer Stelle erwähnt Gorki zusammen mit den Helden der Volkssage auch den biblischen König *David*, der vormals Hirtenknabe war und den Riesen *Goliath* mit der Schleuder niederstreckte.[22]

Ungemein lehrreich sind die Hinweise Gorkis auf die in den Mythen sich offenbarende »symbolische, hypothetische, aber bereits technologische Voraussicht«, mit welcher die Phantasie des Urmenschen die Ergebnisse der Entwicklung von Jahrtausenden vorwegnimmt. »Schon in den ältesten Zeiten träumten die Menschen von der Möglichkeit des Fliegens – davon erzählen uns die Sagen von *Phaethon, Daidalos* und seinem Sohn *Ikaros* sowie das Märchen vom fliegenden Teppich. Auch von der Beschleunigung der Bewegung auf der Erde träumten sie: deshalb fabelten sie von Siebenmeilenstiefeln, und deshalb bedienten sie sich des Pferdes; sie wollten rascher als die Strömung im Wasser schwimmen: das führte zur Erfindung von Ruder und Segel; sie suchten den Feind und das wilde Tier von weitem zu töten, und so erfanden sie die Schleuder, den Bogen und den Pfeil. Sie zerbrachen sich den Kopf, wie sie von einem Tag auf den andern größere Mengen Gewebe herstellen könnten, wie sie von einem Tag auf den andern eine gute Wohnung, sogar eine ›Burg‹, das heißt eine vor dem Feind geschützte, befestigte Wohnstätte, zu bauen vermöchten, und sie schufen die Kunkel, eines der ältesten Arbeitsgeräte, den primitiven Handwebstuhl, und erfanden die Geschichte von Wassilissa der Weisen.«[23]

Diesen Beispielen kann getrost die prächtige olympische Werkstatt des *Hephaistos* hinzugefügt werden, in der bereits automatische Maschinen, aus Gold geschmiedete Mädchen, die Arbeit der Sklaven übernehmen; und der große griechische Philosoph *Aristoteles* erkennt schon, daß die Verwirklichung dieses Traumes zur Sklavenbefreiung führen müsse.[24] Aber auch dies ist kein spezifisch griechischer Gedanke, sondern eine im Volke allgemein verbreitete Vorstellung: Der Schmiedeheld der finnischen *Kalevala*-Gesänge, *Ilmarinen*, fertigt die Wundermühle *Sampo* an, die jede Art wertvollen Materials in märchenhaftem Überfluß erzeugt und um deren Besitz die Guten und die Bösen, das Volk und die Tyrannen, miteinander kämpfen. Dazu sagt Otto Kuusinen: »Das Sampo-Ideal war der große Traum der Ahnen des karelischen Volkes vom technischen Fortschritt der Zukunft, der in einem in die Vergangenheit zurückverlegten poetischen Bild seinen Ausdruck fand: der Traum von einer Arbeitsmaschine, die das werktätige Volk von der Last der übergroßen Arbeit befreien würde.«[25]

Religion erweckt im Menschen das Gefühl, geheimnisvollen Mächten ausgeliefert zu sein. Die Mythologie verleiht dem menschlichen Selbstgefühl Flügel, indem sie ihre positiven Helden, ja sogar ihre strahlenden Göttergestalten auf einer hohen Stufe der menschlichen Selbstachtung erschafft; gerade deshalb konnte die Mythologie zur Grundlage einer so humanistischen Dichtung und Kunst wie der griechischen werden. Der Gegensatz zwischen der reaktionären Rolle der Religion und der fortschrittlichen Rolle der innerhalb der Schranken der Religion aufkeimenden Mythologie ist indes – wie auch die bisherigen Beispiele lehren – mit einem Hinweis auf den spezifisch vermenschlichten Charakter der griechischen Kultur nicht gelöst. Das Problem liegt tiefer, und zu seiner Lösung gelangt man nur durch die Auslegung einer außerordentlich gedrängt gefaßten, tiefsinnigen Feststellung von Marx.

»Und zwar ist die Religion«, schreibt Marx, »das Selbstbewußtsein und das Selbstgefühl des Menschen, der sich selbst entweder noch nicht erworben oder schon wieder verloren hat.«[26] Diese Feststellung deutet klar auf jene frühe Phase der menschlichen Entwicklung hin, in der der Mensch, dem Tiersein noch kaum entwachsen, seine ersten Erfahrungen mit der Natur und mit sich selbst machte. Nach diesen Erfahrungen schien der Mensch unendlich schwächer als die Natur, als die Tiere des Waldes zu sein, schwächer auch als die Naturerscheinungen, deren Wirkung er mit Schrecken empfand und die er sich nur als sich selbst und den Tieren ähnliche Lebewesen vorzustellen vermochte. Von dieser frühen Epoche unterscheidet sich die Klassengesellschaft, in welcher die zum Bewußtsein der eigenen Kraft und ihrer unendlichen Entwicklungsmöglichkeiten erwachte Menschheit sich bald in die einander gegenüberstehenden Klassen der Ausbeuter und der Ausgebeuteten aufspaltete. Zwischen den Menschen bildete sich ein Verhältnis heraus, bei dem es im Interesse des einen Teiles lag, das Selbstbewußtsein des anderen auf niedriger Stufe zu halten. Für beide großen Epochen – die klassenlose Urgesellschaft und die Klassengesellschaft – gilt die weitere Feststellung, die Marx trifft, nach der die Religion »*die phantastische Verwirklichung* des menschlichen Wesens« ist, das nach Marx »keine wahre Wirklichkeit besitzt«. Der Unterschied liegt in den historischen Verhältnissen. In der frühesten Zeit wirkte die noch undifferenzierte, aber im Grunde genommen von der Religion geprägte geistige Tätigkeit als Anregung zur »Verwirklichung des menschlichen Wesens«; in der Klassengesellschaft sucht die Religion, indem sie ihre eigene Einflußsphäre ausbildet, alle anderen, vor allem die fortschrittlichen Bestrebungen des menschlichen Geistes in gewissen Schranken zu halten. Damit hilft sie die als Folge der Ausbeutung eintretende Entfremdung des Menschen von seinem eigenen Wesen (die im Endergebnis auch die Entmenschlichung der Ausbeuter zur Folge hat) durch Schwächung des menschlichen Selbstbewußtseins zu konservieren.

Götter und Göttinnen wurden von der menschlichen Phantasie in jener Frühzeit geschaffen, als sich der Mensch angesichts seiner noch ganz primitiven Hilfsmittel den unbekannten Kräften der Natur schutz- und hilflos ausgeliefert fühlte. Für eine stufenweise Entfaltung des menschlichen Selbstbewußtseins spricht auch, daß der Vorstellung von den Göttern in Menschengestalt *(Anthropomorphismus)* meist die von den Göttern in Tiergestalt *(Theriomorphismus)* vorangeht. In diesen Göttergestalten erhob der Mensch das Tier, in welchem er die Macht der ihm feindlichen Naturkräfte am unmittelbarsten erkannte, sozusagen über sich selbst. Die einzelnen Stämme strebten geradezu an, ihre besonderen Vorzüge durch einen eigenen Tierahnen zu beweisen; dieser Tierahne heißt – ursprünglich in der Sprache der nordamerikanischen Odschibwä-Indianer – *Totem.* Der Stärkung des Zusammengehörigkeitsgefühls und zugleich der Erneuerung der – durch die gemeinsame Abstammung angeblich bereits einmal erlangten – hervorragenden Eigenschaften des Totems in jedem einzelnen Stammesmitglied diente die Opferung des Totemtiers und der Genuß seines Fleisches beim gemeinsamen Opfermahl. Sonst war es verboten, das Totemtier zu töten, aber von Zeit zu Zeit wurde es auf einer Jagd vom ganzen Stamm nach einem besonderen Ritual erlegt. Auf dieser urtümlichen Stufe war die Religion trotz all ihrer phantastischen Züge im ganzen recht praktisch eingestellt, d.h., sie stand unter der Herrschaft einer allgemeinen Zweckvorstellung. Der Mensch einer frühen Entwicklungsstufe will vor allem die geheimnisvollen Mächte der Natur in für sich günstigem Sinne beeinflussen, und zu den dazu bestimmten magischen Verrichtungen gehörte unter anderm auch, daß er z. B. den glücklichen Ausgang der Jagd im voraus an die Wand seiner Höhle zeichnete, ferner, daß er durch mimische Tänze, durch das Aussprechen von Zauberformeln oder durch Rezitation sich immer reicher ausgestaltender Erzählungen einen solchen glücklichen Ausgang andeutete.

Auf diesem Wege entwickelte sich der Mythos auf der Stufe der Urgesellschaft in engem Zusammenhang mit den sonstigen religiösen Handlungen: Opferriten, magischen Verrichtungen, Gebetsformeln. An der

Grenze zwischen der klassenlosen Urgesellschaft und der Entstehung der Klassengesellschaft trennte sich der Mythos, ebenso wie die Künste, von der Religion. Sie gingen nun eigene Wege, auf denen sie sich von der Religion immer weiter entfernten. Hier feierte die künstlerische Phantasie ihre ersten Triumphe. So wurde die Mythologie zum freien Gebiet der zukunftsweisenden Einbildungskraft, auf dem das menschliche Selbstbewußtsein mit der Zeit auch gegen die Sklaverei der Religion zu Felde zog. Die Religion – ihrerseits auch oft bestrebt, die Flügel der mythologischen Phantasie zu stutzen – nährte dagegen die Gefühle des Ausgeliefertseins, der Abhängigkeit des Menschen von überirdischen Gewalten. Aus magischen Handlungen und Formeln, die durch den einen oder anderen Zug allerdings einen mit den Mythen gemeinsamen Ursprung verraten, baute die Religion ihr System streng geregelter Gebräuche und Riten auf, das das menschliche Selbstbewußtsein demütigen sollte, um die »höheren Gewalten« zu versöhnen. So schritt die Mythologie vorwärts, der Verwirklichung wahren Menschentums entgegen, während die Religion den Verlust der Menschenwürde sanktionierte.

Die Bedeutung der vergleichenden Mythologie in der Gegenwart

Aus der im großen und ganzen einheitlichen Entwicklung der Urgesellschaft folgt von selbst, daß Götter und Göttinnen sowie die von ihnen handelnden Mythen nicht nur der Phantasie des griechischen Volkes entsprungen sind, sondern daß sie in allen Gegenden der Welt entstanden, wo der Mensch, zu kleineren oder größeren Gruppen zusammengeschlossen, um die Erhaltung seines Daseins kämpfte und im Laufe dieses Kampfes den Versuch unternahm, sich die Kräfte der Natur dienstbar zu machen. Aus der allgemeinen Gesetzmäßigkeit der gesellschaftlichen Entwicklung ergibt sich für die vergleichende Mythologie, daß die häufig zu beobachtenden Übereinstimmungen in den Mythen verschiedener Völker sich nicht auf die durch gemeinsame Abstammung erklärbaren gemeinsamen Züge miteinander verwandter Völker beschränken, daß es aber auch – wo solche Verwandtschaft nicht besteht – keinesfalls ausreicht, zur Erklärung der Übereinstimmungen die Wechselwirkung zwischen Völkern, die miteinander in Berührung standen, also ein Übergeben und Übernehmen von Mythen, anzunehmen. Zweifellos gibt es zahlreiche Beispiele für das eine wie für das andere. So mag diesen oder jenen Zug, der den griechischen *Zeus* wie den römischen *Iupiter*, den slawischen *Perun* wie den germanischen *Thor* oder *Donar, Odin* oder *Wotan*, vielleicht auch *Zio* charakterisiert, ihr gemeinsamer indoeuropäischer Ursprung erklären. Andererseits haben die Griechen – sicherlich vor allem durch phönizische, teilweise aber auch durch hethitische Vermittlung – sehr früh auch mesopotamische Mythen kennengelernt. Es besteht ferner eine gewisse Wahrscheinlichkeit, daß auf den ursprünglich indoeuropäischen Mythos vom Feuerraub, die Prometheus-Sage, die Züge eines im sagenhaften Kolchis – im heutigen Georgien – nachgewiesenen kaukasischen Mythos abgefärbt haben. Der griechische Perseus-Mythos mochte auch nach Zentralasien gelangt sein, und zwar auf dem gleichen Wege wie die romanhafte Lebensgeschichte Alexanders des Großen, die dann, mit den historischen Zügen Dschingis Khans verschmolzen, in der mythischen Überlieferung von einer in sagenhafter Vorzeit unter wunderbaren Umständen bereits einmal verwirklichten gerechten Regierungsweise dazu beitrug, die Hoffnung auf eine bessere Zukunft in dem vor der Großen Sozialistischen Oktoberrevolution unter doppelter Unterdrückung schmachtenden kasachischen Volke wachzuhalten.

Aber die auf der Grundlage des historischen Materialismus fußende vergleichende Mythologie hat jene dritte Gruppe der in den

Mythen der verschiedenen Völker nachweisbaren Übereinstimmungen besonders zu studieren, nämlich solche, die weder durch gemeinsame Abstammung noch durch Wechselwirkung zu erklären sind. In diesen Fällen kann die Ursache für die Übereinstimmung der Mythen nur in der Identität der Natur- oder Gesellschaftsverhältnisse liegen, die sich in ihnen widerspiegeln. Es versteht sich von selbst, daß es sich auch dann, wenn es Naturvorgänge sind, die der Mythos reflektiert, nur um das für eine bestimmte Stufe der gesellschaftlichen Entwicklung charakteristische Verhältnis des Menschen zur Natur handeln kann. So finden in den weitverbreiteten Mythengruppen, die von der Inbesitznahme des Feuers oder von den Tierahnen handeln, nicht bloß die geheimnisvolle Naturmacht des Feuers oder die Besonderheiten der tierischen Natur ihren Ausdruck; es dokumentieren sich in ihnen vielmehr die ersten Versuche des Menschen zur Umgestaltung der Natur, die auch zur Umwandlung seiner eigenen Natur führten, bzw. die für die Zeit des Totemismus charakteristischen Entwicklungsstufen der Stammesorganisation. Werden sie sachverständig gedeutet, so sprechen sie geradezu mit der Authentizität historischer Quellen.

»Der Mensch *macht die Religion*, die Religion macht nicht den Menschen«[27], lehrt Marx, und im Sinne dieser Lehre hat Engels die bekannte Theorie des schweizerischen Rechtsgelehrten und Religionshistorikers Bachofen vom Mutterrecht und dessen religionsgeschichtlichen Beziehungen »vom Kopf auf die Füße« gestellt. Im einzelnen ist auch Engels der Ansicht, daß in dem Mythos, den Aischylos in der dramatischen Trilogie »Oresteia« verarbeitet hat, der Sieg des Vaterrechtes über das Matriarchat zum Ausdruck kommt; er kann jedoch einer idealistischen Schilderung des geschichtlichen Vorganges, welche die auf gesellschaftlicher Ebene eingetretene Veränderung auf den Wechsel in der religiösen Auffassung des Menschen zurückführt, nicht zustimmen. Im Gegenteil: »Die Entwicklung der tatsächlichen Lebensbedingungen der Menschen« und nicht »der religiöse Widerschein dieser Lebensbedingungen in den Köpfen derselben Menschen« hat »die geschichtlichen Veränderungen in der gegenseitigen, gesellschaftlichen Stellung von Mann und Weib bewirkt«.[28] Der Mythos ist gerade die Widerspiegelung der tatsächlichen Lebensbedingungen des Menschen, und da sich diese Lebensbedingungen nach einer überall wirksamen Gesetzmäßigkeit gestaltet haben, weist ihre mythologische Widerspiegelung auf der gleichen Stufe der gesellschaftlichen Entwicklung zwangsläufig mehr oder weniger ähnliche Züge auf. Das Matriarchat ist eine gesetzmäßig überall auftretende Entwicklungsstufe der Gentilordnung – dies ist besonders gegenüber jenen offen oder verhüllt rassistisch eingestellten Indogermanisten zu betonen, die das Matriarchat als eine den indoeuropäischen Völkern auch auf ältester Stufe fremde, nur für »minderwertige« Rassen charakteristische gesellschaftliche Einrichtung betrachtet haben.[29] Die Spuren des Matriarchats findet man in den verschiedensten Mythologien, und meistens findet man auch die Mythen, welche die Erinnerung an die Beseitigung des Matriarchats und die Durchsetzung des Vaterrechtes bewahren.

So ist z. B. auch die Tatsache zu beurteilen, daß es nicht nur im griechischen Mythos, sondern auch in einer ganzen Reihe vorderasiatischer, amerikanischer, afrikanischer, finnisch-ugrischer usw. Mythen und Volkssagen die Frau, und zwar meistens die erste Frau auf der Welt, ist, deren Neugierde über den Mann eine Flut von Not und Mühsal bringt. Hinzugefügt sei, daß in diesem Mythenkreis der Name der griechischen *Pandora* und auch der der biblischen *Eva* auf einer noch früheren Stufe der mythologischen Entwicklung je eine Erdgöttin mütterlicher Natur bezeichneten. Hieraus erhellt schon, daß die verschiedenen Abwandlungen des Pandora-Mythos bei den verschiedenen Völkern überall zu einer Zeit entstanden, als die im Matriarchat zu zentraler Bedeutung gelangte Verehrung der Muttergottheit – deren Andenken übrigens auch in der weiteren Ausgestaltung der Mythen durchscheint – von einer niedrigeren Bewertung des Weibes abgelöst wurde. In diesen Zusammenhang gehört auch die indisch-iranische Erzählung von der holzgeschnitzten Frau, die Zwietracht unter Freunden ausstreut. Allem Anschein nach handelt es sich hier um die novellistische Bearbeitung einer kosmogonischen Mythe vom ersten Weib.

Die vergleichende Mythologie kann sich natürlich nicht auf das Studium jener mythologischen Grundmotive beschränken, die in der Anfangsphase der Entwicklung zum großen Teil noch im Bannkreis der Religion entstanden sind. Sie hat ihr Augenmerk auch auf diejenigen mythischen Schöpfungen größeren Ausmaßes zu richten, die diese Grundmotive aus der religiösen Bindung gelöst und auf höheren Stufen der gesellschaftlichen Entwicklung frei weiterentwickelt haben, indem sie die gesellschaftliche Wirklichkeit des jeweiligen Abschnitts der Entwicklung mitunter nicht mehr bloß spontan widerspiegelten, sondern zu den durch die Entwicklung aufgeworfenen Fragen auch schon bewußt Stellung nahmen. Hier aber hat bereits – und dies gilt abermals insbesondere für Griechenland – die bewußte Fortbildung des Mythos, schon um den gleichen Gehalt verschiedenartig gestalten zu können, eine außerordentliche Fülle von künstlerischen Formen und immer mehr als solche anzusprechenden mythologischen Varianten geschaffen. Welche Ergebnisse ein Vergleich auch noch bei den jüngsten Entwicklungsstufen des Mythos zu erbringen vermag, dafür sei nur noch ein einziges Beispiel angeführt: die weder durch gemeinsame Herkunft noch durch Übernahme erklärbare Parallelität zweier sowohl räumlich wie zeitlich, ja sogar auch hinsichtlich der Stufe der gesellschaftlichen Entwicklung einander fernliegender mythologischer Gebilde.

Das russische Heldenlied *(Byline)* von *Sadko*, dem reichen Nowgoroder Kaufmann, erinnert, ohne auch nur einen einzigen Hinweis auf fortlebende Überlieferungen des klassischen Altertums zu enthalten, auf Schritt und Tritt an Züge, die aus der griechischen Mythologie wohlbekannt sind. Sadko selbst ist mit Helden der griechischen Mythologie wie *Orpheus* und *Amphion* verwandt, die durch ihre Musik die Natur zu bezaubern vermögen, in noch näherer Verwandtschaft aber steht er zu *Odysseus*, dem Helden, der die Meere befährt und die Gebräuche vieler Städte und Völker kennenlernt. Der König des Meeres und die dreimal dreihundert Meerjungfrauen der Byline können griechischen Meergottheiten, vor allem *Nereus* und seinen unzähligen Töchtern, den *Nereiden*, gleichgestellt werden, die die spielerisch springenden Wellen des erhaben-unheimlichen Meeres personifizieren. Der Meerkönig, der Sadkos habhaft werden will, hält die dreißig Schiffe ebenso auf offenem Meere fest wie *Poseidon* das Schiff der Phäaken – dieser tut es allerdings etwas verspätet, weil ihm der von seiner Rache verfolgte Odysseus zuvorgekommen ist und bereits das Ufer erreicht hat. Obwohl der auf dem Meeresgrund gefangengehaltene Sadko schließlich notgedrungen eine der Meerjungfrauen heiratet, läßt er sie doch unberührt, denn er sehnt sich stets nach seiner Heimatstadt Nowgorod zurück, wo ihn die Ehefrau erwartet – wie *Penelope* auf Ithaka den Odysseus. Diese Meerjungfrau aber heißt *Tschernawa*, »die Schwarze«. Der Name zielt vermutlich auf die Schwärze des Todes ab, und so kann ihre Gestalt in Parallele gestellt werden mit *Kalypso*, die den nach Ithaka zu seiner Gattin strebenden Odysseus auf einer fernen Insel mit ihrer doppelsinnigen – den Tod, aber auch die Unsterblichkeit bedeutenden – Liebe gefangenhält; auch ihr Name (*kalyptein*, das heißt »verbergen«) deutet auf den alles verbergenden Tod hin, so wie der Hadeshelm und die mit ihm verwandten Symbole. Aber mehr noch als die auf offenbar höchst urtümliche mythologische Vorstellungen zurückzuführende Verwandtschaft der einzelnen Motive ist es die überraschend ähnliche Stimmung, welche die Sadko-Byline neben die »Odyssee« Homers stellt; dies bedeutet aber nicht, daß man bei der Entstehung der Byline die Kenntnis der Homerischen Epen voraussetzen müßte. Sadko ist übrigens eine historische Person: Die Nowgoroder Chroniken verzeichnen, daß die Kirche der Heiligen Boris und Gleb zu Nowgorod im Jahre 1167 von dem steinreichen Sadko Sitinitsch erbaut worden ist.

Die Gesellschaftsordnung, die hinter der

»Odyssee« steht, ist die sich entfaltende der Sklavenhaltergesellschaft. Die im 19. Jahrhundert aufgezeichnete und durch die Oper Rimski-Korsakows zu Weltruf gelangte Byline hat dagegen im Munde des Volkes die Erinnerung an den frühen russischen Feudalismus bewahrt. Dennoch ist zu sagen, daß in der Entwicklung der ionischen Handelsstädte Kleinasiens und der des mittelalterlichen Nowgorod eine gewisse Gemeinsamkeit zu finden ist: die für beide entscheidende Bedeutung des Handels. Der Seehandel wurde hier durch die natürliche Gestaltung des griechischen Küstenstreifens in Kleinasien gefördert, dort durch die glückliche Lage Nowgorods am Ilmensee, der durch den Wolchow mit dem Ladogasee und weiter durch die Newa mit dem Meere verbunden ist. Die Bedingungen der Nowgoroder für die Seeschiffahrt – noch ohne Kompaß – unterschieden sich nicht wesentlich von den Bedingungen, unter denen die kleinasiatischen Griechen die Meere befuhren. Sie machten den Seehandel zu einem Abenteuer, das bei glücklichem Ausgang seinem Helden neben überreichem Gewinn auch einen ruhmvollen Namen und wunderbare Erlebnisse versprach. Der zweideutige Zauber des Meeres, das ferne Verlockungen und Todesgefahr verheißt, die in der Seele miteinander ringenden Gefühle der Abenteuerlust und des Heimwehs: dies ist das Erlebnis, das hier wie dort – voneinander unabhängig – einen im wesentlichen identischen mythologischen Ausdruck gefunden hat.

Dennoch gibt es in der historischen Stellung der griechischen Mythologie etwas Besonderes, auf das Marx ebenfalls bereits hinwies, als er schrieb, daß die griechische Kunst die *griechische* Mythologie voraussetzt, also »nicht jede beliebige Mythologie, das heißt nicht jede beliebige unbewußt künstlerische Verarbeitung der Natur (hier darunter alles Gegenständliche, also die Gesellschaft eingeschlossen). Ägyptische Mythologie konnte nie der Boden oder der Mutterschoß griechischer Kunst sein.«[30] Daß eine so geartete, auf der freien Weitergestaltung der Mythologie beruhende Kunst (wir können hinzufügen: und Dichtung, da Marx sie in den Begriff Kunst stets mit einbegreift) im mittelalterlichen und neuzeitlichen Europa nirgends entstehen konnte, wird besser noch als durch die Rolle der Kirche – zumindest was die Literatur angeht – dadurch zur Selbstverständlichkeit, daß dort die herrschende Klasse überall ein mehr oder weniger internationales Schrifttum besaß, dessen Grundlage die griechisch-römische Kultur war. In diesem Rahmen konnte die klassische Mythologie höchstens als ein System von Symbolen überliefert werden, das die freie Gestaltbarkeit der lebendigen mythologischen Überlieferung nicht mehr besaß. Was an Mythen unter den veränderten Umständen in stetem Gestaltwandel weiterzuleben vermochte, lebte nur in der mündlichen epischen Überlieferung des Volkes fort. Obgleich keltische und germanische Mythen im Mittelalter umfangreichere dichterische Gestaltung fanden, konnten sie in den Literaturen des Mittelalters doch nicht zu so ausschließlicher Geltung gelangen wie die griechische Mythologie zu ihrer Zeit. Die wichtigste Quelle für die Mythologien der verschiedenen jüngeren Nationen sind die epischen Überlieferungen des Volkes, die in der Neuzeit durch wissenschaftliche Sammeltätigkeit oder dadurch, daß einzelne große Dichter sie bearbeiteten, aus der mündlichen Überlieferung herausgehoben und in den Rahmen der Literatur einbezogen wurden. Diese Dichter – wie Puschkin oder Petőfi – bekundeten dadurch auch meist ihre Hinneigung zu demokratischen Bestrebungen.

Die Eigenart der griechischen Mythologie kann also unter dem Gesichtspunkt der von Marx aufgeworfenen Frage nur im Vergleich mit den Mythen der Völker des Altertums untersucht werden. Woran Marx in dieser Hinsicht dachte, wird dadurch klar, daß er die griechische Mythologie gerade der ägyptischen gegenüberstellte, die mit ihren tiergestaltigen oder wenigstens tierköpfigen Göttern und Göttinnen schon den Griechen der Antike als eine Art ehrwürdiger, aber fremdartiger Antiquität erscheinen mochte. Alle wahre Dichtung wie alle wahre Kunst handelt vom Menschen und wendet sich an den Menschen. Für solche menschlichen Aussagen war die griechische Mythologie gerade durch *das* in höchstem Maße geeignet, was Xenophanes an ihr tadelte: durch den plastischen Anthropomorphismus, also durch die Menschengestalt, ja im Grunde genommen durch die menschliche Verhaltensweise ihrer Götter. Die griechische Mythologie hat sich besonders rasch über den Theriomorphismus hinausentwickelt. Die »Kuhaugen« der *Hera*, die »Eulenaugen« der *Pallas Athene*, das verblaßte Andenken an die alte Stiergestalt des *Zeus* und die Pferdegestalt des *Poseidon* in einzelnen Mythen und andere auf den theriomorphen Ursprung der anthropomorphen Götter hindeutende Rudimente hinderten die Dichter selbst der ältesten Denkmäler der griechischen Dichtung nicht daran, auch in den Auseinandersetzungen der Götter unverfälscht menschliche Leidenschaften aufeinanderprallen zu lassen und auf dem Umweg über göttliche Akteure menschliche Möglichkeiten bewußt zu machen.

Die Götter der griechischen Mythologie legten sich dem Menschen nicht wie ein Alpdruck aufs Gemüt – im Gegensatz zu religiösen Vorstellungen, wie z. B. die vom *Zeus Peloros*, dem furchtbaren Riesen, in der ätiologischen Legende des thessalischen Festes *Peloria*. Bei Homer kommt dieser Beiname – zweifellos ein Überrest aus der urtümlichen Schicht der Mythologie – nur noch in besonders motivierten Situationen dem blutdürstigen Kriegsgott *Ares* und dem lahmen Schmiedegott *Hephaistos* zu, denen die strahlende Jungfrauengestalt der Pallas Athene gegenübersteht, und zwar sowohl als Vertreterin des menschenwürdig geregelten Kampfes wie auch als eine Göttin, die im Gegensatz zu der rohen Kraft des Schmiedegottes die vom Verstand geleiteten feineren Arten der Handwerkskunst bevorzugt.

Ungeheuer, dem Bereich religiöser Angstvorstellungen entwachsen, figurieren in der griechischen Mythologie nur ausnahmsweise, und zwar überwiegend als Gegner der Götter. Sie werden dann jeweils von den Göttern oder von deren heldenhaften Söhnen besiegt, so daß sie den Menschen nicht bedrücken können, sondern ihn gerade durch ihren verdienten Sturz vom Alpdruck der religiösen Vorstellungen befreien. Dies und die damit verknüpfte lebensfrohe spielerische Natur der griechischen Götter, welche die Welt in olympische Heiterkeit hüllte, ohne die schmerzlichere Wirklichkeit des menschlichen Daseins mit irgendeinem sentimentalen Schleier zu bedecken, sind offenkundig wesentliche Momente, um derentwillen Marx die am schönsten entfaltete Form der »geschichtlichen Kindheit der Menschheit« in der Welt der griechischen Mythologie und die »normalen Kinder« der Geschichte in den Griechen erblickt, im Gegensatz zu jenen Völkern des Altertums, die er als »ungezogene Kinder« und »altkluge Kinder« bezeichnet.[31] Griechische Dichtung und griechische Kunst, Lehrmeister der Literatur und der bildenden Kunst aller späteren Zeit, haben zu unserem Kulturerbe die schönsten Träume des Kindesalters der Menschheit, die griechischen Mythen, als unverlierbaren Bestand beigesteuert.

All dies berechtigt dazu, im vorliegenden Band der griechischen Mythologie einen Ehrenplatz einzuräumen. Anschließend daran befassen wir uns mit der römischen Mythologie, die der Gegenwart vielfach auch die griechische vermittelt hat. Eine Auswahl von Mythen anderer Völker wird nur zu Vergleichszwecken, hauptsächlich aber zur Illustration der theoretischen Ausführungen dieser Einleitung den griechischen Mythen vorangestellt.

Anmerkungen

1 Sándor Petőfi an Gábor Kazinczy (deutsch von L. Landgraf).

2 K. Marx, Differenz der demokritischen und epikureischen Naturphilosophie. Inauguraldissertation. Vorwort. In: Marx-Engels-Gesamtausgabe (MEGA). Band 1/1, Frankfurt a. M. 1927, S. 10.

3 K. Marx, Zur Kritik der Hegelschen Rechtsphilosophie. Einleitung. In: Marx/Engels, Werke. Band 1, Berlin 1958, S. 382.

4 F. Engels, Herrn Eugen Dührings Umwälzung der Wissenschaft (Anti-Dühring). In: Marx/Engels, Werke. Band 20, Berlin 1962, S. 294 (Hervorhebung – I. T.-W.).

5 K. Marx, Einleitung zur Kritik der Politischen Ökonomie. In: Marx/Engels, Werke. Band 13, Berlin 1961, S. 461 (Hervorhebung – I. T.-W.).

6 Engels, Anti-Dühring. In: Marx/Engels, Werke, Band 20, S. 294 (Hervorhebung – I. T.-W.).

7 Ebenda, Anmerkung (Hervorhebung – I. T.-W.).

8 I. Goldziher, Der Mythos bei den Hebräern. Leipzig 1876, S.160.

9 М.Чиковани, Амираниани. Тбилиси 1960.

10 Goldziher, Der Mythos bei den Hebräern, S.132.

11 W. I. Lenin, Sozialismus und Religion. In: Lenin, Werke. Band 10, Berlin 1959, S.70.

12 Engels, Anti-Dühring. In: Marx/Engels, Werke. Band 20, S.294.

13 Marx, Einleitung zur Kritik der Politischen Ökonomie. In: Marx/Engels, Werke. Band 13, S.641.

14 Marx, Zur Kritik der Hegelschen Rechtsphilosophie. In: Marx/Engels, Werke. Band 1, S.378.

15 Vgl. z.B.: Engels, Der deutsche Bauernkrieg. In: Marx/Engels, Werke. Band 7, Berlin 1960, S.343ff., und Engels, Ludwig Feuerbach und der Ausgang der klassischen deutschen Philosophie. In: Marx/Engels, Ausgewählte Schriften in zwei Bänden. Berlin 1961, Band 2, S.353ff.

16 Marx, Einleitung zur Kritik der Politischen Ökonomie. In: Marx/Engels, Werke. Band 13, S.640f.

17 Vgl. Engels, Der Ursprung der Familie, des Privateigentums und des Staates. In: Marx/Engels, Ausgewählte Schriften in zwei Bänden. Band 2, S.164.

18 Marx, Differenz der demokritischen und epikureischen Naturphilosophie. In: MEGA, Band 1/1, S.63.

19 Vgl. W. Robertson Smith, Lectures on the Religion of the Semites. London 1927, S.304.

20 М.Горький, О литературе. Москва 1953, S.703f.

21 Ebenda, S.698.

22 Ebenda, S.404.

23 Ebenda, S.693.

24 Vgl. Marx, Das Kapital. In: Marx/Engels, Werke. Band 23, Berlin 1962, S.430.

25 Калевала, Карельские руны. Собр. Э. Лёнротом. Перев. с финского А. И. Бельский, вступ. статья О.Куусинена. Москва 1956, S.14–18.

26 Marx, Zur Kritik der Hegelschen Rechtsphilosophie. In: Marx/Engels, Werke. Band 1, S.378.

27 Ebenda.

28 Engels, Der Ursprung der Familie … In: Marx/Engels, Ausgewählte Schriften. Band 2, S.163.

29 Vgl. М.О. Косвен, Матриархат. Москва–Ленинград 1948, S.174f. und 252–255.

30 Marx, Zur Kritik der Politischen Ökonomie. In: Marx/Engels, Werke. Band 13, S.641.

31 Ebenda, S.642.

MYTHEN DER VÖLKER

WELTSCHÖPFUNG

Aztekische Mythen

Die Indianer verehrten einen Gott mit Namen »Herr unseres Fleisches«, dessen Frau die »Herrin unseres Fleisches« (mit anderem Namen *Xochiquetzal*) war. Diese hatten ihren Ursprung und Wohnort im dreizehnten Himmel, von dessen Anfängen niemand je etwas erfuhr ...

Beide Götter erzeugten vier Söhne: Der älteste hieß der rote *Tezcatlipoca* (die Bewohner von Uexotzinco und Tlaxcala, die ihn als Hauptgott verehrten, nannten ihn *Camaxtli*), weil er bei der Geburt ganz rot war. Der zweite war der schwarze *Tezcatlipoca* – das war der größte und schlimmste von allen, denn er herrschte und vermochte mehr als die anderen drei, weil er im Mittelpunkt aller Wesen und Dinge entstanden war; er war bei der Geburt schwarz. Als dritter wird *Quetzalcouatl*, mit anderem Namen »Nacht und Wind«, genannt und als vierter und jüngster »Der Herr des Knochens« oder »Die zweiköpfige Schlange«. Diesen nannten die Mexikaner *Uitzilopochtli* und hielten ihn für ihren Hauptgott ... Von diesen vier Söhnen war der schwarze Tezcatlipoca allwissend, allgegenwärtig und sah in alle Herzen. Darum nannte man ihn *Moyocoya*, d. h. den Allmächtigen oder den, der alles tut, ohne daß jemand ihn daran hindern kann ... Uitzilopochtli war bei seiner Geburt lediglich Knochen ohne Fleisch und blieb so sechshundert Jahre hindurch. In dieser ganzen Zeit geschah von seiten der Götter nichts ...

Als die sechshundert Jahre um waren, traten die vier Götter zusammen und sagten, es würde gut sein, wenn sie jetzt Ordnung und Gesetz einführten; und man übertrug es Quetzalcouatl und Uitzilopochtli, den Dingen ihre Ordnung zu geben. Diese schufen im Auftrag der andern beiden und im Einverständnis mit ihnen zuerst das Feuer, sodann eine halbe Sonne, die aber deswegen, weil sie nicht ganz war, nur schwach leuchtete.

Die Erde wurde folgendermaßen geschaffen: Zwei Götter, Quetzalcouatl und Tezcatlipoca, brachten die Erdgöttin vom Himmel herab. Sie hatte an allen Gelenken Augen und Mäuler, mit denen sie wie ein Raubtier biß. Bevor die beiden Götter die Erdgöttin vom Himmel herunterbrachten, gab es schon das Wasser, von dem niemand weiß, wer es schuf. Auf diesem Wasser bewegte sich die Göttin, und als die Götter das sahen, sprachen sie zueinander: »Es ist nötig, daß wir die Erde schaffen.«

Dann verwandelten sich beide in große Schlangen, deren eine die Göttin an der rechten Hand und dem linken Fuß packte, die andre an der linken Hand und dem rechten Fuß; sie zerrten sie derart, daß sie mittendurch riß. Aus der Hälfte hinter den Schultern machten sie die Erde; die andere Hälfte brachten sie zum Himmel hinauf. Hierüber ergrimmten die übrigen Götter sehr. Um die Erdgöttin für den Verlust, den die beiden Götter ihr zugefügt hatten, zu entschädigen, stiegen alle Götter vom Himmel herab; sie trösteten sie und befahlen, daß aus ihr alle für die Erhaltung des Menschen notwendigen Lebensmittel hervorgehen sollten. Darum machten sie aus ihren Haaren Bäume, Blumen und Gräser, aus ihrer Haut die ganz zarten Kräuter und Blümchen, aus ihren Augen Brünnlein, Quellen und kleine Höhlen, aus ihrem Munde Flüsse und große Höhlen, aus den Nasenlöchern Bergtäler, aus den Schultern Berge. Zuweilen schrie die Erdgöttin in der Nacht und verlangte nach Menschenherzen. Sie wollte sich nicht eher beruhigen, als bis man sie ihr gab, und wollte nicht eher wieder Frucht tragen, als bis sie mit Menschenblut getränkt wurde.

Eines Tages schoß der Sonnengott frühmorgens einen Pfeil vom Himmel herab. Er fiel an dem Orte Tetzcalco nieder, wo gegenwärtig eine Stadt liegt. Aus dem Loch, das der Pfeil gemacht hatte, kamen ein Mann und eine Frau hervor; der Mann hieß »Kopf« oder »Sperber«, die Frau »Pflanzenhaar«.

Die Götter sprachen untereinander: »Die Menschen werden immer traurig sein, wenn wir nicht etwas schaffen, um ihr Herz zu erquicken, damit sie Freude am Leben auf der Erde haben und uns preisen, singen und tanzen.«

Als der Windgott (Quetzalcouatl) dies vernahm, sann er bei sich darüber nach, wo er wohl ein Getränk fände, das man den Menschen schenken könnte, um ihnen Freude zu bereiten. Bei diesen Gedanken kam ihm eine göttliche Jungfrau in den Sinn, namens *Mayauel*, die von der Göttin *Tzitzimitl*, ihrer Großmutter, behütet wurde. Stracks begab er sich zu ihnen. Er fand sie schlafend, weckte die Jungfrau auf und sagte zu ihr: »Ich komme dich holen, um dich in die Welt zu geleiten.«

Damit war sie sogleich einverstanden; also stiegen sie beide vom Himmel herab, wobei er sie auf seinen Schultern trug. Als sie auf der Erde angekommen waren, verwandelten sich beide in einen Baum; dieser Baum hatte zwei Äste, deren einer, der »Quetzalweidenbaum«, der Windgott und deren anderer, der »Blumenbaum«, die Jungfrau war. Als nun die Großmutter aus dem Schlaf erwachte und ihre Enkelin nicht mehr vorfand, rief sie sofort die anderen, ebenfalls Tzitzimitl genannten Göttinnen herbei, und alle stiegen zur Erde hinab, um den Windgott zu suchen. In demselben Augenblick brachen die beiden Äste auseinander. Der Ast der Jungfrau wurde auf der Stelle von der alten Göttin erkannt; sie ergriff ihn, zerbrach ihn und gab jeder der anderen Göttinnen ein Stück, das sie verzehrten. Den Ast des Windgottes aber zerbrachen sie nicht, sondern ließen ihn liegen; sobald die Göttinnen wieder zum Himmel emporgestiegen waren, verwandelte er sich in die Gestalt des Windgottes zurück. Er sammelte nun die Knochen der Jungfrau, die die Göttinnen verzehrt hatten, und verscharrte sie; aus ihnen wuchs die Pflanze empor, die man Metl (Agave) nennt und aus der die Indianer ihren Wein bereiten, den sie trinken und mit dem sie sich berauschen.

W. Krickeberg, Märchen der Azteken und Inkaperuaner, Maya und Muisca. Jena 1928, S. 3–6 und 12–14.

DIE HOLZGESCHNITZTE FRAU

Iranische Variation eines Märchens indischen Ursprungs

Als einstmals ein Goldschmied, ein Zimmermann, ein Schneider und ein Einsiedler zusammen auf der Reise waren, machten sie eines Abends in der Wüste halt und sagten untereinander: »Wir wollen diese Nacht hier in der Wüste bleiben und Wache halten, indem wir vier Personen jeder eine Wache übernehmen.« Einstimmig kamen sie über diese Worte überein. Die erste Wache stand der Zimmermann auf dem Posten, und um den Schlaf zu verscheuchen, nahm er ein Beil und machte eine Figur von Holz. Bei der zweiten Wache, als die Reihe an den Goldschmied kam und dieser sah, daß die hölzerne Figur nicht mit Gold und Juwelen angetan war, sagte er in seinem Herzen: »Der Zimmermann hat durch das Schnitzen dieser hölzernen Figur seine Kunst gezeigt; ich muß auch meine Geschicklichkeit dartun und einen Schmuck für Ohren, den Hals, die

Arme und Füße verfertigen und ihn der Figur anlegen, um ihre Zierlichkeit zu erhöhen.« Als er auf diese Weise die Juwelen zurechtgemacht hatte, legte er sie dem Püppchen an. Als dritte Wache kam der Schneider an die Reihe. Er wachte auf und sah ein Weib mit einem außerordentlich schönen Gesicht und von hübscher Gestalt, angetan mit köstlichen Juwelen, aber nackend; auf der Stelle fertigte er niedliche Kleider, wie sie sich für eine Braut schicken, legte sie ihr an und erhöhte dadurch ihre Zierlichkeit. Die vierte Wache traf den Einsiedler, der, als er sich auf den Posten stellte, diese einnehmende Gestalt erblickte. Der Einsiedler verrichtete seine Waschung und das Gebet; darnach sprach er die flehentliche Bitte aus: »O Gott, gib dieser Gestalt Leben!« Sogleich erhielt die Figur Leben, so daß sie wie ein menschliches Wesen redete.

Als die Nacht vorüber war und die Sonne aufging, waren alle diese vier Leute bis zur Verzweiflung in die Figur verliebt. Der Zimmermann sagte: »Ich bin Herr von diesem Frauenzimmer, weil ich es mit meinen eigenen Händen gezimmert habe. Ich will sie hinnehmen.« – Der Goldschmied sagte: »Die Braut gebührt mir, weil ich sie mit Juwelen geschmückt habe.« – Der Schneider behauptete: »Die Frau ist mein Eigentum, denn als sie nackt war, machte ich Kleider und zog sie ihr an.« – Der Einsiedler sagte: »Dies war eine Figur von Holz, und da sie auf mein Gebet Leben erhielt, so will ich sie haben.«

Kurz, dieser Streit hatte lange Zeit gedauert, als zufällig jemand nach diesem Ort kam, den sie baten, unter ihnen Recht ergehen zu lassen. Als dieser Mann das Gesicht des Weibes sah, rief er aus: »Das ist meine rechtmäßige Ehegattin, die ihr aus meinem Hause entführt und von mir getrennt habt.«

Als er sich so gebärdet hatte, ergriff er sie und führte sie mit sich vor den Burgvogt. Als der Burgvogt das Angesicht der Frau sah, rief er aus: »Das ist meines Bruders Frau, die er mit sich auf eine Reise nahm; ihr habt meinen Bruder totgeschlagen und die Frau mit Gewalt genommen.« – Der Burgvogt ergriff sie darauf alle und führte sie vor den Kasi. Als der Kasi die Frau ansah, befragte er dieselben und sagte: »Wer seid ihr? Seit langer Zeit habe ich diesem Weibe nachgespürt: sie ist meine leibeigene Magd, die sich mit einer großen Menge von meinem Geld versteckte; nun, wo sind mein Geld und meine Sachen? Gebt mir Antwort!«

Als dieser Zank und Hader sehr lange fortgedauert hatte und viele Leute zusammengelaufen waren, um den Auftritt mit anzusehen, sagte ein alter Mann, der gegenwärtig war: »Dieser Streit wird durch keinen Menschen beigelegt werden, aber in einer gewissen Stadt ist ein großer alter Baum, genannt Der Baum der Entscheidung; jeder Streit, den nicht Menschen zu schlichten vermögen, wird vor diesen Baum gebracht, aus welchem eine Stimme ertönt, die erklärt, auf wessen Seite das Recht ist und wessen Ansprüche falsch sind.« Um die Geschichte abzukürzen, diese sieben Männer gingen unter den Baum und nahmen auch das Weib mit sich, und jeder von ihnen trug die Umstände seiner besonderen Lage vor. In diesem Augenblick klaffte der Stamm des Baumes auseinander, und die Frau lief in den Spalt hinein, worauf der Baum sich wieder schloß, und sie verschwand. Eine Stimme erscholl aus dem Baume und sprach: »Jedes Wesen kehrt zu seinem Urstoffe zurück.«

C. J. L. Iken, Das persische Papageienbuch (Tuti Nameh). Neudruck mit einer Einleitung von R. Schmidt. Berlin–Leipzig o. J., S. 60–65.

DIE SINTFLUT

Nach dem babylonischen Gilgamesch-Epos

Die Götter hatten sich versammelt, und sie beschlossen, über die sündige Welt eine Sintflut kommen zu lassen. Zugegen waren *Anu*, der Vater der Götter, *Enlil*, der König der Götter, ihr Herold, *Nimurta*, der Gott des Krieges, und *Ennugi*, der Fürst der Unterwelt. Zugegen war aber auch der helläugige *Ea*, der Gott der Weisheit, der die Menschen liebte und der dem frommen *Utnapischti* verriet, was die Götter planten.

»Sohn Ubara-Tutus«, sprach der Gott Ea zu Utnapischti, »zerstöre dein Haus, und baue an seiner Statt ein Schiff, kümmere dich nicht um deine Habe, sei froh, wenn du dein Leben retten kannst. In das Schiff aber nimm allerlei Lebewesen mit!«

Utnapischti antwortete ihm hierauf: »Ich habe deine Worte verstanden und werde danach handeln. Was aber soll ich in der Stadt dem Volk und den Alten der Stadt sagen angesichts meiner Vorbereitungen?«

Alsdann unterwies Ea jenen Menschen, dessen Errettung er beschlossen hatte: »Sage ihnen: Es will mir scheinen, daß Enlil, der Gott von Nippur, mir grollt; deshalb kann ich nicht weiter in eurer Stadt bleiben, im Lande Enlils. Ich begebe mich auf das heilige Wasser des Meeres, um bei Ea, meinem Herrn, zu wohnen. Euch aber werden die Götter den Reichtum des Regens spenden, der euch reichlich Ernte bescheren wird.«

Tags darauf, als der Morgen graute, begann Utnapischti die Arbeit so, wie ihm von Ea anbefohlen. Am fünften Tag hatte er schon die Form des Schiffes entworfen; einhundertzwanzig Ellen hoch die Wände, einhundertzwanzig Ellen breit der Rand des Daches, er baute sechs Stockwerke, von außen siebenfach, von innen neunfach gegliedert.

Vor Sonnenuntergang war das Schiff fertig, Utnapischti hielt ein Abschiedsfest, brachte den Göttern ein Opfer wie am Neujahrstage dar und bewirtete das Volk mit Wein, Fleisch und Öl. Dann belud er das Schiff, ließ alles hinaufbringen, was er hatte, Silber und Gold und allerlei Getier. Er führte seine ganze Familie und seine Habe in das Schiff und mit ihnen verschiedene Handwerker.

Schamasch, der Sonnengott, bestimmte die Zeit der Abfahrt und sprach: »Eines Abends, bevor die Nacht einbricht, wird Weizenregen fallen: dann betritt auch du das Schiff und verriegele deine Tür!«

Nun war die Zeit gekommen: Eines Abends ist Weizenregen auf die Erde gefallen; der Himmel bedeckte sich aber jählings mit so drohenden Wolken, daß Utnapischti sich fürchtete, zu ihnen hinaufzublicken. Er betrat das Schiff, verriegelte die Tür und vertraute sich mit all seiner Habe *Pusur-Amurri*, dem Schiffer, an.

Als der Morgen nahte, donnerte *Ramman*, der Sturmgott, aus schwarzen Wolken; ihm gingen, Berge und Täler überschreitend, die Boten der Götter, *Schullat* und *Hanisch*, voran; *Irragal*, der Gott der Unterwelt, stürzte die Pfeiler, der Kriegsgott Nimurta riß die Dämme ein, die *Annunaki* genannten Unterweltgötter ergriffen Fackeln und tauchten die fernen Gegenden in grauenhaftes Licht. *Adad* drang bis zum Himmelstor, bedeckte alles mit Dunkelheit und zerschmetterte die Erde wie ein elendes Tongefäß.

Die Götter selbst erfüllte der schreckliche Sturm mit Furcht, sie flüchteten in den Himmel zu Anu und kauerten sich an den Mauern nieder, verängstigten Hunden gleich. *Ischtar,* die Göttin mit der schönen Stimme, heulte entsetzlich in ihrem Schmerze: »Wie konnte ich nur im Rate der Götter meine Zustimmung zu dieser Vernichtung geben! Habe ich doch selbst die Menschen geboren, und nun wimmeln sie gleich Fischen im Meer!«

Sechs Tage und sechs Nächte währte der Sturm, am siebenten Tage legte sich dann der fürchterliche Südwind, die Meereswellen beruhigten sich und fügten sich ihren Ufern. Utnapischti blickte durch eine kleine Öffnung hinaus, und Tränen ergossen sich über sein Angesicht, als er ringsum die Vernichtung sah. Der Sturm hatte ausgetobt, aber die ganze menschliche Welt war durch die Sintflut der Erde gleichgemacht worden. Das Schiff war am Berge Nisir zum Stehen gekommen, und der Berg Nisir hielt es fest, es schwankte nicht, konnte aber auch tagelang nicht weiter.

So vergingen weitere sechs Tage und sechs Nächte.

Am siebenten Tag ließ Utnapischti eine Taube aus dem Schiff; die Taube flog fort, kehrte aber bald zurück, da sie nirgends eine Ruhestätte fand. Dann ließ Utnapischti eine Schwalbe hinaus; die Schwalbe flog fort und kehrte gleichfalls bald zurück, da auch sie keine Ruhestätte fand. Schließlich ließ Utnapischti einen Raben fliegen; der Rabe flog hinaus und sah, daß sich die Gewässer gesenkt hatten; er fand bald Nahrung und kehrte nicht mehr zurück.

Da entließ Utnapischti die Lebewesen nach den vier Himmelsrichtungen aus dem Schiff und brachte den Göttern auf der Bergspitze ein Opfer dar. Die Götter spürten den Duft des Opfers und gingen ihm nach wie die Fliegen. Auch Ischtar kam, und ihren kostbaren Halsschmuck emporhebend, sprach sie: »Hört, Götter, wie den kostbaren Edelstein an meinem Halse, so werde ich auch diese Tage niemals vergessen. Alle Götter sollen zum Opfermahl kommen, nur Enlil bleibe fern, denn er ist es, der die Sintflut beschlossen und meine Menschen in den Untergang gestürzt hat.«

Dennoch erschien auch Enlil, er sah das Schiff, und Zorn erfüllte ihn: »So ist also dennoch ein Lebewesen entkommen, obwohl kein einziger Mensch hätte am Leben bleiben dürfen!«

Nimurta sprach zu ihm: »Wer sonst hätte solch einen Plan ausklügeln können als Ea?«

Auch Ea erhob die Stimme und sprach zu Enlil: »Wie konntest du auch so unbedacht sein und die Sintflut über die ganze Welt bringen? Wer schuldig ist, soll büßen, verlange aber nimmermehr Utnapischtis Verderben. Statt durch die Sintflut die Welt zu vernichten, hätten Löwen oder Wölfe die Menschen überfallen können, um unter ihnen zu wüten. Statt durch die Sintflut die Welt zu vernichten, hätte Hungersnot unter den Menschen ausbrechen können, auch hätte *Irra*, der Gott der verheerenden Seuche, sie bedrängen können, und auch dies hätte ihre Reihen gelichtet. Übrigens habe nicht ich selbst das Geheimnis des großen Gottes verraten, ich habe nur einen Traum über ihn gesenkt, und er, der weiseste Mensch, hat aus diesem gelesen. Jetzt entscheidet günstig über sein Los!«

Also sprach Ea, trat in das Schiff, ergriff Utnapischtis Hand und führte ihn so mit seinem Weib zusammen aufs trockene Land. Dort aber knieten Utnapischti und sein Weib nieder, Ea stellte sich zwischen die beiden, berührte ihre Stirnen und segnete sie: »Bisher war Utnapischti ein Mensch, von nun an aber sollen er und sein Weib uns Göttern ähnlich werden! Wohne, Utnapischti, in der Ferne, an der Mündung der Ströme!«

Und dann geleiteten die Götter Utnapischti weit, zur Mündung der Ströme, und befahlen ihm, dort zu wohnen.

Unter Berücksichtigung der deutschen Übertragung von A. Ungnad (Die Religion der Babylonier und Assyrer. Jena 1921, S. 102 109) und der ungarischen Übertragung von A. Dobrovits (Világirodalmi Antológia [Anthologie der Weltliteratur]. Band 1, Budapest 1962, S. 49–53) nacherzählt.

SIMSON

Biblische Erzählung

Es lebte einst ein Mann aus dem Geschlechte *Dan* in Zora, mit Namen *Manoah*. Sein Weib war unfruchtbar, sie hatte keine Kinder. Und einmal erschien der Frau *Jahves* Engel und sprach zu ihr: »Siehe, du bist bis jetzt unfruchtbar geblieben, nun wirst du aber ein Kind gebären. Hüte dich nur, Wein oder jedwedes berauschende Getränk zu trinken und unreine Speise zu essen, und wenn dein Kind geboren wird, soll kein Schermesser seinen Kopf berühren, denn es wird vom Mutterleibe an Gottes Auserwählter, ein Nasir, sein, und dieses Kind wird beginnen, Israel aus den Händen der Philister zu retten.«

Da ging die Frau und sagte zu ihrem Mann: »Ein Mann Gottes kam zu mir, und er hatte einen Blick wie Jahves Bote, gar furchterregend, und ich fragte nicht, woher er käme, und er sagte mir seinen Namen nicht. Er versprach mir, daß ich ein Kind gebären werde, nur solle ich keinen Wein und kein anderes berauschendes Getränk trinken und keine unreine Speise essen, denn das Kind werde vom Mutterleibe an bis zum Tage seines Todes ein Nasir sein.«

Und Manoah betete zu Jahve und sprach: »Ich bitte Dich, Herr, lasse den Mann Gottes, den Du gesandt hast, noch einmal zu uns kommen, auf daß er uns belehre, was wir mit dem Knaben zu tun haben, der geboren werden soll.«

Und Gott erhörte die Stimme Manoahs, und der göttliche Bote kam noch einmal zu der Frau, als diese sich auf dem Felde aufhielt und ihr Mann Manoah nicht bei ihr war. Rasch lief sie zu ihrem Mann und brachte ihm die Kunde: »Wieder ist der Mann erschienen, der vor Tagen zu mir gekommen ist.«

Manoah machte sich auf und ging seinem Weibe nach, und als er zu dem Manne hinkam, sagte er zu ihm: »Bist du der Mann, der mit meinem Weibe gesprochen hat?«

»Ich bin es.«

Da sprach Manoah zu ihm: »Nun erfüllt sich dein Wort. Was soll aber das Gesetz des Kindes sein, und wie sollen wir es behandeln?«

Jahves Bote gab Manoah zur Antwort: »Von allem, was ich dem Weibe gegenüber erwähnte, möge sie sich enthalten, nichts von dem, was am Weinstock wächst, soll sie essen, Wein und berauschendes Getränk nicht trinken und nichts Unreines essen, alles, was ich ihr geboten, soll sie einhalten.«

Manoah sagte darauf: »Lasse dich noch zurückhalten, und erlaube, daß ich dir zu Ehren ein Zicklein zubereite.«

Der Bote Jahves aber antwortete Manoah: »Wenn du mich zurückhieltest, auch dann würde ich nicht von deinem Brote essen, wenn du aber Jahve ein Brandopfer darbringen willst, magst du es tun.«

Manoah aber wußte noch nicht, daß Jahves Engel vor ihm stand. Und er fragte: »Welches ist dein Name? Wenn sich dein Wort erfüllt, laß ihn uns in Ehrfurcht nennen.«

Jahves Engel aber sprach: »Warum fragst du nach meinem Namen? Er ist gar wundersam.«

Manoah nahm sodann ein Ziegenböcklein und das Mehlopfer und brachte sie auf einem Felsen Jahve dar; und siehe, es ereignete sich vor den Augen Manoahs und seines Weibes ein Wunder. Denn als die Flamme vom Altar gen Himmel stieg, erhob sich Jahves Bote in der Lohe. Manoah und sein Weib sahen dies und fielen zur Erde auf ihr Angesicht. Jahves Bote zeigte sich Manoah und seinem Weibe nicht mehr, da erkannte Manoah, daß es Jahves Bote gewesen war.

Und Manoah sprach zu seinem Weibe: »Wir werden den Tod aller Tode sterben, denn wir haben Gott geschaut.«

Die Frau aber antwortete ihm: »Jahve kann unseren Tod nicht wünschen, wie hätte er sonst aus unseren Händen das Brandopfer und das Mehlopfer angenommen und uns all dies sehen und hören lassen.«

Das Kind wurde geboren und erhielt den Namen *Simson*, es wuchs zu einem großen Manne heran, und Jahve segnete ihn.

Simson ging hinab nach Thimnath, und seine Augen fielen auf eine der Töchter der Philister. Er kehrte heim und kündete seinem Vater und seiner Mutter: »Ich habe in Thimnath unter den Töchtern der Philister ein Mädchen gesehen, diese erwerbet mir zum Weibe.«

Vergeblich sagten Vater und Mutter: »Findet sich denn kein Weib unter den Töchtern deiner Geschwister und in meinem ganzen Volke, daß du hingehen und dir eine Frau von den unreinen Philistern nehmen willst?«

Simson sagte seinem Vater nur dies: »Sie bringe mir heim, denn sie ist meinem Auge wohlgefällig.«

Und so ging Simson mit seinen Eltern

nach Thimnath, sie gelangten bis zu den Weinbergen zu Thimnath, und siehe, ein junger Löwe kam Simson brüllend entgegen, doch Jahves Geist kam über ihn, und er zerriß mit seinen bloßen Händen den Löwen, als wäre er ein Kitzlein. Er verschwieg aber Vater und Mutter, was er vollbracht hatte. Er ging weiter und sprach mit dem Mädchen, und Simson fand Gefallen an ihr. Nach einigen Tagen kehrte er zu ihr zurück, um sie zu seinem Weibe zu machen, und wich vom Wege ab, um das Aas des Löwen zu besehen, und siehe, er fand im Leibe des Löwen einen Bienenschwarm und Honig. Er legte den Honig auf seine Handfläche, schritt weiter und aß unterwegs, er ging zu seinem Vater und seiner Mutter, gab auch ihnen davon zu essen, sagte ihnen aber nicht, daß er den Honig aus dem Leibe des Löwen genommen hatte.

Auch sein Vater ging zu dem Mädchen, und Simson spendete, wie bei der Jugend Sitte, ein Mahl. Dreißig Philisterjünglinge schmausten mit ihm, und Simson sprach zu ihnen: »Laßt mich euch ein Rätsel aufgeben; wenn ihr es mir während der sieben Tage des Schmauses erratet, gebe ich euch dreißig Leinenhemden und dreißig Gewänder. Erratet ihr es aber nicht, so gebt ihr mir dreißig Leinenhemden und dreißig Gewänder.«

Da sagten die Philisterjünglinge: »Laß dein Rätsel hören!«

Und Simson sprach also: »Dem Speisenden entsprang Speise und dem Starken die Süßigkeit.«

Vergebens zerbrachen sich die Philisterjünglinge drei Tage lang die Köpfe, sie konnten das Rätsel nicht lösen. Am siebenten Tag sagten sie dann zu Simsons Weib: »Überrede deinen Mann, daß er uns die Lösung des Rätsels sage, sonst verbrennen wir dich und deines Vaters Haus im Feuer. Oder habt ihr uns hierher geladen, um uns unseres Erbes zu berauben?«

Und weinend redete die Frau auf Simson ein: »Du hassest mich nur und liebst mich nicht, den Söhnen meines Volkes hast du ein Rätsel aufgegeben und mir den Sinn nicht gedeutet.«

Simson aber antwortete ihr: »Weder Vater noch Mutter habe ich es gedeutet, und dir sollte ich es deuten?«

Unter Tränen beredete ihn die Frau während der sieben Tage des Mahles und drang so lange in Simson, bis er ihr am siebenten Tag die Lösung des Rätsels verriet. Die Frau aber erzählte die Lösung des Rätsels den Söhnen ihres Volkes. So kündeten die Männer der Stadt Simson am siebenten Tage, noch vor Sonnenuntergang: »Was ist süßer als der Honig, und was ist stärker als der Löwe?«

»Hättet ihr nicht mit meiner Kalbin gepflügt, wäret ihr gewiß nicht auf den Sinn meines Rätsels gekommen!« sagte Simson zu ihnen. Und Jahves Geist kam über ihn, und er ging hinab nach Askalon und erschlug dort dreißig Männer, er schenkte ihre Kleider denen, die ihm den Sinn seines Märchenrätsels gedeutet hatten. Dann verließ er sie zornentbrannt und kehrte in das Haus seines Vaters zurück. Simsons Weib aber wurde einem seiner Gefährten zu eigen.

Nach Tagen, zur Zeit der Weizenernte, erinnerte sich Simson seines Weibes, er brachte ihr ein Kitzlein zum Geschenk und sprach: »Laßt mich in ihre Kammer!«

Der Vater des Weibes aber erlaubte ihm nicht hineinzugehen und sagte zu ihm: »Ich dachte schon, sie sei dir verhaßt geworden, darum gab ich sie einem deiner Freunde. Aber da ist ihre jüngere Schwester, die sogar schöner ist als sie, soll sie statt der älteren die Deine sein.«

Da sprach Simson: »Nun können die Philister nicht mir die Schuld geben, wenn ich schlecht handle gegen sie.«

Und Simson ging, fing dreihundert Füchse ein, band sie an den Schwänzen zu zweit aneinander und band Pechfackeln zwischen ihre Ruten und trieb die Füchse in das Getreidefeld der Philister. So steckte er die Schober, das Getreide auf dem Halm und alle Ölbäume in Brand. Da fragten die Philister: »Wer hat das getan?«

Und man sagte: »Simson, der Eidam des Mannes zu Thimnath, weil ihm dieser sein Weib nahm und es einem seiner Freunde gab.«

Hierauf kamen die Philister und verbrannten die Frau und ihren Vater. Simson aber sprach zu ihnen: »Wenn ihr so handelt, werde ich wahrlich Rache an euch nehmen, aber wenn ich es satt habe, lasse ich es bleiben.«

Und er prügelte ihre Schenkel und Lenden mit starken Schlägen, dann ging er fort und setzte sich in der Felsenkluft zu Etam nieder.

Und die Philister zogen heran, sie lagerten in Juda und ließen sich in Lehi nieder. Und die Leute von Juda fragten: »Warum zieht ihr gegen uns?«

Die Philister antworteten: »Wir sind gekommen, um Simson zu binden und an ihm so zu handeln, wie er an uns gehandelt hat.«

Da stiegen dreitausend Männer aus Juda zur Felsenkluft zu Etam hinab und sagten zu Simson: »Weißt du denn nicht, daß die Philister uns überfallen haben? Was hast du uns angetan!«

»Wie die Philister an mir gehandelt haben, so habe ich an ihnen gehandelt.«

Und die Leute von Juda sagten zu ihm: »Wir sind heruntergekommen, um dich zu binden und dich in die Hände der Philister zu geben.«

Simson antwortete ihnen: »Schworet, daß ihr mir nicht nach dem Leben trachtet.«

»Nein«, sprachen jene, »wir fesseln dich nur und übergeben dich den Philistern, aber wir töten dich nicht.«

Hierauf ließ Simson zu, daß man ihn mit zwei funkelnagelneuen Stricken binde und aus der Felsenschlucht hinaufbringe. Er gelangte bis gegen Lehi, und die Philister kamen ihm schon entgegen mit Triumphgeschrei. Da senkte sich Jahves Geist über ihn, und die zwei dicken Seile wurden an seinen Armen wie Leinfäden, wenn sie im Feuer verbrennen, und die Fesseln schmolzen gleichsam von seinen Händen. Und er fand dort einen rohen Eselskinnbacken, den ergriff er und erschlug damit tausend Männer …

Dann dürstete ihn sehr, er betete zu Jahve, indem er sprach: »Du gabst diesen großen Sieg in die Hand Deines Knechtes, und nun sterbe ich vor Durst und gerate in die Hände der Philister.«

Da ließ Gott in Lehi das Wasserbecken entstehen, Simson trank, die Seele kehrte ihm wieder, und er lebte auf … Und er war zwanzig Jahre Richter in Israel, zur Zeit der Philister.

Simson wanderte nach Gaza und ging zu einer Frau. Da wurde den Einwohnern gemeldet: »Simson ist da!«

Worauf sich die Menschen im Kreise aufstellten und am Stadttor die ganze Nacht auf Simson lauerten. Sie verhielten sich bei Nacht ruhig und sagten: »Wenn der Morgen kommt, töten wir ihn!«

Und Simson lag dort bis Mitternacht; zur Mitternachtsstunde erhob er sich und packte die Türlatten des Stadttores und riß die zwei Türhälften samt dem Riegel heraus. Und nahm sie auf die Schulter und trug sie auf die Höhe des Berges, Hebron gegenüber.

Danach begab es sich, daß Simson im Tale Sorek ein Weib liebgewann, deren Name war *Delila*. Da gingen die Fürsten der Philister zu der Frau hinauf und sagten zu ihr: »Überrede ihn und mache ausfindig, worin seine große Kraft verborgen ist, womit wir ihn überwinden könnten, um ihn zu fesseln und zu demütigen. Und jeder von uns würde dir tausend und hundert Silberlinge geben.«

Delila fragte Simson: »Sage mir, worin ist deine große Kraft verborgen, und womit könnte man dich fesseln, um dich zu demütigen?«

Simson antwortete ihr: »Wenn man mich mit sieben rohen Sehnen, die noch nicht ausgetrocknet sind, fesselte, würde ich schwach werden und so sein wie jeder andere Mensch.«

Da trugen die Fürsten der Philister sieben rohe Sehnen, die noch nicht ausgetrocknet waren, zu der Frau hinauf, und die Frau fesselte Simson damit. Unterdessen lauerte jemand im Schlafgemach, und die Frau rief: »Die Philister haben dich überfallen, Simson!«

Aber Simson zerriß die Sehnen, so wie das Werg zerreißt, wenn es Feuer fängt, doch worin seine Kraft lag, blieb unbekannt. Wieder sprach Delila zu Simson: »Siehe, du hast mich getäuscht und mir Lügen gesagt, nun sage mir aber wirklich, womit man dich binden kann.«

Simson antwortete ihr: »Wenn man mich mit neuen Stricken bände, mit denen man noch keine Arbeit verrichtet hat, würde ich schwach werden und so sein wie jeder andere Mensch.«

Da nahm Delila ganz neue Stricke und fesselte Simson damit und sagte zu ihm: »Die Philister haben dich überfallen, Simson!«

Auch diesmal spähte jemand im Schlafgemach, aber Simson riß die Stricke von seinen Armen wie Bindfäden.

Auch ein drittes Mal sprach Delila zu Simson: »Bisher hast du mich getäuscht und mir Lügen gesagt, sage jetzt aber wirklich, womit man dich fesseln kann.«

»Wenn du sieben Geflechte meines Haares auf den Webbaum windest«, antwortete ihr Simson.

So tat denn auch die Frau, sie befestigte sogar den Webbaum mit einem Nagel, dann sprach sie: »Die Philister haben dich überfallen, Simson!«

Simson erwachte aus seinem Traum und riß den Webenagel und auch den Webbaum heraus.

Da sprach Delila zu ihm: »Wie kannst du sagen, du habest mich lieb? Dein Herz ist nicht bei mir, hast du mich doch dreimal getäuscht und mir nicht gesagt, worin deine Kraft verborgen ist.«

Und sie quälte ihn mit ihren Worten Tag für Tag, sie bedrängte ihn, so daß seine Seele todmüde ward; und dann schüttete Simson der Frau sein ganzes Herz aus und erzählte ihr: »Meinen Kopf hat kein Schermesser berührt, denn ich bin Gottes Nasir, vom Mutterleibe an; wenn man mich scherte, würde meine Kraft weichen, und ich würde schwach und so wie jeder andere Mensch sein.«

Delila sah, daß Simson ihr jetzt sein ganzes Herz aufgeschlossen hatte, und sie sandte den Philisterfürsten die Botschaft: »Kommt noch einmal herauf, denn er hat mir sein ganzes Herz eröffnet.«

Und es kamen die Philisterfürsten und brachten in ihren Händen die Silberlinge. Und die Frau schläferte auf ihren Knien Simson ein und rief einen Mann und ließ sieben Haargeflechte von seinem Haupte scheren; so begann sie ihn zu demütigen, und Simsons Kraft entschwand.

Dann sagte Delila: »Die Philister haben dich überfallen, Simson!«

Simson erwachte aus seinem Traum und sprach: »Ich werde mein Unglück schon überwinden wie so oft und die Philister abschütteln.«

Er wußte noch nicht, daß Jahve von ihm gewichen war.

Da ergriffen ihn die Philister, blendeten ihn und brachten ihn nach Gaza, legten ihn in Ketten, und er mußte im Gefangenenhaus mahlen.

Mit der Zeit begann aber sein Haar, wo es geschoren war, wieder zu wachsen. Und die Fürsten der Philister versammelten sich, um Dagon, ihrem Gott, ein großes Opfer darzubringen und sich zu erfreuen, und sie sagten: »Unser Gott gab uns unseren Feind Simson in die Hand.«

Das Volk sah es, lobte seinen Gott und sprach: »Unser Gott gab uns unseren Feind Simson in die Hand, jenen, der unsere Felder verwüstete und unser viele erschlug!«

Und als die Stimmung hoch anstieg, wurde gefordert: »Ruft Simson her, auf daß er uns belustige!«

Und sie riefen Simson aus dem Gefangenenhaus, und er diente ihnen zum Gespött, und sie stellten ihn zwischen die Säulen. Simson sprach zu dem Knaben, der ihn an der Hand führte: »Laß mich nun allein, auf daß ich die Säulen abtaste, auf denen das Haus ruht, an diese werde ich mich lehnen.«

Das Haus war voll der Männer und Frauen, dort waren auch alle die Fürsten der Philister, und auch auf dem Dach des Hauses waren etwa dreitausend Männer und Frauen, die dem Spiele Simsons zusahen. Und Simson flehte zu Jahve und sprach: »Jahve, mein Herr, gedenke meiner, und gib mir nur noch einmal Kraft, daß ich für meine beiden Augen Rache nehme an den Philistern!«

Und Simson faßte die zwei Mittelsäulen, auf welche das Haus gesetzt war, er hielt sich an ihnen fest, an der einen mit seiner Rechten, an der anderen mit seiner Linken, und sprach: »So soll ich selber mit den Philistern zusammen sterben«, und er warf sich mit ganzer Kraft gegen die Säulen, und das Haus stürzte auf die Fürsten und das ganze Volk, das im Hause war. Und die mit ihm starben, waren mehr als jene, die während seines Lebens durch ihn gestorben waren.

Nach dem Buch der Richter, Kapitel XIII–XVI.

AMIRAN

Georgische Sage

Im finsteren Walde stand zwischen himmelhohen Bäumen ein großer Felsen. Nicht weit von dem Walde lebte ein Jäger, der *Dardschelan* hieß. Dieser Jäger ging häufig durch den Wald, dem Wilde nach.

Einmal näherte sich der Jäger gerade einem Felsen, als er eine klagende Frauenstimme hörte. Er spähte hinauf, aber der Blick seiner Augen reichte nicht bis zur Spitze des Felsens, so hoch war dieser. Dardschelan wollte hinaufklettern, aber auch dies gelang ihm nicht, der Felsen war zu steil. Er kehrte also nach Hause zurück, ohne der Sache auf den Grund gekommen zu sein. Daheim erwartete ihn schon seine Frau, ein sehr böses Weib mit einem Hinkebein.

Der Jäger trug seinem Weibe auf, ihm für den Morgen einen Mundvorrat zu bereiten, er selber ging zum Schmied und bestellte feste Stemmeisen und Eisenhämmer.

Tags darauf, am Morgen, packte der Jäger alles zusammen und machte sich auf den Weg. Als er beim Felsen angelangt war, schlug er nacheinander die Stemmeisen mit dem Hammer in den Stein und bestieg die Eisen wie die Stufen einer Treppe. Als er keine Eisen mehr hatte und der Hammer abgewetzt war, erreichte er gerade die Höhe des Felsens. Er blickte um sich und sah, daß in den Felsen eine Öffnung gehauen war; er ging durch dieses Felsentor und gelangte in eine Höhle.

In der Höhle lag *Dali* – ein von überirdischer Schönheit strahlendes Mädchen, schwere goldene Locken umwallten ihr Haupt. Auch Dali erblickte Dardschelan, den Jäger, und sie gewannen einander lieb.

Am folgenden Tag schickte sie Dardschelan dennoch nach Hause.

»Dein Weib ist eine böse Hexe, sie ist es gewohnt, daß du jeden Abend heimkehrst, und wenn du wegbleibst, wird sie nach uns forschen; der Spur deines Fußes folgend, wird sie uns finden und uns vernichten.«

»Fürchte dich nicht«, beruhigte der Jäger das Mädchen. »Mein Weib lahmt, daheim hinkt sie auch nur herum, sie kann nicht hierherauf gelangen.«

Dardschelans Weib aber wunderte sich sehr, als ihr Mann am Abend nicht heimkehrte. Sie wartete zwei Tage, und am dritten Tag brach sie auf, nahm Wegzehrung mit und folgte den Fußtapfen ihres Mannes. Die Fußspuren führten zu dem Felsen.

Sie stieg die Stufen bis zur Felsspitze hinan und drang gleichfalls in die Höhle ein. Dort fand sie ihren Mann mit Dali in tiefem Schlafe.

Das Weib des Jägers fand die goldene Schere Dalis und schnitt damit dem Mädchen die goldenen Locken ab. Sie nahm Schere und Goldhaar an sich und ging fort. Dali und Dardschelan erwachten. Das Mädchen hob den Kopf und bemerkte sofort, daß er leichter geworden war. Sie fuhr mit der Hand über ihr Haar – und fühlte ihre goldenen Locken nicht mehr. Sie erhob sich und suchte die Schere, aber auch die war verschwunden. Dali wurde sehr traurig und sprach zum Jäger: »Du bist die Ursache meines Unglückes, ich habe dir gesagt, daß deine Frau uns vernichten wird. Ich habe auf der Welt nichts mehr zu suchen. Um den Preis meines Todes wird mein Kind geboren werden. Wenn es ein Mädchen sein wird, nenne es, wie du willst, aber wenn es ein Knabe wird, nenne ihn *Amiran.* Mein Sohn wird ein großer Held werden. Wenn ich ihn länger hätte unter dem

Herzen tragen können, würde er sogar die Götter besiegen. So aber wird er schwächer sein als sie. Höre auf mich, und tue alles so, wie ich es dir auftrage. Halte ihn drei Monate im Inneren eines Kalbes, damit er in einem warmen Nest liegt und nicht fühlt, daß ich ihn nicht unter dem Herzen tragen kann. Dann lege ihn in eine Wiege und trage ihn mit der Wiege zusammen hinaus an den Fluß Iaman und lasse ihn dort am Ufer. Dort wird ihn schon derjenige finden, der ihn taufen muß, und der wird auch meinem Sohn alles sagen, was er zu tun und wie er zu handeln hat.«

Schmerzerfüllten Herzens hörte der Jäger, daß Dali um den Preis ihres Todes dem Kinde zum Leben verhelfen müsse. Der Knabe wurde geboren, und er war so schön wie die Sonne.

Der Jäger tat alles, wie ihm Dali aufgetragen hatte, er brachte das kleine Kind in der Wiege zum Flusse Iaman, ließ die Wiege am Ufer und kehrte heim.

Wanderer kamen das Flußufer entlang und sahen, daß ein kleines Kind in der Wiege lag.

»Wer ist dein Vater und wer deine Mutter?« fragten sie. »Und wer ist es, der dich taufen wird?«

»Meinen Vater und meine Mutter kenne ich nicht, aber ich weiß, daß mich ein Engel taufen muß«, antwortete das Kind.

Und es kam der Engel, und auch er fragte das Kind. Und das Kind gab ihm die gleiche Antwort wie jedem anderen, der vorbeikam. Dreimal befragte es der Engel, und dreimal gab ihm das Kind die gleiche Antwort. Dann gab sich der Engel zu erkennen und taufte das Kind und nannte es Amiran. Er gab dem Knaben einen Dolch und befahl ihm, diesen in den Schaft seines Stiefels zu stecken und ihn erst herauszuziehen, wenn er in eine sehr schwierige Lage komme. Danach segnete er Amiran und sagte ihm, daß ihn auf Erden niemand besiegen werde, und damit nahm er von ihm Abschied.

Es kamen die Knechte *Iamans*, um Wasser zu holen, sie erblickten Amiran in der Wiege und spöttelten über ihn. Amiran entflammte in Zorn, erhob sich, packte die Spötter, stieß ihre Stirnen zusammen, zerbrach ihr ganzes Geschirr und vertrieb sie.

Die Knechte gingen ohne Wasser und mit zerbrochenem Geschirr heim und erzählten Iaman alles, was ihnen widerfahren war. Iaman wurde wütend, stand auf und ging ans Flußufer, und als er das Kind in der Wiege sah, freute er sich sehr: Er wird meinen Kindern *Ussibi* und *Badri* ein Gefährte werden – dachte er, nahm die Wiege und trug sie samt dem Kinde heim.

Auch Iamans Weib freute sich: Das Kind würde bald ihre Söhne Ussibi und Badri wiegen. Ein Tag verging – und nichts Nennenswertes trug sich zu. Tags darauf ging Iamans Weib hinaus, um die Kühe zu melken, sie legte Ussibi und Badri in die Wiege, setzte Amiran in die Mitte und befahl ihm, die beiden Kinder zu wiegen, damit sie nicht weinten. Und drohend fügte sie hinzu: »Wenn du nicht tust, wie ich befehle, weh dir!«

Kaum hatte sich die Frau entfernt, da fand Amiran ein spitzes Werkzeug und stach damit bald Ussibi, bald Badri. Die Kinder begannen zu weinen. Die Frau geriet in ungeheuren Zorn und beschimpfte Amiran: »Höre, benimm dich meinen Kindern gegenüber, wie es sich gebührt, sonst kann es dir schlecht ergehen! Wisse, daß ich solches Verhalten nicht dulde. Selbst Amiran, dem Sohne Dalis, würde ich es nicht nachsehen!«

»Weißt du denn nicht, daß ich Amiran bin, Dalis Sohn?« brummelte Amiran vor sich hin.

Aber Iamans Frau hörte es und freute sich sehr darüber, sie ließ das Melken sein, lief zu Amiran hin, nahm ihn auf den Arm, küßte ihn wieder und wieder, badete ihn in Milch und wickelte ihn in die feinsten und teuersten Tücher.

Von da an behandelte Iamans Frau Amiran wie ihre eigenen Kinder. Iaman und sein Weib freuten sich riesig, daß gerade dieser Jüngling mit ihren Söhnen zusammen erzogen wurde.

Alle drei wuchsen heran, und aus allen dreien wurden große Helden; wer immer ihnen von Osten oder Westen in den Weg kam, jedem stellten sie sich zum Kampf, jeden besiegten sie und schlugen ihn in die Flucht.

Einmal aber riefen ihnen diese Besiegten zu: »Warum zeigt ihr an uns eure Kraft? Wenn ihr so große Helden seid, forscht nach, warum Iaman, euer Vater, auf dem einen Auge blind ist, und nehmt Rache an dem, der das verschuldet hat.«

Als sie dies hörten, liefen alle drei zu Iamans Weib und bestürmten sie mit Fragen: »Erzähle uns, wie Iaman das eine Auge verloren hat!«

Die Mutter aber sagte ihnen die Wahrheit nicht: »Iaman bekam einmal die Blattern, und damals verlor er das eine Auge. Aber ich schwöre, daß ihm nichts anderes geschehen ist.«

Zweimal gab die Frau diese Antwort, beim dritten Mal aber nahmen Amiran, Ussibi und Badri zu einer List Zuflucht, um die Wahrheit zu erfahren. Eiligst stellten sie sich ein und befahlen ihrer Mutter, für sie drei Aschenpogatschen zu backen. Kaum hatte die Frau den Teig auf die Glut gelegt, als Amiran und Ussibi ihn vom Feuer rissen, ihn vor die Mutter hinhielten und riefen: »Entweder sagst du uns die Wahrheit über Iamans Auge, oder wir verbrennen dir mit diesem heißen Teig die Brust.«

Was blieb da Iamans Weib anderes übrig, als alles so zu erzählen, wie es sich zugetragen hatte: »Von alters her stand ein *Dew* mit Iaman auf Kriegsfuß, er forderte Tribut von ihm. Als Ussibi und Badri geboren wurden, erschien dieser Dew und wollte, daß Iaman ihm einen seiner Söhne gebe; wenn er aber dazu nicht bereit wäre, solle er ihm als Ablöse sein rechtes Auge geben. Iaman konnte sich von keinem seiner Söhne trennen, lieber nahm er sich das eigene Auge aus dem Kopf und gab es dem Dew.«

Als Amiran und die beiden Söhne Iamans das vernahmen, brachen sie sogleich auf, um sich mit diesem Dew zu schlagen. Sie baten Iaman, ihnen Bogen und eiserne Pfeile zu geben. Iaman gab ihnen auch, was sie wünschten, aber beim Probeschießen hielt der Bogen Amirans Griff nicht stand und zerbrach. Da nahm Amiran dreißig Pfund Eisen, trug sie zum Schmied und zeigte ihm, wie er einen für seine Hand geeigneten Bogen machen sollte.

Am folgenden Morgen brachen sie alle drei auf, um den Dew zu besiegen. Wie sie so gingen und gingen, erblickten sie auf der Wiese einen Dew. Der hatte einen wunderschönen Garten, unter den Apfelbäumen weidete eine Schafherde. Als auch der Dew die Jünglinge sah, rief er ihnen zu: »He, Burschen, wenn ihr so tüchtig seid, schießt wenigstens einen Apfel von meinen Bäumen, oder trefft nur einen einzigen auf dem Baum!«

Ussibi und Badri versuchten es wieder und wieder, trafen aber nicht einen einzigen Apfel. Da schnellte Amiran seinen Pfeil ab, und siehe, er traf auf der einen Seite des Baumes alle Äpfel, wodurch auch auf der anderen Seite des Baumes das Obst herunterprasselte.

Darauf sprach der Dew: »Nun, wenn ihr so große Helden seid, hebt doch aus meiner Herde ein einziges Schaf hoch und werft ein anderes zu Boden.«

Ussibi und Badri mühten sich vergebens ab. Amiran zwang zuerst alle Schafe, sich von der Erde zu erheben, dann schleuderte er sie alle zu Boden; es hätte nicht viel gefehlt, und sie hätten sich allesamt die Knochen gebrochen.

Der Dew geriet in Zorn, er trieb die Schafe ins Haus und mit ihnen auch Amiran. Er verriegelte die Tür von außen und ließ Ussibi und Badri allein auf dem Hof stehen. Zum Abendessen bereitete er sich vier Schafe. Er aß das Fleisch, die Knochen aber warf er hinter seinen Rücken, seiner Schwester zu, denn die Schwester des Dews war in der Ecke mit Eisenfesseln angekettet. Dann ging der Dew zur Ruhe und sprach: »Für heute genügte mir dies zum Abendbrot, morgen bereite ich mir aus Amiran das Frühstück.«

So sprach er und legte sich nieder.

Der Dew war eingeschlafen, und nun ging Amiran zu der gefesselten Schwester des Dews und bat sie, ihn zu unterweisen, wie man den Dew bezwingen könnte.

Hierauf sagte die Schwester des Dews: »Mit nichts anderem kannst du meinen Bruder besiegen als mit seinem eigenen Schwert, das er im Butterfaß aufbewahrt. Doch das Schwert ist so fest in die Butter gebohrt, daß du es nicht allein herausziehen kannst. Mein Bruder hat aber einen geflochtenen Riemen, dessen werde habhaft, befestige das eine Ende am Schwert, das andere gib mir in die Hand; wenn wir beide daran ziehen, gelingt es uns vielleicht, das Schwert herauszuholen. Dann ergreife das Schwert, tritt damit zu meinem Bruder hin, und – beachte wohl –: schlage nicht zu, lege das Schwert nur an seinen Hals, es wird ihm schon von selbst den Kopf abschneiden.«

Das Mädchen ließ Amiran noch bei Christus schwören, daß er sie nicht verlassen, sondern sie befreien werde, sobald er den Dew getötet habe. Amiran schwor es, suchte den Riemen, befestigte ihn am Schwert, das andere Ende gab er der Schwester des Dews in die Hand, daran zogen sie beide, bis sie schließlich das Schwert herausbrachten. Während sie zogen, klirrte das Schwert so laut, daß der Dew erwachte; er schlief aber sogleich wieder ein.

Amiran trug das Schwert zu dem Dew hin, setzte es an dessen Hals an, das Schwert begann sogleich von selbst zu schneiden, es mußte nicht einmal geführt werden. Das Schwert schnitt und schnitt, es war schon bis auf den Knochen gekommen, da spürte der Dew etwas und rührte sich, aber es war schon zu spät, das Schwert hatte ihm den Hals ganz durchgeschnitten. So bezwang Amiran den Dew. Nun bat die Schwester des Dews Amiran, er möge sie befreien; Amiran brach aber seinen Schwur und tötete auch sie.

So wurde nun alles Hab und Gut des Dews Eigentum Amirans und seiner Gefährten. Was sie tragen konnten, nahmen sie mit, das übrige ließen sie dort und setzten ihren Weg fort.

Sie wanderten immer weiter, bis sie an einen Tannenwald kamen. Im Walde sahen sie einen Felsen, auf der Spitze des Felsens stand ein Riesen-Dew und spann einen Schafwollfaden. Der Stamm eines Tannenbaumes war die Spindel des Dews und der Beschwerer der Spindel ein Mühlstein. Und dies war gerade jener Dew, der Iaman seines Auges beraubt hatte.

Der Dew erblickte Amiran und seine Gefährten und herrschte sie an: »Was für Fliegen kriechen dort herum? Kehrt auf der Stelle um, sonst fresse ich euer Fleisch auf und sauge nachher eure Knochen aus.«

Amiran schrie zurück: »Unverschämter Kerl, du! Prahle nicht zu früh, warte nur, du hast noch nicht von unserem Fleisch gegessen!«

Den Dew packte die Wut, er machte den Wollfaden fest und ließ sich daran vom Felsen herunter. Es war ein langes Ringen. Amiran schnellte einen Pfeil in seinem Namen ab, dann noch zwei in Ussibis und Badris Namen. Alle waren vom Kampf erschöpft. Sodann trat der Dew zu Amiran hin, sperrte das Maul auf und verschlang ihn. Als er ihn verschlungen hatte, ging er nach Hause. Ussibi und Badri blieben zurück. Als der Dew zum Tor hineinschritt, kam Ussibi ihm nach, packte seinen Schwanz und schnitt ihn ab. Der Dew ging ins Haus, doch kaum war er eingetreten, als er fürchterliches Bauchgrimmen bekam.

»Ach, Mutter, mein Bauch tut mir weh!« schrie er und eilte zum Türpfosten, daran rieb er sich den Bauch, um den Schmerz zu lindern, aber ohne Schwanz konnte er nicht stehen und stürzte zu Boden. Die Mutter sah, wie der Dew sich abquälte, und fragte ihn: »Was fehlt dir, mein Söhnchen, hast du etwas Schlechtes gegessen?«

»O weh, Mutter, drei kleine Fliegen kamen mir heute in den Weg, und eine habe ich verschluckt.«

»Weh über deine Mutter, mein Söhnchen, wenn es Amiran, Dalis Sohn, war, den du verschluckt hast.«

Ussibi und Badri standen unterdessen am Fenster und hörten alles, was der Dew mit seiner Mutter sprach. Sie riefen zu Amiran hinein: »He, Amiran, zieh deinen Dolch aus dem Stiefelschaft, und zeig dem Riesen-Dew, mit wem er es zu tun hat!«

Amiran hörte dies und dachte: Wahrlich, in eine schwerere Lage könnte ich nicht kommen! Damit nahm er den Dolch und stach den Dew in die Weiche.

»O weh, töte mich nicht«, jammerte der Dew, »wenn du willst, spucke ich dich aus, wenn es dir aber so gefällt, werf ich dich aus mir heraus.«

»Oh, du Frechdachs, du Taugenichts! Ich will weder so leben, daß du mich ausspuckst, noch so, daß du mich aus dir herauswirfst.«

»Nun gut«, sagte der Dew, »nimm zwei meiner Rippen heraus und geh durch meine Seite ins Freie.«

Amiran entfernte die ganze Seite des Dews und trat hinaus, nur eins seiner Augen blieb zurück.

»Gib mir mein Auge wieder, sonst kommst du nicht lebend hier fort!« schrie Amiran.

Der Dew aber antwortete: »Schneide ein Stück von meiner Leber und ein Stück von meiner Lunge ab, schmiere damit deine Augenhöhle ein, und du wirst besser sehen als mit deinem alten Auge.«

Amiran schnitt ein gehöriges Stück von der Leber des Dews ab, noch mehr von der Lunge, schmierte sich damit die Stelle des Auges ein, und sogleich war sein Auge wieder gesund und unversehrt. Der Dew bat Amiran noch, ihm seine Seite wieder anzunähen. Amiran ersetzte die herausgeschnittenen Rippen durch Latten. Und daß die Seite des Dews fortan aus Holz war, schützte die Welt vor der Vernichtung. Denn zur Zeit der Sonnenfinsternis verschluckt der Dew die Sonne, die Sonne aber brennt ihm die Holzrippen heraus und befreit sich aus dem Magen des Dews.

Schließlich verlangte Amiran, daß der Dew ihm Iamans rechtes Auge gebe. Der Dew hörte dies nicht gern, wagte aber nicht, sich zu widersetzen. Er zeigte auf die Säule und sprach: »In dieser Säule ist eine Truhe, in der Truhe ist eine andere Truhe, suche diese, in ihr liegt Iamans Auge.«

Amiran fand das Auge und nahm es an sich. Dann ließen sie den Dew stehen, und alle drei kehrten heim. Zu Hause angelangt, setzten sie Iaman das Auge wieder ein und ruhten dann ein wenig.

Amiran aber war nicht zu halten, er wollte neue Heldentaten vollbringen. Er bat Iaman, Ussibi und Badri jetzt daheim zu behalten: »Sie stören mich nur in schweren Augenblikken.«

Als Ussibi und Badri dies hörten, wurden sie sehr traurig und baten Amiran, sie nicht zu Hause zu lassen.

»Wir wollen nicht ohne dich leben!«

Was konnte Amiran anderes tun, er nahm sie wieder mit. Sie waren schon lange unterwegs, als sie auf einer Wiese drei Dewe sahen. Die Dewe riefen ihnen zu: »Wackere Gesellen wärt ihr, wenn es einem von euch gelänge, die Hand der strahlend schönen *Ketu*, der Tochter von König *Keklutz*, zu gewinnen. Viele Jünglinge haben schon ihr Glück versucht, aber keinem ist es gelungen.«

Amiran fragte nun, wo dieser König Keklutz denn lebe, wo er seine Tochter versteckt halte. Die Dewe zeigten ihm den Weg und fügten hinzu: »Der König bewacht aber seine Tochter in einem Turm, und dieser Turm ist mit Ketten an den Himmel gehängt.«

Die Jünglinge ließen die Dewe stehen und machten sich auf den Weg nach König Keklutz' Land. Als sie so dahinwanderten, kamen sie an ein Meer. Das Meer war groß und breit, man konnte es nicht überqueren. Da erblickten sie ein Dew-Weib. Amiran befragte sie, wie man über das Meer gelangen könne. Das Dew-Weib erwiderte, über das Meer führe kein Weg; wenn die drei Wanderer sie aber in Freundschaft aufnähmen, würde sie ihnen helfen. Amiran schwor nun bei Christus, sie aufzunehmen.

Da schnitt das Dew-Weib ihr Haar ab und legte es als Brücke aufs Meer. Zuerst gingen Ussibi und Badri über die Brücke, nach ihnen Amiran. Als letzte wollte die Hexe hinübergehen. Sie kam aber nur bis zur Mitte, denn Amiran ergriff sein Schwert und schnitt damit den Haarzopf durch, worauf die Hexe ins Meer fiel. So hatte Amiran auch zum zweiten Male seinen bei Christus geschworenen Eid gebrochen.

Nun wanderten sie lange Zeit friedlich auf trockenem Boden und kamen zu der Wiese eines Mannes namens *Andrerob*. Dieser Andrerob war so riesenhaft groß und schwer, daß neun Paar Ochsen und neun Paar Stiere den Karren, auf dem er lag, kaum ziehen konnten. Noch lebend wurde Andrerob zum Grabe getragen, denn hätte man seinen Tod abgewartet, wäre es unmöglich gewesen, ihn bis zum Friedhof zu schleppen, und so wäre er für allezeit unbegraben geblieben. Ein Bein Andrerobs hing vom Karren herunter und schleifte auf dem Boden; weil es so schwer war, ließ es, gleich dem Pflug, eine tiefe Furche hinter sich. Eine Unmenge Leute gingen hinterher, aber niemand konnte das Bein aufheben und auf den Karren legen. Amiran sah dies, er schob Andrerobs Bein durch seinen Bogen und warf es auf den Karren hinauf.

Andrerob wunderte sich darüber und sprach: »Wer ist es, der so viel Kraft hat, daß er mein Bein so leicht auf den Karren werfen konnte?«

Da zeigten die Leute auf Amiran. Andrerob reichte Amiran die Hand, dieser aber erschrak, er dachte: Am Ende drückt er mir noch mit voller Kraft die Hand und zerbricht sie mir. Darum hob Amiran einen Basaltblock auf und hielt diesen Andrerob hin. Andrerob drückte den harten Stein und preßte Feuchtigkeit aus ihm. Als Andrerob zum zweiten Male Amiran die Hand reichte, erwiderte dieser den Händedruck. Nun bat Andrerob den Amiran, seinen Sohn zu sich zu nehmen, ihn aber niemals zu verraten, sondern wie einen Bruder zu lieben. Amiran versprach es und schwor bei Christus. Andrerob fuhr seinem Schicksal entgegen, sein Sohn aber wanderte mit Amiran weiter. Lange zogen sie dahin. Amiran wurde müde, er legte sich nieder und schlief ein. Während er schlief, fing Andrerobs Sohn mit bloßen Händen zwei Hirsche und hängte sie dort auf der Stelle an einen Baum. Amiran erwachte, verwundert sah er die Hirsche und fragte, wie sie gefangen worden seien. Er erfuhr, daß Andrerobs Sohn sie gefangen hatte, und die Sache gefiel ihm keineswegs.

»Er ist noch ein Kind, und schon macht er derlei Dinge. Wenn er heranwächst, wird er auch mich noch besiegen.«

Amiran beschloß, den Sohn Andrerobs zu töten. Und wie er beschlossen hatte, so tat er auch. Damit hatte Amiran zum dritten Male seinen bei Christus geschworenen Eid gebrochen.

Sie ließen Andrerobs Sohn tot liegen und zogen weiter, die Tochter des Königs Keklutz zu suchen.

Lange wanderten sie, bis sie endlich den Turm fanden, in dem Ketu, König Keklutz' Tochter, wohnte. Da sagte Amiran zu Ussibi: »Spring nur hinauf, versuch es, vielleicht erreichst du die Kette und kannst sie mit deinem Säbel durchschneiden.«

Ussibi sprang, kam aber nicht bis an die Kette heran. Nun sprang Badri, aber auch ihm gelang es nicht. Dann sprang Amiran und ergriff die Kette. Er hob seinen Dolch, schnitt die Kette durch, und der Turm fiel auf die Erde. Alle drei betraten den Turm. Amiran und Ketu gewannen einander vom ersten Augenblick an lieb.

Als Keklutz, Ketus Vater, dies vernahm, versammelte er sein ganzes Heer und umzingelte den Turm mit dreifacher Schlachtlinie. Amiran erblickte das Heer, und die Sache mißfiel ihm sehr. Er befahl Ussibi, hinzugehen und den Kampf mit dem Heer aufzunehmen.

Ussibi ging hin, riß eine Kette heraus und griff damit König Keklutz an. König Keklutz blies ihn an, und Ussibi fiel tot zu Boden.

Als zweiter ging Badri, auch er riß eine Kette heraus; doch kaum hatte er König Keklutz erreicht, da blies dieser ihn an und warf auch ihn um, so daß er starb.

Amiran geriet in maßlosen Zorn; er beschloß, nun selbst mit König Keklutz zu kämpfen. Da sprach Ketu zu Amiran: »Mein Vater trägt einen Mühlstein auf dem Kopf, der von hinten mit einer Goldkette an seinem Kopf befestigt ist. Wenn du zu ihm hintrittst, versuche zuerst diese Kette abzuschneiden. Dann zieht der Mühlstein seinen Kopf nach vorne, und der Nacken bleibt ungeschützt; nimm dann deinen Dolch, und schneide den Kopf ab. Anders kannst du meinen Vater nicht besiegen.«

Amiran merkte sich alles gut, ging hinaus zum Heer, machte alle nieder, die Ussibi und Badri noch am Leben gelassen hatten, und ging dann auf den König zu. König Keklutz blies ihn an, worauf Amiran auf ein Knie fiel. Sodann hob Amiran seinen Dolch und schnitt die goldene Halskette durch. Der Mühlstein zog König Keklutz' Kopf nach vorne, der

Nacken blieb ungeschützt; da sprang Amiran auf, hob seinen Dolch und schnitt König Keklutz den Kopf ab.

Amiran ging zu Ketu in den Turm, und dann begann er erst wirklich darüber zu trauern, daß Ussibi und Badri gefallen waren.

»Ohne sie kehre ich nicht heim. Was könnte ich denn ihren Eltern sagen, wenn ich keinen der Jünglinge nach Hause brächte?«

Hierauf fragte Ketu: »Würdest du sie unter den gefallenen Soldaten erkennen?«

»Gewiß«, antwortete Amiran, »Ussibi trägt zwischen seinen Schulterblättern das Zeichen der Sonne, Badri das des Mondes.«

Amiran und Ketu gingen zu den Toten, suchten unter ihnen Ussibi und Badri, fanden sie auch; dann nahm Ketu ihr Tuch ab, legte es Ussibi und Badri aufs Angesicht und erweckte sie zum Leben.

Amiran freute sich, daß er Ketus Hand gewonnen hatte und daß er Ussibi und Badri lebend heimbringen konnte. Sie nahmen alle Schätze des Königs Keklutz an sich und machten sich auf den Heimweg. Sie trafen auch bei Iaman ein. Und Iaman freute sich, daß mit Amiran auch seine beiden Söhne siegreich heimgekehrt waren. Amiran erklärte Iaman, daß er Ussibi und Badri nie mehr mitnehmen werde, weil aus ihnen niemals solche Helden würden, wie er einer sei.

Von da an zog Amiran allein auf Heldenabenteuer aus; es gab niemanden, der ihm gewachsen war, Amiran besiegte und vernichtete jeden Feind. Auf der ganzen Erde blieben nur drei Dewe, drei wilde Eber und drei Eichenbäume nach ihm. Selbst mit Gott kämpfte Amiran – dreimal brach er seinen bei Christus geschworenen Eid – und vollbrachte noch viele andere Heldentaten.

Н. И. Долибзе/М. Я. Чиковани, Грузинские народные сказки. Тбилиси 1954, S. 173–180; М. Я. Чиковани, Амираниани. Тбилиси 1960, S. 223–233.

Amirans Heldenkämpfe waren immer von der Liebe zu den Menschen geleitet. Deshalb kämpfte er mit Drachen, Dewen, bösen Geistern.

Einmal, als er das Brot sah, das die Menschen essen, drückte er es, und aus dem Brote sickerte Blut. Es kränkte Amiran sehr, daß das Brot, mit dem sich die Menschen nähren, blutgetränkt sei. Er wollte, daß die Menschen reines Brot, ohne Blut, äßen. Darum kämpfte der große menschenliebende Held mit Gott, aber eine grausame Strafe harrte seiner: Der Gott ließ ihn in einer Höhle des Kaukasus-Gebirges in Fesseln legen.

Mit Amiran zusammen ist in der Höhle sein von einem Adler geborener geflügelter Hund, der schwarze Goschija. Neben Amiran liegt auch sein wunderbares Schwert, aber der Held erreicht es mit seiner Hand nicht, um damit die Fesseln durchschneiden zu können.

Der treue Hund leckt unablässig Amirans Kette, und so wird sie immer dünner und dünner. Amiran selbst rüttelt das ganze Jahr an dem Pflock, an dem die Kette befestigt ist. Der Pflock beginnt sich schon zu lockern: Die Stunde der Befreiung des Helden ist nahe. Aber zu Ende des Jahres fliegt ein Vogel hin und hackt mit seinem Schnabel in Amirans Herz; die Knechte Gottes, die Schmiede, schlagen immer dreimal auf den Amboß, und die dünner gewordene Kette wird von diesen Schlägen wieder so, wie sie war, und auch der Pflock bohrt sich wieder tiefer in die Erde.

Und so geht dies von Jahr zu Jahr.

В. Гольцев/С. Чиковани, Поэзия Грузии. Москва – Ленинград 1949, S. 8.

Wenn Amiran einmal frei wird, beginnt das Goldene Zeitalter.

A. Dirr, Kaukasische Märchen. Jena 1920, S. 241.

WÖLUNDR, DER SCHMIED

Germanischer Mythos

Einmal gelangten die drei Söhne des finnischen Königs – berühmte Jäger und Schiläufer –, *Slagfidr, Egil* und *Wölundr*, ins Wolfstal und bauten sich ein Haus. Dort trafen sie drei *Walküren.* Die Walküren gehören dem Gefolge *Odins*, des höchsten Gottes, an, sie sind allwissend, sie spinnen auf ihrer Spindel das Kriegsglück und führen die gefallenen Helden hinauf in den Palast der Götter, zu den Auserwählten, in die *Walhalla*.

Vom Süden her flogen, von Kriegslust getrieben, die drei Walküren, *Hladgud, Herwör* und *Alrun*, dem Schwarzwalde zu. Im Wolfstal hielten sie aber Rast, zogen ihre Schwanenhemden aus, legten sie am Ufer des Wolfssees neben sich nieder und spannen, am Seeufer sitzend, den Faden des Schicksals. Da erblickten die drei Prinzen die Walküren, und diese konnten, da sie ihre Schwanenhemden abgelegt hatten, nicht sogleich fortfliegen. So war es den Prinzen ein leichtes, die Schwanentöchter zu rauben und sie ins Haus im Wolfstal zu bringen. Egil erhielt Alrun, Slagfidr bekam Hladgud, und Wölundr heiratete Herwör.

Sieben Jahre verlebten sie in Liebesglück, im achten Jahr aber wurden die Schwanentöchter von der Sehnsucht nach dem Schwarzwald und nach Kriegsgeschrei erfaßt. Im neunten Jahr, die drei Prinzen waren auf die Jagd gezogen, benutzten die Schwanentöchter die Gelegenheit, ihren Weg nach dem Schwarzwald fortzusetzen. Als letzte nahm Alrun Abschied von dem leeren Haus, sie blieb noch im Flur stehen und flüsterte: »Wer aus dem Walde kommt, wird sich nicht freuen.« – Damit flog auch sie fort.

Müde kehrten die drei Jäger aus dem Walde heim und fanden das Haus leer. Sie suchten nach den Schwanentöchtern, aber diese waren nirgends zu finden. Schließlich machte Egil sich nach Osten auf den Weg, um Alrun ausfindig zu machen, Slagfidr wandte sich nach Westen, um Hladgud zu suchen, Wölundr aber blieb allein im Wolfstal. Und während er dort allein seine schöne Herzliebste zurückerwartete, faßte er Edelsteine in Feingold und reihte die Ringe auf eine Schnur.

Nidudr, der König der Niaren, hatte erfahren, daß Wölundr allein im Wolfstal geblieben war, und entsandte seine Heerschar gegen ihn. Es glänzten die Schilde im Mondsichelscheine, es glänzten die Schuppen der Panzerhemden der sich nächtens heimlich nähernden Ritter; sie stiegen aus dem Sattel und drangen ins Haus ein. Da erblickten sie Wölundrs Ringe: die waren gesamt siebenhundert auf der Schnur aufgereiht. Sie rollten die Ringe von der Schnur und ließen sie dann liegen, nur einen einzigen nahmen sie mit.

Müde kam Wölundr von der Jagd heim, er hatte eine Bärin erlegt, und er machte Feuer, um sie zu braten. Dann setzte er sich auf das Bärenfell, zählte seine Ringe und bemerkte, daß einer fehlte. Er glaubte schon, Herwör, die Allweise, sei heimgekehrt und habe sich den fehlenden Ring an den Finger gesteckt. Er wartete und wartete, daß sie eintreten werde, und schlief in glücklicher Erwartung ein.

Als er aufwachte, weckte ihn aber nicht glückliche Liebe, sondern er spürte, daß er an Händen und Füßen schwere Fesseln trug.

»Wer sind die Räuber, die es gewagt haben, den Herrn der Goldringe in Fesseln zu legen?« fragte er, als er um sich blickte. Und siehe, König Nidudr, der Niarenfürst, war selbst gekommen; jetzt stand er vor ihm und fragte boshaft: »Wie bist du ins Wolfstal gelangt, zu unserem Golde?«

Wölundr antwortete ihm: »Hier fand sich kein Gold, und dein Reich ist weit von den Felsen am Rhein. Wir hatten auch kostbare Schätze, solange wir in unserer Heimat in Frieden lebten!«

In Fesseln schleppte Nidudr Wölundr mit sich, den er gefangengenommen hatte, und nahm auch Wölundrs Schwert an sich. Wölundr erkannte das Schwert und auch den Ring am Finger *Bödwilds*, der Tochter Nidudrs, denn diese hatte den Goldring Wölundrs von ihrem Vater zum Geschenk bekommen. Als Wölundr in den Palast Nidudrs geführt wurde, sprach die Königin hämisch:

»Schaut nur, wie sein Mund schäumt, wie seine Augen vor Wut blitzen, da er das Schwert gesehen und den Ring an Bödwilds Hand! Schneidet ihm am Knie die Sehne durch und tragt ihn auf die Seeinsel!«

Man tat, wie befohlen, schnitt ihm am Knie die Sehne durch und trug ihn auf die Insel; dort mußte er fürderhin für den König in der Schmiedewerkstatt arbeiten. Er fertigte für diesen auch allerlei wertvolle Dinge an, aber außer König Nidudr wagte niemand zu ihm in die Inselschmiede zu gehen. Und an Wölundr zehrte der Gram: »An der Seite Nidudrs schimmert das Schwert, das ich harthämmerte, es ward mir entwandt, und es wird nie mehr zu mir zurückgelangen! Und Bödwild trägt an ihrem Finger den Ring, den ich für meine Liebste anfertigte! Sie soll aber büßen für das Rotgold!«

Seine Augen fanden keinen Schlaf, mit seinem verkrüppelten Bein saß er neben dem Amboß und schwang den Hammer, bis er ihn endlich einmal zur Rache erheben konnte.

König Nidudr hatte zwei Söhne. Einmal zog die Neugierde die Knaben zur Schmiede. Sie fanden den Schlüssel, öffneten die Truhe, hüpften um sie herum, guckten hinein und fanden reiche Schätze darin. Wölundr, der Schmied, sagte zu ihnen: »Kommt morgen allein zu mir, aber sagt es niemandem in eures Vaters Haus, weder den Knechten noch den Mägden, daß ihr zu mir kommt, und ich werde euch aus purem Golde Geschenke anfertigen.«

Frühmorgens sprach der eine zum anderen: »Komm, Bruder, schauen wir uns schnell die Ringe an!«

Und sie liefen zur Schmiede, fanden den Schlüssel und guckten neugierig in die Truhe; diesen Augenblick nutzte Wölundr, er schlug ihnen die Köpfe ab, ihre Füße aber verbarg er unter dem Fangtrog. Die kleinen Schädel faßte er in Silber, und als Pokale sandte er sie Nidudr, die glänzenden Augen schenkte er als Edelsteine dem schlauen Weibe Nidudrs, aus den weißen Zahnreihen stellte er für Nidudrs Tochter Bödwild eine Halskette her.

Bödwild prahlte indessen mit ihrem Ring, einmal zersprang dieser aber, worauf sie ihn zu Wölundr trug.

»Nur dir wage ich ihn zu zeigen«, sagte sie und bat ihn, den Ring wieder ganz zu machen.

»Ich werde ihn mit Gold löten«, antwortete Wölundr bereitwillig, »damit ihn dein Vater und auch deine Mutter noch schöner finden.«

Mit Schmeichelworten bot er ihr Bier zu trinken an, und so schläferte er sie ein. Das Mädchen ließ sich auf dem Stuhl nieder und fiel in tiefen Schlaf. Wölundr aber sagte nun zufrieden: »Ich habe Rache genommen für alle Bitternis, die mir angetan wurde, nur eines bleibt noch. Denn ich will nicht ewig hier verweilen, obwohl Nidudrs Leute mir das Bein verkrüppelt haben.«

Damit erhob sich Wölundr lachend in die Lüfte.

Bödwild sah ihn, als sie erwachte, noch hoch oben fliegen und kehrte, den Zorn ihres Vaters fürchtend, weinend von der Insel nach Hause zurück.

Nidudr war schon daheim und lag im Saal auf dem Ruhebett, von draußen sah sein schlaues Weib hinein; sie trat zu ihm ins Gemach und sprach: »Bist du wach, Nidudr, Fürst der Niaren?«

Nidudr antwortete: »Ich bin immer wach, und auch wenn ich ruhe, finde ich keine Erquickung. Die Trauer um meine Söhne nagt an mir, frostige Gedanken kreisen in meinem Kopf, ich muß Wölundr, den Schmied, zum Geständnis bringen.«

Und er begab sich zur Inselschmiede.

»Meister der Alben, melde mir es, wo sind meine Kinder hingekommen?« fragte er Wölundr, den Schmied, der schon hoch in den Lüften flog.

»Schwöre mir vorerst«, antwortete ihm Wölundr aus der Höhe, »schwöre bei Schwertesspitze, bei Schiffesbord, bei Schildesrand, Rossesrücken, daß du das Weib des Schmiedes Wölundr schonen und nicht töten wirst. Denn wisse, daß deine Tochter mein Weib geworden ist und in deinem königlichen Palaste mein Kind gebären wird. Alsdann schau in der Schmiede, die du mir geschenkt hast, herum, und du wirst auf dem Blasebalg Blutstropfen sehen. Dort habe ich deinen zwei Kindern den Kopf abgeschnitten und ihre Füße unter dem Fangtrog versteckt. Ihre Schädel aber habe ich in Silber gefaßt und als Pokale König Nidudr gesandt, ihre glänzenden Augen habe ich als Edelsteine dem schlauen Weibe Nidudrs geschickt, aus ihren weißen Zahnreihen habe ich für Bödwild eine Halskette angefertigt. Und Bödwild, euer beider einzige Tochter, trägt mein Kind unter dem Herzen.«

Nidudr sah in die Höhe empor, woher er die Stimme vernahm, und sprach: »Nie hättest du mir schmerzlichere Worte sagen können! Könnte ich dich doch fesseln, fester denn je! Aber wer ist so hoch, daß er dich selbst vom Pferde aus erreichen könnte, wer schießt so sicher, daß er dich mit einem Pfeil herunterholen könnte, da du schon zwischen den Wolken bist?«

Aus vollem Halse lachend, hob Wölundr sich höher und höher in die Lüfte, und der König blickte ihm kummervoll nach.

Nidudr ging heim und sandte seinen treuesten Degen, *Thankrad*, nach Bödwild, seiner Tochter mit den schönen Augenbrauen, die in prachtvoller Kleidung auch kam.

Nidudr fragte sie zornig: »Ist es wahr, Bödwild, was man von dir spricht, daß du auf der Insel bei Wölundr gewesen bist?«

»Es ist wahr, was man spricht«, antwortete traurig Bödwild. »Ich war bei Wölundr, ich saß bei ihm auf der Insel eine bittere Stunde lang, wäre ich doch nicht dort gewesen! Ich war meiner nicht Herr, mein Willen verließ mich, und ich konnte ihm nicht widerstehen ...«

Unter Berücksichtigung der Bearbeitung von H. von Wolzogen (Die Edda. Götterlieder und Heldenlieder. Aus dem Altnordischen. Leipzig o. J., S. 216–222) nacherzählt.

LIPPO UND TAPIO

Finnisches Märchen

Lippo, der berühmte Jägersmann, zog mit zwei Kameraden auf die Jagd. Sie streiften den ganzen Tag durch den Wald, fanden aber keine Beute. Im Walde ereilte sie die Nacht, in einer Waldhütte fanden sie Unterkunft. Am anderen Morgen banden sie sich dann wieder die Schneeschuhe an und glitten auf dem weißen Schnee weiter. Lippo aber schlug ungeduldig die Schibretter aneinander.

»Der heutige Tag bringe uns endlich Beute, eine fürs eine Schibrett, eine fürs andere, die dritte für die Spitze meines guten Stockes«, sagte er.

Kaum hatten sie sich auf den Weg gemacht, als sie im Schnee drei Rentierspuren wahrnahmen. Sie wanderten den Spuren nach und erblickten auch bald drei Rentiere, zwei dicht nebeneinander, das dritte einen Steinwurf weiter. Da sprach Lippo zu seinen Gefährten: »Ihr beide geht den zweien nach, sie sollen eure Beute sein, und ich werde dem einsamen dritten nacheilen.«

Und er glitt, glitt weiter über den weißen Schnee den ganzen Tag lang. Seine Kameraden waren schon weit zurückgeblieben. Wieder wurde es Abend, das Rentier konnte er aber nicht einholen, obwohl er der schnellfüßigste Jäger im ganzen Umkreis war.

Inmitten des Waldes stand ein Gehöft. Das Rentier flüchtete in den Stall, und Lippo eilte ihm vergebens nach. Auf dem Hof stand der Herr des Hauses, ein verehrungswürdiger Greis, sein langer, grüner Moosbart reichte ihm bis an die Knie.

Mit rauher Hand hielt er Lippo an und sprach: »Hoho, wohin? Wollen mal sehen, was für einer das ist, der mein Reittier verfolgt und es in Schweiß gebracht hat.«

Lippo verneigte sich ehrerbietig vor dem

Alten und sagte: »Ich jage es schon seit heute morgen, konnte es aber nicht fangen, und so bin ich in deinen Hof gelangt.«

Der Greis, es war *Tapio*, der alte Wald, sprach hierauf: »Na, wenn du vom Morgen bis zum Abend mein Reittier verfolgt hast, dann sollst du über Nacht in meiner Stube ruhen.«

Lippo trat in Tapios Stube und sah sich verwundert um. Dies war wahrhaftig eine sonderbare Stube. In der einen Ecke standen Rentiere und Rehe, in der anderen hausten Bären, Füchse und Wölfe. Tapio bewirtete den Jägersmann mit einem guten Abendbrot, und als Lippo sich am anderen Morgen mit Dank davonmachen wollte, ließ ihn Tapio nicht ziehen. Lippo wäre gern gegangen, hätte Tapio ihm nicht auch noch die Schneeschuhe versteckt. Und als Lippo die Schibretter von Tapio zurückverlangte, sprach der Alte nur: »Möchtest du nicht bei mir bleiben? Ich würde dir meine einzige Tochter zur Frau geben.«

»Mit Freuden würde ich bleiben«, erwiderte Lippo, »ich bin aber ein armer Mann, wie kannst du mir da deine Tochter geben?«

»Das laß meine Sorge sein«, polterte Tapio. »Armut ist keine Sünde, und bei uns findest du sowieso alles, was Auge und Mund sich nur wünschen können.« Und er gab, wie er gesagt hatte, Lippo seine Tochter zur Frau. So blieb der berühmte Jäger, der schnellfüßige Lippo, als Tapios Eidam im Waldhaus.

Nach drei Jahren wurde Lippo von Tapios Tochter ein Sohn geboren. Tapio freute sich über seinen kleinen Enkel, Lippo aber sehnte sich nach seiner Heimat und redete auf Tapio immerfort ein, er solle sie ziehen lassen. Schließlich sagte dieser: »Wenn du mir solche Schneeschuhe schnitzest, wie ich sie mir wünsche, dann lasse ich dich fort.«

Da eilte Lippo ins Holz und begann mit dem Schnitzen. Über seinem Kopf sang auf einem Zweig eine kleine Meise:

Sieh, ich bin die kleine Meise,
Ti-tii, hör meine Weise,
Steck, wo du die Sohlen hast,
Drunter einen spitzen Ast.

Lippo schleuderte ein Holzscheit nach dem Vogel.

»Was pfeifst du da, du kleines Dummerchen? Ausgerechnet von dir werde ich lernen!«

Und er fertigte die Schneeschuhe an, hobelte sie glatt, verzierte sie so schön, wie er nur konnte, und brachte sie Tapio. Der besah sie genau, probierte sie auch ein wenig aus, gab sie Lippo dann aber mit den Worten zurück: »Die sind nicht so, wie ich sie mir wünsche.«

Was blieb Lippo anderes übrig, als am nächsten Tag wieder ins Holz zu wandern und zu schnitzen. Die kleine Meise war wieder dort und sang von neuem:

Sieh, ich bin die kleine Meise,
Ti-tii, hör meine Weise,
Steck, wo du die Sohlen hast,
Drunter einen spitzen Ast.

»Bist du wieder da?« schrie Lippo zornig und schleuderte wieder ein Stück Holz nach dem Vogel. Auch jetzt kam ihm nicht in den Sinn, den Rat der kleinen Meise zu befolgen. Er fertigte die Schier wieder nach seiner Weise an und brachte sie Tapio.

»Auch die sind nicht so, wie ich sie mir wünsche«, und Tapio schüttelte seinen langen grünen Bart.

Als Lippo am dritten Tag abermals ins Holz ging und die kleine Meise wieder ihr Verslein sang:

Sieh, ich bin die kleine Meise,
Ti-tii, hör meine Weise,
Steck, wo du die Sohlen hast,
Drunter einen spitzen Ast.

begann er anders zu denken: Nun gut, es sei, ich will tun, wie du mir rätst, denn ohne Grund wirst du nicht immer dasselbe wiederholen. Und Lippo befolgte den Rat der kleinen Meise.

»Jetzt hast du es getroffen«, rief Tapio, als er die neuen Schneeschuhe sah. »Jetzt laß ich dich ziehen, ihr könnt in Frieden heimkehren.«

Lippo machte sich mit Weib und Kind auf den Weg. Auch Tapio legte die neuen Schier an, um Lippo nach Hause zu geleiten, und er sprach: »Folgt nur meinen Spuren, und wo mein Stock im Schnee eine Spur hinterläßt, dort haltet immer Nachtruhe. Seid aber achtsam, und flechtet euch allabendlich eine Hütte aus dichten Tannenzweigen, damit die Sterne nicht zu euch hineingucken können.«

Und Tapio glitt auch schon weiter auf dem weißen Schnee, Lippo immer in seiner Spur, seine Frau an der Hand und in einem kleinen Schlitten sein Söhnchen nach sich ziehend. Jetzt erst verstand Lippo die Meise! Die unter Tapios Schneeschuhe gesteckten Zweige zogen tiefe Furchen in den Schnee, auf diese Weise zeigten sie die Fußspuren des Alten, und so verfehlte Lippo den Weg nicht.

Gegen Abend erblickte Lippo neben dem Pfade Tapios eine kleine Grube, die hatte der Alte in den Schnee gebohrt. Daneben lag ein ganzes gebratenes Rentier, das reichte für Lippo, sein Weib und das Söhnchen zum Abendbrot. Dort blieben sie zur Nacht und flochten aus dichten Tannenzweigen eine Hütte.

Am nächsten Tage setzten sie ihren Weg fort und nahmen den Rest des Rentierbratens mit. Am Abend erblickte Lippo wieder die Spur von Tapios Stock im Schnee, und sie fanden daneben wieder ein gebratenes Rentier. Wieder flochten sie eine Hütte aus Tannenzweigen und ließen sich zur Nachtruhe nieder.

Frühmorgens am dritten Tage zogen sie wieder weiter, immer Tapios Spuren folgend, bis sie am Abend im Schnee die Spur seines Stockes sahen. Und daneben lag ein gebratener Auerhahn zum Abendbrot.

»Hei, wir können nicht mehr weit von daheim sein«, rief Lippo glücklich, »der Alte hat uns ja nur noch einen Auerhahn zugedacht.«

Nun flochten sie die Hütte auch schon lockerer, und die Sterne guckten schon zwischen den Zweigen in die Hütte hinein, auf Lippo und seine schlafende Familie.

Als Lippo am nächsten Morgen erwachte, fand er seine Frau nirgends.

Er ging zur Hütte hinaus, sah nach rechts, sah nach links, sah aber nichts mehr von Tapios Fußspuren. Ohne diese aber wußte Lippo nicht, wohin sich wenden. Was tun? Er setzte sich mit seinem Söhnchen vor die Hütte und wartete. Und siehe, ein schlankes Rentier lief an ihnen vorbei, röhrte und huschte weiter.

Nichts anderes zeigte sich im Umkreis, obwohl es schon Abend wurde. Wieder mußten sie dort die Nacht verbringen. Am Morgen lag wieder ein Auerhahn vor der Tür, auch das Rentier lief an ihnen vorbei und röhrte.

Viele Jahre verstrichen so in der kleinen Tannenzweighütte. Tag für Tag lag ein gebratener Auerhahn vor der Tür, und auch das Rentier huschte Tag für Tag an ihnen vorbei.

Dort wuchs der kleine Knabe im Laufe der Jahre zu einem klugen, schönen Burschen heran.

Eines Tages bat der Jüngling seinen Vater um ein langes Schilfrohr, er wollte damit in der Gegend umherspähen, um zu sehen, ob sie noch weit von daheim entfernt wären. Lippo verfertigte in seiner Mußezeit das Schilfrohr und gab es seinem Sohn. Kaum hatte der hineingeblickt, als er auch schon rief: »Wir sind nicht mehr weit von zu Hause, wir sind an der Grenze unseres Heimatbodens!«

Und wahrhaftig, kaum waren sie zur Hütte hinausgetreten und hatten einige Schritte getan, als sie auch schon daheim waren.

Der Sohn Lippos wurde nachmals der Stammvater der Lappen.

P. Hunfaly, Finnische Lesestücke. Pest 1861, S. 230–234. Auf Grund der »Suomen Kansan Satuja ja Tarinoita« betitelten Sammlung.

DER WUNDERHIRSCH

Ungarische Sage

Menrot, der Riese, ließ sich nach der babylonischen Sprachverwirrung auf dem Boden Evilats nieder. Dort wurden ihm von seinem Weibe namens *Eneh* zwei Söhne geboren, *Hunor* und *Magyar*. Da der Riese Menrot außer seinem Weibe auch noch andere Frauen besaß, hatte er außer Hunor und Magyar auch noch von diesen viele Söhne und Töchter. Diese Söhne und deren Nachkommen wohnen im Lande Persien. Sie ähneln ihrer Statur und ihrem Aussehen nach den Hunnen, nur ihre Rede weicht ein wenig ab. Da Hunor und Magyar die Erstgeborenen Menrots waren, wohnten sie, getrennt von ihrem Vater, in ihren eigenen Zelten.

Eines Tages, als sie auf die Jagd gingen, tauchte in der Steppe eine Hindin vor ihnen auf. Sie verfolgten sie, aber das Tier flüchtete vor ihnen. Nachdem es ihnen in den mäotischen Sümpfen völlig entschwunden war, suchten die Brüder lange nach ihm, konnten seine Spur aber nicht mehr finden. Als sie so durch die mäotischen Sümpfe zogen, sahen sie, daß dieses Land eine gute Weide für ihre Herden wäre. Sie zogen also zu ihrem Vater heim und kehrten, da er es gestattete, mit all ihrer Habe wieder zurück, um sich in der Gegend der mäotischen Sümpfe anzusiedeln.

Dieses Land ist bis auf eine enge Furt von allen Seiten vom Meer umgeben, und obgleich es darin keine Flüsse gibt, ist es reich an Gras und Bäumen, Vögeln und Fischen und allerlei Wild. Hier einzudringen und wieder herauszukommen ist nicht leicht. Nachdem Hunor und Magyar sich dort niedergelassen hatten, rührten sie sich fünf volle Jahre lang nicht vom Fleck.

Im sechsten Jahr zogen sie dann von hier auf Abenteuer aus und trafen in der Steppe die Frauen der Söhne *Belars* ohne ihre Männer in ihren Zelten, samt ihrem Gesinde. Nach raschem Überfall brachten sie alle, zusammen mit ihrer Habe, nach den mäotischen Sümpfen. Es traf sich, daß mit der Dienerschar auch die beiden Töchter *Dulas*, des Königs der Alanen, in Gefangenschaft gerieten; Hunor nahm die eine, Magyar die andere zum Weibe. Von diesen Frauen stammen die Hunnen bzw. die Magyaren ab.

Sie lebten in der sumpfigen Gegend lange Zeit und vermehrten sich allmählich zu einem großen Volke, so daß dieses Gebiet zu klein für sie ward und es sie nicht mehr ernähren konnte. Sie sandten also Späher nach Skythien, und nachdem sie es erforscht hatten, ließen sie sich dort mit ihrem Gesinde und ihren Herden nieder.

Nach der Chronik des Simon von Kéza.

DSCHINGIS

Kasachisches Märchen

Es lebte ein Khan mit Namen *Altyn Bel*; der Fürst hatte einen einzigen Sohn mit Namen *Kaischyly Khan*, andere Kinder hatte er nicht. Eines Tages wurde die Frau des Khans schwanger und gebar ein Mädchen. Herrlich wie der Mond war es, schön wie die Sonne war es; als die Mutter, die es geboren, ihre Tochter erblickte, wurde sie ohnmächtig ob so viel Schönheit. Ein solches Mädchen hat sie geboren, sagte man dem Fürsten. Der Fürst sprach: »Zeiget sie keinem Menschen! Damit niemand sie erblicke, soll sie unter der Erde verborgen werden!« Darauf rief des Khans Frau ein altes Weib; sie gab der Alten jährlich hundert Dilla. Die Alte nahm das Kind, brachte es in ein dunkles Eisenhaus und nährte es.

Das Kind wuchs heran und wurde ein

Mädchen. Als es erwachsen, fragte es eines Tages die Alte: »Wohin gehst du nur immer?« Die Alte sprach: »Ja, mein Kind, es gibt eine helle Welt, in dieser hellen Welt leben dein Vater und deine Mutter, dort sind viele Leute, dorthin gehe ich.« Das Mädchen sprach: »O Mütterchen, ich will es niemand sagen, zeige mir doch diese helle Welt.« Die Alte sprach: »Nun schön, wenn du es niemand sagst, so will ich sie dir zeigen.« Die Alte brachte das Mädchen hinaus; als es die helle Welt erblickte, schwankte es und verlor das Bewußtsein. Zu dieser Zeit, da sie hinausgekommen war, fiel das Auge Gottes auf sie, und auf seinen Befehl wurde das Mädchen schwanger. Ihr Leib wuchs und wurde groß. Als die Alte sah, daß das Mädchen schwanger war, wurde sie sehr traurig, da sie meinte, man würde sie töten. »Wenn man mich tötet, so soll mein Blut fließen. Ich will es doch lieber jetzt der Frau des Fürsten sagen!«

Die Alte kam zu des Fürsten Gattin und sprach: »Eure Tochter ist schwanger, ich habe sie keinem Menschen gezeigt; wenn Ihr mich tötet, so muß mein Blut fließen! Bleibe ich am Leben, so ist es mein Glück!« Des Fürsten Frau fragte: »Was hast du denn getan?« Die Alte sprach: »Was ich getan habe, verberge ich nicht; die Sünde, die ich begangen, ist die: Ich habe sie hinausgeführt ins Freie. Von dem Tage an, da ich sie hinausgebracht, ist sie schwanger.« Des Fürsten Frau sprach: »Wenn du nichts Böses begangen hast, so will ich das vor dem Fürsten schon verantworten«, und sie ging zum Fürsten.

Zum Fürsten sprach sie: »Eure Tochter ist schwanger geworden, nach dem Befehle Gottes. Kein Mensch hat sie erschaut.« Der Fürst befahl: »Wenn es so ist, dann töte sie!« Da sagte die Frau zum Fürsten: »Es wird ein schlechter Ruhm sein, wenn es heißt: Der Fürst hat seine Tochter getötet.« Der Fürst sprach: »So tue, was du willst, nur bringe sie mir nicht vor meine Augen!«

Die Frau vermochte ihre Tochter nicht zu töten; sie legte sie in einen goldenen Kasten, gab ihr auch Nahrung mit, schloß den Dekkel, band den Schlüssel an den Kasten und setzte ihn auf dem Meer aus.

In einem Lande befanden sich *Domdagul Sokur* und *Toktagul Mergän* auf der Jagd. In der Mitte des Meeres sahen sie den Kasten schwimmen. Als Toktagul Mergän ihn gesehen, sprach er: »O Gefährte, in der Mitte des Wassers sehe ich irgend etwas Glänzendes. Wenn Gott es zu uns führt, werden wir es nehmen. Wenn wir es nehmen, nimmst du das Innere oder das Äußere? Jetzt wollen wir es teilen; denn wenn es in unserer Hand sein wird, werden wir uns nur streiten und uneinig sein.« Domdagul Sokur sprach: »Ich will das Äußere.« Toktagul Mergän sprach: »Ich will das Innere, was auch herauskommen mag, es kommt von meinem Glück.«

Darauf fertigten sie sich eine Schnur aus Seide und befestigten sie an einem Pfeil. Toktagul Mergän schoß ihn ab; der Pfeil flog, und im Kasten blieb er stecken. Sie zogen ihn herbei und nahmen ihn aus dem Wasser. Als sie ihn öffneten, war drinnen ein Mädchen, schön wie der Vollmond. Als die beiden es gesehen hatten, schwand ihnen von der Schönheit die Besinnung. »Was für ein Mädchen bist du? Was hast du begangen?« fragten sie. Das Mädchen sprach: »Ich bin des Altyn Bel Khan Tochter, man hat mich in einem dunklen Hause aufgezogen, und dort wurde ich auf Gottes Befehl schwanger. Darauf wollte mich mein Vater töten lassen, aber die Mutter vermochte nicht, mich zu töten; sie meinte, wohin ich auch ginge, ich sollte doch wenigstens lebendig hinkommen, daher hat sie mich in diesem Kasten ausgesetzt.« Da sprach Toktagul Mergän: »Dich will ich freien, nimmst du mich?« Das Mädchen antwortete: »Ich will dich nehmen; wenn ich mein Kind geboren habe, dann werde ich dich heiraten.« Toktagul Mergän war damit zufrieden.

Als die Zeit herangekommen, gebar sie einen Knaben, der schöner war als sie selbst. Danach wurden sie getraut. Da sie nicht in der Steppe wohnen wollten, gingen sie zum Volke. Dort wuchs dieser Knabe zum Manne und wurde trefflich und gerecht. Sie gaben ihm den Namen *Dschingis* (Schyngys). Zu jener Zeit war der Herrscher der Stadt, in der sie lebten, gestorben; er hatte kein Kind hinterlassen, und da das Volk keinen andern trefflichen Menschen fand, den es zum Herrscher machen konnte, so sprachen sie: »Das Kind namens Dschingis wollen wir zum Herrscher machen.« So geschah es. »Wenn du uns zu sterben gebietest, wollen wir sterben«, schworen sie.

Dschingis war als Herrscher sehr gerecht, niemandem tat er unrecht, niemanden beleidigte er, die Jurte lebte in Frieden, unter dem Volke war nicht Diebstahl, nicht Lüge.

Nachdem Dschingis geboren, hatte Toktagul Mergän die Tochter des Altyn Bel Khan gefreit, von ihr wurden ihm drei Söhne geboren. Diese drei Knaben wuchsen heran; als sie erwachsen, fügten sie dem Fürsten Dschingis Beleidigungen zu. »Er ist ohne Vater, wir dulden ihn nicht als Herrscher, wir haben einen Vater, einen von uns mache zum Fürsten!« Der Fürst geriet mit den dreien in Streit. Da sprach der Fürst: »Ich bin allein, diese werden mich töten.« Er beschloß zu entfliehen. Er ging zu seiner Mutter und sprach: »O Mutter, ich will fliehen, deine drei bösen Kinder wollen mich töten.« Da fragte seine Mutter: »Wohin gehst du jetzt, mein Kind? Wenn du gehst, sage mir, wohin! Woher soll ich erfahren, ob du tot bist oder lebst?« Dschingis Khan antwortete: »Wohin soll ich gehen? Zu der Quelle des Wassers, auf dem du hergeschwommen, will ich gehen, dorthin, wo mein Vater wohnt; dort will ich leben. Ist mein Vater jenseits des Wassers, dann will ich, wenn ich kann, das Wasser überschreiten; kann ich es nicht, so werde ich diesseits leben. O Mütterchen, ich will dich wissen lassen, ob ich lebe oder tot bin. In das Wasser, auf dem du gekommen, will ich Vogelfedern werfen, die Vogelfedern werden vorbeifließen. Fließen sie vorbei, so bin ich gesund, fließen sie nicht vorbei, so bin ich gestorben.« So sprach er, verabschiedete sich von seiner Mutter und ging heimlich davon.

Dschingis kam zu der Stelle, wo jenseits des Wassers sein Großvater wohnte; er konnte aber nicht übersetzen und ließ sich dort nieder. Er schoß Wild, und er schoß Vögel; aus den Fellen des Wildes fertigte er sich ein Haus, der Vögel Federn warf er ins Wasser, und sie flossen davon. Die Vogelfedern flossen bei der Mutter vorbei, und sie wußte, daß er lebte. Dschingis häufte die Vogelfedern zu einem Berg auf.

Als Dschingis davongegangen war, hatten die Leute keinen Herrscher; sie waren in Verlegenheit, wen sie zum Herrscher machen sollten. Schließlich meinten sie, ein Kind dieses Weibes wird wohl gut sein, und so machten sie eins von ihren Kindern, den *Börgöltöi*, zum Fürsten. Börgöltöi vermochte nicht, das Volk zu schützen; in der Jurte waren viele Diebe, viele Verbrecher, viele Lügner. Auf den Herrscher hörte niemand, er war nicht gerecht, er war bestechlich. Viele zogen fort. Das Volk versammelte sich an einem Orte und hielt Rat. »Unser Herrscher ist nicht gerecht, er ist schlecht und vermag nicht, das Volk zu regieren. Als Dschingis Khan unser Fürst war, gab es in unserer Jurte keine Diebe, keine Lügner und keine Bedrückung, unser Volk war zahlreich, jetzt ist es gering geworden, unsere Jurte hätte nicht zu Ende gehen sollen. Börgöltöi vermag nicht unser Herrscher zu sein. Wir wollen Dschingis aufsuchen! Wo aber können wir ihn finden? Gott weiß, wohin er gegangen, ein anderer vermag es nicht zu wissen. Wenn es noch jemand weiß, dann seine Mutter, diese wollen wir fragen.«

Das Volk versammelte sich und ging zu dem Hause seiner Mutter. »Weißt du, wohin Dschingis gekommen ist? Dein schlechtes Kind vermag nicht Herrscher zu sein. Er vermag die Jurte nicht zu schützen; zu Dschingis' Zeiten war unser Volk in gutem Zustand, Dschingis wollen wir suchen! Wir wissen nicht, wohin er gegangen, Ihr werdet es schon wissen; wenn Ihr es wißt, sagt es uns.« Seine Mutter sprach: »Ich will es euch sagen! Wenn ihr auch hingeht, wenn ihr ihn auch bittet, so wird er doch nicht kommen. Doch ich will euch sagen, wo ihr ihn finden könnt. An diesem Wasser, stromaufwärts, wohnt ein Volk, dorthin ist Dschingis gegangen; ihr werdet ihn finden. Wenn ihr geht, wenn ihr ihn anfleht, wird er kommen; sprecht aber keine bösen Worte, seit langem hat er keinen Menschen gesehen, er soll nicht erschrecken.« Sie hießen diese Rede gut, und fünfundzwanzig treffliche Männer gingen ihn suchen.

Eines Tages erreichten sie das Land des Dschingis. Sie sahen das aus Wildfellen gefertigte Haus des Dschingis, die berghoch aufgehäuften Federn und den aufgestellten Pfosten zum Anbinden der Pferde. »Hier lebt Dschingis!« sprachen sie. Sie wußten, daß Dschingis nicht dort, sondern auf die Jagd geritten war. »Wir wollen uns ihm nicht zeigen; wenn er uns sieht, wird er entfliehen. Wir wollen unsere Pferde verbergen und uns selbst unter den Federn verstecken. Dort, wo er schläft, wollen wir ihn festhalten, wenn er kommt.« Sie versteckten sich. Eines Tages kam Dschingis; zu dem Pferdepfosten sprach Dschingis Khan: »Ergreifet des Khans Pferd.« Vom Pferde stieg er und sagte: »Bindet des Khans Pferd an.« Er trat ins Haus und sprach: »Öffnet dem Khan die Tür!« Als er ins Haus getreten, sagte er: »Leget dem Khan eine Filzdecke unter!« Er setzte sich und befahl: »Bringet dem Khan Speise!« Dabei holte er sie sich selbst und aß. Nachdem er gegessen, wurde er müde. Da sprach er: »Bereitet dem Khan das Lager.« Er bereitete es selbst und legte sich hin. Als er sich hingelegt, ergriffen die vierundzwanzig Menschen ihn, den Kopf verneigend; er warf sie nach allen Seiten auseinander. Die Leute sprachen: »O Fürst und Herr, wir sind deine Diener und sind flehend gekommen; als Ihr fortgegangen, ist unsere Jurte zerfallen; kommet doch zurück und bleibet auf Eurem Herrschersitze.«

Darauf führten sie ihn zurück und brachten ihn zu seinem Volke. Als sie ihn wieder einsetzen wollten, sagten die drei jüngeren Brüder: »Wir machen diesen nicht zum Fürsten, er gehe fort; geht er nicht, so werden wir ihn töten.« Darauf versammelte sich das Volk und hielt Rat. »Was sollen wir tun? Wenn wir ihn zum Fürsten machen, wollen sie ihn töten; sie selbst aber, wenn wir sie zu Fürsten machen, können die Jurte nicht regieren. Wen wir zum Fürsten machen sollen, möge ihre Mutter bestimmen.« Sie schickten alle zu ihrer Mutter. »Welchen von ihnen die Mutter zum Herrscher macht, wir sind's zufrieden«, sagten sie. Die vier Söhne kamen zu ihrer Mutter. Jeder von ihnen wollte Fürst werden; alle vier kamen in Streit hierher. Die Mutter sprach zu ihren vier Kindern: »Ihr seid alle meine Kinder, streitet euch nicht, ich will eure Sache gerecht entscheiden. Hänget euren Bogen an diesem Sonnenstrahl auf, wessen Bogen vom Sonnenstrahl getragen wird, der sei der Herrscher.« Alle vier brachten ihre Bogen und hingen sie an den Sonnenstrahl. Die Bogen der drei fielen zur Erde, aber des Dschingis Bogen trug der Strahl, obgleich unten keine Stütze, oben kein Hängsel war. An dieser Stelle versammelte jene Frau alles Volk und sprach: »Sehet diesen! Dieses ist auf Gottes Befehl mein Kind geworden, nach Gottes Befehl trägt auch der Strahl seinen Bogen, diesen machet zum Fürsten. Sollten jene drei ihm Gewalt antun, so tötet alle drei. Ihr, Volk, seid zahlreich, lasset ihm kein Leid antun!«

Da blieb Dschingis der Fürst, die zerstreute Jurte führte er wieder zusammen und war ein sehr gerechter Herrscher. Er nahm ein treffliches Weib, von seinem Weibe wurden ihm drei Söhne und eine Tochter geboren. Zu der Zeit, da er der Herrscher war, war er der trefflichste von allen; kein Krieg konnte ihn bezwingen, seinem Volke ließ er kein Leid geschehen. Da man sagte, daß dort ein so vortrefflicher Herrscher wäre, kam ein Bote von dem Herrscher des Reiches Rum und forderte eines der Kinder des Dschingis, damit es dort der Herrscher würde. Eines seiner Kinder gab er nach Rum. Von der Krim kam ebenfalls ein Bote, um einen Sohn als Herrscher zu erbitten; auch diesem wurde der Wunsch erfüllt. Von des Kalifen Volke kam man und sagte: »Wir wollen einen deiner Söhne zum Herrscher machen.« Auch diesen gab er einen seiner Söhne. Darauf kam ein Russe, der da sagte: »Auch wir wollen eines deiner Kinder haben!« Da ihm kein Sohn mehr geblieben, so gab er seine Tochter *Ak Bibä*. Und die Russen führten sie fort, um sie zur Herrscherin zu machen. Als Dschingis gestorben war, gab es keinen trefflichen, gerechten Herrscher mehr, denn die drei Söhne des Dschingis waren in drei Reichen Herrscher; für unser Volk blieb niemand übrig. *Ös Dschany Bek, Pöpögötöi* und Börgöltöi, die drei anderen Söhne seiner Mutter, wurden die Vorfahren der schlechten Sultane.

Nach W. Radloff, Proben der Volksliteratur der türkischen Stämme Süd-Sibiriens, III, 1870. S. 82–89.

DIE HIMMELSKÖNIGIN

Alte chinesische Überlieferung

Die Himmelskönigin, auch heilige Mutter genannt, war bei ihren Lebzeiten eine Jungfrau aus Fukien, namens *Lin.* Sie war rein, ehrfürchtig und fromm von Art. Als sie siebzehn Jahre alt war, starb sie, ohne verheiratet gewesen zu sein. Sie zeigt ihre Macht auf dem Meere, darum wird sie von den Schiffern fromm verehrt. Wenn sie unerwartet von Wind und Wogen überfallen werden, so rufen sie sie an, und jederzeit ist sie bereit, sie zu erhören.

In Fukien gibt es viele Seefahrer, und jedes Jahr kommt es vor, daß Leute ums Leben kommen. Da war es wohl so, daß die Himmelskönigin zu ihren Lebzeiten Mitleid hatte mit der Not ihrer Landsleute. Und weil ihr Geist unentwegt darauf gerichtet war, den Ertrinkenden aus ihrer Not zu helfen, so erscheint sie jetzt häufig auf dem Meere.

Auf allen Schiffen, die das Meer durchfahren, hängt in der Kajüte ein Bild der Himmelskönigin, und ferner werden drei Talismane aus Papier im Schiffe aufbewahrt. Auf dem einen ist sie gemalt mit Krone und Zepter, auf dem zweiten ist sie gemalt als Jungfrau in gewöhnlichem Gewand, auf dem dritten ist sie gemalt mit offenem Haar, barfuß, ein Schwert in der Hand und stehend. Kommt nun das Schiff in Gefahr, so verbrennt man den ersten Talisman, und es naht die Hilfe. Hilft der noch nicht, so verbrennt man den zweiten und schließlich den dritten. Tritt dann noch keine Hilfe ein, so ist nichts mehr zu machen.

Wenn in Wind und Wogen und Wolkendunkel die Schiffer ihre Richtung verlieren, so rufen sie in frommem Gebet die Himmelskönigin an. Dann erscheint eine rote Lampe auf den Wassern. Folgt man der Lampe nach, so kommt man sicher aus aller Gefahr. Oft sieht man auch die Himmelskönigin in den Wolken stehen und mit ihrem Schwerte den Wind zerteilen. Der Wind entfernt sich dann nach Nord und Süd, und die Wogen glätten sich.

Vor dem heiligen Bilde im Schiffe ist stets ein hölzerner Stab. Oft kommt es vor, daß die Fischdrachen auf dem Meere spielen. Das sind zwei riesige Fische, die gegeneinander das Wasser in die Höhe blasen, so daß des Himmels Sonne verfinstert wird und tiefes Dunkel das Meer verhüllt. Aus der Ferne sieht man oft in diesem Dunkel eine lichte Öffnung. Wenn man das Schiff gerade daraufzu hält, so kommt man durch und ist plötzlich wieder im Stillen. Blickt man zurück, so sieht man die beiden Fische Wasser speien. Das Schiff war gerade unter ihren Mäulern durchgefahren. Es ist aber immer ein Sturm in der Nähe, wenn die Fischdrachen schwimmen; darum verbrennt man Papier oder Schafwolle, damit die Drachen das Schiff nicht in die Tiefe ziehen, oder man läßt den Stabmeister im Schiff Weihrauch verbrennen vor dem Stab in der Kajüte. Dann nimmt er den Stab und schwingt ihn über dem Wasser einmal im Kreise, so ziehen die Drachen den Schwanz ein und verschwinden.

Wenn die Asche im Weihrauchgefäß ohne Ursache auffliegt und sich in der Luft zerstreut, so ist es sicher, daß schwere Gefahr droht.

Vor etwa zweihundert Jahren ward ein Heer ausgerüstet, um Formosa zu unterwerfen. Die Fahne des Feldherrn wurde geweiht mit dem Blute eines weißen Pferdes. Da erschien plötzlich die Himmelskönigin auf der Spitze der Fahne. Im Augenblick war sie wieder verschwunden, aber der Heereszug hatte Erfolg.

Ein anderes Mal, zur Zeit *Kienlungs*, erhielt der Minister *Dschou Ling* den Befehl, auf den Liu-Kiu-Inseln einen neuen König einzusetzen. Als die Flotte südlich von Korea vorbeifuhr, erhob sich ein Sturm, und sie wurden verschlagen nach dem schwarzen Wirbel. Das Wasser sah aus wie Tinte; Sonne und Mond verloren ihren Schein, und es erhob sich die Rede, man sei in den schwarzen Wirbel geraten, aus dem noch kein Mensch lebend wieder herausgekommen. Die Schiffer und Reisenden erwarteten klagend ihr Ende.

Plötzlich erschienen auf der Fläche des Wassers unzählige Lichter wie rote Lampen. Da wurden die Schiffer hocherfreut und beteten in der Kajüte. »Wir werden leben«, sagten sie, »die heilige Mutter ist gekommen.« Und richtig erschien eine schöne Jungfrau mit goldnen Ohrringen. Die strich mit der Hand durch die Luft; der Wind wurde still und die Wogen eben. Es war, als würde das Schiff von mächtiger Hand gezogen. Plätschernd strich es durch die Wellen, und plötzlich war man außerhalb des schwarzen Wirbels.

Dschou Ling kam zurück, berichtete über die Sache und bat, daß der Himmelskönigin Tempel errichtet und sie in die Liste der Götter aufgenommen werden möge. Und der Kaiser erfüllte die Bitte.

Seitdem stehen an allen Hafenorten Tempel der Himmelskönigin. Am achten Tag des vierten Monats wird ihr Geburtstag gefeiert mit Schauspiel und Opfern.

R. Wilhelm, Chinesische Volksmärchen. Jena 1917, S. 48 bis 51.

SADKO

Russische Sage

In der berühmten Stadt Nowgorod lebte *Sadko*, der Guslaspieler. Er selbst war ein armer Mann, wurde aber zu den Festmählern der steinreichen Bojaren-Kaufleute eingeladen und erheiterte sie durch seinen Gesang, zu dem er sich auf der Gusla begleitete. Einmal begab es sich, daß Sadko nicht zum Feste gerufen wurde; aber auch am zweiten und am dritten Tage rief man ihn nicht.

Sadko langweilte sich, er ging hinaus zum Ilmensee, setzte sich am Ufer auf einen heißen Stein und begann auf seiner Ahorngusla zu spielen. Er spielte vom frühen Morgen bis zum späten Abend, und als es dunkelte, häuften sich die Wellen des Sees, und das Wasser vermischte sich mit dem Sand.

Sadko wurde von Furcht erfaßt, er verließ das Seeufer und kehrte nach Nowgorod zurück. Aber als die Nacht vergangen war, wurde Sadko wiederum nicht zum Festschmaus gerufen, auch nicht am zweiten und auch nicht am dritten Tag. Wieder wurde Sadko der Langweile überdrüssig und ging abermals hinaus ans Ufer des Ilmensees, ließ sich auf dem heißen Stein nieder und spielte wieder den ganzen lieben Tag auf seiner Gusla. Als es Abend wurde, häuften sich wieder die Wellen, das Wasser vermengte sich mit dem Sand, und aufs neue wurde Sadko von Furcht gepackt und kehrte heim nach Nowgorod.

Aber auch jetzt riefen ihn die Bojaren nicht zu ihren Gelagen, weder am nächsten noch am dritten Tag, und wieder trieb die Verdrossenheit Sadko hinaus zum Ilmensee, und er spielte bis zum Abend auf seiner Gusla. Als der Tag vergangen war, häuften sich wieder die Wellen, und wieder vermischte sich das Wasser mit dem Sand. Sadko aber bezwang nun seine Furcht, er blieb am Seeufer sitzen und spielte weiter auf seiner Gusla. Da kam aus der Tiefe des Sees der König der Wasser herauf und sprach zu ihm: »Ich danke dir, Sadko, daß du uns, die wir in der Tiefe des Sees wohnen, ergötzt hast. Ich hielt gerade ein Festmahl, und du hast durch deinen Gesang alle meine Gäste fröhlich gemacht. Ich weiß gar nicht, wie ich dir danken soll. Höre: Kehr heim nach Nowgorod, morgen werden dich die Kaufherren schon zu ihrem Festmahl laden. Und sobald sie geschmaust und getrunken haben, werden sie, der Sitte nach, zu prahlen beginnen: der eine mit seinen unzählbaren Goldschätzen, der andere mit seinem edlen Pferd, der dritte mit seiner jugendlichen Kraft, der klügste wird sich mit seinem ehrwürdigen Vater und seiner Mutter brüsten, der dümmste aber mit seiner schönen Frau. Du, Sadko, sage aber nichts als: ›Ich weiß, daß es im Ilmensee Fische mit Goldflossen gibt.‹ Die steinreichen Kaufherren werden dann mit dir in Streit geraten, du aber schlage ihnen die Wette vor: deinen Hitzkopf gegen ihre mit teuren Waren vollgepferchten Buden auf der Marktzeile. Dann webt aus Seide ein Netz, werft es dreimal aus in den Ilmensee, und ich werde euch alle drei Male Fische mit goldenen Flossen ins Netz treiben. So wirst du auf der Marktzeile Buden mit teurer Ware gewinnen und wirst selbst Nowgoroder Kaufherr werden, und zwar einer der vornehmsten.«

Sadko ging heim nach Nowgorod, und wahrhaftig, am nächsten Tag wurde er in das Haus eines reichen Kaufherrn zum Mahle geladen. Der Gäste viele, alle reichen Kaufherren von Nowgorod, nahmen an dem glänzenden Festessen teil, und als sie gesättigt waren von Speise und Trank, begannen sie, der Sitte nach, zu prahlen. Der eine erwähnte seine unzähligen Schätze, der andere sein edles Pferd, der dritte seine jugendliche Kraft, der klügste seinen ehrwürdigen Vater und seine greise Mutter, der dümmste aber rühmte sich seiner schönen jungen Frau. Sadko saß zwischen ihnen und sprach kein prahlerisches Wort.

Da sagten die reichen Nowgoroder Kaufherren zu ihm: »Was hockst du so schweigsam zwischen uns, warum prahlst du nicht?«

Sadko antwortete ihnen: »Ach, wessen könnte ich mich denn rühmen? Ich habe keine unzählbaren Goldschätze und auch keine schöne junge Frau. Eines weiß ich, womit ich prahlen kann: Im Ilmensee gibt es Fische mit goldenen Flossen.«

Nun begannen die Nowgoroder Kaufherren mit ihm zu streiten, sie glaubten ihm nicht, daß es im Ilmensee Fische mit goldenen Flossen gäbe. Da schlug Sadko ihnen eine Wette vor: »Mein Hitzkopf sei euer, wenn ihr gewinnt, habe ich doch sonst nichts, was ich verwetten könnte.«

Die Kaufleute gingen auf die Wette ein: »Wir aber bieten dir sechs reichgefüllte Buden auf der Marktzeile, so du gewinnst.«

Sodann webten sie ein Seidennetz und gingen an den Ilmensee. Sie warfen das Netz aus, und siehe, sie hatten einen Fisch mit goldenen Flossen gefangen. Sie warfen es ein zweites Mal aus, und auch beim zweiten Male war ein Fisch mit goldenen Flossen im Netz. Und sie warfen es zum dritten Male aus, auch beim dritten Mal fingen sie einen Fisch mit goldenen Flossen.

Was konnten die Nowgoroder Kaufherren anderes tun, sie mußten ihre sechs Buden auf der Marktzeile, voll teurer Waren, Sadko übergeben. Und er wurde ins Verzeichnis der Nowgoroder Kaufherren eingetragen.

Nun war auch Sadko ein reicher Kaufherr, und er wurde immer reicher, weil er in der Stadt geschickt zu handeln wußte und auch nach fernen Märkten zog und immer mit großem Gewinn zurückkehrte. Sadko wählte sich dann auch eine Frau und baute sich ein Haus aus weißen Steinen, dessen Räume er dem Himmelsgewölbe gleich einrichtete. So wie die Sonne am Himmelsgewölbe sich rötet, so rötete sich auch die Sonne in seinen Sälen, und wie der Mond am Himmelszelt glänzt, so glänzte der Mond auch in seinen Sälen, und wie die Sterne am Himmel strahlen, so strahlten die Sterne auch in seinen Prunkräumen. So schmückte Sadko seinen aus weißen Steinen erbauten Palast.

Und dann gab auch Sadko ein glänzendes Festmahl. Er lud eine große Gästeschar ein, Nowgorods reiche Kaufherren und vornehme Priester, unter ihnen waren auch *Luka Zinowjew* und *Foma Nasarjew*. Und als die Gäste Sadkos übersatt waren von Speise und Trank, begannen sie, dem Brauche gemäß, zu prahlen. Dieser mit seinen Goldschätzen, jener mit seinem edlen Pferd, der eine mit seiner Heldenkraft, der andere mit seiner ruhmreichen Abstammung und der klügste mit seinem ehrwürdigen Vater und seiner greisen Mutter, der dümmste aber mit seiner schönen jungen Frau. Auch Sadko sprach: »Hört, ihr Herren, Kaufleute und Priester von Nowgorod! Nun seid ihr bei mir zu einem glänzenden Mahl zusammengekommen, und in meinem Hause hat euch der Trunk in Stimmung gebracht. Und da ihr genug gegessen und getrunken, habt ihr euch gewohnheitsgemäß gebrüstet, der eine mit dem, was wirklich geschehen ist, der andere mit dem, was sich niemals zugetragen hat. Womit soll also ich prahlen? Nun habe auch ich schon Überfluß an allem, meine Goldschätze sind unerschöpflich, meine braven Gefährten lassen mich nicht im Stich, aber ich sage euch: Ich will nicht eher ruhen, bis ich nicht alle Ware in Nowgorod aufgekauft habe, so die wertlose wie auch die wertvolle, damit es schließlich in der Stadt keine käufliche Ware mehr gibt.«

Da sprangen die Nowgoroder Priester auf, auf sprang Foma Nasarjew, und auf sprang auch Luka Zinowjew, und sie sprachen: »Was gilt die Wette, daß du nicht alle Waren Nowgorods aufkaufen kannst?«

Sadko entgegnete: »Bestimmt einen Betrag, so hoch, wie ihr nur wollt!«

Schließlich einigten sie sich auf dreißigtausend Goldstücke, und damit zerstreute sich die Gästeschar, und jeder ging heim von dem glanzvollen Festmahl.

Frühzeitig erhob sich Sadko am nächsten Tag, er weckte auch seine Gefährten, gab jedem Geld in Fülle und schickte sie in die Gassen der Stadt, er selber begab sich auf die Marktzeile in Nowgorod, um alle Waren aufzukaufen. So tat er am nächsten und auch am dritten Tag. Und es gab in Nowgorod kaum mehr Ware zu kaufen; da traf aber Moskauer Ware in der Stadt ein, und es füllte sich damit die ganze Marktzeile. Sadko wurde darüber nachdenklich: Wenn ich auch alle Nowgoroder Ware und obendrein auch die neu eingetroffenen Moskauer Ladungen kaufte, käme bald neue Ware von Übersee, und ein Sadko könnte ja doch nicht alle Ware der ganzen Welt an sich bringen. Es ist auch besser für mich, den Nowgoroder Kaufmann, daß die Stadt noch reicher ist als ich und daß ich nicht alle Waren in Nowgorod zusammenkaufen kann. Lieber gebe ich die dreißigtausend Goldstücke jenen hin, mit denen ich gewettet habe!

Wie gesagt, so getan: Er zahlte dreißigtausend Goldstücke aus.

Danach baute er dreißig Schiffe, dreißig schwarze Schiffe, und belud sie mit Nowgoroder Waren. Er fuhr den Fluß Wolchow entlang, der den Ilmensee mit dem Ladogasee verbindet, über den Ladogasee gelangte er zur Newa, passierte diesen Fluß und kam so aufs blaue Meer hinaus. Auf dem blauen Meere segelnd, gelangte er zur Goldhorde, dort verkaufte er mit großem Nutzen die Nowgoroder Waren und füllte vierzig Fässer mit glänzendem Golde, außerdem viele Fässer mit purem Silber und Perlen.

Wie sie so auf dem offenen Meere segelten, gerieten die schwarzen Galeeren plötzlich ins Stocken, die Wellen schlugen auf sie ein, der Sturm zerfetzte die Segel und drohte die Schiffe zu zertrümmern, sie waren gleichsam gebannt und kamen nicht vom Fleck. Da sprach Sadko zu seinen Gefährten: »Hört, meine tapferen Brüder, wie oft haben wir schon das Meer befahren und haben es versäumt, dem Meerkönig zu zollen, nun fordert er auf offener See von uns, was ihm zusteht.«

Und Sadko befahl den heldenmütigen Seeleuten des Schiffes, ein mit Gold gefülltes Faß ins blaue Meer zu werfen.

Die Mannschaft gehorchte, warf ein goldgefülltes Faß über Bord, der Sturm aber legte sich nicht. Die Wellen peitschten die Schiffe, rissen an den Segeln, drohten die schwarzen Schiffe auf dem blauen Meer zu zertrümmern, und die Schiffe kamen nicht in Fahrt. Da sprach Sadko aufs neue zu seinen Gefährten: »Hört, meine Tapferen, es scheint, unser Tribut ist dem Meerkönig zu gering. Werft auch ein Faß Silber ins blaue Meer!«

Die Seeleute gehorchten, warfen ein mit purem Silber gefülltes Faß ins blaue Meer, aber der Sturm ließ nicht nach, und die Schiffe kamen auch jetzt nicht in Fahrt. Noch ein drittes Mal sprach Sadko zu seinen Gefährten: »Auch dies scheint noch zuwenig zu sein, werft auch ein Faß mit Perlen ins Meer!«

Da warfen die Burschen auch ein mit Perlen gefülltes Faß ins Meer, aber die schwarzen Schiffe kamen nicht von der Stelle, und der Sturm schlug an ihre Seiten und riß an ihren Segeln.

»Weh uns, liebe Brüder«, sprach Sadko nun zu seinen tapferen Männern, »es scheint, der Meerkönig fordert ein lebendes Wesen von uns. Wir müssen das Los ziehen; jeder nehme ein Weidenstäbchen, schreibe seinen Namen darauf und lasse es ins blaue Meer hinab; ich mache mir ein Schicksalsstäbchen aus Gold. Dessen Stäbchen auf den Meeresgrund sinkt, der muß hinab ins Meer.«

Man befolgte Sadkos Wort, und alle die Schicksalsstäbchen der Schiffer schwammen auf der Wasseroberfläche, Sadkos Stäbchen aber ging mit lautem Platschen unter.

Alsdann sprach Sadko: »Beim Losziehen hat sich ein Fehler eingeschlichen. Ihr sollt eure Namen auf Goldstäbchen schreiben, und ich fertige mir ein Schicksalsstäbchen aus Eichenholz an.«

So geschah es auch, und die Goldstäbchen mit den Namen der Schiffer schwammen auf der Oberfläche des Wassers, Sadkos Stäbchen aber sank mit lautem Platschen auf den Meeresgrund.

Wieder sprach Sadko: »Auch jetzt haben wir das Schicksal nicht richtig angerufen, macht jetzt alle eure Schicksalsstäbchen aus Eiche, ich aber werde das meine aus Lindenholz schneiden.«

Die Schiffer folgten dem Befehl, aber alle ihre Schicksalsstäbchen schwammen wieder auf der Wasseroberfläche, Sadkos Stäbchen aber sank mit lautem Platschen auf den Meeresgrund.

Sadko wandte sich nun mit folgenden Worten an seine Gefährten: »Wir sind machtlos, offensichtlich fordert der Meerkönig keinen anderen als Sadko. Bringt mir, meine lieben, tapferen Gefährten, Tinte, Schwanenfeder und Wappenbrief.«

Als sie ihm all dies gebracht hatten, ließ Sadko, der steinreiche Nowgoroder Kaufherr, sich auf einem Stuhl aus Ledergeflecht an einem Eichenholztischchen nieder. Dann begann er sein Testament zu schreiben: Er schrieb alles auf, was er an Vermögen besaß, was er den Kirchen, den Bettelmönchen, was er seiner jungen Frau hinterließ und den Rest seinen tapferen Gefährten. Als er geendet hatte, brach er in Tränen aus und sprach zu seinen Getreuen: »Und nun, o meine lieben Freunde, legt ein Eichenholzbrett aufs Wasser, zuerst will ich mich darauf werfen, um nicht gleich in den tödlichen Wellen zu versinken.«

Er nahm noch einmal seine Ahorngusla in die Hand, weinte bitterlich und nahm singend Abschied von der heldenhaften Schiffsmannschaft, von der schönen Welt und von seiner Geburtsstadt Nowgorod. Dann ließ er sich auf das Eichenbrett hinunter, und dieses trieb mit ihm eine Weile an der Wasseroberfläche.

Flink setzten sich sodann die schwarzen Schiffe in Bewegung, sie flogen dahin den Krähen gleich, Sadko aber blieb auf dem blauen Meer.

Nach all dem Grauen schlief Sadko auf dem Eichenbrett ein, und als er erwachte, befand er sich schon auf dem Meeresgrund. Verwundert sah er, daß die Sonne auch durch das Wasser schien, und mit einem Male war er neben einem aus weißen Steinen gebauten Haus. Er trat ein, und siehe, in dem Palast saß der Meerkönig und begrüßte Sadko mit den folgenden Worten: »Sei willkommen bei uns, Sadko! Oft bist du übers Meer gezogen, hast aber immer versäumt, dem Meerkönig zu entrichten, was ihm zusteht. Nun bist du selbst zu mir gekommen, ein hübsches Angebinde! Es heißt, du spielest meisterhaft auf deiner Ahorngusla: Wohlan, spiel mir doch etwas vor.«

Sadko konnte nichts anderes tun: Er begann auf seiner Ahorngusla zu spielen, und als sein Instrument erklang, fing der Meerkönig sogleich zu tanzen an. Durch diesen Tanz geriet das blaue Meer in Bewegung, und es häuften sich die Wellen an der Meeresoberfläche, sie schlugen gegen die schwarzen Schiffe, zerbrachen auch viele, und viel Volk verlor das Leben im blauen Meer. Es waren da auch viele fromme Menschen auf dem Meer, und diese flehten in ihrer Not zum *heiligen Nikolaus*; sie baten, er möge sie gnädig aus der Gefahr erretten.

Sadko spürte plötzlich ein Jucken an der rechten Schulter, er wandte sich um – ein greiser Mann stand hinter ihm und richtete an ihn die Worte: »Nun hast du genug auf deiner Ahorngusla gespielt, Sadko!«

»Nicht aus freien Stücken spiele ich jetzt«, antwortete Sadko dem alten Mann. »Der Meerkönig zwingt mich zu spielen.«

Da sprach der Greis aufs neue: »Höre, Sadko, du reicher Kaufherr aus Nowgorod! Reiße die Saiten von der Gusla, brich ihre Nieten heraus, und sage dem Meerkönig: ›Mein Instrument hat keine Saiten, die Nieten halten nicht, ich kann nicht weiterspielen.‹ Und der Meerkönig wird zu dir sagen: ›Willst du dich in der Tiefe des Meeres nicht verheiraten?‹ Du antworte ihm: ›Wie du willst, du weißt doch am besten, was zu tun ist.‹ Dann wird er sagen: ›Bereite dich für morgen vor, und wähle dir selbst die Braut.‹ Dann werden an dir die Meerjungfrauen vorüberziehen, laß die ersten dreihundert Jungfrauen vorbeigehen, auch die zweiten dreihundert, und wenn die dritten dreihundert Jungfrauen vorüberziehen, merke gut auf, denn am Ende der Reihe wird jene gehen, die *Tschernawa* genannt wird. Wähle diese Tschernawa zur Frau, und das Glück wird dir hold sein. Wenn du aber mit der Jungfrau in der ersten Nacht allein bleibst, behandle sie mit Achtung, küsse sie nicht, und du wirst heimkehren nach Nowgorod. Wenn du die Meerjungfrau aber mit Küssen bedrängst, wirst du für immerdar in der Tiefe des blauen Meeres bleiben. Wenn du aber ins heilige Rußland heimkehren und wieder in deiner Stadt wohnen wirst, dann lasse zu Ehren des heiligen Nikolaus eine Kathedrale errichten, denn ich bin kein anderer als der heilige Nikolaus selbst.«

So sprach der Greis und verschwand. Sadko aber riß die Saiten von der Gusla, brach die Nieten heraus und konnte nun nicht mehr musizieren.

»Was gibt's, warum spielst du nicht weiter?« fragte der Meerkönig und unterbrach den Tanz.

Sadko antwortete ihm: »Ich habe die Saiten heruntergerissen, die Nieten herausgebrochen, vergebens würde ich versuchen, noch auf meiner Gusla zu spielen.«

Aber der Meerkönig wollte ihn nötigen, auch weiterhin bei ihm zu bleiben: »Hättest du nicht Lust, dir im blauen Meer eine schöne Jungfrau zum Weibe zu nehmen?«

»Hier, im blauen Meer, muß ich deinem Willen nachkommen«, erwiderte Sadko, aber der Meerkönig hatte ihm gestattet, sich nach seinem Wunsche unter den Meerjungfrauen ein Weib zu wählen.

Am anderen Morgen zogen dann an Sadko die wunderschönen Meerjungfrauen vorüber, auf daß er sich unter ihnen eine zum Weibe wähle; auch der Meerkönig war zugegen. Es zogen die ersten dreihundert Jungfrauen vorüber. Sadko aber ließ es wortlos geschehen. Nun kamen die zweiten dreihundert Jungfrauen vorbei, Sadko aber ließ auch diese ihres Weges gehen. Und als die dritte Reihe vorüberzog, schritt als letzte der dreihundert die wunderschöne Jungfrau namens Tschernawa, Sadko verliebte sich sogleich in sie und erbat sie sich zum Weibe.

Da sprach der Meerkönig: »Siehst du wohl, Sadko, du hast in der Tiefe des blauen Meeres eine passende Frau gefunden.«

Es wurde ein glänzendes Hochzeitsmahl veranstaltet, und als es zu Ende war, zog sich der steinreiche Nowgoroder Kaufherr mit der wunderschönen Jungfrau in der Tiefe des Meeres in sein Schlafgemach zurück. Dort fiel er sogleich in tiefen Schlaf, ohne daß er seine junge Frau mit einem Kuß berührt hätte.

Als er erwachte, fand er sich in seiner Geburtsstadt Nowgorod, auf der steilen Bergseite, wo das Wasser der Tschernawa entspringt. Und er sah, daß auf dem Flusse Wolchow gerade seine schwarzen Schiffe einliefen. Die Schiffsmannschaft glaubte, Sadko liege in der Tiefe des Meeres, Sadkos Frau aber wußte, daß er mit seiner tapferen Mannschaft zusammen heimkehren werde.

Alle dreißig Schiffe landeten, und die wakkere Mannschaft wunderte sich, daß Sadko, den sie auf dem blauen Meer gelassen hatten, nun doch vor ihnen stand, am steilen Ufer, neben dem Flusse Wolchow. Mit Freuden begrüßten sie einander und gingen in Sadkos Palast, und Sadko, der steinreiche Nowgoroder Kaufherr, konnte nun seine junge Frau in die Arme schließen.

Danach luden sie die teuren Schätze von den Schiffen, das unzählbare Gold, und Sadko baute dem heiligen Nikolaus eine Kirche und eine zweite der Gottesmutter, er bereute seine Sünden und lebte fortan fromm in Nowgorod. Nie wieder zog er aufs blaue Meer hinaus, sondern verbrachte sein weiteres Leben in seiner Geburtsstadt.

Aus der Bylinen-Sammlung von A. F. Hilferding, Онежские былины, I. Москва–Ленинград 1949, S. 640–657.

DIE MUSEN

Die Griechen betrachteten die Dichtung als das Geschenk der Musen, den Mythos als die durch die Musen offenbarte Wahrheit. Beginnen wir also die eingehende Schilderung ihrer Mythologie mit den Musen, wie auch die beiden großen Verkünder der griechischen Mythologie, *Homer* und *Hesiod*, ihre Gesänge mit den Musen begonnen haben.

Schon Hesiod zählt die Namen der neun Musen auf, aber erst die spätere Überlieferung verteilt unter ihnen die Bereiche ihrer Wirksamkeit wie folgt: *Kleio* (latinisiert: *Clio*) ist die Göttin der Geschichtsschreibung, *Melpomene* die der Tragödie, *Thaleia (Thalia)* die der Komödie, *Euterpe* gehört die Musik, *Terpsichore* der Tanz, *Eratos* Gebiet ist die Liebeslyrik, *Kalliope* vertritt das Epos, *Urania* die Wissenschaft, vor allem die Astronomie, *Polyhymnia* die Hymnendichtung. Hesiod begegnete den Musen auf dem Helikon, nennt sie aber – mit Homer übereinstimmend – auch die Olympischen; sie sind auch auf dem *Parnassos* anzutreffen, wo diejenigen, die aus der kastalischen Quelle tranken, mit der Gabe der Dichtung und Wahrsagung beschenkt wurden. In Nordgriechenland hausen sie auf dem Berge *Pindos* und im Tale Tempe sowie in *Pieria*, deshalb werden sie auch *Pieriden* genannt. Im allgemeinen wohnen sie auf den Bergen, in der Nähe kristallklarer Quellen und schöner Flüsse, in der inspirierenden Nähe der Natur, und auch ihre Tempel stehen meistens außerhalb der Städte. Ihr heiliger Baum ist der Lorbeer. Ihre heiligen Tiere sind die Biene und die Baumgrille (griechisch: *tettix*, lateinisch: *cicada*). Sie selbst führen auch in der Gestalt schwärmender Bienen die ionischen Siedler der neuen Heimat zu, und Bienen bringen in der Pindar-Sage das Geschenk der Musen, honigsüßen Gesang, dem auserwählten Kinde. Die *cicada* aber war ein Mensch gewesen, der sich aus Liebe zu den Musen in das schön singende, liebliche kleine Tierchen verwandelte, um immer mit himmlisch reiner Stimme singen zu können. Wenn die Musen auf dem Helikon tanzen, ist die ganze beseelte Natur von Gesang erfüllt. Die Zikade läßt ihr Lied erklingen und erinnert mit ihrem Singen an das Märchen, als wollte sie sagen: »Auch ich war ein Mensch, und solange ich Mensch war, habe ich immer gesungen; auch jetzt, da ich verwandelt bin, habe ich meine alte Sehnsucht nach dem Gesang bewahrt.« Die Lerchen, die Schwalben und die Schwäne tanzen mit den Göttinnen den Reigen.

Auch über die wilden Kräfte der Natur herrschen die Musen; wenn ihre Posaunen ertönen, kehren die über die Ufer getretenen Wasser des Nils in ihr Bett zurück, was Meer war, wird wieder Fluß, und die Musen halten die Wasser bis zur nächsten Hochflut zurück. Sie bändigen auch die wilderen Regungen der Menschen. Die Bürger von Kroton ließen – auf den Rat des Pythagoras – den Musen einen Tempel erbauen, weil sie, die Göttinnen des Einklanges, der Harmonie und des Rhythmus, durch ihre Anwesenheit das Einvernehmen unter den Bürgern der Stadt sichern würden. Immer tanzen und singen die Musen, immer ertönt ihre Leier; wenn sie aber sehen, daß Apollon an der Spitze des Chores steht, lassen sie ihren Gesang noch stärker anschwellen und als wundervoll harmonische Melodie erklingen. Denn *Apollon*, der *Musagetes*, ist der Chorleiter der Musen.

Und dieses Attribut kommt auch Herakles zu, dem Gottmenschen mit der gewaltigen Körperkraft, denn seine Kraft gab der Erde den Frieden und befreite sie von der Herrschaft der menschlichen und tierischen Ungeheuer. Alles, was die Harmonie in der Welt störte, nannte der griechische Mensch *amouson*, das heißt »ohne Musen«.

Das erhabene Geschenk der Musen, Überwinder der rohen Gewalt, wird durch den Mythos von den Zwillingssöhnen der *Antiope*, *Amphion* und *Zethos*, veranschaulicht. Der Mythos der städtebauenden Zwillingsbrüder ist zumeist gleichzeitig auch der Mythos von verhängnisvollem Bruderzwist, so in den Sagen von *Romulus* und *Remus* in Rom und von Attila (Etzel) und Buda (Blödel) im Sagenkreis der Hunnen. Wettstreit entbrennt auch beim Bau der Mauern Thebens, aber ohne in den Geschwistern Eifersucht zu erwecken. Amphion und Zethos wachsen – gleich Romulus und Remus – unter Hirten auf, und auch sie können grausam sein: Als ihre Mutter von *Dirke* verfolgt wird, treten sie gemeinsam gegen diese böse Königin auf. Sie binden sie an einen rasenden Stier und hetzen sie zu Tode bzw. so lange, bis sie sich in ihrer Pein in eine Quelle verwandelt. Als aber die Zwillingsbrüder in Theben zur Herrschaft gelangen und beschließen, die ungeschützte Stadt mit einer Mauer zu umgeben, triumphiert die Harmonie sogar über ihren Wettstreit. Zethos' unbändige Kraft bringt mächtige Steine ins Rollen, aber die Töne der Leier Amphions setzen noch größere Steine in Bewegung, die sich sogleich in baulicher Harmonie zusammenfügen. Schon die Gemahlin des Stadterbauers Kadmos war ja *Harmonia*, die wunderschöne Tochter des *Ares* und der *Aphrodite*. In der Stadt (deren Mauern einzig durch die Kraft der Töne der siebensaitigen Leier von selbst entstanden) wird der verhängnisvolle Bruderzwist erst später heraufbeschworen, und zwar durch *Oidipus*, den Enkel des *Labdakos*, der seinerseits ein Enkelkind des Kadmos war. Und die Tragödie der einander tötenden Brüder *Eteokles* und *Polyneikes* geht im Rahmen eines Landschaftsbildes in Erfüllung, das schon an sich die Harmonie versinnbildlicht: Die sieben Tore von Theben werden in der Überlieferung bald mit der Siebenzahl der Planeten, bald aber mit den sieben Saiten der Leier Amphions in Zusammenhang gebracht.

Die Anrufung der Muse (lateinisch: *invocatio*) blieb fast bis in unsere Tage der von den poetischen Regeln geforderte Anfang des Epos. Bei Homer war dies noch bis zu einem gewissen Grade religiöse Forderung: Nach seiner Auffassung offenbart sich nämlich die Muse in den Worten des Dichters, die Göttin besingt den Zorn des Achilleus, die Muse singt von den Irrfahrten des vielerfahrenen Odysseus. Der Dichter ist der Muse oder den Musen gegenüber (unsere Quellen berichten manchmal nur von einer, manchmal von drei oder sieben, meistens jedoch von neun Musen) zur Ehrfurcht verpflichtet. Die Musen sind Göttinnen, die Töchter des Zeus, und gehören zu den glücklichen Bewohnern des Olympos. Sie sind allgegenwärtig und allwissend, während die sterblichen Menschen nur ferne Kunde vernehmen und ohne die Musen von nichts genaue Kenntnis hätten. Homer erwähnt *Thamyris*, den thrakischen Sänger, der sich erkühnte, mit den Musen zu wetteifern; diese nahmen ihm zur Strafe die göttliche Stimme, sie machten ihn stumm. Homer selbst beteuert, daß er, hätte er auch zehn Zungen und zehn Münder, die vor Troja liegenden griechischen Schiffe nicht aufzählen könnte, brächten die olympischen Musen, die Töchter des Zeus mit dem Aigis-Schild, sie ihm nicht ins Gedächtnis. Aus dem nebligen und brodelnden Hintergrund dunkler Erinnerungen hebt sich nur im Augenblick der schöpferischen Eingebung scharf abgegrenzt und unmißverständlich klar die Schöpfung hervor: die Gabe der *Mnemosyne*, der Göttin der Erinnerung, die nach Hesiod die Mutter der Musen ist. Die Griechen schrieben der Gegenwart der Musen die mit dem subjektiven Gefühl der dichterischen Eingebung einhergehende Sicherheit zu: das gefundene – und nicht erfundene – Bild, das allein mögliche und durch nichts ersetzbare, befriedigende Wort. Diese Überzeugung verleiht dem Wort des inspirierten Dichters unbedingte Glaubwürdigkeit. Deshalb ist der Dichter heilig; die Hand gegen ihn zu erheben ist ein Sakrileg. Bei solcher Auffassung ist es für das Wirken des Dichters einerlei, ob er sich für einen Autodidakten oder lediglich für ein Mittel der göttlichen Offenbarung hält. *Ich bin Autodidakt:* »mein eigener Schüler«, d.h., kein Mensch hat mich gelehrt, sondern *Gott pflanzte in meine Seele den Heldengesang* – sagt *Phemios,* der Sänger von Ithaka, und diese Worte veranlassen Odysseus, ihn zu schonen.

Hesiod weidete seine Herde als einfacher böotischer Hirte am Fuße des Berges Helikon, als er den Musen begegnete. Ihr erstes Wort war eine Anklage, die Verurteilung des »Nur-Bauchmenschen«, des Sichverlierens der Hirten an die Sorge um das tägliche Brot, an die primitiven und derben Freuden des Gaumens. Hesiod besinnt sich auf die Gesetzmäßigkeiten der ihn umgebenden Welt. Er fühlt, daß die Weihe der Musen ihm die Augen für die tieferen Zusammenhänge in der Natur und der Gesellschaft geöffnet hat. Jetzt nimmt er plötzlich den Tanz der Musen an der veilchenblauen Quelle wahr. Mit zarten Füßen tanzen die Töchter des Zeus an der Quelle und am Altar des Zeus. Den Hirten war die Sage von einer Quelle bekannt, die das Wunderpferd des *Bellerophontes,* der *Pegasos,* durch seinen Hufschlag aus dem Kalkfelsen hatte springen lassen, und deshalb wurde die Quelle *Hippokrene,* »Roßquelle«, genannt. Hier oder in den Wellen des Flusses Permessos baden die Musen. Von hier ziehen sie aus, in dichte Nebel gehüllt, und umschweben auch zur Nachtzeit den Dichter, denn wer sie einmal in ihrer Heimat, auf dem Berge Helikon an der veilchenblauen Quelle, beim Tanze erspäht hat, vernimmt überall ihre wunderschönen Stimmen, er hört, wie sie die Götter besingen. Denn die Musen besingen vornehmlich die Götter und die von den Göttern abstammenden Helden.

Der antike Dichter legt die bezwingende Kraft der Eingebung so aus: Man könne der sich offenbarenden Gottheit nicht widerstehen. Hesiod singt von der Minute an, da ihm die Musen Gesang einhauchten, von der Abstammung der ewig glücklichen Götter. Sein Gesang beginnt mit den Musen und endet mit ihnen, der Sänger findet kaum Muße, sich zu fragen, was er mit alldem zu schaffen habe. Er ist Diener der Musen geworden, wichtiger als alles andere ward ihm der Gesang, obgleich er, wenn die heiligen Stunden der Begnadung schwinden, wieder zum »Nur-Bauchmenschen« wird, der diesen Dienst mit seinen alltäglichen Interessen nicht in Einklang bringen kann. Als Zeichen seines Auserwähltseins dient – wie das Zepter in der Hand des Königs oder der mit dem Bande der Götter bekränzte Stab in der Hand des Priesters – ein belaubter Lorbeerzweig. Die Musen selbst fordern ihn auf, von dem blühenden Lorbeerbaum einen belaubten Zweig zu brechen, und dieser Lorbeerzweig, den er alle Tage am Berghang sehen konnte, wird nun »wunderbar« in seiner Hand. Das Sinnbild der biblischen Offenbarung ist die in Stein gemeißelte Lehre von unabänderlicher Geltung, der nichts hinzugefügt und nichts genommen werden darf. Die musische Offenbarung, der Mythos, wird mit jedem Dichter neu geboren und zeigt sich, um neue Züge bereichert, von immer wieder neuen Seiten.

»Wir können viele Lügen erzählen, die der Wirklichkeit ähneln, doch können wir auch, wenn wir wollen, die Wahrheit verkünden«, sagen die Musen Hesiods. Homer hat die Zuverlässigkeit der Musenworte betont. Odysseus stellt *Demodokos* sogar auf die Probe wie einen Wahrsager, dessen Wort er bezweifelt, und erst nachdem er seine eigenen troischen Erlebnisse der Wahrheit gemäß von Demodokos' Lippen vernimmt, erkennt er ihn als göttlichen Sänger an. Hesiod hebt auch die andere Seite des dichterischen Wirkens hervor: Die Musen sind die Töchter der Mnemosyne, der Göttin der Erinnerung, aber auch das Spielerische der Phantasie ist ihrem Wesen eigen. Von Homer bis zu den letzten antiken Dichtern, etwa bis zum Römer *Claudian,* haben mehr als tausend Jahre hindurch die Dichter fast alle und oft ausschließlich ihre Kraft an der neuen und neueren Bearbeitung der gleichen Mythen erprobt. Wenn dem aber so ist, dürfte die Mythologie wohl nicht mehr sein als die Gesamtheit der Themen, die der dichterischen Bearbeitung würdig sind? Allerdings wird immer von denselben Gegenständen gesprochen, aber welch großer Unterschied in der Bearbeitung! Wir können auch noch hinzufügen, daß sich diese Unterschiede nicht nur im unbedeutenden Detail und nicht nur in der Nuance zeigen. Vielmehr: die sich widersprechenden Variationen können gar nicht immer verschiedenen Zeitaltern oder verschiedenen Gegenden, eventuell verschiedenen religiösen Gemeinschaften zugeordnet werden, sondern sie werden häufig nebeneinander in ihrer Gültigkeit anerkannt, so daß die einander widersprechenden Variationen auch in den Werken eines einzigen Dichters friedlich nebeneinander bestehen können.

Bei Aischylos z. B. ist *Themis* einmal die Tochter *Gaias*, ein anderes Mal ist sie mit dieser identisch; Identität und Abstammung sind gleicherweise geeignet, die Auffassung auszudrücken, daß die im gesellschaftlichen Sein geltende, von Themis, der Göttin der Gerechtigkeit, vertretene Ordnung letzten Endes in den Gesetzmäßigkeiten der Natur verankert sei. Diese Gesetzmäßigkeiten indessen zeigen sich am handgreiflichsten – vom Menschen unbedingte Anpassung fordernd – in den Veränderungen, die regelmäßig von Frühling zu Frühling auf der Erde, die in der Gestalt der Göttin Gaia personifiziert wird, eintreten. Ferner: wenn Themis die Tochter Gaias oder mit ihr gar identisch ist, weist dies zugleich auch darauf hin, daß die Ausgestaltung der Rechtsgrundsätze im allgemeinen eng mit der Entwicklung der Besitzverhältnisse an Grund und Boden zusammenhängt. Als »mythologisches Synonym« zur Gleichung Themis = Gaia ist bei Hesiod die Personifizierung der Jahreszeiten anzusehen. Bei dem böotischen Dichter nämlich, der den Begriff Gerechtigkeit als Waffe im Klassenkampf an der Seite des Bauernvolkes entwickelt, gelten die Göttinnen der Jahreszeiten – *Horen* genannt – als Töchter der Themis. Die Griechen unterschieden anfangs nur drei Jahreszeiten, und demzufolge gibt es nur drei Horen, aber ihre persönlichen Namen – *Dike*, die »Gerechtigkeit«, *Eunomia*, die »Gesetzlichkeit«, *Eirene*, der »Friede« – deuten darauf hin, daß sie nicht nur das sich im Wandel der Jahreszeiten offenbarende Naturgesetz, sondern auch die durch den Menschen zu verwirklichende gesetzliche Ordnung der Gesellschaft vertreten bzw. durch ihre Gegenwart sichern. Hesiod bietet übrigens auch ein sehr lehrreiches Beispiel dafür, daß der Dichter bei zwei in epischen Einzelzügen einander scheinbar ausschließenden Mythen – es handelt sich um seinen mit dem verlorenen Goldenen Zeitalter beginnenden Mythos von den *Weltepochen* und um die einander ergänzenden Mythen von *Prometheus* und *Pandora* – diese dem Publikum als ebenbürtige Sinnbilder gleichsam zur freien Wahl stellt, indem er Antwort auf die Frage sucht, die die mythologische Phantasie aller Völker lebhaft beschäftigt: warum der Mensch mit Sorge und Unglück zu kämpfen und vor allem, warum er in mühevoller Arbeit das Brot der Erde abzuringen habe.

Der Mythos ist Dichtung, und das Gleichgewicht von schönem Ernst und spielerischer Leichtigkeit, welches in der mythologischen Phantasie die Musen als die Göttinnen der Dichtung verkörpern, beweist, daß der griechische Mensch die in der Dichtung in bunter Folge sich entfaltende Mythologie nicht gesondert von spielerischer Freude am Fabulieren in Ehren hielt, sondern beide miteinander zu vereinen wußte. Desgleichen nahm auch der griechische Dichter die Volksüberlieferung völlig ernst, die in der bunten Reihe der Götter und Göttinnen die noch nicht erforschten Kräfte der Natur und der Gesellschaft personifizierte, obgleich er mit seiner eigenen Einbildungskraft frei dem Überlieferten gegenüberstand. Kein einziger Mythos verlangt ausschließliche Anerkennung für sich, und gerade dadurch sichert er sich Daseinsberechtigung und Lebensfähigkeit. Religiöse Intoleranz und Eifersucht, aber auch die Eindeutigkeit der Wissenschaft stehen ihm fern. Von keinem Mythos kann behauptet werden, daß er der einzig wahre sei; die Wahrheit der Mythologie steht also der Wahrheit der Kunst näher als der Wahrheit der Wissenschaft. »Die Wachen sehen alle die gleiche Welt, die Träumer haben immer ihre eigene Welt« – dieser Ausspruch *Heraklits* drückt auch den Unterschied zwischen der Philosophie und der den Mythos frei entwickelnden Dichtung aus. In diesem Sinne – obwohl es sich immer um die Fortentwicklung überlieferter Keime handelt – stellen alle griechischen Dichter die wichtigsten Quellen dieser Mythologie dar, und so ist es unangebracht, lediglich das Rekonstruieren dieser »Überlieferungskeime« für die Aufgabe der Mythologie (als Wissenschaft) zu halten. Der griechische Dichter verwertet die Mythologie schöpferisch, und gerade die Art, wie er sie in die Welt der künstlerischen Freiheit hinüberhebt, bestätigt unwiderruflich die Befreiung des Mythos von den Bindungen der Religion. Mit anderen Worten: Die Wissenschaft von der Mythologie blickt nicht nur hinter diese Schöpfungen, um so die früheren Formen des Mythos und die gesellschaftlichen Bedingungen, unter denen diese Grundformen entstehen konnten, zu erkennen; vielmehr sind für sie die neuen und neuesten Variationen von höchstem Interesse, deren sich die aufeinanderfolgenden Generationen der griechischen Dichter bedienten, um die neuen und neuesten Seiten der sich um sie her entfaltenden Wirklichkeit widerzuspiegeln. Für das hierzu geeignetste Ausdrucksmittel halten sie immer noch die Mythologie. Wenn der griechischen Mythologie diese schöpferische – und nicht lediglich vom Verfall uralter Formen zeugende – Mannigfaltigkeit in so hohem Maße eigen ist wie keiner anderen Mythologie, dann hat sich auch die Wissenschaft gegenüber der griechischen Mythologie dementsprechend zu verhalten. Die Variationen sind also nicht nur im Hinblick auf die Grundform zu betrachten, der sie entsprangen, sondern es kann auch häufig der Wert der nachweisbaren Grundformen an der Zahl, der Schönheit und der Tiefe der Variationen gemessen werden.

Die griechische Mythologie zählt übrigens auch die Dichtung zu denjenigen grundlegenden Urphänomenen der Welt, deren wesentliche Zusammenhänge sie in Handlungen darzustellen vermag. Der erzählende Charakter sowie die Handlung der mythologischen Überlieferung werden stark betont. In der griechischen Dichtung kam sehr früh zum Bewußtsein, daß dieser epische Charakter von der eigenartigen Form, in der der Mythos die Wirklichkeit erfaßt, untrennbar ist. Der Mythos wird eben dadurch ein Gleichnis des wirklichen Geschehens, und daraus erklärt sich sein Schweben zwischen »Wahrheit« und »Lüge«, seine Eigenart, die Wirklichkeit durch das Spielerische der Phantasie darzustellen. Für den Aussagewert der Mythologie kann als besonders augenfälliger Beweis erwähnt werden, daß Hesiod auch von diesen komplizierten Zusammenhängen in der Form des Mythos berichtet, also in einer Handlung zwischen »Wahrheit« und »Lüge«, einem von glitzernden Phantasiefäden durchwobenen literarischen Gebilde. Betrachten wir deshalb noch einige Aussagen jener Helikon-Szene, die wir weiter oben erwähnten und die Hesiod an den Beginn seiner Dichtung »Theogonie«, der ersten systematischen Zusammenfassung der griechischen Mythologie, setzt.

Für die vergleichende Mythologie steht aber diese Erzählung nicht ganz isoliert da; ihre nächste Parallele finden wir in der Bibel, im zweiten Buch Mosis. *Moses* gelangt ebenso, während er die Herde weidet, zum Berge Horeb, wo sich ihm die Gottheit im *brennenden Dornbusch* offenbart. Hesiod und Moses werden gleichermaßen durch die sich unerwartet offenbarende Heiligkeit des Ortes auf die Gegenwart der Gottheit aufmerksam gemacht. Die Beweise dieser Heiligkeit haben aber in den beiden Erzählungen ganz verschiedenen Charakter: Auf dem Berge Horeb ist es der Dornbusch, der brennt, ohne zu Asche zu werden, also das Wunder, das die Ordnung der Natur aufhebt; auf dem Helikon dagegen die ungewöhnlich reiche Entfaltung der Natur, der Zauber der überwältigenden Schönheit der Landschaft. Auch hierin findet eine Eigenart des griechischen Mythos ihren Ausdruck, die ihn vornehmlich dafür geeignet macht, der Dichtung und Kunst als Grundlage zu dienen, insofern, als sie die natürliche Wirklichkeit widerspiegeln. Und damit hängt auch die Mission zusammen, die Hesiod von den Musen übertragen wird: Von da an ist es seine Aufgabe, die Götter und die Göttinnen zu besingen, d. h., die Ordnung der Natur und der Gesellschaft in Erzählungen darzustellen, die von der Geburt der Götter berichten. Das geschieht vor allem in *ge-*

nealogischen – »Abstammungs«- – *Mythen,* in denen die imaginäre Verbundenheit der Götter und Göttinnen mit den Gegebenheiten in Natur und Gesellschaft begründet wird. Der Dichter vertritt die Überzeugung, daß es sich um tatsächliche Zusammenhänge handelt. Das für die Mythologie charakteristische Verhältnis zwischen Phantasie und Wirklichkeit, das sich aus dem spielerischen Schweben zwischen »Wahrheit« und »Lüge« ergibt, wird durch die mythischen Gestalten der Musen, die uns Hesiod vorführt, noch von einer anderen Seite beleuchtet.

Die Musen sind im Besitze der vollen Wahrheit. Dem Dichter kann davon so viel zuteil werden, wie ihm die Musen – die Inspirierenden – schenken. Der Unterschied zwischen der absoluten Wahrheit und der durch die Dichter ausgedrückten relativen Wahrheit ist aber nicht nur ein inhaltlicher, sondern auch ein formaler, und zwar ist es gerade dieser Unterschied, der die epische Form des Mythos bestimmt. Nach Hesiod ist das Vorbild des dichterischen Wirkens der unsterbliche Gesang der Musen, mit dem sie Zeus auf dem Olympos erfreuen. Von diesem Gesang sagt Hesiod beinahe wörtlich dasselbe wie von seinen eigenen dichterischen Werken, aber nur beinahe wörtlich dasselbe. Die unwesentlich scheinende Abweichung ergibt ein wichtiges Unterscheidungsmerkmal: Die Musen fordern den Dichter, wenn sie ihm den göttlichen Gesang einhauchen, auf, zu künden »das, was *sein wird* und was *war*«, sie selbst aber singen im glänzenden Palast auf dem schneebedeckten Gipfel des Olympos mit himmlisch reiner Stimme von dem, »was *ist*, was *sein wird* und was *war*«. Zweifellos bedeutet diese Unterscheidung auch, daß für den Verstand des sterblichen Menschen nur das ewige Werden, Gestalten, Verändern, die Kategorien von »war« und »wird« faßbar sind, während das der Veränderung nicht ausgesetzte Wesentliche, das, »was ist«, den unsterblichen Göttern vorbehalten bleibt. Erst etwa zwei Jahrhunderte später wird Heraklit den zur materialistischen Dialektik führenden entscheidenden Schritt tun, wird lehren, daß es nicht zweierlei Welt, göttliche und menschliche, nicht sterbliches und unsterbliches Sein gibt, sondern nur eine einzige, sich fortwährend gestaltende und verändernde Wirklichkeit. Hesiod stellt diese fortwährende Veränderung in der dem Menschen gegebenen Welt in den Vordergrund. Diese Auffassung war *vor* Heraklit ebenso eine fortschrittliche Erkenntnis, wie *nach* Heraklit Platons Idealismus als ein Rückschritt anzusehen ist: Dieser Idealismus schreibt das wirkliche Sein der unveränderlichen göttlichen Welt der Ideen zu und erblickt in der stetigen Veränderungen ausgesetzten, von den Sterblichen erkennbaren Welt nur das unvollkommene Spiegelbild des wirklichen Seins. Allerdings steht die Sprache des Mythos auch Platon noch zur Verfügung. Er spricht von der Höhle, in der wir Menschen, mit dem Rücken zur Öffnung der Höhle, am irdischen Sein angekettet sitzen. Die Gottheit zeigt hinter unserem Rücken das wirklich Seiende, wir aber können nur die auf die Höhlenwand fallenden Schattenbilder sehen. Bei Hesiod ist von einer solchen extremen Zweiteilung der Wirklichkeit noch nicht die Rede, vielmehr davon, daß die dichterische Phantasie die Welt in ihrer fortlaufenden Bewegung erfasse, daß dementsprechend der Mythos zwangsläufig die Gestalt der Handlung annehme und so eine der drei Kategorien der Zeit, die Gegenwart, nicht kenne. Dagegen bleibe diese Kategorie der Zeit für die philosophische Erkenntnis auch dann noch charakteristisch, wenn sie den Wechsel als das eigentliche Wesen der Welt bezeichne.

Hesiod weist auf den *epischen* Charakter des Mythos hin; die Erzählung entwickelt notwendig eine Handlung zwischen den beiden Polen Vergangenheit und Zukunft. Im Mythos herrscht natürlich die Vergangenheit. Das in fernen Urzeiten einmal geschehene Ereignis wird auch mit Naturerscheinungen in Zusammenhang gebracht, die sich in der Wirklichkeit Tag für Tag, Jahr für Jahr wiederholen – wie der Wechsel von Tag und Nacht oder der Kreislauf der Jahreszeiten. Auch die Ideale, deren Verwirklichung gefordert oder erhofft wird, erscheinen zumeist als in der Vergangenheit schon einmal beispielhaft verwirklicht. Wenn der Mythos z. B. die

Befreiung der Unterdrückten und Ausgebeuteten, die künftige Herrschaft von Gerechtigkeit und Frieden ankündigt, läßt er die Glaubwürdigkeit des in ferne Zukunft gestellten Bildes durch den Mythos von dem in Urzeiten verlorenen Goldenen Zeitalter erhärten. Wenn so die Eigenart der Mythologie, zwischen Vergangenheit und Zukunft eine Brücke zu schlagen, in der »Theogonie« klargestellt wird, kann das dazu beigetragen haben, daß Hesiod in den »Werken und Tagen« – gleichfalls nach Vorausschickung von Mythen, vor allem des Mythos vom Goldenen Zeitalter, welcher in der Vergangenheit die Zukunft spiegelt –, sich mehr der Gegenwartsform der philosophischen Formulierung nähernd, auch allgemeingültige Lehren vorträgt, die in unmittelbarer Eindeutigkeit aussprechen, was er von den regelmäßigen Veränderungen der Natur und der gerechten Ordnung der Gesellschaft wußte und dachte. Ganz anders beschaffen ist die Gegenwartsform des Mythos im Drama, das Jahrhunderte später aus der ursprünglich magisch aufgefaßten – die Götter immer wieder in den Kreis der Menschen einbeziehenden – Zeremonie unmittelbar das Spiel entwickelte, das die mythologische Handlung vergegenwärtigte. Hierzu mußte aber einerseits der rituell beschränkte Rahmen der Zeremonie durch die Einführung der homerischen Mythologie in die Festspiele erweitert werden, andererseits mußte in der mythologischen Handlung die Heraklitische Dialektik die Aufmerksamkeit der Menschen von dem abgeschlossenen Ereignis der Vergangenheit auf den Vorgang lenken, der sich vor ihren Augen entfaltete.

Hesiod stellt den Dichter, der ja die mythologischen Überlieferungen verwaltet, als den Kenner und Künder von Vergangenheit und Zukunft hin. Das allein schon macht verständlich, daß im Altertum zwischen den Funktionen des Dichters und des Wahrsagers Parallelen entdeckt wurden. Die verwandten Züge der beiden wurden auch mit mythologischen Mitteln sinnfällig gemacht. Wir hören – beispielsweise – oft, daß beide, der Dichter und der Seher, mit *Apollon* in Verbindung stehen. Apollon, der »Chorleiter der Musen«, ist der göttliche Beschützer der Dichter, aber vor allem ist er der weissagende Gott, der in Delphi durch die doppelsinnigen Worte seiner Priesterin Pythia die Zukunft enthüllt. Wenn wir auch noch in einer späteren Phase der Entwicklung von verwandten Zügen des Dichters und des Wahrsagers sprechen können, so müssen wir in der Frühzeit geradezu ihre Identität anerkennen. Die spezifische Rolle des Dichters entwickelt sich mit der Zeit aus dem undifferenzierten Urzustand ebenso wie die spezifische Rolle der Mythologie bei der Loslösung von der Religion. Solche modernen Tendenzen, die verwandte Züge von Dichter und Wahrsager überbetonen und so die beiden, den Begriff »Dichter-Priester« *(vates)* allzu verallgemeinernd, fast vermischen, beurteilen die Dichtung überhaupt und den antiken Dichter im besonderen – gewollt oder ungewollt – unter dem Einfluß irrationaler Weltanschauung. Die griechische Mythologie setzt auch hier die Grenze weiser fest als jene modernen Mystiker, die die mythische Weltbetrachtung in ihre »verlorenen Rechte« wieder einsetzen wollen. Die griechischen Mythen, die von Dichtern und Wahrsagern handeln, heben neben den verwandten Zügen nämlich auch typische Unterschiede hervor.

Unter den griechischen Überlieferungen finden sich auch solche, die noch in sehr alten Schichten der urgeschichtlichen Erinnerung den undifferenzierten Urzustand des Dichters und Seher-Priesters zeigen. Die moderne Ethnographie hat diesen Urzustand besonders in Verbindung mit den *Schamanen* einiger Völker Mittelasiens ganz ähnlich beschrieben. Wir müssen aber den Entwicklungsgrad des »Schamanismus« in der Urgeschichte der griechischen Dichtung schon frühzeitig, vor Homer, als überwunden ansehen, wenn wir auch später noch mit Rudimenten und der einen oder anderen sich hartnäckig haltenden Erinnerung zu rechnen haben. Herodot berichtet von jenem *Aristeas*, den angeblich Phoibos Apollon in märchenhafte Gegenden brachte, zu den frommen Bewohnern des fernen Nordens, den Hyperboreern, zu den einäugigen Arimaspen und zu den Vögeln, die Goldschätze hüteten, den sagenhaften Greifen. Während seine Seele in der Gestalt eines Raben dem Gotte folgte, blieb sein Körper scheintot zu Hause in Prokonnessos. Anscheinend war zu Herodots Zeit noch eine unter dem Titel »Arimaspeia« erwähnte längere Dichtung bekannt. In dieser Dichtung hat angeblich Aristeas selbst die »Erfahrungen« seiner »magischen Reise« zusammengefaßt, d. h. jene Visionen, die er im Zustand der Bewußtlosigkeit erlebt hat, ähnlich dem durch Betäubungsmittel künstlich hervorgerufenen Zustand der Schamanen. Aber wenn man auch zu wissen vermeinte, daß Aristeas der Lehrer Homers war, wollte man offensichtlich durch die zeitliche Folge gerade betonen, daß die alle menschliche Begrenztheit überwindende Gestalt des Sehers in der Überlieferung nicht mehr als die aus der Urzeit zurückgebliebene beunruhigende Erinnerung ist.

Homer unterscheidet bereits scharf zwischen Dichter und Wahrsager; unter den Figuren des Epos finden wir einerseits Wahrsager wie *Merops* und *Polyidos*, andrerseits die Auserwählten der Musen in den Gestalten von *Demodokos* und *Phemios*. Die Sehergabe, der Blick in die Geheimnisse der Zukunft, führt immer zu tragischer Isolierung. Die Dichtung, die mit nicht alltäglicher Klarheit erfaßte Wirklichkeit, führt zur *autarkeia*, das heißt »Selbstgenügsamkeit«, und ermöglicht einem, die Vollständigkeit des Lebens zu erfassen. Dem Wesen des Sehers haftet immer irgend etwas Dunkles an; er bewegt sich ja ständig an der Grenze verbotener Dinge und geht mit Geheimnissen um, deren Mitteilung das Sprengen gefahrdrohender Verschlüsse bedeutet. Das Geschick aber ist unabänderlich, und auf der Gabe des Wahrsagens liegt als Fluch, daß der Wahrsager zwar die Zukunft, die fürchterlichen Folgen eines jeden Schrittes sieht – daß aber niemand auf sein warnendes Wort hört. Als Beispiel sei *Kassandra* genannt, die troische Königstochter: Gott Apollon gewann sie lieb und beschenkte sie mit der Gabe des Wahrsagens. Da aber die Königstochter seine Liebe nicht erwiderte, versah er seine Gabe mit dem grausamen Zusatz, daß niemand ihrem Worte glauben sollte. Kassandra sieht, wie Trojas Vernichtung vorbereitet wird, kann sie aber nicht verhindern, weil man ihr nicht glaubt. Kassandras Schicksal ist kein besonderes und individuelles, es ist nicht nur die Strafe für ein sprödes Mädchen, sondern es ist typisch. Typisch ist auch das Schicksal *Laokoons*, und bei Homer gehört der Verlust des Sohnes häufig zur Tragik eines Vaters, der die Sehergabe besitzt. *Merops* wußte z. B., daß seine beiden Söhne Adrestos und Amphios vor Troja ums Leben kommen würden, *Polyidos* (der »Vielwissende«) sah gleichfalls den Tod seines Sohnes Euchenor voraus, aber keiner von beiden konnte den kampflustigen Sohn zurückhalten. Selten findet sich unter den Wahrsagern eine so heitere und siegreiche Figur wie *Melampus*, dessen Gestalt eher an die Märchenhelden, die mit Hilfe dankbarer Tiere außerordentliche Aufgaben lösen – z. B. an das ungarische Märchen vom »Armen Mann und dem Schlangenprinzen« –, als an die sonstigen Seher der Mythologie erinnert. In Melampus' Gestalt, obgleich sie auch tief in einem frühgriechischen Schamanismus wurzelt, preist die Überlieferung viel mehr die der Natur nahe gebliebene menschliche Weisheit als die übernatürliche Gabe des Wahrsagens.

Hesiod singt: »Glücklich ist der, den die Musen lieben«, und in späterer Zeit gestalten Kallimachos und Horaz, eine Hesiodische Wendung variierend, das herrliche Bild des Dichters, auf den schon im Kindesalter die Musen ihren auserwählenden Blick geworfen haben. Eine Anzahl Mythen erzählt von den Söhnen der Musen, in denen die Griechen die göttlichen Vorbilder des Dichters sahen und an die die Überlieferung oft die Anfänge der einen oder anderen dichterischen Kunstgattung bzw. der einen oder anderen dichterischen Grundform knüpft. Einer dieser Bevorzugten ist *Linos*, der Sohn der Muse Urania, den die Menschen für den Erfinder des gesungenen Wortes und für den ersten Lehrer des Gesanges hielten. Apollon tötete ihn, weil er auf seine Kunst eifersüchtig war. Andere sind *Hymenaios*, der Sohn der Muse Terpsichore, der bei seiner eigenen Hochzeit plötzlich vor den Augen der Menschen verschwand, und *Ialemos*, der Sohn Apollons und der Muse Kalliope, der auch früh starb. An den ersten und den letzten der hier genannten Musensöhne knüpft die Überlieferung die unter den Titeln »Linos« und »Ialemos« bekannten Trauergesänge. Zum Gedächtnis des Sohnes der Terpsichore singt man – der Überlieferung gemäß – den Hochzeitsgesang »Hymenaios«, mit dem ursprünglich der verschwundene Jüngling beweint und gesucht wurde. Die Trauer jedoch, die um die Erinnerung an die jung verstorbenen Kinder der Musen schwebt, kann keinesfalls mit der Tragik verglichen werden, die die Wahrsager der Mythologie umgibt. In den Gestalten der Musensöhne, indem sie wie auch *Adonis, Daphnis, Hippolytos* und *Hyakinthos* eine offensichtliche Verwandtschaft mit den sterbenden und auferstehenden Göttern des alten Orients aufweisen, kommt die unzertrennbare Verbindung von Schönheit und Jugend zum Ausdruck, der rührende Zauber der dichterischen Schönheit, mit dem sie den Glanz der entschwindenden Jugend in ihren ewigen Formen bewahrt. Hierauf weist ein Fragment von Pindar hin: Die drei unsterblichen Musen beweinen ihre sterblichen Söhne – die eine mit schmerzlichen Wehlauten Linos, den Sänger; die andere Hymenaios, den die Schicksalsgöttin *Moira* auf seinem Hochzeitslager hinwegraffte; die dritte Ialemos, dessen Kraft in jungen Jahren von Krankheit verzehrt wurde. *Musaios*, obwohl kein Sohn der Musen, nur deren Schüler, wurde durch seinen poetischen Flug berühmt – einer athenischen Überlieferung zufolge lehrte ihn der Nordwind *Boreas* selbst das Fliegen. Ihm ward als Lohn zuteil, daß nach seinem Tode das schneeweiße Band, welches die Wohltäter der Menschheit auszeichnet, in der Unterwelt seine Stirn umspannte.

Wir haben an dieser Stelle nicht nur die mythologischen Vorbilder der Dichter zu erwähnen, sondern auch die mit den geschichtlichen Gestalten verknüpften Sagen von Dichtern, die in der Antike als Auserwählte der Musen galten. Die Frage, ob *Orpheus* eine historische Gestalt war oder nur der Held von Mythen, in denen die Bedeutung der Dichtung nach griechischer Wertung zum Ausdruck kommt (späterhin wurden ihm auch die Lehren einer mystischen Sekte, der *Orphiker*, zugeschrieben), ist auch heute noch nicht endgültig entschieden. Gewiß ist, daß sich auch um Homer und Hesiod ein Sagenkreis gewoben hat. Einige erhaltengebliebene Bruchstücke von Chorgesängen des *Ibykos* reihen auch diesen unter die Großen der Literaturgeschichte ein. Von ihm wurde erzählt, die Mörder, die nicht einmal die heilige Person des Dichters achteten, seien durch Kraniche, die einzigen Zeugen des Verbrechens, dem Gericht überantwortet worden. Die Griechen haben kaum einen großen Dichter, dessen Lebensbeschreibung in der Überlieferung nicht mehr oder weniger legendäre Färbung angenommen hätte. Unter den römischen Dichtern ist es in erster Linie *Vergil*, um dessen Gestalt sich sehr bald ein Kranz von Sagen rankte, die sich im Laufe des Mittelalters sogar noch weiter entwickelten: Man sah in ihm geradezu einen Zauberer.

Somit haben wir die Grundzüge der mythologischen Wissenschaft umrissen und die Auffassung des griechischen Volkes von der Mythologie dargelegt, und zwar so, wie sie in den von den Musen und deren Auserwählten handelnden Mythen zum Ausdruck kommt. Wir bezweckten damit, unseren Lesern die historische Wertung der ausgewählten Mythen zu erleichtern. Im folgenden können wir unsere Erläuterungen meistens kürzer fassen. Wir stellen die griechische sowie die römische Mythologie möglichst auf Grund der klassischen Texte dar; Lücken, die sich hier und da zeigen, füllen wir mit Hilfe vergleichender Hinweise vorsichtig aus, so daß nach unserem besten Wissen gezeigt wird, wie die Mythologie im Altertum der Dichtung und Kunst als Grundlage diente. Der Erforscher der klassischen Mythologie vergibt sich nichts, wenn er eingesteht, daß er nicht nur Kenntnisse vermitteln, sondern auch erfreuen will. Schon in diesem Sinne setzen wir an die Spitze der klassischen Mythen einige Überlieferungen, die von Dichtern, den Söhnen und den Auserwählten der Musen, handeln. Auch im Hintergrund dieser Überlieferungen ist noch da und dort die Erinnerung an die Urzeiten zu erkennen, an die Vorstellung von der magischen Kraft des Gesanges und der Musik, die imstande ist, die Naturkräfte zu beeinflussen. Viel mehr wird indessen durch die auf die Urformen des Mythos zurückweisenden Motive ausgedrückt: die Achtung des Volkes für seine Dichter, die die Mythologie treu hüteten und sie schöpferisch verwalteten, die in ihren Werken, die Herzen und Seelen entzückend, das menschliche Selbstbewußtsein unablässig hoben und die, was sie vom Volke bekommen hatten, reich weiterentwickelt, dem Volke zurückgaben.

ORPHEUS UND EURYDIKE

Orpheus war der Sohn der Muse Kalliope und des Flußgottes Oiagros, andere hielten ihn für den Sohn Apollons. Sein wunderbar schöner Gesang rührte selbst die Herren der Unterwelt.

Sein Weib, *Eurydike*, spielte mit ihren Gefährtinnen, den *Dryaden*, den Baumgöttinnen, am Ufer des Flusses, als *Aristaios*, der Sohn Apollons, der Hirtengott und Freund der Bienen, sie überraschte. Eurydike floh vor ihm, im Laufen bemerkte sie aber eine giftige Schlange im hohen Grase nicht, sie wurde von ihr gebissen, und der Schlangenbiß brachte ihr den Tod. Der laute Klagegesang des Dryadenchores erfüllte die Berge, und mit den Dryaden weinten die Felsenburgen des Rhodope-Gebirges, der Gipfel Pangaion, das kriegerische Land von Rhesos, das Volk der Geten, der Fluß Hebros und ganz Thrakien.

Orpheus selbst suchte in den klingenden Tönen seiner Leier Trost, und allein am Ufer umherirrend, sang er nur von Eurydike; von ihr sang er, wenn die Sonne aufging, und von ihr sang er, wenn die Sonne unterging. Er stieg hinauf zur Bergzinne Tainaron und hinab zum gähnenden Schlund der Unterwelt, er drang auch in den von schwarzer Furcht erfüllten Hain. Dort trat er vor den schrecklichen König der Unterwelt, um ihn, dessen Herz der menschlichen Klage verschlossen ist, anzuflehen.

Als sein Gesang ertönte, setzten sich in ihren Höhlen tief unten im Erebos die leichten Schatten, die Ebenbilder der der Sonnenwelt beraubten Menschen, in Bewegung, und sie kamen in dichten Scharen, wie Tausende im Laub Schutz suchende Vögel, wenn sie der Abend oder der Wintersturm von den Bergen zusammentreibt. Es kamen Mütter und Väter, beherzte Helden, die im Leben genug gekämpft hatten, Kinder und Jungfrauen und Jünglinge, die noch vor ihren Eltern auf dem Scheiterhaufen zu Asche werden mußten, es kamen alle, die der schwarze Schlamm, der Fluß Kokytos und das faule Wasser des gräßlichen Sumpfes und die neunmalige Schleife der Styx gefangenhielten.

Mit Verwunderung erfüllte der Gesang den Palast des Hades, ja auch den letzten Winkel des Tartaros und die Eumeniden, in deren Haar sich dunkelblaue Schlangen wanden. *Kerberos* ließ seine drei Mäuler offen, und *Ixions* Rad stand still.

Auch *Persephone*, die Königin der Unterwelt, war ergriffen und gab Eurydike frei, mit der Weisung, daß sie hinter ihrem Gemahl hinauf ans Tageslicht gehen, aber daß Orpheus nicht zurückblicken dürfe, ehe sie oben angelangt wären. Die Sehnsucht nach seiner Gemahlin hatte aber Orpheus des Verstandes beraubt – eine verzeihbare Schuld, wenn die Götter der Unterwelt des Verzeihens fähig wären –, und als sie schon fast zum Tageslicht hinaufgelangt waren, blieb er plötzlich stehen und sah zurück. Damit vereitelte er alles, hatte er selbst den mit dem unerbittlichen Herrn der Unterwelt geschlossenen Vertrag gebrochen; eine schnarrende Stimme war dreimal über dem Sumpf zu hören, und traurig sprach Eurydike: »Mich, deine arme Gemahlin, und dich, Orpheus, hat deine Unbesonnenheit ins Verderben gestürzt. Schon ruft mich das unbarmherzige Geschick zurück, und auf meine in Tränen schwimmenden Augen senkt sich aufs neue der Schlaf. Nimm meinen Gruß, die große Nacht umfängt mich und reißt mich mit sich, nur meine kraftlose Hand kann ich dir noch einmal entgegenstrecken, aber ich kann nie mehr die Deine sein.«

Und sie verschwand vor Orpheus' Augen wie der Rauch, der sich in der Luft auflöst. Vergebens haschte er nach dem Schatten, und vergebens wollte er ihr noch vieles sagen, sie sahen einander nicht mehr, und *Charon,* der Fährmann der Unterwelt, erlaubte Orpheus nicht, noch einmal den Sumpf, der die Unterwelt begrenzt, zu überschreiten.

Was sollte er tun, wohin konnte er sich schleppen, er, dem zweimal der Tod die Gemahlin hinweggerafft hatte? Womit konnte er die Seelen der Toten besänftigen, die Gottheiten der Unterwelt? Der Kahn trug Eurydike schon als kühlen Schatten auf dem Wasser der Styx dahin.

Man sagt, daß Orpheus sieben Monate unterhalb eines Felsens gewehklagt, an dem verlassenen Ufer des Flusses Strymon sein trauriges Schicksal wieder und wieder besungen habe; sein Gesang machte die Tiger sanft und erweichte die harten Eichen. So weint im Schatten der Pappel die trauernde Nachtigall ihren verlorenen Jungen nach, die der herzlose Bauersmann aus dem Nest genommen, bevor ihnen noch die Federn gewachsen waren. Die ganze Nacht hindurch tönt das Klagelied des Vögleins in den Zweigen, sein Gesang nimmt kein Ende, und die traurigen Klagen erfüllen die ganze Gegend.

Orpheus sehnte sich nicht mehr nach Liebe und suchte nicht in einer neuen Vermählung Trost. Vereinsamt blickte er auf das öde Eis im Lande der Hyperboreer, auf die beschneite Gegend des Flusses Tanais und auf die mit ewigem Reif bedeckten Felder.

Vergilius, Georgica IV, Vers 453–527.

ARION

Zu der Zeit, als Periandros in Korinth herrschte, gab es keinen Sänger, der *Arion* gleichkam. Er dichtete als erster Dithyramben und lehrte auch andere in Korinth, sie zu singen. Da er schon lange Zeit am Hofe Periandros' verbracht hatte, sehnte er sich nach Italien und Sizilien. Dort kam er zu großem Reichtum und wollte später wieder nach Korinth zurückkehren. Da er den Korinthern das meiste Vertrauen schenkte, mietete er von korinthischen Seefahrern ein Schiff für die Reise. Kaum aber waren sie auf dem offenen Meer, als die Schiffer ihm nach dem Leben trachteten. Sie schmiedeten den Plan, Arion in die See zu werfen und alle seine Schätze an sich zu bringen.

Als Arion die böse Absicht der Schiffer erkannte, begann er zu flehen. Er versprach ihnen seine Schätze und bat nur um sein nacktes Leben. Sie aber hörten nicht auf ihn, ließen ihm nur die Wahl, entweder durch eigene Hand seinem Leben ein Ende zu machen, und dann würden sie ihn, an Land gekommen, begraben, oder aber er möge sogleich ins Meer springen. In seiner bedrängten Lage blieb Arion keine andere Wahl, als zu bitten: Wenn er schon sterben müsse, möge man ihm die eine Gnade gewähren, wenigstens noch ein einziges Mal, prächtig gekleidet auf der Ruderbank stehend, singen zu dürfen. Sobald der letzte Gesang verklungen, werde er sich das Leben nehmen.

Dies gewährten ihm die Schiffer gerne. Sie freuten sich sogar, den größten aller Sänger hören zu können, und versammelten sich in der Mitte des Schiffes. Arion aber kleidete sich in sein Prachtgewand, nahm die Leier in die Hand, und auf der Ruderbank stehend, sprach er den feierlichen Gesang, mit dem er Apollon zu preisen pflegte, und als er den Gesang beendet hatte, warf er sich ins Meer, in voller Sängerpracht, in der Hand die Leier. Auf seinen Gesang hin kam ein Delphin angeschwommen, der nahm ihn auf den Rücken und brachte ihn bis zum Kap Tainaron. Dort stieg Arion an Land und ging nach Korinth, unverletzt, in seinem Prachtgewand, und als er angekommen war, erzählte er alles dem König.

Periandros wollte die wunderbare Mär nicht glauben. Er behielt Arion vorerst bei sich und gestattete ihm nicht, von seiner Seite zu weichen. Inzwischen forschte er selbst eifrig nach den Schiffern. Und als diese in Korinth eintrafen, rief er sie zu sich und fragte sie aus, was sie von Arion wüßten. Sie sagten, er lebe in Italien, es gehe ihm gut, sie hätten ihn gesund in Tarentum gelassen. Da aber erschien Arion vor ihnen, bekleidet mit dem Gewand, in dem er sich ins Meer gestürzt hatte. Die Schiffer erschraken, sie sahen, daß ihre Schuld schon erwiesen war, und leugneten nicht weiter. Dies erzählte sich das Volk in Korinth und in Lesbos, und zur Zeit Herodots zeigte man am Kap Tainaron einen mittelgroßen Delphin aus Erz, auf dessen Rücken ein Mensch saß. Es hieß, Arion habe ihn zur Erinnerung an seine Rettung aufstellen lassen.

Herodot I, 23–24.

PINDAR

Es lebte in Theben ein Ehepaar, ihre Namen waren Daiphantos und Kleodike. Sie hatten zwei Kinder, Eritimos und *Pindar*.

Eritimos weihte sein Leben dem Dienste der Göttin Artemis, den ganzen Tag war er auf der Jagd nach Wild, Pindar aber war der Liebling Apollons.

Pindar war noch ein Kind, als er einmal von seiner Geburtsstadt nach Thespiai ging. Es war warme Sommerzeit, die Sonne brannte heiß auf die Wiesen hernieder. Pindar wurde müde und legte sich unterwegs im Schatten eines belaubten Baumes zur Ruhe.

Als er dort ruhte, überfiel ihn der Schlaf, und er schlief so süß unter dem Baum, daß ihm der Mund vor Wonne offenblieb. Er träumte, sein Mund fülle sich mit summenden Bienen wie ein wimmelnder Bienenkorb. Aber wie wunderte er sich, als er erwachte. Denn was er geträumt, war teilweise Wahrheit geworden. Eine verirrte Biene war zwischen den Blumen und dem schlafenden Kinde hin und her geflogen, bis sie die offenen Lippen mit Honig gefüllt hatte.

Seither floß von den Lippen Pindars Gesang, süßer als Honigseim.

Daiphantos, der auch selbst schön die Flöte blies, ersah aus diesem Wunder, daß sein Sohn ihn später in der Kunst übertreffen werde. Eine Zeitlang unterrichtete er Pindar, doch dieser lernte so rasch, daß Daiphantos ihm bald nichts mehr beibringen konnte. Er sandte den Knaben also zu den größten Musikern Griechenlands, damit er von ihnen lerne. Überall sollte er die Kunst des schönen Gesanges in sich aufnehmen wie die Biene den Honig aus den Blumen.

Und Pindar lernte von jedem Lehrer etwas. Als er erwachsen war, wurde er Griechenlands berühmtester Sänger. Glorreiche Helden, berühmte, große Könige wetteiferten darum, daß Pindar ihren Ruhm besinge. Und er sang von jedermann, der sich durch eine schöne Tat unter den anderen Menschen hervorgetan.

Jedes vierte Jahr versammelten sich die griechischen Jünglinge in Olympia, um beim großen Fest des Zeus Wettspiele zu veranstalten. Auch Pindar war immer zugegen, und als schönster Lohn galt den Siegern, daß Pindar ihren Ruhm besang.

Einmal begab es sich, daß in Delphi zum Festtag des Apollon die Pilger zusammenströmten, um dem Gott teure Geschenke und Hunderte von makellosen Widdern zu opfern. In der festlichen Menge befand sich auch Pindar, aber mit leeren Händen. Hämisch fragten ihn die anderen: »Nun, was opferst wohl du dem Gott Apollon?«

»Einen Dankgesang«, antwortete Pindar erhobenen Hauptes, da er wußte, daß die Sänger den Göttern schön klingende, weise Worte als Opfer darbringen können. Die Pilger aber lachten ihn aus.

Doch der Gott Apollon nahm Pindars Opfer freudiger als alles andere an und ließ die Weisung ergehen, die Priester sollten Tag für Tag, bevor der Tempel geschlossen würde, mit lauter Stimme vom Altar rufen: »Pindar soll kommen, er ist zum festlichen Mahle des Gottes geladen!«

Und Pindar durfte mit Apollon und den Priestern von Delphi vom Fleische der Opfertiere schmausen. Im Tempel befand sich auch ein Thronsessel, in dem durfte kein anderer sitzen, er mußte immer für Pindar bereit sein, und wenn der Sänger kam, ließ er von diesem Sitze aus seine Hymnen zum Preise Apollons erklingen.

Auch dem *Pan* huldigte Pindar mit seinem Singen, und dem lachenden Hirtengott mit den Ziegenfüßen, der selbst herrlich die Hirtenflöte blies, gefiel der Gesang so gut, daß er die Gesänge Pindars erlernte und diese sang und tanzte, wenn er mit den Nymphen zwischen den Bergen Mainalon und Kithairon dahinzog.

Die Götter liebten Pindar, die Menschen verehrten ihn, so wurde ihm ein hohes Alter zuteil. Noch im Greisenalter ging er, begleitet von seinen beiden Töchtern, überallhin, wo er die Siege heldenhafter Männer preisen konnte.

Achtzig Jahre war er schon alt, als ihm im Traume Persephone, die Königin der Unterwelt, erschien und zu ihm sprach: »Nur mir unter allen Göttern hast du während deines ganzen Lebens keinen Hymnus gewidmet. Bald wirst du dein Versäumnis nachholen können, wenn du in mein Reich einziehst.«

Zehn Tage später – er war gerade in Argos bei den Festspielen – starb Pindar. Er wurde zu Argos eingeäschert, aber seine beiden Töchter verwahrten die teure Asche in einer Urne und trugen sie unter lautem Wehklagen heim nach Theben.

In Theben lebte eine alte Verwandte Pindars, die es sehr liebte, seine Gesänge zu summen. Strahlenden Angesichts empfing die alte Frau die beiden trauernden Töchter und erzählte, welch wundervollen Traum sie in der Nacht gehabt habe. Pindar sei ihr erschienen und habe einen neuen Gesang vorgetragen, den Hymnus an Persephone, in dem er auch die Goldzügel des Hades besungen habe. Am Morgen schrieb das Mütterchen den Gesang, den Pindar ihr aus der Unterwelt übermittelt hatte, auf und zeigte ihn den beiden Töchtern, die sich, getröstet, die Tränen trockneten.

Denn unsterblich ist der Sänger, wie der Gesang unsterblich von Mund zu Munde geht.

An die Wand des Hauses, in dem Pindar gewohnt, schrieben die Leute von Theben: »Niemand verbrenne das Haus des Dichters Pindar!«

Das Haus wurde nach des Dichters Tod ein heiliger Wallfahrtsort und in hohen Ehren gehalten. Selbst der Feind verschonte es, und hundert Jahre später, als Alexander der Große, der Welteroberer, Theben einäscherte, befahl er seinen Soldaten, das Haus des Pindar wie ihr eigenes Augenlicht zu hüten.

Vitarum Scriptores Graeci Minores (ed. A. Westermann), S. 90–102.

DIE ENTSTEHUNG DER WELT UND DIE GEBURT DER GÖTTER

(Kosmogonie und Theogonie)

Das *Chaos* war das erste Seiende: die gähnende Leere oder – wie es später erklärt wurde – das wirre Durcheinander der Elemente; und *Eros*, die »Liebe«, war die erste wirkende Kraft in der Welt. Ob darauf zuerst *Uranos*, der »Himmel«, oder *Gaia* (Ge), die »Erde«, folgte, darin widersprechen sich die verschiedenen Quellen, je nachdem sie die mehr altertümliche Auffassung des Matriarchats oder die neuere des Patriarchats widerspiegeln. Doch sind sie sich im allgemeinen darin einig, daß Gaia die Gemahlin des Uranos war. Die Kinder der beiden sind die *Hekatoncheiren* (lat. *Centimani*), die »hundertarmigen« Riesen: *Briareos, Kottos* und *Gyes* oder *Gyges*. Ihre Kinder sind ferner die *Kyklopen*, die »rundäugigen« Riesen: *Brontes, Steropes* und *Arges*, die nur ein Auge, und zwar ein rundes, in der Mitte der Stirn haben. Sie sind es, die später unter der Anleitung des *Hephaistos* in der unterirdischen Schmiede die Blitze für Zeus anfertigen. Manchen Überlieferungen zufolge befindet sich ihre Schmiede tief im Ätna, andere örtliche Überlieferungen wiederum verlegen sie in den Krater anderer Vulkane. Die ersten Kinder des Himmels und der Erde sind harte und derbe Riesen, formlose Ungeheuergestalten der noch unentwickelten Welt. Jener *Polyphemos*, mit dem in der Homerischen Epik Odysseus zu ringen hat, gehört nicht zu ihnen: Auch dieser ist ein Kyklop, ein grausamer Riese mit nur einem runden Auge, aber er ist der Sohn des *Poseidon* und der *Thoosa*.

Uranos selbst schauderte es vor seinen entsetzlichen Kindern – ihre Gestalt wich von der menschlichen ab, schon allein dadurch wirkten sie grauenhaft –, er band sie und schleuderte sie in den Tartaros. Der Tartaros ist die finsterste Tiefe der Unterwelt, von der Erde ebenso weit entfernt wie die Erde vom Himmel, und er entstand – wie manche Quellen besagen – schon vor der Geburt des Uranos, vor der Entstehung des Himmels.

Die weiteren Söhne des Uranos und der Gaia sind die *Titanen*: *Okeanos, Koios, Hyperion, Krios, Iapetos* und *Kronos*, der jüngste. Die Töchter des Uranos und der Gaia sind die *Titaniden*: *Tethys, Rhea, Themis, Mnemosyne, Phoibe, Dione* und *Theia*.

Gaia zürnte dem Uranos, weil er ihre ersten Kinder in den Tartaros geschleudert hatte, deshalb überredete sie die Titanen, Rache zu nehmen. Sie erklärten sich dazu bereit – nur Okeanos beteiligte sich nicht –, und der jüngste der Brüder, Kronos, nahm aus der Hand seiner Mutter eine Sichel entgegen, ging hin und verstümmelte damit seinen Vater. Da wurden aus dem strömenden Blut des Uranos die *Erinnyen* geboren: *Allekto, Tisiphone* und *Megaira*, die Göttinnen der Rache und des nagenden Gewissens. Die Titanen beraubten Uranos der Macht, holten ihre mißgestalten Brüder aus dem Tartaros und übergaben Kronos die Herrschaft.

Kronos legte die hundertarmigen Riesen und die Kyklopen wieder in Ketten und hielt sie gefangen. Er nahm Rhea zur Frau. Da Uranos und Gaia geweissagt hatten, Kronos werde von seinem eigenen Kinde der Herrschaft beraubt werden, verschlang Kronos im Augenblick ihrer Geburt alle seine Kinder: *Hestia, Demeter* und *Hera*, dann *Hades* (auch *Pluton* genannt) und *Poseidon*. Deshalb versteckte sich Rhea, als sie ihr jüngstes Kind erwartete, vor Kronos auf der Insel Kreta, und als sie das Kind, *Zeus*, zur Welt gebracht hatte, wickelte sie einen Stein wie einen Säugling und übergab Kronos diesen Stein. Kronos verschlang ihn. Als Zeus herangewachsen war, ging die Weissagung in Erfüllung. Dabei half dem Zeus die Tochter des Okeanos, *Metis*, die »Vernunft«: Sie gab Kronos ein Gift ein, das ihn derart erbrechen machte, daß er alle seine Kinder, die er verschlungen hatte, der Reihe nach ausbrach. Zuoberst war der Stein, also gab er diesen zuerst wieder von sich, dann Poseidon, Pluton, Hera, Demeter und Hestia: Sie erblickten also in der umgekehrten Reihenfolge, wie sie geboren waren, zum zweiten Mal das Licht der Welt. Daher kommt es, daß in der »dritten Göttergeneration« *Hestia* oder *Histie* – die Göttin des häuslichen Herdes – als die »Älteste« und die »Jüngste« zugleich bezeichnet wird.

Danach begann Zeus einen Krieg gegen Kronos und die Titanen. Als der Krieg schon zehn Jahre dauerte, weissagte Gaia: Derjenige, der die Gefangenen des Tartaros zu Hilfe rufe, werde siegen. Zeus befreite die Kyklopen und die hundertarmigen Riesen aus dem Tartaros. Da verfertigten die Kyklopen für Zeus den Blitz, für Hades den unsichtbar machenden Helm und für Poseidon den Dreizack. In einem fürchterlichen Kampf, während dessen Donnerschläge Himmel und Erde erbeben machten und das Meer toste und brauste, besiegte Zeus den Kronos und die anderen Titanen; jetzt war er es, der sie in den Tartaros verbannte, und er beorderte die hundertarmigen Riesen, sie zu bewachen. Die drei Söhne des Kronos verteilten untereinander die Welt: Zeus gelangte zur Herrschaft im Himmel, Poseidon auf dem Meere und Pluton in der Unterwelt.

Zu Nachkommen der Titanen gehören die Töchter des Okeanos und der Tethys, die dreitausend *Okeaniden*, wie z. B. *Asia*, *Styx*, *Elektra*, *Doris*, *Eurynome*, *Amphitrite* und *Metis*. Die Töchter des Koios und der Phoibe sind *Asteria* und *Leto*. Die Kinder des Hyperion und der Theia sind *Eos*, die »Morgenröte«, *Helios*, die »Sonne«, und *Selene*, der »Mond«. Die Kinder des Krios und der *Eurybia* (Tochter des Pontos) sind *Astraios*, *Pallas* und *Perses*. Die Söhne des Iapetos und der Asia sind *Atlas*, der den Himmel auf den Schultern hält, *Prometheus*, *Epimetheus* und *Menoitios*. Die Kinder der Eos und des Astraios sind die Winde und die Sterne. Perses und Asteria haben eine Tochter: *Hekate*, die dreigestaltige Göttin der Unterwelt. Pallas' und Styx' Kinder sind *Nike*, der »Sieg«, *Kratos*, die »Kraft«, *Bie*, die »Gewalt«, und *Zelos*, die »Eifersucht«.

Zwischen den Kindern des Hyperion und der Theia spielt sich von Tag zu Tag das herrliche Himmelsschauspiel ab, bei dem die Sterne sowie der Gott *Pan* und der irdische Jäger *Kephalos*, der sterblich in die »Morgenröte« verliebt ist, die Nebenrollen innehaben. Ein Roß mit vier Flügeln zieht Helios' feurigen Wagen aus den Wogen des Meeres zum Himmelszelt hinauf, und sowie der Wagen kommt, werfen sich die Sterne einzeln ins Meer. Nur der Morgenstern *Phosphoros* (lateinisch: *Lucifer*), der »Lichtbringer«, bleibt ruhig stehen und wartet den Sonnenaufgang ab. Auf der anderen Seite des Himmelsgewölbes gleitet auf raschem Pferde Selene dahin, die Göttin des Mondes, denn wenn ihr Bruder, der Sonnengott, kommt, muß sie sich entfernen; Pan mit den Bockshörnern, der Gott der Wiesen und Felder, blickt erschrocken seiner so plötzlich entschwindenden Geliebten nach. Helios geht die Göttin der Morgenröte voran, die »rosenfingrige Eos«, die nun ihrem irdischen Geliebten begegnet, dem Jäger Kephalos – oder nach einem anderen Mythos dem *Orion*. Kephalos und Orion, die sterblichen Liebhaber der »Morgenröte«, haben als berühmte Jäger schon früh im Morgengrauen mit ihren Jagdhunden die Stille des Waldes gestört. – Einmal hat auch Helios' Sohn *Phaethon* versucht, auf einem feurigen Wagen zum Himmelsgewölbe hinaufzufahren, doch konnte er mit seinen schwachen Händen die geflügelten Rosse nicht im Zaum halten. Sie zogen den feurigen Wagen zu nahe an die Erde heran, so daß die Erde beinahe in Flammen aufging. Zur Strafe dafür wurde der waghalsige Jüngling vom Blitz des Zeus erschlagen. Phaethons Schwestern beweinten ihren Bruder, und aus ihren Tränen entstand der Bernstein, sie selbst aber verwandelten sich in Erlen (oder Espen).

Im Kampf der Titanen, der *titanomachia*, traf von den jüngeren Titanen nur den Menoitios der Zorn des Zeus, Zeus stieß ihn mit den Brüdern des Kronos zusammen in den Tartaros. *Styx* jedoch, die mit ihren vier Kindern, »Sieg«, »Kraft«, »Eifersucht« und »Gewalt«, dem Zeus geholfen hatte, wurde zur Belohnung dadurch geehrt, daß es fortan als der heiligste Eid galt, wenn jemand bei ihrem Gewässer schwor, dem Fluß, der sich von dem Felsen der Unterwelt hinabstürzt.

DIE ENTSTEHUNG DER ZIVILISATION

Es hat eine Zeit gegeben, in der bereits Götter existierten, sterbliche Wesen aber noch nicht. Als dann die Zeit gekommen war, die das Geschick dafür bestimmt hatte, daß auch Sterbliche ins Dasein gerufen würden, formten die Götter sie im Erdinnern aus Erde und Feuer und Stoffen, die sich mit Erde und Feuer mischen lassen. Bevor sie ans Tageslicht kamen, wurden sie den beiden Titanenbrüdern *Prometheus* und *Epimetheus* anvertraut: Diese sollten sie verzieren und jeden einzelnen mit verschiedenen Fähigkeiten ausstatten. Doch Epimetheus überredete den Prometheus, die Verteilung ihm zu überlassen.

»Ich werde schon jedem seinen Anteil geben«, sagte er, »du brauchst nur die Aufsicht zu übernehmen.«

Prometheus gab nach, und Epimetheus begann zu verteilen.

Einer Gattung gab er Kraft, aber keine Schnelligkeit, mit Schnelligkeit stattete er die Schwachen aus. Einige erhielten Waffen, andere ließ er unbewaffnet und erfand für sie andere Fähigkeiten, sich zu verteidigen. Den Gattungen, die er in kleine Körper kleidete, gab er rettende Flügel oder Versteckplätze in den Höhlen und Löchern der Erde. Für die aber, die er groß wachsen ließ, war schon die Größe allein Schutz genug. Auch alles andere teilte er so aus, daß stets das nötige Gleichgewicht der Eigenschaften gesichert war. Denn er sorgte dafür, daß keine der Gattungen zugrunde gehe. In erster Linie war er bestrebt, ihnen Schutz gegeneinander zu verschaffen. Doch hatte er auch den von Zeus gegebenen Wechsel der Jahreszeiten vor Augen. Darum bekleidete er die Lebewesen mit dichter Behaarung und dicker Haut. So waren sie gegen die Kälte des Winters geschützt und konnten auch die Sommerhitze leichter ertragen, überdies hatten sie, wenn sie sich zur Ruhe begaben, das weiche Fell zum Liegen gleich am Körper. Er schützte auch ihre Füße: Teils gab er ihnen Hufe, teils Krallen, teils harte und blutleere Haut. Für ihre Ernährung sorgte er ebenfalls auf verschiedene Weise: Einer Gattung bestimmte er das aus der Erde sprießende Gras, einer anderen die Früchte der Bäume oder die Wurzeln als Nahrung, einigen erlaubte er sogar, andere Tiere aufzufressen. Gab er der einen Gattung nur geringe Fruchtbarkeit, so spendete er einer anderen, die den Gefahren mehr ausgesetzt war, die Fähigkeit, sich stark zu vermehren, denn in jedem Falle war er auf die Erhaltung der Arten bedacht.

Nun war aber Epimetheus nicht eben weise. Unüberlegt verschwendete er alle Fähigkeiten und Eigenschaften, so daß am Ende eine Gattung unausgerüstet und unbeschenkt übrigblieb: die Gattung Mensch. Epimetheus stand da und wußte nicht, was er machen sollte. Da kam gerade Prometheus, um nachzusehen, wie weit sein Bruder mit der Verteilung gekommen sei, und er sah, daß jedes Lebewesen das, was es brauchte, erhalten hatte, nur der Mensch stand da vom Scheitel bis zur Sohle nackt, er hatte nichts, was seinen Körper und seine Füße schützte, auch kein Liegefell und keine Waffe. Es war aber schon der Tag, an dem es bestimmt war, daß auch der Mensch aus der Tiefe der Erde ans Licht kommen sollte. Da nun Prometheus nichts mehr fand, womit er die Erhaltung des Menschen hätte sichern können, stahl er in seiner Bedrängnis dem Hephaistos und der Athene die Handfertigkeit und das Feuer – denn ohne Feuer kann man ein Handwerk weder erlernen noch ausüben – und beschenkte mit beidem den Menschen.

Der Mensch bekam also die zum Fortkommen nötige Weisheit, die Kunst der Staatsführung aber noch nicht. Diese Kunst war nämlich bei Zeus, und Prometheus durfte den Palast des Zeus nicht mehr betreten. Zeus hatte auch eine furchterregende Wache. Jedoch in Athenes und Hephaistos' Gemächer, vielmehr in den gemeinsamen Saal, in dem die beiden ihr Handwerk ausübten, konnte er sich heimlich einschleichen. Er stahl dort dem Hephaistos das Schmiedehandwerk und stahl auch der Athene ihr Handwerk. So konnte er beides dem Menschen geben. Das Leben des Menschen wurde dadurch leichter, aber Prometheus erhielt später die Strafe für den Diebstahl.

Nachdem der Mensch auf diese Weise auch von dem etwas bekommen hatte, was die Götter besaßen, begann er als einziges von den sterblichen Wesen dank dem gemeinsamen Besitztum an die Götter zu glauben und stellte ihnen Altäre und Bildwerke auf. Neben dem Handwerkern lernte er alsbald auch sprechen. Dann baute er Häuser, verfertigte Kleider, Sandalen, Liegefelle und verschaffte sich Nahrung aus der Erde.

Am Anfang lebten die Menschen verstreut, denn Städte hatten sie noch nicht erbaut. Und da sie in jeder Hinsicht schwächer waren als die Tiere, fielen sie diesen häufig zum Opfer. Die Handfertigkeit erlaubte ihnen, für ihren Lebenserwerb zu sorgen, doch waren sie noch nicht gerüstet, die wilden Tiere zu bekämpfen. Die Kunst der Staatsführung, von der auch die Kriegführung ein Teil ist, kannten sie noch nicht. Einzeln konnten sie nichts ausrichten, daher trachteten sie, sich zu vereinigen, und gründeten Städte, um sich verteidigen zu können. Doch als sie zusammen waren, ließen sie einander nicht in Frieden, eben weil sie die Kunst der Staatsführung noch nicht besaßen. Sie verstreuten sich wieder und gingen schon fast zugrunde. Zeus selbst befürchtete schon, die ganze menschliche Gattung werde untergehen. Da entsandte er den *Hermes*, er solle den Menschen *Aidos* bringen, das »Ehrgefühl«, und er schickte ihnen auch *Dike*, die »Gerechtigkeit«. Aufgabe dieser beiden war es, ein freundschaftliches Einvernehmen unter den Menschen und die Ordnung bei ihnen zu sichern. Hermes befragte Zeus, wie er die Gerechtigkeit und das Ehrgefühl verteilen solle: »Soll ich sie so verteilen, wie die Handwerke verteilt sind? Mit den Handwerken verhält es sich doch so: Ist unter den Menschen einer, der sich aufs Heilen versteht, so genügt dieser eine für viele von ihnen. Das gilt auch von den anderen Handwerken. Soll ich also auch die Gerechtigkeit und das Ehrgefühl in dieser Weise bei ihnen unterbringen, oder soll davon jeder Mensch etwas bekommen?«

»Jeder einzelne Mensch«, sagte Zeus. »Denn wenn Gerechtigkeit und Ehrgefühl nur wenigen zuteil werden, können niemals Städte entstehen. Und verkündige ihnen in meinem Namen auch das Gesetz, daß jeder Mensch, der nicht fähig ist, sich vom Ehrgefühl und von der Gerechtigkeit seinen Anteil zu nehmen, aus der Stadt vertrieben und ausgemerzt werden soll wie eine Krankheit.«

Platon, Protagoras, 11. und 12. Kapitel.

MOMOS

Es gab auch einen, der die Geschöpfe der Götter kritisierte, das war *Momos*, der ursprünglich auch selbst – wie die glücklichen Götter – auf dem Olympos gewohnt hatte.

Zeus erschuf den Stier, Prometheus den Menschen und Athene das Haus. Sie forderten den Momos auf, ihre Schöpfungen zu beurteilen. Momos aber beneidete die Götter um ihre Schöpfungen und begann seine Kritik damit, daß er Zeus vorwarf, einen Fehler gemacht zu haben: Dem Stier hätte Zeus die beiden Augen auf die Hörner setzen sollen, damit er sehen könne, wohin er stößt. Dann tadelte er Prometheus, weil er beim Menschen das Herz nicht außen angebracht habe. Säße das Herz außen, so blieben die Missetäter nicht geheim, sondern man könnte bei jedem sehen, was für Absichten er habe. Athene wiederum hätte nach Momos' Meinung das Haus mit Rädern versehen müssen, weil man dann leichter von einem schlechten Nachbarn wegziehen könnte.

Da aber wurde Zeus der ewigen Tadelei überdrüssig, und in seinem Zorne verbannte er Momos für immer vom Olympos.

Fabulae Aesopicae, hrsg. von Halm, Nr. 155 (bzw. Hausrath, Nr. 102).

PANDORA

Die Götter verbargen die Mittel, mit denen der Mensch sein Leben fristen sollte, in der Erde. Hätten sie das nicht getan, wäre alles viel leichter. Durch die Arbeit eines Tages könnte man sich wohl gar fürs ganze Jahr versorgen und dann untätig herumfaulenzen, der Schiffer könnte das Steuer an den Nagel hängen, und der Landmann wäre nicht auf die schwere Arbeit der Ochsen und Maultiere angewiesen. Aber in seinem Zorn, weil ihn der listige Prometheus hintergangen hatte, versteckte Zeus das Brot in der Erde und brachte dadurch soviel Sorgen und Mißgeschick über den Menschen.

Am Anfang hatte er das Feuer versteckt, das aber stahl Prometheus, der Sohn des Titanen Iapetos, für die Menschen. Er brachte es ihnen insgeheim im ausgehöhlten Stengel der Pflanze Narthex, so daß der Gott, der sich an den Blitzen ergötzte, es nicht sehen konnte. Als er aber des Diebstahls gewahr wurde, drohte er zürnend: »Es nützt dir nichts, daß du schlauer bist als alle andern, Sohn des Iapetos. Jetzt freust du dich, daß du mich überlistet und das Feuer gestohlen hast, aber du wirst es noch bitter bereuen, und auch die Menschen werden dafür zu büßen haben: Sie sollen von mir etwas bekommen, was sie alle lieben werden, ohne zu bemerken, daß sie damit ihr eigenes Unglück umfangen.«

So sprach lachend der Vater der Götter und Menschen und trug Hephaistos, dem vielgerühmten Schmiedegott, auf, schnell Erde mit Wasser zu kneten und daraus eine den Göttinnen ähnlich schöne Gestalt zu formen. Und dieser Gestalt solle Athene die weiblichen Arbeiten beibringen, das Spinnen und Weben; die schöne Aphrodite solle sie mit der Lieblichkeit der Chariten und der tödlichen Begierde, den süßen und verzehrenden Sorgen der Liebe übergießen, Hermes indessen möge ihr Schalkheit und Dieberei geben. Sie alle gehorchten Zeus. Gar bald hatte der lahme Schmied eine Jungfrauengestalt aus Erde geknetet, die Göttin Athene gürtete sie und machte sie hübsch, die Chariten und die erhabene *Peitho*, die Göttin des »Zuredens«, behängten sie mit goldenen Ketten, die schönhaarigen Horen, die »Jahreszeiten«, bekränzten sie mit Frühlingsblumen. In ihrem Busen verbarg Hermes Lüge, Lockworte und Dieberei, wie Zeus es befohlen hatte, und er, der Bote der Götter, legte ihr auch die Stimme in den Mund und gab ihr einen Namen: *Pandora*, die »Allbegabte«, weil alle Bewohner des Olympos ihr etwas gegeben hatten – zum Verderb der armen Brotesser, der Menschen. Und Zeus beauftragte Hermes damit, sie als erste Frau dem Epimetheus zum Geschenk zu bringen.

Epimetheus gedachte nicht der Warnung des Prometheus, er vergaß, daß dieser »voraussehende« Titan ihm gesagt hatte, er solle vom olympischen Zeus kein Geschenk annehmen, sondern es ihm zurückschicken, weil sonst die Sterblichen dafür zu leiden hätten. Epimetheus nahm Pandora auf, und erst als das Unheil schon da war, besann er sich.

Vorher hatten die menschlichen Stämme ohne Sorgen und Leiden auf der Erde gelebt, von tödlichen Krankheiten waren sie verschont geblieben. Die Frau fand nun im Hause ein Gefäß, und obwohl Epimetheus es ihr verbot, hob sie neugierig den Deckel ab und verstreute alles, was das Gefäß enthielt: die Sorgen und die vielen anderen Übel. Nur die Hoffnung blieb in dem Gefäß, sie konnte nicht mehr herausfliegen, weil Pandora – gemäß dem Plane des Zeus – vorher den Deckel wieder zufallen ließ. Die unzähligen Schicksalsschläge jedoch schweifen seither frei unter den Menschen umher, Erde und Meer sind voll von Unheil. Die Krankheiten streifen auf ihren eigenen Beinen Tag und Nacht durch das Land und bringen den Sterblichen viele Leiden. Sie schleichen lautlos, denn der weise Zeus hat ihnen die Stimmen genommen, damit kein Mensch dem entrinnen kann, was Zeus ihm auferlegt hat.

Hesiod, Werke und Tage, Vers 42–105.

DIE WELTZEITALTER

Das erste menschliche Geschlecht lebte im *Goldenen Zeitalter.* Sein Herrscher war noch Kronos, denn er war damals König im Himmel. Im Goldenen Zeitalter lebten die Menschen noch sorglosen Herzens wie die Götter; sie arbeiteten nicht und kannten kein Leid. Es gab noch kein qualvolles Altern, die frische Kraft ihrer Hände und Füße verließ sie bis an ihr Lebensende nicht. Sie erfreuten sich ständig blühender Jugend, und der Tod ereilte sie wie ein Schlaf. Sie hatten noch teil an allem Guten. Der fette Boden der Äcker brachte freigebig die Früchte von selbst hervor, sie gediehen in Fülle und ohne Neid, und die Menschen konnten in ihrer stetigen Muße tun, wozu sie gerade Lust hatten. Sie waren reich und wurden von den glücklichen Göttern geliebt. Und als die Erde dieses Geschlecht aufnahm, gingen aus ihm – nach dem Willen des großen Zeus – die guten Geister hervor, die über die Erde wandelnden Geister, die Beschützer der sterblichen Menschen. Sie wachen über die Gerechtigkeit und beobachten die bösen Taten; in Nebel gehüllt, ziehen sie allenthalben über die Erde, und sie sind es, die den Reichtum austeilen, denn auch dieses königliche Geschenk wurde ihnen gegeben.

Danach erschufen die olympischen Götter ein viel geringeres zweites Geschlecht. Es lebte im *Silbernen Zeitalter.* Diese Menschen sind mit denen des Goldenen Zeitalters an Leib und Seele gar nicht mehr vergleichbar. Doch ward auch ihnen noch ein langes Leben gewährt, bis zum Alter von hundert Jahren wuchs das Kind an der Seite der treuen Mutter heran. Waren sie aber einmal erwachsen, lebten sie nicht mehr lange, und sie hatten wegen ihrer eigenen Torheit viel Übles zu ertragen, weil sie nicht imstande waren, ihre gewalttätigen Hände zurückzuhalten. Sie wollten auch weder den Unsterblichen dienen noch – wie es bei den Menschen Gesetz und Brauch ist – auf den Altären der seligen Götter opfern. Zeus, der Sohn des Kronos, verbannte sie in seinem Zorne unter die Erde, weil sie den seligen Bewohnern des Olympos nicht die Ehre gaben, die sie ihnen pflichtgemäß schuldeten. Und nachdem die Erde die Menschen des Silbernen Zeitalters in sich aufgenommen hatte, wurden sie von den Sterblichen die unterirdischen Seligen genannt. Nur der zweite Platz ist der ihre, Achtung wird aber auch ihnen zuteil.

Vater Zeus erschuf dann auch das dritte Geschlecht der sprechenden Menschen, aus dem Eschenbaum ließ er es erstehen. Ihres war das *Eherne Zeitalter,* das an das Silberne bei weitem nicht mehr heranreichte. Unheimliche und grausame Menschen waren das. Sie befaßten sich nur mit dem traurigen Handwerk des Ares und mit hochmütiger Gewalttätigkeit, als Nahrung hatten sie nicht einmal etwas Brotähnliches. Ihre grausamen Seelen waren hart wie Stahl, man konnte sich ihnen nicht nähern, sie besaßen mächtige Kraft, und die unbesiegbaren Hände wuchsen ihnen aus den Schultern heraus. Sie hatten Waffen aus Kupfer, auch ihre Häuser wurden aus Kupfer erbaut, und sie arbeiteten mit kupfernen Werkzeugen. Das schwarze Eisen gab es damals noch nicht. Die Menschen des Ehernen Zeitalters vernichteten sich gegenseitig; einer starb durch die Hand des anderen; namenlos und spurlos gingen sie dahin in die dumpfe Wohnung des eisigen Hades, wohin, so erschreckend sie auch waren, der schwarze Tod sie brachte. Sie mußten das glänzende Tageslicht verlassen.

Als nun die Erde auch dieses Geschlecht in sich aufgenommen hatte, erschuf Zeus auf der viel Volk ernährenden Erdoberfläche ein viertes, ein Geschlecht von wiederum anderer Art. Es war gerechter und tüchtiger als das vorangegangene. Die göttliche Gattung der *Heroen* ist dies, die auf der Erde auch »Halbgötter« genannt werden. Furchtbarer Krieg, menschenvernichtender Kampf rottete sie aus, einen Teil von ihnen in der Heimat des Kadmos, in Theben, der Stadt mit den sieben Toren, wo sie für die Herden des Oidipus kämpften, den anderen Teil bei Troja, wohin sie der schönhaarigen *Helena* wegen mit ihren Schiffen auf dem breiten Rücken des Meeres geeilt waren. Nach ihrem Tode bestimmte Zeus ihnen ein Dasein, das in Lebensweise und Gewohnheiten von dem der Menschen abwich. Er siedelte sie an den Rändern der Erde, weit von den unsterblichen Göttern an, und Kronos wurde ihr König, nachdem ihm Zeus die Fesseln gelöst hatte. Dort wohnen sie mit sorglosen Seelen nahe den tiefen Wirbeln des Okeanos auf den Inseln der Seligen, sie, die Heroen, und das lebenspendende Feld bringt ihnen dreimal im Jahr honigsüße Frucht.

Schließlich folgt als fünftes das *Eiserne Zeitalter.* Den armseligen Menschen des Eisernen Zeitalters gönnen Arbeit und Not weder bei Tag noch bei Nacht Ruhe und Rast, die Götter teilen ihnen schwere Sorgen zu. Unter all ihre Übel mischt sich aber doch dann und wann auch etwas Gutes. Einmal wird Zeus auch dieses Geschlecht vernichten. Das Zeichen dafür wird sein, daß die Menschen mit grauen Haaren geboren werden. In diesem Endzeitalter werden sich alles Elend und alle Schlechtigkeit noch steigern. Vater und Kind, Gast und Gastgeber, Freund und Freund werden sich nicht miteinander vertragen, die Geschwister werden sich gegenseitig nicht lieben, wie es einst war. Sind die Eltern einmal alt, so achten die bösen Kinder sie nicht, sondern beschimpfen sie, ohne die Rache der Götter zu fürchten, mit unverschämten Worten. Sie entrichten den alten Eltern nicht den Dank, der ihnen dafür gebührt, daß sie sie erzogen haben. Mit eigener Hand werden sie Gerichtsbarkeit üben, und die einen werden die Städte der anderen verheeren. Wer seinen Schwur hält, wird nicht in Ehren stehen, auch der Gerechte nicht und nicht der Gute, Achtung wird vielmehr der Gewalttätige genießen. Das Recht tragen sie in ihren Fäusten, und das Ehrgefühl verschwindet, der Böse schädigt den Braven, denn er redet zu ihm in falschen Worten, und sein Schwur ist Meineid. Der Neid gibt den unglücklichen Menschen schlechten Rat und verfolgt sie dann voll Schadenfreude mit seinem bösen Auge.

Dann werden *Aidos* und *Nemesis*, die Göttinnen des schamhaften Ehrgefühls und der gerechten Rache, ihre schönen Körper in weiße Gewänder gehüllt, die Menschen verlassen und von den weiten Gefilden der Erde zum Olympos hinaufsteigen zu den unsterblichen Göttern. Nur die schrecklichen Leiden bleiben unten für den sterblichen Menschen, und er hat nichts, womit er sie abwehren könnte. Wohl dem, der vor dem Eisernen Zeitalter gestorben ist, und dem, der erst in ferner Zukunft geboren wird und das wiederkehrende Goldene Zeitalter erlebt.

Hesiod, Werke und Tage, Vers 109–201.

DIE SINTFLUT

Ein Mythos besagt, daß die ersten Menschen auf Erden dem Blut der Giganten, die sich gegen die olympischen Götter aufgelehnt hätten, entsprossen seien.

Auch diese waren wie die Giganten selbst ein gottloses und gewalttätiges Geschlecht, man merkte ihnen an, daß sie aus Blut entstanden waren. Zeus, der vom Olympos aus ihre Sünden sah und darob in furchtbaren Zorn geriet, berief eine Versammlung der Götter ein und verkündete, daß er die Menschen austilgen werde. Manche der Götter stimmten dem Beschluß zu und stachelten sogar Zeus' Zorn noch an, dennoch tat es ihnen leid, daß das gesamte menschliche Geschlecht ausgerottet werden sollte, und sie fragten besorgt: Was wird denn aus der Erde werden, wenn sie sich selbst überlassen bleibt, und wer wird Weihrauch auf unsere Altäre bringen? Soll etwa das ganze Erdenrund den verheerenden wilden Tieren anheimgegeben werden? Doch der König der Götter wehrte die Bedenken ab. Alles weitere werde seine Sorge sein, sagte er und versprach neuen Nachwuchs wunderbaren Ursprungs, welcher der ersten Menschengattung nicht mehr ähnlich sein werde.

Und er war auch schon im Begriff, seine Blitze über die Erde auszustreuen, er fürchtete jedoch, von so viel Feuer könne auch der heilige Äther in Flammen aufgehen und die gewaltige Weltachse könne verbrennen. Ihm fiel auch der Ausspruch des Geschickes ein, es werde einst die Zeit kommen, da das Meer, die Erde und der königliche Palast des Himmels Feuer fangen und in Flammen lodern und das meisterliche Weltgebäude einstürzen würden. Zeus legte also die von den Kyklopen verfertigten Waffen beiseite und wählte die entgegengesetzte Art der Strafe: Er wollte über alle Weltteile Regen niedergehen lassen und die Sterblichen in den Wogen des Wassers ertränken. In der Höhle des Königs der Winde, *Aiolos*, sperrte er den Nordwind ein und mit ihm auch alle die Winde, welche die bereits gesammelten Wolken hätten zerstreuen können; *Notos* aber, den regenbringenden Südwind, ließ er frei. Mit feuchten Flügeln flog Notos hinaus, das unheilverheißende Antlitz in pechschwarze Finsternis gehüllt, den Bart schwer von Wolken. Von seinen weißen Haaren strömte Wasser herab, auf seiner Stirn lagen Nebel; Gefieder und Brust waren voller Tau, und als er mit seinen breiten Händen die herabhängenden Wolken auswrang, knisterte und krachte es, und der in den Wolken eingeschlossene Regen brauste vom Himmel herab. Die Botin Heras, die in bunte Farben gekleidete *Iris*, sammelte allenthalben die Gewässer und trug sie hinauf, um die Wolken damit zu nähren. Wasser bedeckte die Saat, von der sich der Landmann so viel erhofft hatte; alles war dahin und die Mühe des langen Jahres vergeblich.

Und Zeus begnügte sich nicht einmal mit seiner eigenen Macht, mit dem Himmel. Sein blaufarbener Bruder lieh ihm Hilfstruppen: Poseidon rief alle Flüsse zusammen, und als sie den königlichen Palast betraten, sprach er also zu ihnen: »Es mangelt jetzt an Zeit für eine lange, anspornende Rede; gießet all eure Kraft aus, es muß sein. Öffnet eure Speicher, tretet die Dämme nieder, und lasset eurem Strömen freien Lauf!«

So lautete der Befehl. Die Flüsse verließen den Palast ihres Königs, weiteten die Münder ihrer Quellen und wogten zügellos in die Meere. Poseidon gab mit seinem Dreizack der Erde einen Stoß, sie erbebte und machte durch ihr Zittern den Gewässern die Bahn frei. Die Ströme traten aus den Ufern und liefen über die Wiesen und Felder, sie rissen alles mit sich fort, mit den Saaten zusammen die aus der Erde gerissenen Bäume, das Vieh und die Menschen, die Dächer von den Häusern, die Heiligtümer samt ihren Altären. Blieb irgendwo ein Haus stehen, das dieser Verwüstung standhielt, ohne einzustürzen, so wurde es von den hochsteigenden Wogen dennoch bedeckt, und sogar die Türme verschwanden unter der Flut. Zwischen Meer und Erde war kein Unterschied mehr, alles war ein einziger Wasserspiegel, und dieser Spiegel hatte keine Ufer.

Die Menschen flüchteten, einer suchte einen Hügel, der andere setzte sich ins Boot und stemmte sich gegen die Ruder an der Stelle, wo er kurz zuvor noch gepflügt hatte. Über der Saat oder über dem Giebel seines hinweggeschwemmten Hauses fuhr dieser im Kahn, jener fing im Wipfel der Ulme Fische. Auf grünenden Wiesen wurden Anker ausgeworfen, und es kam vor, daß ein Schiffsrumpf am Weinberg strandete. Wo soeben noch anmutige Zicklein das Gras gerupft hatten, warfen sich nun plumpe Robben hin und her. Nereus' Töchter betrachteten verwundert die Haine, die Städte, die Häuser unter dem Wasser. Die Wälder waren übervoll von Delphinen, die sich an den hohen Ästen stießen, so daß die Eichen unter ihnen wankten. Der Wolf schwamm zwischen den Schafen, die Flut trug die gelben Löwen und trug die Tiger dahin, und nichts nützte dem wilden Eber seine Blitzeskraft noch dem Hirsch die Schnelligkeit seiner Beine. Lange suchte der schweifende Vogel ein Stückchen trockenes Land, wo er rasten könnte, dann fiel er mit ermatteten Flügeln ins Meer.

Das ungebändigte Meer hatte auch schon die Hügel bedeckt, und neue Wogen brandeten an die Gipfel. Die Menschen wurden zum größten Teil von der Strömung mitgerissen, die aber von der Flut verschont blieben, kamen, da die Nahrung zur Neige ging, durch das lange Hungern ums Leben.

Ovid, Metamorphosen I, Vers 156–312.

DEUKALION UND PYRRHA

Zwischen Böotien und der Oitagegend liegt Phokis, ein fruchtbares Land, solange es Land war; doch in jenen Zeiten ist es nur ein Teil des Meeres und der breiten Fläche der plötzlich entstandenen Wasser gewesen. Ein steiler Berg ragt dort mit seinen zwei Gipfeln hinauf bis zu den Sternen. Der Berg heißt *Parnassos*, und seine Spitzen erheben sich bis über die Wolken.

Oben, auf diesen Berg retteten sich *Deukalion*, der Sohn des Prometheus, und seine Gemahlin, *Pyrrha*, die Tochter des Epimetheus. Alles sonstige Land war schon vom Meer bedeckt. Sie wandten sich mit ihren Gebeten an die Nymphen der Korykion-Höhle und an die Götter des Berges sowie an *Themis*, die damals dort ihr Orakel hatte, wo sie die Worte des Geschickes verkündete. Es gab keinen besseren und gerechteren Mann als Deukalion und keine gottesfürchtigere Frau als seine Gemahlin. Da nun Zeus sah, daß Schlamm und Sümpfe bereits das ganze Erdenrund bedeckten, und da er gewahrte, daß von so vielen Männern nur ein einziger Mann und von so vielen Frauen nur eine einzige Frau am Leben geblieben und daß sie beide frei von Sünde und gottesfürchtig waren, zerstreute er die Wolken, hieß den Nordwind den Regen davontragen und zeigte dem Himmel die Erde und der Erde den klaren Himmel.

Auch die Wut des Meeres legte sich, der Herr des Meeres tat seine dreizackige Waffe fort und glättete die Gewässer. Er rief den über der Tiefe lungernden blauen *Triton* mit den an den Schultern festgewachsenen Purpurschnecken herbei und befahl ihm, in seine Muscheltrompete zu blasen und die Meereswogen und die aus den Betten getretenen Flüsse wieder zurückzurufen. Triton nahm seine bauchige, gebogene, nach oben ausladende Trompete, die, sobald sie die Luft in sich aufnimmt, mit ihren Tönen die Küsten in Ost und West zugleich erfüllt. So geschah es auch nun: Als des Gottes von Wasser triefender bärtiger Mund sie berührte und dem Befehl gemäß zum Rückzug blies, hörten das alle Wellen auf dem Festland und im Meere. Und sowie die Wellen es gehört hatten, versammelten sie sich auch alsbald. Die Flut sank, und allmählich kamen die Hügel zum Vorschein. Am Meer zeichnete sich wieder die Küste ab, und die Flüsse wurden von ihren früheren Betten aufgenommen. Die

Erde stieg, und es traten mehr und mehr trokkene Landstriche hervor, während das Wasser mehr und mehr abnahm. Endlich, nach langer Zeit, zeigten die Wälder ihre vom Laub entblößten Wipfel, doch zwischen ihren Zweigen hielten sie noch den zurückgebliebenen Schlamm.

Die Welt war wiederhergestellt, doch war sie öde und leer, und über den verwüsteten Feldern herrschte tiefes Schweigen. Deukalion sah das, und unter Tränen sprach er zu Pyrrha: »O meine Schwester, o meine Gemahlin, o du einzige Frau, die du auf der Erde bliebest, die du mir durch gemeinsame Abstammung und Verwandtschaft und schließlich durch die Hochzeit verbunden bist: Jetzt würden uns auch schon allein die Gefahren miteinander verbinden. Einzig wir beide sind nun das Volk dieser ganzen Erde, wohin sie nur reicht im Westen und im Osten, alle anderen wurden die Beute des Meeres. Aber in Sicherheit ist auch unser Leben noch nicht, noch immer erfüllen Wolken unsere Seele mit Schrecken. Was würdest du fühlen, wenn das Geschick dich allein verschont hätte, ohne mich? Wie würdest du, nur dir selbst überlassen, die Angst ertragen, wem würdest du klagen, und wer würde dich trösten? Oh, glaube mir, hätte auch dich das Meer verschlungen, ich würde dir folgen, meine Gemahlin, und Raub des Meeres sein wie du. Oh, wenn ich doch mit Hilfe der Kunstfertigkeit meines Vaters Prometheus die Menschheit erneuern und wie er den aus Lehm geformten Gestalten Seele eingießen könnte! Jetzt ist die Gattung der Sterblichen nur in uns beiden erhalten geblieben. So wollten es die Götter, uns ließen sie übrig als Muster und Beispiel, das von den Menschen Kunde gibt.«

So sprach Deukalion, und sie weinten beide. Dann beschlossen sie, die Gottheit des Himmels anzuflehen und um Hilfe durch heiligen Orakelspruch zu bitten. Sie beratschlagten nicht lange, sondern pilgerten gemeinsam zu den Wellen des Flusses Kephisos, die zwar noch nicht ganz klar waren, aber wenigstens schon in dem bekannten Flußbett dahinwogten. Dort schöpften die beiden Wasser und besprengten damit ihre Gewänder und ihre Häupter. Danach wanderten sie zum Tempel der heiligen Göttin. Auch dessen Giebel war noch gelb von häßlichen Algen, und auf den Altären brannten keine Feuer. Als sie die Stufen des Tempels erreicht hatten, warfen sie sich beide gesenkten Hauptes nieder und küßten zitternd die kalten Steine. Und sie beteten also: »Wenn sich durch unser gerechtes Gebet der göttliche Wille erweichen läßt und der Zorn der Götter sich abwendet, so sage uns, Themis, auf welche Weise die Zerstörung unseres Geschlechts wiedergutgemacht werden kann, und komme du, sanfteste Göttin, der untergegangenen Welt zu Hilfe!«

Das fromme Gebet rührte die Göttin, und sie tat kund: »Entfernet euch aus dem Tempel und bedecket euer Haupt; löset eure gegürteten Gewänder und werfet die Knochen der großen Mutter, die euch geboren, hinter euren Rücken.«

Sie verharrten lange in Schweigen, dann brach Pyrrha die Stille der Bestürzung, sie verweigerte den Gehorsam. Mit bebenden Lippen bat sie die Göttin um Verzeihung, aber sie fürchtete sich, den Schatten ihrer Mutter dadurch zu verletzen, daß sie deren Knochen verstreute. Danach wiederholten sie beide mehrmals im stillen die Worte der Weissagung, die dunkel waren und einen versteckten Sinn enthielten, schließlich streichelte Prometheus' Sohn die Tochter des Epimetheus.

»Entweder ist all unsere Klugheit trügerisch«, sagte er, »oder aber die Worte der Weissagung sind gnadenvoll und raten uns zu keiner Sünde. Die große Mutter, die uns geboren, ist die Erde, und im Körper der Erde sind die Steine die Knochen. Diese hinter unseren Rücken zu werfen, befiehlt uns die Weissagung.«

Pyrrha war über die Worte ihres Gemahls erfreut, aber sie fürchteten beide, die Hoffnung sei trügerisch, so wenig trauten sie dem Wink des Himmels. Doch was konnte es schaden, wenn sie einen Versuch machten? Sie stiegen vom Berg hinab und bedeckten ihr Haupt, sie lösten ihre Gewänder und warfen, wie es befohlen worden war, die Steine hinter ihren Rücken. Und die Steine des Felsens verloren nach und nach an Härte, sie wurden immer weicher, und im Weichwerden begannen sie Gestalt anzunehmen. Als sie dann wuchsen und sanften Wesens wurden, waren schon menschliche Züge in ihnen zu erkennen, noch nicht ganz deutlich zwar, sondern nur so, wie an eben erst in Arbeit genommenem Marmor schon die entstehenden Statuen zu erkennen sind. Die feuchteren, lehmigeren Teile der Steine wurden zu Fleisch, zu Muskeln, aus dem Harten an ihnen, was sich nicht biegen ließ, wurden die Knochen, und die Adern im Stein blieben auch im menschlichen Körper Adern. Es währte nicht lange, und nach dem Willen der Götter war die Gattung Mensch neu entstanden. Aus den von Manneshand geworfenen Steinen wurden Männer, und aus denen, die Pyrrha geworfen hatte, ging das neue weibliche Geschlecht hervor. Deshalb sind wir eine so harte Gattung, die viel Mühsal aushält; wir zeigen dadurch, daß wir aus Steinen entstanden sind.

Ovid, Metamorphosen I, Vers 313–415.

DER OLYMPOS

Im nördlichsten Teil Griechenlands, an der Grenze zwischen Thessalien und Makedonien, erhebt sich der Olympos, Griechenlands höchster Berg. Seine bis in den Himmel ragenden Gipfel sind den größten Teil des Jahres hindurch mit Schnee bedeckt. Von den bei Homer vorkommenden Attributen drückt demnach »schneeig« eine physische Wirklichkeit aus, und wenn der Dichter den Berg »vielhalsig« nennt, bezeichnet er ebenso treffend seine ungleichmäßige Gliederung, den in viele Spitzen zerklüfteten Kamm. Ansonsten aber, als Wohnsitz der Götter, fällt der Olympos sowohl bei Homer als auch bei den späteren Dichtern nicht in den Bereich physischer Erfahrung: Da ist er kein Gebilde der Natur, sondern gehört in die mythologische Phantasie der Griechen. Der faszinierend erhabene Anblick des thessalischen Olympos, den vornehmlich diejenigen Reisenden rühmen, welche sich ihm von dem Thermäischen Meerbusen aus nähern, macht es aber auf jeden Fall verständlich, daß sich der olympische Mythos gerade an diesen Berg geknüpft hat. Es ist bezeichnend, daß zur Zeit der Türkenherrschaft in Griechenland auch die Türken diesen Berg *Semawat Ewi,* »Wohnung der Himmlischen«, nannten. Die höchsten Spitzen des Berges sind ständig von Wolken umgeben, daher erklärt sich, daß schon Homer statt »Olympos« häufig einfach »Himmel« sagt und daß für ihn die »himmlischen Götter« und die »olympischen Götter« ein und dasselbe bedeuten. Homer stellt sich auf dem Olympos ewigen Frühling vor, obwohl er an anderer Stelle seine »schneeigen« Gipfel besingt; den Widerspruch darin bemerkt er gar nicht.

Hier also, auf dem mythischen Olympos, haben die Götter ihren ewigen Wohnsitz. Kein Sturm rüttelt ihn, kein Regen benetzt ihn, und der Schnee bedeckt ihn nicht, stets wölbt sich heiter und wolkenlos der Himmel über ihm, und weißes Licht gleitet über ihn dahin. Auf dem Olympos ruft Zeus die Götter zur Beratung, und der Olympos ist der ständige Schauplatz für die sorglosen Gastmähler der Götter. Bei diesen Gastmählern spielt *Apollon* auf seiner Leier, und die Musen singen ihren Wechselgesang. *Hebe,* die Göttin der Jugend, gießt roten Nektar in die Pokale; Zeus' Mundschenk ist *Ganymedes,* der schöne Königssohn von Troja, den der Adler des Zeus geraubt und für dieses Amt zu den Unsterblichen auf den Olympos gebracht hat. Die Götter leben hier ständig ohne Sorgen. Sie sind glücklich; als Thetis, selbst eine Göttin, das Schicksal ihres sterblichen Sohnes *Achilleus* beweint, ist sie voll Scham, als sie auf den Olympos geht. Die Götter sind unsterblich, sie sind ewig jung und besitzen alle menschlichen Eigenschaften im höchsten Grade der Vollkommenheit. Sie sind größer und schöner als die Menschen, und obwohl sie ähnlich wie die Menschen essen und trinken, nähren sie sich nicht von Brot und Wein, sondern trinken *Nektar* und essen die »unsterbliche« Speise *Ambrosia,* die von Tauben auf den Olympos gebracht wird. Sie haben auch anderes Blut als die Menschen; in ihren Adern fließt *ichor.* Die Sprache der Götter ist vollkommener, ausdrucksreicher als die der Menschen. Statt einzelner Benennungen, deren etymologischen Sinn schon die Griechen nicht mehr kannten, gebrauchen die Götter durchsichtige Wörter, die das Wesen der Sache bezeichnen. Den Fluß *Skamandros* bei Troja beispielsweise nannten sie *Xanthos*, »der Blonde«, und es gibt einen Nachtvogel von dunkler Farbe, den die Menschen *kymindis*, die Götter jedoch *chalkis*, das heißt »Kupfervogel«, nennen.

Die dunkleren Gottheiten der Erde und der Unterwelt bleiben dem Olympos fern. Der Olympos ist die Heimat der ewigen Heiterkeit, dort ist für nichts Raum, was die glückliche Harmonie stören könnte. *Ate*, die Göttin der verderblichen Verblendung, wurde von Zeus vom Olympos zu den Menschen hinuntergeschleudert. Als die Söhne des Kronos die Herrschaft untereinander aufteilten, erhielt Poseidon das Meer, Hades die Unterwelt und Zeus den Himmel, aber der Olympos blieb allen gemeinsam. Dennoch herrscht Zeus, der Herr des Himmels, auch auf dem Olympos. Poseidon steigt aus seinem goldenen Höhlenpalast, der tief unten im Meer liegt, gelegentlich zu den Göttern auf den Olympos hinauf, Hades jedoch bleibt ständig in seiner finsteren Unterwelt, und nur ausnahmsweise ist davon die Rede, daß er, von Herakles' Pfeil getroffen, hinaufgeht und *Paieon*, den Arzt des Olympos, aufsucht. Die systematisierende Theologie hat die Zahl der Hauptgötter auf zwölf festgelegt, man versteht darunter im allgemeinen die olympischen Götter, und zumeist wird die Reihe so bestimmt: *Zeus* und *Hera*, *Poseidon* und *Demeter*, *Apollon* und *Artemis*, *Hephaistos* und *Athene*, *Ares* und *Aphrodite*, *Hermes* und *Hestia*. Die Herrschaft der zwölf olympischen Götter wird am eindringlichsten durch dreimal drei Göttinnen versinnbildlicht. Die drei *Horen* hüten die Ordnung in der Natur und in der Moral; sie sind die Göttinnen der wechselnden Jahreszeiten, doch ihre persönlichen Namen lauten: *Eunomia*, »Ordnung des Gesetzes«, *Eirene*, »Friede«, *Dike*, »Gerechtigkeit«. Diese drei Göttinnen sichern also die Weltordnung auch in sittlicher Hinsicht. Die drei *Moiren* spinnen den Schicksalsfaden. Wird einem Menschen ein langes Leben, dem anderen ein kurzes zuteil, hat der eine Glück, der andere Unglück, so sind das für den menschlichen Verstand nur einzelne unmotivierbare »Zufälle«, die Existenz der Moiren aber drückt aus, daß sich an jedem Menschen das ihm bestimmte Schicksal erfüllen muß. Die erste Schicksalsgöttin, die den Faden »spinnt«, heißt *Klotho*, die zweite, die jedem seinen Teil zukommen läßt, *Lachesis*, und die dritte, die den Lebensfaden durchschneidet, heißt *Atropos*, die »Unabwendbare«. Durch diese drei kommt also auch eine bemessene Ordnung zur Geltung, aber diese Ordnung ist dem Menschen unzugänglicher, er kann sie mit dem Verstand schwerer erfassen und kontrollieren als die durch die Horen repräsentierte Ordnung. *Tyche*, der »Zufall«, die launenhafte Schicksalsgöttin, deren Wandelbarkeit dadurch ausgedrückt wird, daß sie auf einer Kugel steht, Flügel hat und am Hinterkopf kahl ist – man muß sie also beim Schopf packen, wenn sie einem entgegenkommt –, ist eine dem Mythos vom Olympos fremde, verhältnismäßig späte Vorstellung. Die dritte Dreiheit, in der sich die Herrschaft des Olympos ausdrückt, sind die drei *Chariten*: *Euphrosyne*, der »Frohsinn«, *Thaleia*, das »Blühen«, und *Aglaia*, das »Licht«. Denn der über dem irdischen Leben stehende Olympos bedeutet die Heiterkeit in der Welt und macht durch seine edle Ordnung das Leben begehrenswert. Die in der Umgebung des Olympos, in Pieria und dem Tempe-Tal wohnenden Musen, ebenfalls dreimal drei und selbst auch »olympisch«, verkünden durch die Gesänge der auserwählten Dichter die Herrschaft dieser edlen Ordnung.

Homer erwähnt von den zwölf olympischen Göttern Demeter, die Personifizierung der brotspendenden Erde, zwar mehrmals, doch teilt er ihr keinen Platz auf seinem aristokratischen Olympos zu. Eine um so bedeutendere Rolle spielt sie im bäuerlichen Weltbild Hesiods, wo das Ackerbau treibende Volk zu ihr um gute Ernte betet. Hermes ist ein olympischer Gott, doch ist er nicht *nur* olympisch. Er ist der Gott, der sich am liebsten mit den Menschen unterhält, als Bote *vermittelt* er zwischen den Göttern und den Menschen, und er ist es auch, der die Seelen der Toten in die Unterwelt führt. *Dionysos* und *Herakles*, die dem Zeus von sterblichen Müttern geboren wurden, verdienten sich den Olympos nur durch ihre irdischen Leiden und Kämpfe.

Die Generation des Zeus und seine Nachkommen machen die olympische Welt aus. Die gestaltlosen, schweren und schwerfälligen Kinder der Erde (Gaia) bilden die natürliche Opposition des ätherischen Strahlens und der edlen Harmonie der olympischen Götter. Zeus muß nicht nur Kronos und die Titanen bezwingen, Gaia läßt immer neue und neue Gegner seiner Herrschaft erstehen. Die Olympier besiegen die derben und gewaltsamen Kinder der Erde in der *gigantomachia*, dem »Kampf der Giganten«, aber sie erringen den Sieg nur dadurch, daß der sterbliche Herakles, der sich den Forderungen der olympischen Weltordnung unterwirft, auf seiten der Götter des Olympos kämpft. Als die Giganten getötet sind, bringt Gaia ihr jüngstes Kind zur Welt, *Typhon*, den hundertköpfigen, feuerspeienden Riesen: Dieser soll nun gegen die Herrschaft des Olympos rebellieren. Die Götter flüchten vor ihm nach Ägypten, schließlich aber besiegt ihn Zeus und stülpt auf ihn den Berg *Aitne* (Ätna). Darin fand man die Erklärung für die vulkanische Beschaffenheit des Berges Ätna auf Sizilien. Typhon läßt die Kinder, die ihm *Echidna*, halb Weib, halb Schlange, Tochter des Tartaros, gebar, auf der Erde zurück, unter ihnen auch den *nemeischen Löwen* und die *lernäische Hydra*. Auch diese werden von Herakles getötet, der die Herrschaft der olympischen Ordnung dadurch sichert, daß er die von Gaia abstammenden Menschen- und Tierungeheuer ausrottet. Wer sich gegen den Olympos auflehnt, muß untergehen, der sterbliche Herakles indessen, der sich um die olympische Weltordnung verdient macht, wird auf den Olympos erhoben.

Auch die beiden Söhne des *Aloeus*, den *Otos* und den *Ephialtes*, nährte die Erde, so daß sie zu Riesen wurden. Im Alter von neun Jahren waren sie schon neun Ellen breit und neun Fuß hoch und bedrohten die unsterblichen Bewohner des Olympos mit Krieg. Sie wollten über den Olympos den Ossa und oben auf den Ossa den Pelion setzen, um so in den Himmel zu gelangen. Hätten sie das Mannesalter erreicht, wäre es ihnen auch gelungen, ihren tollkühnen Plan auszuführen, sie wurden aber noch in jungen Jahren beide von Apollon getötet.

Der Gott Hephaistos, der Schmied, baute auf dem Olympos die ehernen Paläste der Götter, für Zeus ein gewaltiges *megaron*, wie es die irdischen Könige haben, mit einem goldenen Thronsessel in der Mitte, wo er mit seinen Untertanen Rat halten und schmausen konnte; für Hera ein Geheimschloß an ihrem Schlafgemach, das nur die Göttin selbst öffnen konnte. Hephaistos hat – außer seinen rauchigen und schauerlichen Werkstätten in den Vulkanen – auch auf dem Olympos eine wunderbar eingerichtete Schmiedewerkstatt, die von Gold strahlt.

Der Olympos befindet sich in unermeßlicher Höhe über der Erde. Einmal hatten Zeus und Hera einen Streit, Hephaistos mischte sich ein, und zwar auf seiten seiner Mutter. Da schleuderte Zeus ihn vom Olympos hinunter, und Hephaistos stürzte den ganzen Tag hindurch, bis er auf der Insel Lemnos auf die Erde fiel. Trotz dieser unermeßlichen Höhe sind die Götter nicht völlig von der Welt der Menschen isoliert. Sie herrschen nicht nur von der Höhe aus, sondern ihre Gegenwart ist in den Angelegenheiten der Menschen ständig fühlbar. Ein geschickter Handwerker wird von Athene oder Hephaistos, ein tüchtiger Jäger von Apollon oder Artemis ausgebildet. In sichtbarer Gestalt erscheinen die Gottheiten zwar nur auserwählten Menschen, aber auch andere erleben ihre Gegenwart; ihre Nähe wird dadurch bezeugt, daß z. B. eine schon mißlingende menschliche Handlung plötzlich gelingt, daß ein Wort oder ein Schritt sich überraschend als richtig erweist. Auch ein betroffenes Erschauern oder auch nur ein besonderer, angenehmer Duft lassen manchmal die Nähe der Gottheit erkennen. Wenn die Menschen Opfer darbringen, kommen die Götter immer unsichtbar herbei, um an dem Opfermahl teilzunehmen. Der Glaube an das Erlebnis ihrer Nähe, die *theoxenia*, »göttliche Gastfreundschaft«, hat in mehreren Mythen Ausdruck gefunden. Es gibt auserwählte, fromme Völker, bei denen die Götter häufig zu Gast sind. Zu ihnen gehören vor allem die sagenhaften Völker, die am Rande der Erde wohnen: im Westen und im Osten die *Äthioper*, im Norden die *Hyperboreer*. Ein alltägliches

Ereignis ist die Theoxenie auch für das sagenhafte Volk der *Phäaken*, ansonsten ist sie aber eine Ausnahmeerscheinung, die Segen bringt. Bei Homer sehen wir z. B. in der »Odyssee«, wie der greise *Nestor* ergriffen und von Glück erfüllt wird, als sich herausstellt, daß Pallas Athene, die in *Mentors* Gestalt den jungen Telemachos nach Pylos begleitet hat, sichtbar bei dem Gastmahl zugegen war, das der König von Pylos zu Ehren des Poseidon veranstaltet hatte.

Jeder Fremde *(xenos)* steht unter dem Schutz des *Zeus Xenios*. Man muß ihm stets mit Respekt begegnen, weil es ja möglich ist, daß sich unter dem schäbigen Gewand des Wanderers oder gar unter dem Kittel des Bettlers ein olympischer Gott verbirgt, der durch die Städte der Menschen zieht, um ihre Frömmigkeit oder Schlechtigkeit zu erkennen. Das meisterwähnte Beispiel für die Theoxenie ist die Geschichte von *Philemon* und *Baukis*.

GIGANTOMACHIA

Gaia, die Erdmutter, die den Olympiern die Herrschaft neidete und ihre Kinder, die Titanen, rächen wollte, brachte die Giganten zur Welt, Riesen mit Schlangenbeinen. Die Sterne erbleichten, und selbst Helios, der Sonnengott, hielt entsetzt seine Pferde zurück, als aus der Erde die Giganten hervorkamen, die, bevor sie noch geboren waren, ihre rechte Hand schon zum Kriege rüsteten. Ihre Mutter, Gaia, spornte sie racheschnaubend an: »Ihr werdet die himmlischen Götter besiegen! Kronos' Sohn soll sehen, ob er eine Waffe gegen mich hat! Jetzt wird sich entscheiden, ob Rheas Kinder mächtiger sind als die meinen. Jetzt! Niemand gibt der Erde die Ehre, die ihr gebührt, und Zeus ist nicht wählerisch in den Mitteln, wenn er gegen die Titanen kämpft. In Skythien schmaust der Adler von Prometheus' lebendiger Leber, im Lande der Hyperboreer hält Atlas das feurige Himmelsgewölbe auf dem Kopf, während sich das harte Eis des Nordens auf seinem grauen Haupt- und Barthaar ablagert. Und erst *Tityos*, dessen Eingeweide sich fortwährend erneuern, doch nur zu dem Zweck, daß der Aasgeier sie wieder und wieder verschlinge! Doch jetzt seid ihr da, Heer der Rächer. Löset also die Fesseln der Titanen, beschützet eure Mutter! Berge und Flüsse: hier, alle meine Glieder könnt ihr gegen Zeus verwenden. Besieget die Götter des Olympos, dann könnt ihr die Herrschaft unter euch teilen. Dein sei, *Typhoeus*, der Blitz des Himmels und das königliche Zepter; dir, *Enkelados*, diene das Meer; ein anderer reiße die Zügel der Eos an sich, und du, *Porphyrion*, sollst den Lorbeerzweig von Delphi und Kirrhas sämtliche Tempel gewinnen.«

Es war ein leichtes, die wilden Riesen zum Kampf zu bewegen. Diese Toren vermeinten ja schon, sie hätten den Sieg in der Hand. Einer legte sich einen Plan zurecht, wie er Poseidon aus den Meereswogen herauszerren werde, der andere wollte Ares niederstoßen, der dritte fühlte bereits Apollons schöne Locken in seinen ungeschlachten Händen, und alle freuten sich schon, daß Aphrodite ihnen zu Willen sein müsse. Ja sie wollten sogar die unnahbare Artemis und die jüngfräuliche Pallas Athene gewaltsam fortschleppen.

Unterdessen rief aber Iris die Götter in Zeus' Palast auf dem Olympos zusammen. Und sie kamen alle herauf, die Götter des Meeres und der Flüsse, es kam sogar das Herrscherpaar der Unterwelt, Hades und Persephone. Die Rosse des Todes scheuten auf dem ungewohnten Wege vor dem Licht, sie trabten unsicher weiter und bliesen Finsternis aus den Nüstern. Als die Götter alle versammelt waren, sprach Zeus, der Vater der Menschen und Götter, also zu ihnen: »Oh, du nie untergehende göttliche Schar, ihr, denen für ewig der Himmel gebührt und die ihr der Gewalt des Todes nicht unterworfen seid, seht ihr, was für eine Verschwörung die Erde wieder gegen unsere Welt anzettelt? Sie hat neue Söhne geboren gegen uns, doch so viele Kinder sie zur Welt gebracht hat, um soviel mehr Grabhügel wird sie auf ihrem Rücken zu schleppen haben.«

Und es erschallte die Trompete der Wolken. Den Göttern gab der Äther, den Giganten die Erde das schmetternde Zeichen zum Angriff, die Natur versank wieder in Chaos, und sie war besorgt um ihren Herrn. Die hoffärtigen Giganten hoben die Grenzen der Natur auf, die Inseln verließen ihren Platz im Meere, die Felsenriffe der Tiefe kamen an die Oberfläche, die Meeresküsten verschoben sich, die Flüsse verließen ihr altes Bett. Einer ergriff den Berg Oita, ein anderer den Ossa oder den eisbedeckten Athos als Waffe, wieder ein anderer riß den Felsen Rhodope samt den Quellen des Hebros empor, und auch das Wasser des Enipeus strömte über die Schultern der Giganten dahin. Gaia selbst sitzt auf der geebneten Fläche der Felder, es gibt keinen Hügel, keine Anhöhe mehr auf Erden, die Erdmutter hat sich selbst unter ihre Kinder aufgeteilt.

Fürchterliches Dröhnen und Poltern und wilder Kriegslärm erfüllten die Luft. Als erster lenkte Ares seine flinken Rosse gegen den Feind. Sein goldener Schild strahlte heller als Feuer, die glänzende Mähne quoll ihm unter dem Helm hervor. Sein Schwert traf den *Peloros* dort, wo bei den Schenkeln zwei Schlangenkörper aus seiner Mißgestalt herauswuchsen: Ein einziger Hieb löschte aller drei Leben aus. Dann fuhr Ares mit seinem Kampfwagen im Triumph über den zur Strecke gebrachten riesigen Körper.

Mimas stürmte vor, um den Tod seines Bruders zu rächen. Er hatte die feuerspeiende Insel Lemnos samt Hephaistos' Schmiede ergriffen und wollte sie auf Ares schleudern, doch der Gott kam ihm zuvor, die Spitze seines Speeres traf das Ungeheuer mitten in sein Gehirn. Mimas' menschlicher Körper war tot, aber der zweifache Schlangenkörper lebte noch und ging mit fürchterlichem Zischen auf den Bezwinger los.

Pallas Athene gebrauchte ihre Lanzen nicht, sie zeigte dem Giganten *Pallas* nur ihren Schild mit dem Gorgonenhaupt. Dies nur zu sehen genügte: Voll Entsetzen fühlte der Gigant seine Glieder erstarren, und ohne verwundet worden zu sein, wurde er kalt und machtlos wie Marmor. Gerade in diesem Augenblick suchte in der Nähe *Damastor* einen Felsen, um ihn auf die Götter zu schleudern, und er ergriff statt eines Felsblocks den zu Stein erstarrten Leichnam seines Bruders.

Voll Staunen sah *Echion* seines Bruders Tod, und um die Göttin, der niemand zweimal ins Angesicht schauen kann, auf die Probe zu stellen, blickte er ihr in die Augen. Für den waghalsigen Blick verdiente er den Tod, und mit dem Tode zugleich lernte er die Göttin kennen. Als nächster streckte *Palleneus* seine verblendete Hand gegen Athene aus. Die Göttin tötete seinen menschlichen Körper mit der Spitze ihrer Lanze, und zugleich erstarrte sein Schlangenteil durch Gorgos eiskalten Blick.

Porphyrion stürmte auf die Insel Delos, um dort die Achse der Welt gegen die Götter zu richten. Voll Schaudern sah dies *Nereus*, der Alte des Meeres. Mit ihrem greisen Vater sprang Thetis aus der feuchten Höhle heraus, und der Palast Poseidons blieb sich selbst überlassen. Vom Gipfel des Berges Kynthos riefen die sanften Nymphen um Hilfe, die Nymphen, die einst den Apollon mit ihren einfachen Pfeilen jagen gelehrt und der Leto das Bett bereitet hatten, als sie ihre beiden strahlenden Kinder Apollon und Artemis, den Sonnengott und die Mondgöttin, gebar. Entsetzt rief die Insel Delos selbst den Sonnengott um Hilfe an: »In meinen Schoß legte dich Leto, als du zur Welt kamst. So erhöre mich nun und hilf, denn eine grausame Hand reißt mich empor, auf daß ich wieder umherirre wie einst.«

Die Insel Delos hatte nämlich, bevor Apollon auf ihr geboren wurde, keinen ständigen Platz gehabt, sondern schwamm unstet auf dem Meere. – Apollon erschien und besiegte Porphyrion.

Claudianus, Gigantomachia.

In Pallene, anderen Quellen zufolge in Phlegrai, waren die Giganten zur Welt gekommen. Sie schleuderten Felsen und brennende Holzstämme gegen den Himmel. Porphyrion und *Alkyoneus* waren die stärksten unter ihnen, Alkyoneus war sogar unsterblich gewesen, solange er in seiner eigenen Heimat kämpfte.

Die Weissagung hatte den Göttern verheißen, sie würden siegen, wenn sie einen Sterblichen zum Verbündeten hätten. Dies erfuhr Gaia und suchte nach einem Heilbalsam, damit kein sterblicher Mensch ihre Söhne umbringen könne. Doch Zeus verbot Eos, der Morgenröte, Selene, dem Mond, und Helios, der Sonne, Gaia den Balsam zu zeigen, und er nahm ihn selber an sich, um Gaia zuvorzukommen. Er schickte Athene mit dem Auftrag, Herakles als Verbündeten zu rufen.

Herakles schoß seinen Pfeil zuerst auf Alkyoneus ab, doch konnte er ihm auf seinem Heimatboden nichts anhaben. Da schleppte er ihn auf Athenes Rat weg vom Boden Pallenes. Außerhalb dieses Gebietes verlor der Gigant seine Unsterblichkeit, und Herakles konnte ihn töten. Dem *Ephialtes* schoß ein Auge Apollon, das andere Herakles aus. Dionysos tötete *Eurytos* mit dem Thyrsos, Hekate den *Klytios* mit glühenden Steinen, *Enkelados* floh, doch Athene warf die Insel Sizilien auf ihn. Auch Pallas wurde von Athene geschunden. *Polybotes* floh vor Poseidon durch das Meer und gelangte auf die Insel Kos, dort aber brach Poseidon ein Stück von der Insel ab und schleuderte es auf Polybotes. Hermes trug beim Kampf den unsichtbar machenden Helm des Hades und tötete *Hippolytos*, Artemis tötete *Gration*, und die Moiren brachten *Agrios* und *Thoon* zur Strecke, die mit ehernen Streitkolben kämpften. Alle übrigen schlug Zeus mit Blitzen zu Boden, und Herakles schoß sie mit seinen Pfeilen nieder.

Apollodoros, Bibliotheca I 6, 1–2.

PHILEMON UND BAUKIS

Auf einem Hügel in Phrygien steht neben einer Linde ein Eichenbaum, beide sind von einer niedrigen Mauer umgeben. In der Nähe breitet sich ein Sumpf aus, einst bewohntes Gelände, auf dem sich heute nur Tauchvögel und Teichhühner tummeln.

Hier kam einmal in menschlicher Gestalt Zeus vorbei, und ihn begleitete Hermes mit dem Heroldstab, aber, um nicht erkannt zu werden, ohne Flügel an den Schuhen. Sie hatten wohl an tausend Türen angeklopft, um als müde Wanderer Obdach zu erbitten, und tausend Türen waren vor ihnen zugeschlagen worden, bevor sie ein Haus fanden, das sie aufnahm. Es war eine einfache kleine Hütte, mit Stroh und Schilf gedeckt, aber das fromme Mütterchen *Baukis* und Väterchen *Philemon* hatten in dieser Hütte gemeinsam ihre Jugendjahre verbracht, hier waren sie zusammen alt geworden, und sie erleichterten sich ihre Armut dadurch, daß sie sie zufrieden trugen und niemals reicher scheinen wollten, als sie waren. Sie allein machten das ganze Hausgesinde aus, da gab es keinen Herrn und keinen Knecht, sie geboten nur einander und befolgten nur einer des anderen Wort.

Als nun die himmlischen Götter das liebliche Häuschen erreicht hatten und über die Schwelle traten, die Köpfe neigend, um nicht am Türbalken anzustoßen, rückte Vater Philemon einen niedrigen Stuhl heran, auf dem sie die müden Glieder ruhen lassen konnten, und Baukis breitete mit ihren fleißigen Händen ein einfaches Gewebe über den Stuhl. Dann schürte sie die vortägige Glut, nährte sie mit trockenem Blattwerk und Baumrinde und hantierte mit greisenhaften Gebärden so lange daran herum, bis das Feuer aufflammte. Sie holte trockene Äste vom Dachboden, zerkleinerte sie und legte das Holz neben den kleinen Kupferkessel. Ihr Gatte holte aus dem sorgfältig bestellten Garten verschiedenes Gemüse. Baukis putzte es, während

Väterchen Philemon mit der zweizinkigen Gabel vom Deckenbalken ein geräuchertes Rippenstück herabholte, von dem lange gehüteten Leckerbissen ein Stückchen abschnitt und es in heißem Wasser weich werden ließ.

Inzwischen wechselten sie freundliche Worte mit den Gästen, die gar nicht bemerkten, wie die Zeit verging. Aus weichen Binsen und Weidenzweigen wurde ein bequemes Lager bereitet und mit Tüchern bedeckt, welche die Alten für sich selbst nur an Feiertagen auszubreiten pflegten. Freilich waren es nur verschlissene alte Stücke, aber gut genug, um über das Weidenholzlager ausgebreitet zu werden.

Die Götter ließen sich nicht bitten, sie lagerten sich am Tisch, den das Mütterchen mit zitternden Händen vor sie hingestellt hatte. Aber ein Tischbein war kürzer als die anderen und mußte mit einem untergelegten Scherben gestützt werden. Dann aber wurde das Gedeck mit blühender Minze duftend gemacht, und das Mütterchen trug einfache Oliven, herbstliche Kornelkirschen, Zichorie, Süßwurz und Quark auf, dazu auch in Asche gebackene Eier, alles in ärmlichem Tongeschirr. Bald standen auch ein Silberpokal und ein mit gelbem Wachs überzogener Krug aus Buchenholz auf dem Tisch. Nicht lange, und das zum Kochen aufgestellte Gericht war gar. Danach wurde wieder Wein eingeschenkt, und die Alten legten allerlei Obst in flache Körbchen, Nüsse, Feigen, Datteln, Pflaumen und duftende Äpfel sowie von purpurnen Reben gepflückte Trauben. In die Mitte kam Wabenhonig, und gütige Blicke, herzlich gewährte Gastfreundschaft ließen alle Armut vergessen.

Aber während der Mahlzeit füllte sich der Pokal, sobald er geleert war, von selbst wieder, und das alte Ehepaar war sehr überrascht zu sehen, daß der Wein, anstatt zu schwinden, im Kruge immer mehr wurde. Sie standen erschüttert vor dem verwunderlichen Anblick und breiteten die Hände zum Gebet aus, denn sie hatten an dem Wunder die Götter erkannt und baten bebend um Vergebung für die einfache und ärmliche Bewirtung. Sie besaßen noch eine Gans, das einzige, ängstlich gehütete Tier des Gehöftes, das wollten sie für die in ihre Behausung eingekehrten Götter schlachten. Aber das Gänschen gebrauchte gar flink seine Flügel, ihre Glieder hingegen waren vom Alter schwerfällig. Lange haschten sie vergeblich nach dem Opfer. Sie wurden ganz müde, das Gänschen entglitt immer wieder ihren Händen. Schließlich lief es auf die Götter zu, wie wenn es als Schutzsuchender bei ihnen Zuflucht zu finden hoffte. Sie nahmen den Vogel auch in ihre Obhut, verboten den Alten, ihn zu schlachten, und ließen sich also vernehmen: »Wir sind in der Tat Götter, und die ganze Gegend soll ihre verdiente Strafe erleiden. Euch aber wird der nahende Schrecken meiden, folget nur unseren Schritten, und steiget auf den Gipfel des Berges.«

Beide gehorchten. Auf Stöcke gestützt, begaben sie sich auf den langen Weg und schleppten sich den Bergeshang hinan. Sie waren noch einen Pfeilschuß weit vom Gipfel entfernt, als sie sich umwandten. Da war bereits die ganze Gegend überflutet, nur ihr Haus allein ragte aus dem Wasser heraus. Während sie sich darüber wunderten und das Schicksal ihrer Nachbarn betrauerten, verwandelte sich das alte Häuschen, das vorher für seine zwei Bewohner kaum groß genug gewesen war, in einen Tempel. Unter das Gebälk reihten sich Säulen, das Strohdach wurde zu strahlendem Gold, die Tür bekam schönen Reliefschmuck, den Fußboden deckten Marmorfliesen. Und mit sanften Worten sprach Kronos' Sohn zu ihnen: »Sagt an, fromme Alte, was euer Begehr ist.«

Philemon und Baukis blickten einander an, sie wechselten einige Worte, dann trug der Alte den Göttern ihren gemeinsamen Wunsch vor: »Erlaube uns, deine Priester zu sein und dein Heiligtum zu hüten, und da wir unser Leben in schönem Einvernehmen zugebracht haben, möge der Tod uns beide zu gleicher Stunde ereilen, damit ich niemals genötigt sei, das Grab meines Weibes zu sehen, und mein Weib mich nicht dereinst bestatten muß.«

Ihr Wunsch ging in Erfüllung. Sie dienten dem Tempel, solange sie lebten. Und als die ihnen zugemessenen Jahre verstrichen waren, geschah es, daß sie gerade beim Verrichten des Tempeldienstes vor den heiligen Stufen standen. Da sah plötzlich einer am anderen Blätter, über ihre Gesichter wuchs Laub, und sie hatten kaum mehr Zeit, voneinander letzten Abschied zu nehmen.

»Gott mit dir, mein Ehegemahl«, sagten sie gerade noch beide zugleich, als Baumrinde ihnen die Lippen schloß. Baukis wurde zu einer Linde, Philemon zu einer Eiche. Sie standen nebeneinander, und fromme Hände schmückten ihre Äste gar oft mit Kränzen. Des Weges Kommende aber sprachen: »Der Frommen Sorge tragen die Götter, und denen, die die Götter ehren, wird selbst auch Verehrung zuteil.«

Ovid, Metamorphosen VIII, Vers 620–724.

ZEUS UND HERA

Zeus ist »der Vater der Menschen und Götter«, der höchste Gott *(hypsistos)*. »König der Könige, Glücklichster unter den Glücklichen, vollkommenste Kraft unter den Vollkommenen, gesegneter Zeus« – so redet ihn bei Aischylos der Chor der Mädchen an, die an seinem Altare Schutz suchen. Von ihm leitete man auch die Macht der Könige her. Diese suchten zumeist ihren Stammbaum bis auf Zeus zurückzuführen, oder sie verkündeten, ihr Königszepter sei ein Geschenk des Zeus. Im allgemeinen glaubte man, daß er – als *Ktesios* – den Glücklichen von seinem Glück zukommen lasse und daß er Reichtum gebe und bewahre. Seine Vollkommenheit ließ menschliches Beginnen zu Vollendung gelangen, daher war er *teleios*, der »Beendende«, der »Vollkommenheit Gebende«. Er als einziges Wesen ist völlig frei *(eleutheros)*, obwohl selbst er die Ordnung der Natur und der Moral nicht ändern kann, vielmehr ist gerade seine Existenz die Garantie für die allgemeinen Bindungen. Die *Moiren*, die Schicksalsgöttinnen, hielt man ebenso für seine Töchter wie die *Horen*, die im Bereich der Natur und dem der Sitten die einander genau entsprechende Ordnung hüteten. Der Ordnung der Natur- und Sittenwelt, *Themis*, das heißt »Gesetz«, die zuweilen die Tochter Gaias, der Erde, manchmal aber auch mit ihr identisch und die Mutter der Horen ist, gebühren unbedingte Anerkennung und Hochachtung. Darüber hinaus aber ist Freiheit die des Menschen würdige Lebensform, und obgleich nach Aischylos »niemand frei ist außer Zeus«, kommt dennoch unter Zeus' Geschenken auch die Freiheit vor. Deshalb wurde dem Zeus, nachdem er den Griechen durch den Sieg bei Plataä über die Perser die Freiheit gesichert hatte, als dem »befreienden« Gott, *Zeus Eleutherios*, daselbst ein sich alle fünf Jahre wiederholendes Fest eingerichtet.

Zeus' universale Bedeutung wird auch durch seine Beziehung zum Himmelsgewölbe zum Ausdruck gebracht. Das Himmelsgewölbe ist ja dasjenige, »vor dem man nicht davonlaufen kann«, was allenthalben über uns da ist und dessen Segenspendungen ein jeder ebenso erwarten kann wie seine strafenden Blitze. In Zeus' Gottheit kommt auch die Natur des Himmelsgewölbes durch sehr deutliche Züge zum Ausdruck. Der Gott des Himmelsgewölbes ist der »Wolken sammelnde« *(nephelegeretes)*, der »laut donnernde« *(erigdupos)* und der »sich an Blitzen ergötzende« *(terpikeraunos)*. Er schickt den Regen (*hyetios*, das heißt »Regen bringend«), und vor allem ist sein Bote die buntgekleidete Iris: der Regenbogen. Erst die spätere, systematisierende Mythologie teilt Iris Hera und den Göttinnen zu, während sie für Zeus und die Götter den männlichen Boten Hermes festlegt. Schon Iris' Identität mit dem Regenbogen verweist sie in den Wirkungsbereich des Himmelskönigs, des Gebieters über Regen, Donner und Blitz. Zeus zieht auch den Regenbogen (griechisch: *iris*) über die Wolken, »den Menschen zum Zeichen«, aber Iris bedeutet nicht wie der biblische Regenbogen die Beruhigung nach dem Sturm, sondern eher das Einsetzen der Regenzeit, die den Menschen zwingt, mit der Feldarbeit aufzuhören, und die in der Herde Schaden anrichtet; oder Iris zeigt auch gerade Krieg an – ähnlich wie im Volksglauben der Neuzeit die rötlichen Wolken am Horizont. Besonders das arkadische Hirtenvolk verehrte Zeus unter Zeremonien, die seine meteorologische Bedeutung hervorhoben. Wenn Arkadiens berühmte Weiden von Dürre heimgesucht wurden, schlug der Priester auf dem Berge Lykaion mit einem Eichenzweig auf Zeus' heilige Quelle, *Hagno* (die »reine«) – die heilige Eiche stand neben der heiligen Quelle –, auf daß Nebel aus ihr emporsteige und der Gott aus dem Nebel Wolken sammle.

Später erhalten Zeus' meteorologische Züge auch eine sittliche Bedeutung. Als Herrscher über die Kräfte des Himmels ist er zugleich auch der höchste Hüter der Gerechtigkeit. Er läßt vernichtende Unwetter auf diejenigen Menschen herabbrausen, die Themis nicht achten, die Gesetze verdrehen und Dike, die »Gerechtigkeit«, verbannen. Dann ergießt sich die Flut von den Bergen herab, die Ströme treten über die Ufer und zerstören das Werk der Menschenhand. Alles, was die universale Weltordnung betrifft, gehört in Zeus' Wirkungskreis. So sind auch die Jahre die »Jahre des Zeus« und die Jahreszeiten die »Horen des Zeus«. Die Griechen nannten die Welt bezeichnenderweise *kosmos*, das heißt »Ordnung«, und die Weltordnung fordert auch in menschlichen Belangen Ordnung. Ungerechtigkeit erschüttert die Welt in ihren Grundfesten; auch darin kommt wieder Zeus' Gerechtigkeit fordernde Macht zur Geltung. Von *Pelops'* beiden Söhnen *Atreus* und *Thyestes* wurde dem Atreus durch den Besitz eines Lammes mit Goldenem Vlies die Herrschaft gesichert. Aber Thyestes verführte die Gemahlin des Atreus, die *Aerope*, und diese spielte ihm das Lamm in die Hand, wodurch er zur Herrschaft gelangte. Zeus machte durch ein wunderbares Himmelszeichen die Menschen darauf aufmerksam, daß die Gerechtigkeit verdreht worden sei: Er wendete den Lauf der Sonne und der Sterne rückwärts. So gelangte die Königsmacht zurück an Atreus, den Vater des *Agamemnon* und des *Menelaos*.

Wie das überall gegenwärtige Himmelsgewölbe, sieht auch die überall hineinleuchtende Sonne alles. Beide werden daher *panoptas*, »allsehend«, genannt. Aischylos nennt so das Himmelsgewölbe, andere wiederum geben Helios dieses Attribut. Zeus mißt nach allen Seiten mit gleichem Maß, er ist der Gott, der, wenn zwei Helden einander gegenüberstehen, beide gleichermaßen zu schätzen vermag. Seine wahre Beschaffenheit tritt am klarsten hervor, wenn er in strahlender Herrlichkeit auf dem Gargaron-Gipfel des Idaberges sitzt und mit der gleichen Ruhe auf die Stadt Troja und auf die griechischen Schiffe hinabschaut. Die anderen Götter nehmen teils für die Griechen, teils für die Troer Partei, doch Zeus ergreift seine goldene Waage, um das Schicksal der beiden einander gegenüberstehenden Völker zu wägen. Ares, der im allgemeinen auf der Seite der Troer steht, hilft, wie wir hie und da hören, gelegentlich auch den Griechen, doch ist dies die Launenhaftigkeit des unberechenbaren »Kriegsglücks« und keine Unparteilichkeit: Wer sich in einen Krieg einläßt, geht immer ein Wagnis ein. Wenn hingegen Zeus eine Zeitlang scheinbar den Troern den Sieg zuteilt, so tut er das auf Thetis' Bitten hin und nicht ganz ohne »Gewissensbisse«. Es ist bezeichnend, daß ihm als dem einzigen Gott von den anderen Göttern deswegen Vorwürfe gemacht werden können. Er hat ja gerade die Aufgabe, darauf zu achten, daß die Moira sich durchsetze, daß *Ananke*, das »notwendige Schicksal«, sich erfülle. Er besitzt als *Zeus Idaios* auch auf dem Idaberg ein Heiligtum, und Homer weiß auch, warum sich dieses Heiligtum gerade dort befindet: weil man vom Idaberg aus *ganz* Troja sehen kann. Zeus' Weltherrschaft sieht in allem das Ganze, sie bewacht über die Teilinteressen hinaus die ganze Welt, über die Gegensätze zwischen den menschlichen Interessen hinaus die ewige Ordnung.

Es ist sein Wesen, das Ganze zu sehen und mit gleichem Maß zu messen; aus diesem Wesen folgt, daß er, als *Zeus Horkios*, höchster Hüter und Bürge des Eides und des Vertrages ist. Er schützt nicht nur den *horkos*, den unter Eid abgeschlossenen »Vertrag«, der für beide Teile Recht und Pflicht festlegt, sondern auch den *herkos*, die »Hecke«, die vom Weltganzen je einen Hausplatz für je eine Familie abgrenzt. Beide also, Herkos und Horkos, grenzen ab, der Herkos Gebiet und der Horkos Recht und Wirkungskreis. Der gemeinsame Wortstamm zeigt, daß die Hellenen die Wesensgemeinschaft dieser beiden Faktoren des menschlichen Lebens gefühlt haben. *Zeus Herkeios* hat innerhalb der um das Haus gepflanzten Hecke einen Altar. Zeus schützt aber auch den Heimatlosen, den Landesflüchtigen, den schutzbedürftigen Fremdling und den darbenden Bettler. Als *Xenios* schützt er den Fremdling (*xenos* heißt »fremd, Gast«), aber er straft ihn auch, wenn er das Gastrecht mißbraucht. Unter Zeus' besonderer Obhut steht der Schutzsuchende, der *hiketes*, der gewöhnlich am Altar einer Stadt oder eines Hauses Zuflucht sucht. Den Hiketes, den schutzsuchenden Verfolgten, begleitet *Zeus Hiketesios*. Wenn man in der homerischen Welt einen Hiketes erblickte, wurde sogleich dem Zeus geopfert, denn man war davon durchdrungen, daß jenem Zeus selbst auf dem Fuße folgte, man spürte des Gottes Gegenwart. Einen Schutzsuchenden abzuweisen oder gar zu beleidigen galt für die schwerste Sünde, die stets Zeus' Zorn nach sich zog.

Von Zeus kommt auch der Bettler, und jede Spende, selbst die kleinste, ist der Gottheit lieb. Diese Seite der Zeusverehrung zeigt, daß die universale himmlische Macht auch in menschlichen Belangen zur Geltung kommt und bis zu einem gewissen Grade das »Völkerrecht« ersetzt. Unter Zeus' Schutz steht auch der Abgesandte, der Bote. Woher er auch kommt und wohin er auch eilt, was auch immer sein Auftrag ist, stets ist er nicht nur der Bote seines Auftraggebers, sondern auch der Bote des Zeus: *Dios angelos*.

Wie ersichtlich, verkörpert die Gestalt des Zeus ernste sittliche Forderungen; ihm wird auch die Bestrafung der Sünde zugeschrieben (*Zeus Timoros*, der »Strafende«). Das bedeutet aber keineswegs, daß die irdischen Güter immer Belohnung für Tugend sind und die Schicksalsschläge den Sünder treffen. Auf Zeus' Schwelle stehen zwei Gefäße, eines enthält die guten Gaben, das andere die Plagen. Zeus teilt sie im allgemeinen vermischt aus, und wem er sie so zuteilt, dem widerfährt im Leben das eine Mal Glück, das andere Mal Unglück. Aber auf die Frage der Theodizee, nämlich, wie es sich mit der göttlichen Gerechtigkeit vertrage, daß der gute Mensch nicht selten zu leiden hat und dem bösen oft Glück zuteil wird, hat der Grieche keine befriedigende Antwort gefunden. Homer begnügte sich damit, den Widerspruch zu erkennen und im Mythos darzustellen. Der olympische Zeus teilt das Glück an Gute wie an Böse aus, wie er gerade will, sagt Homer und leitet als sittliche Folgerung davon ab: Die Moira muß in Ehren gehalten werden, jeder hat sein Schicksal, die Lebenslage und die Grenzen, die ihm zugeteilt worden sind, anzuerkennen und zu achten. Auch Unglück und Mißgeschick müssen mit Geduld ertragen werden. Nur wenn jemand unausgesetzt vom Unglück verfolgt wird, erweckt das Bestürzung, doch ebenso auch, wenn jemand über das menschliche Maß hinaus Glück hat. Beide Erscheinungen sind Ausnahmen und verheißen nichts Gutes. Derjenige, dem solches widerfährt, steht außerhalb der menschlichen Verhältnisse und wird von den Menschen gemieden.

Vollkommenes Glück ist den Göttern vorbehalten – genauer betrachtet eigentlich nur dem vollkommensten Gott, dessen Wesen eben in diesem höchsten Maß der Vollkommenheit besteht. Als solcher führt Zeus das Attribut *teleios*, das aber von zweifacher Bedeutung ist: »vollkommen« und »vollkommen machend«. Seine Vollkommenheit strebt rücksichtslos danach, sich Anerkennung zu verschaffen, sein Lieblingsvogel ist der Adler, der »vollkommenste« Vogel, der königliche Raubvogel. Zeus figuriert in den Mythen auch mehrmals in Stiergestalt, und in der Pflanzenwelt ist es die Eiche, die zu ihm gehört, derjenige Baum also, dessen lateinischer Name, *robur*, bezeichnenderweise »Kraft« bedeutet. In seiner betonten Männlichkeit kommt auch das Streben nach dem königlichen Sieg zum Ausdruck. Zu der Vollkommenheit, die sich Anerkennung verschaffen will, gehört auch, daß Zeus alle Menschen, die mit ihm zu rivalisieren wagen, schwer bestraft. So *Salmoneus*, den König von Elis. Als dieser sich unterfing, mit seinem polternden Wagen und mit Fackeln den Donner und den Blitz nachzuahmen, warf Zeus ihn in den

Tartaros. Sein Zorn verschonte sogar so geringe Menschlein wie *Keyx* und *Alkyone* nicht. Diese glücklichen Ehegatten waren so stolz aufeinander, daß sie sich gegenseitig mit »Zeus« und »Hera« anredeten. Das hatten sie aber zu büßen: Zeus verwandelte die Frau in einen Eisvogel und den Mann in eine Seemöwe. Auch von der Eifersucht anderer Götter sind derartige Mythen bekannt. Zeus mußte sich seine Anerkennung durch mächtige Widersacher erkämpfen: Er hatte sich mit Kronos, seinem eigenen Vater, und den Titanen, später mit den Giganten zu messen. Die harten Züge der Zeus-Statue, die in Otricoli gefunden wurde, drücken seinen Willen zur Macht und seine zielbewußte Männlichkeit aus.

Zeus begünstigt auch das menschliche Vorwärtsstreben und führt es ans Ziel, er gibt *telos*, die »Vollendung«, die »Vollkommenheit«. Natürlich weiß er im voraus, wie alles abläuft; von ihm, dem allwissenden Zeus, hat ja sogar Apollon die Gabe des Weissagens erhalten. Doch auch Zeus selbst tut den Menschen Weissagungen kund. Der Flug seines heiligen Vogels, des Adlers, sowie der Klang des Donners können günstige oder ungünstige Vorzeichen sein, je nachdem, ob sie von links oder von rechts kommen. In Dodona erlauschten Zeus' Priester, die »auf der Erde schlafenden« *Selloi*, die ein besonders einfaches Leben führten, die Orakel aus dem Rauschen der heiligen Eichen. Die Griechen hatten schon früh von dem ägyptischen Gott Ammon gehört, der in einer Oase der Wüste weissagte. Sie identifizierten diesen Gott, der mit Widderhörnern dargestellt wurde, mit Zeus, und häufig zogen Pilger von Griechenland nach dem Heiligtum des *Zeus Ammon*, um eine Weissagung zu hören.

Daß Zeus *teleios* ist, das heißt »vollkommen«, weil er alles zu einem guten Ende führt, wird in bemerkenswerter Weise noch durch einen anderen Beinamen ausgedrückt, der aber seltener vorkommt. Er, der höchste Gott, figuriert manchmal auch als *tritos* (der »Dritte«). Es ist anzunehmen, daß dieses Attribut sehr alten Ursprungs ist, denn es kommt auch in der germanischen Mythologie vor, und zwar als *Thridhi* im Zusammenhang mit *Odin*, außerdem gibt es in der altindischen Mythologie einen Helden namens *Trita Aptya*. Das erste Glied dieses Namens bedeutet ebenfalls soviel wie Dritter. Die beiden Geschwister Aptyas heißen *Ekata* und *Dvita*, und diese Namen bedeuten: »Erster« und »Zweiter«. Ekata und Dvita werfen – ähnlich wie die Brüder des biblischen Joseph – den »Dritten« aus Neid in eine Grube, aus der er durch wunderbare Umstände befreit wird. Dies erinnert an den charakteristischen Helden des Volksmärchens, den »Jüngsten«, der gleichfalls zumeist der dritte von drei Brüdern ist, alle Abenteuer und Proben besteht und das Märchen zu einem glücklichen Ende führt. Zeus ist neben Poseidon und Hades der dritte Sohn des Kronos, und er entrinnt der Gefahr, die allen seinen Geschwistern zum Verhängnis geworden war, er befreit sogar seine Geschwister, auch seine drei Schwestern, aus Kronos' Magen. Aber Zeus ist auch insofern *tritos*, nämlich der Dritte, als nach Uranos und Kronos er im dritten Göttergeschlecht die Herrschaft innehat. Dem Attribut, das durch eine mythologische Handlung motivierbar ist, wird insofern sittlicher Gehalt beigemessen, als es Zeus' Beziehung zur Gerechtigkeit ausdrückt. Dasselbe macht der Mythos dadurch sinnfällig, daß er *Dike* als Zeus' Tochter hinstellt. Denn der Richter ist es und der Zeuge, der als unparteiischer Dritter auf der Seite der Gerechtigkeit steht. Daher hängt das lateinische Wort *testis*, »Zeuge«, mit dem Wort *tertius*, »Dritter«, zusammen; auch in der alten russischen Sprache hat das Ordnungszahlwort *treti* gleichzeitig »Schiedsrichter«, »Zeuge« bedeutet. Des weiteren ist es *Zeus Tritos*, der als Garant der Vollkommenheit, der Vollendung, des Erfolgs stets dort noch seine Hilfe gewähren muß, wo bereits zwei Kräfte mitgewirkt haben oder zwei Faktoren schon übereinstimmen. Aischylos zufolge nützt es nur wenig, wenn jemand *Kratos* und *Dike*, also die »Kraft« und die »Gerechtigkeit«, auf seiner Seite hat – ein seltener Fall in der Klassengesellschaft –, den Sieg erringen kann er nur, wenn auch Zeus, der »Dritte«, zugegen ist. Bei Homer kommt Zeus Tritos allerdings nicht vor, höchstens insofern, als er dessen Tochter Pallas Athene die

»Tochter des Tritos«, nämlich *Tritogeneia*, nennt, doch läßt er Zeus mehrmals in seiner charakteristischen Rolle als »Dritten« auftreten. Als der Kampf zwischen den Griechen und Troern sogar die Götter in zwei Parteien geteilt hat, ist es Zeus, der nicht Stellung nimmt, sondern vom Gipfel des Idaberges aus dem Krieg zuschaut und nur darauf achtgibt, daß das Geschick sich erfülle. Und noch eins gehört hierher: Als die Griechen und die Troer unter Eid einen Waffenstillstandsvertrag geschlossen hatten, erfüllte Zeus, der über beiden Parteien stehende Dritte, den Vertrag nicht; deshalb konnte auf Trojas Seite *Pandaros* dem Vertrag zuwiderhandeln.

Auch bei Besprechungen ist die Gegenwart des *telos* gebenden Zeus nötig; als *agoraios* sichert er bei der Volksversammlung den zufriedenstellenden Beschluß, er sendet als *Zeus Metieta* die Besonnenheit unter die Menschen, und er reicht von zwei Gegnern dem einen oder dem anderen den Kriegsruhm. Deshalb saß an *Phidias'* Statue die geflügelte *Nike* auf Zeus' Handfläche, der rasch dahinfliegende, unbeständige »Sieg«. Dieses Bildwerk stand in Elis an der Stelle, wo Zeus zu Ehren alle vier Jahre die olympischen Wettspiele stattfanden. Die Statue selbst ist nicht erhalten geblieben, wohl aber mehrere Münzen, die ihr Bild zeigen, so daß wir uns eine Vorstellung von ihr machen können. Sie wird auch von mehreren alten Autoren erwähnt, und vor kurzem ist auch die Gießform gefunden worden. Phidias' Statue stellt Zeus nicht mehr als den Gewaltsamen dar, sondern sie zeigt ihn in seiner erhabenen Kraft auf einer Stufe der göttlichen Macht, die schon Milde und Ruhe einschließt und gleichsam die Sicherheit der Weltordnung selbst bedeutet. An diesem Bildwerk sind keine ungestümen Bewegungen mehr zu erkennen, hier lenkt Zeus die Geschicke der Welt mit einem einzigen Zucken der Augenbrauen. Strabon, der die Statue noch gesehen haben kann, schreibt, Phidias sei durch folgende Verse Homers inspiriert worden: »Sprach's, und mit seiner dunklen Braue winkte des Kronos Sohn, die ambrosischen Locken wallten dem Herrn der Welt von dem unsterblichen Haupt, und er erschütterte damit den großen Olymp.«

Auf der Insel Kreta wurde Zeus, der Herr der Welt, als göttliches Kind verehrt. Dem Mythos nach war er auf Kreta in der Höhle des Berges Dikte geboren worden. Da Kronos seine fünf älteren Kinder verschlungen hatte, rettete Rhea Zeus, den Jüngsten, und vertraute ihn den *Kureten* sowie zwei Nymphen des Berges Dikte an, der *Adrasteia* und der *Ida*, die ihn großzogen. Die Ziege *Amaltheia* nährte das Kind, und die Kureten, die bewaffneten Jünglinge, bewachten es in der Höhle. Sie schlugen mit den Speeren gegen ihre erzenen Schilde, dieser Waffenlärm sollte das Weinen des Knaben übertönen, damit Kronos seine Stimme nicht höre. Es gab viele märchenhafte Überlieferungen von dem Knaben Zeus, unter anderem auch von dem Spielball, den seine Amme, Adrasteia, für ihn gemacht haben soll. Es wurde auch erzählt, daß Bienen ihn ernährten. Die Biene heißt auf griechisch *melissa*, und so hatte eine der Nymphen den Namen *Melissa*; eine andere Version wiederum sagt, *Adrasteias* und *Idas* Vater sei *Melisseus* gewesen. Aus dem einen Horn der Ziege Amaltheia floß Nektar, aus dem anderen Ambrosia, und das abgebrochene Horn der Ziege wurde das *Füllhorn* (das Abzeichen *Plutos'*, des »Reichtums«, und der Schicksalsgöttin *Tyche*), aus dem Speise und Trank in Fülle flossen. Zeus' Schild, *aigis*, der ursprünglich die dunkle Gewitterwolke bedeutete (*kataigis*, das heißt »Sturm«), wurde von der Volksetymologie ebenfalls mit dieser Ziege in Zusammenhang gebracht: *Aix* (Stamm: *aig-*) heißt »Ziege«, daher wurde der *aigis* (Ägis) auch als »Ziegenlederschild« gedeutet, und man erzählte, er sei aus dem Fell der Ziege Amaltheia angefertigt worden.

Die Gemahlin des Zeus ist *Hera*, die »weißarmige« Göttin. Sie liebten einander schon seit dreihundert Jahren, als sie endlich die Ehe schließen konnten. Zeus umarmte Hera zum ersten Mal auf der Insel Euboia auf dem Gipfel des Berges Okhe. Anderen lokalen Überlieferungen zufolge geschah es auf anderen Bergen, immer aber stellte man sich die »heilige Hochzeit« auf einem Bergesgipfel vor. Zeus, der Herr des Himmels, trifft Hera, die oft mit der Erde identifiziert wurde, hoch oben auf dem Berge. Denn auf den Gipfeln der Berge treffen Erde und Himmel zusammen, wenn die goldleuchtenden Wolken die Bergspitzen umarmen. Der göttliche Boden läßt dann frischen Rasen und viele Blumen sprießen, taufeuchten Lotus, Safran und Hyazinthen. Die dichte, weiche Vegetation hebt als weiches Brautlager Zeus und Hera über die harte Erde, eine goldene Wolke senkt sich auf sie herab, und es fällt der glitzernde Tau. Die Griechen feierten das Fest der »heiligen Hochzeit« im Frühling, wenn der segensreiche Regen die Erde fruchtbar macht. Darauf deuten auch die Abzeichen der Hera hin: der Blumenkranz auf ihrem Haupte und der Kuckuck an ihrem Zepter. Der Mythos weiß davon, daß Zeus in der Gestalt eines Kuckucks zu seiner Gattin kam. Und nach dem Volksglauben der griechischen Bauern bedeutet das Rufen des Kuckucks drei Tage Regen.

Das Himmelsgewölbe ist indessen nur *eine* Erscheinungsform des Zeus als des Herrn der Welt. Die Begegnung von Himmel und Erde im Frühling ist auch nur *eine* Seite des Verhältnisses zwischen Zeus und Hera, wie die Erde, die in seliger Ruhe im Frühling den befruchtenden Regen erwartet, nur *eine* Erscheinungsform der fraulichen Göttlichkeit Heras ist. Hera ist die Gattin des Herrn der Welt, und sie ist die in jeder Hinsicht mit olympischer Vollkommenheit verwirklichte Fraulichkeit.

Außer dem Kuckuck ist noch der Pfau ihr heiliger Vogel; dadurch wird ihre prächtige weibliche Schönheit und auch ihre »sich wie ein Pfau aufplusternde« weibliche Eitelkeit ausgedrückt. In den großen braunen Augen der Kuh sah man die Ruhe und die Schwermut des mütterlichen Blickes, daher charakterisiert Heras Beiname *boopis* (»kuhäugig«) ihre weibliche Schönheit von einer anderen Seite, und zwar auch noch zu einer Zeit, als die alten *theriomorphen* Götter (die Götter in Tiergestalt) dem Volksgedächtnis längst entfallen waren und niemand mehr davon wußte, daß Zeus einst als Stier und seine Gattin als Kuh verehrt worden war. Die Mütter erwarteten in ihrer schweren Stunde die Hilfe der Hera, und man hielt *Eileithyia*, die bei der Geburt eines jeden Kindes zugegen war, für die Tochter der Hera. Sie blickt mit mütterlichem Stolz vor allem auf *Hebe*, die Göttin der Jugend. Ihr Sohn ist *Ares*, der Gott des Krieges, und ihr Sohn ist auch *Hephaistos*, der hinkende Gott und Schmied, doch dessen Häßlichkeit ist ein großer Kummer für ihre mütterliche Eitelkeit.

Hera behütet die Heiligkeit der Ehe; sie trägt daher auch die Beinamen *Gamelia* oder *Zygia* (von griech. *gamos*: »Ehe«; *zygon*: »Paar«). Eine Vermählung, von der sie sich fernhält, führt zu keinem Glück. Ein Beispiel dafür ist die tragische Geschichte von *Tereus* und *Prokne*. Als *Pandion*, König von Athen, seine Tochter Prokne dem thrakischen König Tereus zur Frau gab, waren weder Hera noch *Hymenaios*, der jugendliche Gott des Hochzeitsgesangs, noch die liebliche Charis zugegen, sondern die grausamen Rachegöttinnen, die Erinnyen: Sie hielten die Hochzeitsfakkeln, sie bereiteten das Brautbett; und auf dem Dach des Brautgemachs schrie eine Eule. Daß diese Vorzeichen Unheil verkündeten, wurde durch die Geschehnisse bestätigt: Tereus schändete Proknes jüngere Schwester, und damit sie es nicht verraten könne, riß er ihr die Zunge heraus. Das unglückliche Mädchen setzte die ältere Schwester durch Zeichen, durch Bilder, die es in Purpur webte, von seinem Mißgeschick in Kenntnis, und Prokne übte Rache: Während der Zeremonien des Dionysosfestes, bei denen den wilden Leidenschaften freier Lauf gelassen wurde, tötete sie ihren eigenen Sohn, den *Itys*, und setzte ihn dem nichtsahnenden Vater Tereus zum Mahle vor. Als dieser erfuhr, was geschehen war, stürzte er sich mit blankem Schwert auf die Schwestern. Aber alle drei Beteiligten verwandelten sich in Vögel; von den Töchtern Pandions wurde die eine zur Schwalbe, die andere zur Nachtigall, und Tereus selbst ward zum Wiedehopf. So kam es, daß die Alten im Zwitschern der Schwalben im Frühling den Trauergesang der reumütig ihr Kind beweinenden Prokne zu erkennen vermeinten.

Der Mythos zeigt auch die Ehe Heras als ständig gefährdet: Hera soll eben und gerade möglichst vielgestaltig und lebendig als Verteidigerin der Ehe vor uns stehen. Sie ist das

Musterbild der Gattinnentreue; sie selbst bittet Zeus, ihren Verführer, *Ixion,* schwer zu bestrafen. Zeus aber kennt die Treue um so weniger. Er tut sich hinter Heras Rücken mit Göttinnen und mit sterblichen Frauen zusammen. Hera kämpft dann immer energisch um ihre Rechte als Gattin; ihre Rivalinnen und die Kinder, die diese dem Zeus geboren haben, verfolgt sie grausam (z. B. den Herakles).

Auch sonst ist Zank und Streit zwischen den olympischen Ehegatten keine Seltenheit. Kleine Zusammenstöße gibt es in den besten Ehen. Daher würden Zeus und Hera die Ehe nicht auf der Stufe der olympischen Vollkommenheit zeigen, wenn der Mythos die Zwistigkeiten nicht berücksichtigte. Durch einen Wortwechsel zwischen den beiden Ehegatten wird gar manches Festmahl der Götter gestört. Es kommt vor, daß dann ein Lachen die Spannung löst: Hephaistos hat einen witzigen Einfall und tritt dazwischen. Aber manchmal ergeht es ihm auch schlecht: immer dann, wenn er für seine Mutter Partei nimmt. Es kam vor, daß Hera sich beleidigt zurückzog und ihren Gatten keines Wortes würdigte. Zeus versteht sich jedoch auf die weibliche Psyche. Hera hat sich im Kithairon-Gebirge versteckt, doch Zeus findet sie und wendet eine List an. *Alalkomeneus,* der König dieses Landes, hilft ihm: Er verfertigt aus einer schönen Eiche eine Puppe (die *Daidale* genannt wird, weil ein »Meister«, *daidalos,* sie gemacht hat) und zieht ihr ein schönes Brautkleid an. Vom benachbarten Flusse Triton kommen die Nymphen, die Hochzeitsgäste sind beisammen und ziehen mit Musik durch ganz Böotien. Da wird Hera von Eifersucht erfaßt, sie kommt vom Kithairon herunter und begibt sich, von ihren Frauen aus Plataä begleitet, zu Zeus. Und nun sieht sie, daß er ihr einen Streich gespielt hat: Es ist gar keine Braut da, sondern nur eine aufgeputzte Puppe. Hera ist versöhnt, aber noch immer eifersüchtig auf die Puppe; sie verlangt, daß die Puppe verbrannt wird. Erst nachdem das geschehen ist, willigt sie ein, daß die Bevölkerung von Plataä fürder ein Fest zu Ehren der Puppe feiere. (Es gab in dieser Stadt tatsächlich ein Fest *Daidale,* »Puppenfest«, zu dessen Zeremonie das feierliche Verbrennen von Puppen gehörte.)

EUROPE

Aphrodite, die Göttin der Liebe, sandte einst der Tochter des Königs von Tyrus, der schönen *Europe,* einen wunderbaren Traum. Zwei Weltteile stritten sich um sie, sie schwebten in Frauengestalten über ihrem Bett, die eine hieß *Asia,* die andere hatte damals noch keinen Namen.

»Auf meinem Boden ist sie geboren, ich habe sie erzogen«, sagte Asia und umarmte die Königstochter.

»Aber Zeus hat sie mir bestimmt, und ich werde nach ihr benannt werden«, sagte die Unbekannte und riß Europe mit unwiderstehlicher Kraft an sich.

Da fuhr die Königstochter aus dem Traum auf. Lange Zeit saß sie schweigend am Rande ihres Bettes und rieb sich die Augen, doch die Vision verschwand nicht; die beiden Frauengestalten hatten sich tief in ihr Herz eingeprägt.

»Welcher Gott mag diesen Traum geschickt haben?« sann sie nach. »Und wer mag die fremde Frau sein, nach der sich mein Herz nun schon sehnt? Wie liebevoll sie mich umarmt hat, und angesehen hat sie mich, als wäre ich ihre Tochter! Oh, möchten doch die glücklichen Götter meinen Traum zum Guten wenden!«

Sie stand auf, suchte ihre Gespielinnen und ging mit ihnen auf die Wiese an der Meeresküste, um Blumen zu pflücken. Eine liebte besonders die Hyazinthen, die andere Narzissen, die dritte hatte Veilchen gern, Europe indessen, die – wie Aphrodite unter den Chariten – die allerschönste unter all ihren Gespielinnen war, pflückte nur rote Rosen in ihren goldenen Korb.

Von weitem schaute ihr Zeus, Kronos' Sohn, zu. Der Pfeil der Liebe hatte sein Herz verwundet, und er wünschte sich dieses Mädchen zur Braut. Aber es war schwer, die eifersüchtige Hera zu hintergehen.

Er verbarg den Gott in sich und nahm die Gestalt eines Stieres an. Freilich nicht die eines gewöhnlichen Stieres, wie man ihn im Stall Heu fressen oder auf dem Acker den Pflug ziehen sieht. Nein, dieser Stier hatte goldenes Fell, nur an der Stirn schimmerte ein rundes schneeweißes Fleckchen. Und erst seine beiden Hörner! Sie glichen einander aufs Haar, und es sah aus, als trüge der Stier die silberne Sichel des Mondes auf dem Kopf.

Er kam auf die mit weichem Gras bewachsene Wiese, die Mädchen erschraken gar nicht vor ihm. Sie wollten ihn alle von nahe sehen, und alle wollten sie ihm das glatte Fell streicheln. Sein Körper strömte einen wunderbaren Duft aus, einen Duft, der noch angenehmer war als der Geruch der Blumenwiese.

Mit stolzen, ruhigen Schritten ging er zwischen den Mädchen einher und blieb neben der schönen Europe stehen. Er leckte ihr schmeichlerisch den schneeweißen Hals, da umarmte sie ihn und wischte ihm zart den Schaum vom Maul, ja sie küßte ihn sogar. Darauf brüllte er freundlich, dann beugte er die Knie, drehte den Kopf nach hinten und zeigte mit den klugen großen Augen Europe seinen breiten Rücken.

Die Königstochter rief ihren schöngelockten Gespielinnen zu: »Kommt her, kommt her! Wir wollen uns auf den Rücken des Stieres setzen! Wir haben da alle bequem Platz wie in einem geräumigen Schiff. Seht, wie zahm er ist, seht, was für einen klugen Blick er hat, er blickt wie ein Mensch, nur sprechen kann er nicht.«

So sprach Europe und setzte sich fröhlich dem Stier auf den Rücken. Die anderen Mädchen wollten es ihr gleichtun, doch sobald diejenige, die er gesucht hatte, auf seinem Rücken saß, sprang der Stier hoch und lief pfeilgeschwind aufs Meer zu. Die Königstochter drehte sich noch um und streckte einladend beide Arme zu ihren Gespielinnen aus. Diese konnten sie aber nicht einholen.

Der Stier lief aufs Meer zu. Er schrak vor den Wellen nicht zurück, sondern lief mitten hinein ins Wasser, als wäre er ein Delphin. Die Wogen glätteten sich, und er trabte mit trockenen Hufen über die ganze spiegelglatte Meeresfläche. Das Meervolk erkannte den Gott in dem Stier. Walfische spielten vor seinen Füßen, lustige Delphine schlugen ihm zu Ehren Purzelbäume, und auf den Rücken der Walfische tauchten auch die schönen Nereiden aus dem Wasser empor. Poseidon, der Gott des Meeres, ebnete persönlich seinem Bruder den Weg, die Tritonen scharten sich sämtlich um ihn und bliesen die Muscheltrompete. Das war der Brautgesang bei der Hochzeit der Prinzessin von Tyrus.

Europe hielt sich mit einer Hand an dem langen Horn des Stiers fest, mit der anderen raffte sie ihr purpurnes Gewand, damit es nicht vom Meer benäßt würde. In ihrem leichten Peplos fing sich der Wind und blähte ihn wie ein Segel. Die Heimat war ihren Blikken schon entschwunden, kein Fels der Küste, kein hoher Bergesgipfel war mehr zu sehen. Oben das blaue Himmelszelt, unten das uferlose Meer.

Die Königstochter sah sich ängstlich um. »Wohin bringst du mich, du wunderbarer Stier? Wer bist du, daß du dich vor dem Meer nicht fürchtest und so mutig die Wege der Robben gehst? Das Meer ist der Bereich schneller Schiffe, der Stier schreckt vor ihm zurück. Woher nimmst du hier, wenn es dich dürstet, Süßwasser, woher süßes Gras, wenn du weiden willst? Bist du vielleicht ein Gott? Denn was du tust, ist eines Gottes würdig. Du kannst dich vielleicht gar, wenn es dich gelüstet, in die blaue Luft erheben zu den leichtbeschwingten Vögeln. Aber o weh, was wird jetzt aus mir, die ich das Haus meines Vaters verlassen habe und einsam auf dem Rücken eines Stieres umherirre, ohne zu wissen, wohin und wie lange? Hilf wenigstens du, König der Meere, erderschütternder Poseidon, gib wenigstens du gnädig auf mich acht!« flehte Europe.

Da begann der schöngehörnte Stier zu sprechen: »Fürchte dich nicht, schöne Jungfrau! Wisse: Ich bin Zeus, und ich kann unter den Menschen in jeglicher Gestalt erscheinen, wie immer ich will. Ich liebe dich, deshalb mußten wir diesen weiten Meeresweg zurücklegen. Doch gleich gelangen wir nach Kreta, und die freundliche Insel, auf der ich erzogen wurde, nimmt auch dich auf. Dort werden wir Hochzeit halten, meine schöne Braut, und dereinst werden berühmte, große Könige von uns abstammen.«

So sprach Zeus, und tatsächlich tauchte auch schon die Insel Kreta auf. Dort nahm Zeus seine Gottesgestalt wieder an, und es wurde Hochzeit gefeiert. Die drei Horen haben ihnen das Brautbett bereitet.

So wurde die schöne Prinzessin von Tyrus die Gemahlin des Zeus, und wie Zeus versprochen hatte, wurden ihre Kinder berühmte, große Könige: *Minos, Sarpedon* und *Rhadamanthys.*

Moschos, II. Idylle.

PERSEUS

Akrisios, dem König von Argos, wurde prophezeit, daß ihn sein Enkel, ein Kind seiner Tochter, töten werde. Akrisios erschrak und ließ einen unterirdischen Saal (andere erzählen: einen erzenen Turm) bauen, in den er seine Tochter *Danae* einsperrte. Zeus aber verwandelte sich in Gold und fiel als Goldregen durch eine Öffnung im Dach auf Danae. So hielt Zeus mit der Tochter des Königs von Argos Hochzeit.

Als der Sohn des Zeus und der Danae, *Perseus*, geboren worden war, schloß Akrisios seine Tochter und seinen Enkelsohn in eine Kiste ein und warf sie ins Meer.

»Schlafe, mein Kind, es schlafe das Meer, und es schlafe die schreckliche Gefahr«, wiegte Danae ihr Kind in der Kiste, die auf den Wogen des Meeres trieb, und sie betete zu Vater Zeus. Die Kiste gelangte an Land, sie wurde von der Strömung nach der Insel Seriphos getrieben; dort fischte *Diktys* sie heraus, er nahm Perseus zu sich und zog ihn auf.

Diktys' Bruder *Polydektes* war der König von Seriphos. Dieser rief, als Perseus schon zum Manne herangewachsen war, seine Freunde zusammen, unter ihnen auch Perseus, und forderte sie auf, ihm Hochzeitsgeschenke zu bringen, da er mit *Hippodameia*, der Tochter des *Oinomaos*, Hochzeit halten wolle. Keck erklärte Perseus, er bringe dem König gerne alles, was er wolle, und sei es auch das Haupt der *Gorgo*. Polydektes nahm ihn beim Wort. Die anderen bat er um Rosse, doch von Perseus nahm er kein Pferd an, ihm befahl er, das Gorgonenhaupt zu bringen.

Perseus machte sich auf den Weg, Hermes und Athene begleiteten ihn. Und er kam bei den Töchtern des Phorkys an, die auch *Graien*, »alte Weiber«, genannt werden, weil sie von Geburt an alt waren. Es waren ihrer drei: *Enyo, Pephredo* und *Deino*; sie waren die Töchter des *Phorkos* und der *Keto* und die Schwestern der Gorgonen, aber sie hatten zu dritt nur ein einziges Auge und einen einzigen Zahn, diese benutzten sie abwechselnd. Perseus fand ihr Auge und ihren Zahn und nahm sie ihnen weg. Erst als sie ihm den Weg zu den Nymphen gezeigt hatten, gab er ihnen das Auge und den Zahn zurück. Zu den Nymphen wollte er, weil sie die geflügelten Sandalen, den unerschöpflichen Ranzen und den unsichtbar machenden Helm hatten. Er bekam auch von ihnen, was er suchte, hängte sich den Ranzen über die Schulter, befestigte die Sandalen an seinen Fersen und stülpte sich den Helm auf den Kopf. Nun konnte er alles sehen, was er wollte, ihn aber sah niemand.

Hermes gab ihm auch noch ein krummes Stahlmesser, ungefähr von der Form einer Sichel, und nun konnte Perseus mit den geflügelten Sandalen zum Ozean fliegen. Dort, am Rande der Erde, wohnten die *Gorgonen*, Perseus überraschte sie gerade im Schlaf. Auch ihrer waren drei: *Stheno*, *Euryale* und *Medusa*, doch nur Medusa war sterblich, deshalb hatte Perseus es gleich auf ihren Kopf abgesehen. Die Köpfe der Gorgonen waren mit Schlangenschuppen bedeckt, sie hatten Zähne, groß wie Hauer, ihre Arme waren aus Kupfer, ihre Flügel aus Gold, und wer sie anblickte, erstarrte sofort zu Stein. Deshalb drehte Perseus ihnen den Rücken zu, so sah er nur das Spiegelbild der Gorgo in seinem Messingschild, und da Pallas Athene selbst seinen Arm lenkte, konnte er Medusa den Kopf abschlagen. In dem Augenblick, als er ihr den Kopf vom Leibe trennte, sprang das geflügelte Roß *Pegasos* aus ihr heraus und mit ihm *Chrysaor*, der »Held mit dem goldenen Schwert«, der Vater *Geryons*, des Riesen mit den drei Leibern. Perseus steckte das Medusenhaupt in seinen Ranzen und machte sich auf den Rückweg. Nun erwachten die beiden anderen Gorgonen und verfolgten ihn. Perseus aber setzte den Helm auf und ward unsichtbar.

Auf dem Heimweg wurde er nach Äthiopien verschlagen, wo *Kepheus* König war. Als Perseus die Küste erreichte, wurde gerade des Königs Tochter *Andromeda* ins Meer geworfen, dem Meerungeheuer zur Beute. Das hatte sich folgendermaßen begeben: *Kassiepeia*, die Gemahlin des Königs, hatte sich erkühnt, mit den Nereiden zu wetteifern, und hatte behauptet, sie sei schöner als sie alle. Darob waren des Nereus Töchter in Zorn geraten, und mit ihnen zürnte auch Poseidon, er nahm für sie Partei. Sogleich ließ er die ganze Gegend von einer Hochflut überschwemmen und schickte auch das Meerungeheuer dorthin. Die Äthioper wandten sich an das Orakel des *Zeus Ammon* und baten um Rat. Dort wurde ihnen geweissagt, daß sie den Schicksalsschlag nur abwenden könnten, wenn sie Kassiepeias Tochter Andromeda dem Ungeheuer zum Fraß hinwürfen. König Kepheus hatte Mitleid mit seiner Tochter, aber das Volk zwang ihn, dem Orakelspruch zu gehorchen und das Land Äthiopien vor dem Untergang zu bewahren. Da kettete der König seine Tochter an einen Felsen an der Meeresküste.

Gerade als dies geschah, kam Perseus dort an, und als er die Königstochter erblickte, entbrannte er in Liebe zu ihr. Er versprach sogleich ihrem Vater, das Ungeheuer zu töten und seine Tochter zu retten, wenn er sich bereit erkläre, sie ihm zur Frau zu geben. Der König versprach es, sie bekräftigten beide ihr Versprechen durch Schwüre. Perseus tötete das Ungeheuer und befreite Andromeda, er löste auch sogleich ihre Fesseln. Dann mußte er aber noch mit *Phineus*, dem Bruder Kepheus', abrechnen, denn dieser hatte sich schon früher mit Andromeda verlobt und schmiedete nun Ränke gegen Perseus. Perseus zeigte ihm nur das Gorgonenhaupt, und Phineus erstarrte samt seinen Helfershelfern auf der Stelle zu Stein.

Als Perseus wieder zu Hause auf der Insel Seriphos ankam, fand er seine Mutter Danae und seinen Ziehvater Diktys in Bedrängnis: Sie waren während seiner Abwesenheit von König Polydektes verfolgt worden, so daß sie am Altar Zuflucht gesucht hatten. Perseus trat vor den König hin, und dieser wurde von Entsetzen gepackt, als er Perseus erblickte; er hatte mit seiner Rückkehr nicht gerechnet, sondern war der Meinung gewesen, Perseus sei umgekommen. Schnell rief Polydektes seine Freunde zu sich, aber Perseus zeigte ihnen nur das Gorgonenhaupt, worauf sie alle zu Stein erstarrten. Da machte Perseus den Diktys zum König von Seriphos. Die Sandalen, den Ranzen und den Helm übergab er Hermes und das Medusenhaupt der Athene. Hermes gab die Sachen den Nymphen zurück, Athene aber brachte das Gorgonenhaupt in der Mitte ihres Schildes an.

Perseus eilte dann mit seiner Mutter und Andromeda nach Argos, um seinen Großvater zu besuchen. Akrisios, der sich entsetzt der Wahrsagung erinnerte, verließ Argos und begab sich ins Land der Pelasger. Der König von Larissa, *Teutamides*, veranstaltete gerade ein Turnfest zum Gedächtnis seines verstorbenen Vaters. Da erschien auch Perseus, um an dem Wettkampf teilzunehmen. Und als er im Pentathlon den Diskos warf, fiel dieser zufällig gegen Akrisios' Bein, der Schlag war so wuchtig, daß Akrisios auf der Stelle starb. Dem Helden wurde nun klar, daß sich die

Wahrsagung erfüllt hatte; er ließ Akrisios außerhalb der Stadt begraben.

Nach dem Tode seines Großvaters hätte er den Thron von Argos besteigen können, doch hielt er es für Sünde, den Mann zu beerben, der durch seine Hand ums Leben gekommen war. Daher zog er nach Tiryns, wo damals schon *Megapenthes,* der Sohn von Akrisios' Bruder *Proitos,* herrschte. Perseus tauschte mit diesem, und also wurde Megapenthes König von Argos, Perseus hingegen König von Tiryns. Er war es, der Midea und Mykenä mit Mauern umgeben ließ.

Der älteste Sohn des Perseus und der Andromeda war *Perses,* von dem die Ahnen der persischen Könige abstammen. Kinder der beiden waren außerdem *Elektryon,* des Herakles Großvater mütterlicherseits; *Alkaios,* der Vater von Herakles' Ziehvater Amphitryon; ferner *Sthenelos,* der Vater des *Eurystheus.*

Apollodoros, Bibliotheca II 4, 1–5.

PALLAS ATHENE, ARES UND HEPHAISTOS

Pallas Athene ist das Lieblingskind des Zeus, sie ist auf einen Hammerschlag des Hephaistos hin in voller Rüstung aus Zeus' Kopf herausgesprungen. Hören wir, wie der Homerische Hymnus ihre Geburt und ihr Wesen schildert:

Pallas Athene will ich besingen, die heilige Göttin,
Augenleuchtend, unerbittlich, in Fülle von Weisheit,
Reine Jungfrau, Städteretterin, wehrhaft und mutig,
Tritogeneia. Er selber gebar sie, Zeus, der Berater,
Aus dem heiligen Haupt in vollem Schmucke der Waffen,
Golden und weithin leuchtend. Die Götter sahen es staunend
Alle. Doch ungestüm vor Zeus, dem Schwinger der Aigis,
Sprang die Göttin hervor aus dem unsterblichen Haupte,
Schwingend den scharfen Speer. Und die Höhn des Olympos erbebten
Fürchterlich unter der Wucht der Augenleuchtenden. Ringsum
Dröhnte die Erde entsetzlich. Es hoben sich schäumend des Meeres
Purpurne Wogen. Dann aber stockte urplötzlich das Salzmeer.
Hemmte doch Helios auch, der glänzende Sohn Hyperions,
Seine eilenden Rosse, so lange, bis sich die Jungfrau
Von den unsterblichen Schultern die heiligen Waffen genommen,
Pallas Athene. Und Freude erfüllte Zeus, den Berater.
Heil dir, Tochter Kronions, des Aigis schwingenden Gottes.
Ich aber werde deiner und andrer Gesänge gedenken.

(Übersetzung von Th. v. Scheffer)

Pallas Athene steht vornehmlich mit einer Seite der Universalität des Zeus in Zusammenhang: Zeus ist der Herr des wohlüberlegten Rates *(metieta)*. Hesiod macht *Metis*, die »Besonnenheit«, zu Athenes Mutter und bringt damit den Mythos von Athenes Geburt auf die Weise in Einklang, daß er sagt, Zeus habe Metis verschlungen, als sie das Kind schon unter dem Herzen trug; so wurde Pallas Athene *obrimopatre*, die Tochter des mächtigen Vaters, von der die Dichter behaupten können, sie sei ohne Mutter geboren. Auf jeden Fall aber ist sie die Tochter des *metieta*, und sie ist auch selbst *polymetis*: »reich an Klugheit«. Ihr Wesen ist *metis*, die Klugheit, die tausendfältig im Leben zur Geltung kommen kann. In der »Ilias« unterweist der greise Nestor seinen Sohn *Antilochos*, als dieser sich auf das Wagenrennen vorbereitet, mit den weisen Worten: »Du, mein lieber Sohn, beherzige in jeder Hinsicht *metis*, die Wohlberatenheit, damit der Kampfpreis dir nicht entgehe. Durch Rat *(metis)* ist man ein besserer Holzhauer als durch Kraft; durch Rat lenkt der Steuermann im dunklen Meer das schnelle Schiff durch die Stürme; durch Rat gewinnt ein Wagenlenker über die anderen die Oberhand.« Mit Recht hat man diese

Worte als jene angeführt, die zugleich in verschiedenen Auswirkungen der Göttin Athene das gemeinsame Wesen aufweisen.[1]

Schon der Mythos von ihrer Geburt hebt das kriegerische Gepräge ihres Wesens hervor: Furchterregend erscheint sie plötzlich in voller Rüstung unter den Göttern. Der Schild ihres Vaters, die Aigis, gebührt auch ihr, und in ihrer Hand wird er noch grauenhafter, weil sie an dem Schild das Medusenhaupt trägt, das Haupt der Gorgo, die Perseus getötet hat. Und ebenso wie Zeus hält auch sie die geflügelte *Nike*, den »Sieg«, auf der rechten Hand. Aber am klarsten charakterisiert sie als Kriegsgöttin die Unterscheidung von Ares. Wir finden dies in der »Ilias« klar ausgedrückt in der Gegenüberstellung der Griechen und der Troer. Die Troer, die von Ares angespornt werden, stürmen mit wildem Kriegslärm auf den Feind los, die Griechen hingegen, von der eulenäugigen Athene geführt, folgen ihren Feldherren still, in würdevoller Zucht.

Ares, der Sohn des Zeus und der Hera, ist ein »wilder« und »menschenvernichtender« *(brotoloigos)* Gott. Seine Begleiter sind: *Eris*, die »Zwietracht«, *Deimos*, die »Furcht«, *Phobos*, das »Grauen«, und *Enyo*. Bei ihm geht der Kampf, da es an *metis* fehlt, »blindlings«, ohne *kosmos*, »Ordnung«, vor sich; Ares respektiert kein Gesetz. »Der grausame Ares erkennt in der Hitze des Gefechts nicht einmal seinen Freund«, *Diomedes* hingegen, der Liebling Athenes, reicht *Glaukos* die Freundeshand, als er erfährt, daß ihre Väter in gastfreundschaftlichem Verhältnis gestanden haben. Bei Homer schilt selbst die Göttin Athene Ares einen »tobenden«, unbeständigen Gott, der immer Mißgeschick heraufbeschwört. Ares ist im Kampf »unersättlich«, und er nimmt bald für den einen, bald für den anderen Gegner Partei: Ares ist »das gemeinsame Schicksal« der beiden kämpfenden Gegner, »und wer tötet, den tötet er auch«. Athene hilft im Kampf, und sie steht den Menschen, die des Rates bedürfen, auch bei der friedlichen Arbeit bei. Ares ist der Krieg selbst, ein Gott, der *nur* zerstören kann. Die Erde, die immer auf friedliche Hände wartet, die sie bebauen, haßt Ares. *Otos* und *Ephialtes*, die beiden Söhne des *Aloeus*, binden ihn und halten ihn dreizehn Monate lang gefangen. Doch ihre Stiefmutter verrät sie. Da befreit Hermes insgeheim den von der Gefangenschaft schon ganz zerquälten Ares. Dieser Mythos bringt den Gegensatz zwischen Ackerbau und Krieg zum Ausdruck. Die Söhne desjenigen Sterblichen, dessen Name schon besagt, daß er der Mensch der Tenne *(aloe)* ist, vermögen es, den Krieg dreizehn Monate lang abzuwenden, um das friedliche Werk der Ackerbauer zu sichern.

Das Erscheinen des Ares ist dem Sturm vergleichbar, und er kann so laut schreien wie neun- oder zehntausend Männer in der Hitze des Gefechts. Schrecken ergreift die beiden einander gegenüberstehenden Lager. Wie anders ist Athenes *epiphania* (göttliche Erscheinung) auch auf dem Schlachtfeld! Leichtfüßig kommt sie von den Gipfeln des Olympos herab. Es ist, wie wenn Zeus Sternschnuppen schickt, um den Schiffern oder dem lagernden Kriegsvolk ein Wunderzeichen zu geben, einen leuchtenden Stern, der einen funkelnden Lichtschweif hinterläßt. So schwebt Pallas Athene nieder auf die Erde. Beide Lager fühlen, daß die Göttin plötzlich da ist, und sagen ergriffen: »Entweder beginnt nun der Kampf von neuem, oder Zeus, der Lenker der Kriege, schickt uns schon den Frieden.« Ares' Erscheinen bedeutet den Anfang des Gemetzels, das Erscheinen der Athene hingegen bedeutet nur den kritischen Augenblick, das Eingreifen des Gottes, die Wendung zu Krieg oder Frieden, die zum entscheidenden Entschluß gehörende Besonnenheit im Geiste der Feldherren. Denn Pallas Athene bringt auch in den Krieg nur ihren Segen, die *metis*. Deshalb erscheint sie vor *Achilleus*, um seine Hand zurückzuhalten, als er schon drauf und dran ist, in blinder Wut *Agamemnon* zu töten. Wo Athene erscheint – kein einziger Gott erscheint auf dem Schlachtfeld von Troja so oft wie sie, um ihren geliebten Griechen zu helfen –, siegt überall das Prinzip: Vernunft geht über Kraft. So hilft sie Diomedes und Odysseus durch das troische

[1] *Vgl. W. F. Otto, Die Götter Griechenlands. Frankfurt a. M. 1934, S. 67.*

Lager, wo diese als Späher umherschleichen. Diese beiden Helden sind ihr besonders lieb. Dem Odysseus, dem Mann der *metis*, hilft Athene, die Göttin der *metis*, durch alle Wechselfälle der »Odyssee« hindurch; und Diomedes hat von seinem Vater Tydeus die besondere Gunst der Athene geerbt. Aus dem Tydeus-Mythos geht hervor, daß Athene auch im Kampf die Menschlichkeit gegenüber der tierischen Verrohung in Schutz nimmt. *Tydeus* ist einer der sieben Anführer im Kampf gegen Theben, Melanippos hatte ihn vor den Toren verwundet. Er lag schon halbtot dort, als Athene hinzutrat und mit Zeus' Erlaubnis (Athene hat keinen eigenen, von Zeus unabhängigen Bereich, sie greift in das Geschehen der Menschen immer nur auf Zeus' Befehl oder zumindest mit seiner Erlaubnis ein) dem Tydeus ein Zaubermittel brachte, das ihn unsterblich machte. Zur gleichen Zeit aber brachte *Amphiaraos* dem sterbenden Helden den Kopf des inzwischen erschlagenen Melanippos. (Er tat dies, weil er des Tydeus Verderben wünschte, denn Tydeus hatte Amphiaraos überredet, am Kampf um Theben teilzunehmen.) Tydeus schlürfte gierig das Hirn des Gegners, der ihm die tödliche Wunde beigebracht hatte; vielleicht erhoffte er sich davon Erneuerung seiner eigenen sterbenden Kraft. Athene war von dem Kannibalismus angewidert, sie zog ihre Gunst zurück und überließ Tydeus seinem Schicksal.

Von den Attributen, die Athenes Beziehung zum Krieg hervorheben, kommen am häufigsten vor: *atrytone*, das heißt »unbesiegbar«, *ageleie*, das heißt »Beute verschaffend«, *laossoos*, was manchmal »Volk erschütternd«, manchmal »Volk errettend« bedeutet. Im allgemeinen ist Athenes Anwesenheit im Kampf beschirmend, begeisternd und ordnend; sie leitet die Menschen als anwesende *metis.* Sie ist weder dem Ares, der ausschließlich Kriegsgott und daher unbändig kampfesfroh ist, noch etwa Apollon vergleichbar, der wesentlich öfter zur eigenen Waffe greift als Athene. Die Liebe kennt sie nicht, bei Athene gibt es die Art der Weiblichkeit, die in der germanischen Mythologie und in der mittelalterlichen Ritterdichtung dem Sieger den süßen Lohn der Liebe verheißt, nicht. Dennoch ist sie auch im Kampf als Weib zugegen. Homer betont an ihrer Erscheinung die Schönheit und die Furchtbarkeit in einem, er hebt ihre unnahbare, furchterregende Schönheit hervor. Die Anwesenheit der jungfräulichen Göttin mit den Locken unter dem glänzenden Helm und dem selbst in seiner außerordentlichen Schönheit unheimlichen Blick im Kampf der Männer – dieses mythologische Bild hat vielleicht am tiefsten Schiller erfaßt. Doch stellt er mit der Kühnheit des großen Dichters das Motiv in einen anderen Zusammenhang, er wendet es auf die aus dem Volk hervorgegangene Heldin der französischen Geschichte des Mittelalters an. In der »Jungfrau von Orleans« läßt er einen Augenzeugen erzählen, wie Jeanne d'Arc im kritischen Augenblick plötzlich erscheint:

Umrungen sahn wir uns von beiden Heeren,
Nicht Hoffnung war zu siegen noch zu fliehn;
Da sank dem Tapfersten das Herz, und alles,
Verzweiflungsvoll, will schon die Waffen strecken.
Als nun die Führer miteinander noch
Rat suchten und nicht fanden – sieh, da stellte sich
Ein seltsam Wunder unsern Augen dar!
Denn aus der Tiefe des Gehölzes plötzlich
Trat eine Jungfrau, mit behelmtem Haupt
Wie eine Kriegesgöttin, schön zugleich
Und schrecklich anzusehn; um ihren Nacken
In dunkeln Ringen fiel das Haar; ein Glanz
Vom Himmel schien die Hohe zu umleuchten,
Als sie die Stimm' erhub und also sprach:

»Was zagt ihr, tapfre Franken! Auf den Feind!
Und wären sein mehr denn des Sands im Meere,
Gott und die heil'ge Jungfrau führt euch an!«
Und schnell dem Fahnenträger aus der Hand
Riß sie die Fahn', und vor dem Zuge her
Mit kühnem Anstand schritt die Mächtige.
Wir, stumm vor Staunen, selbst nicht wollend, folgen
Der hohen Fahn' und ihrer Trägerin,
Und auf den Feind gerad' an stürmen wir.
Der, hochbetroffen, steht bewegungslos,
Mit weit geöffnet starrem Blick das Wunder
Anstaunend, das sich seinen Augen zeigt –
Doch schnell, als hätten Gottes Schrecken ihn
Ergriffen, wendet er sich um
Zur Flucht, und Wehr und Waffen von sich werfend,
Entschart das ganze Heer sich im Gefilde.

Schönheit und furchterregende Erhabenheit, begeisternde Weiblichkeit und unnahbare, Zucht haltende Jungfräulichkeit fühlte der griechische Krieger, und er personifizierte, was er fühlte, in der plastischen Gestalt der Pallas Athene, deren Kraft von der *metis* geleitet wurde und die ihm huldvoll *Nike*, den »Sieg«, darbot. Er fühlte ihre Gegenwart und hielt diese Gestalt für die zum Wesen der Göttin passende, meinte aber, daß sie sich nur wenigen Auserwählten in ihrer göttlichen Gestalt zeige. Aus unerreichbarer Höhe schickt Zeus die *metis* und teilt den Sieg aus; Athene steht auf der Seite dessen und führt den bei der Hand, der ihr lieb ist und zu dem Zeus sie vom Olympos herabschweben läßt. Vielleicht spricht sie zu ihm aus den klugen, der Lage angemessenen Worten eines weisen Führers. Sie trägt manchmal den unsichtbar machenden Helm des Hades, deshalb sieht man sie nicht, sondern fühlt nur die göttliche Atmosphäre ihrer Gegenwart. Und auch der Feind fühlt sie: verwirrt ergreift er die Flucht.

Weiter oben zitierten wir aus der »Ilias« die Worte Nestors: »Durch Rat ist man ein besserer Holzhauer als durch Kraft.« Pallas Athene führt auch jedem Künstler und jedem Handwerker die Hand: als *Athene Ergane* (*ergon*, das heißt »Arbeit«). Es hat nicht viel Sinn zu fragen, in welcher Eigenschaft sie in Troja Odysseus und *Epeios* beim Bau des hölzernen Pferdes hilft; bereitet sie da als *ageleie* die Kriegslist vor, oder leitet sie als *ergane* die Zimmermannsarbeit? Sie ist als Pallas Athene, als Vertreterin der *metis*, zugegen. Sie hatte *Phereklos*, den Sohn des *Tekton* (»Baumeister«), allerlei Handwerke gelehrt, und Phereklos verfertigte für *Paris* die Schiffe, auf denen er Helena aus Griechenland entführte. Sie half *Argos* bei der Herstellung des Schiffes *Argo*. Von ihr lernen aber auch die Frauen die weiblichen Arbeiten: Spinnen, Weben und Sticken; das alles sind ihre Gaben, die man als Geschenke der Göttin ehrfürchtig erkennen muß. Sie gibt allen Handwerkern Rat, und als die Göttin der Handwerke grenzt ihr Wirkungskreis an den des Hephaistos. Aber auch hier ist ihr Wesen genau unterschieden, ebenso wie in dem Bereich, in dem sie mit Ares in Berührung kommt.

Athene ist die Tochter des Zeus, *Hephaistos* der Sohn der Hera; Athene ist die unheimliche Schönheit, Hephaistos die plumpe Häßlichkeit, über seine gutwilligen, ungeschlachten Bewegungen brechen die unsterblichen Götter in das vielerwähnte »homerische Gelächter« aus. Als er geboren wurde und seine Häßlichkeit und sein Hinken zutage traten, schämte sich seiner die eigene Mutter, so daß sie ihn vor den anderen Göttern verstecken wollte. Sie schleuderte ihn vom Olympos hinab, aber *Eurynome*, die Tochter des Okeanos, und *Thetis*, die Tochter des Nereus – die Meereswellen –, fingen ihn auf und retteten ihn. Neun Jahre lang hielt sich Hephaistos bei den Göttinnen des Meeres versteckt, er hauste in einer Grotte, die die Wogen umschäumten, und schmiedete wunderschöne Gegenstände für seine Retterinnen. Später hatte er seine Werkstatt auf dem Olympos – nach einer anderen Überlieferung in den Kratern verschiedener Vulkane –, und dort verfertigte er sich aus Gold Dienerinnen, die lebendigen Mädchen ähnlich sahen. In der Werkstatt auf dem Olympos halfen ihm diese, in den Vulkanen hatte er robustere Gehilfen: die Kyklopen. Er erbaute die Paläste der Götter, er fertigte für Zeus den Aigis-Schild an, er schmiedete auch für einige auserwählte Sterbliche die Rüstung. Zuweilen wird er mit Pallas Athene zusammen erwähnt, und sie beide hatten ein gemeinsames Fest in Athen: das »Schmiedefest« *Chalkeia*, das von den Handwerkern gefeiert wurde. Hephaistos, der lahme Schmiedegott, und Pallas Athene, die strahlende Tochter des Zeus, zeigen zwei Aspekte des Handwerks. Athene, Tochter der *Metis*, besitzt die geistige Vorbedingung der Handwerke und der Künste, die strahlende Vernunft; sie steht in scharfem Gegensatz zu Hephaistos als der stofflichen Vorbedingung der Handwerke, zum Feuer also und der Körperkraft, zu der Gewalt, die den Stoff in die Form zwingt. Das *Feuer* ist des Hephaistos persönliches Eigentum, und *Kratos*, die »Kraft«, sowie *Bie*, die »Gewalt«, sind seine Gehilfen. Es handelt sich hier nicht lediglich um den Kontrast zwischen »Weiblichkeit« und »Männlichkeit« und noch weniger darum, daß Hephaistos das harte Schmiedehandwerk innehat und den Göttern Waffen schmiedet, wohingegen Pallas Athenes eigene Schöpfungen, wie die Mythen sagen, meist das eine oder andere schöne Gewand oder prächtige Gewebe sind. Diese Gegensätze lassen zwar etwas vom Wesen des Hephaistos und der Athene erkennen, doch nur Teileigenschaften. Hephaistos ist die schwellende Kraft selbst, aber er humpelt ungeschickt um den Amboß herum. Demgegenüber braucht man nur die überlegene Bewegung der *Athene Ergane* zu betrachten, mit der sie ein im Entstehen begriffenes Bildwerk in der Hand hält, während der Künstler daran arbeitet. Athene, die Tochter des Zeus, ist die Vollkommenheit selbst, die keiner Ergänzung bedarf. Dies wird auch durch ihre strahlende Jungfräulichkeit betont. Sie selbst beschert den Handwerken die Vollkommenheit, die vollendete Form. Hephaistos' Arbeit muß noch durch Schönheit ergänzt werden, um Kunst zu sein, daher figuriert in der »Ilias« Charis, in der »Odyssee« Aphrodite als seine Gattin. *Aphrodite* betrügt den plumpen Schmied mit dem schmucken Ares, und als Hephaistos dafür Rache nimmt, zieht er selber den kürzeren, jedenfalls ist er es, der auch bei dieser Gelegenheit ausgelacht wird. *Charis* ist die *»Gratia«*, die Lieblichkeit und Liebenswürdigkeit selbst, sie ist Schenklust und Dankbarkeit, kurz alles, was die Geschenke der Götter und Menschen schön und wünschenswert macht. Sie ist auch eine treue Gattin. Doch hat sie an Hephaistos' Seite keine größere Rolle zu spielen als die einer freundlichen Frau Meisterin, die, wenn ein Besucher in die Werkstatt kommt und eine Bestellung bringt, ein paar liebenswürdige Worte mit ihm wechselt.

Als wir Athene und Ares nebeneinanderstellten, zeigten wir, daß Athene auch inmitten der Grauen des Krieges sich stets für die Menschlichkeit einsetzt. Jetzt, da wir sie mit Hephaistos verglichen, haben wir gesehen, daß es auch hier wieder Menschlichkeit ist, die sich in ihrem Wesen ausspricht, die *metis*, die dem Stoff die edle Form gibt und die Kraft zur Kunst erhebt. Hephaistos hingegen vertritt die elementare Seite seines Handwerks, nicht nur die Kraft und die Gewaltsamkeit, sondern auch das Feuer selbst, die elementare Vorbedingung jeglichen Handwerks, und zwar so vollkommen, daß zuweilen sein Name appellativ gebraucht wird – wenn auch bei weitem nicht so oft wie der Name des lateinischen Vulcanus –; *hephaistos* bedeutet dann einfach »Feuer«.

Mit Ausnahme des Hermes gibt es unter den zwölf »großen« Göttern keinen, der so stark an die menschliche Welt gebunden wäre und dem jegliche Verbindung mit den Elementen, mit der vom Menschen unabhängigen Natur so fern stünde wie der Göttin Pallas Athene. Ihr Wesen, die *metis*, bändigt sogar die Naturkräfte und stellt sie in den

Dienst der Menschen. Sie unterweist nicht nur den *Erechtheus* im Gebrauch des Pferdegespannes, sondern sie gibt auch dem *Bellerophontes* den ersten Zaum, sein Roß zu zäumen. Das Pferd ist Sohn oder Geschenk Poseidons, aber in das Joch des Dienstes für den Menschen wird es erst durch das Geschenk der Pallas Athene gebeugt, dieses bändigt seine elementare Wildheit. In Korinth wurde sie – mit dem Beinamen *Chalinitis*, »Zaumhalter« – im Zusammenhang mit Poseidon verehrt. Im Mythos von Bellerophontes spielt dies eine Rolle, doch betonen auch die Worte Nestors die Bedeutung der *metis* in der Roßbändigung.

Bellerophon oder Bellerophontes von Korinth ist der einen Überlieferung nach Sohn des Poseidon. Einer Blutschuld wegen suchte er bei *Proitos*, dem König von Tiryns, Zuflucht, doch erhob die Königin *Anteia* falsche Klage gegen ihn. Proitos schickte ihn zu seinem Schwiegervater, *Iobates*, dem König von Lykien, und zwar mit einer Tafel, auf die er in Zeichen, die Bellerophontes unbekannt waren, die Botschaft eingeritzt hatte, der Überbringer des Briefes solle umgebracht werden. Iobates bewirtete Bellerophontes zunächst neun Tage lang, dann übertrug er ihm Aufgaben, bei deren Lösung er ganz gewiß – wie Iobates meinte – umkommen würde. Er sandte ihn aus, gegen die *Chimära* zu kämpfen (das war ein Ungeheuer, teils Löwe, teils Ziege, teils Schlange), dann schickte er ihn in den Kampf gegen den Erzfeind der Lykier, das Volk der *Solymer*, danach mußte er die *Amazonen*, ein Volk kriegerischer Frauen, besiegen. Als er alle diese Proben bestanden hatte und auf dem Heimweg war, lauerten ihm die vortrefflichsten Kämpfer Lykiens auf, doch Bellerophontes tötete sie alle. Da erkannte Iobates, daß er göttlicher Abstammung war. Er behielt ihn bei sich, gab ihm seine Tochter zur Frau und sein halbes Königreich dazu. Die Götter hatten Bellerophontes beigestanden, sonst hätte er schon das Ungeheuer Chimära nicht bezwingen können. Poseidon hatte ihm den *Pegasos*, das geflügelte Roß, geschenkt, doch wäre ihm das zu nichts nütze gewesen ohne das Geschenk der Pallas Athene: den goldenen Zaum.

Die griechischen Götter hielten in den Menschen, die sie verehrten, das Wissen um die ständige Gegenwärtigkeit der Elementarkräfte wach. Die Göttlichkeit der Pallas Athene indessen drückt gerade aus, daß auch das Menschentum, das diese Urgewalten zähmt, Würde besitzt, daß auch *metis* ein Geschenk der Götter ist. Sie ist es, die im Kriege die Zucht und die Versöhnung gibt. Durch ihr Geschenk werden die beiden Manifestationen Poseidons, das Meer und das Roß, gebändigt. Sie baut auch das erste Haus. (Es gibt übrigens auch einen Mythos, nach dem der Titan Prometheus die Menschen lehrt, Häuser zu bauen. Mit Prometheus hat Pallas Athene auch andere Berührungspunkte; während aber nach dem Prometheus-Mythos die Handwerke eine Auflehnung gegen die himmlischen Mächte, die Elementarkräfte sind, lehren die Athene-Mythen, daß auch die *metis*, die die Elementarkräfte bändigt, den Menschen von Zeus gewährt wird.) Aus dem Naturzustand hat die Stadt den Menschen herausgehoben, nicht nur indem sie ihm Schutz gegen die Elemente gewährt, sondern indem sie den Menschen von allen anderen Lebewesen absondert und den Ausbau einer neuen Welt mitten in der Welt der Natur und damit die Möglichkeit eigentlichen Menschentums und der Kultur schafft. Die Verehrung der Pallas Athene ist dementsprechend ein typisch städtischer Kult. Der Homerische Hymnus verleiht ihr das Epitheton *erysiptolis*, das heißt »Städteretterin«, und in der »Ilias« beten die Frauen Trojas zu ihr um Schutz für die Stadt.

Alle Städte stehen unter ihrem Schutz, vornehmlich aber hält sie ihren schützenden Schild, die Aigis, über die Stadt, die ihren Namen trägt: Athen (Athenai). Um die Hauptstadt Attikas stritten sich zwei Götter, Poseidon und Athene. Poseidon ließ auf der Akropolis, der Stadtburg, durch Berührung mit seinem Dreizack ein »Meer«, oder besser: eine Salzwasserquelle, entspringen (die Spuren der drei Quellen sind noch heute vorhanden), Athene hingegen pflanzte einen Ölbaum. Die zwölf Götter, die mit dem Schiedsspruch betraut waren, schätzten das Geschenk der Athene höher, da es »Meer ja auch anderswo gibt«, der Ölbaum aber die Quelle von Attikas Reichtum ist. So kam es, daß die Hauptstadt Attikas nach der Göttin benannt wurde. Später festigte *Erechtheus* oder *Erichthonios* die Verehrung der Athene. Er war der Sohn der Gaia und Pallas Athenes Ziehkind. Sein Vater war Hephaistos, aber Pallas Athene sorgte für ihn. Sie legte ihn in eine Kiste und brachte ihn den drei Töchtern des »Ureinwohners« von Athen, des dem Heimatboden selbst entsprossenen *Kekrops*, den »Tau«-Mädchen. Der jüngsten von ihnen, der *Pandrosos*, das heißt »lauter Tau«, vertraute sie ihn an, verbot ihr aber, die Kiste zu öffnen. Die beiden älteren Schwestern, *Agraulos* und *Herse*, öffneten die Kiste. Entsetzt sahen sie neben dem Kind das Zeichen seines irdischen (chthonischen) Ursprungs, die sich ringelnde Schlange. Bei diesem furchtbaren Anblick wurden sie wahnsinnig und stürzten sich von der Akropolis in die Tiefe. Dort, im heiligen Hain, zog die Göttin Athene selbst Erichthonios auf, und als er herangewachsen war, wurde er König von Athen. Ihm schrieb man die Begründung des großen Festes der Athene, der *Panathenaia*, zu, und im *Erechtheion*, dem ältesten Tempel der Athene, wurde er auch als Gott verehrt. Verhältnismäßig späte Überlieferungen unterscheiden von diesem Erichthonios den Erechtheus und nehmen an, daß der letztere ein Enkel des Erichthonios war. Der Mythos bezieht auch *Daidalos*, den »Meister«, den größten Künstler – der unter anderem für das Ungeheuer *Minotauros*, den zur Hälfte stiergestaltigen Sohn *Pasiphaes*, der Gattin des Königs Minos von Kreta, das Labyrinth gebaut hat –, in den Kreis der *Athene Ergane* ein: Er macht ihn zum Urenkel des Erechtheus. Übrigens wurde auch der Minotauros von einem athenischen Helden getötet: von *Theseus*, der dies wiederum mit der Hilfe der Pallas Athene vollbrachte.

Die antike Überlieferung stellt die ganze Geschichte Athens als Kult der Pallas Athene dar und zeigt, wie sich die Vernunft der rohen Gewalt gegenüber geltend macht. Dies kommt in der Sage von *Tyrtaios* zum Ausdruck. Als sich das harte und kriegerische Sparta im Messenischen Krieg mit der Bitte um Hilfe an Athen wandte, schickte Athen anstelle von Hilfstruppen nur den lahmen Schulmeister Tyrtaios hin, und dieser führte die Spartaner durch seinen begeisternden Gesang zum Sieg.

In jeder Hinsicht zeigte sich, daß Athen wirklich die Stadt Athenes war. Nicht nur, daß überall ihr heiliger Baum, der Ölbaum, blühte, auch ihr heiliger Vogel, die Eule, war allenthalben anzutreffen. Die Athener sahen in den großen Augen dieses Vogels die Klugheit, und die Eulen waren in Athen ungefähr in dem Maße beliebt wie heutzutage in Venedig die Tauben. Deshalb hatte die Redensart »Eulen nach Athen tragen« für die Athener den gleichen Sinn, wie wenn wir sagen: »Wasser in die Donau gießen« oder »Holz in den Wald bringen«. Als Beschützerin der Stadt ist die Göttin *Athene Promachos*, die »Vorkämpfende«. Ihre kolossale Erzstatue stand auf der Akropolis; die Schiffer, die sich dem Kap Sunion näherten, konnten die strahlende Lanze und den glänzenden Helm der Statue schon aus einer Entfernung von fünf Meilen sehen. Das Standbild war eine Schöpfung des Phidias, ebenso auch das berühmte, aus Gold und Elfenbein gearbeitete *(chryselephantine)* Kultbild im Parthenon, die *Athene Parthenos*, das heißt die »Jungfräuliche«.

Außer diesen großartigen Denkmälern der griechischen »klassischen« Kunst wurde in Athen eine alte Holzstatue *(xoanon)* der Pallas Athene aufbewahrt, das *Palladion*. Die Überlieferung berichtet, sie sei vom Himmel gefallen, und daran knüpfte sich der Glaube, Athen werde so lange bestehen, wie das Palladion in der Stadt aufbewahrt werde. Ein ebensolches Palladion befand sich in Troja, und die Einnahme Trojas wurde erst möglich, als Odysseus und Diomedes die Statue gestohlen hatten.

Ein solcher Kultgegenstand, dem nicht von menschlicher Hand eine feinere Form gegeben ist, scheint auf den ersten Blick im Gegensatz zu stehen zu der Verehrung derjenigen Göttin, der das Handwerk, die Kunst, den rohen Stoff zu bearbeiten, und in erster Linie das edle menschliche Talent der Bildhauerei zugeschrieben wurde. Vom Himmel gefallene Kultgegenstände erinnern tatsächlich an die Fetischverehrung der primitiven Stämme sowie auch an den schwarzen Stein der Mohammedaner, der im Kaaba-Heiligtum zu Mekka aufbewahrt wird. Dennoch können wir in den auf das *xoanon* bezüglichen Überlieferungen bereits die Keime dessen erkennen, was Pallas Athene später bedeuten sollte – zunächst allerdings auf einer viel niedrigeren Stufe, als in der Klassik erreicht wurde. Das *xoanon* selbst gehört auch in eine Entwicklungsreihe. Es vertritt auf griechischem Boden eine höhere Stufe als der rohe Stein, in dessen Gestalt in Thespiä in Böotien *Eros* als Urgott der Liebe, als letzte Ursache allen Entstehens so lange verehrt wurde, bis das Meisterwerk des *Praxiteles* an seine Stelle trat: Aphrodites strahlender Sohn, rätselhaft lächelnd, in Marmor gehauen. Oder der kegelförmige Stein, der in Delphi, dem berühmten Orakelplatz Apollons, die Gegenwart des Gottes selbst versinnbildlichte. Das Palladion ist entwickelter als diese Steine und als eine ganze Reihe ähnlicher Kultgegenstände, zumal die vorgeschriebene Zeremonie trotz seiner oberflächlichen Formen die menschliche Gestalt an ihm wahrnehmbar machte: Die Statue wurde angezogen und mit Juwelen behängt wie eine richtige Frau. Dies erinnert an den Mythos von der ersten Frau, der von Hephaistos aus Lehm gekneteten Pandora, die von Pallas Athene selbst angekleidet und geschmückt wurde, oder daran, wie die vermenschlichten Handwerker der Mythologie die aus Holz geschnitzte Frau in einem indischen bzw. persischen Märchen schmückten. Dieses Märchen ist ebenso mit dem Pandora-Mythos verwandt (die aus Holz geschnitzte Frau bringt die Zwietracht unter die Menschen) wie mit dem griechischen Pygmalion-Mythos, diesem Loblied auf die Kunst, die durch ihren Zauber den toten Stoff lebendig macht, und es ist in mancher Hinsicht auch mit dem biblischen Mythos vom ersten Menschenpaar verwandt, z. B. darin, daß es in der Lehre von der Rückkehr alles Lebenden zum Urstoff ausklingt. Die Kunst der Pallas Athene ist also auch in der Verehrung des kunstlosen *xoanons* gegenwärtig. Gegenwärtig ist sie auch dadurch, daß die Frauen, welche für das Palladion als Ehrengeschenk ein bei gewissen Festen obligatorisches neues Gewand weben, die größte Meisterin des Spinnens und Webens, die Göttin Pallas Athene, nachzuahmen vermeinen. Wir wissen sogar von einer Überlieferung, der zufolge das *Palladion* – wörtlich: »kleine Pallas«, also das verkleinerte Abbild der Pallas Athene – ursprünglich von Pallas Athene selbst geschnitzt worden sei. Sie soll zur Versöhnung und zum Andenken an ihre Gespielin namens *Pallas,* eine Tochter *Tritons,* die sie, ohne es zu wollen, getötet hat, die Figur geschnitzt haben. Und gerade dadurch hat sie den irdischen Bildhauern ein Beispiel gegeben. Diese erste Statue, die zwar noch primitiv war und nur die Anfänge der Kunst erkennen ließ, zeugte doch auch schon von einem grundlegenden Motiv aller Kunst: von dem Wunsch, das Vergängliche und dem Tode Geweihte zu verewigen. Die Überlieferungen vom *xoanon* der Pallas Athene zeigen demnach die Göttin schon als für die Menschen vorbildliche Vertreterin des Handwerks und der Kunst.

Aus den Überlieferungen von dem Palladion in Athen kann indessen noch eine weitere Lehre gezogen werden. Man war, wie wir sahen, bestrebt, durch verschiedene Erzählungen dessen uralten Ursprung zu beweisen; das legt die Annahme nahe, daß es einst gerade als verhältnismäßig neuer Kultgegenstand derartiger Legitimierungen bedurfte. Unter diesen Erzählungen gibt es auch einige, die mit größeren oder kleineren Abweichungen den alten Ursprung des Palladions dadurch beglaubigen, daß sie es mit dem Palladion von Troja identifizieren und in allerlei Varianten berichten, wie es von Troja nach Athen gelangt sei. Und nicht nur die Verehrung des athenischen Palladions, sondern auch die Verehrung der Pallas Athene selbst gehört – obwohl der Name der Göttin schon in den kretisch-mykenischen Inschriften vorkommt – in eine verhältnismäßig junge Schicht der griechischen Religionsgeschichte. Darauf deutet auch schon das Negativum hin, daß sich in den Mythen von Pallas Athene kaum ein naturmythologischer Zug findet, der sich unabhängig von seiner gesellschaftlichen Bedeutung auslegen ließe.

Die zeitlichen Anhaltspunkte der Mythologie weisen für die Entstehung der Gestalt Pallas Athenes auf den entwickelteren Abschnitt der Gentilordnung hin, in dem das Vaterrecht bereits über das Matriarchat triumphierte.

Als wir von Zeus sprachen, erwähnten wir schon, daß Pallas Athene auch den Namen *Tritogeneia* hatte. Für den Ursprung und die Bedeutung dieses Namens wurden schon im Altertum verschiedene Erklärungen gegeben. Einige sagten, Athene, die Tochter des Zeus, habe diesen Namen bekommen, weil sie bei dem Meergott *Triton* mit dessen Tochter *Pallas* zusammen erzogen worden sei; eine andere Überlieferung wollte wissen, daß *Tritogeneia* die Tochter des *Poseidon* und der Seegöttin *Tritonis* sei. Wir dürfen aber – ganz abgesehen von den unüberbrückbaren sprachlichen Schwierigkeiten bei solchen Erklärungen – nicht vergessen, daß, sooft bei Homer und bei Hesiod der Name *Tritogeneia* vorkommt, der Dichter jedesmal das Verhältnis der Göttin zu ihrem Vater Zeus betont. Wir können also schwerlich eine andere Erklärung des Namens anerkennen als seine wörtliche Deutung: *Tritogeneia*, das heißt »Tochter des *Zeus Tritos*« oder noch genauer: »die Tochter des Dritten«. Eine dieser Tritogeneia würdige Rolle ist es z. B. bei Homer, daß sie für ihren Liebling, den Mann der Vernunft, ein Wort einlegt bei ihrem Vater, der bei den entgegengesetzten Interessen des *Odysseus* und der *Kalypso* ebenso dazu berufen ist, »Schiedsrichter« zu sein, wie er auch die Gegensätze zwischen Odysseus und Poseidon als uninteressierter »Dritter« zu schlichten hat. Die Göttin beruft sich auch auf Odysseus' Frömmigkeit, sie zählt die Opfer auf, die er beim Kampf um Troja dargebracht hat, um die Gunst der Götter zu gewinnen. Diese Berufung auf das Prinzip der Gegenseitigkeit zwischen Göttern und Menschen ist natürlich noch weit entfernt von dem Postulat der sozialen Gerechtigkeit, das Hesiod gegen die großen Herren im Hinblick auf deren Rechtsverletzungen aufstellt. Dennoch erinnert Pallas Athenes Rolle als Fürsprecherin bei ihrem Vater lebhaft an die – ebenfalls von Hesiod konzipierte – Rolle der anderen jungfräulichen Tochter des Zeus, der *Dike*: Sie geht auf den Olympos, setzt sich neben ihren Vater und erhebt mit schallender Stimme Klage wegen aller Ungerechtigkeit. In Athen war es üblich, daß bei den Trinkopfern im Familienkreis die jungfräuliche Tochter des Hauses den dritten Kelch, der *Zeus Tritos* als dem »dritten Gott« gebührte, auf das Wohl des Familienoberhauptes leerte. Dieser Brauch spielt auf das Verhältnis der Pallas Athene als Tritogeneia zu ihrem Vater an. Die für die patriarchalische Familie charakteristische Zeremonie verkündigte offenbar, als das Matriarchat überwunden war, das Prinzip der Abstammung vom Vater: Die Tochter macht eine Ehrenbezeigung vor der Autorität des Vaters als des Familienoberhauptes.

Der Mythos von Pallas Athene vertritt das Prinzip der sogenannten *patrilinearen Abstammung* in extremer Form: Sie brauchte, um geboren zu werden, nicht einmal eine Mutter. Aus Aristoteles' Definition des biologischen Verhältnisses zwischen Mann und Frau ergaben sich in der späteren Philosophie scholastische Dispute über den Vorrang der »Bewegung« (männliches Prinzip) und des »Stoffes« (weibliches Prinzip: Materie). Der Mythos von Pallas Athenes Geburt nimmt jedoch nicht im naturwissenschaftlichen, sondern in dem seinerzeit brennend aktuellen gesellschaftlichen Sinne Stellung gegen das Matriarchat, er vertritt das Patriarchat. Diese Stellungnahme wird noch deutlicher gemacht durch den ergänzenden Mythos: Die eifersüchtige Hera rivalisiert mit ihrem Gatten und will es ihm gleichtun, indem sie den Hephaistos ohne Vater zur Welt bringt. Aber während Zeus ohne Hera der strahlenden Pallas Athene das Leben gegeben hat, brachte Hera ohne Zeus nicht mehr zustande als den häßlichen, hinkenden Hephaistos, bei dessen Anblick sie selbst schauderte, höchstens noch das entsetzliche Ungeheuer Typhon, der nach einer Mythenvariante ebenfalls als ein Sohn der Hera, im allgemeinen aber als ein Sohn der Gaia betrachtet wird.

Das Hinken des Hephaistos ist jedoch ein Motiv, das auch unabhängig vom Mythos um seine Geburt eine Erklärung erfordert. Wir kennen bereits den lahmen Schmied der germanischen Mythologie: Wölundr. Ihm werden in der Gefangenschaft die Sehnen durchgeschnitten, damit er die Insel nicht verlassen kann, auf der er für den König, der ihn gefangenhält, sein Handwerk weiter ausüben muß. Schließlich aber entfernt er sich von der Insel durch die Luft, genau wie *Daidalos*, der »Tausendkünstler« der griechischen Mythologie, den König *Minos* von Kreta gefangenhält. Allen Anzeichen nach stellt die christliche *Severinus*-Legende uralte Züge in neuen Zusammenhang: Königin *Giso* hielt Goldschmiede der Barbaren in harter Gefangenschaft, damit sie nur für *sie* arbeiteten, bis die Goldschmiede in ihrer verzweifelten Lage das Leben des kleinen Prinzen bedrohten und mit der Hilfe des heiligen Severin, des Schutzheiligen von Noricum an der Donau, von der um ihr Kind bangenden Königin die Freilassung erzwangen.[1] Allem Anschein nach war es schon, bevor sich die Sklaverei allgemein verbreitete, Brauch, die Schmiede in der Bewegungsfreiheit zu behindern. Manchmal geschah das auch auf die Weise, daß man zwar ihren Oberkörper, den sie ja zur Ausübung des Schmiedehandwerks brauchten, unversehrt ließ, ihnen aber die Füße verkrüppelte. Zweck dieser grausamen Maßregel war: Die Schmiede sollten ihre ungemein wertvolle Kunst – die, sobald sie in die Hand des Feindes gelangten, sehr gefährlich wurde – ausschließlich für ihre Herren ausüben. Auch später, unter den Verhältnissen der militärischen Demokratie, mochten die im Krieg lahm gewordenen Soldaten in erster Linie zur Herstellung und Instandhaltung der Waffen verwendbar gewesen sein, wie die Krieger, die das Augenlicht verloren hatten, dazu taugten, die althergebrachten Gesänge, Lobpreisungen der Kämpfe, zu pflegen. So ist die untergeordnetere Rolle zu erklären, die dem Hephaistos in einer Götterwelt zufiel, die man sich nach dem Muster der bestehenden sozialen Verhältnisse vorstellte. Homer lacht sogar über ihn, als er sich als betrogener Gatte bei dem stattlichen Kriegsgott Ares Genugtuung verschaffen will.

Pallas Athene als die Göttin, die die Wertschätzung des Handwerks auf einer höheren Stufe zeigt, ist dem Schmiedegott Hephaistos überlegen, und als die Göttin, die auch im Kriege Menschlichkeit fordert, bildet sie die Opposition gegen den blutdürstigen Ares. Hier spiegeln sich also schon die neuen Bedingungen der Kriegführung und der produktiven Arbeit unter den Gegebenheiten der im Entstehen begriffenen Sklaverei. Engels hat die Bedeutung der Sklaverei als eines notwendigen Gliedes in der Kette der sozialen Entwicklung hervorgehoben, indem er darauf hinweist, daß »die Menschheit vom Tier angefangen und daher barbarische, fast tierische Mittel nötig gehabt hat, um sich aus der Barbarei herauszuarbeiten ... Bei den geschichtlichen Voraussetzungen der alten, speziell der griechischen Welt konnte der Fortschritt zu einer auf Klassengegensätzen gegründeten Gesellschaft sich nur vollziehn in der Form von Sklaverei.« Die Voraussetzung dazu aber war, daß die Produktion einen Grad der Entwicklung erreichte, der es möglich machte, daß die menschliche Arbeitskraft jetzt »mehr erzeugen konnte, als zu ihrem einfachen Unterhalt nötig war«. So gewann die Arbeitskraft an Wert, was auch in moralischer Hinsicht einen Fortschritt bedeutete, indem man von nun an auch im besiegten Feind den Menschen zu achten begann. Denn »die Kriegsgefangenen, aus denen sich die Masse der Sklaven rekrutierte, behielten jetzt wenigstens das Leben, statt daß sie wie früher gemordet oder noch früher gar gebraten wurden«[2].

An der Grenzlinie der Entwicklung, wo die Sklaverei gegenüber der im Absterben begriffenen Gentilordnung die fortschrittlichere war und wo – im Gegensatz zu dem Krieg, in dem das Beutemachen mit der physischen Vernichtung des Feindes verbunden war – der Krieg, der den Raub von Sklaven bezweckte, als entwickeltere Stufe der Kriegführung angesehen werden muß, stand die Wertschätzung des menschlichen Lebens auch im Feind mit der höheren Entwick-

---

[1] *Vgl. O. L. Jiriczek, Deutsche Heldensagen I. Straßburg 1898, S. 30.*

[2] *F. Engels, Herrn Eugen Dührings Umwälzung der Wissenschaft. In: Marx/Engels, Werke. Band 20, Berlin 1962, S. 167 f.*

lungsstufe der produktiven Arbeit in untrennbarem Zusammenhang. Diesen Zusammenhang – eigentlich zwei Seiten derselben Sache – vertritt in der griechischen Mythologie am deutlichsten die Gestalt der Pallas Athene. Und Pallas Athene als vom Vater abhängige weibliche Gottheit vertrat auch schon früher in der Entwicklung der Urgemeinschaft die fortgeschrittenere Stufe: die Stellungnahme für das Patriarchat gegenüber dem Matriarchat. Wie im Tydeus-Mythos das Erscheinen der Pallas Athene den Kannibalismus als sittlich überwunden und verachtungswürdig hinstellte, hören wir bei Homer aus dem Munde der Göttin auch, daß die Götter das Schießen mit vergifteten Pfeilen nicht ungestraft lassen. Und diese Göttin, die in der Schändung des toten Feindes eine abstoßende Sünde sieht und lehrt, daß man das Leben des Feindes respektieren muß, begleitet die Kriegsgefangenen zum Schauplatz ihrer Versklavung, um sich ihrer anzunehmen, vor allem dadurch, daß sie ihnen in der Ausübung der schönen Handwerke, durch die sie ihren Wert mehren und sich Achtung verschaffen können, mit gutem Beispiel vorangeht. Ihr Vater, Zeus, fordert als *xenios* von den Menschen auch, daß sie das Gastrecht in Ehren halten. Sie selbst, die jungfräuliche Tochter, ist als *xenia* in erster Linie den in fremdes Land verschleppten Sklavinnen göttliches Vorbild und Helferin, und sie unterweist sie im Spinnen und Weben. Als die Römer Züge der griechischen Pallas Athene in die Gestalt der Göttin *Minerva* aufnahmen, übersetzten sie sicherlich von ihren Attributen dieses und benannten sie *»capta«*, das heißt »gefangen«. *Minerva capta*, die gefangene Minerva, wurde jedenfalls in Rom die Beschützerin der Handwerker. Um dies zu verstehen, müssen wir noch wissen, daß in der Mythologie die Götter im allgemeinen die Zeichen desjenigen Menschentypus tragen, dessen sie sich besonders annehmen. So ist Hermes, der Gott der Diebe, auch selbst ein Dieb; Artemis, die Göttin der Jäger, ist Jägerin; Hephaistos, der Gott der Schmiede, ist selbst Schmied; Daphnis, der Wächter über den Frieden der Hirten, ist in seinem irdischen Leben auch ein Hirt gewesen.

Pallas Athene repräsentiert also die neue Wertung der Arbeit, nach der das Handwerk für höherstehend gilt als zuvor, und zugleich fordert sie Milderung des Kriegsrechts; denn dies beides hängt zu der Zeit, da die Sklaverei entsteht, eng miteinander zusammen. Daraus erklärt sich in erster Linie die bedeutende Rolle, die die Göttin in den Epen Homers spielt. Die gleiche Wertschätzung des Menschen, den *Homerischen Humanismus*, finden wir in der »Ilias« als bezeichnende fortschrittliche Weltanschauung für den Übergang von der Barbarei zur Zivilisation durch ein eigentümliches künstlerisches Mittel ausgedrückt: die symmetrische Komposition, die konsequente Anwendung des Konstruktionsprinzips, welches die sich gegenüberstehenden Feinde als Spiegelbilder voneinander darstellt, nämlich sowohl Griechen wie Troer als *Menschen*. Und bezeichnend ist, daß in jener Schöpfung der bildenden Kunst, die mit der Homerischen Komposition am nächsten verwandt ist, der gleiche Humanismus mit den gleichen Mitteln zum Ausdruck gebracht wird: Wir meinen den Tempel der Göttin *Aphaia* auf der Insel Ägina, in dessen westlichem Giebelfeld Gruppen von Griechen und Troern von rechts und von links sich gegenseitig durch ihre Spiegelbildbewegungen die Waage halten, und zwischen ihnen, in der in ein gleichschenkliges Dreieck gefaßten Symmetrieachse der bildhauerischen Komposition, steht Pallas Athene. Ruhig steht sie und beruhigend, sie hält sogar ihren Schild so, daß man das grausige, mit völliger Vernichtung drohende Medusenhaupt nicht sehen kann.

ARACHNE

Arachne war die Tochter eines einfachen Handwerkers, eines kolophonischen Tuchfärbers. Wenn sie auch niedriger Herkunft war, wurde doch ihr Name nicht nur in der Stadt Hypäpa, wo sie wohnte, sondern in ganz Lydien durch ihre Kunst bekannt. Die Nymphen des Berges Tmolos verließen oft die Weingärten und die Nymphen des Paktolos das Wasser des Flusses, um Arachne zu besuchen und sich ihre meisterliche Arbeit anzusehen. Und da konnte man sich nicht nur an den fertigen Gewändern ergötzen, sondern auch Arachne selbst bot einen lieblichen Anblick, während sie webte und spann oder stickte. Allen ihren Arbeiten und allen ihren Bewegungen war anzusehen, daß sie das Handwerk von Pallas Athene selbst erlernt hatte.

Aber Arachne nahm davon keine Kenntnis und wies es selbstgefällig ab, wenn sie Schülerin der Göttin genannt wurde.

»Ich würde es in jeder beliebigen Handarbeit mit ihr aufnehmen«, pflegte sie beleidigt zu sagen.

Athene nahm die Gestalt einer alten Frau an; sie klebte sich falsche weiße Haare an die Schläfen, nahm einen Stock in die Hand, als ob sie sehr gebrechlich sei, und ging so zu Arachne.

»Das Alter bringt nicht nur Schlechtes«, sagte sie, »ein langes Leben lehrt einen auch vieles. Verwirf daher meinen Rat nicht. Mag sein, daß im Spinnen und Weben von allen sterblichen Frauen du die berühmteste bist, aber miß dich nicht mit der Göttin, du Verwegene, bitte sie wegen deiner Überheblichkeit flehentlich um Verzeihung. Noch verzeiht sie dir, wenn du dich mit einem Sühnegebet an sie wendest.«

Das Mädchen nahm das mürrisch auf, sie ließ den Faden ihren Fingern entgleiten, fast erhob sie vor Zorn die Hand gegen die alte Frau, in der sie die Göttin nicht erkannte, und böse hieß sie sie, ihres Weges zu gehen.

»Gib deiner Tochter und deiner Schwiegertochter Ratschläge, du dummes altes Weib, ich bin nicht auf sie angewiesen. Bilde dir nicht ein, deine Ermahnung hätte mir die Lust genommen. Warum kommt die Göttin nicht selbst? Warum zaudert sie vor dem Wettstreit, wenn sie ihrer Sache so sicher ist?«

»Sie ist ja selbst gekommen!« sagte die Göttin und warf ihre Verkleidung ab – Pallas Athene stand vor Arachne. Die Nymphen und die Frauen Lydiens, die sich gerade an Arachnes Arbeit ergötzten, beteten die anwesende Gottheit an, nur Arachne war nicht eingeschüchtert. Aber trotzdem sprang auch sie auf, und Röte lief plötzlich über ihre Wangen, dann wurde sie wieder bleich, wie auch der Himmel sich mit Purpur überzieht, wenn die Morgenröte erscheint, und nach einer kleinen Weile von der aufgehenden Sonne weiß erglänzt. Doch Arachne blieb bei dem, was sie gesagt hatte, und lief aus törichter Ruhmsucht ihrem Verderben entgegen.

Zeus' Tochter vergeudete kein warnendes Wort mehr und schob auch den Wettstreit mit Arachne nicht weiter auf. Sie setzten sich beide an die Webstühle, flink arbeiteten ihre Hände, und in dem großen Eifer nahm keine die Ermüdung wahr. Sie webten auch Purpurfäden in das Tuch und feine Schattierungen wie die tausend Farben des Regenbogens: Der Übergang war immer unmerklich, zwei Farben nebeneinander schienen gleich zu sein, und dennoch zeigten die Ränder deutlich einen Unterschied. Auch Gold mischten sie in die Fäden, und das Muster des Tuches stellte alte Geschichten dar.

Athene webte in ihren Stoff die zwölf Götter, wie sie gerade dabei sind, ihr – und nicht Poseidon – die Stadt Athen zuzuerkennen. Und in die vier Ecken webte sie noch vier Bilder, aus denen ihre Rivalin lernen sollte, was eines Sterblichen wartet, der sich mit einer Gottheit mißt. Die erste Ecke zeigte *Rhodope* und *Hämos* – jetzt erstarrte Berge in Thrakien, einst aber waren es lebendige Körper, Ehegatten, die die gleiche Sünde begangen hatten wie Alkyone und Keyx: Sie hatten einander mit den Namen der größten Götter genannt. Die zweite Ecke stellte das traurige Schicksal der Mutter der *Pygmäen* dar: Sie wurde von Hera im Wettstreit besiegt und dann in einen Kranich verwandelt, und als Kranich mußte sie Jahr für Jahr einen verheerenden Krieg gegen ihre eigenen Kinder, die »daumengroßen« Zwerge, führen. In der dritten Ecke verwandelte gleichfalls Hera *Antigone*, die Tochter des Königs *Laomedon* von Troja, in einen Storch. In der vierten Ecke war dargestellt, wie *Kinyras*, Priester der Aphrodite, auf der Insel Kypros die Stufen des Tempels, nämlich die zu Stein gewordenen Glieder seiner eigenen Töchter, weinend umarmte. Pallas Athene beendete ihr Werk mit ihrem eigenen heiligen Baum, indem sie einen Rand aus Ölzweigmuster webte.

Arachne webte in ihren Stoff die Liebesabenteuer der Götter: Zeus verführt in der Gestalt des Stiers *Europe*, in der Gestalt des Schwans *Leda*, ferner stellte sie die Geschichte von Poseidon und *Iphimedeia* dar, die von Dionysos und *Erigone* und noch anderes dieser Art. Den Saum bildeten in Efeuranken geflochtene Blumen.

Auch Arachnes Gewebe war schön, Athene fand nichts daran auszusetzen, nicht einmal der bloße Neid hätte einen Fehler finden können. Es ärgerte Athene, daß neben der ihren die Handarbeit eines sterblichen Mädchens bestehen konnte, und sie zerriß, was Arachne gewebt hatte, und weil sie die Götter ehrfurchtslos dargestellt hatte, schlug Athene sie sogar mit dem Weberschiffchen.

Arachne erhängte sich vor Verbitterung. Doch da tat es der Göttin leid, sie befreite ihren Hals von dem Strick und sprach also zu ihr:

»Du kannst weiterleben, hänge aber fürder in der Luft, und diese Strafe sollen auch alle deine Nachkommen tragen.«

Damit verwandelte sie Arachne. Es wurde die *Spinne* (griechisch: *arachne*) aus ihr, die noch heute das alte Handwerk der Arachne, das Spinnen und Weben, fortsetzt.

Ovid, Metamorphosen VI, Vers 1–145.

DAIDALOS UND IKAROS

Daidalos, der Tausendkünstler der Stadt Athen, tötete aus Eifersucht seinen Neffen und Schüler *Talos*, den Erfinder der Töpferscheibe und der Säge. Der Areopag verurteilte ihn deshalb zum Tode, er aber floh nach Kreta und trat dort bei König *Minos* in Dienst. Als die Gattin des Minos, *Pasiphae*, einen Sohn gebar, der halb Stier-, halb Menschengestalt besaß, den *Minotauros*, baute Daidalos für ihn das Labyrinth. Aber Minos ließ ihn auch danach nicht von sich fort.

Daidalos war Kretas und der langen Verbannung überdrüssig, das Heimweh hatte sein Herz angerührt, aber von allen Seiten verstellte ihm das Meer den Weg.

»Auf dem Lande und dem Meere kann Minos mich zurückhalten, doch der Himmel steht mir wohl offen«, sprach er bei sich, »ich will also auf diesem Weg fliehen. Alles kann Minos in Besitz nehmen, nicht aber die Luft.«

Sprach's und vertiefte sich in die noch unbekannte Kunst, die Natur neuzugestalten. Er legte Federn nebeneinander, nach der kleinsten immer größere, dann ließ er auf die größten immer kleinere folgen, so, als wären sie auf einem Hügel gewachsen, oder so, wie sich an der Hirtenflöte die Rohrstengel von verschiedener Größe langsam ansteigend aneinanderreihen. Dann knüpfte er sie in der Mitte mit einem Hanffaden zusammen, unten befestigte er sie mit Wachs, und nachdem er sie so zusammengestellt hatte, bog er sie ein wenig, um sie richtigen Vogelschwingen gleichzumachen. Neben ihm stand sein Sohn, Ikaros, und wußte nicht, daß er sein eigenes Verderben bewunderte. Bald griff er strahlenden Antlitzes nach den im Winde schwebenden Flaumfedern, bald machte er mit dem Daumen das gelbe Wachs weich; so hemmte er durch sein Spiel die wunderbare Arbeit seines Vaters.

Als der Künstler an sein Werk die letzte Hand angelegt hatte, schwang er seinen Körper zwischen die beiden Flügel und schwebte in der in Bewegung gebrachten Luft. Er unterwies auch seinen Sohn und belehrte ihn: »Halte dich immer in der Mitte, damit dir nicht, wenn du unten fliegst, das Wasser des Meeres die Federn schwer macht; oben wiederum würde das Feuer sie dir verbrennen. Fliege in der Mitte und meide jede Übertreibung. Du brauchst auch die Sterne nicht zu prüfen, um dich zurechtzufinden, es genügt, wenn du mir folgst.«

Er zeigte ihm, wie man die Flügel bewegen muß, und befestigte sie an den Schultern des Knaben. Während er daran herumarbeitete und seinen Sohn noch genau unterwies, benetzten Tränen sein faltiges altes Gesicht, und die Vaterhand zitterte. Er küßte den Knaben, als wüßte er, daß dies die letzten Küsse seien, und mit seinen Flügeln aufsteigend, flog er voran, er war um seinen Reisegefährten besorgt, wie der Vogel besorgt ist, wenn er seine zarten Jungen aus dem hohen Nest auf den Weg gen Himmel entläßt. Er redete ihm noch zu, ihm zu folgen, und lehrte ihn fortwährend die gefährliche Kunst, bewegte seine eigenen Flügel und sah sich immer wieder nach seinem Sohn um.

Manch ein Fischer, der mit schwankender Angelrute auf Beute lauerte, sah staunend zu ihnen hoch oder ein Hirte, auf den Stock gestützt, oder ein Ackersmann neben dem Pflugschar. Und wer sah, wie sie durch die Luft segelten, hielt sie für Götter.

Links hatten sie schon Samos, die Insel der Hera, und Delos und Paros hinter sich gelassen, rechts sahen sie schon Lebinthos und das an Honig reiche Kalymne, als der Knabe sich des waghalsigen Fluges zu freuen begann, seinen Führer überholte und, sich himmelwärts wendend, immer höher flog. In der Nähe der Sonnenglut wurde das Wachs, das die Federn zusammenhielt, weich und zerfloß. Ikaros verlor die Flügel, vergebens schüttelte er die beiden nackten Arme, er konnte sich in der Luft nicht halten, beim Stürzen rief er noch den Namen seines Vaters, dann fing ihn das blaue Wasser auf, das später nach ihm das *Ikarische Meer* genannt wurde.

Der unglückliche Vater – der nun nicht mehr Vater war – rief ihm nach: »Ikaros! Ikaros! Wo bist du? Wo soll ich dich suchen? Ikaros!«

Das wiederholte er mit lauter Stimme, bis er die Federn in den Wogen erblickte. Da wußte er, was geschehen war, und er verfluchte seine eigene Kunst und überantwortete den Leichnam seines Sohnes dem Grabe. Wo er ihn begrub, erhielt die Gegend den Namen des Ikaros.

Ovid, Metamorphosen VIII, Vers 183–235.

APOLLON UND ARTEMIS

Zeus als »Vater der Götter und Menschen« ist der höchste Gott. Doch spielt im Leben der Griechen nicht der Zeus-Kult, sondern der Apollon-Kult die größte Rolle. *Phoibos Apollon* ist der von Leto geborene Sohn des Zeus. Das Vorherrschen des Apollon-Kults kommt in charakteristischer Weise zum Ausdruck, sooft Apollon der östlichen Welt gegenübersteht. Allerdings steht er bei Homer auf der Seite der Troer, aber Herodot, der »Vater der Geschichtsschreibung«, kann *Kroisos*, dem Nicht-Griechen, für Apollon bereits eine Bezeichnung in den Mund legen wie *»der Gott der Hellenen«*. So, ohne ein weiteres Attribut, kann als herrschende Gottheit der griechischen Religion nur Apollon bezeichnet werden. Sein Heiligtum in Delphi, zu dem die Griechen von überallher kamen, ist, ähnlich wie die olympischen Spiele, die zu Ehren des Zeus veranstaltet werden, eine wirksame Gewähr für die Einheit des in Stämme, in kleine Poleis gegliederten griechischen Volkes. Die Verehrung Apollons war allen griechischen Stämmen gemeinsam. In ihm sahen sie verkörpert, was ihrer Überzeugung nach den Griechen vom Barbaren unterschied: die Hochschätzung der edlen Freiheit des Geistes.

Das Himmelsbild dieser strahlenden Reinheit ist die Sonne, die aus ewiger Ferne ihre Strahlen als feurige Pfeile auf die Erde streut. Apollon selbst kommt mit der Erde nicht in Berührung, auch nicht mit der finsteren unterirdischen Welt: Er ist *hekatos*, der ewig »ferne«, und *hekebolos*, der »von weitem Pfeil schießende«. Sein silberner Bogen sendet den Menschen oft Tod, aber er selbst wendet den Blick von der beschmutzenden Nähe des Todes ab. Apollon ist ursprünglich nicht identisch mit der Sonne, auch nicht mit *Helios*, dem eigentlichen Sonnengott, der auf leuchtendem Wagen vom Morgen bis zum Abend über das ganze Himmelszelt fährt. Aber die Sonne ist die augenfälligste Erscheinungsform seines Wesens, der strahlenden Reinheit und der ewigen Entfernung von den irdischen Dingen, und er hat auch mit der Zeit Helios in den Hintergrund gedrängt bzw. dessen Züge in seine Gestalt aufgenommen. In Griechenland strahlt die Sonne nicht nur Segen aus; die Hitze im Süden kann auch töten, sie bringt Dürre und Seuchen und verursacht durch ihre sengenden Strahlen sofortigen Tod. Die Gestalt Apollons drückt auch aus, daß man diese zweifache Kraft der Sonnenstrahlen mit der Heiligkeit und der Schonungslosigkeit des Geistes identifiziert hat. Denn die edle Geistesfreiheit bedeutet auch, daß sie zwischen Wert und Scheinwert genau zu unterscheiden weiß. Sie weiß, was sie zu hingebender, frommer Verehrung verpflichtet und was sie zu verwerfen, wogegen sie zu kämpfen hat – rücksichtslos, mit der kämpferischen Kraft Apollons, des Silberbogenschützen. Mit der gleichen schonungslosen Strenge müssen wir auch uns selbst beurteilen. *Gnothi seauton* (»Erkenne dich selbst«) ist das Gebot des Delphischen Orakels. Darauf folgt natürlich auch die Erkenntnis unserer Schwächen. Von allen griechischen Göttern ist es jedenfalls der »ferne« Apollon, dessen Vorstellungsbild die Distanz zwischen der göttlichen und der menschlichen Welt am unüberbrückbarsten sehen läßt.

Sein Doppelname benennt nach dem Gefühl der Griechen diese beiden Seiten seiner

Göttlichkeit: *Phoibos*, das heißt »strahlend«, und dem Namen *Apollon* geben schon die antiken Deuter den Sinn von »vertilgend«. Diese Zweideutigkeit kommt auch in Apollons heiligen Tieren zum Ausdruck, im Schwan, dem Vertreter der strahlenden Reinheit, und im grausamen Wolf.[1] Wenn er den Bogen spannt, ist sein Blick angsterregend. Selbst die Götter erschrecken, wenn er, den silbernen Bogen und den Köcher über die Schulter gehängt, in dem die Pfeile klappern, durch Zeus' Palast schreitet. Sie springen alle von ihren Stühlen auf, nur Leto bleibt ruhig, sie nimmt ihrem Sohn die Waffen ab, verschließt den Köcher, lockert die Sehne des gespannten Bogens und hängt ihn an den goldenen Nagel einer Säule. Dann führt sie Apollon an seines Vaters Thron, Zeus reicht ihm Nektar in einem goldenen Pokal, erst dann wagen sich die anderen Götter zu setzen, und Leto schaut ihn an, glücklich darüber, daß ihr Sohn der harte Gott ist, der den Bogen trägt. Der sogenannte *Apollo von Belvedere* stellt den Gott mit dem durchdringenden Blick des sicheren Bogenschützen dar. Aber in Apollons Hand paßt nicht nur der Bogen; er ist ja auch der *musagetes*, der Chorleiter der Musen, und als solchem gebührt ihm die Leier. Nach der Auffassung der Griechen sind Bogen und Leier verwandte Instrumente.[2] In fachkundiger Hand ertönt die Sehne des gespannten Bogens auch so, als wenn der Sänger in die Saiten der Leier greift: Sie gibt einen klingenden Ton, dem Gesang der Schwalbe vergleichbar; guter Gesang wiederum trifft ins Ziel wie der von sicherer Hand abgedrückte Pfeil. Bogen und Leier: sie sind beide Instrumente der gespannten Saite, und beide wirken in die Ferne. Das eine bringt den vernichtenden Pfeil aus der Ferne, das andere die weithin klingende Musik, die ferne Schönheiten heraufbeschwört und sich von Bild und Statue, die handgreiflich sind gleich der Erde, im Wesen unterscheidet. Bogen und Leier: sie beide gehören zum Wesen des »fernen« Gottes.

[1] *Vgl. K. Kerényi, Apollon. 2. Ausgabe, Amsterdam–Leipzig 1941, S. 44f.*

[2] *Vgl. W. F. Otto, Die Götter Griechenlands. Frankfurt a. M. 1934, S. 97.*

Nicht alle Musik gehört demnach in den Wirkungsbereich Apollons, sein ist nur das Saiteninstrument. Die Griechen empfanden dessen schärfer umrissenes, reines Klingen als genau kontrastierend mit dem weicheren und verwischteren Ton der Flöte. Die Flöte hielten sie für orientalisch und barbarisch. Innerhalb des Hellenentums wurde ihre Berechtigung nur in der dionysischen Welt anerkannt. Apollon, dem Gott der Leier, gegenüber steht jedenfalls *Marsyas*, der mythische Flötenspieler, den der Mythos einmal als phrygischen (also östlichen) Hirten, ein anderes Mal als *Satyr*, also einen Begleiter des Dionysos, bezeichnet. Die Flöte hat Pallas Athene erfunden, aber als sie sie ertönen ließ, wurde die Göttin wegen ihres aufgeblasenen Gesichts von Hera und Aphrodite ausgelacht. Da warf sie das Instrument, das sie häßlich machte, auf dem Idaberg weg. Dort fand es Marsyas. Er spielte so lange darauf, bis er Apollon zum Wettstreit aufzufordern wagte. Apollon siegte – Schiedsrichter waren die Musen oder Pallas Athene – und zog dem Waghalsigen bei lebendigem Leibe die Haut ab. In diesem Wettstreit messen sich nicht nur Apollon und Marsyas, sondern auch die beiden Instrumente. Apollon liefert folgende Beweise, daß die Leier der Flöte überlegen ist: Er kann auf der Leier auch spielen, wenn er sie umgekehrt hält, in die Flöte aber kann man nur an deren einem Ende blasen. Während er die Leier schlägt, kann er gleichzeitig singen, was man unmöglich könnte, wenn man Flöte bläst. Die zweite Probe im Wettstreit ist besonders bemerkenswert: In der apollonischen Welt der Geistesklarheit tritt der Wert der Leier auch dadurch zutage, daß das Leierspiel als Begleitmusik zum menschlichen Gesang rationeller ist als das Flötespielen, da dieses nicht auf Worte übertragen werden kann. – Die Leier Apollons verteidigt ihren Vorrang gegenüber dem anspruchslosen Instrument der Hirten, der Rohrpfeife, im Mythos von *Midas*. Der König des barbarischen Phrygiens, Sohn der Göttin *Kybele*, hat seine Unvernunft schon durch die den Barbaren kennzeichnende habsüchtige Neugierde gezeigt. Dionysos versprach dem Midas, als dieser ihm seinen geliebten Lehrer *Silenos* wieder zurückführte, er werde ihm zur Belohnung einen Wunsch erfüllen. Midas wünschte sich, daß alles, was er berühre, sich in Gold verwandle. Da auch Speise und Trank, sobald er sie anrührte, zu Gold wurden, konnte er nunmehr weder essen noch trinken, bis Dionysos selbst den Zauber löste. Als der Hirtengott *Pan* mit den Ziegenfüßen und Bockshörnern voll Stolz auf seine Hirtenflöte Apollon zum Wettstreit aufgefordert hatte, gab nur dieser dumme barbarische König Pans Flöte den Vorrang vor Apollons Leier. Er hatte dafür auch zu büßen: Apollon ließ ihm Eselsohren wachsen.

Apollon als der »ferntreffende« bringt mit seinen Pfeilen die Seuche und den jähen Tod, er ist aber als *Paian* auch der heilende Gott. Seine Beinamen *Lykeios* und *Smintheus* deuten auf uralte Erinnerungen an den Theriomorphismus hin – Lykeios ist von dem griechischen Wort *lykos* (»Wolf«), Smintheus von *sminthos* (»Maus«) abgeleitet –; er ist also der unheimliche Wolf-Gott und der verheerende Maus-Gott, der, ähnlich wie Mäuse, Ratten und andere Nagetiere, die Pest in weitem Umkreis verbreitet. Doch ist er es auch, der den Menschen Schutz gegen die tödlichen Gefahren und Krankheiten bietet. Daher gebührt ihm auch das Attribut *lykoktonos* (»Wolfstöter«). Der unheilverkündende Name Smintheus, der, laut ausgesprochen, den Maus-Gott in all seiner Grauenhaftigkeit heraufbeschwört, wird im Rahmen der Zeremonien zur Versöhnung des strafenden Gottes und in den Überlieferungen, die sich vornehmlich an die Heiligtümer des *Apollon Smintheus* in Kleinasien knüpfen, schon früh auch als »Mäusetöter« gedeutet. Die Zweideutigkeit des Namens kann auch mit dem Orakelspruch erklärt werden, den Apollons Priesterin, die Pythia, dem Sohn des Herakles und der *Auge*, *Telephos*, kundtut, als ihn Achilleus' Speer verwundet hat: »Wer die Wunde geschlagen hat, der wird sie heilen.« Der Sohn Apollons und der *Koronis* ist *Asklepios*, der Gott der Heilkunde; viele Menschen, die Heilung suchten, pilgerten zu seinem Heiligtum in Epidauros. Des Asklepios Tochter ist *Hygieia*, die Personifikation der »Gesundheit«; sie wird als Jungfrau mit sanftem Blick dargestellt, häufig mit einer Schale in der Hand, aus der sie das heilige Tier ihres Vaters, die Schlange (das Sinnbild des heilenden Gottes), trinken läßt. Im Wirkungskreis des Gottes Apollon selbst sind übrigens die Heilung und die Auslöschung des Schmutzes der Sünde häufig zwei Seiten ein und derselben günstigen Wendung. Apollon spendet Heilung der Krankheit im allgemeinen, im besonderen aber bringt er die Klärung oder Reinigung bei Wahnsinn. Und er befreit auch als *katharsios* (»reinigend«) von der Last der Blutschuld, von der Verfolgung durch die *Erinnyen* (Göttinnen mit schlangenbedeckten Häuptern, die als Gewissensbisse peinigen und ruhelos machen; nach griechischer Auffassung befindet sich solch ein Schuldiger in einem ganz ähnlichen Zustand wie der Wahnsinnige).

Das Zentrum der Verehrung Apollons war *Delphi*, das in Mittelgriechenland auf der Südseite des Parnassos lag. Dort, wo sich der Überlieferung nach der Nabel der Erde befindet, schickte in Urzeiten *Gaia* denjenigen, die an dieser Stätte übernachteten, bedeutungsvolle Träume. Später erteilte ihre Tochter *Themis*, die Göttin des »Gesetzes«, dort Orakelsprüche. Themis wurde von Gaias anderer Tochter, der Titanin *Phoibe*, die die Mutter der »strahlenden« Leto war, verdrängt. Phoibe wiederum schenkte das Orakel ihrem Enkel bei seiner Geburt. Apollon, der als *Phoibos* auch den Namen seiner Großmutter trägt, ist also der vierte Orakelgott in Delphi. Er konnte das Erbe seiner Großmutter nur um den Preis schwerer Kämpfe in Besitz nehmen. Erst fünf Tage alt, tötet er den ihm den Weg versperrenden Drachen *Python* und begründet zur Erinnerung an diesen Triumph das *Pythia* genannte Wettspiel, das dann alle acht, später alle vier Jahre stattfindet. Er nimmt die Gestalt eines Delphins an und lockt als *Apollon Delphinios* Schiffer von Kreta hin, die ihm als Priesterstamm dienen sollen. (Die Volksetymologie erklärt durch diesen Mythos auch den Namen Delphi.) Diese Schiffer stimmen den ersten *paian* an, den ersten Gesang zur Lobpreisung der wundertätigen Kraft Apollons. Nach dem Triumph über den Drachen Python geht Apollon zu Zeus auf den Olympos, und der Vater der Götter und Menschen willfahrt der Bitte seines geliebten Sohnes: Er schafft die weissagenden Träume ab, um auch dadurch das Ansehen Apollons zu mehren. Die Menschen, die die Zukunft voraussehen wollen, sollen sich nun um Apollons Thron versammeln und den Orakelspruch vertrauensvoll von dem Gott erwarten.

Delphi war die angesehenste Orakelstätte Griechenlands. Nicht nur Griechen, sondern auch Barbarenfürsten suchten sie auf, und sie brachten reiche Geschenke mit, dreifüßige goldene Stühle und Kessel (Tripoden), Opfergefäße usw. Die Priesterin, die *Pythia*, betete, bevor sie den Orakelspruch erteilte, nicht nur zu Apollon, sondern auch zu Zeus, denn Apollon ist als Orakelgottheit nur der Verkünder von Zeus' Willen. Sie betete auch zu Dionysos, der über jegliche Art bewußtloser Zustände herrscht, ferner zu den Nymphen der Korykion-Höhle und der Quellen sowie zu Poseidon, dem König der rätselhaften Meerestiefe. Sie trank auch selbst vom Wasser der aus der Tiefe hervorbrechenden Kassotis-Quelle, daraus schöpfte sie Kraft zur Weissagung. Erst wenn sie das Gebet beendet hatte, setzte sie sich auf den Dreifuß *(tripus)* und erwartete die der Prophezeiung harrenden Menschen, die sich in der Reihenfolge nähern durften, wie es das Los entschied. Der *tripus* stand über einer Öffnung im Fels, die Priesterin kaute Lorbeerblätter, und so erwartete sie das »Erscheinen des Gottes«, d. h. den ekstatischen Zustand. Schon halb bewußtlos, sprach sie unvollständige Worte. Neben ihr standen Priester, diese ergänzten die Worte, fügten sie zu Sätzen und gaben sie meist in Form von Versen – Hexametern – wieder. Auch so blieb die Prophezeiung dunkel und zweideutig *(loxon)*, daher Apollons Beiname *Loxias*. Die Orakelsprüche der Pythia sind im allgemeinen wie Rätsel formuliert. Wer klug ist und ihren verborgenen Sinn erfaßt, dessen Bestrebungen werden von Erfolg gekrönt, wer sie mißversteht, kommt unrettbar zu Fall. Den Bürgern Athens erteilte die Pythia z. B. das Orakel, Holzburgen würden ihre Stadt gegen die Perser schützen. Themistokles verstand, daß mit den Holzburgen Kriegsschiffe gemeint waren, er verstärkte Athens Flotte und besiegte die Perser in der Schlacht bei Salamis. Für Kroisos hingegen wurde der Orakelspruch verderblich: »Wenn Kroisos über den Fluß Halys setzt, vernichtet er ein großes Reich« – diese Botschaft vermittelte Apollons Priesterin dem König der Lydier. Im Vertrauen auf die Prophezeiung setzte Kroisos im Krieg gegen Kyros über den Halys, aber sein eigenes großes Reich wurde durch diesen Krieg vernichtet. Diese und ähnliche Geschichten weisen nicht nur auf die Zweideutigkeit der Orakelsprüche, sondern auch auf ihre politische Bedeutung hin, wobei den Priestern freilich nicht selten Voreingenommenheit, sogar Bestechlichkeit vorgeworfen wird – wohl kaum ohne Grund.

Auf dem Parnassos nahe bei Delphi sind auch die *Musen* zu Hause. Die neun Musen begleiten Apollon als den Gott der Dichtung; als Gott des Orakels wird er von den *Sibyllen* begleitet.

Ein berühmter Wallfahrtsort der Verehrer Apollons ist auch die Insel *Delos*, die kleinste Insel der Kykladengruppe. Zu diesem Ruhm ist die kleine Insel dadurch gelangt, daß sie Leto beherbergte, die verfolgt wurde, als sie ihr Kind erwartete. Es gab auch eine Überlieferung, die erzählte, Delos habe früher keinen ständigen Platz gehabt, sie sei eine schwimmende Insel gewesen, die erst bei der Geburt Apollons Wurzel faßte. Auf dem Hang des Berges Kynthos war auch die Palme zu sehen, an die sich Leto gelehnt haben soll, als sie Apollon gebar. Die Insel war heiliges Gebiet, sie durfte nicht mit dem Tode in Berührung kommen. Deshalb brachte man die Sterbenden von der Insel Delos auf die Insel Rheneia. Auf Delos versammelten sich schon in den ältesten Zeiten die Ionier zu Wettspielen, und der Überlieferung nach hat Homer die Mädchen von Delos den Hymnus auf Apollon gelehrt. Von Athen kam alljährlich ein Festschiff auf die Insel. Der Sage nach war Athen verpflichtet, dem König von Kreta, *Minos*, einen fürchterlichen Tribut zu zahlen: Die Stadt mußte jedes Jahr sieben Jungfrauen und sieben Jünglinge für *Pasiphaes* mißgestalten Sohn *Minotauros*, der halb

Stier-, halb Menschengestalt besaß, nach Kreta schicken, bis endlich der Königssohn *Theseus,* der sich mit den todgeweihten Jünglingen zusammen auf die Insel schicken ließ, den Minotauros im *Labyrinth* tötete. Das Schiff, auf dem Theseus nach Kreta fuhr, wurde als heiliges Schiff Apollons aufbewahrt, weil die Jünglinge vor der Abfahrt zu Apollon gebetet und ihm gelobt hatten, nach Delos zu wallfahrten, wenn er sie errette. Theseus rettete seine Gefährten und befreite seine Heimat vom blutigen Tribut. Die Athener hielten treu das Gelübde: Alljährlich wurde das Schiff nach Delos gesandt, und von dem Augenblick an, da der Priester Apollons das abfahrtbereite Schiff bekränzte, bis es in Delos ankam, durfte in Athen kein Todesurteil vollstreckt werden. Das Fest des Apollon von Delos reinigte die Stadt Athen von ebendieser Blutschuld.

In *Klaros,* im ionischen Küstengebiet Kleinasiens, gründete *Manto,* die Tochter des *Teiresias,* des berühmten thebanischen Sehers, ein Heiligtum für die Orakelsprüche Apollons.

Apollon ist also mehr als Helios. Die Heiligkeit, die man an seinen Namen knüpfte, ist nicht lediglich die lichte Seite der Natur. Auch in der Welt des Geistes gehört jegliche Art des Scharfblicks in seinen Wirkungskreis, so vor allem das scharfe Sehen, das den Orakel Verkündenden und den Dichter vom gewöhnlichen Menschen unterscheidet. Auf jeden Fall aber paßt es zu seiner Licht fordernden Göttlichkeit, daß ihm diejenige Hälfte des Jahres gehört, wo in der Natur Freude herrscht. Alle Apollon-Feste fallen in die Zeit zwischen Frühling und Herbst. Den Winter über hält er sich im fernen Norden beim friedliebenden märchenhaften Volk der Hyperboreer auf. Zum Sommer kehrt er auf seinem goldenen Wagen zurück, vor den Schwäne gespannt sind. Wenn der Sommer beginnt, erscheint der Gott, und die Leier der Dichter läßt ihm zu Ehren Sommerlieder erklingen. Die Lerchen singen dem Gott zu Ehren, und es ist, als töne Vogelsang auch von der Dichter Leier. Es singen die Schwalben und die Zikaden – einst waren auch sie Menschen, jetzt aber besingen sie nicht ihr menschliches Los, sondern all ihre Lieder künden den Gott. In silbernen Wellen rinnt die Quelle *Kastalia,* und die purpurnen Wogen des Kephisos türmen sich hoch, denn auch das Wasser spürt die Gegenwart des Gottes.

Artemis ist Apollons Zwillingsschwester, sie ist die Göttin der Wälder. Ihre zarte Jungfräulichkeit ist mit der Unberührtheit von Wald und Wiese verwandt. Aphrodite wohnt in einem prächtigen Garten, Artemis' Aufenthalt ist die unberührte Wiese, wo nie ein Hirte die Herde weiden läßt und das Pflugschar nicht in die Scholle eindringt, wo nur die Biene die frischen Frühlingsblumen aufsucht. *Aidos,* die »Scham«, sprengt dort die Blumen mit Quelltau. Blumen pflücken darf nur, wem von Natur *sophrosyne,* das nüchterne Maßhalten, die Klarheit des Geistes gegenüber den Instinkten, gegeben ist. Apollon und Artemis sind ihrem Wesen nach verwandte Gottheiten, was der Mythos dadurch zum Ausdruck bringt, daß er sie zu Zwillingsgeschwistern macht.

Die am häufigsten vorkommenden Beinamen der Artemis sind: *iocheaira,* »Pfeile sendend«, und *keladeine,* »lärmend«, abgeleitet vom jauchzenden Jagdlärm, der den Berg erfüllt, wenn die jagende Göttin mit ihrem Gefolge über ihn hinzieht. Die Jagd ist ihre ständige Wonne, und die berühmten irdischen Jäger haben von ihr das Weidwerk gelernt. Sie jagt auf den bewaldeten Bergesgipfeln, auf dem hohen Taygetos oder auf dem Erymanthos und dem Mainalon, und ergötzt sich an den Wildschweinen und den flinken Hirschen. Mit ihr ziehen die Nymphen, die in Wald und Wiese wohnenden Töchter des Zeus. Auch Leto hat ihre Freude, weil ihre Tochter einen Kopf größer ist als die anderen. Artemis verlangt von ihren Begleiterinnen, den Nymphen, Jungfräulichkeit. Wird eine vom Feuer der Liebe erfaßt, muß sie Artemis' Gefolge verlassen. So erging es *Kallisto,* König *Lykaons* Tochter, der arkadischen Jagdgefährtin der Göttin. Zeus hatte ihren Vater in einen Wolf verwandelt, um ihn zu bestrafen, weil er seinen Altar durch Menschenopfer verunreinigt hatte, die Tochter aber würdigte er seiner Liebe. Als Kallisto die Frucht dieser Liebe unter dem Herzen trug, wurde sie von Artemis davongejagt, und als sie das Kind geboren hatte, von der eifersüchtigen Hera in eine Bärin verwandelt. Die Jahre vergingen, und Kallistos Sohn, *Arkas* – der Held, der Arkadien den Namen gab –, wuchs zu einem stattlichen Jüngling heran. Einmal begegnete er im Walde der Bärin, in der er freilich seine Mutter nicht erkennen konnte. Er legte auf sie an, um sie niederzustrecken, aber Zeus verhütete den ungewollten Muttermord und erhob seine ehemalige Geliebte zu den Sternen. So kam der Polarstern an den Himmel, nach Ansicht der Alten der einzige Himmelskörper, der seinen Platz nicht ändert, sondern sich um seine eigene Achse dreht. Schon Homer nennt ihn *Arktos*, das heißt »Bär«, und erzählt, es sei der einzige Stern, der niemals im Wasser des Ozeans baden könne. Die Überlieferung sieht auch darin eine Folge der Rache Heras: Tethys, die Gattin des Okeanos, einst Heras Amme, verbot der zum Stern gewordenen einstigen Geliebten des Zeus, wie die anderen Sterne in den Meereswogen Erfrischung zu suchen.

Artemis spannt ihren Bogen aus purem Golde auf den schattigen Bergen und den windigen Gipfeln, von oben sendet sie die sausenden Pfeile herab. Die Berggipfel erzittern, und unheimlich rauscht es im tiefbeschatteten Wald vom Lärm des flüchtenden Wildes; stark im Herzen, wendet sich die Göttin bald hierhin, bald dorthin und erlegt mit männlichem Vergnügen alle Arten von Wild. Wenn sie die Wonne der Jagd ermüdet hat, lockert sie ihren schöngeformten Bogen und begibt sich in das große Haus ihres Bruders, Phoibos Apollon, unter das reiche Volk Delphis, um an dem Reigen der Musen und der Chariten teilzunehmen. Sie hängt den Bogen und die Pfeile an einen Nagel, legt lieblichen und schlichten Schmuck an, tritt an die Spitze der Tanzenden und führt den Reigen. Und die Musen beginnen mit unsterblicher Stimme den Gesang, sie singen einen Hymnus auf die schönfüßige Leto, denn deren zwei Kinder sind vollkommener als alle anderen.

Die Göttin der Wälder ist nicht nur eine sicher ins Ziel treffende Jägerin, sie pflegt das Wild auch mit mädchenhafter Zärtlichkeit. Sanft nimmt sie die neugeborenen Tiere auf den Arm, und es zerreißt ihr das Herz, wenn der grausame Adler ein Häschen raubt. In ihrem heiligen Hain, den Menschen nicht betreten dürfen, werden die Tiere zahm; Wolf und Hirsch leben dort friedlich zusammen, fromm halten sie der streichelnden Hand den Hals hin, und bei den Jägern war es Gesetz, daß in diesen Hain geflüchtetes Wild nicht weiter verfolgt werden durfte.

Die Göttin mit dem goldenen Bogen wendet sich auch den Menschen mit der Zweigesichtigkeit der unversöhnlichen Grausamkeit und der mädchenhaften Sanftmut zu. Sie ist die Gottheit, in deren Verehrung sich das Menschenopfer am längsten erhalten hat. Die Erinnerung daran wurde noch in den historischen Zeiten in einer Zeremonie der Spartaner bewahrt: Zu Ehren der *Artemis Orthia* wurden Jünglinge gepeitscht, und mit ihrem Blut wurde der Altar der Göttin besprengt. Während des Ritus hielt eine Priesterin die Statue der Artemis, weil der Glaube sagte: Wenn man einen der Jünglinge verschonte und nur zum Schein peitschte, würde die kleine Statue plötzlich so schwer werden, daß die Priesterin sie nicht mehr halten könnte. Der grausame Ritus der Menschenopfer wurde durch mildere Sitten abgelöst. Auch diese Wendung spiegelt sich in Mythen. Als der höher entwickelte *Jahve*-Kult den Kampf mit dem kanaanitischen Kindesopfer aufnahm, entstand die biblische Sage von der Opferung *Isaaks*. Gott stellt *Abraham* dadurch auf die Probe, daß er verlangt, er solle seinen Sohn auf dem Altar opfern. Aber als Abraham willens ist, den Befehl auszuführen, weist Gott selbst das Opfer zurück: Jahves »Bote«, der Engel im Busch, zeigt auf einen Widder, auf das Opfertier also, das an die Stelle des Knaben treten soll. Bei den Griechen kommt ein ähnlicher Wandel im Mythos der *Iphigenie* zum Ausdruck, die in anderer Hinsicht an die Tochter des biblischen *Jephtha* erinnert.

Agamemnon gelobt der Göttin, ihr die schönste Frucht des Jahres zu opfern, als er noch nicht weiß, daß in jenem Jahr seine Tochter geboren werden wird. Die schönste Frucht des Jahres war Iphigenie, doch Agamemnon zauderte, sein Kind zu opfern. Doch als sich nach Jahren die unter seiner Führung gegen Troja rüstende griechische Flotte im Hafen von Aulis versammelt hat, muß vergebens auf günstigen Wind gewartet werden. Der Seher *Kalchas* erklärt, die Göttin Artemis fordere die Einlösung des Gelübdes von einst. Die Krieger setzen Agamemnon zu, und er opfert die inzwischen zu einer schönen Jungfrau herangewachsene Iphigenie; doch die Göttin raubt das dem Tode geweihte Mädchen vom Altar und schickt an ihrer Statt einen Hirsch vom Berg. Wohl fordert sie die Einlösung des Gelübdes, doch lehnt sie das Menschenopfer ab, und durch den Mund des Sehers tut sie kund, daß ihr der Hirsch als Opfer lieber sei und sie nicht zulasse, daß ihr Altar durch das Blut des edlen Mädchens verunreinigt werde. Artemis bringt Iphigenie von *Aulis* zum barbarischen Volk der *Taurer*, wo sie ihre Priesterin werden soll. Hier wird wieder das grausame Menschenopfergesetz gebrochen, denn als Priesterin erkennt sie in dem zum Opfer bestimmten Fremdling ihren Bruder, Orestes, und errettet ihn vom Tode. Dadurch, daß sie das vom Himmel gefallene uralte Holzbild der Göttin – das *xoanon* – den blutdürstigen Barbaren entwendet und nach Attika bringt, veredelt sie auch die Verehrung der *Artemis Tauropolos*.

Sterbliche, die die unnahbare Heiligkeit der Göttin in irgendeiner Weise verletzt haben, verfolgt und hetzt sie in unversöhnlichem Haß zu Tode, ihre Getreuen aber umgibt sie mit gütiger Fürsorge. Auch die werdenden Mütter fühlen ihre Pfeile, deshalb beten sie außer zu *Eileithyia* auch zu ihr, ja sie nennen sie als die keusche Beschützerin der Mütter sogar *Artemis Eileithyia*. Auch der schmerzlose, sanfte Tod war ein Geschenk der Kinder Letos. Ihnen schrieb man es zu, wenn der Sterbliche plötzlich die Augen zu ewigem Schlafe schloß. Apollon schickte diesen Tod den Männern, Artemis den Frauen, die todbringenden Pfeile der göttlichen Zwillingsgeschwister waren *gütige Pfeile*. Die Griechen beteten um einen solchen Tod, wenn nun einmal gestorben werden mußte.

Trug Apollon, der Gott des strahlenden Lichts, Helios' Züge, so war Artemis' keusche Reinheit mit dem kälteren Licht von Helios' Schwester, der Mondgöttin, verwandt; häufig wurden beide sogar gleichgesetzt. Gleichwie aber Helios ursprünglich nicht mit Apollon identisch ist, so hat auch *Selene* ihre von Artemis unabhängigen Mythen. Die Selene-Mythen drücken die träumerische Stimmung des Mondscheins aus. Selene ist eine minnevolle, Liebe verheißende Göttin. Ihr Geliebter ist der schöne Jüngling *Endymion*, dem Unsterblichkeit und ewig währender Schlaf zuteil ward. Im Schlaf besucht ihn Selene, die sich hingebende, sanfte, silbern glänzende Göttin.

DIE GEBURT APOLLONS

»Glücklich bist du, Leto, Mutter von Göttern, denn dein Sohn ist Apollon mit dem silbernen Bogen, und die pfeilschießende Göttin Artemis ist deine Tochter.«

Leto erwartete schon das Kind, das heilige Weissagungen ihr verheißen hatten.

Aber Leto mußte erst noch viel leiden, denn Hera, die eifersüchtige Göttin, verfolgte sie. Sie hatte keinen Fußbreit Platz, wo sie ihr müdes Haupt zum Schlummer hätte niederlegen können, und wenn es sie dürstete, war keine Quelle da, sie zu laben, denn alle fürchteten die Rache der Hera. Von Land zu Land, von Insel zu Insel irrte die arme Gejagte, aber niemand bot ihr Zuflucht.

So kam sie nach Delos.

Delos hatte keine fruchtbaren Felder, auf Delos weideten auch keine fetten Herden. Auf dem steinigen Boden wuchs kaum Gras, es kümmerte sich daher niemand um die Insel.

»Delos, du steinige Insel, willst du Apollons Geburtsland sein? Jetzt kümmert sich um dich niemand, aber wenn du mich aufnimmst, wird auf dir Apollon geboren werden, und auf dir wird der Tempel des pfeilschießenden Gottes stehen.«

Delos freute sich darüber. Gern stimmte sie zu. Nur eines machte ihr Sorgen: »Man sagt, Leto, dein Sohn werde ein Gott von unbändiger Kraft sein. Wird er sich mit einer so kleinen Insel wie der meinen begnügen? Wird er meinen steinigen, kahlen Boden nicht geringschätzen? Ich fürchte, er wird mich mit seinem mächtigen Fuß unter die Meereswogen stoßen und sich eine andere Heimat suchen, wo er zwischen schattigen Bäumen einen Tempel errichten kann. Auf mir aber können sich im Wasser die schwarzen Robben niederlassen.«

Darauf schwor Leto: »So mögen es denn der Himmel und die Erde und das Wasser der Styx, die sich in der Unterwelt dahinwälzt, hören – keinen heiligeren Eid kennen die Götter –: Hier wird für ewig der von Opfern duftende Altar Phoibos Apollons stehen, hier wird sein heiliger Hain sein, und dich wird er höher schätzen als alle anderen Inseln.«

Damit gab Delos sich zufrieden. Sie freute sich nun schon im voraus auf die Geburt Apollons und nahm Leto freundlich auf.

Und Leto erwartete auf Delos ihr Kind. Alle Göttinnen waren bei ihr: Dione, Rheia und Themis, die stets die Gerechtigkeit ans Tageslicht bringt, und Amphitrite, die Gemahlin des Poseidon. Nur Hera war fern und Eileithyia, weil ihr die eifersüchtige Hera die Geburt Apollons verheimlicht hatte. So hatte sie nichtsahnend auf dem hohen Olympos unter den goldenen Wolken gesessen.

Jedoch die Göttinnen schickten ihre auf den Flügeln der Winde eilende Botin Iris hin, sie trugen ihr auf, vorsichtig, hinter Heras Rücken, Eileithyia Bescheid zu sagen. Sie wußten nämlich, daß Hera sie sonst nicht würde kommen lassen.

Iris tat, wie sie geheißen. Sie versprach Eileithyia allerlei Schönes, auch eine mit Bernstein verzierte, neun Zoll lange Goldkette, sie solle nur schnell nach Delos kommen.

Eileithyia war einverstanden, und sie eilten zu zweit zurück. Schnell wie erschrokkene Tauben durchflogen sie die Luft.

Die Kindersegen bringende Eileithyia war kaum in Delos angelangt, als auf dem Hang des Berges Kynthos unter einer Palme Phoibos Apollon geboren wurde. Sogar die Erde unter ihm lächelte, und die Göttinnen jubelten vor Freude.

Göttinnen wiegten und badeten Apollon, sie wickelten ihn in schneeweißes Linnen mit goldenem Bande. Er schrie nicht nach Milch wie andere Kinder. Die Göttin Themis berührte seine unsterblichen Lippen mit Nektar und süßer Ambrosia. Und als Apollon die göttliche Speise gekostet hatte, fing er sogleich zu strampeln an; seine kräftigen Beinchen befreiten sich von dem Wickel – wobei das goldene Band zerriß –, und er sagte heiter zu den Göttinnen: »Ich bin zu euch gekommen! Ich werde der Gott der Leier und des krummen Bogens sein. Auch der Gott des Orakels werde ich sein, der den Menschen Zeus' unabänderlichen Willen verkünden wird.«

So sprach Phoibos mit dem Lockenkopf, und sogleich machte er große Schritte auf dem Boden der Insel Delos. Die Göttinnen staunten, und die glückliche Insel, die den Gott auf sich schreiten fühlte, erblühte mit einemmal in der strahlenden Pracht goldener Blumen.

Nach dem Homerischen Apollon-Hymnus.

DAPHNE

Apollons erste Liebe war *Daphne*, die Tochter des Flusses *Peneios*. Nicht irgendein Zufall, sondern der grausame Zorn des Eros hat sie zu ihm geführt. Der Gott von Delos, nach der Bezwingung des Drachen Python von Stolz erfüllt, erblickte den Gott der Liebe, als dieser gerade seinen krummen Bogen spannte.

»Mutwilliger Knabe, was machst du mit dieser Heldenwaffe?« fragte er ihn. »So etwas gehört mir auf die Schulter, der ich mit sicherer Hand Geschosse ins Wild und in den Feind jagen kann, der ich eben erst Python, als er seinen pesthauchenden Körper schwellte und viele Joch Boden damit bedeckte, mit meinen zahllosen Pfeilen zur Strecke gebracht habe. Begnüge du dich mit deinen Fackeln und sei froh, wenn du mit denen die Flamme läppischer Liebe entfachen kannst, aber trachte nicht nach meinem Ruhm.«

Aphrodites Sohn lachte und sprach: »Dein Pfeil, Phoibos, ereilt jeden, der meine aber ereilt dich.«

Und flink mit seinen Flügeln die Luft durchsegelnd, war er auch schon auf dem schattigen Gipfel des Parnassos angelangt. Dort nahm er zwei Pfeile aus dem Köcher. Einer davon war gebogen und endete in einer glänzenden Spitze, der andere war stumpf und mit Blei beschwert. Der eine erweckt Liebe, der andere vertreibt Liebe, den einen drückte er auf die Nymphe des Peneios ab, mit dem anderen traf er Apollon bis ins Mark.

Der Gott wurde von Liebe erfaßt. Die Nymphe aber floh, wenn sie das Wort Liebe nur hörte. Sie erfreute sich nur an der Finsternis des Waldes und an der Jagdbeute und wünschte, der keuschen Artemis zu folgen. Ihr Haar war nur von einem schlichten Band zusammengehalten. Viele bewarben sich um sie, aber sie wandte sich von den Freiern ab, sie wollte keinen Mann kennen und suchte die undurchdringlichen Wälder auf. Ihr Vater erwartete von ihr vergebens einen Schwiegersohn und Enkelkinder, sie wollte von der Hochzeitsfackel nichts wissen. Wenn davon gesprochen wurde, überflog schamhafte Röte ihr schönes Antlitz, sie schlang schmeichelnd den Arm um den Hals ihres Vaters und bat ihn, er möge sie dem Beispiel der Artemis folgen lassen. Peneios gab nach, nicht aber ihre eigene Schönheit.

Phoibos erblickte Daphne und entbrannte sogleich in heftiger Liebe zu ihr. Wie das leichte Stroh oder wie der Zaun am Wegrand in Flammen aufgeht, wenn der Wanderer seine Fackel zu nahe gehalten oder wenn er sie nach Tagesanbruch neben dem Zaun weggeworfen hat, so loderte der Gott, so brannte seine Brust und nährte das Feuer der Liebe mit Hoffnung. Er betrachtete die gelösten Locken des Mädchens, die ihr in den Nacken wallten, er schaute in ihre Augen, die wie zwei Sterne funkelten, er schaute auf ihre Hände, ihre Arme, aber sie lief schneller als der leichte Wind und blieb nicht stehen. Vergebens lockte sie Phoibos: »Nymphe des Peneios, bleib stehen, bleibe bei mir! Ich bin kein Feind, bleibe, fürchte dich nicht vor mir, wie sich das Lamm vor dem Wolf, der Hirsch vor dem Löwen, die Tauben mit zitternden Federn vor dem Adler fürchten. Ich liebe dich, deshalb verfolge ich dich hier im Wald. Lauf also nicht vor mir davon! Du fällst, Dornen verletzen deine Füße, und ich wäre dann der Urheber deines Schmerzes. Wo du läufst, ist der Weg uneben, lauf also nicht, dann gehe auch ich langsam. Frage, wer ich bin, wem du sofort gefallen hast: Ich bin kein Bergbewohner, ich bin kein Hirte. Du weißt nicht, Leichtsinnige, du weißt nicht, wem du davonläufst, sonst liefest du nicht weg. Das Land Delphi und die königlichen Paläste von Klaros, Tenedos und Patara dienen mir; Zeus ist mein Vater. Durch mich offenbart sich denen, die Einsicht haben, was sein wird, was war und was ist, und durch mich klingen die Lieder mit den Saiten zusammen. Mein Pfeil trifft sicher, ha, nur *ein* Pfeil trifft noch sicherer als der meine, derjenige, der in meinem sorglosen Busen eine Wunde geschlagen hat. Die Heilmittel sind meine Erfindung, das ganze Erdenrund nennt mich den helfenden Gott, ich gebiete der Heilkraft der Kräuter.

Aber weh mir, Kräuter heilen die Liebe nicht, und meine Kenntnisse helfen mir selber nicht, obwohl sie jedem anderen nützen!«

Er redete noch mehr, doch des Peneios Tochter lief zitternd weg und ließ ihn für sich allein reden. Wie sie so lief in flatterndem Gewande und der leichte Wind ihre wehenden Locken nach hinten blies, war sie noch schöner.

Aber der junge Gott vergeudete nun seine zärtlichen Worte nicht länger, auch er rannte los und lief, wohin ihn die Liebe trieb; wie wenn ein Jagdhund auf dem Feld einen Hasen erblickt hat und der Beute nachsetzt, diese aber die Freiheit sucht, er holt die Beute ein, und sie springt ihm zwischen den gierigen Zähnen davon – so liefen hier der Gott und die Jungfrau, ihn machte die Hoffnung flink und sie die Angst. Unermüdlich trugen die Flügel der Liebe den Verfolger, schon hatte er die Fliehende eingeholt, sein Atem berührte das ihr im Nacken herabwallende Haar. Ihr schwand die Kraft, sie erbleichte, der Verfolger hatte gesiegt. Da blickte sie auf die Wellen des Peneios und rief: »Hilf, mein Vater! Du Erde, meine Mutter, tu dich auf, oder verwandle meine schöne Mädchengestalt, die Ursache meines Verderbens!«

Ihr blieb kaum Zeit, ihre Worte zu beenden, schon legte sich die Schwere des Erstarrens auf ihre Glieder, zarte Baumrinde umgab ihren weichen Busen, ihre Haare wurden zu Laub, ihre Arme zu Zweigen, ihre eben noch flinken Füße faßten Wurzel, nur ihre frühere Schönheit blieb unverändert. Phoibos aber liebte sie immer noch. Er legte die rechte Hand auf ihren Stamm – unter der frischen Rinde fühlte er noch des Mädchens Busen erbeben –, mit dem Arm umfing er die Zweige, und er küßte den Baum, aber auch der Baum entzog sich noch seinen Küssen.

Und der Gott sprach: »Bist du meine Gattin nicht geworden, so wirst du doch mein Baum sein. Dich, Lorbeerbaum, werde ich stets auf meiner Stirn, meiner Leier, meinem Köcher tragen. Und wie auf meinem Jünglingshaupt die Haarlocken ewig ungeschoren sind, wirst du stets die stolze Krone deines immergrünen Laubes tragen.«

Apollon hatte geendet, und mit ihren eben erst gewonnenen Zweigen winkte darauf Daphne, der »Lorbeerbaum«, und bewegte die Laubkrone, als nicke sie mit dem Kopf.

Ovid, Metamorphosen I, Vers 452–567.

MELAMPUS

Bias und *Melampus* waren Brüder. Sie stammten aus einer berühmten Familie; ihr Vater, *Amythaon*, und ihre Mutter, *Eidomene*, waren beide Abkömmlinge des Königs *Salmoneus*. Bias wohnte in der Stadt, Melampus im Walde.

Vor Melampus' Hütte stand ein alter, hohler Eichbaum. Im hohlen Stamm der Eiche wohnte eine Schlangenfamilie.

Einmal, als Melampus zur Tür seiner Hütte hinausschaute, sah er, daß die Menschen die beiden großen Schlangen getötet hatten. Er sammelte Reisig und äscherte die getöteten Schlangen ein. Dann blickte er in das Schlangennest und sah, daß zwei kleine hilflose Junge darin verwaist zurückgeblieben waren.

Er hatte Mitleid mit ihnen, brachte sie in seine Hütte und zog sie groß.

Als die beiden Schlangenjungen herangewachsen waren, erwiesen sie sich für die Güte des Melampus dankbar. Eines Nachts, als Melampus bereits schlief, stahlen sie sich an sein Bett. Sanft ringelten sie sich an seinen Schultern und achteten darauf, daß sie ihrem Erretter nichts zuleide taten, was gar nicht so leicht war, denn die beiden Schlangen waren nun schon sehr stark, die Schlangennatur war auch schon durchgebrochen. Doch sie schmiegten sich so zart an Melampus, daß dieser nicht einmal aufwachte.

Dabei leckten ihm die beiden Schlangen im Schlaf die Ohren aus, und nach dem Erwachen verstand er die Vogelsprache.

Sie hatten seine Ohren so lange mit ihren feurigen Zungen beleckt, bis sein Gehör sich wunderbar verfeinert hatte, daß er sogar die Sprache aller Tiere verstehen konnte. So erlauschte er von nun an immer aus dem, was die Vögel sprachen, die Geheimnisse der Zukunft, und es wurde plötzlich ein bis in ferne Lande berühmter Seher aus ihm. Was er noch nicht wußte, das lehrte ihn Apollon, als er ihm einmal am Ufer des Flusses Alpheios begegnete.

Bias lebte unterdessen in der Stadt, und dort verliebte er sich schließlich in die Tochter des Königs von Pylos. Aber *Pero*, die Königstochter, hatte viele Freier. *Neleus*, der König, wollte keinen von ihnen kränken, darum tat er kund, daß er seine Tochter demjenigen zur Frau geben werde, der ihm die Kühe des *Phylakos* bringe. Die Kühe wurden von einem riesigen Hund bewacht, dem sich weder Mensch noch Tier zu nähern wagte. Bias war darüber traurig, denn er hatte die Königstochter sehr liebgewonnen. Er ging in den Wald zu seinem allwissenden Bruder, um ihn um Hilfe zu bitten.

»Sei nicht traurig, Bruder«, sagte Melampus zu ihm, »heute in einem Jahr bringe ich die Kühe des Phylakos. Bis dahin aber siehst du mich nicht wieder, denn ich werde das Jahr in einem finsteren Kerker zubringen.«

Und es geschah, wie Melampus es seinem Bruder versprochen hatte. Er ging in das Land des Phylakos, gab sich aber wegen der Rinderherde keine besondere Mühe, da er ja wußte, daß er die Wachsamkeit des Riesenhundes nicht überlisten könne. Er stand nur bei den Kühen herum, bis Phylakos' Diener kamen. Sie fragten ihn, was er suche. Melampus gab zu, daß er die Kühe stehlen wollte.

Die Diener brachten ihrem König triumphierend die Nachricht, daß sie einen Dieb erwischt hätten. Melampus kam, wie er es prophezeit hatte, in den Kerker. Er geriet nicht in Verzweiflung, sondern wartete im Kerker ruhig seine Zeit ab, nur zählte er die Tage.

Aber als nur noch drei Tage an dem Jahr fehlten, tat Melampus die ganze Nacht kein Auge zu. In den Balken tickte unablässig der Wurm, doch Melampus wußte, daß sich nun die vielen Würmer miteinander unterhielten, und er belauschte sie die ganze Nacht.

»Ist noch viel von dem Balken da?« fragte ein Wurm den anderen.

»Nicht viel, nicht viel, gar nicht viel«, antwortete der andere.

So erfuhr Melampus, was er wissen mußte. Er alarmierte auch sogleich den Palast.

»Schnell, schnell, ziehen wir um in ein anderes Haus!«

Kaum waren Phylakos' Familie und das Gesinde samt den Sklaven ausgezogen, stürzte auch schon der Palast mit großem Krach ein. Die vielen Holzwürmer hatten insgeheim alle Balken zernagt.

Phylakos ließ Melampus rufen, denn er merkte, daß er es mit keinem gewöhnlichen Sterblichen, sondern mit einem Liebling der Götter, einem großen Seher zu tun hatte. Er dachte sich, dieser könne vielleicht auch seinen kranken Sohn heilen.

Freilich konnte Melampus das, nur verlangte er als Belohnung dafür die Kühe. Phylakos ging auf den Handel ein. Melampus heilte *Iphiklos*, den Sohn des Phylakos, bekam die Kühe und zog glücklich von dannen.

Als das Jahr um war, brachte er Bias die Kühe des Phylakos, auch Bias säumte nicht lange, er trieb die Kühe nach Pylos.

Was konnte der König von Pylos anderes tun, er gab, wie er versprochen hatte, seine Tochter dem Bias zur Frau.

Rekonstruktion auf Grund folgender Quellen: Homer, Odyssee XV, 225–238; Apollodoros, Bibliotheca I 9, 11–12; Homer-Scholien (ad Od. XI. 287); Theokrit-Scholien (ad III. 43).

KYRENE

Kyrene, die Geliebte Apollons, gab der Stadt Kyrene den Namen.

Aus den windigen Tälern des Pelion-Gebirges raubte Letos lockenköpfiger Sohn die Tochter der Wälder und entführte sie in seinem goldenen Wagen in das ferne Libyen, um sie dort zur Herrin des Bodens zu machen, der reiche Schafherden ernährte und Getreide in Fülle hervorbrachte.

Kyrene war die Tochter *Hypseus',* des Königs der *Lapithen,* Hypseus indessen war der Sohn des Flusses Peneios und der Nymphe Kreusa, einer Tochter des Okeanos und der Gaia. Der König erzog seine schönarmige Tochter selber. Sie liebte es gar nicht, mit ihren Gespielinnen zu Hause zu sitzen, und sie arbeitete auch nicht gern am Webstuhl, sondern jagte immer mit dem Schwert und mit ehernen Speeren im Walde, um die Rinderherden ihres Vaters vor den wilden Tieren, die es auf die Herde abgesehen hatten, zu schützen. Sie gönnte sich nicht einmal süße Rast, und erst gegen Tagesanbruch stahl sich ein wenig Schlaf auf ihre Lider.

Als Apollon, der Gott mit dem breiten Köcher, sie erblickte, rang sie gerade mit einem furchtbaren Löwen, allein und mit der bloßen Hand. Laut rief der Gott den Kentauren *Cheiron* aus seiner Höhle, der damals, vor dem *Kampf zwischen Lapithen und Kentauren,* gleichfalls noch in Thessalien, auf dem Berge Pelion, wohnte: »Verlasse deine Höhle, Cheiron, Sohn der Philyra, und bewundere auch du den Mut und die große Kraft des Mädchens. Furcht kennt sie nicht, ihre Seele besteht die Probe, und kein Zittern der Angst regt sich in ihrem Herzen. Wessen Kind ist sie? Welchem Stamm entsprossen, daß sie die Versteckplätze der schattigen Berge bewohnt? Wie, wenn ich von ihr der Liebe süße Blumen pflückte?«

Die sanften Brauen des klugen Kentauren verzogen sich zu mildem Lächeln.

»Die weise Peitho, die Überredung, hat geheime Schlüssel zur heiligen Liebe, Phoibos, und das wird von Göttern wie von Menschen in Ehren gehalten. Dich, dem alles Lügen ferne ist, hat das süße Gefühl veranlaßt, es auszuplaudern. Aber mich befragst du nach des Mädchens Familie, wo doch gerade du das Ende aller Dinge und all ihre Pfade kennst? Du weißt, wie viele Frühlingsblätter die Erde sprießen läßt, wie viele Sandkörner das Wogen und der Sturm im Meer und in den Flüssen aufwirbeln; du bist es, der sieht, was kommen wird und woher das Kommende kommt. Aber wenn du wünschest, daß ich mich mit dir, dem Weisen, in der Weisheit messe, kann ich es ja sagen. Du bist als Verlobter des Mädchens in dieses Tal gekommen, und über das Meer wirst du sie mitnehmen in Zeus Ammons prächtigen Garten. Dort machst du sie zur Herrin einer Stadt und versammelst um sie ein Volk von Inselbewohnern auf dem Hügel inmitten der ebenen Fluren. Libyen mit seinen weiten Wiesen wird nun mit fürsorglicher Liebe die herrliche Nymphe in einem goldenen Palast aufnehmen und gibt ihr vom eigenen Lande einen Anteil, auf daß Kyrene stets mit vollem Recht neben Libyen herrsche und reich sei an fruchttragenden Pflanzungen und an Wild des Waldes. Dort wird sie auch einen Sohn gebären, den der ruhmreiche Hermes aus dem Schoße der Mutter zu den Horen und zu Gaia bringt. Diese nehmen den Knaben auf die Knie und träufeln ihm Nektar und Ambrosia auf die Lippen, sie machen ihn unsterblich zur Freude der wackeren Menschen, sie setzen ihn zum Hüter der Schafe ein. *Agreus* wird er sein, der ›Jagdgott‹, und *Nomios,* der ›Hirtengott‹, andere wiederum werden ihn *Aristaios* nennen.«

Cheiron hatte geendet. Durch seine Worte fachte er die Sehnsucht des Gottes noch mehr an. Und wenn es die Götter eilig haben, geht alles rasch vonstatten, und die Wege sind kurz. Noch am selben Tage nahm Apollon Kyrene in seinem goldenen Wagen mit nach dem an Gold reichen Libyen. Dort empfing die silberfüßige Aphrodite den Gast aus Delos, sie half ihm mit leichter Hand vom Wagen und bereitete für den Gott und die Nymphe die Hochzeit vor.

Seitdem herrscht Kyrene über die schöne Stadt, die Gott Apollon für sie gründete. Und vielleicht kehrten deshalb die Jünglinge von Kyrene so oft mit höchstem Ruhm aus Delphi heim, wo sie an den *Pythia* genannten Wettspielen zu Ehren des Apollon teilnahmen.

Pindar, Pythia IX, Vers 1–75.

NIOBE

Es geschah einmal, daß sich die Frauen von Theben versammelten, um auf dem Altar der Leto Opfer darzubringen.

»Kommet, Frauen von Theben, kommet!« rief sie *Manto*, des Teiresias Tochter. »Bekränzet das Haupt mit Lorbeerzweigen und bringet eifrige Gebete, bringet duftenden Weihrauch dar für Leto und die beiden strahlenden Kinder der Göttin. Die Göttin selbst gibt euch durch meinen Mund den Befehl.«

König von Theben war *Amphion*, und die Königin hieß *Niobe*. Niobe war eine Fremde unter den Frauen von Theben. König Amphion hatte sie aus dem fernen Asien als seine Gattin in sein Haus gebracht. Dort wurden sie von den Göttern mit Glück gesegnet. Das ganze Erdenrund wußte, daß von den sterblichen Frauen Niobe die schönsten Kinder hatte.

Aber Niobe wollte sich in sündiger Überheblichkeit mit der Göttin messen.

Die Frauen waren schon um Letos Altar versammelt, als Niobe bei ihnen ankam. Die Augen aller wandten sich ihr zu. Alle bewunderten sie, die zwischen ihren sieben stattlichen Söhnen und ihren sieben wunderschönen Töchtern stand.

Und Niobe sprach hoffärtig zu ihnen: »Was ihr macht, ist Wahnsinn, Frauen von Theben, da ihr die unsichtbare Göttin mehr schätzet als mich, die ich vor euch stehe. Warum opfert ihr der Leto, warum verehret ihr sie mit duftendem Weihrauch und eifrigem Gebet? Fürwahr, eine schöne Göttin ist das! Ihr solltet lieber vor mir auf die Knie fallen! Ich stamme aus ruhmreichem Königshause, meine Kinder sind in prächtigem Palast geboren, sie aber, wie ihr wißt, ist eine heimatlose Bettlerin. Keine einzige Insel wollte sie aufnehmen, nur die armselige Delos. Und dann – zwei Kinder! Ich habe vierzehn. Sieben Söhne, sieben Töchter, eins schöner als das andere. Der Mutter der zwei Kinder habt ihr schon genug geopfert, nehmt die Lorbeerzweige vom Kopf!«

Was hätten die Frauen von Theben anderes tun können, als auf den Befehl der Königin hin zu schweigen. Sie hörten mitten in der Opferung auf, legten den Festkranz nieder, gingen nach Hause und versöhnten die beleidigte Göttin durch stilles Gebet.

Leto sah, daß ihr Altar leer geblieben war. Zornerfüllt kehrte sie nach Delos zurück, ging auf den Berg Kynthos und klagte ihren beiden Kindern, Apollon, dem Gott mit dem Silberbogen, und der pfeilschießenden Artemis: »Ihr seid bisher meine Herrlichkeit gewesen, und nun hat euch die hochmütige Königin von Theben gering befunden. Sie hat es gewagt, ihre sterblichen Kinder über euch zu stellen, und hat die Frauen ihres Volkes von meinem Festaltar weggejagt. Was wird nun aus meiner göttlichen Würde?«

Apollon und Artemis verloren nicht viele Worte, um ihre Mutter zu trösten. Sie nahmen statt dessen ihre silbernen Bogen zur Hand und schwebten, in eine dichte Wolke gehüllt, durch die Luft nach Theben.

Am Rande der Stadt lag eine große, ebene Wiese. Dort vergnügten sich gerade die Königssöhne. Sie saßen in purpurnen Sätteln auf ihren prachtvollen Pferden, die mit goldenem Zaumzeug aufgezäumt waren.

»Wehe mir!« schrie plötzlich Ismenos, der Älteste. Er griff sich ans Herz und fiel vom Pferde.

Entsetzt griff Sipylos, sein jüngerer Bruder, nach ihm, er kam aber nicht mehr dazu, sich nach ihm zu bücken: Der Pfeil des unsichtbaren Schützen traf auch ihn ins Herz. Sein heißes, rotes Blut vermischte sich mit dem Sand der Rennbahn.

Phaidimos und Tantalos rangen auf dem

glänzenden Kampfplatz. Die gewölbten Brüste gegeneinandergepreßt, schlangen sie gerade die sich spannenden sehnigen Arme ineinander: So drang Apollons grausamer Pfeil durch sie hindurch. Sie schrien zugleich auf, zugleich stürzten sie zu Boden, zugleich hauchten sie die Seele aus.

Auch Alphenor, Damasichthon und Ilioneus wurden von den zürnenden Göttern getroffen.

Die Stadt beweinte sieben junge Helden auf einmal, an der Bahre all ihrer sieben Söhne stand die arme Niobe. Einem nach dem anderen warf sie sich auf die erkalteten Lippen. Sie bedeckte ihre Söhne mit Küssen, und ihr Herz ward voll des staunenden, heftigen Grolles, daß die Götter so grausam Rache zu üben vermochten. Aber sie nahm den Rest ihres Mutterstolzes zusammen und hob die welken Arme gen Himmel und rief: »Nun, grausame Leto, weide deine Augen an meinem Schmerz! Doch auch so noch habe ich gesiegt, beraubt wie ich bin, sind mir dennoch mehr Kinder geblieben als dir in deinem Glück!«

Und sich wieder aufrichtend, blickte sie um sich. Dort standen in schwarzen Gewändern und mit aufgelösten Haaren die um die Brüder trauernden Mädchen.

Plötzlich aber war wie aus weiter Ferne der Klang einer sich spannenden Sehne zu hören, und mit Ausnahme der verblendeten Mutter erschauerten alle.

Eins der Mädchen wärmte den erkalteten Leichnam seines Bruders mit Küssen, und tot brach es neben dem Toten zusammen. Die zweite tröstete gerade die Mutter, und plötzlich brachen ihre Worte ab. Die anderen versuchten zu fliehen, doch der Pfeil ereilte sie überall. Eine versteckte sich, aber vergebens, Artemis fand sie.

Zwischen sechs toten Töchtern kam die unglückliche Königin zur Besinnung, um von neuer Trauer niedergeschmettert zu werden. Nur eine war noch am Leben, eine, die jüngste. Wie ein aufgescheuchter Vogel sein Junges, so bedeckt Niobe diese mit ihrem ganzen Körper, so möchte sie diese unter ihrem wie Flügel ausgebreiteten Gewand verbergen.

»Dieses eine, bitte, von meinen vielen Kindern, laßt mir wenigstens dieses eine, sie, die Jüngste!« rief sie mit letzter Kraft, aber sie hatte es noch nicht ganz ausgesprochen, als auch die Jüngste tot in den Armen der Mutter zusammenbrach.

Da stand nun Niobe, ihr Mutterglück war vernichtet. Sie ließ den leblosen Körper ihres jüngsten Kindes langsam ihren Armen entgleiten, auch ihre eigenen Glieder erkalteten. Mit erstarrenden Augen betrachtete sie ihre Toten, auch der Wehruf erstarb auf ihren Lippen. Die um sie standen, wagten nicht, zu ihr zu sprechen, und sie rührte sich nicht. Ihre Beine versagten, von ihrem Antlitz schwand das Leben, an der Stelle ihres Herzens war ein harter, kalter Stein.

Es erhob sich ein leichter Wind, doch Niobes aufgelöstes Haar erzitterte nicht einmal. Die Königin von Theben war in ihrem grausamen Leid zu Stein erstarrt.

Der leichte Wind wurde zu starkem Sturm, er packte die zu Stein gewordene Königin und trug sie vor den Augen der staunenden Menschen davon. Er trug sie übers Meer hinweg weit nach Asien, auf den Felsen Sipylos, die Geburtsstätte der Königin.

Es ist ein starrer Fels, südlich von Troja, schon von weitem sieht man die Frauengestalt aus weißem Marmor. Das Leben in ihren Gliedern ist längst abgestorben, aber ihre Tränen sind bis zum heutigen Tage nicht versiegt. Aus den leeren Augenhöhlen rinnen unablässig Tränen, als perle Schweiß aus dem Marmor.

Ovid, Metamorphosen VI, Vers 146–312.

DIE KALYDONISCHE JAGD

Oineus, der König von Kalydon, bekam als erster Weinstöcke von Dionysos geschenkt. Die Gemahlin des Oineus hieß *Althaia*, Kinder der beiden waren *Deianeira*, die Gattin des Herakles, und *Meleagros*, der heldenhafte Jäger.

Als Meleagros sieben Tage alt war, erschienen die *Moiren*, die Schicksalsgöttinnen, an seiner Wiege. Im Zimmer brannte das Feuer, die Moiren zeigten auf ein Holzscheit und sprachen: »Wenn dieses Scheit abbrennt, wird Meleagros sterben.«

Erschrocken riß Althaia das Scheit aus den Flammen und verschloß es in ihrer Truhe, wo es niemand erreichen konnte. So wurde denn Meleagros großgezogen, und es ward ein wakkerer Held aus ihm, dem Wunden nichts anhaben konnten.

Oineus brachte alljährlich von den ersten Feldfrüchten den Göttern Opfer dar. Doch Artemis vergaß er. Darob zürnte die Göttin und schickte einen riesigen wilden Eber nach Kalydon. Der wühlte dann Oineus' ängstlich gehütete Weinstöcke aus, zerriß das Vieh, und wenn er Menschen antraf, verschonte er auch diese nicht.

Da rief Oineus die Helden von ganz Griechenland zusammen und verkündete ihnen, wer den Eber töte, bekomme dessen Fell zur Belohnung. Viele Helden kamen zur kalydonischen Jagd, vor allen waren da des Oineus Sohn, Meleagros, und des Oineus Schwäger, aber es kamen auch die beiden Söhne des Zeus und der Leda, *Kastor* und *Polydeukes*, aus Sparta, Theseus aus Athen, *Admetos* aus Pherä, *Amphiaraos* aus Argos, *Peirithoos*, der König der Lapithen, aus Larissa, *Peleus* aus Phthia, *Telamon* aus Salamis, *Iason* aus Iolkos, *Iphikles*, des Herakles Bruder, aus Theben und noch viele andere. Es kam auch aus Arkadien ein heldenhaftes Mädchen, *Atalante*, und obgleich die Helden sie anfangs für ihrer unwürdig hielten, nahmen sie auf des Meleagros Zuspruch hin das Mädchen dennoch in ihren Kreis auf.

Die Helden, die sich zusammengeschart hatten, schmausten neun Tage lang in König Oineus' gastfreundlichem Hause, am zehnten Tage zogen sie dann gegen den Eber.

Sie fanden ihn alsbald in der Gemarkung von Kalydon, und alle, die da waren, umstellten ihn. Aber die Jäger waren noch gar nicht recht dazu gekommen, die Bogen zu spannen, als die Bestie schon zwei von ihnen überrannte. Da ließen sie einen mächtigen Pfeilhagel auf ihn los. Atalantes Pfeil verwundete als erster den Eber am Rücken, als zweiter traf ihn des Amphiaraos Pfeil am Auge. Schließlich tauchte ihm Meleagros den Speer in die Weichen, worauf der Eber tot zusammenbrach. So gebührte also dem Meleagros das abgezogene Fell, doch Meleagros, der sich in Atalante verliebt hatte, überließ ihr den Lohn.

Die Onkel des Meleagros – die Brüder Althaias –, die schon mißgestimmt gewesen waren, weil sie das Mädchen auf die Jagd mitnehmen mußten, waren jetzt geradezu entrüstet.

»Wo so viele Männer beisammen sind, werden wir doch nicht zulassen, daß eine Frau den Lohn bekommt!« Wenn Meleagros das Fell des Ebers nicht haben wolle, gebühre es familienrechtlich ihnen, aber keinem anderen, meinten sie und nahmen der Atalante das Fell weg. Darob geriet Meleagros in ungeheuren Zorn, er tötete vor Wut seine Onkel und gab das Fell des Ebers dem Mädchen wieder.

Als Althaia die Nachricht gebracht wurde, daß ihre Brüder durch die Hand ihres eigenen Sohnes den Tod erlitten hätten, ergriff sie in der ersten Erregung das Holzscheit, welches sie lange Jahre hindurch in ihrer Truhe versteckt gehalten hatte, und warf es in die Flammen. Es fing rasch an zu brennen und wurde im Nu vom Feuer verzehrt.

Meleagros war gerade unterwegs nach Hause. Doch als das Holzscheit noch ein letztes Mal flackerte, brach er auf dem Wege plötzlich tot zusammen.

Erst als man die Leiche ihres Sohnes nach Hause brachte, wurde Althaia bewußt, was sie getan hatte. Sie konnte den furchtbaren Schmerz nicht ertragen und erhängte sich. Kleopatra, die Frau des Meleagros, tat das gleiche.

Apollodoros, Bibliotheca I 8, 1–3.

AKTAION

Aktaion, der Enkelsohn des Königs *Kadmos* von Theben, jagte auf dem Berge Kithairon. Das Blut gar vielen Waldwildes hatte den Berg schon getränkt, die Sonne stand im Zenit, und die Schatten wurden kurz. Da sprach zu seinen im unwegsamen Gestrüpp umherstreifenden Gefährten der Jüngling in sanftem Ton: »Die Jagdnetze und unsere Waffen sind schon vom Blut des Wildes feucht. Glück hat uns begleitet, doch für heute ist genug der Beute. Wenn die neue Morgenröte auf ihrem safranfarbenen Wagen einen neuen Tag für uns anbrechen läßt, können wir die Jagd fortsetzen. Jetzt trocknet der heiße Hauch der im Mittag stehenden Sonne die Wiesen, wir wollen rasten, holet auch ihr, meine Gefährten, die Netze voll Knoten ein!«

Sie befanden sich gerade in einem dichten Hain von Fichten und Zypressen im Tale Gargaphia, an der heiligen Stätte der Göttin Artemis. Hier war, im innersten Winkel des Tales, die heilige Höhle der Göttin. Nicht Menschenhand hatte sie geschmückt, sondern die mit der Kunst wetteifernde Natur selbst, indem sie das Gewölbe aus lebendigem, sich von selbst formendem Bims- und leichtem Tuffstein aufrichtete. Rechter Hand rieselte eine klare Quelle durchsichtigen Wassers zwischen den Rasenbeeten. Dort pflegte die Göttin der Wälder, war sie von der Jagd ermüdet, ihre jungfräulichen Glieder mit dem frischen Quellwasser zu besprengen. Während Artemis in der Quelle badete, vertraute sie Speer, Köcher und Bogen einer Nymphe, ihrer getreuen Waffenträgerin, an, die zweite Nymphe nahm den Mantel der Göttin auf den Arm, zwei Nymphen lösten ihr die Sandalen, und die geschickteste steckte ihr die zerzausten Haare zu einem Knoten auf.

Aktaion war, als er in dem unbekannten Tale unsicheren Schrittes umherstreifte, in dieses Wäldchen gelangt, das Geschick hatte ihn hierhergeführt. Als er die Höhle betrat, erblickten ihn die nackten Nymphen. Und da sie den Mann sahen, schlugen sie verzweifelt ihre Brust, der Hain ward von ihren Schreien erfüllt, und sie liefen alle zusammen, um wenigstens Artemis mit ihren Körpern zu dekken. Die Göttin aber war größer als sie alle, und sie ragte von den Schultern an aus dem Kreise der Nymphen hervor.

Wie wenn die Sonnenstrahlen die Wolken färben oder wie der Eos' Röte, so ward Artemis' Antlitz vor Scham, als der Jüngling sie nackt erblickte.

»Du würdest nun erzählen, daß du mich nackt gesehen hast, wenn du noch je erzählen könntest«, sagte unheilverheißend die zürnende Göttin. Ihre Pfeile hatte sie nicht bei der Hand, doch sie konnte mit der hohlen Hand Wasser schöpfen, und das Wasser spritzte sie Aktaion ins Gesicht und auf den Kopf. Sobald sie ihn mit dem Wasser der Quelle besprengt hatte, wuchs ein Hirschgeweih auf der Stirn des Jünglings, seine Ohren wurden spitz, sein Hals dehnte sich, seine Hände und Füße formten sich zu schlanken Tierbeinen, und seinen Körper überzog scheckiges Fell. Die Scheu der Hirsche zog in seine Seele ein, er lief los und war erstaunt, wie schnell ihn seine Füße trugen. Im Laufen, als er in den Spiegel eines Baches blickte, bemerkte er sein verändertes Gesicht und das Geweih an seiner Stirn.

»Weh mir, was ist geschehen«, wollte er rufen, aber kein Laut kam aus seiner Kehle. Er stöhnte auf und hätte weinen mögen, doch seine Tränen flossen über fremdartige Wangen. Nur sein menschlicher Verstand war ihm geblieben. Was sollte er tun? Sollte er in den königlichen Palast zurückkehren oder sich im Walde versteckt halten? So sann er nach. Zurückzukehren hätte er sich geschämt, im Walde zu bleiben, wagte er nicht.

Während er noch zauderte, kamen seine eigenen Jagdhunde, um ihn zu verfolgen. Durch lautes Gebell gaben sie das Zeichen. Sie freuten sich der schönen Beute und setzten dem Hirsch nach durch weglose Dikkichte, über vorstehende Klippen, über schier unzugängliche Felsen hinweg. Aktaion floh wie ein verfolgtes Wild, dort floh er, wo er selbst so oft das Wild gejagt hatte, und es waren seine eigenen treuen Diener, vor denen er fliehen mußte. Vergebens wollte er ihnen sagen: »Ich bin Aktaion, erkennet doch endlich euren Herrn!« – Menschliche Worte kamen aber nicht über seine Lippen, die Gegend hallte nur vom Bellen der Hunde wider. Einige Hunde holten ihn ein, obwohl sie später ausgezogen waren, aber sie fanden zwischen den krummen Pfaden einen kürzeren Weg und kamen von vorn. Einer der Hunde schlug ihm die Zähne in den Rücken, der andere in die Brust, und als ihn auch noch ein dritter angefallen hatte, konnte er nicht weiterlaufen. Es kamen auch noch die anderen Hunde und bissen und zerfleischten ihn. Es war kein heiles Fleckchen mehr an seinem Körper. Er stöhnte ein letztes Mal auf, aber nicht mit menschlichem Laut, sondern nur, wie die Hirsche stöhnen, und sein bitterliches Klagen tönte über den ganzen Berghang hin. Er ließ sich auf ein Knie nieder und sandte den sanften Blick seiner flehenden Augen ringsumher. Da stand bereits seine Jagdgefolgschaft um ihn. Die Augen der Gefährten suchten Aktaion, und alle riefen nach Aktaion, denn wie wußten nicht, daß er selbst vor ihnen lag. Als er seinen Namen hörte, hob er den Kopf, doch seine Gefährten beachteten es nicht und beklagten nur, daß Aktaion nicht bei ihnen sei und sich nicht mit ihnen an der prachtvollen Beute ergötzen könne. Die Hunde zerfleischten noch immer ihren unglücklichen Herrn, den sie in dem Hirsch nicht erkannten.

Der Rachedurst der Artemis war erst gestillt, als Aktaion an seinen Wunden verblutet war.

Ovid, Metamorphosen III, Vers 138–252.

APHRODITE

Aphrodite, die Göttin der Liebe, wurde im Schaum des von Zeus' Blitz berührten Meeres geboren und segelte in einer Muschel nach der Insel Kythera, wo ihr der erste Tempel erbaut wurde. Nach dieser Insel wird sie *Kythereia* genannt, und weil sie plötzlich in funkelnder Schönheit aus den Wogen des Meeres auftauchte, wie die Liebe plötzlich in der wogenden Seele des Menschen entsteht, erhielt sie auch den Beinamen *anadyomene*, die »Auftauchende«. In der Natur ist die wunderbare Entstehung der Perle das sich fortwährend wiederholende Sinnbild der Geburt Aphrodites. Diesen Vorgang erklärte die griechische Naturkunde so: Beim Gewitter öffnet sich die Muschel, sie nimmt den befruchtenden Blitz in sich auf, und die Begegnung von Meer und himmlischem Feuer bringt im Innern der Muschel die Perle zustande, die den milden Glanz des Taus mit den Strahlen der Sonne, des Mondes und der Sterne durchwoben zeigt. Auch wo dieser Mythos nicht bekannt war, hielt man die schöne Göttin der Liebe für die Tochter des Zeus und der *Dione*, also für die Enkelin des Okeanos und der Tethys. Ihre alles unterjochende Kraft gebietet auch den Meereswogen; von ihr erwartete man die Meeresstille und die gute Schiffahrt, und der Leuchtturm am Hellespont, in Sestos, an den sich die lieblich-traurige Sage von *Hero* und *Leander* knüpft, war ein Tempel der Aphrodite. Ihre berühmtesten Tempel standen alle in unmittelbarer Nähe des Meeres, in erster Linie auf den Inseln. Häufig wird sie nach der Insel Kypros einfach *Kypris* genannt. In der größten Stadt dieser Insel, in Paphos, hatte sie angeblich hundert Altäre. Man empfand auch die üppige Vegetation von Kypros (Zypern) als ihrer wunderbaren Schönheit würdig; Zypressen, Zedern, Mandelbäume, Granatäpfel und Palmen gaben Aphrodites heiliger Insel ein landschaftliches Gepräge, das lieblich und erhaben in einem war. Aphrodite wurde übrigens auch in Athen inmitten von Gärten verehrt.

Der höchste Berg von Zypern hieß, ebenso wie der Berg der Götter in Nordgriechenland, Olympos. Die Dichter statten auch Aphrodites Garten auf Zypern mit olympischen Zügen aus. Eine Seite der Insel wird von einem steilen Berg beschattet. Er ist für Menschen unzugänglich, und der weiße Reif erkühnt sich nicht, diesen Berg zu bedecken, die Stürme weichen ihm ängstlich aus, und Regenwolken wagen sich nicht an ihn heran. Die härtere Hälfte des Jahres ist von hier verbannt, dies ist die Heimat ewigen Frühlings. Auf dem Gipfel dieses Berges breitet sich eine milde Hochfläche aus, von einem goldenen Gitter umgeben, und rötlich glänzende Kupfertore schützen den Garten. Alles das hat Aphrodites Gatte, *Hephaistos*, angefertigt, um sich ihr gefällig zu erweisen. Hinter dem Gitter gedeiht eine immergrüne Vegetation, die doch – mit Ausnahme Zephyros', des lauen Westwindes – niemand pflegt. Neben dem üppig blühenden Garten liegt ein schattiger Hain, in den jedoch nicht jeder beliebige Vogel hineinfliegen darf. Zunächst wetteifern sie, wer von ihnen am schönsten singen kann. Aphrodite selbst ist Schiedsrichterin. Gefällt ihr der Gesang eines Vogels, so darf dieser in den Zweigen sein Nest bauen, die Vögel aber, die im Wettsingen unterliegen, müssen beschämt davonfliegen. Hier leben auch die Bäume zu Ehren der Göttin in ewiger Liebe. In treuem Bündnis nicken einander die Palmen zu, Espe und Espe möchten einander bei den Zweigen fassen, und die Platanen flüstern mit Platanen, die Erlen mit Erlen. Zwei Quellen entspringen in dem Hain, aus einer fließt pure Süßigkeit, aus der anderen bitteres Gift. In diese beiden Quellen taucht Aphrodites mutwilliger Sohn seine Pfeile, *Eros*, der bald mit seiner zündenden Fackel das Feuer der Liebe lichterloh entbrennen läßt, bald als Bogenschütze mit sicherer Hand den Verliebten seine Pfeile ins Herz jagt. Und da er seine Pfeile in beide Quellen getaucht hat, mischt sich in den süßen Honig der Liebe oft die Bitterkeit des Kummers. Eros, der geflügelte kleine Gott, ist der Sohn der goldenen Aphrodite. Mit ihm spielen seine gleichnamigen tausend kleinen Gefährten, die *Eroten*, alle sind ihm ähnlich, alle haben Bogen und Köcher, und alle sind seine Altersgenossen, doch diese anderen kleinen Liebesgötter sind nicht Aphrodites Kinder, sondern sie sind die Söhnchen der zur Gefolgschaft der Göttin gehörenden *Nymphen*. Aphrodites Kind, die das Weltall erfüllende Liebe, lenkt den Lauf der Gestirne, seine Pfeile jagen den Göttern und den von den Göttern abstammenden Königen die Liebe ins Herz. Man begegnet auch der Vorstellung, daß auf die einfachen Sterblichen nur die Kinder der Nymphen zielen.

Die Göttin taucht entweder aus dem Meere auf, oder sie schwebt herab vom Olympos, aus dem goldenen Palast des Zeus, oder aus ihrem Garten auf Zypern. Durch die Luft kommt sie, und vor ihren goldenen Wagen sind Sperlinge und Tauben gespannt. Es ist ein richtiger Triumphzug. Wo sie vorbeizieht, beginnen die Pflanzen prächtig zu blühen, die wilden Tiere des Waldes werden zahm und suchen sich zu paaren, den Menschen zieht Heiterkeit glücklicher Liebe ins Herz ein. Aphrodites Zaubergürtel berückt einen jeden, ihr Erscheinen ist ein einziges goldenes Strahlen, sie ist die »gern lächelnde«, die »lieblich lächelnde«, die »goldene« Göttin. Ihre *epiphania*, ihre göttliche »Erscheinung«, beruhigt das Wogen der menschlichen Seele ebenso, wie sie in ihrer Eigenschaft als *Aphrodite Pontia*, Meeres-Aphrodite, durch ihr alles beherrschendes Lächeln nach dem Sturm auf dem Meere die Stille wieder herbeiführt. Wen sie liebt, zu dem kommt sie auf sein Klagegebet und fragt ihn sanft: »Wer hat dir etwas getan?« – Und da in ihrem Dienste *Peitho*, die »Überredung«, steht, kann sie als zuverlässige »Verbündete« versprechen: »Wenn der, den du liebst, dich jetzt meidet, wird bald er es sein, der dich sucht. Wenn er jetzt kein Geschenk annimmt, wird bald er dir Geschenke machen. Wenn er dich jetzt nicht liebt, wird er dich bald lieben, selbst wenn er es nicht will.« Zu ihrer Begleitung gehören die *Eroten*, die drei *Chariten*, *Himeiros*, die »Sehnsucht«, und *Hymenaios*, der Musensohn, der Gott, der sich im freudvollen Jubeln des Hochzeitsgesangs offenbart.

Die Liebe zieht aber nicht nur im feierlichen Strahlen der Aphrodite in die menschliche Seele ein. Es kommt vor, daß die Verliebten selbst gar nicht bemerken, wann ihr Herz Feuer fängt; es kommt vor, daß sie die Liebe nur als eine angenehme Stimmung hegen und erst später bestürzt wahrnehmen, daß das Gefühl zu einer alles hinwegfegenden Leidenschaft geworden ist. Es naht als ein Kind voll *charis*, das gehätschelt werden möchte, und erst wenn man es beherbergt hat, zeigt es sich in seiner wahren Beschaffenheit: als gewalttätiger Gott. Bei nachtschlafender Zeit klopft Eros an deine Tür, vertreibt den Schlummer von deinen Lidern und bittet um Einlaß wie ein Kind, das sich verirrt hat. Du erbarmst dich seiner, gibst ihm an deinem Herde Platz, und weil es ihm draußen in der Nacht kalt war, nimmst du seine erstarrten Hände und wärmst sie ihm. Doch wenn ihm warm geworden ist, verwundet das harmlos scheinende Kind dein Herz mit seinem Pfeil.

Aphrodite schenkt den Menschen die Schönheit und die Liebe. In Gestalt einer alten Frau kommt sie zu *Phaon*, und als dieser sie gutmütig zum anderen Ufer hinüberbringt, macht sie zur Belohnung den schönsten Mann aus ihm. Als Hera, Athene und Aphrodite dem auf dem Berge Ida als Hirt lebenden troischen Königssohn *Paris* erscheinen und ihn beauftragen, den Apfel der *Eris* der Schönsten von ihnen zu reichen, zieht die Göttin der Liebe Paris dadurch auf ihre Seite, daß sie ihm die schönste Frau der Welt verspricht – und ihm die Gattin des Menelaos, Helena, ausliefert. Aber ein Geschenk der Aphrodite ist nicht immer und nicht für jeden beglückend. Auch die Qual der unerwiderten Liebe gehört in Aphrodites Wirkungskreis. Und sündhafte Liebe wird von den Göttern schwer bestraft. Die Legende erzählt, die hoffnungslose Liebe gerade zu Phaon habe *Sappho* in den Tod getrieben: Der schöne Jüngling erwiderte ihre Liebe nicht, deshalb stürzte sich die große lesbische Dichterin von dem weißen Felsen der Insel Leukas ins Meer. Paris verführte die Gattin seines Gastgebers, des Königs von Sparta: Die Zerstörung Trojas war die Strafe für die sündhafte Liebe des troischen Königssohnes.

Dem Mythos zufolge bekam auch die Göttin selbst die Bitternis der Liebe zu kosten. Ihr Geliebter, *Adonis*, wurde auf der Jagd von einem Eber zerfleischt, und Aphrodite erreichte bei Zeus lediglich, daß er jährlich auf ein halbes Jahr aus der Unterwelt zurückkommen durfte. An diesen Mythos knüpfte man das Fest *Adonia*. Hauptsächlich die Frauen feierten es mit großer Inbrunst, sie beweinten den Toten und begrüßten jubelnd den wiedergefundenen Lebenden. Schon in der antiken Erklärung taucht der richtige Gedanke auf, daß der tiefere Sinn hier das Absterben der Natur im Herbst und ihre Wiedergeburt im Frühling sei. Doch der Widerspruch von unsterblicher Gottheit der Liebe und sterblicher Menschheit des Geliebten gibt schon an sich auch der glücklichsten Liebe eine tragische Schattierung. Auch auf Aphrodites sterblichen Geliebten wartet das den Menschen gemeinsame Los, denn der stattliche *Anchises* wird alt, seine Schönheit, Jugend und Kraft schwinden dahin. Unsterblichkeit ohne ewige Jugend: das ist des *Tithonos* Los; vom Standpunkt der Aphrodite aus ist es besser, beizeiten zu sterben.

Ihr heiliges Tier ist die Taube, dieser in der Liebe treue Vogel, der sich mit dem Weibchen sanft schnäbelt. In der Pflanzenwelt drücken die prachtvolle Rose und besonders der Apfel Aphrodites begehrenswerte Schönheit aus. Der Apfel spielt im Liebeszauber bzw. in der Liebeszeichensprache fast aller Völker eine große Rolle. »Das Mädchen gleicht einem süßen Apfel, rot schimmert er an dem hohen Zweig, an des höchsten Zweiges Spitze. Die Apfelpflücker sehen ihn nicht, und wenn sie ihn sehen, so können sie ihn doch nicht erreichen«, singt Sappho, und für den zaudernden Verliebten ist kein ermutigenderes Geschenk vorstellbar als ein roter Apfel, in dem das geliebte Mädchen die Spuren ihrer Zähne zurückgelassen oder in dessen Schale sie ihren Namen gestochen hat. In bildnerischen Darstellungen hat die Göttin häufig einen Apfel in der Hand. Der Mythos weiß auch davon, daß sie dem *Hippomenes* durch Äpfel zu seiner Geliebten verholfen hat. Die böotische Königstochter *Atalante* hatte gesagt, daß sie nur denjenigen heiraten werde, der sie im Wettlauf besiege. Doch wer am Wettlauf teilnehme und unterliege, dem sei der Tod gewiß. Auch *Hippomenes* stellte sich zum Kampf, aber er siegte über Atalante nur, weil Aphrodite es so wollte. Die Göttin warf der Königstochter drei Äpfel in den Weg, und während diese sich bückte, um sie aufzuheben, wurde sie von Hippomenes überholt. Atalante war es nun schon recht, denn sie hatte den Jüngling liebgewonnen. Dennoch konnten sie einander nicht angehören, denn Aphrodite trennte sie grausam, weil sie es in ihrem Glück an Dank und Verehrung, die sie der Göttin schuldeten, fehlen ließen.

Die Geschichte von *Akontios* und *Kydippe* beweist, daß der Apfel sogar im Kreise der jungfräulichen Artemis ein Mittel der Macht Aphrodites sein kann. Der Jüngling aus Keos erblickt das Mädchen Kydippe beim Artemis-Fest in Delos und entbrennt in Liebe zu ihr. Er rollt ihr einen Apfel hin, in dessen Schale er die Worte gekerbt hat: »Ich schwöre, daß ich die Gemahlin des Akontios werde.« Ahnungslos liest Kydippe diesen Schwur unweit des Artemis-Altars laut von dem Apfel ab, und nun fordert die Göttin von ihr, den Schwur zu erfüllen. Der Vater will Kydippe einem anderen zum Weibe geben, aber sie wird von einer Krankheit befallen und gesundet erst, als sie, den Rat Apollons befolgend, Akontios die Hand reicht.

ANCHISES

Die goldene *Aphrodite,* Herrin von Zypern, herrscht über alles Lebende. Nur die Herzen dreier Wesen kann sie durch noch so süßes Zureden nicht in ihre Gewalt bekommen. Eins dieser drei Wesen ist Zeus' Tochter, die eulenäugige *Athene,* die die Liebe nicht kennt und nur am Krieg und an den schönen Handwerken Gefallen findet. Athene hat zuerst die irdischen Handwerker gelehrt, Kriegswagen aus Kupfer herzustellen, und sie unterwies auch die zarten Jungfrauen im Anfertigen prächtiger Handarbeiten; jeder einzelnen brachte sie es bei. Auch *Artemis,* die mit dem goldenen Pfeil brausend dahinstürmende Göttin, wird von Aphrodites Lächeln nicht bezwungen, denn ihr ist nur der Bogen teuer, und sie liebt es, in den Bergen die wilden Tiere zu jagen, sie liebt die Leier und den Tanz im Reigen mit den jauchzenden Jungfrauen, sie liebt die schattigen Haine und die Städte der gerechten Menschen. Die dritte, die sich um Aphrodite nicht kümmert, ist *Hestia,* des Kronos älteste und jüngste Tochter, die herrliche Jungfrau, um deren Hand Poseidon und Apollon wetteifern. Sie aber weist beide ab und schwört mit kräftigem Eide, die Hand an den Kopf des Zeus gelegt, daß sie ewig Jungfrau bleiben wird. Und Vater Zeus gab ihr anstelle der Ehe ein schönes Geschenk: In der Mitte der Häuser, am Herd, gab er ihr ihren Platz, damit das Fett der Opfertiere ihr zufalle. Sie wird in den Tempeln aller Götter verehrt, und in den Augen der Sterblichen ist sie als Göttin des Herdes die erste unter den Göttern. Nur diese drei Göttinnen sind es, über die Aphrodite keine Macht hat. Aber niemand sonst kann vor ihr flüchten, keiner von den glücklichen Göttern und keiner von den sterblichen Menschen. Gar manches Mal hat sie sogar Zeus überlistet und ihm Liebe zu sterblichen Frauen in die Seele geträuft, obwohl doch Zeus der größte Gott ist und ihm die größte Verehrung gebührt.

Zeus senkte aber auch ihr die süße Sehnsucht nach einem sterblichen Manne ins Herz, als sie einmal lieblich lachend damit prahlte, wie oft sie Götter und Göttinnen mit Sterblichen in Liebe zusammengeführt habe. Zeus bewirkte, daß sich Aphrodite in den sterblichen *Anchises* verliebte.

Anchises weidete auf den hohen Gipfeln des wasserreichen Berges Ida seine Kühe. Er war schön und stattlich, ähnlich wie die unsterblichen Götter. Als ihn die lächelnde Aphrodite erblickte, liebte sie ihn sofort, und ihr Herz wurde von Sehnsucht nach ihm erfaßt. Sie kehrte heim auf die Insel Zypern, nach Paphos, wo ihr heiliger Hain war und ihr duftender Altar stand. Sie ging in ihren Tempel und machte die glänzenden Türen hinter sich zu. Dort badeten sie die Chariten und salbten sie mit »unsterblichem« Öl, einem Öl, wie es nur die Götter benutzen. Dann legte sie ein schönes Gewand an und schmückte sich reich mit Gold. So eilte die lächelnde Aphrodite nach Troja. Wieder verließ sie die blühende Insel Kypros, und sie bahnte sich hoch oben durch die Wolken einen Weg.

Sie kam auf dem Berge Ida an, der mit seinen wasserreichen Quellen die nährende Mutter der wilden Tiere war, und ging geradenwegs auf den Weideplatz zu. Da wedelten zahm mit dem Schwanz die grauen Wölfe, die Löwen mit den grausamen Augen, die Bären und die im Vertilgen von Rehkitzen sonst unersättlichen Panther. Die Göttin fand das Zelt des Anchises, und sie fand auch den Helden selbst, dem die Götter Schönheit gegeben hatten. Er war gerade allein, alle anderen gingen den Kühen auf den grasigen Wiesen nach, Anchises indes wandelte ganz für sich in der Hürde auf und ab, wobei er ununterbrochen auf seiner Leier spielte.

Da trat Zeus' Tochter Aphrodite vor ihn hin, in der Gestalt eines reinen Mädchens, auch in der Größe und in dem Gesicht, um den sterblichen Menschen nicht durch ihre Erscheinung zu erschrecken. Wie aber wunderte sich Anchises, als er sie sah, wie staunte er ihre Schönheit und ihre prachtvollen Gewänder an! Denn die Göttin trug einen *peplos,* leuchtender als Feuer, und sie trug schön gebogene Ohrgehänge und glitzernde Spangen.

Ketten hatte sie um den zarten Hals, die waren wunderschön, alle aus Gold und bunten Steinen. An ihrem zarten Busen schien der Mond zu glänzen, es war wie ein Wunder anzuschauen. Anchises wurde von Liebe erfaßt und sprach also zu seinem Gast: »Sei gegrüßt, Königin, wer du auch seist von den glücklichen Göttinnen, die du jetzt in diese Behausung gekommen bist, Artemis oder Leto oder die goldene Aphrodite oder die edle Themis oder die augenleuchtende Athene oder eine von den Chariten, welche jeden Gott begleiten und selbst auch unsterblich sind, oder eine von den Nymphen, welche die Haine bewohnen und die Quellen der Flüsse und die grasigen Wiesen. Dir stelle ich einen Altar auf der Spitze des Berges auf, von wo aus man überallhin ausschauen und den man von allenthalben her sehen kann, einen Altar baue ich dir, und in jeder Jahreszeit werde ich dir schöne Opfer darbringen. Sei du mir nur gutgesinnt und gib, daß ich mich als Held unter den Männern Trojas hervortun kann, mach, daß ich blühende Nachkommen hinterlasse und daß ich auch selbst lange lebe und das Licht der Sonne sehe, ein Glücklicher im Volke, und daß ich als ein solcher an die Schwelle des Greisenalters gelange.«

Und es antwortete darauf Zeus' Tochter Aphrodite: »Anchises, du herrlichster unter den Erdgeborenen, den Menschen, mitnichten bin ich ein Gott, warum vergleichst du mich mit den unsterblichen Göttinnen? Ich bin ein sterbliches Mädchen, meine Mutter ist eine irdische Frau. Mein Vater heißt *Otreus*, du magst seinen Namen gehört haben, denn er ist der König von ganz Phrygien. Aber ich kann auch in deiner Sprache sprechen, denn eine Troerin war meine Amme. Hermes mit dem Goldstab hat mich jetzt aus Artemis' Gefolgschaft gerissen, wo wir, Nymphen und Töchter reicher Könige, miteinander tanzten und spielten. Entrissen hat mich ihnen der *Argeiphontes* mit dem Goldstab und mich über weite Lande geführt, durch Gegenden, von sterblicher Menschen Hand bebaut, und durch unbebautes Niemandsland, wo im schattenreichen Gesträuch sich nur die wilden Raubtiere tummeln. Geschwind hat er mich geführt, meine Füße berührten kaum die Erde, und er sagte, Anchises rufe mich, auf daß ich seine jugendliche Gattin sei und ihn mit schönen Kindern beschenke. Dann zeigte er mir deine Hürde, der starke Argeiphontes, und kehrte zu den unsterblichen Göttern zurück. Ich aber gelangte in deine Behausung, ein starker Zwang drängte mich zu dir. Und bei Zeus und deinen braven Eltern umfange ich bittend deine Knie – ein solcher wie du kann ja nur der Sohn braver Eltern sein –, stelle mich deinem Vater und deiner edlen Mutter und deinen Geschwistern vor, sie sollen sehen, ob ich ihnen eine würdige Schwiegertochter sein werde oder nicht. Und sende nach Phrygien einen schnellen Boten, er soll meinem Vater und meiner besorgten Mutter Nachricht bringen. Sie werden durch ihn reichlich Gold schicken und Gewänder aus feinem Gewebe, und du nimm von ihnen die glänzende Mitgift an. Erst dann halte mit mir Hochzeit, nach der wir uns beide sehnen, so wie es die Ehre vor den Menschen und den Göttern verlangt.«

Sprach's, und süßes Verlangen erweckte die Göttin in seiner Seele. Anchises ward von der Liebe erfaßt und sagte: »Bist du ein sterbliches Mädchen, ist deine Mutter eine irdische Frau und Otreus dein Vater, wie du gesagt, dann bist du nach dem Willen des unsterblichen Gottes, von Hermes geführt, in meine Behausung gekommen und wirst meine Gattin sein, solange ich lebe. Es gibt keinen Gott noch einen Menschen, der uns trennen könnte, selbst wenn der weitschießende Apollon von seinem goldenen Bogen einen Pfeil auf mich abschösse. Sei du nur erst einmal die Meine, dann steige ich gern hinab, wenn's sein muß, in den Palast des Hades.«

So beschenkte Aphrodite den Anchises mit ihrer Liebe, und erst nachher zeigte sie sich ihm in ihrer Göttergestalt. Sie blieb in der Hütte stehen, ihr Kopf reichte bis an den Balken, und von ihrem Antlitz strahlte eine unsterbliche Schönheit, die keine andere sein konnte als die Schönheit der Göttin von Kythera, der schönbekränzten Aphrodite. Sie weckte Anchises aus dem Schlaf.

»Steh auf, Blut des Dardanos, warum nur

schläfst du so tief? Sieh dir an, ob ich es bin, ob ich noch so bin, wie du mich vorhin gesehen.«

Anchises fuhr auf, und als er Aphrodites wunderschöne Augen vor sich sah, wandte er entsetzt den Blick ab, er bedeckte das Gesicht mit seinem Mantel und flehte zu ihr: »Als ich dich zuerst erblickte, Göttin, wußte ich, daß du eine Gottheit bist, aber du hast die Wahrheit geleugnet. Nun aber bitte ich dich beim Aigis haltenden Zeus, laß mich schwachen Menschen nicht lebend hier unter den Menschen wohnen, denn nicht mehr kann das Leben ertragen, wem die Gattenliebe einer unsterblichen Göttin zuteil ward.«

Aphrodite tröstete ihn: »Anchises, herrlichster unter den sterblichen Menschen, habe Mut. Dein Herz braucht nichts zu fürchten. Erwarte du nichts Schlechtes, weder von mir noch von einem anderen der glücklichen Götter, denn du bist den Göttern lieb. Du wirst einen Sohn haben, der über Troja herrschen wird, und nach ihm Söhne und Enkel, eine ununterbrochene Reihe von Nachkommen.«

Aber die Göttin dachte schaudernd daran, daß den Anchises einmal das gemeinsame Los der Sterblichen, das Alter, ereilen würde. Und ihr fiel *Tithonos* ein, der Gatte der Eos, der Göttin der Morgenröte. Auch er war ein Sterblicher, und er stammte gleichfalls aus einem troischen Königsgeschlecht. Eos gewann ihn lieb und wünschte sich ihn zum Gemahl. Sie trat vor Zeus hin mit der Bitte, er möge Tithonos unsterblich machen. Zeus nickte und erfüllte ihr die Bitte. Aber die törichte Eos hatte vergessen, Zeus auch um ewige Jugend für ihren Gatten zu bitten, Tithonos starb nicht, aber er alterte und schrumpfte zusammen. Eos hält ihn in ihrem Zimmer, aber seine Stimme ist nur noch wie Grillengezirpe, und all seine Kraft ist dahin.

»Wenn du immer so schön und stattlich bleiben könntest, wie du jetzt bist, und ich dich immer glücklich als meinen Gatten zeigen könnte, würde kein Kummer mein Herz betrüben. Aber daß du ewig lebest wie Tithonos, das will ich nicht, dann sei lieber nicht unsterblich«, sagte Aphrodite traurig, und vor den Göttern wagte sie gar nicht, von ihrem sterblichen Gatten zu sprechen, denn sie fürchtete, ausgelacht zu werden. Hatte sie doch selbst so oft über die Götter gelacht, wenn sie sie mit sterblichen Frauen in Liebe zusammengebracht hatte.

Als Aphrodites und Anchises' Sohn, *Aineias*, geboren war, brachte die Göttin ihn zu den bergbewohnenden Nymphen, den *Dryaden* (»Baum-Mädchen«), sie sollten ihn großziehen. Diese Nymphen wohnen fern von Göttern und Menschen, nur die *Silenen* und *Hermes* vergnügen sich mit ihnen. Sie leben lange, sind aber nicht unsterblich, obwohl sie sich von Ambrosia, der Götterspeise, ernähren. Sooft eine Dryade geboren wird, sprießt auch ein Baum, eine Fichte oder eine Eiche, die Bäume wachsen mit den Dryaden zugleich in den hohen Bergen und stehen dort mit ihren schlanken Stämmen, und man nennt sie Haine der unsterblichen Götter. Sie werden nicht von dem Eisen sterblicher Menschen gefällt, aber wenn die *Moira*, das ihnen bestimmte Todesschicksal, kommt, verdorren die herrlichen Bäume, ihre Rinde schrumpft ein, die Zweige fallen ab, und mit ihnen verlassen die Seelen der Dryaden das Tageslicht. Diese Mädchen also nährten und erzogen Aphrodites Kind. Erst als fünf Jahre vergangen waren, erschien Aphrodite wieder bei Anchises. Sie brachte ihren Sohn mit, denn er sollte nun an der Seite seines Vaters weiter erzogen werden. Sie legte Anchises streng ans Herz, niemandem zu verraten, wessen Kind Aineias sei. Wenn er gefragt werde, solle er sagen, eine schönäugige Nymphe, eine von den hier auf dem mit Wald bekleideten Berghang wohnenden Nymphen habe ihm den Sohn geschenkt. Verriete er nämlich, daß die schönbekränzte Göttin von Kythera sein Weib sei, würde ihn zur Strafe der Blitz des Zeus treffen.

Dies sagte die Göttin und kehrte in den Himmel zurück.

Nach dem Homerischen Aphrodite-Hymnus.

PYGMALION

Pygmalion, der König von Kypros, lebte schon lange Jahre unbeweibt, als es ihm eines Tages gelang, aus Elfenbein eine wunderbar schöne Statue zu schnitzen. Es war auch für ihn eine unvermutete Überraschung, daß die Kunst dem Elfenbein eine Gestalt von solcher Schönheit verliehen hatte, wie sie noch keiner auf Erden geborenen Frau gegeben ward. Der Schöpfer entbrannte in Liebe zu seinem eigenen Werk.

Denn das Antlitz dieser elfenbeinernen Statue glich dem eines wirklichen Mädchens: Ihre Gesichtszüge schienen zu leben, sie sah aus, als ob sie sich sogleich bewegen wollte und nur von züchtiger Scheu zur Ruhe gezwungen würde. Verwundert betrachtete Pygmalion die Gestalt und betastete sie wiederholt mit der Hand, ob es ein lebendiger Leib oder bloß lebloses Elfenbein sei, und er konnte sich nicht darein schicken, daß sie nicht lebte.

Er bedeckte ihr Gesicht mit Küssen und hatte das Empfinden, von ihr wiedergeküßt zu werden. Er umarmte sie, nur zart zufassend, denn er fürchtete, auf der feinen Haut Spuren seiner Finger zurückzulassen. Er überhäufte sie mit kosenden Worten, dann brachte er ihr für kleine Mädchen passende niedliche Geschenke, Muscheln und runde Kiesel, kleine Vögel und tausendfarbige Blumen, Lilien und bunte Spielbälle sowie aus den Tränen der Sonnentöchter geborenen Bernstein. Er kleidete sie auch in kostbare Gewänder, schmückte ihre Hände mit edelsteinbesetzten Ringen, hängte ihr eine lange Kette um den Hals und legte sie auf ein mit purpurnen Decken geschmücktes Ruhebett. Aber die Statue blieb stumm und empfindungslos.

Das Fest der Göttin Aphrodite war gekommen, das von ganz Kypros mit großem Glanz begangen wurde. Kühe mit vergoldeten Hörnern und weißem Nacken wurden am Opferaltar geschlachtet, und Weihrauchduft erfüllte die Lüfte. Das Opfer darbringend, stand Pygmalion vor dem Altar, und da er seinen wahren Wunsch auszusprechen scheute, betete er also: »Ihr Götter, steht es in eurer Macht, alles zu gewähren, so möge meine Gemahlin dem Elfenbein gleichen ...«

Die goldene Aphrodite, die bei dem ihr zu Ehren veranstalteten Fest auch selbst zugegen war, verstand den geheimen Wunsch des Königs von Kypros und wußte, daß dieser das Elfenbeinbildnis selbst gern zur Gattin haben wollte. Das Opferfeuer flammte auf, und die flackernde Flamme stieg mit der Spitze hoch zum Himmel empor: Dies war das Zeichen, daß die Göttin das Gebet erhört hatte.

Pygmalion eilte nach Hause und suchte die Mädchenstatue. Und siehe, als er sie berührte, fühlte er, daß das Elfenbein weich wurde wie Wachs, wenn die Sonne darauf scheint, seine Starre löste sich, und was am besten zeigte, daß die Statue zum Leben erwacht war: In ihren Adern pulste Blut. Und als sie von Pygmalion sanft geküßt wurde, errötete das soeben noch Statue gewesene Mädchen, und wie es nun ängstlich die Augen öffnete, erblickte es zugleich das Licht der Welt und den Geliebten, dessen Liebe es zum Leben erweckt hatte.

Mit innigen Worten sagte Pygmalion der barmherzigen Göttin Dank und schloß mit dem wunderbaren Mädchen die Ehe. Zur Hochzeit erschien auch die Göttin Aphrodite, und übers Jahr wurde dem königlichen Paar ein Sohn geboren, *Paphos*, der nachmals die nach ihm benannte und für ihr Aphrodite-Heiligtum berühmte Stadt der Insel Kypros gründete.

Ovid, Metamorphosen X, Vers 243–297.

NARKISSOS UND ECHO

Nachdem Zeus dem blinden *Teiresias* die Sehergabe geschenkt hatte, war die Nymphe *Leiriope*, die Gemahlin des Flusses *Kephisos*, die erste, die ihn um eine Wahrsagung bat. Der schönen Nymphe war ein herrliches Söhnchen geboren, *Narkissos*, und über dessen Zukunft befragte sie den Wahrsager, ob Narkissos ein hohes Alter erreichen werde.

»Wenn er sich selbst nicht erkennen wird«, lautete die unklare Antwort, die man lange Zeit für leeres Gerede hielt.

So erreichte der liebliche Knabe sein sechzehntes Lebensjahr. Er war zu einem schmucken Jüngling herangewachsen, viele Mädchen warfen ein Auge auf ihn, aber er wies die Liebe hochmütig zurück. Er jagte nur den lieben langen Tag im Walde. Gerade hatte er da einen scheuen Hirsch ins Netz getrieben, als ihn *Echo* erblickte, die gesprächige Nymphe, die jedoch immer nur die Worte anderer widerhallen konnte.

Hera hat es dem geschwätzigen Mädchen aus Rache angetan, daß es nie still bleiben kann, wenn ein anderer spricht, selbst aber kein Gespräch anzufangen vermag, sondern immer nur die Worte der anderen wiederholen muß. Als nämlich Zeus in den Bergen mit den Nymphen schöntat, hielt die schlaue Echo Hera häufig durch lang ausgedehntes Geplauder auf, und ehe sich die eifersüchtige Göttin dessen versah, waren die Nymphen schon weggelaufen, und so gelang es ihr nie, ihren Gemahl bei einem Liebesabenteuer zu ertappen.

»So sollst du die Zunge, die mich betrogen, nicht unbeschränkt gebrauchen können. Faß deine Rede – gewollt oder ungewollt – in Zukunft kürzer«, sagte Kronos' Tochter ärgerlich, als sie bemerkte, daß sie überlistet worden war.

Was die Göttin gerufen hatte, blieb keine leere Drohung. Echo konnte von da an nur das Ende von dem, was andere gesprochen hatten, wiederholen, und sie wiederholt noch immer nur das, was sie hört.

Daß dieser Fluch auf ihr lag, wurde Echo erst schmerzlich bewußt, als sie Narkissos erblickte. Auf unwegsamen Wegen streifte der Jüngling umher, und die verliebte Nymphe folgte ihm verstohlen auf dem Fuße. Je mehr sie sich ihm näherte, desto heißer brannte das Feuer ihrer Liebe, gleichwie eine in Schwefel getauchte Fackel auflodert, wenn man mit einer Flamme nahe an sie herankommt. Oh, wie oft schon hätte sie ihn gern zärtlich angesprochen und sich mit bittenden Koseworten vor ihn hingestellt, aber es war ihr ja nicht möglich, den anderen anzureden; sie konnte nur antworten, wenn ein anderer gesprochen hatte.

Einmal dann, als der Jüngling bemerkte, daß er weit von seinen treuen Begleitern abgeirrt war, rief er in den Wald hinein: »He, ist hier jemand?«

»Jemand«, antwortete Echo.

Erstaunt blickte der Jüngling umher, aber er sah niemanden, wohin er auch die Augen wendete.

»Komm her!« rief er mit erhobener Stimme, und diese Aufforderung beantwortete die Nymphe mit dem gleichen Ruf.

Der Jüngling drehte sich um, aber auch jetzt kam niemand.

»Warum weichst du mir aus?« fragte er und bekam wieder nur seine eigenen Worte zurück. Um so hartnäckiger forschte er, wer es sei, der ihm immer so erwiderte, und er rief noch einmal in die Richtung, aus der er so täuschend ähnlich seine Stimme gehört hatte.

»Hier treffen wir uns!«

»Treffen wir uns!« erwiderte Echo, die noch nie ein Wort so gern widergehallt hatte wie dieses. Und um auch gleich wahr zu machen, was sie gesagt hatte, trat sie mit ausgebreiteten Armen zwischen den dichten Bäumen hervor.

Aber Narkissos entglitt den ihn umfangenden Armen, und im Laufen rief er nach hinten: »Mir aus dem Weg! Ich sterbe lieber, als der Deine zu sein!«

»Deine zu sein!« Nur das sagte die Nymphe noch, dann versteckte sie sich vor Scham im dichten Walde, wo sie ihr errötendes Gesicht zwischen dem Laub verbarg, und von da an lebte sie einsam in einer verlassenen Höhle. Nur die Liebe wich nicht von ihr, der Schmerz über die Abweisung machte sie sogar in ihrem Herzen noch brennender.

In Liebessorgen durchwachte die Nymphe die Nächte, an ihrem Körper zehrte die Sehnsucht. Sie magerte ganz ab, ihr Gesicht wurde runzlig, die Lebenssäfte ihres Körpers verdunsteten in die Luft, nur ihre Stimme und die kahlen Knochen blieben übrig. Schließlich wurden ihre Knochen zu Stein, ihre Stimme aber überlebte sie. Und sie hält sich auch seither immer im Walde versteckt, kein Auge hat sie je wieder in den Bergen gesehen. Jeder aber hört sie rufen: Ihre Stimme ist das einzige, was von ihr erhalten geblieben ist und ewig lebt.

So ist der schöne, hochmütige Narkissos mit Echo verfahren, und so verfuhr er nachher noch mit anderen Wasser- und Bergnymphen, die ihn liebten, bis schließlich eine verschmähte Verliebte, die Hände zum Himmel erhebend, flehte: »So soll er denn sich selbst lieben, auf daß er niemals in der Liebe glücklich sei!«

Dieses Gebet hörte *Nemesis*, die Göttin der Rache, deren Heiligtum in Rhamnus war.

Dort sprudelte eine unberührt reine Quelle mit silbern glitzerndem Rieseln, die weder von den Hirten noch von den auf dem Berge weidenden Ziegen, noch von sonstigem Vieh jemals aufgesucht wurde. Kein Vogel, kein wildes Tier, auch kein vom Baum gefallener Zweig trübte ihren blanken Spiegel. Sie war von weichem Rasen umgeben, den die Quelle selbst mit frischem Wasser berieselte, und sogar um die Zeit der Mittagssonne warf das dichte Laub kühlen Schatten auf sie.

Von der Jagd ermüdet und von der Hitze ermattet, legte sich dort einmal der Jüngling, den die herrliche Gegend und die blinkende Quelle verlockt hatten, zur Rast nieder. Und als er seinen Durst mit dem frischen Quellwasser zu stillen wünschte, erwachte in seinem Herzen ein anderer Durst.

Beim Trinken erblickte er im Wasserspiegel seine eigene schöne Gestalt, und da er das schwindende Spiegelbild für einen Menschen hielt, erweckte die körperlose Erscheinung Liebe in ihm. Verwundert betrachtete er sich selber. Er war wie angewurzelt, keine Muskel zuckte in seinem Gesicht, er blieb reglos wie eine Statue aus dem Marmor von Paros. Sich im Gras reckend, schaute er seine eigenen Augen an wie ein Zwillingsgestirn, und er schaute seine Locken an, die des Dionysos oder Phoibos Apollons würdig waren, sein noch bartloses Kinn, seinen Hals, weiß wie Elfenbein, die mit schneeigem Weiß gemischte zarte Röte seines schönen Antlitzes.

Er bewunderte alles, was ihn selbst so wunderschön machte, und sehnte sich unsinnig nach sich selbst. Was ihn entzückte, war er, derselbe, der entzückt war, und er wollte das trügerische Spiegelbild küssen, doch vergebens! Wie oft streckte er beide Arme ins Wasser aus, um den Hals, den er auf dem Wasserspiegel sah, zu umarmen, doch konnte er sich selbst nicht erreichen. Er wußte nicht, was das, was er sah, war, er fühlte sich nur zu dem hingezogen, und er griff nach seinem schwindenden Abbild, ohne zu wissen, daß das, wonach er sich sehnte, nicht existierte: Es war nur ein flüchtiger Schatten, ohne eigene Bewegung. Wenn er selbst schreitet, schreitet auch jener, wenn er bleibt, bleibt auch jener, und jener würde sich mit ihm zusammen entfernen, wenn er hier weggehen könnte.

Aber weder der Hunger noch die Erkenntnis, daß es schon Zeit war, sich zur Ruhe zu begeben, vermochten Narkissos je wieder von dort wegzubringen. Er streckte sich auf dem schattigen Rasen aus und starrte mit nicht zu befriedigendem Sehnen die trügerische Gestalt an. So verursachten die eigenen Augen sein Verderben. Ein wenig erhob er sich noch und breitete die Arme zu den ihn umgebenden Bäumen aus.

»Saget mir, ihr Bäume, hat je einer schmerzlicher geliebt? Ihr müßt es doch wissen, ihr habt ja schon so oft Liebenden ein trauliches Versteck geboten! Ihr habt Jahrhunderte durchlebt. Erinnert ihr euch an irgend jemanden, den die Liebe so verzehrt hat? Dieser gefällt mir, und ich sehe ihn auch, aber den ich sehe und liebe, finde ich nirgends. So sehr hat mich die Liebe verwirrt.

Und um meinen Schmerz noch zu mehren: Uns trennt nicht das unendliche Meer, kein weiter Weg liegt zwischen uns, auch keine hohen Bergesgipfel, noch ragen starre Mauern mit verschlossenen Toren, nur dieses kleine Wasser verhindert, daß wir uns vereinigen. Auch er will ja, daß ich ihn erreiche, denn sooft ich mich über das Wasser beuge, um ihn zu küssen, streckt er mir seine Lippen entgegen!«

Wieder wandte er sich dem auf dem Wasserspiegel schaukelnden Abbild zu, und er fuhr fort zu klagen: »Warum spielst du mit mir, wohin entfliehst du? Ich kann doch nicht häßlich sein, die Nymphen haben mich doch geliebt. Mit deinem freundlichen Gesicht erweckst du unbekannte Hoffnung in mir, und wenn ich den Arm nach dir ausstrecke, streckst auch du den Arm nach mir aus; lächle ich, so lächelst auch du mich an, und wenn ich weine, sehe ich auch deine Tränen; winke ich, gibst auch du ein Zeichen, und soweit ich aus den Bewegungen deines schönen Mundes schließen kann, antwortest du mir auf meine Worte, aber meine Ohren hören nicht, was du sprichst!«

Da wurde es ihm klar, daß sein eigenes Spiegelbild unlöschbares Feuer in seinem Herzen entfacht hatte. Er vergoß bittere Tränen, und seine fließenden Tränen trübten den klaren Spiegel der Quelle, und auf der Fläche des in Bewegung gekommenen Wassers verdunkelte sich das glänzende Abbild.

»Wohin entschwindest du mir?« schrie er schmerzlich auf, als er sah, wie das Spiegelbild zerbröckelte. »Laß mich nicht grausam allein, bleibe bei mir, damit ich dich, wenn ich dich nun einmal nicht berühren darf, wenigstens voll schmerzlicher Wonne schauen kann!«

Vor Erbitterung schlug er sich mit der Faust gegen die nackte Brust, die weiß war und kalt wie Marmor. Die Schläge ließen rote Spuren zurück, es sah aus wie ein Apfel, an dem die eine Hälfte rot, die andere weiß ist, oder als wenn am bunt schimmernden Rebstock die halbreife Traube sich purpurn färbt.

Die Wasserfläche hatte sich unterdessen wieder geglättet, und er sah das Spiegelbild all seiner Bewegungen. Er konnte den Schmerz nicht mehr ertragen: Wie helles Wachs im Feuer schmilzt oder wie der Frühreif dahinschmilzt, wenn die Sonne darauf scheint, so zehrte ihn allmählich das blinde Feuer der Liebe auf. Die mit Weiß gemischte Röte seiner Haut schwand, von seiner früheren Lebhaftigkeit und Kraft blieb keine Spur mehr zurück; all seine Schönheit verging, und nichts blieb mehr übrig von dem, was Echo einst an ihm geliebt hatte.

Dennoch, als die Nymphe ihn erblickte, dauerte sie der unglückliche Jüngling, obwohl sie die alte Kränkung nicht vergessen hatte, und sooft er aufschrie, wiederholte Echo hallend den Schrei. Als er sich mit der Faust gegen die Brust schlug, hallte Echo sogar das Klopfen der Schläge wider.

»O du, den ich vergebens liebte!« Das waren Narkissos' letzte Worte. Er sprach sie, während er noch einmal auf das so oft geschaute Wasser blickte, und die Gegend warf jedes seiner Worte zurück. Auch als er Abschied nahm, wiederholte Echo das Schlußwort: »Lebe wohl!«

Da lehnte der Jüngling auf dem grünen Rasen den müden Kopf zurück, und ewige Nacht schloß das Augenpaar, das bis zuletzt die schöne Gestalt seines Besitzers bewundert hatte. Sogar als ihn die Unterwelt aufnahm, suchte er auf dem Wasserspiegel der Styx noch immer sich selbst.

Die Wassernymphen, die Najaden, beweinten ihren so jung verstorbenen Bruder, und zum Zeichen ihrer Trauer schnitten sie sich die Haarlocken ab und weihten sie ihm. Es beweinten ihn auch die Dryaden, die Baumnymphen, und Echo hallte den Klagegesang wider.

Sie machten einen Scheiterhaufen und bereiteten die Fackeln und die Bahre vor. Doch der Leichnam war nirgends zu finden. An seiner Stelle fanden sie eine Blume, deren gelber Kelch von schneeweißen Blütenblättern umgeben war.

Die Menschen nennen diese Blume auch heute noch Narzisse.

Ovid, Metamorphosen III, Vers 339–510.

HERO UND LEANDROS

Zwei Städte standen an den beiden Ufern des Hellespont einander gegenüber, Sestos und Abydos. Der Hellespont ist dort am engsten, und so sind es Nachbarstädte, obwohl das Meer zwischen ihnen liegt. Eros schoß auch nur *einen* Pfeil in die beiden Städte ab.

In Sestos stand an der Meeresküste ein Turm zu Ehren Aphrodites. In diesem Turm wohnte die schöne Königstochter *Hero* mit einer einzigen Bedienerin; ihre Eltern hatten ihr befohlen, daß sie dort wohne und Priesterin der Aphrodite werde. Hero ging nicht zu den Frauen und suchte auch nie den Chorreigen der jungen Mädchen auf, sondern sie betete immer zu Aphrodite und Athene und brachte außer der himmlischen Mutter auch dem kleinen Eros Opfer dar, weil sie das Feuer seines Köchers fürchtete. Aber trotzdem entging sie den flammenden Pfeilen nicht.

Es kam das große Fest, das Aphrodite und Adonis zu Ehren alljährlich in Sestos gefeiert wurde. Aus fernen Landen fanden sich die Menschen in Sestos ein, sogar von Kypros, der Insel der Aphrodite, kamen sie, ganz zu schweigen von der Umgebung; auch die Bevölkerung von Abydos blieb nicht fern. Es kamen die Frauen, aber auch die Jünglinge, wenn nicht gerade, um den Göttern zu opfern, so doch darum, weil sie nirgends so viele schöne Mädchen beisammen sehen konnten wie bei einem solchen Fest.

Hero wandelte durch den Tempel der Göttin, ihr liebliches Antlitz strahlte so schön, wie wenn der weißgesichtige Mond aufgeht. Ihre schneeigen Wangen waren von Röte überhaucht wie eine eben aus der Knospe brechende Rose, die noch Rot und Weiß zugleich zeigt. Lieblichkeit strömte gleichsam aus ihren Gliedern. Die Alten haben immer von drei Chariten gesprochen, das war aber gewiß nicht richtig. In einem lachenden Auge Heros hausten wohl hundert Chariten. Eine würdigere Priesterin hätte Kypris, die Göttin der Liebe, gar nicht finden können – es war, als wenn die Priesterin selbst eine neue Kypris unter den Menschen wäre. Wohin sie sich auch wandte, die Augen, die Herzen, die Gedanken der Jünglinge folgten ihr. Manch einer sagte bei sich: »Ich bin in Sparta gewesen, ich habe den Stern Lakedaimons gesehen, die berühmte Stadt, wo, wie man sagt, eine Frau schöner ist als die andere. Noch nie aber habe ich ein so schönes Mädchen gesehen, so schön von Wuchs und von solcher Zartheit. Vielleicht hat Aphrodite die jüngste Charis in Dienst genommen. Ich habe mir den Hals verrenkt, nur um sie zu sehen, und bin müde geworden, aber ihr Anblick kann mir nie genug werden. Ich würde freudig sterben, wenn sie nur die Meine wäre, und nicht einmal mit den olympischen Göttern würde ich tauschen, wenn Hero mein Weib würde und in meinem Hause wohnte. Da nun aber deine Priesterin mir nicht angehören kann, so gib mir wenigstens eine Gemahlin, die ihr gleicht, Kythereia.«

Leandros jedoch wollte, als er Hero gesehen hatte, die Liebe zu ihr nicht in seinem Innern ersticken. Ihn hatten des Eros feurige Pfeile bezwungen, und er wollte ohne Hero nicht mehr leben. Das Auge ist der Weg der Liebe, und Eros' Pfeil dringt den Jünglingen durch die Augen ins Herz. Die Liebe überwand Leandros' schamhaftes Zaudern, er winkte Hero mit den Augen, und Hero gab durch stumme Zeichen den Wink zurück. Dem Jüngling wurde warm im Herzen vor Glück, denn er dachte, das Mädchen erwidere seine Liebe.

Als Eos ihr Licht eingezogen hatte, die Sonne gesunken war und Hesperos, der Abendstern, am Himmel erschien, trat Leandros kühn zu dem Mädchen hin. Schon senkte sich der dunkelblaue Nebel der Nacht hernieder; Leandros drückte sanft die rosa Finger des Mädchens und seufzte tief. Sie schwieg und zog ihre Hand zurück, aber Leandros drängte Hero in einen Winkel des Tempels, dort küßte er ihren duftenden Hals und sprach also zu ihr: »Die du nach Kypris Kypris bist, zweite Athene (mit irdischem Frauennamen rede ich dich nicht an, ich nenne dich den Töchtern des Zeus gleich): glücklich sind deine Eltern. Höre mein Flehen. Priesterin der Kypris bist du, verachte denn das Geschenk der Kypris, die Liebe, nicht. Als Schutzsuchender flehe ich zu dir, nimm dich meiner an, aber wenn du willst, nimm mich als Gemahl. Für dich haben mich des jagenden Eros Pfeile erlegt. Kypris, die Göttin der Liebe, hat mich zu dir geschickt und nicht Hermes, der Gott des spielerischen Zufalls. Du weißt doch, Aphrodites Zorn hat auch *Atalante*, die heldenmütige Tochter Arkadiens, gezwungen, *Meilanions* Liebe zu erwidern. Gib also auch du nach, Geliebte, erwecke nicht der Göttin Zorn.«

So sprach der Jüngling, und jedes seiner Worte erweckte Liebe in des Mädchens Herzen. Schweigend heftete Hero den Blick auf die Erde, damit Leandros nicht sehe, wie die Scham ihre Wangen rot färbte. Sie zog sich den Chiton fester um die Schultern zusammen. Schon hatte auch sie die bittere und dennoch süße Liebe eingelassen, und das wonnige Feuer erwärmte ihr Herz. Erst nach einer geraumen Weile gab sie Leandros Antwort, sie sprach mit ihrer süßen Stimme, und die Röte keuscher Scham strahlte von ihrem Antlitz: »Deine Worte vermöchten selbst Felsen zu bewegen, Fremdling. Wer hat dich gelehrt, die Wege bestechender Rede zu gehen? Wehe mir, wer hat dich in meine Heimat gebracht? Denn nie kann ich deine Gattin werden. Du bist fremd hier, man kann deinen Worten nicht trauen, und meine Eltern würden nie einwilligen, daß wir uns ehelichen. Kommst du häufig in unsere Stadt, so werden die Menschen über uns herziehen, denn sie sind froh, wenn sie jemandem Übles nachreden können, und was heimlich geschieht, darüber wird gar bald an den Kreuzwegen geredet. Nenne deinen Namen und verheimliche weder ihn noch dein Vaterland. Mein Name ist Hero, und dieser in den Himmel ragende berühmte Turm ist meine Wohnung. Mit einer einzigen Magd wohne ich darin, hier vor der Stadt Sestos, an der wellengepeitschten Küste. Als Nachbarn habe ich nur das Meer, so wollte es der grausame Beschluß meiner Eltern. Keine Gespielinnen sind mir nah, auch wartet meiner kein Tanz der Jünglinge. Tag und Nacht vernimmt mein Ohr nur das Rauschen vom Meere.«

Sprach's und verbarg das rosige Antlitz in ihrem Tuch, denn sie schämte sich, schon mehr gesagt zu haben, als sich ziemte.

Ein Glück, daß Eros, der allbezwingende kleine Gott, wen er durch seine Pfeile verletzt hat, auch wieder heilt, indem er dem Verliebten mit gutem Rat hilft. Auch Leandros hörte auf Eros' Rat, als er zu dem Mädchen also sprach: »Schöne Jungfrau, um deiner Liebe willen durchschwimme ich sogar gern das Meer zur Zeit der Flut, wenn nicht einmal Schiffe auf ihm fahren. Ich fürchte mich nicht vor dem tiefen Strudel, auch nicht vor dem brausenden Sturm, ich komme jede Nacht zu dir über den Hellespont geschwommen, denn ich wohne ja gar nicht weit, sondern hier, deiner Stadt gegenüber, in Abydos. Nur um eins bitte ich dich: Zünde in deinem hohen Turm eine Fackel an und zeige sie in der Dunkelheit hochgehalten vom anderen Ufer, damit ich sehe, wohin mich die Liebe ruft, und deine Fackel mir wie ein Stern leuchtet. Nach ihr will ich ausschauen und nicht nach dem Bootes noch nach dem Orion oder dem Weg des Großen Wagens. So gelange ich sicher in den süßen Hafen der Liebe am jenseitigen Ufer. Aber gib acht, Geliebte, daß die blasenden Winde die Fackel nicht löschen, meinen einzigen, Licht tragenden Führer, dem ich mein Leben anvertraue. Und wenn du nun auch meinen Namen wissen willst: Leandros heiße ich, der schönbekränzten Hero Gatte.«

So hielten die Liebenden heimlich Hochzeit, und nur eine Fackel war Zeuge, als sie schworen, ihre Liebe treu zu hüten und die Gattentreue zu wahren. Hero schwor, daß sie jede Nacht die Fackel anzünden, und Leandros schwor, daß er jede Nacht das Meer durchschwimmen werde. Dann kehrte Leandros nach Abydos zurück, und von da an warteten sie tagtäglich nur auf die Nacht, da Leandros sein Weib besuchen konnte.

Und wenn in dunkelblauem Mantel der Nachtnebel kam und den Augen der Menschen den Schlaf brachte, ließ die sehnende Seele Leandros nicht schlafen. Er ging an das Ufer des brausenden Meeres und spähte, ob die sehnlich erwartete Fackel aufblinke. Als Hero bemerkte, daß sich das Dunkel der

Nacht niedersenkte, hielt sie die Fackel hoch. Und wenn das Fackellicht aufglühte, entfachte Eros in der Seele des ungeduldigen Leandros die Flamme, mit der brennenden Fackel zugleich brannte auch er. Hörte er am Meer das Tosen der Wogen, erbebte er zuerst, dann aber ermannte er sich und redete sich Mut zu: »Unheimlich ist die Liebe und grausam das Meer; aber das Meer hat Wasser, die Liebe jedoch brennt von innen wie Feuer. Bewahre das Feuer, mein Herz, und fürchte dich nicht vor den Fluten des Meeres. Die Liebe erwartet dich drüben am Ufer, was scherst du dich um die tobenden Wogen? Weißt du denn nicht, daß sie, Aphrodite, aus dem Meere geboren ist und daß über das Meer dieselbe Göttin herrscht wie über unsere Leiden?«

Damit zog er sich aus, band sich die Gewänder am Kopf fest und warf sich mit einem Sprung von der Küste ins Meer. Er schwamm ausdauernd und behielt immer nur die brennende Fackel im Auge. Hero im Turm hielt die Fackel hoch und schützte an der Seite, von der der Wind blies, sorglich die Flamme mit ihrem Tuch, bis endlich Leandros bei Sestos das Ufer erreichte. Da ging sie ihm entgegen, führte ihn zum Turm, und an der Tür nahm Hero Leandros wortlos in die Arme. Er keuchte vor Ermattung, und an seinem durchnäßten Haar glitzerten die salzigen Tropfen des Meeres. Sie führte ihn in ihr Gemach, wischte ihm den Schmutz des Meeres von der Haut ab und rieb ihn mit duftendem Rosenöl ein, um den salzigen Meergeruch zu mildern. Und sie legte ihn auf das Ruhebett und beugte sich mit den Liebesworten über ihn: »Mein Geliebter, viel mußt du um mich leiden, wie noch keiner um seine Geliebte gelitten hat. Viel hast du gelitten, Geliebter, jetzt aber vergiß das salzige Wasser und den Fischgeruch des grimmig brausenden Meeres, und lasse die schweißbedeckte Stirne ruhen auf meinem Schoß.«

So verging Tag um Tag. Nur bei Nacht konnte Leandros sein Weib besuchen, und niemand wußte, daß Hero einen Gatten hatte. Doch es kam der Winter mit seinem Rauhreif und seinen kalten Winden, und wilde Stürme wühlten die Meeresfläche auf. Der Schiffer traute da nicht mehr dem Meere, er zog sein schwarzes Schiff ans Land. Leandros jedoch ließ sich auch jetzt nicht abschrecken. Der Turm rief ihn, er mußte es auch mit den Wogen des tosenden Meeres aufnehmen, und das Licht der bekannten Fackel zeigte ihm den Weg. Aber wehe, er wurde jetzt grausam und unverläßlich geführt. Wäre doch die arme Hero bis zum Frühling ohne Leandros geblieben, und hätte sie die Fackel nicht angezündet! Doch das Geschick und die Sehnsucht zwangen sie unwiderstehlich. Und in ihrer lockenden Hand strahlte nun nicht mehr die Fackel des Eros, sondern der Moira verführerisches Signal.

Es war Nacht, die Zeit, da sich die Winde am heftigsten erheben und alle auf einmal in die hochgetürmten Wogen dreinschlagen. Leandros kämpfte sich auf dem brausenden Rücken des Meeres vorwärts, dem Ufer zu, wo er seine Geliebte erhoffte. Schon schob sich Woge auf Woge, das Wasser wirbelte, und das Meer schlug hoch bis zum Wolkenhimmel, von allen Seiten war das Tosen der ringenden Winde zu hören. *Euros* blies gegen den Zephyros an, Notos bedrohte laut den *Boreas*, und fürchterlich rauschte das Meer.

Zwischen den unversöhnlichen Strudeln flehte Leandros gar oft zur Meer-Aphrodite und oft zu Poseidon, dem Herrn des Meeres selbst. Und Boreas, den grausamen Nordwind, erinnerte er daran, daß auch er einmal verliebt gewesen, in *Oreithyia*, die schöne athenische Königstochter. Doch niemand half ihm, und auch Eros behütete ihn nicht vor den Moiren. Von allen Seiten türmten sich die Wellen gegen ihn, seine Muskeln erschlafften schon, die schmutzige Flut bedeckte seinen Mund, und er mußte von dem salzigen Wasser trinken. Verzweifelt suchte er das Ufer, doch der böse Wind löschte die Fackel aus und mit der Fackel auch das Leben und die Liebe des vielgeprüften Leandros.

Bitter schmähte unterdes Hero die Winde, und Leandros war schon tot, als sie ihn noch immer erwartete. Kein Schlaf senkte sich auf ihre Lider, unruhig stand sie und schaute hinaus aufs Meer, und wie sich die Wogen des Meeres wälzten, wälzten sich in ihrer Seele jammervolle Sorgen. Und es kam die Morgenröte, doch auch da konnte Hero ihren Geliebten nicht erblicken. Sie schaute hierhin, schaute dorthin, sie starrte auf den breiten Rücken des Meeres, ob sie vielleicht irgendwo ihren Gatten sähe. Leandros konnte sich verirrt haben, als das Licht der Fackel erloschen war. Und als sie dann am Fuß des Turmes die ans Ufer geschwemmte, von den spitzen Felsen verwundete Leiche ihres Gatten erblickte, zerriß sie am Busen ihren gestickten Chiton und sprang von dem hohen Turm hinab. Sie starb auf der Stelle neben ihrem toten Gatten: Die treuen Liebenden verließen einander auch im Tode nicht.

Musaios, Hero und Leandros.

HERMES

Der Vater des *Hermes* ist *Zeus*. Seine Mutter ist *Maia*, die Tochter des *Atlas*, der das Himmelsgewölbe auf den Schultern hält. Geboren wurde er auf dem Berge Kyllene, in dem durch sein Weideland berühmten Arkadien. Er ist der Gott der Findigkeit, der Gewandtheit, der Verschlagenheit: *Hermes Dolios* (der »Ränkeschmied«). Schon als Säugling stahl er eine ganze Herde. Aber mit seiner Findigkeit kommt er oft Göttern und Menschen zu Hilfe. Er ist der Erfinder von allerlei Mitteln zur Verschönerung und Erleichterung des Lebens. Aus dem Panzer einer Schildkröte verfertigte er die erste Lyra, und der Flug der Kraniche (in dem auch die Phantasie neuzeitlicher Völker ein V sieht) brachte ihn auf den Gedanken der Buchstabenschrift. Seine vielseitige Bedeutung ist auf die eine Eigenschaft, die Findigkeit, zurückzuführen. Er ist die Schlagfertigkeit, der richtige Augenblick, die gute Gelegenheit selbst. Seine dienstbereite Findigkeit verträgt sich mit den pfiffigen Schelmereien. Er ist von einer entzückend kindlichen Schenklust und hat auch den Beinamen *Charidotes*, worin die *charis* (lateinisch: *gratia*), die Anmut der schenkenden Gebärde, zum Ausdruck kommt. Darum kann ihm auch keiner ernstlich zürnen, dem er Schaden verursacht, wie man ja auch einem Kind wegen eines Schelmenstreiches nicht böse ist. Hermes ist der Gott der Diebe, und er ist der Vater des berühmtesten griechischen Diebes, des *Autolykos*, der wiederum des listenreichen *Odysseus* Großvater mütterlicherseits ist. Dabei aber erwartete man von ihm – vornehmlich in seinem Geburtsland, Arkadien – auch die Vermehrung der Herde, die Vergeltung der Hirtenmühsal. Arkadiens Hirtengott, *Pan* mit den Ziegenbeinen, ist sein Sohn, und als *Kriophoros*, der Hirt, der den Widder auf der Schulter trägt, gewährt er das Glück, welches auf die Spur des verlorenen Schafes führt. Überhaupt ist es Hermes, der aus jeglicher Verlegenheit hilft. Ihm konnte auch unterwegs geopfert werden, denn an Wegkreuzungen stand seine Statue. Solche *Hermen* – das sind Säulen, mit seinem Kopf geschmückt – dienten manchmal auch als Meilensteine. Er kennt auch den Weg, der zur Unterwelt führt. Als *Psychopompos*, »Seelenbegleiter«, führt er die Seelen der Verstorbenen vor die ewigen Richter. Als Gott des Gewinns und der glücklichen Reise ist er der Beschützer der Kaufleute, und er ist der zuverlässigste Bote, der als solcher häufig auch Zeus zu Diensten steht. Jeder glückliche Einfall und jeder glückliche Zufall kommt von Hermes: Einen gefundenen Gegenstand nannten die Griechen *hermaion*, »Geschenk des Hermes«. Er legt dem Menschen auch die treffenden Worte in den Mund, er ist als *Hermes Logios* der Gott der gewandten Rede. Das schwer verständlich, unklar Gesprochene wird durch Hermes' Dazwischentreten sofort klar. Daher betrachtet man jegliche Textauslegung *(Hermeneutik)* als eine Wissenschaft des Hermes. Hermes beherrscht aber auch eine dunklere Wissenschaft, und gerade diese bewahrt sein Andenken das ganze Mittelalter hindurch. Als *Hermes Trismegistos*, »dreimal großer« Hermes, ist er der Großmeister der Zauberei, und wenn wir irgend etwas ganz besonders sorgfältig von der Außenwelt abschließen – »so daß nicht einmal die Luft darankommen kann« –, sagen wir noch heute: Das ist *hermetisch* verschlossen.

Hermes Trismegistos war für die mittelalterlichen Alchimisten die höchste mythische Autorität. Seinen Zauberstab kannte indessen auch die klassische Zeit schon, und auch sein nächtliches Wesen, das die Dunkelheit liebt, zieht seine Gestalt in den Kreis der Zauberei. Die Nacht, die auf Schritt und Tritt Überraschungen bereit hat und die Fallen der List in Dunkel hüllt, ist des Hermes eigentliches Reich. Wir begegnen auch dem Beinamen *Nychios* (»nächtlich«), und bei Abendgastmählern werden aus dem letzten vollen Glas ihm zu Ehren die ersten Tropfen als Trankopfer verschüttet. Hermes' Zauberstab ist es, der den Menschen die Verzauberung durch den Schlaf bringt, oft auch zu Zeiten, wenn es ratsamer wäre, zu wachen und aufzupassen. Aber: »Morgenstunde hat Gold im Munde« – und das plötzliche Erwachen, das eine glückliche Gelegenheit bietet, zeugt wiederum von Hermes' Anwesenheit.

Seine Abzeichen sind: der Heroldsstab, um dessen Ende manchmal zwei Schlangen gewunden sind, und der Reisehut, der sogenannte *petasos* (in Griechenland trugen nur die Kranken und die Reisenden eine Kopfbedeckung). An Hermes' Hut sowie an seinen Sandalen befinden sich Flügel, sie versinnbildlichen seine Flinkheit. Wir lesen auch oft bei Homer von Hermes' Goldsandalen, die ihn mit Windesschnelle über Festland und Wasser und durch die Luft dahintragen. Anfangs wurde er als bärtiger Mann dargestellt, und an den Hermen, die die alte Überlieferung bewahren, finden wir ihn im allgemeinen mit einem Spitzbart.

Aber schon im 5. Jahrhundert v. u. Z. ging man mehr und mehr dazu über, Hermes als Jüngling darzustellen. Im 4. Jahrhundert formte dann *Praxiteles* das Ideal, welches die Griechen gefühlsmäßig an Hermes' Namen knüpften. Auch hier hatte schon Homer die bildhauerische Darstellung vorbereitet; er läßt Hermes mit Vorliebe in der Gestalt eines schönen Jünglings mit flaumigem Kinn erscheinen, der einem der Hilfe bedürftigen Sterblichen (*Priamos,* Odysseus) beisteht. Dieser Typus wurde nach Praxiteles in den bildenden Künsten richtunggebend: ein Jüngling an der Schwelle des Mannesalters, ein *ephebos* mit geschmeidigem Körper, mit elastischen Muskeln, bei dem die Gymnastik, die gesunde Körperübung, nicht sosehr eine ungewöhnliche Kraft, eine gleichsam tierische Tragfähigkeit, sondern vielmehr körperliche Gewandtheit, vom Geist durchstrahlte Gesundheit, Tauglichkeit und Diszipliniertheit des menschlichen Körpers entwickelt hat. In Athen diente die Gymnastik jedenfalls diesem Ideal, und deshalb wurde das Hermes-Fest, *Hermeia,* dort in den *gymnasion* genannten Schulen für Leibesübungen und den *palaistra* genannten Ringplätzen abgehalten.

HERMES' ERSTE TATEN

In einer umschatteten Höhle des Berges Kyllene in Arkadien wohnte Maia, das Mütterchen. Und als ihr Söhnchen Hermes geboren war, legte sie es in eine Wiege. Doch des kleinen Hermes Bleibens war nicht von langer Dauer.

Er kletterte aus der Wiege und trat über die Schwelle zur Höhle hinaus. Vor der Höhle weidete gerade eine Schildkröte, zimperlich setzte sie die Füße auf dem grünenden Rasen. Hermes lachte mächtig, als er sie sah, und er konnte sich nicht enthalten zu sagen: »Du kommst gerade recht, willkommen bei uns, du liebes kleines Tier. Welch herrliches Spielzeug! Woher kommst du wohl? Eine kleine Tonschale, sie hat aber Füße, und sie kann auch gehen. Nun, ich trage dich hinein, ich hab ja gerade auf dich gewartet. Du wirst sehen, ich weiß dich zu schätzen. Du bist das allererste, aber nicht das allerletzte Wesen, das mir zum Nutzen gereichen wird. Komm nur, drinnen bei uns ist es besser, hier draußen könnte dir leicht ein Leid geschehen. Du wirst ein Zaubermittel gegen unheilbringende Behexung sein, solange du lebst, und wenn du stirbst, wirst du auch nicht schlecht fahren, denn dann wirst du schön tönenden Sang von dir geben.«

So sprach er, nahm die Schildkröte mit beiden Händen und schleppte sie in die Höhle. Dort hob er dann ihren weichen Körper aus der Schale, und dann schnippelte und schnitzte er mit geschickter Hand: Sagen und tun, das war für Hermes ein und dasselbe. Er schnitt Schilfrohre zurecht, diese bohrte er durch den steinharten Panzer der Schale, fügte daran einen gebogenen Griff, darüber legte er einen Steg und spannte sieben schön zusammenklingende Saiten daran aus, die er aus Schafsdärmen angefertigt hatte. Als er damit fertig war, probierte er das Instrument gleich aus.

Er zupfte an den Saiten und sang dazu, von allem, was ihm gerade einfiel. Er besang Mütterchen, die Bergnymphe mit den schönen Schühchen, und Zeus, des Kronos Sohn. Auch Mütterchens Mägde besang er der Reihe nach und Mütterchens prachtvolle Wohnung und die kostbaren Schätze in der Höhle.

Dann ward er aber dieser Belustigung überdrüssig. Er hörte mit der Musik auf und steckte sein neues Spielzeug in die Wiege. Er hatte Hunger auf Fleisch bekommen. Mit einem Satz sprang er wieder in die Öffnung der Höhle, von dort aus blickte er in der Gegend umher. Und als sich die Sonne schon im Ozean zur Ruhe begeben hatte, machte sich Hermes, umhüllt von der Nacht, auf nach Pieria.

In Pieria weidete die Rinderherde der Götter. Hermes wählte sich schnell die fünfzig Kühe Phoibos Apollons aus und trieb sie fort. Der Weg war sandig, man sah darauf die Fußspuren. Aber um schlaue Einfälle war Hermes nicht verlegen. Er warf seine Sandalen weg, band mit biegsamen Myrten- und Tamariskengerten belaubte Zweige zu Bündeln und befestigte diese statt der Sandalen an seinen Sohlen. Die Kühe ließ er rückwärts gehen, so daß die Spuren zurückführten.

Auf dem ganzen Wege begegnete er nur einem alten Mann, der gerade an seiner Scheuer arbeitete. Hermes rief ihm zu: »Guter Alter, du wirst sehen, deine Arbeit wird dir Segen bringen, wenn du auf mich hörst: Was du gesehen hast, mach ungesehen, und was du gehört hast, sage niemandem.«

Und er eilte mit den Kühen weiter.

Er tat auch gut daran, sich zu beeilen, denn die Zeit der Nacht, der Helferin der Diebe, war schon abgelaufen.

In Pylos fand er am Flusse Alpheios einen geräumigen Stall, dort trieb er Apollons breitstirnige Kühe hinein. Er tränkte sie auch und fütterte sie sorglich mit duftendem Heu und taufrischem Klee, dann sammelte er Reisig und entzündete ein prächtiges Feuer. Die Flammen loderten hell, und die guten harzigen Reiser knisterten und krachten. Zwei Kühe briet er sogleich an dem Feuer.

Die Reste verbrannte er, und bevor er weiterzog, bedeckte er die Glut mit schwarzem Sand. Als er auf dem Berg Kyllene wieder ankam, war die Sonne schon aufgegangen. Glücklicherweise war er auf dem langen Wege niemandem begegnet, keinem Gott und keinem Menschen, nicht einmal Hunde hatten ihn angebellt.

Nun hatte aber Mütterchen die Höhlentür fest verschlossen, aber Hermes bückte sich und schlüpfte durch das Schlüsselloch in die Stube. Drinnen schlich er auf Zehenspitzen zu seiner Wiege, kroch wieder in die Wickel und lag harmlos da, als ob nichts geschehen sei, spielte er mit den Fingerchen am Band der Wickel und hielt sein Spielzeug von gestern, die Leier, die er aus der Schildkröte gemacht hatte, fest unterm Arm.

Aber Mütterchen konnte er nicht überlisten.

»Wo treibst du dich nächtlicherweile herum, du Tunichtgut?« fragte sie streng. »Ach, wieviel Plage habe ich mit dir! Gestern erst bist du geboren, und schon muß ich befürchten, daß Apollon dich holen kommt und dir schwere Fesseln anlegt, aus denen du nie wieder loskommst.«

Hermes lachte.

»Hab keine Angst um mich, Mütterchen. Wenn Letos Sohn mir viel nachforscht, wird er's noch übler mit mir zu tun bekommen. Dann gehe ich nach Delphi und dringe in sein herrliches Heim ein. Dort finde ich

Dinge zum Stibitzen in Menge: schöne dreibeinige Stühle und Kessel, Gold und Eisen und sehr viele Gewänder. Du kannst es sehen, wenn du willst!«

Unterdessen hatte auch Apollon gemerkt, daß die fünfzig schönen Kühe von seinem Weideland verschwunden waren. Nur der schwarze Stier spazierte dort würdevoll einher und die vier Schäferhunde. Von der Herde, die sie hatten bewachen sollen, war jedoch keine Spur da.

Auch er traf den alten Mann mit dem gebeugten Rücken, der die Nacht zum Tage machte und immerzu an seiner Scheuer arbeitete. Apollon fragte ihn: »Hör mal, du alter Mann, hast du jemanden meine fünfzig schönen Kühe mit den gebogenen Hörnern hier vorbeitreiben sehen?«

»Ich sehe allerlei«, antwortete der alte Mann, »aber schwerlich könnte ich dir das alles bis ins einzelne erzählen. Ich arbeite hier bis spät in die Nacht und fange schon vor Tagesanbruch an, Tag für Tag, und es gehen viele den Weg hier, manche in guten Geschäften, ihrer mehr aber in bösen, doch ist's schwer, dergleichen genau herauszufinden. Halt, es dünkt mich, als hätte ich gestern ein kleines Kind mit Kühen gesehen. Eine Rute hat's in der Hand gehabt und die Kühe rückwärts geführt.«

Kaum hatte der Alte geendet, da flog ein zukunftkündender Vogel auf. Und Apollon erkannte daran gleich, daß nur Zeus' neugeborener Sohn der Dieb sein konnte.

In der Gegend von Pylos sah er auch schon die Spuren, aber er wurde aus ihnen nicht klug: Die Spuren der Hufe führten alle nach Pieria, also nach der Weide. Und die Fußspuren des Diebes erst: wie schrecklich groß und wie wirr durcheinander sie waren! Die Spur eines Menschen konnte das nicht sein, auch keines Wolfes, keines Löwen Spur, ja nicht einmal der Bär hat so unförmige Sohlen.

Gar bald erreichte Apollon den Berg Kyllene, und in fliegender Eile überschritt er die gepflasterte Schwelle zu Maias umschatteter Höhle. Gleich wußte Hermes, woran er war. Als er den zürnenden Gott erblickte, zerrte er sich das Wickelkissen über die Ohren, zog sich zusammen wie ein hilfloser Säugling, der nach lauwarmem Bade süß einschläft. Er schlief aber nicht, nein! Und er hielt auch jetzt die Leier fest unterm Arm.

Apollon erkannte Maia sofort, Maia, die Nymphe der Berge, und er erkannte auch den Sohn der Nymphe, Hermes. Zuerst aber sah er sich in der Höhle um, er schaute in jeden Winkel, mit einem glänzenden Schlüssel öffnete er sogar drei Türen. Doch fand er nur Nektar und duftende Ambrosia, Gold und Silber und der Nymphe purpurne, silberglänzende Gewänder.

Da trat er an die Wiege und fuhr Hermes an: »Gib die Kühe her, du Taugenichts, mach schnell, solange ich noch im guten rede. Ich kann's auch anders, ich pack dich und werf dich in den finstern Tartaros. Da können dich dann weder deine Mutter noch dein Vater je wieder heraufholen!«

Hermes blinzelte, als verstehe er nicht.

»Die Kühe? Was für Kühe? Laß mich sanft schlafen, noch habe ich nur das zu tun, aber nicht Kühe herzugeben. Ich habe noch nie irgendwelche Kühe gefunden, und ich weiß überhaupt nicht, was du von mir willst. Habe ich dich etwa um den dem ehrlichen Finder gebührenden Lohn gebeten? Ich bin erst gestern geboren, meine Beine sind noch zu schwach, ich kann noch nicht aus der Wiege steigen und auf dem holprigen Boden wandeln. Ich mag nur schlafen und Mütterchens süße Milch und das lauwarme Bad, um anderes kümmere ich mich nicht. Alle Götter werden dich auslachen, wenn sie hören, daß du bei mir deine Kühe suchst.«

Damit drehte er sich um und fing lustig zu pfeifen an, als hätte er mit der ganzen Sache nichts zu tun. Da mußte selbst Apollon lachen.

»Verstell dich nicht, du kleiner Schelm, komm nur rasch heraus aus der Wiege! Ich weiß sehr wohl, wer du bist: der Gott der Diebe. Solange die Welt besteht, wirst du unter den Göttern diesen Titel tragen.« Und er packte Hermes. »So, jetzt zeige mir, wohin du meine Kühe getrieben hast!«

Aber Hermes ließ sich nicht einschüchtern.

»Was willst du von mir? Warum gehst du

so gewaltsam mit mir um? Hätte doch die Erde sämtliche Kühe, die es auf der Welt gibt, verschlungen! Ich habe keine einzige gesehen, noch nie im Leben. Aber komm, gehen wir zu Zeus, er soll zwischen uns gerecht entscheiden.«

Und die beiden schönen Söhne des Zeus, Apollon mit dem silbernen Bogen und Hermes, der kleine Schelm, gingen auf den Olympos. Der schneeige Kopf des Berges war von strahlender Heiterkeit übergossen. Die Götter waren gerade alle beisammen, als die beiden kamen.

Vater Zeus empfing Apollon zürnend.

»Phoibos, eine rühmliche Beute hast du da mitgebracht: ein neugeborenes Kind! Es vor die Versammlung der Götter zu bringen muß wahrlich dringend sein!«

»Höre mich an, o Vater«, erwiderte darauf Apollon, »und verspotte mich nicht als einen, dem es um Beute geht. Dieses winzige Knäblein – neugeboren und harmlos – hat mir meine fünfzig schönen Kühe weggetrieben, mit einer Schlauheit, die selbst alte Diebe beschämen muß. Dann hat es sich wieder in seine Wiege gelegt, und als ich bei ihm nach meinen Kühen suchte, da hat es sich mit den zwei Fäustchen die Augen gerieben und von der ganzen Sache nichts wissen wollen.«

Also sprach Phoibos Apollon und setzte sich zwischen die anderen Götter. Nun aber bat Hermes ums Wort: »O Vater, höre mich an. Wohl will ich berichten, wie's war, die reine Wahrheit will ich sagen. Ich könnte ja gar nicht lügen. In Mütterchens Haus, die umschattete Höhle des Berges Kyllene, kommt plötzlich der da hereingestürmt! Wild fällt er über mich her, ich soll seine Kühe hergeben. Ja, und er hat mir grausam gedroht, mich hinabzuwerfen in die Unterwelt. Freilich, er hat's leicht, er ist der Stärkere, ein stattlicher, schöner Jüngling ist er, und ich bin erst gestern geboren. Das weiß er auch. Sieht ein Dieb so aus, stiehlt ein schwaches Kind Rinder? Verteidige mich, Vater, gegen den Stärkeren!«

Und er hatte noch das Wickelkissen bei sich, er trug es über den Arm geworfen. Aber Zeus kann man nicht überlisten. Er wußte alles recht wohl und lachte herzhaft über den kleinen Schelm. Dann gab er ihm den Befehl, Apollon zu begleiten und mit ihm zusammen die Kühe zu suchen; er habe ihm, Hermes, ohnehin das Amt zugedacht, Bote und Führer der Götter zu werden, wenn er herangewachsen sei.

Zeus' Befehl mußte man gehorchen. Sie gelangten denn auch nach Pylos, zu der Furt im Flusse Alpheios. Dort führte Hermes die Kühe aus dem Stall mit den hohen Balken. Nun erst sah Apollon, daß zwei von den fünfzig fehlten. Und er fragte Hermes: »Wie konntest du, kleiner Strolch, im Alter von einem Tage zwei Kühen die Haut abziehen? Du mußt ja schrecklich stark sein, sogar ich bekomme schon Angst vor dir.«

Und er band Hermes die Hände mit kräftigen Stricken.

Aber Hermes war auch nicht faul, selbst gebunden hatte er noch Kraft genug, die Kühe zu behexen. Weder hin noch her konnten sie sich rühren, als hätten ihre Füße Wurzeln geschlagen. Apollon wunderte sich gar sehr, doch war er genötigt, Hermes freizulassen, damit er die Kühe vom Zauber löse.

Nun aber war es an Hermes, Apollon wegen des vielen Ärgers zu versöhnen und freilich auch wegen der zwei fehlenden Kühe. Zum Glück war die Leier da, die er keinen Augenblick lang aus der Hand gelegt hatte. Er zupfte die Saiten und sang dazu.

Süße Sehnsucht erfüllte da das Herz Apollons, und sein leuchtendes Antlitz lachte vor Freude. Und Hermes schlug die Leier und sang mit klingender Stimme, er besang die Erde und den Himmel, und er sang der Reihe nach von der Geburt der Götter.

»Du goldiger Schelm«, rief Apollon entzückt, »ich gäbe meine fünfzig Kühe hin für diesen Gesang! Woher hast du nur diese herrliche Musik? Ich bin auf dem Olympos der Chorleiter der Musen, doch habe ich bei ihnen nie etwas ähnlich Schönes gehört. Laß uns künftig gut Freund sein. Bei meinem Speerschaft aus Kornelholz schwöre ich dir, ich werde dich unter die großen Götter geleiten, und dein und deiner Mutter rühmlicher Ruf wird ewig bestehen.«

»Gern lehre ich auch dich die Musik, und ich schenke dir sogar die Leier«, sagte Hermes und schmiegte sich schmeichelnd an seinen stattlichen Bruder. »Nur mußt du ein andermal wegen einiger Kühe nicht gleich solchen Krach schlagen.«

Da trieben sie die Kühe auf die grasige Weide. Danach kehrten sie beide Hand in Hand auf den schneebedeckten Olympos zurück.

Vater Zeus erfreute sich glücklichen Herzens an ihnen.

Nach der Homerischen Hermes-Hymne.

HERMES UND DER HOLZFÄLLER

Ein Holzfäller ließ einmal seine Axt in den Fluß fallen. Nun wußte der Arme nicht, was er machen sollte, drum setzte er sich am Ufer nieder und saß dort betrübt. Als Hermes hörte, was ihm fehle, dauerte er ihn. Er tauchte in den Fluß hinab und holte eine goldene Axt heraus. Und er fragte, ob es diese sei, die er verloren habe. Doch der Holzfäller sagte, diese sei es nicht. Da stieg Hermes wieder hinunter und holte eine silberne Axt aus dem Fluß. Erst als der Holzfäller sagte, auch diese sei es nicht, holte er ihm die verlorene eigene Axt herauf. Der Holzfäller erkannte sie, und da Hermes sah, wie rechtschaffen der Mann war, schenkte er ihm zur Belohnung auch die beiden anderen Äxte.

Der Mann ging nach Hause und erzählte seinen Gefährten, wie es ihm mit der Axt ergangen war. Einer von ihnen nahm sich vor, gleichfalls so sein Glück zu versuchen. Er ging an das Flußufer, warf absichtlich sein Beil in die Fluten, dann setzte er sich hin und weinte leise. Auch ihm erschien Hermes, und wie er seine Klage gehört hatte, stieg er in den Fluß hinab und holte auch ihm ein goldenes Beil. Und er fragte, ob es dieses sei, das er habe ins Wasser fallen lassen. Was brauchte der Mann mehr: Glücklich stimmte er zu, ja, dies sei es. Der Gott aber zürnte ihm ob der Unverfrorenheit und behielt nicht nur das goldene Beil, sondern gab dem Lügner auch sein eigenes Beil nicht zurück.

Fabulae Aesopicae, hg. von Halm, Nr. 308 (bzw. Hausrath, Nr. 183).

POSEIDON
UND DIE GÖTTER DES MEERES

Ein einziger Blick auf die Landkarte vermag uns schon die außerordentliche Bedeutung des Meeres im Leben des griechischen Volkes begreiflich zu machen. Griechenland ist der tief ins Meer hineinreichende südliche Teil der Balkanhalbinsel; seine dicht gezackte Küste besteht aus vielen Buchten, die sich für Häfen eignen. Besonders tief schneidet der Meerbusen von Korinth in das Land ein, derart, daß nur der sehr schmale Isthmos Südgriechenland, den Peloponnes, mit Mittelgriechenland – ähnlich wie der Stengel das gezackte Maulbeerblatt mit dem Zweig – verbindet. Angeblich deshalb wurde der Peloponnes später *»Morea«* genannt (vom griechischen Wort *moron*, »Maulbeere«). Das Mutterland und ihm gegenüber der westliche Küstenstrich Kleinasiens, ebenfalls mit bedeutenden Hafenstädten, ferner zwischen den beiden Küsten die dicht beieinander gelegenen größeren und kleineren Inseln des Ägäischen Meeres, einige Inseln nahe der Westküste Griechenlands sowie der ziemlich früh kolonisierte südliche Teil Italiens – dies waren die geographischen Gegebenheiten, die für die Entwicklung des griechischen Volkes die Grundlage bildeten. Nehmen wir noch hinzu, daß das für Ackerbau und Viehzucht geeignete Gebiet Griechenlands viel zu klein war, als daß es ausgereicht hätte, die Bevölkerung zu ernähren, so müssen wir es ganz natürlich finden, daß das Meer das hochbegabte und phantasievolle Volk in seiner Jünglingskraft nicht nur zu neuen und wieder neuen Abenteuern verlockte, sondern ihm auch die Schiffahrt zur Existenzbedingung machte.

Die Griechen sind ein seefahrendes Volk. Das Meer gehörte zu ihren ersten Erlebnissen. Mit seinem sanft glänzenden, unendlichen Spiegel war es das gütige Element, welches dem Schiff auf der Fahrt half; zugleich aber lernten die Seefahrer auch die schonungslose und unberechenbare Gewalt des Meeres kennen, die sie mit tausenderlei Gefahren bedrohte. Und da die mythologische Phantasie des griechischen Volkes alle Erfahrungen, die es in der Welt der Natur und der Gesellschaft machte, sich in plastischen Göttergestalten vergegenwärtigte, bevölkerte sie auch das Meer mit Göttern.

Der Herr des Meeres ist *Poseidon*, er regiert das Meer mit seinem Dreizack. Damit peitscht er des Meeres Wogen, und damit berührt er das Meer auch, wenn er dem Sturm Einhalt gebieten will. Seine Erscheinung ist – wie die des Zeus – königlich, hat aber gewaltsamere Züge. Im Herrschen ist er unberechenbarer und grausamer, wie ja auch die geheimnisvollen Tiefen des Meeres unerforschlicher und finsterer erscheinen als die Gesetze des Himmelsgewölbes. Zeus' Herrschaft versinnbildlicht die ewige Ordnung der Welt, Poseidons Herrschaft die Macht des Wassers, die gute Schiffahrt und zugleich das Risiko des Schiffbruchs, mit dem jeder rechnen muß, der sich aufs Meer hinaus begibt. Das Meer schenkt zwar Wohlhabenheit und Erfahrung, doch mit wieviel Gefahren bedroht es den unternehmungslustigen Seefahrer! Menschenvernichtende Strudel, Riffe und Sandbänke, Stürme, die das Schiff wie ein Spielzeug hin und her werfen, Meerungeheuer und unbekannte Völker, zu denen der Schiffbrüchige von der Strömung getrieben werden kann! Vielleicht ist es das gastfreundliche, göttliche Volk der Phäaken, vielleicht aber sind es grausame Riesen, oder es sind Barbaren, die ihre Götter durch Menschenopfer ehren und die zu ihnen verschlagenen Fremden auf die blutigen Altäre schleppen. Schon Gelehrten der Antike fiel es auf, daß Zeus' sterbliche Söhne fast ausnahmslos menschliche, weise, von edler Kraft strotzende Helden sind, Poseidons Kinder dagegen überwiegend grausame, unmenschliche Riesen, wie etwa *Busiris* und *Antaios*, denen wir in den Mythen des Herakles begegnen werden. Ein Sohn des Poseidon ist auch *Polyphemos*, seine Kinder sind die menschenfressenden *Laistrygonen*, ein Volk von Riesen; sein Sohn ist *Amykos*, der jeden Fremden zum Ringkampf herausforderte, bis ihn Zeus' Sohn *Polydeukes* tötete; *Prokrustes*, der zwar den Fremden Herberge gab, aber nur, um sie unmenschlich zu Tode zu quälen. Dieser Prokrustes pflegte seine Gäste in ein Bett zu legen, dem er ihre Körper anpaßte. War einer größer als das Bett, so schnitt er ein entsprechendes Stück vom Körper des Fremden ab; war einer kleiner, so streckte er dessen Körper so lange, bis er das Bett ausfüllte. Ihn brachte der athenische Held *Theseus* um, den einige Überlieferungen zwar auch für einen Sohn Poseidons halten, in dessen Gestalt sich aber nicht mehr die unbändige Kraft Poseidons spiegelt, sondern dasjenige, was der Gott des Meeres mit Pallas Athene gemeinsam hat. Das Meer nimmt nämlich unter den Faktoren, die erzieherisch und zivilisierend auf das Griechentum wirkten, eine der ersten Stellen ein. Deshalb kann Poseidon mit Pallas Athene um den Besitz der Stadt Athen wetteifern: Nur sein Geschenk, das Meer, kann neben das Geschenk der Athene gestellt werden.

Für die alles hinwegfegende Kraft des flutenden Wassers ist ein Sinnbild der *Stier*, deshalb werden die Götter, die die verschiedenen Flüsse personifizieren, entweder in Stiergestalt oder mit Stierhörnern dargestellt – z. B. *Acheloos*, der als Freier um Deianeira Nebenbuhler des Herakles ist –, und das gibt die Erklärung dafür, daß im Poseidon-Kult der Stier eine so große Rolle spielt. Poseidon zu Ehren werden Stierkämpfe veranstaltet, es werden ihm dunkle Stiere als Opfer dargebracht, und manchenorts nannte man auch die Knaben, die beim Opferritual des *Taureia* (»Stierfest«) genannten Festes halfen, *tauroi*, »Stiere«. Noch häufiger begegnen wir in Poseidons Kreis *Pferden*: Das jagende Roß mit der stolzen Mähne faßt das kühne Vorwärtsdringen der Wellen, die sich kräuselnde Brandung und das hüpfende Spiel der Schaumkämme auf den Wogen in einem plastischen Bild zusammen. *Hippos* bedeutet »Pferd«; deshalb hat Poseidon auch den Beinamen *Hippios*. Poseidon ist es, der Bellerophontes den *Pegasos* schenkt, aber der goldene Zaum zum Zügeln, durch den sich der Held das geflügelte Roß erst dienstbar macht, ist das Geschenk der Pallas Athene, wie denn auch nur ein Schiff, dessen Steuermann Pallas Athene weise Ratschläge und die nüchterne Besonnenheit gibt, sicher durch die Wogen des Meeres segelt.

Poseidons Pferde drücken in den Mythen die zerstörerische Gewalt des Meeres und ebenso seine wohltätige, dem Menschen behilfliche Kraft aus. Gegen den von seiner Stiefmutter unschuldig angeklagten *Hippolytos* beschwört der übereilte Fluch Theseus', seines Vaters, die Rache Poseidons herauf. Das Meer beginnt plötzlich zu tosen, die Wogen türmen sich bis zum Himmel, da tritt aus dem Meere ein fürchterlich brüllender Stier hervor, Hippolytos' Pferde scheuen, werden wild und reißen den unschuldigen Jüngling in den Tod. Vermutlich, nach einer früheren Fassung, haben ihn gerade die aus dem Meer auftauchenden Pferde Poseidons hinweggerissen. In jenem Mythos jedoch, in welchem die Griechen das mythologische Urbild der berühmten *Olympischen Wettspiele* sahen, tragen Poseidons geflügelte Rosse seinen Liebling *Pelops* zum Siege. *Oinomaos*, der König vom in Elis gelegenen Pisa, ein Sohn des Gottes Ares, versprach die Hand seiner Tochter *Hippodameia* demjenigen, der ihn im Wagenrennen besiegen würde; ein grausamer Tod aber wartete auf den, der unterlag. Oinomaos hatte schon die Schädel von dreizehn Freiern in den Tempel des Ares gebracht. Pelops, der Sohn des Tantalos, betete vorher am Meeresufer zu Poseidon, und der Gott schickte ihm aus dem Meer einen goldenen Wagen und geflügelte Rosse. Schon als er im Besitz des Gottesgeschenkes war, gewann er Hippodameias Liebe und auch die Hilfe des treulosen königlichen Kutschers. Dieser, *Myrtilos* mit Namen, nahm aus der Radnabe am Wagen seines Herrn den Nagel heraus, und so blieb der böse König Oinomaos hinter Pelops zurück, den die göttlichen Pferde am Ufer des Flusses Alpheios in sicherem Fluge zum Ziel führten. Dort am Flußufer wurden später die Olympischen Spiele abgehalten, und dem Begründer der Spiele ließ man in dem *Pelopion* genannten Heiligtum die einem göttlichen Helden, einem *heros*, gebührende Verehrung zuteil werden.

Die verschiedenen Gottheiten des Meeres, so die *Nereiden*, und auch Poseidon selbst erscheinen oft zu Pferde oder auf einem von Pferden gezogenen Wagen. Letztere sind Pferde mit Fischschwänzen. Wenn die Erde bebt, rasselt dieser Götterwagen unter der Erde dahin. Der antiken Vorstellung nach ruht nämlich die Erde auf dem Meer, deshalb ist Poseidon auch der »Erde haltende« Gott, *Poseidon Gaieochos*. Und wenn das Meer in der Tiefe bewegt ist, erbebt auch die Erde. Poseidon hat daher auch den Beinamen *Enosichthon*, was soviel heißt wie »Erderschütterer«.

In Aigai, tief unten im Meere, hat Poseidon seinen goldenen Palast, doch erscheint er auch auf dem Olympos bei den Gastmählern der Götter und bei ihren Versammlungen, wo sie das Los der Welt erörtern. Daraus erhellt, daß Poseidon eine vollkommen ausgestaltete göttliche Persönlichkeit ist und nicht nur die einseitige Manifestation einer einzigen Kraft, nicht nur die Personifizierung der göttlichen Kraft eines einzigen Elementes, die an dieses Element gebunden wäre, etwa so wie z. B. Gaia an die Erde oder Zephyr an den Westwind. Gaia kann aus der Erde nicht heraustreten, weil sie mit ihr identisch ist, Poseidon aber kann sein Reich verlassen, nur von seiner Meeresnatur kann er sich nicht trennen. Wo immer und in welcher Eigenschaft er auch auftritt, sein Wesen bleibt das Wesen des Meeres. Bei Homer schaut er vom höchsten Bergesgipfel der Insel Samothrake dem Trojanischen Krieg zu, und als er sieht, daß die Troer im Vorteil sind, eilt er den Griechen zu Hilfe. Wenn Homer sagt, Poseidon strecke sich dreimal aus und beim vierten Mal lange er von Samothrake in Aigai an, macht er die unendliche Ausdehnung des Meeres und bis zu einem gewissen Grade die schlangenhafte Bewegung des Wassers sinnfällig – und nicht nur die übermenschlichen Maße der Götter im allgemeinen. In Aigai angekommen, spannt er in seinem goldenen Palast auf dem Meeresgrunde die goldbemähnten Pferde vor den Wagen, kleidet sich selbst auch in Gold, besteigt seinen Wagen und kutschiert über den Rücken des Meeres dahin. Die Wale, die Meerungeheuer erkennen ihren Herrn und machen heitere Sprünge, voll glücklicher Freude teilt sich das Meer, um dem Gott den Weg freizugeben. So ziehen ihn die hurtigen, prächtigen Pferde hinüber zur griechischen Flotte. In der Nähe von Troja, zwischen Tenedos und Imbros, ist tief im Meere eine geräumige Höhle. Dort spannt der Erderschütterer Poseidon die Pferde aus, schüttet ihnen ambrosisches Futter hin, bindet ihnen Goldketten an die Beine, damit sie, während er fort ist, nicht entfliehen. Dann begibt er sich zu den Griechen, um sie in der Gestalt des Wahrsagers Kalchas zu ermutigen. Doch seine Meeresnatur behält er auch auf dem Schlachtfeld von Troja bei. Als die Griechen von ihrem Homer hörten, wie Poseidon den Troern die Augen betörte und die Glieder in Fesseln schlug, um sie so vor die griechischen Lanzen zu stellen, mochten sie wohl auch an den trügerischen Seetang und andere lähmende Gefahren des Meeres gedacht haben.

Poseidons Gemahlin ist *Amphitrite*, die »blauäugige« *(kyanopis)* und »laut brausende« *(agastonos)* Göttin. Sie zieht die Meerungeheuer groß. Poseidons Geliebte ist *Amymone*, eine der fünfzig Töchter des Danaos, die eine Quelle sucht, um für ihre verfolgten Schwestern erfrischendes Wasser zu schöpfen. Poseidon gibt da einmal seinen Dreizack aus der Hand, und Amymone läßt damit aus dem Felsen eine Quelle entspringen.

Poseidon ist der König des Meeres, aber die Schiffer haben außer ihm noch viele Götter verehrt und von noch mehr wunderbaren

Wesen erzählt. Solche sind in erster Linie die beiden »Meer-Alten« *Proteus* und *Nereus.* Sie können beide auch weissagen, wohnen sie doch in den Tiefen des geheimnisvollen Meeres, und beide suchen sie durch schnelle und mehrfache Verwandlung der Gestalt der Hand des Menschen, der sie zu weissagen zwingt, zu entschlüpfen. Sie sind wie das Wasser, das keine ständige Gestalt hat. Es paßt sich jedem Bett an und verhält sich launisch, wenn es überfließt.

Nereus' Töchter, die *Nereiden,* sind die gütigen Göttinnen des Meeres. Sie sind die spielerischen Wellen selbst, die das Schiff auf ihre milchweißen Schaumschultern heben, es schaukeln und mit ihm dahingleiten. Sie werden auch »weiße Göttinnen« genannt, und eine von ihnen ist *Galateia,* die »Milchweiße«. Auch *Thetis,* Gemahlin des sterblichen Peleus und Mutter des Achilleus, ist eine von ihnen.

Zum spielerischen Meervolk und zur Begleitung Poseidons gehört *Triton,* der Gott von halb Menschen-, halb Fischgestalt, der die Befehle seines Herrn durch die Muscheltrompete verkündet, so daß Osten und Westen zugleich widerhallen. Spätere Dichter sprechen von mehreren ganz gleichgestalteten Tritonen, die auch alle die gleiche Rolle innehaben.

Unter den Meergottheiten gibt es mehrere, von denen der Mythos weiß, daß sie ursprünglich sterbliche Menschen waren und erst zu Meergöttern wurden, als sie sich in die Fluten des Meeres stürzten. Solche waren vor allem *Glaukos,* der »Blaue«, und *Ino,* die mit ihrem Sohn *Melikertes* ins Meer sprang. Als sterbliche Frau war sie die böse Stiefmutter von *Phrixos* und *Helle* gewesen, aber als Göttin half sie dann den Schiffbrüchigen gütig mit ihrem Schleier. Als Göttin wurde sie *Leukothea,* »weiße Göttin«, genannt, und ihr Sohn bekam den Namen *Palaimon.* Der Mythos erklärt die Namen mehrerer Meere durch die Namen Sterblicher, die sich dort ins Wasser gestürzt hatten oder dort ins Meer gefallen waren. Wir nennen solche »namengebenden Helden« *heros eponymos.* Die bekanntesten von ihnen sind: Aigeus, Helle, Ikaros, Myrtilos. Aigeus ist der Sohn des athenischen Königs *Pandion* und Theseus' Vater. Als Theseus nach Kreta ging, um den Minotauros zu töten, versprach er seinem besorgten Vater, die schwarzen Segel des Schiffes gegen weiße zu vertauschen, wenn er siegreich und als Lebensretter seiner Gefährten nach Athen zurückkehren werde. Er gedachte aber auf der Heimfahrt dieses Versprechens nicht, sein Vater sah das Schiff mit schwarzen Segeln zurückkommen, glaubte seinen Sohn tot und warf sich vor Schmerz darüber ins Meer. Nach ihm wurde es das Ägäische Meer genannt. Der *Hellespont,* »Meer der Helle«, verdankt seinen Namen der kleinen Helle, die vom Rücken des Widders mit dem Goldenen Vlies ins Meer fiel, das *Ikarische Meer* wiederum dem beim Fliegen verunglückten Sohn des Daidalos. Den Myrtilos warf zwischen Euböa und Kreta der undankbare Pelops ins Meer; angeblich heißt deshalb dieser Teil des Ägäischen Meeres *Myrtoum mare.*

Von den Gefahren, die den Seefahrern drohten, waren *Skylla* und *Charybdis* die meisterwähnten. Beides sind mythische Ausdrücke, der erste für ein Felsenriff, der zweite für einen Wirbel von unheimlicher Kraft. Das Riff und der Wirbel liegen einander gegenüber; wer dem einen ausweichen will, gerät unrettbar in die Gewalt des anderen. Der Mythos von den *Sirenen (seirenes)* bringt den verlockenden Zauber und gleichzeitig die mörderische Kraft des Wassers zum Ausdruck. Der verführerische Gesang der *Sirenen* lockt die Schiffer in den Tod. Es genügt nicht, wenn der Schiffer vorsichtig ist. Wer glücklich ans Ufer gelangt, dem haben die Götter geholfen: Aphrodite, die Stille auf dem Meere gewährt, die Nereiden, die sanft die Schiffe schaukeln, Leukothea, die den Schiffbrüchigen hilft, und die beiden leuchtenden Zwillingsbrüder, die *Dioskuren, Kastor* und *Polydeukes,* Söhne des Zeus und der *Leda.* Zeus besuchte die spartanische Königin Leda in Gestalt eines Schwanes; ihre Kinder von dem Gott sind Polydeukes und *Helena.* Von ihrem sterblichen Gatten, Tyndareos, hat Leda zwei Kinder: Kastor und *Klytaimnestra.* Polydeukes, das Kind des Gottes, teilte aus Bruderliebe die Unsterblichkeit mit dem sterblichen Kastor: An einem Tag geht der eine, am anderen Tag der andere in die Unterwelt, abwechselnd genießen sie das unsterbliche Leben. Die Griechen erwarteten ihre Hilfe im Kampf und auch bei den Wettspielen, vornehmlich aber beteten die Schiffer zu ihnen. Im Gegensatz zu Poseidon, dem zügellos Kraftvollen, wurden sie als »rettende« *(soter)* Götter verehrt. Nicht nur, weil Polydeukes die Wanderer vor *Amykos*, dem bösen Sohn Poseidons, rettete. Sie beschützen die Menschen vor zwei Erscheinungsformen der Zügellosigkeit Poseidons: im blutigen Kampf vor der Gefahr, durch wild gewordene Pferde zertreten zu werden, und auf dem Meer, wenn wild gewordene Stürme das Schiff herumwerfen. Erscheinen die Dioskuren, so legt sich der Sturm, und das Meer glättet sich, die finsteren Wolken zerstreuen sich, und plötzlich leuchten die Sterne. Das göttliche Bruderpaar führt das Schiff aus den Untiefen, es errettet die Schiffer, die schon dachten, sie würden nicht mehr lebend ans Ufer gelangen. Die griechischen Seefahrer begrüßten es als *epiphania* der Dioskuren, als ermutigendes Vorzeichen, wenn an den herausragenden, vorstehenden Teilen des Schiffes – am Mast oder am Bug – das eigentümliche, strahlende Lichtphänomen auftauchte, welches das Schiffervolk des Mittelmeeres auch heute noch gut kennt und Sankt-Elmos-Feuer nennt. Uns ist die alte chinesische Überlieferung bekannt, nach der die Göttin *Tien Hou*, die Himmelskönigin, in der Gestalt einer ebensolchen Lichterscheinung auf dem Meere auftaucht, um den in Not geratenen Schiffern zu helfen. Ein ähnlicher Glaube mag der Anrufung der Jungfrau Maria als »Stern des Meeres« *(Stella maris)* zugrunde gelegen haben. Maria hat übrigens auch die Anrede »Himmelskönigin« (lateinisch: *Regina coeli*) von verschiedenen weiblichen Gottheiten des Ostens, von babylonischen, phönizischen und ägyptischen, geerbt.

Fern vom spielerischen und gefährlichen Gewimmel des Meeres leben *Okeanos* und seine Gemahlin *Tethys*. Okeanos (Ozean) ist einer der Titanen, er ist das Weltmeer, das die Erde umgibt, und bleibt jenseits jener Grenze, bis zu der die reale Erfahrung der Schiffer gelangt ist. Dort im fernen Westen befinden sich die Wohnstätten der hingeschiedenen Helden, die *Inseln der Seligen*, und andere Märchengefilde, von märchenhaften Wesen bevölkert. Okeanos ist die ewige Distanz selbst, er beteiligt sich an keiner gemeinsamen Unternehmung der Götter. »Ohne Okeanos«, fügen häufig die Dichter hinzu, wenn sie von dem bewegten Zusammensein aller Titanen oder aller Götter berichten. Nach Homer aber rühren aus diesem in überirdischer Entfernung befindlichen Meere alle Lebewesen her; Okeanos ist der Urvater und Tethys die Urmutter aller. Vornehmlich die Flüsse werden als Kinder des Okeanos angesehen.

AKIS UND GALATEIA

Pan, der ziegenfüßige Gott der Hirten, und die Nymphe *Symaithis* hatten einen Sohn, der *Akis* hieß. Bis zu seinem achtzehnten Lebensjahr wuchs er zur Freude seines Vaters und seiner Mutter heran, da entbrannte er in Liebe zu *Galateia*, der Tochter des Nereus und der Doris. Die Nereide liebte ihn auch, aber der einäugige Kyklop *Polyphemos*, der Sohn Poseidons, verfolgte sie mit seiner Liebe.

Aphrodite, die Göttin der Liebe, zeigte so recht ihre Macht, als sie den groben Riesen in ihre Gewalt bekam. Früher hatte er einsam in der Tiefe seiner unwirtlichen Höhle gelebt, und kein Fremder, der in die Gegend verschlagen wurde, durfte diese Einsamkeit ungestraft stören. Jetzt aber dachte Polyphemos nicht an seine Höhle, er dachte auch nicht an seine Herde, und er, auf den vordem selbst der Wald voll Schaudern geblickt hatte, fing auf einmal an, sein verwahrlostes Äußeres zu schmücken. Er kämmte sich immerzu die struppigen Haare, machte sich sogar über seinen Bart her, um ihn zu scheren, und betrachtete sich fort und fort im Spiegel des Wassers. Sein mörderischer Blutdurst hatte sich gelegt, die Schiffe konnten unbehelligt an seiner Insel vorübersegeln; Polyphemos tat den Seefahrern nichts zuleide.

Ein berühmter Wahrsager wurde dorthin, in die Gegend des Ätna auf Sizilien, verschlagen: *Telemos*, dem die Vögel die Zukunft verraten hatten. Telemos weissagte dem Polyphemos: »Deines einzigen Auges in der Mitte der Stirn wird dich Odysseus berauben!«

Doch Polyphemos machte daraus einen Scherz und sagte: »Dessen hat mich schon ein Mädchen beraubt!« Er kümmerte sich nicht um die Prophezeiung. Den ganzen Tag maß er mit seinen langen Schritten das Meeresufer, dann ruhte er sich in der dunklen Höhle von der Ermüdung aus.

Eine hügelige Halbinsel reichte ins Meer hinein, die Meereswogen umspülten sie von beiden Seiten. Polyphemos ging dort hinauf auf den Hügel und setzte sich hin. Seine wolligen Lämmer hütete niemand, niemand ließ sie weiden, sie liefen einfach von selbst ihrem Herrn nach. Der Kyklop legte den gewaltigen Fichtenstamm, der ihm als Stock diente, zu seinen Füßen nieder, hob seine Pfeife, die er aus hundert Rohrstengeln zusammengesetzt hatte, an die Lippen, und die Wellen des Meeres hallten von den traurigen Tönen seiner Hirtenflöte wider.

Galateia hatte sich unterdessen hinter dem Felsen versteckt, auf Akis' Schoß sitzend, lauschte sie von weitem der Klage des Polyphemos: »Weißer bist du denn die Rainweide, Galateia, und blühender denn die Wiese, du bist schlanker als die Erle, glänzender als Kristall und mutwilliger als ein Zicklein, süßer bist du als reife Trauben und weicher als das Gefieder des Schwanes oder als frischer Weißkäse, und wahrlich, du wärest auch schöner noch als der besprengte Garten, liefest du nur nicht vor mir weg! Aber du bist auch scheuer als eine noch nicht ins Joch gezwungene Färse und härter als eine hundertjährige Eiche, trügerischer als die Wogen bist du und unerschütterlicher als der Fels. Hochmütiger bist du als der Pfau, und, was ich vor allem an dir ändern möchte, du bist flinker als ein von Hunden verfolgter Hirsch, ja sogar schneller als die Flügel der Winde, rascher als die wehenden Lüfte verschwindest du! Und wie würdest du es bereuen, mir ausgewichen zu sein! Selber würdest du mich sogar zurückhalten, wenn du wüßtest, wer ich bin! Mein ist das halbe Gebirge, die Höhlen, welche kühl sind bei Sonnenschein und warm halten, wenn es winterlich kalt ist. Meine Bäume brechen unter dem Obst zusammen, goldglänzende und purpurne Trauben wachsen an meinen Weinstöcken, und diese wie jene hüte ich nur für dich. Im schattigen Walde kannst du mit eigener Hand die duftenden Erdbeeren pflücken, im Herbst die Kornelkirschen und Pflaumen, Meerkirschen und Maronen wirst du reichlich haben, wenn du erst einmal meine Frau sein wirst; alle Bäume werden dir dienen. Und auch diese ganze Herde gehört mir. Hier streifen die Tiere im Tal umher oder im dichten Walde, oder sie schützen sich in der Höhle; bätest du mich darum, selbst dann könnte ich dir nicht sagen, wie viele es sind: Armer Leute Brauch ist es, ihr Vieh zu zählen. Aber du brauchst das nicht auf mein bloßes Wort hin zu glauben: Komm, sieh es dir mit eigenen Augen an! Auch Milch habe ich immer, sie ist reichlich vorhanden, wir können davon trinken und auch noch Käse machen. Du würdest dich auch nicht langweilen: Rehe, Hasen, Ziegenböcke, ein Paar Wildtauben warten deiner; und auch Spielgefährten hast du: Vorhin habe ich auf dem Berggrat zwei junge Bären gefunden, Zwillinge, und sie gleichen einander, daß du nicht sagen könntest, welcher der eine und welcher der andere ist. Steck nur endlich einmal deinen leuchtenden Kopf aus den Wogen heraus, Galateia, komm zu mir und verachte meine Geschenke nicht. Ich kenne mich, vor kurzem erst habe ich in den Wasserspiegel geschaut, und ich kann sagen, ich habe mir gefallen. Größer als ich ist auch jener Zeus nicht, den man den Herrn der Welt nennt, allerdings bin ich behaart und struppig, aber ist denn der Baum schön ohne Laub oder das Roß ohne Mähne? Zwar habe ich nur ein Auge, das ist aber dafür so groß wie ein Schild, und schließlich hat ja auch die Sonne nur eine Scheibe, dennoch sieht sie mit ihr alles. Und vergiß auch nicht, daß im Meer, wo du wohnst, mein Vater König ist: Poseidon wird dein Schwiegervater sein, wenn du mein Weib wirst. Erhöre mich doch! Siehe, ich, der ich mich um Zeus und seinen Blitz nicht kümmere, falle vor dir in Ehrfurcht nieder, denn wenn du mir zürnst, trifft mich das niederschmetternder als alle Blitze. Sogar von dir abgewiesen zu werden würde mir nicht so weh tun, wenn ich wüßte, daß du dich keinem anderen in Liebe zuneigst. Wenn du mir ausweichst, warum liebst du dann Akis? Geriete er mir nur einmal in die Hände, ich würde ihn lebendig zermalmen und seine Glieder verstreuen. Bis zu dir dort in den Wogen würden einige fliegen. Denn mich peinigt die Flamme der Liebe, als trüge ich den Ätna, den feuerspeienden Berg, im Busen!«

So klagte Polyphemos. Dann erhob er sich und brach auf. Er ging um den Felsen, und dort fand er zufällig Akis und Galateia. Als diese bemerkten, daß der Kyklop nahte, war es schon zu spät.

»Da sehe ich euch also«, rief er so laut, wie ein erzürnter Kyklop nur rufen kann, »aber ich sorge dafür, daß dies eure letzte glückliche Stunde ist!«

Galateia war mit einem Satz in den ihr vertrauten Wogen des Meeres, Akis aber versuchte sich zu retten, indem er fortlief – doch vergebens.

»Hilf mir, Galateia«, rief er verzweifelt, »helfet ihr mir, meine Eltern, nehmet mich in euer Reich auf!«

Der Kyklop setzte ihm nach, er brach ein Stück vom Berg ab und schleuderte es hinter Akis her. Für den Kyklopen war es nur ein kleines Stück, dennoch war es so groß, daß es Akis völlig bedeckte. Rotes Blut sickerte darunter hervor.

Nach einiger Zeit begann die rote Farbe blasser zu werden, erst nahm sie eine Farbe an wie das Wasser des Baches, wenn der Regen es trübe macht, dann wurde auch dieser Bach klar. Der Steinblock spaltete sich, aus den Rissen wuchs frisches Schilf hervor, und Quellwasser plätscherte rauschend aus dem Munde des Felsens.

Etwas Wunderbares geschah: Aus dem plötzlich entstandenen Wasserbett erhob sich bis zu den Hüften der Jüngling, ein Schilfkranz umwand seine eben erst sprießenden Hörner. Es war Akis, nur war er größer als vorher, und sein Antlitz strahlte in bläulichem Licht. Aber zu erkennen war er noch; er hatte sich in Flußwasser verwandelt und behielt seinen früheren Namen bei.

Ovid, Metamorphosen XIII, Vers 750–896.

THESEUS UND MINOS

Androgeos, der Sohn des Königs von Kreta, wurde in Athen ermordet. König *Minos* unternahm einen Rachekrieg gegen die Mörder seines Sohnes, und auch die Götter bestraften Athen für die grobe Verletzung des Gastrechts. Sie schickten Seuche und Dürre über ganz Attika, sogar die Flüsse trockneten aus. Gott Apollon erklärte, der Zorn der Gottheit werde erst aufhören und die Athener würden von den Plagen erst befreit, wenn sie Minos versöhnten.

Der König von Kreta forderte einen grausamen Tribut. Er schloß Frieden, verpflichtete aber die Athener, alle neun Jahre sieben Jünglinge und sieben Jungfrauen nach Kreta zu schicken. Ihrer harrte ein grausames Los: Sie sollten vom Sohn der Königin Pasiphae, Helios' Tochter, der eine Mißgeburt war und zur Hälfte die Gestalt eines Stieres hatte, weshalb er *Minotauros*, »Minos-Stier«, hieß, in dessen vielwinkliger Höhle, dem Labyrinth, aufgefressen werden.

Der entsetzliche Tribut war schon zum dritten Mal fällig. Minos kam selbst nach Athen, um von der Blüte der athenischen Jugend sieben Jünglinge und sieben Jungfrauen auszuwählen. Die Jünglinge mußten unbewaffnet das Schiff besteigen. Diesmal befand sich auch der Königssohn *Theseus* unter ihnen. Er vertraute darauf, daß er mit Pallas

Athenes Hilfe das menschenfressende Ungeheuer bezwingen, seinen Gefährten das Leben retten und seine Heimatstadt von Trauer und Schmach befreien werde.

Hurtig glitt das dunkle Schiff mit den vierzehn strahlend schönen jungen Menschen dahin – unter ihnen auch Theseus –; es durchfurchte die Wellen bei Kreta. Nordwind fuhr in das Segel, dem Plan der im Kampf stürmischen Athene gemäß. Und dort auf dem Schiff entbrannte der kretische König in Liebe zu *Eriboia*, schon berührte er mit der Hand ihr weißes Antlitz. Entsetzt rief die athenische Jungfrau Theseus zu Hilfe. Der heldische Enkel des *Pandion* sah, was da vorging, finster wirbelte sein Blick unter den Brauen, grausiges Weh zerriß ihm das Herz, und er sprach also zu Minos: »Nicht mehr Frommheit leitet das Gefühl deiner Seele, o Sohn des Zeus! Bist du ein Held, so bezähme die stolze Gewalt in dir! Was uns das göttliche Geschick bestimmt und wozu uns durch Vertrag Dike verpflichtet, dieses Los tragen wir, wenn es kommt. Aber halte du deine böse Absicht zurück! Wenn du in Wahrheit aus der göttlichen Vermählung der phönizischen Königstochter geboren und ein Kind des Zeus bist, so wisse: Auch ich stamme von einem Gotte ab. Meine Mutter, Aithra, des troizenischen Königs Pittheus Tochter, ward von Poseidon, dem Herrn der Meere, geliebt, und die veilchengelockten Nereiden beschenkten sie mit dem Brautschleier. Darum sage ich dir: Gewaltsamkeit bringt Unheil. Bändige deinen Hochmut, denn ich wünsche das liebliche Licht der göttlichen Eos nicht mehr zu sehen, wenn du eines dieser jugendlichen Mädchen zur Liebe zwingst. Messen wir lieber erst die Kraft unserer Arme, und was dann sein soll, mag die Gottheit entscheiden!«

So sprach der wackere Held, und die Schiffer bewunderten seine Kühnheit. Doch Minos entflammte in Zorn, und List gegen Theseus sinnend, sprach er unerwartet also: »Höre mich an, Vater Zeus, der du von gewaltiger Kraft bist! Bin ich in Wahrheit dein Sohn, so sende mir plötzlichen Blitz vom hohen Himmel herab, gib, mich zu rechtfertigen, ein flammenhaariges Wunderzeichen!« Dann streifte er seinen glänzenden Goldring vom Finger und wandte sich an Theseus: »Bist du in Wahrheit ein göttlicher Sproß und des Erderschütterers Poseidon Sohn, so hol diesen Ring aus der Tiefe des Meeres, du kannst ja getrost umhergehn im Haus deines Vaters.«

Kaum hatte Minos diese Worte gesprochen, da blitzte es schon am Himmel: Zeus hatte das kühne Gebet erhört, und er wollte, daß jeder sehe, welch Ansehen er seinem lieben Sohn verschaffte. Minos jedoch, kaum daß er das gewünschte Wunderzeichen erblickt, breitete die Arme gen Himmel aus und sprach: »Du siehst es, Theseus, wie mein Vater für mich gezeugt hat. Nun ist die Reihe an dir, spring in das wirbelnde Meer, und ist in Wahrheit Poseidon dein Vater, verschafft er dir Ruhm auf der ganzen Erde.«

Damit warf er den Ring in die See.

Theseus wich nicht zurück: Er stellte sich auf den Bord des Schiffes und warf sich von dort in die grünlich schäumenden Fluten. Minos, Zeus' Sohn, sah dies mit Freuden, dann gab er beruhigt Befehl, das Schiff in die Richtung des Windes zu drehen und weiterzufahren. Aber das Schicksal wollte es anders.

Hurtig huschte das Schiff dahin; der Nordwind packte es im Rücken und jagte es vor sich her. Als die athenischen Jünglinge sahen, daß sich der Held, auf den sie all ihre Hoffnung gesetzt hatten, ins Meer stürzte, erbebten sie. Aus ihren glänzenden Augen fielen Tränen, und sie harrten der Erfüllung des schweren Geschicks.

Unterdessen führten in der Tiefe des Meeres die Delphine den Theseus zum Palast seines Vaters. Er betrat den göttlichen Saal, erblickte die Töchter des Nereus, und heftig klopfte sein Herz: Ihre blendenden Glieder leuchteten wie das Feuer, goldene Bänder hatten sie in die Haare geflochten, und mit feucht glitzernden Füßen tanzten sie glücklich den Reigen. Er erblickte im Palast auch die liebliche Gattin des Vaters, die verehrungswürdige, kuhäugige Amphitrite, und die Göttin warf dem gerne gesehenen Jüngling einen Purpurmantel über die Schultern, und mit einem Kranz aus dunkelroten Rosen, der so frisch war wie je, obwohl sie ihn einst als Hochzeitsgeschenk von der treulosen Aphrodite bekommen hatte, umwand sie ihm die durchnäßten Haare.

So boten die Götter dem Theseus Schutz. Entsetzt sah ihn Minos aufs Schiff treten, mit trockener Haut, den goldenen Ring in der Hand, und es schimmerten an ihm die Göttergeschenke, der Purpurmantel auf seinen Schultern, auf dem Kopf der Kranz aus dunkelroten Rosen. Die Jünglinge und die Jungfrauen ließen laut vor neuerwachter Freude ihre Stimmen schallen, schon von weitem begrüßten sie Theseus mit einem Triumphgesang, und das Meer gab ihr Lied zurück.

Und das Schiff glitt weiter dahin, und die Jünglinge und die Jungfrauen blickten mit wachsender Zuversicht ihrem Schicksal entgegen, da Theseus wieder bei ihnen war.

Bacchylides XVII; Plutarch, Theseus, 15. und 17. Kapitel. – Vgl. auch den Abschnitt »Ariadne« im vorliegenden Buch, S. 190–192.

PHRIXOS UND HELLE

Die Gemahlin des Königs *Athamas* war *Nephele*, »Frau Wolke«. Sie hatten zwei Kinder, einen Sohn, *Phrixos*, und ein Töchterchen, *Helle*.

Lange Zeit lebten sie glücklich, aber dann verstieß eincs Tages Athamas Frau Wolke und heiratete *Ino*. Frau Wolke schwebte in den Himmel zurück und gab dort den anderen goldgekräuselten Wolken den Befehl, auf König Athamas' Land keinen Tropfen Regen zu schicken.

König Athamas' Volk pflügte und säte in jenem Jahr vergebens, die Wolken gossen keinen Segen auf die Saat. Dürre und Hungersnot suchten das Land heim. Das Volk murrte, und König Athamas schickte Wallfahrer nach Delphi in Apollons Heiligtum, sie sollten die Pythia, die heilige Wahrsagerin Apollons, um Rat bitten.

Was die Pythia ihnen antwortete, hat König Athamas nie erfahren, denn Ino hielt die heimkehrenden Pilger vor der Stadt an und bestach sie durch honigsüße Worte und teure Geschenke. Die Pilger hörten auf sie und meldeten dem König nicht das Orakel Apollons, sondern dieses: Kein Regen werde den Boden seines Landes benetzen, die Erde werde dem Volk des Landes keine Früchte tragen, solange er nicht die beiden Kinder der Frau Wolke auf Zeus' Altar geopfert habe.

Phrixos und Helle ließen unterdes die Herde auf der Wiese weiden, denn ihre böse Stiefmutter hatte so lange gegen sie gehetzt, bis ihres Bleibens im Palast nicht mehr war. Sie lebten wie das Knechtsvolk bei den Hirten und spielten mit den Lämmlein. Besonders gern streichelten sie einen schönen zahmen Widder; denn die Wolle dieses Widders war bis zum letzten Fädchen aus glänzendem Gold.

Einmal, als sie niemand beobachtete, schmiegte sich der Widder mit dem Goldenen Vlies an die Knie der Kinder und begann mit menschlicher Stimme zu sprechen.

»Hört auf mich«, sagte er, »ihr mutterlosen Waisen, denn ich bin kein gewöhnlicher Widder, sondern ich komme von den goldgekräuselten Wolken. Eure Mutter hat mich herabgeschickt, damit ich auf euch achtgebe, sie hat von dort oben gesehen, daß im königlichen Palast eures Bleibens nicht ist. Eure böse Stiefmutter wünscht, daß ihr sterbet. Jetzt werden auch gleich die königlichen Diener kommen, um euch von der Herde wegzuholen, denn auf Inos Worte hin haben die Wallfahrer aus Delphi, anstatt Apollons Orakel zu melden, gesagt, ihr sollt auf Zeus' Altar geopfert werden. Drum wartet nicht, bis sie euch holen kommen, sondern setzt euch schnell auf meinen Rücken. Du, Phrixos, halte dich an meinen Hörnern fest, und du, kleine Helle, umklammere von hinten den Hals deines Bruders.«

Die beiden Kinder gehorchten, und der Widder rannte los. Kaum daß die Hirten ihn bemerkten, war er auch schon mit den Kindern verschwunden. Er lief geradeswegs aufs Meer zu und mitten hinein in die blauen Wogen, und hurtig schwamm er auf das asiatische Ufer zu.

Eine Zeitlang gefiel den Kindern die wunderhafte Reise, sie sprachen auch eine ganze Weile kein Wort, nur die Augen leuchteten ihnen vor Freude. Doch auf halbem Weg ließ sich die kleine Helle vernehmen: »Es wäre gut zu rasten, meine Arme sind müde vom Festklammern.«

»Nimm alle Kraft zusammen, nur noch ein Weilchen, Schwesterchen«, rief Phrixos ermutigend nach hinten.

Sie reisten weiter, aber wieder schrie Helle: »Oh, die Arme tun mir weh, lange halte ich's nicht mehr aus!«

»Wir kommen gleich ans Ziel, gleich rasten wir«, tröstete sie Phrixos.

Aber Helle hielt es nicht mehr aus. Am Hafen von Abydos ließ sie den Hals ihres Bruders los und rutschte vom Rücken des Widders hinab. Sie rief Phrixos noch zu: »Lebe wohl, mein lieber Bruder, komm glücklich ans Ziel!«

Phrixos griff rasch nach ihr, aber zu spät! Helle war schon in den blauen Fluten untergetaucht. Die Stelle, wo die kleine Helle starb, wird noch heute Hellespont genannt, das heißt »Meer der Helle«.

Phrixos indessen gelangte auf dem Rükken des Widders mit dem Goldenen Vlies in Kolchis ans Ufer. Sogleich sprach er bei *Aietes*, dem König des Landes, vor und erzählte ihm, warum und wie er nach Kolchis gekommen sei.

König Aietes nahm ihn freundlich auf, und er gab ihm sogar seine ältere Tochter zur Frau.

Den Widder mit dem Goldenen Vlies opferte Phrixos als Dankopfer auf dem Altar des Ares, und das Goldene Vlies schenkte er König Aietes. König Aietes hängte es in Ares' heiligem Hain an einer Eiche auf und ließ es von einem feuerspeienden Drachen bewachen, denn die Götter hatten ihm prophezeit, er werde nur so lange König von Kolchis sein, wie das Goldene Vlies in Kolchis bleibe.

Auf Grund antiker Erläuterungen (Scholien) zu Aristophanes' Lustspiel »Wolken«.

DIE ARGONAUTEN

Der Gott prophezeite König *Pelias*, dem Herrn von Iolkos, kein anderer als der Mann, der an nur einem Fuß beschuht ist, werde seine Herrschaft anfechten.

Der König dachte: So ein Wunderding habe ich ohnehin in meinem Leben noch nicht gesehen. Was das betrifft, so kann ich ganz ruhig schlafen.

Die Monate vergingen, das Fest des Gottes Poseidon nahte. Pelias rüstete ein glänzendes Opfer und lud dazu die Vornehmen seines Landes ein, unter ihnen auch seinen heldischen Neffen *Iason*, den Sohn *Aisons*.

Iason war im nahen Walde auf der Jagd, nun strebte er aber eilends der Stadt zu, um der Einladung des Königs Folge zu leisten. In den Bergen war gerade Schneeschmelze, von allen Seiten rannen die angeschwollenen Bäche zu Tal und ergossen ihre Gewässer in den Fluß Anauros, so daß er schon fast über die Ufer trat. Der zum Strom gewordene Fluß wälzte brausend seine Fluten, als Iason nun dort angelangt, sah er, daß ein altes Mütterchen am Ufer stand. Die arme Alte blinzelte ängstlich nach rechts und nach links, und als sie den jungen Recken erblickte, sprach sie ihn weinerlich an: »Höre, du edler Jäger, würdest du mich zum andern Ufer hinüberbringen? Als ich vom Hause fortging, konnte ich noch selbst durch den Fluß waten, aber während ich diesseits verweilte, ist er so hoch gestiegen, daß ich nicht allein in meine Hütte heimkehren kann.«

»Gern bringe ich dich hinüber, Mütterchen«, sagte Iason, er nahm die alte Frau gleich auf die Schulter und trug sie durch den Fluß. Die wild gewordenen Wogen faßten ihm nach den Knöcheln, nach den Beinen, aber sie konnten ihn nicht mitreißen, denn Iason stand fest auf den Füßen.

Kaum war er mit der Alten am andern Ufer angekommen, verschwand das Mütterchen plötzlich, und vor Iasons staunendem Blick erschien die weißarmige Hera.

»Ich war das Mütterchen, dem du geholfen hast«, sagte die Göttin, »ich bin in Gestalt der alten Frau ans Ufer des Anauros gekommen, um die Güte der Menschen auf die Probe zu stellen. Lange habe ich am Ufer herumgestanden, viele Menschen habe ich gebeten, mich auf die andere Seite hinüberzubringen, sie sind aber alle herzlos an mir vorübergegangen, ehe du kamst.«

Iason hatte sich noch nicht vom Staunen erholt, da blitzte es in der Ferne, der Himmel erdröhnte, und im Donnergrollen rief Vater Zeus seine Gemahlin heim. Die weißarmige Göttin eilte sogleich auf den Olympos zurück.

Iason aber setzte seinen Weg nach der Stadt fort. Erst da bemerkte er, daß er im Anauros eine seiner Sandalen verloren hatte.

»Vergebens würde ich jetzt hier umkehren, wer weiß, wohin die Wellen die Sandale getrieben haben«, sagte er sich; und er mußte auch eilen, um zu Poseidons Fest nicht zu spät zu kommen.

Als Pelias Iason erblickte, wie er da halb bloßfüßig kam, fiel ihm sofort die Wahrsagung ein, daß kein anderer als ein Mann, der an nur einem Fuß beschuht ist, seine Herrschaft anfechten werde. Er erschrak, stammelte vor sich hin und konnte lange kein Wort hervorbringen.

Dann aber fragte er Iason: »Was würdest du, Neffe, wenn du König wärest, mit dem Menschen tun, von dem die Prophezeiung sagt, er werde dich töten?«

Iason dachte über die Antwort nicht lange nach, arglos sagte er, was ihm gerade einfiel: »Ich würde ihm befehlen, mir das Goldene Vlies zu holen.«

Jedermann wußte nämlich, in Iolkos und auch sonst überall, daß *Aietes*, der König von Kolchis, das Goldene Vlies Tag und Nacht von einem feuerspeienden Drachen bewachen ließ.

»Nun denn«, sagte darauf König Pelias, »du hast dein eigenes Urteil gesprochen. Brich sofort auf, und hole mir aus Kolchis das Goldene Vlies.«

Daran hatte Iason nicht im Traum gedacht, aber was konnte er tun, wenn der König gerade dies befahl. Seine alten Eltern beweinten ihn schon als einen Toten, als sie hörten, wohin er sich zur Fahrt rüstete.

Aber Iason blieb keine Zeit zu jammern. Schnell ließ er das Schiff zimmern, welches ihn über das Meer nach Kolchis bringen sollte. Der Meister, der es übernahm, das Schiff zu bauen, hieß *Argos*, deshalb wurde das Schiff *Argo*, das heißt »Schiff des Argos«, genannt. Pallas Athene selbst, die weise Göttin der schönen Handwerke, hatte Argos das Zimmermannshandwerk gelehrt, und sie hatte ihm auch Holz aus Dodona gebracht, von den Orakel-Eichen des Zeus.

Als das Schiff fertig war, versammelte Iason die Helden aus ganz Griechenland um sich. Es kam Orpheus, der göttliche Sänger, es kamen die Zwillingssöhne des Zeus, Kastor und Polydeukes, dann des Boreas Söhne, ferner Theseus und Peleus und noch viele andere. Auch Herakles kam. Unter seinen Riesenschritten dröhnte die Erde, und als er das Schiff betrat, sprach die Argo vernehmlich, sie könne Herakles' Gewicht kaum auf ihrem Rücken tragen. Sein wohlgestalter Waffenträger *Hylas* war auch mitgekommen. Sie alle waren die Argonauten, die Schiffsmannschaft der Argo.

Den Abend verbrachten sie noch im Hafen mit einem Abschiedsmahl, bei heiterem Zechgelage. Dazu kamen auch Eltern und Geschwister, Gattinnen und Kinder, um die Helden vor dem gefahrvollen Abenteuer noch einmal zu sehen; so kamen auch Iasons Eltern, die viele Tränen vergossen. Vom Gebirge kam aus seiner Berghöhle auch der weise Kentaur Cheiron. Hurtig sprengte er mit seinen Pferdefüßen dem Hafen zu, während er mit seinen Menschenarmen schon von weitem seinen kleinen Zögling Achilleus hochhielt, damit dieser von seinem reisefertigen Vater Peleus Abschied nehme.

Zum Gastmahl spielte Orpheus auf der Leier, und er sang die ganze Geschichte vom Widder mit dem Goldenen Vlies, von Phrixos' und Helles Flucht. Dann verließen die Gäste den Hafen, und die Helden gingen zur Ruhe.

Nur Iason schlief nicht. Es sprach das Schiff: »Nicht wahr, du wunderst dich, heldischer Führer, daß du mich reden hörst? Doch Pallas Athene hat von den weisen dodonäischen Eichen Holz geholt, damit mich Argos daraus schnitze, deshalb kann ich sprechen und in die Zukunft sehen. Ich werde dir unterwegs immer die Gefahren voraussagen. Anders würdest du gar nicht nach Kolchis gelangen, so viele Gefahren lauern den Schiffern auf dem Meere auf. Lichtet den Anker beim Morgenrot, und fahren wir ab, solange ein günstiger Wind bläst.«

Iason tat so. Frühzeitig weckte er seine Gefährten, sie lichteten den Anker, faßten die Ruder mit beiden Händen und fuhren ab. Auf den Ruderbänken hatte jeder seinen vorherbestimmten Platz, nur Orpheus nicht, denn er war der Arbeit des Ruderns enthoben, damit er auf der ganzen Fahrt die Leier schlagen und den Helden vorsingen könne. Am Steuer saß Tiphys.

Obwohl sie in der Frühe abfuhren, war der Hafen voll von Menschen. Die Daheimbleibenden winkten den Helden tränenden Auges zum Abschied.

Unterwegs zerbrach in Herakles' harter Hand das Ruder. Sie näherten sich gerade den Ufern Mysiens; dort rasteten die Schiffer, und Herakles stieg aus, um sich ein ihm genehmes Holz für ein Ruder zu suchen. Hylas ging mit ihm.

Wie sie so am Ufer landeinwärts gingen, tauchte ein herrlicher Hirsch auf. Hylas griff gleich nach dem Bogen und setzte dem prachtvollen Wild nach. Herakles spornte seinen lieben Gefährten noch an, dann wandte er sich anderswohin und ging in den dichten Wald. Er dachte sich, bis Hylas die Beute erlegt habe, werde auch er finden, was er suche; sie hätten Zeit, sich dann erst wieder zu treffen, um zusammen aufs Schiff zurückzukehren.

Doch der Hirsch rief und lockte Hylas hinter sich her. Bald verschwand das Wild zwischen den Bäumen, bald kam es wieder zum Vorschein, und Hylas' keuchende Brust vertrug das Laufen nicht länger. Da verschwand der Hirsch plötzlich, und aus dem Wasser der Quelle tauchte eine wunderschöne Nymphe empor. Ihr funkelndes Haar breitete sich auf der Wasserfläche aus, es war, als spielten die Strahlen des Mondes mit den Wellen.

Hylas kniete neben der Quelle nieder, er war von der Verfolgung des Hirsches müde geworden und wollte sich am frischen Quellwasser erquicken. So beugte er sich über das Wasser, und da erblickte er die Nymphe. Sie rief und lockte ihn auch jetzt, sie breitete die Arme aus und zog den lieblichen Knaben zu sich hinab. Halb folgte er ihr von selbst, halb zog ihn die Nymphe, und sie verschwanden beide in der kristallenen Tiefe der Quelle.

Indessen fand Herakles einen ihm genehmen Eschenbaum, er riß ihn samt der Wurzel aus der Erde, nahm ihn im ganzen auf die Schulter und blickte dann umher. Er suchte Hylas, fand ihn aber nirgends.

»Hylas! Hylas! Hylas!« rief Herakles, daß die ganze Ufergegend erbebte. Aber Hylas gab keine Antwort, denn er war schon der Gefangene der Nymphen.

Während Herakles seinen lieben Gefährten suchte, lichteten die Schiffer den Anker und ruderten weiter auf Kolchis zu. Sie waren schon weit gefahren, als sie merkten, daß Herakles und Hylas fehlten. Sie rannten unschlüssig umher, manche wollten das Schiff wieder zum Ufer zurück lenken, andere drängten auf Weiterfahrt nach Kolchis. Das Schiffsvolk teilte sich in zwei Parteien. Fast fuhren sie einander schon in die Haare, als aus den Wogen *Glaukos* auftauchte, der weise Diener des Nereus, und zu den Schiffern also sprach: »Versuchet gar nicht, Herakles' wegen umzukehren, es wäre gegen den Willen des Zeus, wenn ihr ihn nach Kolchis mitnähmet. Seiner wartet eine andere Aufgabe: Er muß im Dienst des Eurystheus zwölf große Arbeiten vollbringen. Und den Hylas hat eine schöne Nymphe liebgewonnen, sie hat ihn sich zum Gatten erwählt und schon mit hinabgenommen in die kristallene Tiefe der Quelle.«

Damit gaben sich die Argonauten zufrieden. Die beiden Parteien versöhnten sich und fuhren in Einvernehmen weiter, eifrig die schimmernden Wogen mit den Rudern schlagend. Und Herakles setzte mit Meilenschritten seinen Weg fort, er mußte dem Eurystheus gerade die goldenen Äpfel der Hesperiden verschaffen.

Die Argo berührte auch die Küsten Thrakiens. In Thrakien lebte zu jener Zeit ein alter Wahrsager namens *Phineus,* den die Götter mit Blindheit geschlagen hatten, weil er den Menschen auch Dinge verraten hatte, die Zeus geheimhalten wollte. Zur Blindheit kam noch eine andere Strafe hinzu: Sooft Phineus sich an den gedeckten Tisch setzte, schwebten von oben Zeus' geflügelte Hunde, die Harpyien, auf das Essen herab, fraßen ein gut Teil davon auf, und was sie übrigließen, beschmutzten sie, so daß es schon von weitem stank. Der arme Phineus kam also nie dazu, einen guten Bissen zu essen.

Phineus erwartete nun die Argonauten schon am Meeresufer, denn seine blinden Augen konnten dennoch die Zukunft sehen, und er wußte, daß die Argonauten ihm die Erlösung brachten. Glücklich lauschte er den näher kommenden Ruderschlägen, und fröhlich empfing er die Helden.

»Wackere Helden, befreiet mich von den Harpyien«, bat er flehentlich und erzählte ihnen, wieviel er durch die Hunde zu leiden habe. Er fügte auch hinzu, daß ihm das Orakel die Befreiung durch die beiden Söhne des Boreas verheißen hatte.

Die beiden Söhne des *Boreas, Zetes* und *Kalais,* befanden sich unter den Helden, und da sie flink waren wie Boreas, der Nordwind selbst, übernahmen sie es, dem alten Phineus zu helfen.

Sie brachten ihm einen gedeckten Tisch. Natürlich kamen sogleich die Harpyien, und was da nur an guten Speisen auf dem Tisch stand, schnappten sie weg; was sie nicht auffraßen, beschmutzten sie. Der arme Phineus mußte sich die Nase zuhalten, wenn er einen kleinen Happen hinunterschlucken wollte. Und essen mußte er, wenn er nicht Hungers sterben wollte.

Die beiden Söhne des Boreas setzten unterdessen den Harpyien nach und jagten sie bis zu den Strophas-Inseln; dort ließen sie sie nur deshalb in Frieden, weil sie unter Eid gelobten, Phineus nicht mehr zu plagen.

Phineus war voll des Dankes. Er ließ sich auch gleich Speise und Trank holen und aß sich satt. Dann gab er den Argonauten gute Ratschläge für ihre Fahrt.

Sie hatten nämlich die *Planktai petrai,* die beiden »herumirrenden Felsen«, noch nicht hinter sich. Diese Felsen treiben fortwährend auf dem Meere hin und her, doch wenn ein lebendes Wesen zwischen sie gerät, prallen sie zusammen und zermalmen es, zwei riesigen Mühlsteinen gleich. Danach lösen sie sich wieder voneinander. Die Argonauten befolgten nun den Rat des Phineus und schickten eine Taube voraus; die beiden Felsen prallten zusammen, zermalmten das arme Täubchen, und als sie wieder auseinandergingen, huschte die Argo glücklich zwischen ihnen hindurch.

Nun erreichten die Argonauten alsbald die Mündung des Flusses Phasis und kamen in Kolchis an. Dort verbarg das Röhricht die Argo, so daß die Bewohner von Kolchis das Schiff gar nicht sahen. Niemand behelligte die Helden, es tat ihnen wohl, sich nach der langen Fahrt auszuruhen. Sie schliefen die ganze Nacht hindurch, um Kräfte zu sammeln, denn sie wußten, daß das Schwierigste nun erst folgte.

Als es dazu kam, nahm sich die Göttin Hera der Sache an, denn sie gedachte der Frömmigkeit Iasons. Sie zog auch Pallas Athene zu Rate, und die beiden überlegten gemeinsam, wie sie Iason helfen könnten.

König Aietes hatte eine unvermählte Tochter, *Medeia* mit Namen, die in dem Ruf stand, eine Zauberin zu sein. Die beiden Göttinnen hatten sich ausgedacht, daß sie für Iason Medeias Hilfe gewinnen müßten.

»Gehen wir zu Aphrodite«, sagte Hera, »wir wollen sie bitten, ihrem Sohn Eros zu sagen, er möchte in Medeias Herz einen Pfeil schießen, daß sie in Liebe zu Iason entbrenne.«

»Da kenne ich mich nicht aus«, entgegnete Athene, die nie verliebt gewesen war, »aber wenn du meinst, gut, wir können ja zu Aphrodite gehen.«

Sie suchten also die Göttin der Liebe auf und baten sie, mit Eros zu sprechen.

»Der ist ein mutwilliger, ungezogener Bube«, sagte Aphrodite ärgerlich, »auf jeden hört er eher als auf seine eigene Mutter. Dieser Tage hat er mich dermaßen erbost, daß ich schon nahe daran war, ihm den Bogen und die Pfeile zu zerbrechen. Und da hat er sich doch unterstanden, mir zu drohen, wenn ich das täte, würde ich es bereuen! Aber euch zuliebe will ich's versuchen, vielleicht gehorcht er mir diesmal.«

Sie suchte ihren Sohn, fand ihn aber nirgends. Überall suchte sie ihn, zu Hause, in den Sälen des Olympos, bis sie ihn endlich auf Zeus' Blumenwiese entdeckte. Dort lag er im Grase und würfelte mit Zeus' liebem kleinem Mundschenk, Ganymedes. Dem armen Ganymedes verzog sich der Mund schon zum Weinen, weil immerfort Eros gewann, und Eros lachte schallend.

Da kam Aphrodite hinzu.

»Was lachst du, kleiner Bösewicht?« fragte sie und klopfte ihm auf die Pausbäckchen. »Hast du deinen Kameraden vielleicht wieder bemogelt?«

Eros gab keine Antwort, er lachte nur und lachte, das Lachen sprudelte ihm nur so aus dem Mund. Aphrodite trug ihr Anliegen vor. Erst aber gewann sie sich den verwöhnten Knaben durch schöne Versprechungen.

»Ich habe eine Bitte an dich, mein Kind, und wenn du sie erfüllst, werde ich dir etwas Schönes schenken. Du bekommst den Ball, der Zeus gehört hat, als der Vater der Götter und Menschen noch ein Kind war. Mit dem Ball hat er immer gespielt, als er noch in Kreta erzogen wurde. Seine treue Amme, Adrasteia, hat ihm den Ball gemacht. Ich kann dir sagen, ein so schönes Spielzeug hat dir nicht einmal mein Herr Gemahl Hephaistos jemals geschenkt. Goldene Ringelchen und himmelblaue Streifen sind darauf gemalt, und du wirst sehen, wenn du mit dem Ball spielst, zieht er eine glitzernde Furche hinter sich her wie die Sternschnuppen. Diesen Ball also schenke ich dir, wenn du in König Aietes' unvermählter Tochter Liebe zu Iason erweckst, aber tu es möglichst bald, denn, nicht wahr, eine Gefälligkeit gilt doppelt, wenn man sie schnell tut.«

Eros ging auf den Handel ein, aber er schmiegte erst noch den Kopf an den Busen seiner Mutter und wollte den Ball schon im voraus haben. Doch Aphrodite blieb unbeugsam.

»Du bekommst den Ball, erst aber schieß du brav den Pfeil in Medeias Herz«, sagte sie lächelnd und gab ihrem Sohn einen Kuß.

Eros fegte die Würfel zusammen, mit denen er gespielt hatte, dann streute er sie seiner Mutter auf den Schoß, sie solle sie verwahren, während er fort sei. Damit ergriff er den Bogen, schnallte sich den goldenen Gürtel mit dem Köcher voller Pfeile um, schwebte vom hohen Olympos hinab und begab sich nach Kolchis.

Im Hafen von Kolchis waren unterdessen die Argonauten aufgewacht. Iason ging mit einigen Gefährten in die Stadt. Die anderen ließ er im Hafen, damit sie das Schiff hüteten, bis er zurückkäme.

Unterwegs gab Göttin Hera auf Iasons Schritte acht. Sie ließ dichten Nebel auf ihn und seine Gefährten fallen, damit sie von niemandem gesehen würden, solange sie sich nicht beim König von Kolchis gemeldet hatten, und ungehindert in die Stadt gelangen könnten. Der Nebel lichtete sich erst vor König Aietes' Palast.

Aietes' Palast war wundervoll; Hephaistos selbst hatte ihn erbaut. Ein prächtiger Garten umgab ihn, die grünenden Zweige hoher Weinstöcke vereinigten sich zu einer dichten Laube, und unten plätscherten vier Bäche. In einem floß Milch, im zweiten Wein, im dritten purer Honig und im vierten kristallklares Wasser.

Iason nahm sich allerdings nicht die Zeit, all das Schöne, was es da zu sehen gab, genügend zu bewundern. Er eilte zum König und trug ihm vor, weswegen er mit seinen tapferen Gefährten vom fernen Griechenland nach Kolchis gekommen sei.

König Aietes geriet in grenzenlosen Zorn.

»Was? Ich soll euch das Goldene Vlies geben? Pack dich, Unverschämter! Mir aus den Augen, aber sofort! Meinst du, ich wüßte nicht, daß du nicht wegen des Goldenen Vlieses gekommen bist, sondern weil du mich aus meinem Lande vertreiben willst?«

Iason ließ es aber nicht dabei bewenden. »Nein, König, nicht um eines leichtfertigen Abenteuers willen sind wir in dein Land gekommen. Mich hat ein Gott geschickt und der grausame Befehl des Königs von Iolkos. Gibst du das Goldene Vlies her, so fährst du gut dabei, denn du gewinnst an uns getreue und tapfere Verbündete. Die mit mir gekommen sind, sind alle vortreffliche Helden, und sie stammen alle von Göttern ab.«

Das machte den König nachdenklich, und er sprach zu Iason: »Sagst du die Wahrheit, Fremder, und stammt ihr wahrhaftig von Göttern ab, dann, ja dann gebe ich dir das Goldene Vlies, denn einem mir überlegenen Helden gebe ich gerne nach. Wir wollen es aber erst auf eine Probe ankommen lassen. Kannst du meine Stiere, die eherne Beine haben, ins Joch spannen, und kannst du, wenn du mit ihnen den Acker des Gottes Ares gepflügt hast, auch die Drachenzähne säen und bis zum Abend die Drachenzahnsaat abmähen, meinetwegen, dann darfst du das Goldene Vlies mitnehmen.«

Da ward Iason betrübt, er senkte eine Weile den Blick zu Boden, dann hob er den Kopf, sah dem König mutig in die Augen und sagte: »Hartes verlangst du von mir, aber ich versuche es, komme, was da wolle.«

Ein Glück, daß der mutwillige Eros da schon ausgeführt hatte, womit er von Aphrodite betraut worden war. Medeia stand neben dem Thron ihres Vaters und hörte strahlenden Auges zu, als Iason sprach. Eros hatte ihr unbemerkt einen Pfeil ins Herz gejagt, und die Tochter des Königs von Kolchis war plötzlich in den edlen Fremdling verliebt. Als Iason den Saal verließ, schlich Medeia ihm nach. Zuerst einmal gab sie ihm eine Zaubersalbe, damit sollte er den Körper, auch seinen Schild und seine Waffen einreiben; dadurch wurde Iason unverwundbar, und seine Rüstung ward unzerbrechlich. Dann unterwies ihn Medeia, wie man die Stiere mit den ehernen Beinen ins Joch spannen, die Drachenzähne säen und, was das schwerste war, wie man die Drachenzahnsaat abmähen müsse.

Am nächsten Morgen zogen sie alle auf Ares' Acker hinaus. König Aietes war mit seiner Familie zugegen, und Iason war mit den Argonauten gekommen. Die Stiere mit den ehernen Beinen wurden gebracht. Sie stießen grausig um sich und stachen mit den spitzen Hörnern nach Iason; ihn hatte aber für diesen Tag schon Medeias Zaubersalbe unverwundbar gemacht. Nicht einmal sein Schild zerbrach, denn Iason hatte auch ihn sorgfältig mit Zaubersalbe bestrichen. So war es ganz leicht, die Stiere vor den Pflug zu spannen, und im Nu hatte er auch schon Ares' Acker umgepflügt.

Da schüttete König Aietes Iason den Helm voll Drachenzähne. Iason besäte damit den Acker. Er war noch nicht am Ende des Ackers angekommen, als vorne schon die Drachenzahnsaat aus der Erde sproß; zuerst keimte ein großer Kopf, dann kamen Schultern, Arme und Rümpfe hervor, da und dort wuchs ein ganzer, furchtbarer Riese aus der Scholle. Iason eilte weiter und streute die Drachenzähne, achtete aber auch darauf, ob die Riesen ihm nicht in den Rükken fielen.

Als sie sämtlich aus der Erde hervorgekrochen waren, packte Iason einen gewaltigen Felsen. Den schleuderte er, wie es ihm Medeia gesagt hatte, zwischen die Riesen. Die fielen über das mächtige Stück Stein her wie Hunde über einen Knochen, sie bissen und schlugen sich darum, so daß es für Iason ein leichtes war, mit ihnen fertig zu werden. Er brauchte nur sein Schwert zu schwingen, damit metzelte er die Riesen nieder, wie der Schnitter das Korn mäht.

König Aietes tobte vor Wut, als ihm Iason am Abend meldete, die Drachenzahnsaat auf Ares' Acker sei abgemäht. Er vermutete sogleich, daß seine eigene Tochter dem Fremden geholfen habe.

Medeia konnte danach auch nicht mehr im Königspalast ihres Vaters bleiben. Zu nächtlicher Stunde, als alle schliefen, stieg sie von ihrem Bett, zog sich rasch an, küßte ihr Bett und den Türpfosten, schnitt eine lange Locke von ihrem Haar ab und ließ diese auf ihrem Bett zurück.

»Die Götter mögen dich schützen, Mutter«, flüsterte sie vor sich hin, »nur diese Haarlocke kann ich dir statt meiner hierlassen. Ich muß weggehen, flüchten muß ich aus dem Palast meines Vaters und dem fremden Helden folgen.«

Und sie stahl sich auf Zehenspitzen hinaus.

Sie ging in den Hafen, suchte Iason und weckte laut rufend die Schiffer auf: »Nehmt mich zu euch, rettet mich vor Aietes' Zorn, und fliehet auch ihr, denn Aietes hält nicht Wort, er will das Goldene Vlies auch jetzt noch nicht hergeben. Aber ich geleite dich, o hehrer Führer Iason, in Ares' Hain, ich verschaffe dir das Goldene Vlies, nur mußt du mir schwören, daß du mich zum Weibe nimmst.«

Iason schwor bei Vater Zeus und bei Hera, der Schutzgöttin der Ehe, sich Medeia zu vermählen, sowie sie nach Griechenland heimgelangt seien. Danach verließ er mit Medeia zusammen das Schiff, und vom Dunkel der Nacht umhüllt, suchten sie gemeinsam den Hain des Ares auf.

Im Hain war es noch finster, doch von den Zweigen der hohen Eiche strahlte ihnen schon von weitem das Goldene Vlies entgegen, gleichwie eine Wolke golden schimmert, wenn die feuerroten Strahlen der Sonne sie bescheinen. Unter der Eiche lag der Drache mit ständig wachen Augen, und sein fürchterliches Zischen erfüllte die Luft. Seinem Maul entströmten Feuerbäche.

Aber Medeia war ja Zauberin, warum sollte sie mit dem Drachen nicht fertig werden können. Sie betete zu *Hekate*, der Königin der Nacht, der Göttin der Zauberei, dann behexte sie den Drachen durch den Zauberspruch, worauf dieser zahm wurde und sich von der Königstochter die Augen mit dem frischgeschnittenen und vom Zaubersaft triefenden Zweig eines Wacholderstrauchs besprengen ließ. Er schlief davon ein und schnarchte so, daß es in der ganzen Gegend widerhallte.

Was brauchte Iason mehr? Er nahm schnell das an der Eiche aufgehängte Goldene Vlies herunter, faßte Medeia bei der Hand, und so liefen sie zum Schiff zurück. Wo sie liefen, beleuchtete der Strahlenkreis der goldglänzenden Wolle vor ihnen den Weg.

Die Argonauten lichteten den Anker und ruderten geschwind von Kolchis fort.

Als König Aietes aufwachte, fand er weder das Goldene Vlies in Ares' heiligem Haine noch die griechischen Schiffer im Hafen.

Rasch ließ auch er seine hurtigsten Schiffer losfahren, mit strengem Befehl trug er ihnen auf, nicht ohne Medeia und das Goldene Vlies zurückzukommen.

König Aietes' Leute holten die Argonauten gerade beim Inselland der Phäaken ein. Die Argonauten waren aber bei König *Alkinoos* zu Gast, da konnten sie nicht einfach über sie herfallen. Drum meldeten sich die Schiffer aus Kolchis bei Alkinoos und trugen ihm vor, daß König Aietes Medeia und das Goldene Vlies zurückfordere.

Alkinoos war ein weiser und gerechter König. So hörte er sich denn die Leute aus Kolchis und auch die Argonauten an, danach sprach er sein Urteil: »Das Goldene Vlies gebührt Iason, denn er hat es sich dadurch verdient, daß er die Stiere mit den ehernen Beinen ins Joch gespannt, des Ares Acker mit Drachenzähnen besät und die Drachenzahnsaat bis zum Abend abgemäht hatte. Schwerer ist der Schiedsspruch in Medeias Sache. Hat Iason sie schon zum Weibe genommen, so gebührt sie ihm; ist sie aber noch ledig, muß man sie zu ihrem Vater zurückschicken.«

Königin *Arete* hörte das Urteil ihres Gemahls, und da sie sah, daß Medeia den Iason wirklich liebte, dachte sie sich eine kluge List aus. Warum – meinte sie – sollen sie warten, bis sie in Griechenland sind? Die jungen Leute können ja hier auf der Insel der Phäaken Hochzeit halten. Schnell rief sie die Hochzeitsgäste zusammen und vermählte, ganz wie es sich gehört, Iason mit Medeia. Als Medeia zu ihrem Vater zurückgeschickt werden sollte, war sie schon Iasons Frau, und so mußte sie ihm nach Griechenland folgen. Die Leute aus Kolchis zogen enttäuscht ab, doch sie wagten gar nicht mehr, vor König Aietes hinzutreten. Ein Teil von ihnen ging auf die nahe liegenden Inseln und gründete dort eine neue Stadt, andere baten König Alkinoos, wenn die Dinge nun einmal so lägen, möge er sie unter die Phäaken aufnehmen. Ihr Führer Apsyrtos, der Sohn des Königs

Aietes, der von der Verfolgung Medeias nicht abließ, büßte es mit dem Tode.

Die Argonauten bedankten sich herzlich für die Gastfreundschaft der Phäaken und setzten ihre Fahrt nach Griechenland fort. Von Kolchis bis Griechenland mußten sie vielen Gefahren trotzen.

Ihr Kurs führte sie an den *Sirenen* vorbei, an diesen herrlichen, aber bösen Wesen, die durch ihren wunderschönen Gesang die Schiffer zu sich aufs Felsenriff locken, an dem das Schiff zerschellt, so daß das Schiffsvolk unrettbar im Meer umkommt. Doch die Argonauten kümmerten sich nicht die Spur um den bezaubernd lieblichen Gesang der Sirenen, sie hatten ja Orpheus bei sich, der noch viel schöner singen konnte als die Sirenen. Und er sang auch die ganze Zeit, damit den Schiffern gar nicht in den Sinn käme, den Sirenen zu lauschen.

Die Argonauten sahen auch *Skylla* und die *Charybdis.* Sie thronten dort, die beiden Ungeheuer, jedes auf einer hohen Klippe, sie wirbelten das Wasser unter sich auf und lauerten darauf, die Schiffer zwischen die gierigen Zähne zu bekommen. Aber den Argonauten geschah auch hier kein Leid, denn Nereus' Töchter, die guten Feen des Meeres, hoben, von der Göttin Thetis angeleitet, die Argo auf ihre schaukelnden Schultern und huschten mit dem Schiff zwischen Skylla und Charybdis hindurch. Thetis fand sogar noch Zeit, ihrem auf dem Schiff fahrenden sterblichen Gatten, Peleus, zu winken, doch sie legte ihm ans Herz, keinem zu sagen, was er gesehen habe.

Endlich langten sie daheim in Iolkos an. Iasons wartete hier eine traurige Nachricht: Während er in Kolchis gewesen war, hatte König Pelias seine alten Eltern zu Tode gehetzt. Iason nahm dafür Rache: Das Goldene Vlies zeigte er dem König noch, aber dann bat er Medeia um Hilfe und machte durch eine grausame List Pelias' Töchter zu den ungewollten Mörderinnen ihres eigenen Vaters. So erfüllte sich die Wahrsagung, daß der an nur einem Fuß beschuhte Mann König Pelias' Herrschaft ein Ende bereiten werde.

Und es erfüllte sich auch König Aietes' Schicksal. Kaum daß das Goldene Vlies aus Kolchis verschwunden war, fiel Perses, des Königs Bruder, in Kolchis mit einer Heerschar ein und eroberte das Land. Nach vielen Jahren aber kehrte Medeia, ohne sich zu erkennen zu geben, in ihre Heimat zurück, sie tötete den Thronräuber und setzte ihren Vater in seine Rechte wieder ein.

Apollonios Rhodios, Argonautica; Valerius Flaccus, Argonautica; Hyginus, Fabulae II–XXIV; Apollodoros, Bibliotheca I 9, 16–28.

MELANIPPE

Die schöne *Melanippe,* die der Gott Poseidon liebte, war die Tochter des Königs *Desmontes.* Aus dieser Liebe gingen Zwillingssöhne hervor, *Aiolos* und *Boiotos.* Desmontes hatte keine Ahnung, daß Poseidon der Vater der Zwillinge war, und als er erfuhr, daß seine Tochter Söhne bekommen hatte, blendete er sie, sperrte sie in einen Turm, ließ ihr nur kärglich Speise und Trank bringen, und die Neugeborenen setzte er aus, den wilden Tieren zur Beute. Aber der Gott vergaß seine Söhne nicht: Eine Kuh kam zu den Säuglingen und streckte ihnen sanft ihr Euter hin. So trafen Hirten sie an, diese nahmen die Zwillinge zu sich und zogen sie auf.

In jener Zeit geschah es, daß der König Ikariens, *Metapontos,* der es sich sehr zu Herzen genommen hatte, daß seine Gemahlin, *Theano,* keine Kinder bekam, schon so gut wie entschlossen war, sie aus dem Lande zu vertreiben, wenn sie ihm keinen Sohn gebären würde. Die Frau schickte ihre Diener zu den Hirten, sie sollten sie um eins der neugeborenen Knäblein bitten, das wollte sie als ihr eigenes dem König vorzeigen. Die Hirten schickten der Königin beide Findelkinder, und sie tat, als hätte sie die Zwillinge geboren, und erfreute des Königs Herz.

Kurze Zeit darauf gebar indes auch die Königin zwei Söhne, aber die Findelkinder, die König Metapontos wirklich für seine eigenen Söhne hielt, waren viel schöner als Theanos richtige Kinder, und der König liebte die fremden mehr. Von da an beschäftigte sich Theano mit dem Plan, die Findelkinder umzubringen und das Königreich nach Metapontos' Tod ihren leiblichen Söhnen zu sichern.

Nach Jahren begab sich Metapontos einmal vor die Stadt hinaus, um der Göttin Artemis ein Opfer darzubringen. Da waren auch Theanos Söhne schon herangewachsen; und die Königin, die Gelegenheit nutzend, entdeckte ihnen das Geheimnis; sie erzählte ihnen, daß die beiden älteren Knaben Findelkinder von schleierhafter Herkunft seien. Die Zeit sei gekommen, sagte sie, da die beiden echten Königssöhne jene aus dem Wege schaffen und sich das Erbe ihres Vaters sichern müßten.

Die beiden älteren Knaben gingen ins Gebirge auf die Jagd, Theanos Söhne folgten ihnen mit tückischer Absicht, und als sie schon weit von der Stadt entfernt waren, fielen sie sie mit ihren Jagdmessern an. Aber Poseidon stand wieder seinen Söhnen bei, sie siegten in dem unerwarteten Kampf, und während sie sich ihres Lebens wehrten, töteten sie die beiden anderen. Als die Leichen der Söhne Theanos in den Königspalast gebracht wurden, erstach sich die Königin mit dem Jagdmesser.

Unterdessen flüchteten die beiden Jünglinge zu den Hirten. Dort ließ Poseidon ihnen kundtun, daß er ihr Vater sei und daß ihre Mutter unschuldig in Gefangenschaft schmachte. Da begaben sich die Jünglinge zu Desmontes und töteten ihn, und sie befreiten ihre Mutter. Poseidon gab Melanippe das Augenlicht wieder, und die beiden Söhne kehrten mit ihrer Mutter zusammen nach Ikarien zu König Metapontos zurück, berichteten ihm alles, was sie von Poseidon erfahren hatten, und klärten ihn auch über Theanos Hinterlist auf, die den Tod seiner beiden eigenen Söhne verursacht hatte.

Da nahm Metapontos Melanippe zur Frau und die beiden Jünglinge an Kindes Statt an. Aiolos und Boiotos gründeten später Äolien und Böotien.

Hyginus, Fabulae CLXXXVI.

DEMETER UND HADES

Gaia (oder *Ge*), die Erde, ist das mütterliche Urelement der Welt, welches die Lebewesen hervorbringt und ernährt; *kurotrophos* ist sie: Sie »zieht die Jugendlichen groß«. Die Arbeit des Ackersmannes muß sich nach dem regelmäßigen Wechsel der Jahreszeiten richten, denn die Ordnung des Bodens ist durch unabänderliche Gesetze festgelegt. Daher hängen die Ordnung Gaias, der Erde, und die Ordnung *Themis'*, des »Gesetzes«, zusammen; doch nicht nur darum, sondern auch weil die Entstehung des Privateigentums am Boden die Regelung des Grundbesitzes durch die Gesetze erforderlich machte. Der Mythos drückt das dadurch aus, daß Themis Gaias Tochter ist. In Darstellungen der bildenden Künste sehen wir meist nur Gaias Kopf oder höchstens ihren Oberkörper über die Erdfläche ragen: Gaia ist an ihr Element gebunden, sie befindet sich in der Erde, ist mit ihr identisch.

Die zweifache Relation der Mutter Erde – ihr *Muttertum* und zugleich die Sicherstellung des aus der Erde sprießenden Lebens durch die verpflichtende Ordnung der *Gesetzmäßigkeit* – zeigt, aber bereits von der Glorie olympischen Glanzes umgeben, die Göttin *Demeter*. Auch sie ist die »Mutter Erde«, jedoch nicht mehr der unbewegliche und formlose Boden selbst, sondern die Göttin der Erde, eine volle Persönlichkeit, eine plastische Gestalt, die den Segen und die rätselhaften Kräfte der Erde in olympischer Vollkommenheit verkörpert.

In Homers Religion nimmt sie allerdings noch keinen Platz auf dem Olympos ein. Auch er schreibt ihr den Segen des Brotes und die den Menschen bereichernde Kraft der Erde zu, aber in den beiden Epen (»Ilias« und »Odyssee«) läßt er sie in der Reihe der großen Götter, die die Handlung in Bewegung halten, nicht auftreten. Auch er nennt das Brot »Demeters Brot«, und die Brot spendende Göttin stellt bei ihm ein gewisses gesetzliches Verhältnis unter den vom gemeinsamen Brote lebenden Menschen her. Aber Demeters Geschenk ist gerade das Zeichen der Erdgebundenheit: Der Sterbliche unterscheidet sich dadurch, daß er Demeters Brot ißt, von den glücklichen Bewohnern des Olympos. Demeter ist eine »schöngelockte« Göttin, aber eine »irdische« (chthonische) Göttin. Ihr ganzes Wesen hängt mit dem Brot, diesem großen Segen, zusammen. So ist auch ihr Haar blond wie die reife Ähre. Sie trennt das Korn von der Spreu, wenn die Menschen das Getreide mit der Wurfschaufel gegen den Wind streuen, so kommt ihr später auch der Beiname *Likmaia*, das heißt »die Getreide Streuende«, zu. Homer erwähnt auch einen Mythos von Demeter: Sie lag in der Vereinigung glücklicher Liebe mit *Iasion* in den Furchen des dreimal umgepflügten Bodens, Zeus erfuhr es und erschlug den sterblichen Geliebten der Göttin mit seinem Blitz. Von Hesiod wissen wir, daß Demeters und Iasions Kind *Plutos* ist, der Gott des »Reichtums«, der das Füllhorn in der Hand hält und den *Eirene*, der »Frieden«, erzieht. Denn der Reichtum ist das Geschenk der fruchtbaren Erde, nur darf kein Krieg die Arbeit des Landmannes hemmen und zunichte machen.

Während in Homers beiden Epen nur die Nahrung der sterblichen Menschen, das Brot, Demeters Geschenk war, tritt uns die Göttin in dem viel späteren, sogenannten *Homeri-*

schen Demeter-Hymnus bereits mit ganz olympischen Zügen entgegen. Sie gehört zur olympischen Götterversammlung und verläßt den Olympos nur im Zorn, aber Zeus tut alles, um sie zu den Göttern zurückzurufen. Und hier steht es auch schon in Demeters Macht, einen Sterblichen unsterblich und ewig jung zu machen.

Die Hauptstätte des Demeter-Kults war in *Eleusis*, nahe bei Athen. Unter geheimen Zeremonien wurde dort die Göttin mit ihrer Tochter *Persephone* zusammen gefeiert, die auch einfach *Kore*, das göttliche »Mädchen«, hieß. Bei diesen Zeremonien zeigte der *hierophantes*, der »heilige Dinge zeigende« Priester, den Eingeweihten die Geheimnisse des Todes. Was die Augen der Auserwählten dort eigentlich zu sehen bekamen, wissen wir nicht genau. Für Uneingeweihte war es Geheimnis, und diejenigen, die in die eleusinischen Mysterien eingeweiht waren, hüteten das Geheimnis treu. Soviel ist jedenfalls sicher, daß im Mittelpunkt der heiligen Handlung der Raub der Persephone stand. Der Herr über den Tod raubt Demeters Tochter; der König der Unterwelt zwingt die Tochter der Leben hervorbringenden, fruchtbaren Erde zur Hochzeit. Aber wenn er sie auch den unfruchtbaren und kahlen Winter hindurch bei sich behält, muß er sie wenigstens für einen Teil des Jahres zu ihrer Mutter zurückkehren lassen. Die Erde nimmt den Samen in sich auf, wie sie auch die Toten in sich aufnimmt, und zum Frühling sprießt neues Leben. Das Faulen des Samens im Humus ist zugleich auch das Gären neuen Lebens, deshalb bedeutet Demeters Anwesenheit in der Erde auch die Verheißung eines Lebens nach dem Tode. – Der Einweihung, dem Erkennen der heiligsten Glaubensgeheimnisse, ging eine lange Vorbereitung voraus. Wer im Herbst eingeweiht wurde, konnte im Frühjahr schon an den Vorbereitungs- und Einweihungszeremonien teilnehmen, so machte er eine niedere Stufe der Einweihung durch. Anfangs konnten nur attische Bürger *mystes*, »Eingeweihte«, sein, später, als sich beim Griechentum schon das Selbstbewußtsein der nationalen Einheit entwickelt hatte, konnte jeder Grieche um Aufnahme in die heilige »Hürde« bitten, aber die sogenannten Barbaren waren ausgeschlossen. Die Einweihung führte die Seelen durch den Tod zu neuem Leben; bei der Zeremonie wurden zu beiden Seiten des neuen *mystes* die Totenfackeln angezündet, und dem *mystes* wurde der Kopf zugedeckt, denn er sollte unsichtbar sein wie Hades und die anderen Bewohner der Unterwelt. Was für Zeremonien dazu verhalfen, den Tod zu erleben, wissen wir nicht, ebensowenig kennen wir die tröstliche Lehre, durch die der Todesgedanke für die Eingeweihten beruhigend wurde. Wir wissen nur, daß in Eleusis den Eingeweihten ein von dem der Uneingeweihten abweichendes Schicksal nach dem Tode verheißen wurde. Wer den mystischen Tod durchmachte, der kannte den Sinn des Todes und sah ihm ruhigen Gemütes entgegen, wissend, daß für ihn im Tode ein neues Leben beginne. »Glücklich der Mensch, der, nachdem er diese Dinge gesehen, unter die Erde geht, denn er kennt das Ende des Lebens und kennt seinen von Gott gegebenen Anfang«, sagt Pindar, und nach Sophokles sind »dreimal glücklich alle die Sterblichen, welche diese heiligen Zeremonien geschaut haben und so in die Welt des Hades eingehen, denn nur ihnen ist es gegeben, auch dort zu leben, aller anderen warten dort Leiden«.

Die Eingeweihten gingen nach dem Tode in Demeters mütterlichen Schoß ein. Die Uneingeweihten kannten diese mildere Seite des Todes nicht, sie kannten nur die grausame Welt des ewigen Scheiterns, das Reich des finsteren Hades, die Unterwelt.

Hades oder *Aidoneus*, der unsichtbare Gott, herrscht tief unter der Erde, ewig abgesondert von der Welt der Götter und der Lebendigen. Sein Helm macht unsichtbar, in sein Reich dringt kein Sonnenstrahl. Bei Erdbeben zittert auch Hades selbst vor Furcht, die Erde könne bersten und sein Reich sich vor den Augen der Lebenden auftun. Anderen Überlieferungen zufolge muß man sich die unermeßliche Entfernung, die das Reich der Toten von den Lebenden trennt, nicht in senkrechter Richtung – tief unter der Erde –, sondern in waagerechter – fern im Westen, wo die Sonne untergeht – vorstellen. Manchmal werden die beiden Vorstellungen miteinander vermischt, und niemand denkt daran, die Widersprüche auszugleichen. Der Gläubige fühlt sich den großen Geheimnissen des Todes gegenüber viel zu ohnmächtig, als daß er sich unterfinge, einander widersprechende Vorstellungsbilder zu kontrollieren. Den Eingang zur Unterwelt verlegten verschiedene örtliche Überlieferungen nach verschiedenen Erdöffnungen, tiefen Klüften oder dunklen Seen. Einigen zufolge ist der Eingang am Südkap Lakedaimons, am Tainaron, anderen zufolge, »wo nicht einmal ein Vogel hinkommt«: am unteritalischen See *Aornos* (»vogellos«; lateinisch: *Avernus*).

Die Seele, die den Körper verläßt, behält die Gestalt des Toten bei, ist aber körperlos wie ein Schatten. Nach dem Tode gelangen die Seelen an den Fluß Acheron, dorthin führt sie *Hermes Psychopompos. Charon*, der Fährmann der Unterwelt, läßt nur diejenigen in seinen Kahn einsteigen, die von ihren Angehörigen dem Brauch gemäß begraben worden sind. Der Brauch der Beerdigung war je nach Zeiten und Orten verschieden, im geschichtlichen Griechenland herrschte nicht die Beerdigung, sondern die Leichenverbrennung vor. Die Asche wurde in einer Urne gesammelt, eventuell begrub man diese und schaufelte darüber einen Grabhügel. Den im Wasser Ertrunkenen oder Toten, deren Leichen den pietätvollen Angehörigen und Freunden aus anderen Gründen unzugänglich waren, wurde in ihrer Heimat wenigstens ein symbolischer Grabhügel errichtet. Dies war das *kenotaphion*, das »leere Grab«, mit dem sich Charon in Ermangelung eines besseren zufriedengab. Man tat den Toten ein Geldstück, *obolos*, in den Mund, damit sie Charon das Fährgeld bezahlen konnten. Der Eingang zur Unterwelt wurde von dem dreiköpfigen Hund *Kerberos* bewacht. Als unterweltliche Flüsse werden noch erwähnt: *Lethe*, das Wasser des »Vergessens«; wer davon trinkt, vergißt sein irdisches Leben; *Kokytos*, der Fluß des »Wehklagens«, und *Styx*, der Fluß, der unüberschreitbar die Unterwelt abgrenzt. Bei der Styx zu schwören war der heiligste Eid, den zu brechen auch einem Unsterblichen für eine unheilvolle Sünde galt.

Hades ist der König der Unterwelt, Persephone ihre Königin. Unter ihrer beider Herrschaft leben die Seelen in der freudlosen Finsternis. »Wollte ich doch lieber als Knecht bei Lebenden fronen, selbst bei einem Armen ohne Äcker und Güter, als hier das Gewimmel verblichener Toten beherrschen«, sagt die Seele des Achilleus zu dem lebend in die Unterwelt hinabgestiegenen Odysseus.

Es gab aber auch außerhalb der Mysterien eine tröstlichere Lehre vom Tod. Die Rechtsprechung in der Unterwelt verurteilt die Sündigen zu grausamer Strafe, den Seelen der Frommen aber steht der Weg zur *Insel der Seligen* offen oder auch zu den mit *asphodelos* bewachsenen Gefilden des *Elysions*, wo der Geliebte der *Eos*, der Morgenröte, der berühmte Jäger *Orion*, auf Wild jagt und wo überhaupt jede Seele nach dem Tode sich ihrem Lieblingsvergnügen hingeben kann.

Für die Eingeweihten ist der Tod ein glückliches Hinscheiden, die Uneingeweihten bleiben auch in der Unterwelt ewig unbefriedigt, sie tragen Wasser in einem Sieb und füllen unentwegt ein löcheriges Faß – dies besagt die mystische Lehre vom Tode. Die Einweihung in die Mysterien verheißt *telos*, die glückliche »Vollendung« von allem, die vollkommene Befriedigung. Nach der anderen religiösen Auffassung jedoch, die die Weltordnung nicht auf dem mystischen Erlebnis, sondern auf der Gerechtigkeit, auf Bestrafung der Sünde und Belohnung des Guten, aufbaut, erhält derselbe Mythos eine andere Auslegung. Die ewige Unruhe, das tödliche Scheitern allen Strebens, die Unbefriedigtheit bis in Ewigkeit: Das ist die typische Unterweltsstrafe für die Sündigen. Die fünfzig Töchter des *Danaos* wurden von den fünfzig Söhnen ihres Onkels *Aigyptos* mit Liebesbeteuerungen verfolgt. Vergebens floh Danaos auf einem Schiff, das er mit Pallas Athenes Hilfe baute, von Libyen nach Argos, er konnte seine Töchter nicht davor bewahren, die verhaßte Ehe mit den Verwandten zu schließen. Am Ende gab er jeder einzelnen einen Dolch in die Hand, damit sie in der erzwungenen Hochzeitsnacht sämtlich ihre Gatten ermorden könnten. So geschah es auch, nur *Hypermnestra* verschonte das Leben ihres Gatten, *Lynkeus*, weil eine zarte Liebe zu ihm in ihr erwacht war; deshalb wurde diesen beiden als Vorbildern der Gattenliebe später ein Tempel geweiht. Der anderen harrte nach dem Tode fürchterliche Strafe: Die gattenmörderischen Töchter des Danaos, die *Danaiden*, schöpfen in der Unterwelt ewig Wasser in ein löcheriges Faß. *Sisyphos*, einst König von Korinth, der zu seinen Lebzeiten die Fremden vom steilen Felsen ins Meer stieß, wälzt in der Unterwelt ewig einen Felsblock, der immer wieder zurückrollt, auf den Berg. *Tantalos*, der König von Sipylos in Lydien, Vater des Pelops und der Niobe, war ein Liebling des Zeus, und er durfte, obwohl er sterblich war, an den Gastmählern der Götter teilnehmen. Aber um die Götter auf ihre Allwissenheit hin auf die Probe zu stellen, schlachtete er sein eigenes Kind Pelops und setzte es den Göttern zum Mahle vor. Die Götter entdeckten die entsetzliche Tat, erweckten den zerstückelten Knaben zum Leben und bestraften den grausamen Vater. Nach einer anderen Überlieferung stahl Tantalos beim Göttermahl Nektar und Ambrosia und erkühnte sich, diese seinen Freunden anzubieten. Zur Strafe mußte er in der Unterwelt ewig Durst und Hunger leiden. Er steht bis zu den Knien im Wasser, doch wenn er sich bückt, um zu trinken, fließt das Wasser vor seinem dürstenden Munde weg; über ihm hängen Zweige, schwer von Früchten, doch wenn er danach langt, heben sie sich in unerreichbare Höhen. *Oknos* flicht ein Seil, das nie fertig werden kann, weil sein Esel es immer auffrißt.

Als die Stätte schwerster Bestrafung wird der *Tartaros* genannt, der noch tiefer liegt als der *Hades*, d. h. als das Reich des Hades: die Unterwelt. Im Tartaros schmachtet neben Tantalos auch *Ixion*, der König der Lapithen und Vater des Peirithoos. Er hatte sich erdreistet, ein Auge auf Hera zu werfen, und zur Strafe dafür ließ Zeus ihn an ein sich ewig drehendes brennendes Rad binden. Im Tartaros leiden auch die besiegten Titanen und *Tityos*, das Riesenkind der Gaia, das durch Apollons und Artemis' Pfeile getötet wurde, weil es die Mutter der Zwillingsgeschwister, Leto, zu beleidigen gewagt hatte. Ewige Pein ist seine Strafe: Unaufhörlich schmausen zwei Geier von seiner Leber.

DER RAUB DER PERSEPHONE

Persephone, die Tochter des Zeus und der Demeter, pflückte mit ihren Gefährtinnen Blumen auf der Wiese Nysa. Auf dem weichen Rasen pflückten sie die Blumen: Rosen, Safran, schöne Veilchen, Iris und Hyazinthen, auch die purpurschimmernden Blüten des *narkissos*, die Gaia sprießen ließ, um durch sie das schönäugige Mädchen zu locken. So erwies sie sich auf Zeus' Rat dem »alle aufnehmenden« König des Todes, dem *Polydektes*, gefällig. In wunderbarer Schönheit funkelte die neuartige Blume; wer sie nur sah, staunte sie an, Götter und Menschen gleichermaßen, wie sie sich da von der Wurzel an hundertfältig verzweigte. Ihr berückender Duft machte selbst den Himmel lachen, es lachte die ganze Erde und das salzige Meer. Verwundert betrachtete sie Persephone, und glücklich streckte sie wie nach einem schönen Spielzeug die Hand nach ihr aus. Aber da spaltete sich die Erde, und mit seinen unsterblichen Rossen tauchte Kronos' vielnamiger Sohn empor, den die Menschen *Hades* und *Pluton* und auch *Polydegmon* heißen. Vergeblich wehrte sich das Mädchen, er zog sie auf seinen goldenen Wagen und nahm sie mit, sosehr sie auch schrie.

Mit entsetztem Angstschrei rief Persephone ihren Vater zu Hilfe. Niemand aber hörte ihre Stimme, kein Gott und kein Mensch, nur *Persaios'* Tochter *Hekate*, die den dichten Schleier der Nacht tragende, dreigestaltige Göttin, und *Helios*, der Sonnengott, *Hyperions* strahlender Sohn. Zeus saß fern von den Göttern in dem gebeterfüllten Tempel, um die Opfer der sterblichen Menschen zu empfangen, und ließ es geschehen, daß Hades seine Tochter raubte. Solange Persephone die Erde und den sternenbedeckten Himmel und das fischreiche, brausende Meer und die Strahlen der Sonne sah, hoffte sie, sie werde ihre erhabene Mutter und die ewige Sippe der Götter noch sehen. So traurig sie auch war, besänftigte sie noch die Hoffnung. Als aber die Tiefe der Erde sie samt Hades' Wagen verschlang, da schrie sie voll Verzweiflung mit aller Kraft nach ihrer Mutter.

Die Bergesgipfel und die Meerestiefen hallten von der unsterblichen Stimme der Göttin wider. Ihre erhabene Mutter hörte sie, und Leid schnitt ihr ins Herz. Sie zerriß den Schleier auf ihren ambrosischen Haaren, warf den blauen Mantel von den Schultern und sauste wie ein Geier dahin über Land und Meer, um nach ihrer Tochter zu suchen. Niemand aber wollte ihr die Wahrheit sagen, kein Gott und kein Mensch, nicht einmal ein wahrsagender Vogel kam, ihr Nachricht zu bringen.

Neun Tage lang irrte Demeter umher, brennende Fackeln tragend. Sie rührte weder Ambrosia noch den süßen Nektar an, und kein erfrischendes Bad erquickte ihren Körper. Am zehnten Tag in der dämmernden Frühe begegnete ihr Hekate, mit dem Licht in der Hand. Aber auch Hekate wußte nicht, wer Persephone geraubt hatte.

»Ich habe sie nur schreien hören«, sagte sie zu Demeter, »doch wer sie entführt hat, habe ich nicht gesehen. Aber ich werde dich zum Sonnengott begleiten, der auf seinem Himmelswege alles sieht und alles hört, er wird sicher auch das sagen können.«

Demeter freute sich über den Rat und ging mit Hekate zum Sonnengott.

»Sage mir, leuchtender Helios, der du alles weißt und alles siehst: Wer hat meine Tochter geraubt? Denn ich habe nur vom andern Ende der Erde her ihre Stimme gehört, und als ich dann heimkehrte, fand ich keine Spur mehr von ihr vor.«

Da sprach Hyperions Sohn Helios, der leuchtende Sonnengott, und sagte Demeter die Wahrheit: »Deinen Kummer hat Zeus selbst verursacht, denn er hat seinem Bruder Hades, dem König der Unterwelt, erlaubt, deine Tochter zu rauben und zu seinem Weibe zu machen. Trauere aber nicht, Demeter, denn Hades ist als Eidam deiner würdig, auch er ist dein Bruder, auch er ist ein König wie Zeus und Poseidon.«

Also sprach Helios, und schon trieb er seine hurtigen Rosse weiter.

Noch grausameres Weh erfüllte jetzt Demeters Herz, denn sie haßte Hades, den finsteren König der Unterwelt, und sie zürnte Zeus, weil er den Raub ihrer Tochter zugelassen hatte. Darum beschloß sie, nicht mehr auf den Olympos zurückzukehren zu den anderen Göttern, sondern sich lieber in verwandelter Gestalt unter die Menschen zu mischen.

Und sie irrte weiter, bis sie in Eleusis ankam. Dort setzte sie sich am Rande der Stadt auf einen großen Stein bei der Quelle und wartete, daß die Leute der Stadt kämen, um Wasser zu schöpfen. Sie hatte die Gestalt eines alten Mütterchens angenommen, ihr Antlitz war faltig und braun, ihr Kleid war wie das der Schaffnerinnen in königlichen Häusern oder der Ammen kleiner Königssöhne. Niemand erkannte in ihr die Göttin.

Es kamen aus der Stadt die Frauen und Mädchen, mit Eimern und ehernen Krügen kamen sie, um Wasser zu schöpfen. Auch die Töchter des Königs *Keleos* kamen. In ihrer blühenden Jugend war eine schöner als die andere, und wie sie den Krug auf die schönen Schultern hoben, glichen sie Göttinnen. Auch sie erkannten die Göttin nicht, sprachen sie aber freundlich an: »Wo ist deine Heimat, wer bist du, Mütterchen? Warum kommst du nicht in die Stadt herein, zu den Frauen? Dort fände sich gewiß eine, die zu dir paßt, die sich über dich freut und dich gerne sieht.«

Und Demeter antwortete: »Das ist lieb von euch, daß ihr eine Fremde freundlich befragt. Mein Name ist Dos, böse Seeräuber haben mich in Kreta geraubt, um mich als Sklavin zu verkaufen. Ich bin ihnen aber in einem unbewachten Augenblick entlaufen und bin nun hier. Nach langem Umherirren hat mich das Schicksal hierhin verschlagen. Ich weiß nicht einmal, welches Land dies ist, was für Menschen hier wohnen. Die Götter mögen euch segnen, liebe Mägdelein, sie mögen euch alles geben, was ihr euch wünschet, einen braven Gatten, eine schöne Familie, ihr aber erbarmet euch meiner, verhelfet mir zu einem Dienst. Ich kann arbeiten, ich bin eine erfahrene Frau, ich würde das Haus hüten, auf meinen Armen einen Säugling wiegen als seine Amme, meinen Brotherren ein weiches Bett bereiten für die Nacht und die Frauen viele schöne, feine Handarbeiten lehren.«

Es antwortete *Kallidike*, von König Keleos' vier schönen Töchtern die schönste: »So ist das, Mütterchen, wir Menschen müssen, was uns die Götter zuteilen, erdulden, ob's gut ist, ob schlecht. Doch du bist an den rechten Ort gekommen, in unserer Stadt wohnen viele adlige Familien, du wirst gerne aufgenommen, an welche du dich auch wendest. Aber weißt du, was ich mir dachte? Warte hier, bis wir zurückkommen. Wir fragen unsere Mutter, vielleicht nimmt sie dich in Dienst, dann brauchst du dir kein anderes Haus zu suchen. Wir haben ein Brüderchen, ein liebes winziges Knäblein, er ist die späte Freude und Wonne unserer Eltern, vielleicht vertraut ihn unsere Mutter, Königin *Metaneira*, dir an. Und wenn du ihn großziehst, werden dich die Frauen beneiden, so viel Ammenlohn gibt dir unsere Mutter dafür, du wirst sehen.«

So sprach Kallidike, und nachdem sie mit ihren drei Schwestern schnell die glänzenden Krüge mit dem Wasser der Quelle gefüllt hatte, eilten sie alle mit stolzen Schritten nach Hause – ihre Schultern beugten sich unter den schweren Gefäßen nicht. Zu Hause erzählten sie ihrer Mutter, mit wem sie gesprochen, was sie gesagt, und Metaneira schickte sie sogleich wieder zur Quelle, auf daß sie die kretische alte Frau gegen einen entsprechenden Lohn in Keleos' Haus riefen.

Die Mädchen freuten sich sehr, daß sie der alten Frau sofort helfen konnten. Glücklich liefen sie zurück, schlanken Hindinnen oder hurtigen Rehlein gleich, die zum süßen Grase der Weide eilen, ihre safranblonden Haare flatterten nur so, und sie mußten ihre langen Röcke heben, um nicht darüber zu stolpern.

Sie fanden die Göttin noch so bei der Quelle, wie sie sie verlassen hatten: traurig saß sie auf dem Stein und bedeckte das Gesicht mit dem Schleier. Die Mädchen geleiteten sie ins Haus ihrer Eltern.

Königin Metaneira saß neben der Säule – ihr Söhnchen hatte sie auf dem Schoß –, und die Mädchen liefen voraus, um die neue Amme ihres Brüderchens anzumelden. Demeter blieb an der Türe stehen und richtete sich auf. Sie reichte mit dem Kopf fast bis an den Balken, und die Mauern füllten sich mit wunderbarem Glanz. Es fehlte nicht viel, und die Königin hätte die Göttin erkannt, sie stand schon auf, um ihr ehrfurchtsvoll ihren Platz anzubieten, doch Demeter wollte sich nicht auf den glänzenden Thronsessel setzen. Sie bedeckte von neuem die tränenden Augen und brach wieder unter der Trauer um ihre Tochter zusammen.

Eine hilfreiche Dienerin – sie hieß *Iambe* – brachte ihr schnell einen Stuhl. Demeter setzte sich, doch konnte sie lange kein Wort hervorbringen. Sie dachte an ihre verlorene Tochter, und bitteres Leid drückte ihr Herz. Speise und Trank wurden ihr angeboten, aber sie rührte nichts an. Man wollte sie erheitern, konnte sie aber nicht zum Lächeln bringen. Da machte die gute Iambe allerlei Scherze, bis schließlich auch Demeter lächeln mußte.

Darauf bot ihr Metaneira roten Wein an, aber Demeter hielt ihn nicht für passend zu ihrer Trauer. Das erfrischende Getränk *kykeon* jedoch, das aus Gerste mit Polei hergestellt war, nahm sie an. Da erst konnte Metaneira sie in ihrem Hause begrüßen.

»Fühle dich glücklich hier bei uns, arme Frau. Ich sehe dir an den Augen an, daß du ein besseres Los gewohnt warst, aber wir Menschen müssen ja erdulden, was uns die Götter zuteilen, ob's gut ist, ob schlecht. Doch in meinem Hause wirst du alles haben, genau wie ich selbst. Ich vertraue dir mein Söhnchen an, dieses winzige Knäblein, das mir die Götter als späte Freude geschenkt haben. Warte und wiege es sorglich, und wenn du es großgezogen hast, werden dich die Frauen beneiden, so viel Ammenlohn gebe ich dir, du wirst sehen.«

Auch Demeter sprach zum Gruße: »Mögen dich die Götter mit allem Guten segnen, erhabene Frau. Für dein Söhnchen werde ich sorgen, wie du es befohlen, und ich glaube, du wirst nichts wider mich zu klagen haben. Ich kenne Heilkräuter, ich kenne Zaubermittel, und du wirst sehen, auf meinen Armen wird dem kleinen Königssohn kein Übel widerfahren.«

Damit übernahm sie auch sogleich den kleinen *Demophoon* aus den Händen seiner Mutter; glücklich sah Metaneira, wie sorglich sie ihn an ihren duftenden Busen legte.

Und der kleine Knabe wuchs schön im elterlichen Hause heran. Einem Gott gleich wuchs er und wurde kräftig. Er aß kein Brot wie die anderen Menschen, sondern er wurde mit Ambrosia genährt wie die Götter. Demeter bereitete ihm diese Speise, Demeter wartete und wiegte ihn, sie hauchte ihn mit ihrem süßen Atem an, und allnächtlich, wenn niemand es sah, badete sie ihn in der reinen Flamme des Feuers. Alle waren erstaunt, so schnell entwickelte er sich.

Demeter hätte ihn zum ewigen Jüngling und unsterblich gemacht. Aber Metaneira belauschte sie eines Nachts und schrie laut auf, als sie ihr Söhnchen in den Flammen des Feuers erblickte.

»Oh, mein armes Kind, die fremde Frau verbrennt dich im Feuer!« – und ihr lautes Wehklagen weckte beinahe das Haus auf.

Demeter wurde auf sie böse, sie nahm den kleinen Demophoon aus dem Feuer, legte ihn auf die Erde und schalt Metaneira zornig: »Töricht seid ihr, sterbliche Menschen, ihr sehet weder das Gute noch das Üble voraus. Ich wollte deinen Sohn zum ewigen Jüngling und unsterblich machen, aber du hast durch deine dumme Neugierde alles verdorben. Nun wird sein Los nur ein Menschenlos sein, doch wird er unter den Menschen ewigen Ruhm genießen, weil er auf meinem unsterblichen Schoß herangewachsen ist. Denn wisse nun: Ich bin Demeter, die Herrin über die Freude der Götter und Menschen. Auf denn, bauet mir einen Tempel, und es komme das ganze Volk, ich werde dich lehren, wie ihr mir dienen, wie ihr meine heilige Seele versöhnen sollt.«

Also sprach die Göttin, und von der alten Frau aus Kreta war keine Spur mehr; die Göttin stand in ihrer göttlichen Beschaffenheit vor Metaneira. Ihre langen blonden Haare wallten ihr auf die Schultern, ihrem Gewand entströmte wunderbarer Duft, ihr unsterbliches Antlitz leuchtete weit in die Ferne, und das ganze Haus ward glanzerfüllt. Dann aber verließ Demeter den Saal.

Metaneira brachte kein Wort heraus, ihre Knie versagten, und sie hatte nicht mehr Kraft genug, ihr Kind vom Boden aufzuheben. Das arme Kindchen weinte laut, bis seine Schwestern es hörten und aus ihrem Schlafgemach zu ihm eilten. Eine hob es auf, wiegte es auf dem Arm und beschwichtigte es, die zweite versorgte das Feuer, die dritte half der ohnmächtigen Mutter auf die Füße. Dann wandten sie sich alle ihrem Brüderchen zu, sie gaben es von Hand zu Hand, hätschelten und trösteten es, aber es wollte und wollte sich nicht beruhigen. Demeters Fürsorglichkeit konnten sie ihm nicht ersetzen.

Zitternd an allen Gliedern, betete Königin Metaneira die ganze Nacht hindurch im Verein mit ihren Töchtern, um Demeter zu versöhnen, und bei Tagesanbruch teilte sie ihrem Gemahl den Befehl der Göttin mit.

König Keleos aber rief sein Volk zusammen, und sogleich wurde die Arbeit begonnen. Auf einem hohen Hügel erbauten sie einen Altar und einen Tempel, sie waren schnell damit fertig, denn jedermann, groß und klein, beteiligte sich an der Arbeit. Und dann zog die blonde Demeter in den Tempel ein.

Dort saß sie inmitten des Tempels auf einem schimmernden Thronsessel, weit weg von den glücklichen Göttern des Olympos. Sie beweinte ihre Tochter, in bitterer Trauer verzehrte sie sich und gedachte nicht der Menschen, nicht der Fruchtbarkeit des Akkerlandes, die das Geschick in ihre Hand gelegt hatte.

Über die Menschen brach ein Jahr des Elends herein. Sie pflügten vergebens und säten vergebens, der Boden brachte keine Früchte hervor, weil die schönbekränzte Demeter sie verbarg. Die Welt wurde von Hungersnot heimgesucht, und das menschliche Geschlecht wäre wohl gar ausgestorben, hätte sich Vater Zeus nicht beizeiten besonnen.

Er ließ die goldflügelige Iris rufen und entsandte zunächst sie, Demeter zu holen.

Iris eilte wie ein Vogel nach Eleusis und fand dort Demeter in der Mitte des Tempels, von ihrem dunkelblauen Gewand umhüllt.

»Demeter«, sprach voll Ehrfurcht Iris zu ihr, »Vater Zeus hat mich geschickt, ich soll dich zurückrufen zu den anderen Göttern.«

Doch Demeter folgte dem Rufe des Zeus nicht. Vergebens schickte Zeus der Reihe nach auch die anderen Götter zu ihr, keiner konnte sie überreden; sie verharrte unerbittlich bei dem, was sie aussprach: »Ich kehre nicht eher auf den duftenden Olympos zurück, und ich lasse kein Getreide auf dem Ackerland sprießen, solange ich meine geliebte Tochter nicht Auge in Auge wiedersehe.«

Zeus gab schließlich nach und sandte eine Botschaft an Hades, er solle Persephone zu ihrer Mutter zurückkehren lassen. Der Bote, den er in die finstere Unterwelt schickte, war Hermes, und Hermes übergab Zeus' Befehl: »Dunkelhaariger Hades, Vater Zeus hat mich geschickt, ich soll Persephone hier aus der Unterwelt holen. Denn kehrt Persephone nicht zu ihrer Mutter zurück, so versteckt Demeter die Früchte des Feldes, und wenn der Acker kein Brot hervorbringt, sterben die Menschen aus, und wenn die Menschen aussterben, wird niemand mehr den unsterblichen Göttern Opfer darbringen.«

Hades lächelte bloß und zog schlau die Brauen hoch. Sogleich sprach er zu Persephone: »Geh nur, Persephone, geh zu deiner blaugekleideten Mutter, damit sie von ihrem törichten Zürnen endlich abläßt. Ein ihrer unwürdiger Eidam bin ich doch nicht, auch ich bin ein Bruder von Vater Zeus, und die ganze Unterwelt ist mein Reich. Ich habe mit dir dieses Königtum geteilt.«

Also sprach Hades, und glücklich machte sich Persephone auf, zurück zu ihrer Mutter. Rasch setzte sie sich auf den Wagen, Hermes ergriff Peitsche und Zügel, und mit Pfeilesschnelle fuhren sie los. Kein tiefes Meer, kein hoher Berg waren ihnen ein Hindernis. Und sie kamen auch gar bald zum Tempel von Eleusis.

Hochgemut eilte Demeter ihrer Tochter entgegen, sie umarmten und küßten einander, und erst später fragte Demeter ihre Tochter besorgt, ob sie im Hause des Hades etwas gegessen habe.

»Denn wenn du mit ihm aus einer Schüssel gegessen«, erklärte sie ihr, »bist du schon sein Weib, dann mußt du zu ihm zurückgehen.«

»Einen Granatapfelkern aus seiner Hand habe ich gegessen«, sagte Persephone, und da war es Demeter klar, daß ihre Tochter nicht für immer bei ihr bleiben konnte.

Sie verbrachten den ganzen Tag zusammen, in selbstvergessenem Glück freuten sie sich aneinander. Da schickte dann Vater Zeus die schönhaarige Göttin Rhea, sie solle nun endlich Demeter auf den Olympos zurückholen. Demeter hatte noch eine Bitte: Wenn nun einmal ihre Tochter doch zu Hades zurückkehren müsse, solle Zeus wenigstens erlauben, daß Persephone zwei Drittel des Jahres mit ihr bei den olympischen Göttern verbringe und nur ein Drittel des Jahres bei ihrem Gemahl in der Unterwelt verweilen müsse.

Zeus ging auch darauf ein, Demeter solle nur endlich kommen und Fruchtbarkeit auf die Äcker strömen lassen.

Und Demeter kam auf den hohen Olympos. Unterwegs durchzog sie auch die Felder der sterblichen Menschen. Überall stand das Getreide welk und rostschwarz, weil Demeter den Segen der Fruchtbarkeit verborgen hatte. Jetzt aber erwachte, wohin die blondhaarige Göttin den Fuß setzte, alles zum Leben, die Äcker brachten Getreide hervor, die ganze Erde brach schier unter Blättern und Blumen zusammen, an den Halmen schwollen vollkörnige Ähren, und alsbald lagen üppige Garben reihweise auf den Feldern.

Demeter, die »gesetzgebende« Göttin, zeigte noch den das Gesetz vollstreckenden Königen *Triptolemos, Diokles, Eumolpos* und *Keleos* den heiligen Dienst, die Ordnung und die Zeremonien des *eleusinischen Mysteriums*.

»Glücklich, wer von den irdischen Menschen diese gesehen, doch wer in die heiligen Dinge nicht eingeweiht, wer ihrer nicht teilhaftig geworden ist, dem wird auch in der finsteren Unterwelt kein solches Los zuteil wie den Eingeweihten.«

Erst nachdem die Göttin die sterblichen Könige in allem unterwiesen hatte, kehrte sie mit ihrer Tochter zusammen auf den Olympos zurück – zwei herrliche Göttinnen: glücklich der, den sie lieben. In dessen Haus schicken sie als ständigen Bewohner *Plutos*, der den sterblichen Menschen Reichtum beschert.

Nach dem Homerischen Demeter-Hymnus.

DIE RECHTSPFLEGE IM JENSEITS

Wie Homer erzählt, teilten Zeus, Poseidon und Pluton die Herrschaft unter sich, nachdem sie sie von ihrem Vater übernommen hatten. Nun bestand aber unter Kronos folgendes Gesetz, die Menschen betreffend, das immer und auch jetzt noch unter den Göttern gilt: Wer von den Menschen sein Leben gerecht und fromm geführt hat, der gelangt nach dem Tode auf die Inseln der Seligen und lebt dort, fern von allem Übel, in vollkommener Glückseligkeit. Wer aber ungerecht und gottlos gelebt hat, der kommt in das Gefängnis, das man Tartaros nennt, wo ihm Rache und Strafe zuteil wird. Nun waren unter Kronos und auch noch später, als schon Zeus die Herrschaft innehatte, in dieser Hinsicht Lebende die Richter über Lebende, und sie saßen immer zu Gericht an dem Tage, da jemand sterben sollte. Die gerichtlichen Entscheidungen waren daher oft mangelhaft.

Deshalb gingen Pluton und die Vorsteher der Inseln der Seligen zu Zeus und meldeten, daß sowohl bei Pluton wie auf den Inseln der Seligen oft Menschen ankämen, die das entgegengesetzte Schicksal verdient hätten. Da sprach Zeus: »Dem will ich ein Ende machen. Jetzt freilich unterlaufen bei der Rechtsprechung Fehler, weil die Menschen bekleidet vor ihre Richter kommen, da sie lebend gerichtet werden. So sind denn viele, die böse Seelen haben, eingehüllt in schöne Leiber, in vornehme Abstammung und in Reichtümer, und wenn das Gericht stattfindet, stellen sich viele Zeugen ein, die Zeugnis für sie ablegen, daß sie gerecht gelebt haben. Das führt die Richter irre, zumal sie ja auch selbst angekleidet richten: Ihre Seele ist hinter Augen, Ohren und dem ganzen Leibe versteckt. Dies alles steht ihnen im Wege: ihre eigenen Hüllen und die, welche die zu Richtenden bedecken. Zuerst also muß aufhören, daß sie den Tod vorher wissen; denn jetzt wissen sie ihn vorher. Prometheus ist unter anderem schon damit beauftragt worden, dies zu ändern. Ferner ist nötig, daß sie von allem Tand entblößt gerichtet werden. Erst wenn sie gestorben sind, soll man über sie richten. Und auch der Richter soll entblößt sein: ein Toter. Mit der bloßen Seele soll er die bloße Seele des zu Richtenden anschauen, so, wie dieser sich gleich nach dem Tode zeigt: entblößt von allen Verwandtschaften und nachdem er allen äußeren Schmuck auf der Erde zurückgelassen hat. Nur so kann das Urteil gerecht sein. Ich habe diese Mängel schon früher erkannt als ihr«, sagte Zeus zu Pluton und den Vorstehern der Inseln der Seligen, »deshalb habe ich von meinen eigenen sterblichen Söhnen zu Richtern ernannt: zwei aus Asien, *Minos* und *Rhadamanthys*, und einen aus Europa, *Aiakos*. Diese also sollen, sobald sie gestorben sind, ihr Richteramt einnehmen auf der Wiese an der Kreuzung dreier Wege, wo die beiden Wege abzweigen: der eine nach den Inseln der Seligen, der andere nach dem Tartaros. Und zwar soll Rhadamanthys die Menschen aus Asien richten, Aiakos die aus Europa. Dem Minos aber will ich den Vorsitz übertragen, er soll das Urteil sprechen, wenn die beiden anderen keine Entscheidung treffen können. So erreichen wir, daß das Urteil, welchen Weg die Menschen geschickt werden sollen, vollkommen gerecht sei.«

Platon, Gorgias LXXIX.

DIONYSOS

Unter den Bewohnern des Olympos gibt es zwei, in deren Mythen betont zum Ausdruck kommt, daß sie von sterblichen Müttern stammen. Der eine ist *Herakles*, der andere *Dionysos*. Der Vater beider ist Zeus, und beider Mütter sind irdische Königstöchter. Die Mutter des Herakles ist *Alkmene*, die des Dionysos *Semele*, die Tochter des Königs *Kadmos* von Theben. Beide Gottheiten haben es sich durch einen schweren irdischen Weg, durch viele Leiden verdient, daß sie unter die Bewohner des Olympos aufgenommen wurden, und gerade der irdische Weg ist in ihren Mythen der am reichsten ausgearbeitete Teil. Dadurch dienen beide in gewissem Sinne den Menschen als Beispiel, wie man sich dem göttlichen Leben nähern kann. Doch fällt hier auch gleich der große Gegensatz ins Auge: Herakles ist vorbildlich in der Selbstzucht, der Selbstbeschränkung, der *Askese*; Dionysos ist der Gott der *Ekstase*, der die großen Leidenschaften freilegt und aufpeitscht. Gerade das drücken die Mythen von ihrem irdischen Weg aus: Herakles wird schon von seiner Mutter, die sich seiner großen Sendung bewußt ist, bei knapper Kost gehalten und anspruchslos erzogen, den Dionysos aber verwöhnen die nysischen Nymphen mit allem Reichtum von Wald und Flur, so daß er als erste Tat Weinstöcke pflanzen und sein ganzes Gefolge mit dem Weinrausch bekannt machen kann. Die zwölf Arbeiten, die Herakles bevorstehen, sind dem Wesen nach Bändigung der wilden Erdkräfte, Befriedung der Welt, Niederringung der Ungeheuer, die den Frieden gefährden; Dionysos wandelt über die Erde, um alle diese wilden Kräfte loszulassen, Löwe und Panther sind seine Gefolgschaft. Dennoch gehören die beiden irdischen Wege zusammen als Sinnbilder zweier zwar entgegengesetzter, aber gleicherweise bestehender Möglichkeiten für die Annäherung an das Leben der Götter. Die Philosophen stellten Herakles als Beispiel hin, wenn sie Selbstbeherrschung und Anspruchslosigkeit lehrten. Des Herakles Weg zum Olympos ist in gewissem Sinne auch für die sterblichen Menschen gangbar, nämlich im Sinne der Lehre des *Sokrates*: Die Götter sind auf nichts angewiesen, demnach stehen den Göttern diejenigen Menschen am nächsten, die am wenigsten für sich benötigen.

Das genaue Gegenteil davon ist die Forderung, mit der Dionysos vor die Menschen hintritt. Bei den Mystikern des Altertums, den *Orphikern*, wurde die Verehrung des Dionysos ganz in den Mittelpunkt gerückt. Er ist der *lysios*, der »Lösende«, der jegliche zuchthaltende und beengende Einschränkung zunichte macht. Aber sein Gebot ist nicht weniger hart als die Forderung des Herakles-Ideals. Denn die Familie und die Gesellschaft, aus deren Bindungen der Ruf des Dionysos die Menschen befreit, sind nicht nur Schranken, sondern sie bedeuten für das menschliche Dasein auch Sicherheit. Dionysos fordert unbedingte Hingabe. Sein edles Geschenk, der Wein, ist »den Menschen eine Freude«, doch tritt Dionysos mit zwingender Kraft dort auf, wo man dieses Geschenk nicht annehmen will. Seine Kraft hängt mit der unbezähmbaren, üppigen Fülle der Erde zusammen, mit der Feuchtigkeit, die die Fruchtbarkeit sichert, mit den Bäumen, und unter diesen hielt man den wild wuchernden Efeu und den Weinstock, von dem das Getränk kommt, welches den hemmungslösenden Rausch bewirkt, für Dionysos' Geschenke bzw. für die Offenbarung der sich in Dionysos konzentrierenden Fülle.

Schon der Mythos von seiner Geburt drückt die unheimliche, vernichtende Kraft der Gottheit aus. Zeus' sterbliche Geliebte Semele äußerte auf das tückische Betreiben der eifersüchtigen Hera hin den Wunsch, daß der Gott sie in seiner göttlichen Beschaffenheit besuche. Zeus schwor der Königstochter, ihr den Wunsch zu erfüllen; nun ist er durch den Eid gebunden und muß ihr nachgeben, obwohl er die Folgen vorausweiß. Er erscheint als der Blitze streuende, leuchtende Gott, und die irdische Frau kann die Begegnung nicht ertragen: Sie verbrennt in der Umarmung zu Asche. In dem Augenblick, da die Mutter stirbt, wird Dionysos geboren. Zeus rettet das Kind aus den Flammen und deckt es mit Efeulaub zu, so kühlt er es ab, und da es noch unentwickelt ist, näht er es sich in den eigenen Schenkel ein, wo es bleiben soll, bis es kräftiger geworden ist. Dann vertraute er es Hermes an und trug ihm auf, das Kind zu den Nymphen von Nysa zu bringen. *Nysa* ist ein Märchenland. Auch Persephone pflückte auf der Wiese Nysa Blumen, als Hades sie raubte. Dort also wurde Dionysos von den Nymphen und dem guten alten *Silenos (Seilenos)* erzogen.

Als der Gott heranwächst, pflanzt er Weinstöcke und berauscht sein ganzes Waldgefolge mit Wein, vornehmlich die *Satyren*, diese ziegenfüßigen Dämonen der Fülle, und die *Silenen* (Dionysos' Lehrmeister hat nämlich Gefährten, die ihm in allem gleichen). Aber der ständige Begleiter des Gottes bleibt doch sein ehemaliger Erzieher, der alte Silenos, dieser sonderbare Dämon, der »finsterer ist als die Götter«, weil er dem dunklen Bereiche der Erde verhaftet ist. Er ist aber zugleich »besser als die Menschen«, weil er an der schenklustigen Fülle der Erde unmittelbar teilhat und eben als Verwahrer dieser Fülle »unsterblich« ist. Silenos ist ein dickbäuchiger Alter, er trinkt den Wein ungemischt und ist immer betrunken. Er trägt einen Blumenkranz auf dem Glatzkopf, und wenn er berauscht angetroffen wird, bindet man ihn mit Blumenketten, und dann kann er auch zum Singen gezwungen werden. Der dionysische Rausch verleiht ihm die Gabe der Wahrsagung, und er lehrt den phrygischen Märchenkönig *Midas* bittere Geheimnisse: »Am besten ist, nicht geboren zu werden, aber wenn wir nun einmal geboren sind, ist es am besten, früh zu sterben.« Doch wenn Silenos auch zuweilen bekümmert den Kopf hängenläßt, der ihm vom Wein schwer geworden ist, kann man doch sonst gerade von ihm lernen, wie der Rausch den Kummer vergessen macht. Sowohl die bildende Kunst wie die Literatur stellen ihn als humoristische Figur dar. Seine Anwesenheit bringt sogar in den Kampf der Giganten einen heiteren Zug; eine Überlieferung erzählt, von dem Geschrei von Silenos' Esel seien die waghalsigen Feinde der Götter auseinandergelaufen.

Zu dem *thiasos*, der Begleitung des Dionysos, gehören auch *Pan*, der ziegenfüßige Sohn des Hermes, sowie die *Mänaden* oder *Bacchantinnen*, die seinem Lockruf in rasendem Rausch folgen. Meistens kommt er, von ihnen begleitet, als unaufhaltsamer Sturm und saust über die Erde hin. Seine weiblichen Begleiter werden auch *Thyiaden* genannt, und als er am Ende seines Erdenweges auf den Olympos gelangt und auch seine Mutter aus der Unterwelt heraufholt, erhält die zur Göttin gewordene Semele den Namen *Thyone* (von dem griechischen Wort *thyei* [»es stürmt«] abgeleitet). Der Gott verbreitet auf seinem Wege überall den Weinrausch. Denen, die ihn aufnehmen, läßt er die heitere Seite des Weinrausches zuteil werden, denen aber, die sich gegen ihn wehren, zwingt er unter strenger Bestrafung seine Macht auf. Manchmal führt er den Zug mit einem Tigergespann an; die Zügel sind Weinreben, und der Gott schwingt den *thyrsos* in der Hand: den mit Efeuranken und Weinlaub umwundenen Stock, der in einem Tannenzapfen endet. Manchmal kommt der Gott auch allein, von keinem erkannt, und dann zeigt er sich auf einmal, ganz plötzlich und unerwartet, vor den staunenden Augen der Menschen in seiner Beschaffenheit als Gott, von der nur dies alles zusammen einen Begriff geben kann: die ungehemmt üppige, kühle und feuchte Vegetation des *Efeus*, der Freude spendende, feurige Rausch vom edlen Naß des *Weinstocks*, die nicht aufzuhaltende Wucht des *Stieres*, die unheimliche Grausamkeit des *Löwen*, die schwer bewegliche, gewichtige Kraft des *Bären* und die bewegliche Sprungbereitschaft des gleichsam weiblich-geschmeidigen *Panthers*. Als *Einzelnes* ist es vielleicht am ehesten der *Wein*, was einigermaßen an die Vollständigkeit des Dionysos herankommt, der Wein, in den nach dem Märchen orientalischen Ursprungs schon Noah, der erste Weinzüchter der biblischen Überlieferung, das Blut verschiedener Tiere gemischt hat. Deshalb hängt die *epiphania*, das Erscheinen des Dionysos unter den Menschen, in erster Linie mit dem Weinbau und dem Wein zusammen. Bei seinen Festen sprudelt nach verschiedenen örtlichen Überlieferungen – in Teos, auf den Inseln Naxos und Andros sowie in Elis – Wein in erstaunlicher Fülle aus der Erde. Der Legende zufolge entsprangen stellenweise neben dem Wein auch Milchquellen, weil man auch die sprudelnde Fülle der Muttermilch mit Dionysos in Zusammenhang gebracht hat.

Die wichtigeren Dionysos-Feste in Athen bilden einen geschlossenen Kreis von Festen, und sie deuten alle mehr oder weniger auf den Weinbau, auf die verschiedenen Stadien der Trauben und des Weines hin. Das Fest *Kleine Dionysien* oder *Ländliche Dionysien* wurde in den Dörfern Attikas gefeiert, und zwar zu Beginn des Winters, nach der Weinlese. Die Fröhlichkeit des Volkes bei der Weinlese kam in verschiedenen Spielen zum Ausdruck. Ein solches Spiel war die *Askolia*: Auf den mit Öl eingeriebenen Weinschläuchen (*askos*, das heißt »Schlauch«) tanzte und stolperte die Jugend zur Belustigung der Menge, die sich zusammengeschart hatte, auf einem Bein herum. Solche Spiele waren ferner die lauten Maskenumzüge, die zur Gestaltung des attischen Dramas – hauptsächlich des Lustspiels – beitrugen. Später, in der Blütezeit der Schauspielkunst in Athen, führten wandernde Schauspielertruppen bei diesem Fest dieselben Stücke auf, die vorher schon in der Stadt gespielt worden waren. In vieler Beziehung ähnlich war das *Haloa* genannte Erntefest, doch mußte sich da Dionysos mit der Getreide spendenden Göttin Demeter in die Feier teilen. In den Januar *(Gamelion)* fiel das Fest *Lenaia*, dessen Name mit dem Wort *lenos* – soviel wie »Weinkelter« – zusammenhängt und also auch bezeichnet, was dieses Fest bedeutet. Auf den 11., 12. und 13. Tag des Monats *Anthesterion* (»Blühen«) im Vorfrühling fiel das Fest *Anthesteria*, da wurde zum ersten Mal vom neuen Wein getrunken. Der erste Tag war der *Pithoigia* (»Faßöffnen«), der zweite den *Choes* (»Weinpokale«) gewidmet, und an diesem zweiten Tag fand auch das feierliche Weinkosten statt, und zwar im Rahmen eines öffentlichen Mahles, von dem auch die Sklaven nicht ausgeschlossen waren. Alle trugen Kränze aus frischen Vorfrühlingsblumen auf der Stirn, und am Ende des Mahles wurden diese Blumen in Dionysos' Tempel *Lenaion* gebracht. Das »Blumenfest« *Anthesteria* war das Fest des vorjährigen Weines und des neuen Blühens zugleich.

Dionysos, der die göttliche Fülle und die fruchtbar-feuchten Säfte der Erde hervorquellen macht, ist in einer Weise auch mit dem Tod verbunden. An seinem Frühlingsfest treffen sich Leben und Tod, vorjähriger Wein und neues Blühen, wie auch im Schoß der Erde Tod und Leben, das Verwesen der vorjährigen und das Keimen der diesjährigen Vegetation vereint sind. Dionysos ist einer der Götter, die auch in der Unterwelt gewesen sind, er hat seine Mutter aus der Unterwelt heraufgeholt. Wir hören auch von seinem Tode, sein Grab wurde gezeigt, und einer Überlieferung zufolge ist Persephone, die Unterweltgöttin, in seiner Kindheit seine Erzieherin gewesen. Die Blütenfülle im Frühling kommt auch von dort unten, aus der Tiefe der Erde, wohin die Toten gehen – die gestorbenen Menschen, aber auch die abgestorbenen Blumen und die hingeschiedenen Jahre. Deshalb folgte auf das Weinkosten und das Blumenopfer der dritte Tag des *Anthesteria*-Festes, der *Chytroi*-Tag, an welchem in »irdenen Gefäßen« *(chytros)* dem Hermes als Unterweltsgott und den Geistern der Verstorbenen Trinkopfer dargebracht wurden. Später, am 9. Tage des Monats *Elaphebolion*, begann das Fest *Große Dionysien* oder *Städtische Diony-*

sien, das mehrere Tage dauerte. Zu diesem Fest strömte das Volk von ganz Attika nach Athen, um es dort, in der Hauptstadt, gemeinsam zu feiern. In einer Prozession großen Stils wurde die uralte Statue des Dionysos getragen, Kinderchöre sangen, und allgemeine Lustigkeit bei Musik und Gesang füllte die Tage aus.

Das *Große Dionysia*-Fest unterschied sich durch die reiche, schon fast sommerliche Blumenpracht von dem Blütenfest *Anthesteria* des Vorfrühlings. Pindar sagt: »Da fallen die lieblichen Veilchenbüsche auf die göttliche Erde herab, in die Haarlocken mischen sich Rosen, es ertönt der Gesang zum Flötenspiel, und die Menschen besingen im Reigen Semele mit der bebänderten Stirn.« Bei dieser Dionysos-Feier sind die »veilchenbekränzten« Musen zugegen; Dionysos selbst wurde in Verbindung mit diesem Fest auch *Melpomenos*, »Singender«, genannt, also gerade wie diejenige Muse, *Melpomene*, die von den Späteren als die Göttin der Tragödiendichtung bezeichnet wird. Dionysos, der Gott, der die wilden Leidenschaften aufpeitscht, und die Musen, die Göttinnen, die die Leidenschaften in der Harmonie der Dichtung bändigen und formen, werden an diesem Fest gemeinsam gefeiert, und die Verehrung, die ihnen gemeinsam gilt, äußert sich in der *attischen Tragödie*. Die letzten Tage der *Großen Dionysia* waren nämlich dramatischen Wettspielen gewidmet.

Zur gleichen Zeit, da in Attikas milderen Weinbaugegenden das *Lenaia*-Fest gefeiert wurde, bald nach dem kürzesten Wintertag, feierten in den Bergen, in erster Linie auf dem Parnassos, die *Mänaden* oder *Bacchantinnen* wilde *Orgien* zu Ehren des Dionysos, und zwar in Zyklen, die sich alle zwei Jahre wiederholten (d. h. im ersten und dritten Jahre der »dreijährigen«, sogenannten *trieterischen* Zyklen). Der rasende Rausch, die unbedingte Hingabe an Dionysos, riß diese schwärmerischen Frauen für eine Zeit aus dem Kreise ihrer Familie heraus. Ähnlich war auch das *Agrionia* genannte Fest in Böotien. In wilder Hast jagen die Frauen nach Dionysos, aber er ist verschwunden, sie suchen ihn vergebens. Dann geben sie das Suchen auf und sagen, der Gott sei »zu den Musen geflüchtet und halte sich bei ihnen versteckt auf«. Mit diesem Schlußakkord verflüchtigt sich der Rausch. »Dionysos ist zu den Musen geflüchtet«: Der zerfleischende und selbstzerfleischende Rausch hat sich ausgetobt, nur im Bereich der Musen wirkt er als fruchtbarer Rausch, als schöpferische Eingebung weiter, als der heilige Wahnsinn, *mania*, der nach Platon bei allem künstlerischen Schaffen unerläßlich ist.

Nachdem die wilde Orgie der Bacchantinnen vorbei ist, begleitet des Dionysos sanfterer Rausch das ganze menschliche Leben. Der *Bacchos* oder *Bassareus* – der »wild Lärmende« – der Orgien figuriert auch als »Freude der Sterblichen« und ist *lysios*, der große »Lösende«; er läßt nicht nur die wilden Leidenschaften frei, sondern ist auch *pausilypos*, der »Kummervertreiber«, »der die Sorgen aufhebt«. Er ist nicht nur *mainomenos*, »rasend«, sondern auch *melpomenos*, »singend«. Von dieser Seite lernen diejenigen den Dionysos kennen, die den wüsten Rausch verachten und auch in Gegenwart des Weingottes maßhalten. Ein solcher war *Anakreon*, der größte griechische Weinbesinger und das Vorbild für die Weinliederdichter aller Zeiten. Dieser heitere Alte aus Teos gab sich nie dem wilden Rausch hin, er genoß den Wein nur mit Maßen. »Wohlan, laßt uns nicht poltern, nicht lärmen und schreien wie die Skythen beim Wein, sondern laßt uns hübsch mäßig trinken bei schönem Hymnengesang.« Deshalb durfte er *den* Dionysos kennenlernen, der der Spielgefährte des Eros und der blauäugigen Nymphen und der purpurschimmernden Aphrodite war.

Diese sanftere Seite des Dionysos macht es verständlich, daß der Mythos ihm, dem Gott der wilden Bacchantinnen, eine so zarte Vertreterin der weiblichen Hingabe zugesellte wie *Ariadne*, die schon in ihrem Namen den Hinweis auf unnahbare Reinheit trägt. Ariadne ist ein irdisches Mädchen, wie es auch Dionysos' Mutter war, und wie diese erlangt auch sie Dionysos zuliebe Unsterblichkeit. Sie entschwindet den Augen der Menschen auf einem hohen Bergesgipfel der Insel Naxos, um ihrem göttlichen Gemahl in den

Himmel zu folgen. Die Kinder des Dionysos und der Ariadne verraten wiederum bereits durch ihre Namen, daß sie mit Weinbau und Wein zu tun haben: *Oinopion* (»weintrinkend« oder »weinfarben«), *Staphylos* (»Weintraube«) und *Euanthes* (»schön blühend«).

Die bildende Kunst stellt Dionysos meistens betont feminin dar, sogar den Typ des sogenannten indischen Dionysos, der einen Bart trägt. Die Darstellung ohne Bart, also als Jüngling, setzt sich im 5. Jahrhundert v. u. Z. durch. Als Kind sehen wir ihn entweder auf dem Arm seines Erziehers, Silenos, oder auf Hermes' Arm; wir sehen ihn auch auf Hermes' Schulter: Der Götterbote trägt ihn zu den Nymphen. Beim Fest des Weinkostens in Athen war Dionysos in Gestalt einer riesigen *Maske* unter den Feiernden anwesend; diese Maske wurde an eine Holzsäule gehängt, und ihr als dem Abbild des Gottes wurde zuerst vom Getränk dargereicht. Dionysos ist der einzige von den griechischen Göttern, von dem man annahm, er stelle an seine Verehrer die Forderung, mit ihm eins zu werden. Man war des Glaubens, ein Anhänger Bacchos' könne selbst zu *bacchos* werden bzw. eine Anhängerin zur *Bacche*. Auch das Gesicht des sterblichen Menschen könne den dionysischen Gesichtsausdruck haben, und der sterbliche Mensch könne ebenso das dionysische Wesen annehmen. Deshalb darf der Gott mit einer Maske dargestellt werden. Man stellte sich Dionysos auch in einer Daseinsform vor, in der er des Menschen bedurfte, der ihn trug, der ihn erscheinen ließ. Und jene Auflösung, jene Verleugnung der eigenen Persönlichkeit, durch die der Bacchosgläubige auch selbst zu *bacchos* werden kann, ist eine Wurzel der Schauspielkunst. Der Schauspieler – der bei den Griechen immer mit der Maske auftritt – identifiziert sich mit dem mythologischen Helden, den er gestaltet, gleichwie der zu *bacchos* gewordene Gläubige sich als Bacchos fühlt. Das Schauspiel ist sogar unmittelbar daraus hervorgegangen, daß man sich mit Dionysos identifizierte, denn die tragischen Bühnenaufführungen haben anfangs sämtlich ihre Themen aus den Dionysos-Mythen geschöpft. Diese wurden später zum Teil durch andere Mythen ersetzt, aber die Schauspielkunst verblieb auch weiterhin innerhalb des Dionysos-Kultes. Die Aufführungen fanden stets am Dionysos-Fest statt, und das Theater galt als Tempel des Dionysos.

Es ist indessen kein Zufall, daß das griechische Drama gerade in Athen und gerade im Rahmen der Großen Dionysia entstand. Wie wir gesehen haben, knüpften sich allerdings auch an die anderen Dionysos-Feste possenhafte Bräuche von dramatischem Gepräge. Zum Teil waren dies ungebundenere Volksgebräuche von der Art, wie wir sie in Verbindung mit den ländlichen Dionysien erwähnten und die später – der Entwicklung der Tragödie folgend – wirklich zu den Keimen des *griechischen Lustspiels* werden konnten, das die Ansprüche des Ackerbau treibenden Volkes auch auf der großen Bühne Athens zum Ausdruck brachte, hauptsächlich in der Kunst des *Aristophanes*. Es gab aber auch innerhalb der offiziellen Zeremonie schauspielhafte Handlungen. Diese konnten jedoch gerade wegen ihrer ritualen Gebundenheit nicht weiterentwickelt werden. Eine solche Handlung war beispielsweise die Hochzeit der Gottheit mit der »Königin«, die am zweiten Tag des stark aristokratisch geprägten Anthesteria-Festes gespielt wurde (die »Königin« war die Gattin des *archon basileus*, des Beamten, der die Aufsicht über die religiösen Institutionen des Staates hatte). An der Anthesteria-Feier nahmen zwar auch die Sklaven teil, aber das war nichts weiter als eine rituelle Versöhnungsgeste, durch die ausgeglichen werden sollte, daß die Sklaven das ganze Jahr hindurch den Sklavenhaltern nach Lust und Laune ausgeliefert waren. Dafür zeugte auch die vorgeschriebene Schlußformel des Festes: *»Trollt euch, ihr Diener, das Fest ist zu Ende!«* Mit der Demokratie – die die gesellschaftliche Grundlage der Entwicklung der *griechischen Tragödie* bildete – hatte dieses Fest nicht viel zu tun; mit dem Konservatismus der Religion hielt es die Erinnerung an die Zustände aufrecht, die vor der Solonischen Reform bestanden hatten. Ganz anders ist das Fest der Großen Dionysia zu beurteilen. Dieses Fest gründete *Peisistratos*, der, obwohl er durch seine Willkürherrschaft *(tyrannis)* vorübergehend viel von dem, was

Solon erreicht hatte, zunichte machte, sich doch dem Großgrundbesitz, der Aristokratie gegenüber auch weiterhin vor allem auf die Handwerk und Handel treibenden Bürger Athens stützte. Gerade um ein Gegengewicht für die aristokratischen Traditionen zu schaffen, organisierte er das neue Fest, und er ließ innerhalb der Zeremonien nicht mehr den Priestern, sondern den Bürgern der Stadt eine wichtige Rolle zukommen: Bürger bildeten den im Mittelpunkt der Feier stehenden Sängerchor. Wie schwer solch »laienhaftes« Gepräge der Zeremonie politisch ins Gewicht fiel, erhellt daraus, daß der Chor für die Anhänger der Aristokratie die Zielscheibe rücksichtslosen Spottes war. Doch das konnte nicht verhindern, daß sich mit der Zeit gerade aus dem Chorgesang des demokratischen Festes die griechische Tragödie entwikkelte.

Als Peisistratos längst nicht mehr lebte und einer seiner Söhne ermordet, der andere verbannt und die Solonische Demokratie wiederhergestellt bzw. um ein bedeutendes weiter ausgestaltet worden war, wurde die Mythologie im Rahmen des Dionysia-Festes, aber weit über die Intentionen des Begründers hinaus und aller Religionsgebundenheit bar, immer freier interpretiert. So widerspiegelte die griechische Tragödie die aufeinanderfolgenden Krisen der Sklavenhalter-Demokratie Athens; sie brachte den Patriotismus der Athener in fortschrittlichem Geist zur Geltung und wurde zu einem der höchsten Ausdrucksmittel des menschlichen Selbstbewußtseins überhaupt.

DIONYSOS UND DIE PIRATEN

Dionysos, der Sohn der schönen Semele, erschien einmal am Ufer des unendlichen Meeres. Er blieb auf dem vorspringenden Felsen stehen und sah wie ein junger Mann, der kaum dem Jünglingsalter entwachsen war, stolzen Blickes umher. Sein blau schimmerndes Haar wallte in glänzenden Locken nieder, und um die mächtigen Schultern trug er einen Purpurmantel.

Da überraschten ihn plötzlich Männer auf einem prachtvollen Schiff: Tyrrhenische Seeräuber kamen in schneller Fahrt über das weiß schimmernde Meer, das Mißgeschick hatte sie hergeführt. Sie sahen den Jüngling, winkten einander mit den Augen und sprangen geschwind ans Ufer, sie nahmen ihn gefangen und stießen ihn auf ihr Schiff, die Herzen voll Freude über die schöne Beute. Sie dachten sich nämlich, da sei ihnen wohl ein Königssohn in die Hände geraten, für den sein von Zeus genährter Vater ein hohes Lösegeld zahlen werde. Sie wollten ihn binden, in starke Fesseln legen, aber das Tau hielt ihn nicht; die Fesseln rollten ihm weit von Händen und Füßen. Er aber saß ruhig da, und seine blauen Augen lächelten.

Der Steuermann besann sich und rief seinen Gefährten zu: »O ihr Unglücklichen, welcher Gott mag es sein, den ihr zum Gefangenen gemacht habt? Erstaunlich ist seine Kraft, und unser kunstvoll gebautes Schiff vermag sein Gewicht nicht zu tragen. Entweder ist er Zeus oder Apollon mit dem Silberbogen oder Poseidon, der Gott des Meeres, denn einem sterblichen Menschen gleicht dieser nicht, er gleicht den Göttern, die die Säle des Olympos bewohnen. Wohlan, gebt ihn frei, wir wollen ihn schnell ans schwarze Ufer zurückbringen. Hebet nicht die Hand gegen ihn, denn wenn ihr ihn erzürnt, kann er schreckliches Unwetter und furchtbaren Sturm gegen uns loslassen.«

Also sprach er, doch der Führer herrschte ihn gar böse an: »Ein Dummkopf bist du! Erspähe du lieber die Windrichtung, und entfalte demnach das Segel, das ist deine Sache. Alles andere überlasse uns Männern. Mag sein, er kommt mit uns nach Ägypten oder auf die Insel Zypern, vielleicht sogar zu den Hyperboreern, die am Rande der Erde wohnen; schließlich aber sagt er doch, wer seine Freunde, wer seine Verwandten sind, die uns dann ein glänzendes Lösegeld zahlen, weil ihn der Gott uns in die Hand gegeben.«

Der Steuermann mußte nachgeben. Sie hißten das Segel, der Wind fuhr hinein und schwellte es, daß sich die Taue straff spannten.

Doch auf einmal geschahen wunderbare Dinge. Über die Bretter des Schiffes ergoß sich Wein; zum Trinken verlockend, rieselte er in wohlriechenden Bächen, und ambrosischer Duft stieg von ihm auf.

Da gafften und staunten die Schiffer. Aber sie hatten noch kein Wort hervorgebracht, als sich plötzlich um die Spitze des Segels von hier und von dort Weinreben rankten, dicht behängt mit üppigen Trauben. Schwarz umschlängelte den Mast der Efeu, alles stand in Blüte, und wo eben noch Blüten hingen, quoll herrliches Obst. Alle Riemen trugen Kränze. Die Piraten sahen's, und nun waren sie es, die den Steuermann drängten, das Schiff zum Ufer zu lenken.

Der eben noch ihr Gefangener gewesen, ward vor ihren Augen im Bug des Schiffes zum grausigen Löwen und schuf in der Mitte des Fahrzeugs einen Bären mit zottigem Hals. Er brüllte laut und erhob sich auf die Hinterbeine, grimmig blitzten seine Löwenaugen. Die Seeräuber wichen scheu vor ihm zurück ins Heck des Schiffes, da umdrängten sie alle den Steuermann, ob nicht auch jetzt sein weiser Geist Abhilfe fände. Aber der furchtbare Gott war nun plötzlich unter ihnen, er packte den Führer, die andern aber liefen blindlings davon und sprangen der Reihe nach ins Meer. Dort verwandelten sie sich dann alle in Delphine.

Nur mit dem Steuermann hatte der Gott Erbarmen. Ihn machte er glücklich und sprach zu ihm: »Fürchte dich nicht, wackerer Mann, ich habe an dir Gefallen gefunden. Wisse, ich bin Dionysos, der laut sprechende Gott, und meine Mutter ist des Kadmos Tochter Semele, die Geliebte des Zeus.«

Und nachdem er den Steuermann reich und zum glücklichsten aller Menschen gemacht hatte, verschwand er. Kein menschliches Auge sah ihn je wieder, aber wo der Rausch Sangeslust weckt, ist er überall zugegen, der schönäugigen Semele Sohn, Dionysos.

Nach dem Homerischen Dionysos-Hymnus.

ARIADNE

Von dem furchtbaren Tribut, zu dem König Minos von Kreta die Athener verpflichtet hatte, befreite Theseus, der Sohn des Königs Aigeus, die Stadt. Er bat seinen Vater, ihn mit den sieben Jünglingen und sieben Jungfrauen ziehen zu lassen, die von Zeit zu Zeit dem Minotauros geschickt werden mußten; er werde mit der Hilfe der Pallas Athene das menschenfressende Ungeheuer töten. Bluten den Herzens entließ der alte Aigeus sein Kind, das erst auf seine alten Tage zu ihm zurückgekehrt war, auf die gefahrvolle Reise. Theseus' Mutter war die troizenische Königstochter *Aithra*, und sie hatte, während Aigeus in Athen herrschte, den Knaben in Troizen erzogen. Erst als Theseus schon so stark geworden war, daß er die Waffen seines Vaters, über die ein Felsen gewälzt war, unter dem unermeßlich schweren Felsblock hervorziehen konnte, durfte er seinen Vater in Athen besuchen. Doch Aigeus' stolze Vateraugen hatten sich an seinem Sohn noch nicht satt gesehen, als das unglückliche Los des greisen Königs und die unbezähmbare Tapferkeit des jungen Helden diesen schon wieder den zärtlichen Vaterarmen entrissen. Aigeus streute sich Erde und Sand aufs Haupthaar, denn wer konnte wissen, ob er seinen Sohn noch je wiedersehen würde? Er ließ auf dem Schiff ein schwarzes Segel hissen und trug Theseus auf, wenn es ihm gelungen sei, den Minotauros zu töten, und er mit den zum Tode verurteilten Gefährten heil in die Heimat zurückkehre, das schwarze Segel mit einem weißen zu vertauschen.

Das leichte Schiff und die sanften Winde trugen Theseus in die stolze Residenz des rühmlichen Minos. Die kretische Königstochter *Ariadne*, die bis zur Stunde ihr duftendes Bett unter mütterlicher Aufsicht behütet hatte, gleichwie die Wasser des Eurotas die Myrte oder wie der Lenzwind das bunte Blühen gedeihen läßt, erblickte den jungen Helden aus Athen. Sie wandte die sehnsuchtsvollen Augen nicht von dem Jüngling, bis ihren ganzen Körper die Liebe durchströmte und die Flamme des Eros ihr ins Mark drang. Eros, der die Freuden des Menschen mit Sorgen mischt, und Aphrodite, die Herrin ist über die Liebe und die Wellen des Meeres, oh, auf was für Wogen ließen sie das verliebte Mädchen schwanken, während es nach dem blonden Fremdling schmachtete! Wieviel Bangigkeit erfüllte Ariadnes ermattendes Herz, wie wurde sie vor Blässe gelber denn das glänzende Gold, als Theseus sich beim König meldete, um mit dem Ungeheuer zu ringen, des Todes harrend oder des Ruhmes!

Ariadne hatte im geheimen mit dem Fremdling gesprochen und ihm ein Knäuel gegeben. Denn Daidalos hatte für den Minotauros ein Labyrinth gebaut, eine gewaltige Höhle, in der verzwickte Irrgänge hin und her führten. Wen vielleicht das Ungeheuer verschonte, der hätte sich doch in diesen Gängen verirrt. Aber Theseus rollte den Faden der Ariadne vom Knäuel ab, und als er mit der Hilfe Pallas Athenes den Minotauros getötet hatte, fand er den Faden entlang dann auch den Ausgang aus dem Labyrinth. Da konnte er mit den geretteten Gefährten heimsegeln nach Athen, und er nahm die Königstochter von Kreta mit, der er versprochen hatte, sie zum Dank für ihre Hilfe zu seiner Gemahlin zu machen. Und Ariadne hätte ja auch nicht mehr in Kreta bleiben können, wenn Minos erfuhr, daß seine eigene Tochter den Fremden geholfen hatte.

Um des Theseus Liebe willen verließ Ariadne ihren Vater, ihre Mutter und ihre Schwester, aber Theseus wurde ihr untreu und vergaß auch ganz, daß er Ariadne sein Leben verdankte. Als sie auf der Insel Dia (oder Naxos) ankamen, war Ariadne eingeschlafen. Theseus legte das schlafende Mädchen ans Ufer und segelte weiter der Heimat zu.

Ariadne erwachte und fand sich auf der unbewohnten Insel allein. In lauten Klagen schüttete sie ihren bitteren Groll gegen den treulosen Theseus aus, sie ging auf die hohen Berge, von wo man weithin über das Meer blicken kann, dann lief sie, ihr weiches Gewand über die nackten Knöchel hebend, in die sich kräuselnden Fluten des Meeres hinein. Grauenerregend klang ihre bittere Klage, und der Schaum trat ihr auf die Lippen, als sie schrie: »So hast du mich verlassen, die ich von den heimatlichen Ufern mit dir fortgesegelt bin, hier auf der einsamen Insel hast du mich gelassen, du falscher Theseus? So achtest du die Götter, daß du eidbrüchig, mich vergessend, in deine Heimat zurückzukehren wagst? Konnte denn nichts das Vorhaben deiner grausamen Seele ändern? Empfandest du kein bißchen Mitleid? Hattest du mir doch nicht dies versprochen, sondern eine fröhliche Hochzeit, heißersehnte Hochzeitslieder, die nun alle, vereitelt, von den Winden in die Luft gestreut sind. Niemals mehr soll eine Frau dem Schwur eines Mannes glauben, denn die Männer schwören nur Eide und kargen nicht mit Versprechungen, solange sie etwas erreichen wollen. Haben sie aber erreicht, wonach sie sich sehnten, vergessen sie gleich ihr Wort und kümmern sich nicht um den Eid. Ich habe dich aus dem Strudel des Todes herausgerissen, und eher hätte ich das Verderben meines Bruders gewollt, als dich, Eidbrüchigen, im Augenblick der Gefahr zu verlassen. Und siehe, das ist mein Lohn: Hier auf der Insel zerreißen mich die wilden Tiere, ich werde die Beute der Raubvögel sein, und wenn ich sterbe, wird mir niemand aus den Erdschollen einen Grabhügel schaufeln. Dich hat auf einsamem Felsriff ein Löwe geboren, und die Fluten des grausamen Meeres haben dich ans Ufer geworfen. Deine Mutter war wohl ein Meerungeheuer, daß du so die belohnst, die dich zu süßem Leben errettet hat. Wenn du auch nicht wünschtest, daß ich deine Gattin werde, oder wenn du nicht mit einer fremden Frau Hochzeit halten wolltest, aus Angst, was man in deiner Heimat dazu sagen werde, auch dann hättest du mich wenigstens mitnehmen können als deine getreue Sklavin. Ich hätte dir gedient, deine lieben Glieder mit erquickendem Bade gelabt und dir auf purpurnem Teppich ein Lager zur Ruhe bereitet! Wohin soll ich mich jetzt wenden, von wem kann ich Hilfe erwarten? Es gibt ja kein Dach auf dieser öden Insel, und rings umschließen mich die Fluten des Meeres; keine Möglichkeit, keine Hoffnung, hier fortzulaufen. Alles ist stumm, alles verlassen, und alles zeigt nur den Tod. Doch nicht eher wird das Licht meiner Augen brechen, und aus meinem müden Körper werden nicht eher die Sinne weichen, bis ich die Götter um gerechte Strafe für den Eidbrüchigen gebeten und die Himmlischen mich in der Stunde meines Todes erhört haben. Eumeniden, ihr Göttinnen der Rache, deren Stirn nicht mit Haarlocken, sondern mit Schlangen bekränzt ist und die ihr Zorn im keuchenden Busen tragt, kommt her, kommt, höret euch meine Klage an, denn, ach, nur klagen kann ich ohnmächtig und von rasender Wut geblendet. Doch tief aus dem Busen kommt mir die Klage. So lasset denn ihr meine Trauer nicht ungerächt: Wie er mich harten Gemütes verlassen, so stürze er mit dem gleichen Gemüt diejenigen in Trauer, die Theseus mehr liebt als mich.«

Der König der Himmlischen erhörte Ariadnes Klage und gab ihr ein Zeichen. Da bebte die Erde, und die Meere erzitterten, und das Weltall schlug die strahlenden Sterne gegeneinander.

Theseus segelte unterdessen schon weit, die blinde Finsternis der Vergeßlichkeit hatte ihm die Seele verdunkelt. Wie er des Eides nicht gedacht, den er Ariadne geschworen, so gedachte er auch der Worte seines Vaters nicht. Er hißte nicht das weiße Segel, und als Aigeus von der Burgfeste sah, daß das Schiff mit schwarzem Segel nahte, vermeinte er, das grause Geschick habe ihn seines lieben Sohnes beraubt. Vor Verzweiflung stürzte er sich vom Felsen ins Meer. So verursachte Theseus' Vergeßlichkeit den Tod seines greisen Vaters, und so erfüllte sich Ariadnes Fluch.

Lange Zeit schaute Ariadne sorgenvollen Herzens dem Schiffe nach. Doch plötzlich tauchte an der anderen Seite der Insel inmitten von Blumen Dionysos auf. Er kam an der Spitze seines wogenden Zuges, mit dem *thiasos* der Satyren und der Silenen von Nysa. Er suchte Ariadne, denn er war in Liebe zu ihr entbrannt. Die Mänaden waren in seinem Gefolge, und im bacchantischen Rausch schrien sie laut: *Evoe!* Auf dem Kopf trugen sie Efeukränze. Einige von ihnen ließen den *thyrsos* sausen, andere warfen die blutigen Glieder eines zerrissenen Stierkalbs umher, es waren auch welche dabei, die sich mit Schlangen umgürtet hatten. Und sie feierten eine Orgie. In einem tiefgehöhlten Schrein führten sie die heiligen Gegenstände mit sich. Eine Orgie feierten sie, die die Uneingeweihten vergebens erlauschen wollen. Die Frauen schlugen mit den gestreckten Handflächen die Trommel, oder sie brachten mit runden Metallschlägern schrillen, hallenden Lärm hervor; heiser brummten die Hörner, und die barbarischen Pfeifen gaben einen greulichen, zischenden Ton.

In solcher Begleitung nahte sich Dionysos dem verlassenen Mädchen, und nach Theseus' Treulosigkeit ward Ariadne durch die Liebe des Gottes getröstet.

Catull, LXIV, Vers 76–264.

ERIGONE

Als Dionysos zu den Menschen ging, um ihnen die Lieblichkeit seiner süßen Früchte, der Trauben des Weinstocks, zu zeigen, nahm er zuerst bei König *Ikarios* Quartier, der ihn mit seiner Tochter *Erigone* freundlich empfing und gern beherbergte. Da schenkte der Gott ihnen einen Schlauch voll Wein und trug ihnen auf, das ganze Erdenrund damit bekannt zu machen.

König Ikarios belud seinen Wagen mit dem Weinschlauch und fuhr mit seiner Tochter und seinem Hund, der *Maira* hieß, los. So kam er zu den attischen Hirten, und er gab ihnen Wein. Sie tranken mehr als nötig und wurden betrunken. Als sie einer nach dem anderen der Länge nach hinfielen, dachten sie, König Ikarios habe ihnen Gift eingegeben. Die noch auf den Beinen stehen konnten, ergriffen Knüttel und schlugen König Ikarios tot. Seine Leiche ließen sie unbestattet unter einem Baum liegen.

Erigone suchte lange nach ihrem Vater, schließlich führte sie das verzweifelte Bellen des treuen Hundes auf die Spur. Sie fand ihren Vater, und vor Leid erhängte sie sich an demselben Baum.

Dionysos zürnte darob dem ganzen Volke Attikas, und in seinem Grimm ließ er alle Mädchen Athens wahnsinnig werden. Die meisten machten ihrem Leben auf die gleiche Weise ein Ende, wie es die um ihren Vater trauernde Erigone getan hatte. Als die Athener Apollon um ein Orakel baten, gab ihnen der Gott zur Antwort, dieses Unglück sei über sie gekommen, weil der Tod des Ikarios und der Erigone nicht gerächt worden sei. Da verhängten sie Todesstrafe über des Ikarios Mörder, und als die Epidemie bei den Mädchen Athens aufgehört hatte, veranstalteten die Athener ein Fest zu Ehren der Erigone, das »Schaukelfest«: Die reife Traube schaukelt am Rebstock, gleichwie Erigones zarter Leib über ihrem toten Vater am Baum geschaukelt hat. Und es wurde angeordnet, daß zur Zeit der Weinlese vom Neuwein zuerst Ikarios und Erigone ein Opfer dargebracht werden solle.

Sie beide hatten sich da schon nach dem Willen des Gottes Dionysos zum Sternenhimmel erhoben. Erigone ward das Sternbild der *Jungfrau*, die wir auch »Gerechtigkeit«, *Dike*, nennen, und Ikarios wurde der *Große Bär*. Maira blieb ein Hund: das *Hund-Gestirn*, mit dem anderen Namen *Seirios (Sirius)*.

Hyginus, Fabulae CXXX.

HERAKLES

Herakles, der sterbliche Sohn des Zeus und der Alkmene, verdiente sich durch die Kämpfe, die er in seinem irdischen Leben bestand, die Unsterblichkeit. »Herakles, der kraftvolle Sohn der schönfüßigen Alkmene, machte sich Hebe, die Tochter des großen Zeus und der goldenbeschuhten Hera, auf dem schneeigen hohen Olympos zur Gattin, nachdem er seine schweren Kämpfe vollendet. Glücklich, wer große Taten vollbracht und dann ohne Kummer und Altern für ewig bei den Unsterblichen wohnet.«

Herakles ist das Musterbild der *Apotheose,* der »Vergöttlichung«, mit der ein Held für irdische Leiden belohnt wird, er ist der überragende Mensch, der über den Tod siegt. Die erste Forderung des Herakles-Ideals ist: sich selbst überwinden. Auf Erden ist Herakles sogar ein sündiger Mensch, schon in der Kindheit wird er durch unbändige Leidenschaft zum Mord getrieben, und Heras Haß, der ihn durch sein ganzes Leben begleitet, verursacht jedesmal dadurch sein Verderben, daß er ihn in Schuld verstrickt. Aber er büßt jedesmal für die Schuld: Einmal tritt er bei *Eurystheus* in Dienst, um die »zwölf Arbeiten« zu verrichten, ein anderes Mal übernimmt er einen Dienst, der eine noch viel größere Selbstüberwindung von ihm verlangt: Als Sklave bei *Omphale,* Königin der Lydier, zieht er ein Frauengewand an und verrichtet weibliche Arbeit, während die Helden von Hellas in neuen und wieder neuen Kämpfen ihre Kräfte erproben. So kam es, daß Herakles auch an der kalydonischen Jagd nicht teilnahm.

Die zwölf Arbeiten sind keine bloße Sühne. (Es gibt übrigens auch eine Überlieferung, welche die Ermordung seiner mit *Megara* gezeugten Kinder hinter die zwölfte Arbeit setzt; vgl. *Euripides,* »Der rasende Herakles«.) In den zwölf Arbeiten steckt Herakles' wahre Lebensaufgabe: die Erde zu zähmen, der Welt Frieden zu verschaffen, sie von den verheerenden Ungeheuern zu befreien. Unsere Quellen heben hervor, daß diese Ungeheuer meistens entweder direkt oder – als Sprößlinge *Echidnas* und *Typhons* – indirekt von Gaia, der Erde, abstammen. Die Reihenfolge der zwölf Arbeiten ist in unseren Quellen nicht immer die gleiche, doch stimmen alle Quellen in dem wesentlichen Punkt überein: Herakles macht durch diese Arbeiten die Forderungen der *olympischen Weltordnung* auch auf Erden geltend. Nicht umsonst ist er in der Gigantomachia der sterbliche Verbündete der Götter. Von seinen irdischen Kämpfen, den zwölf Arbeiten, bezwecken sechs ganz klar und die anderen durch unterwegs ausgeführte »Nebenarbeiten« *(parerga),* der olympischen Weltordnung die Herrschaft zu sichern. Und als sich Herakles' Leiden infolge der Rache des Nessos und der Erbärmlichkeit seiner eigenen irdischen Frau (vgl. *Sophokles,* »Die Trachinierinnen«) ins Unerträgliche steigern, entrückt ihn Zeus vom Scheiterhaufen – auf dem er sich, um sich von den Qualen zu befreien, selbst verbrennen ließ – auf den Olympos. Auch Hera ist nun versöhnt: Sie gibt ihm ihre Tochter *Hebe,* die Göttin der »Jugend«, die die Schönheit der jugendlichen Kraft selbst ist, zur Frau.

Die Griechen brachten jedem Toten Grabopfer dar; einzelnen hervorragenden Helden aber, in denen die ganze Stadt ihren Wohltäter verehren konnte, opferten sie auch gemeinsam als einem *Heros,* einem heiligen Toten. Der Herakles-Kult jedoch war mehr als die Verehrung, die einem Heros gebührte. Man war des Glaubens, daß seine Verdienste ihn auf den Olympos erhoben hätten und ihm nicht nur das Grabopfer gebühre. Eine Anzahl Städte wetteiferten um den Vorrang, welche von ihnen zuerst dem Herakles als dem zu den Olympiern aufsteigenden Gott einen Altar errichtet habe.

Aber Herakles war auch unter den olympischen Göttern erdhafter, härter, bäuerlicher als die anderen; das kam sowohl im Mythos als auch im Ritual zum Ausdruck. Wenn dem Herakles geopfert wurde, so gehörte es zur Zeremonie, zu fluchen, und der Mythos weiß davon, daß Herakles selbst in der Bußfertigkeit gewalttätig sein konnte. Als *Autolykos* dem *Eurytos* die Rinder gestohlen hat, verdächtigt dieser Herakles, aber sein Sohn *Iphitos* glaubt ihm nicht und wendet sich an Herakles selbst, er solle mit ihm zusammen die verlorenen Tiere suchen. Herakles verspricht ihm, suchen zu helfen, und bewirtet Iphitos, aber plötzlich wird er wahnsinnig und wirft seinen Gast von Tiryns' Mauern hinab. Zur Strafe wird er von einer schweren Krankheit befallen. Da geht er nach Delphi in Apollons Heiligtum und bittet um Rat. Aber die Pythia verkündet ihm kein Orakel. Vor Wut darüber plündert Herakles den Tempel aus. Er will schon den *tripus*, den dreibeinigen Stuhl, und die Kessel mitnehmen, um sich selbst damit eine Orakelstätte einzurichten, da erscheint Apollon und verteidigt sein Heiligtum. Aber Zeus' Blitz trennt die miteinander Kämpfenden. Daraufhin spricht Apollon das Orakel, Herakles werde von der Krankheit befreit werden, wenn er sich für drei Jahre als Sklave verkaufe. So kam Herakles nach Lydien zu Omphale.

Der Widerspruch zwischen seinem irdischen Tod und der olympischen Unsterblichkeit hat die Griechen seit langem beschäftigt, und schon bei Homer stoßen wir auf die Lösung, Herakles *selbst* sei auf den Olympos erhoben worden, nur sein *eidolon*, »Abbild«, sei in die Unterwelt gekommen. *Herodot* hingegen unterscheidet zwei Gestalten des Herakles: Der eine ist der Gott, den zu verehren die Griechen von den Ägyptern gelernt haben, der andere ist der Heros, dessen Heldentaten man später mit der Gestalt des Gottes in Verbindung gebracht hat. Das ist hauptsächlich aus dem Grunde beachtenswert, weil es zeigt, daß für Herodots Glauben die Grenze zwischen göttlicher und menschlicher Welt vom Menschen nicht übertreten werden kann. Das Wesentliche an der Vorstellung von Herakles ist aber gerade, daß sie das menschliche Verdienst, welches den Menschen zu den Göttern erhebt, betont. Wir werden später in Rom die Bedingungen sehen, die gerade deswegen zu einer gewissen Zeit die Bedeutung der Herakles-Verehrung steigerten.

»Sei gegrüßt, König, Sohn des Zeus, und gib uns Kraft und Glück« – so wendet sich der Homerische Hymnus an Herakles »mit der Löwenseele«. Ihm opferten vor allem die *epheboi*, die ins Mannesalter tretenden Jünglinge. Die großen Erzieher des Griechentums haben – zuerst der Sophist *Prodikos* im 5. Jahrhundert v. u. Z. – auf das Beispiel des Herakles hingewiesen, der, als er zwischen dem Weg der »Wonne« und dem der »Tugend« zu wählen hatte, die Verlockungen der Wonne abwies und sich für den steinigen Weg der Tugend entschied. Von den Philosophen waren es besonders die Asketen der griechisch-römischen Welt, die Kyniker, die sich gern auf Herakles beriefen. Sie kamen in Athen in dem ihm geweihten *Kynosarges* zusammen und lehrten an seinem Beispiel, daß man alles außer der Tugend verachten müsse. Wer mit möglichst wenig auskommen konnte, brachte es ihrer Ansicht nach in der Nachahmung des Herakles am weitesten. Sie rechtfertigten ihre Anspruchslosigkeit in der Kleidung, indem sie sich auf Herakles' Nacktheit beriefen. Die Aisopische Fabel, in der Herakles, als er auf den Olympos kommt, jeden einzelnen Gott freundlich begrüßt, sich aber von *Plutos*, dem »Reichtum«, abwendet, zeigt den Heros als vollendeten Kyniker. Zeus zieht ihn verwundert zur Verantwortung, und Herakles entgegnet ihm, seinem Vater: »Als wir noch beide unter den Menschen lebten, habe ich Plutos meist nur bei den Bösen gesehen. Deshalb habe ich mich jetzt verächtlich von ihm abgewandt.«

Als während des Verfalls der Sklavenhaltergesellschaft die Kyniker auch mit ihrer Askese und ihrem vernachlässigten Äußeren gegen den Luxus der herrschenden Klasse demonstrierten, sprachen sie eigentlich dasselbe Urteil aus, welches sich nach dem römischen Stoiker *Seneca* so etwa formulieren läßt: Die freien Menschen, die von Sklaven bedient würden und das grundlegende Eigentum des Menschen, die Arbeit, nicht kennen, verlören ebenso die menschliche Würde wie die Sklaven, die sie bedienen müssen. Da die Handwerke zur Verweichlichung der Menschen und zum Luxus geführt hätten, neigte Seneca dazu, sogar *Daidalos*, den Tausendkünstler der Mythologie, zu verleugnen, und er wählte lieber für sich zum Idealbild den Lehrer der Kyniker, *Diogenes*, der beschämt seinen Becher wegwarf, als er ein Kind aus der hohlen Hand trinken sah. Natürlich ist eine solche Auffassung, die die Bedeutung des technischen Fortschritts ablehnt und somit zur Ablehnung der Entwicklung überhaupt führt, letzten Endes trotz des Fortschrittlichen, das die Gesellschaftskritik der Kyniker enthält, im gleichen Sinne reaktionär, wie es unter anderen Umständen auch die feudal-romantische Stimmung gegen den Kapitalismus war. Der Herakles der Mythologie als volkstümlicher Held wurde anscheinend von den zeitgenössischen Philosophen weniger gut verstanden als von einem Sohn des Volkes, einer außerordentlich interessanten Gestalt Griechenlands der Kaiserzeit, dem griechische und römische Philosophen noch verständnisloser gegenüberstanden als dem mythologischen Idealbild.

Wir meinen *Sostratos*, der in seinem Geburtsland, Böotien, für einen »neuen Herakles« gehalten wurde und der der einfachen, natürlichen Lebensweise näher stand als jedweder kynische Philosoph. Der Aberglaube nannte ihn auch Sohn der Erde, aber er sagte lachend die Wahrheit: Seine Mutter war eine Kuhhirtin. Er schlief unter freiem Himmel auf dem Parnassos; der Rasen war sein Bett, das auf dem Berg wachsende wilde Obst seine Nahrung; seine Kleidung bestand aus einem Wolfsfell. Er stellte sich Stieren und Bären zum Ringkampf und sagte bedauernd, Löwen gebe es ja nicht mehr. Aus Volksmärchen bekannte Züge schmücken seine Gestalt aus: Als er bei *Herodes Atticus*, einem der kultiviertesten Männer seiner Zeit, zu Gast ist, bittet er nur um Milch, allerdings will er den größten Pokal des Tempels voll Milch gegossen haben, und er bedingt sich auch noch aus, die Milch solle nicht von einer Frau gemolken sein. Er bekommt die Milch, doch als er den Pokal an die Lippen gehoben hat, stellt er ihn gleich wieder hin: Er »spüre Frauengeruch«, sagt er. Herodes glaubt nicht, daß der »böotische Herakles« wirklich Frauengeruch gespürt haben könne, er schickt eilends seine Diener zur Herde, damit sie in Erfahrung brächten, wie es sich in Wahrheit verhalte, und es stellt sich heraus, daß tatsächlich eine Frau die Ziegen gemolken hat. Wir können leider weder aus den an Wunder glaubenden noch aus den skeptischen Berichten klar ersehen, welche historische Rolle Sostratos eigentlich innegehabt hat. Er ist wohl der Vertreter einer Volksbewegung gewesen; sicher ist nur, daß er das Herakles-Ideal nicht aus den Haarspaltereien der Philosophen der römischen Kaiserzeit kennengelernt hat, die zum größten Teil in der Dualität von Theorie und Praxis lebten, sondern aus den Überlieferungen, die in Kreisen des ländlichen Volkes noch lebendig waren. Wir haben selten Gelegenheit, in dieser späten Epoche, im 2. Jahrhundert, dem klassischen Mythos als lebendiger Volksüberlieferung zu begegnen. Sostratos ist dafür ein um so bedeutungsvolleres Beispiel, als wir bei ihm, dem Kind des Volkes, auch Momente des Herakles-Mythos finden, die uns dazu verhelfen, die aus der Literatur bekannten Formen richtig zu deuten. Denn Sostratos folgt dem mythologischen Ideal nicht nur dadurch nach, daß er wie die Kyniker den Luxus ablehnt. Im Gegenteil, er sucht Aufgaben, die das Leben schöner machen und seiner außerordentlichen Kraft würdig sind: Er tilgt Räuber aus, macht ungangbare Wege gangbar, überbrückt Klüfte. Wieviel er von seinen Plänen verwirklichen konnte und unter welchen Bedingungen es ihm gelang, ist eine andere Frage; unsere Quellen bieten uns nicht genug Unterlagen, um das feststellen zu können. Aber daß Sostratos die Nachfolge Herakles' in der Verwirklichung solcher Pläne sah, beleuchtet jedenfalls, was die Mythen von Herakles für das Volk bedeutet haben. Und da wir kein zusammenhängendes großes episches Werk über die Mythen von Herakles kennen, das uns die volkstümliche Auffassung in homerischem Geiste hochgradig ausgebildet darlegt, kann uns nur diese ausnahmsweise bekannt gewordene alte Volksüberlieferung helfen, den inneren Zusammenhang der fragmentarischen Angaben, die uns auf dem Wege über die Literatur überkommen sind, zu erschließen.

Hierbei wollen wir uns vor allem auf den Punkt berufen, wo sich die Herakles-Mythen mit dem Mythos von Prometheus treffen. Der unter fürchterlichem Donner mit blendendem Licht niederzuckende Blitz oder das aus einer Erdspalte in die Luft gedrungene Erdgas, welches sich aus Gründen, die dem primitiven Menschen unbekannt waren, entzündete – das waren die ersten Begegnungen des Menschen mit dem Feuer. Und diese ersten Begegnungen werden durch die Vorstellung von den Göttern Zeus und Hephaistos ausgedrückt: Sie macht Zeus zum Herrn des Blitzes und Hephaistos zu dem Gott, der in der Tiefe der Erde – besonders im Krater eines Vulkans – mit seinen Gehilfen, den *Kyklopen* oder den zwergenhaften *Telchinen*, für Zeus die Waffen schmiedet. Es hat lange Zeit gedauert, bis der Mensch im zerstörenden Feuer die Naturkraft erkannte, die er zwingen kann, ihm zu dienen, und als es ihm zum ersten Mal gelang, sich Feuer zu schlagen, schrak er noch vor diesem ersten selbständigen Schritt zurück: Er vermeinte, die Götter bestohlen zu haben und dafür büßen zu müssen. In seiner Phantasie erschien die Gestalt des Prometheus als derjenige, der im Namen aller Menschen für die Sünde die Strafe Zeus', des Blitze schleudernden Gottes, erleiden muß. Der Mensch beruhigte sein Gewissen, und er ermutigte sich selbst zu weiteren Schritten in der Eroberung der Naturkräfte, als er das Märchen von dem Befreier des Prometheus, nämlich von Herakles, weiterspann. Die Mythen von Herakles, dem Sohn des Zeus, sprechen von der weiteren Entwicklung in der Beziehung zwischen Mensch und Natur. Denn Herakles ist der Sohn einer irdischen Frau, und obgleich Zeus, der höchste Gott, sein Vater ist, kann er, der Sohn, doch erst auf den Olympos gelangen, wenn er seine großen Aufgaben erfüllt hat: der Reihe nach diejenigen Ungeheuer zu bezwingen, die die friedlichen Städte und die blühenden Pflanzungen der Menschen mit Vernichtung bedrohten. Der Mensch steht den Naturkatastrophen, den Angriffen seitens der wilden Tiere und den Krankheit verbreitenden Ausdünstungen der Sümpfe noch wehrlos gegenüber, doch sammelt er bereits Kräfte zur Überwindung dieser Feinde, und der Mythos, der mit dem Triumph des Menschen endet, steigert schon sein Selbstvertrauen und ermutigt zum Anspannen der Kräfte. Da Herakles nicht das Ideal des abstrakten Menschen, sondern des arbeitenden Menschen ist, der die Erde unterjocht – ein echter Volksheld –, ermutigt er auch zum Kampf gegen die unmenschlichen Kräfte der gesellschaftlichen Existenz, denn er besiegt auch die bösen Könige, die den Menschen nicht in Frieden und Sicherheit leben lassen.

HERAKLES UND EURYSTHEUS

Ate, die grausame Göttin des Verderbens, ist die Tochter des Zeus. Sie hat so zarte Füße – man hört sie gar nicht kommen –, sie berührt auch nicht den Boden mit ihren weichen Schritten, sondern wandert voll böser Betörung über die Häupter der Menschen dahin, hetzt zwei gegeneinander auf, und einen verstrickt sie gewißlich in Unheil. Einst hatte sie zwar auf dem Olympos gewohnt, aber da ist es vorgekommen, daß sie selbst Zeus nicht verschonte.

An dem Tage, als in dem prächtig ummauerten Theben Herakles das Licht der Welt erblicken sollte, rühmte sich Zeus vor allen anderen Göttern: »Hört mich, ihr Götter, hört mich, ihr Göttinnen, *Eileithyia* wird heute einen männlichen Sproß zur Welt bringen, der über alle Umwohner herrschen wird, und er stammt aus jenem Geschlecht, das meines Geblütes ist.«

Mit Tücke im Herzen entgegnete ihm darauf Hera, seine Gemahlin: »Schwöre mir also mit festem Eidschwur, daß derjenige wahrlich über alle Umwohner herrschen soll, der am heutigen Tag geboren wird aus dem Geschlecht, das deines Geblütes ist!«

Also sprach Hera, und Zeus bemerkte die listige Absicht nicht. Er schwor den mächtigen Eid, und durch diesen Eid verstrickte ihn Ate. Hera aber verließ voll Hast die Höhen des Olympos und gelangte geschwind nach Argos. Dort herrschte *Sthenelos*, nachdem er den rechtmäßigen Herrscher *Amphitryon* vom Throne verjagt hatte. Hera kehrte bei der schwangeren Gemahlin des Sthenelos ein und zog ihr Kind ans Licht, obgleich es noch nicht an der Zeit war. Von *Alkmene* jedoch hielt sie die Eileithyia zurück. Selber brachte sie dann Zeus die Kunde und sagte: »Vater Zeus, Herr des leuchtenden Blitzes, hör die Nachricht, die ich dir bringe. Schon ist geboren der edle Mann *Eurystheus*, des Sthenelos Sohn, würdig, dereinst zu herrschen über das Volk von Argos, ist er doch ein Enkel deines Sohnes Perseus.«

Ein schneidender Schmerz drang tief in die Seele des Zeus. Rasch ergriff er die Ate bei den üppigen Haaren und sprach zornigen Herzens den Eidschwur: Nie mehr dürfe die alles betörende Ate zum hohen Olympos und den Sternen des Himmels aufsteigen. Er schwang sie um und warf sie tief von den Sternen des Himmels hinab. So kam Ate zu den Menschen und betörte von nun an diese.

Aber auch Zeus gedachte bitterlich seufzend der Ate, sooft er seinen lieben Sohn erblickte, als er, vom schmählichen Dienst belastet, die schweren Befehle des Eurystheus ausführte.

Ilias XIX, Vers 91–133.

DER KNABE HERAKLES

Herakles war damals zehn Monate alt, und *Iphikles*, sein Bruder, war eine Nacht jünger. Ihre Mutter, *Alkmene*, badete und säugte sie beide und legte sie für die Nacht statt in eine Wiege in einen bauchigen ehernen Schild, den Amphitryon aus dem Kriege nach Hause mitgebracht hatte. Zum Abschied streichelte sie ihnen die Köpfchen und murmelte: »Schlaft schön, meine Kleinen, süß und erquickend sei euer Schlaf, schlafet, ihr Herzchen, ihr zwei kleinen Brüderchen, ich hüte euch wie mein Augenlicht, ruhet glücklich, und wachet am Morgen glücklich auf.«

Und sie schaukelte den gewaltigen Schild, bis die Knäblein eingeschlafen waren. Dann begaben sich alle im Hause zur Ruhe.

Aber gegen Mitternacht schickte die listige Hera zwei böse Schlangen, die sollten den kleinen Herakles umbringen. In blauen Ringen kamen sie sich schlängelnd über die Schwelle gekrochen, mörderisches Feuer blitzte in ihren Augen, in den zischenden Zungen trugen sie tödliches Gift.

Zeus aber gab auf die beiden schönen Söhne der Alkmene acht. Als sich die Schlangen schon nahe an dem ehernen Schild ringelten, erschien strahlendes Licht über der Schildwiege, und die Kinder schraken aus dem Schlaf.

Iphikles fing zu weinen an, als er sah, wie die Schlangen auf den Rand des Schildes heraufkrochen und die Zähne fletschten, und er strampelte entsetzt die Wolldecke weg, als hätte er mit seinen winzigen Beinchen davonlaufen wollen. Doch den kleinen Herakles hatte noch nicht einmal seine Amme jemals weinen sehen. Er bot auch jetzt mutig der Gefahr Trotz und packte mit seinen Händchen gleichwie mit zwei harten Fesseln die beiden Schlangen bei der Kehle. Die Schlangen aber ringelten sich um seine Arme, dann auf seinen Rücken, so suchten sie dem harten Griff zu entkommen.

Von Iphikles' Weinen war unterdessen Alkmene aufgewacht. Sie weckte ihren Gemahl mit den Worten: »Wach auf, Amphitryon, wach auf, und schnell aus dem Bett! Laß deine Sandalen, laß dein Gewand, dazu ist keine Zeit. Hörst du nicht, wie angstvoll unser Jüngster weint? Siehst du nicht, welch wunderbare Helligkeit hier bei nachtschlafender Zeit die Wände überflutet?«

Amphitryon stand auf und nahm sein meisterlich geschmiedetes Schwert vom Nagel. Da hatte sich das wunderbare Licht schon zerstreut, und das Schlafgemach war wieder in nächtliches Dunkel gehüllt. Die Knechte wachten nach und nach auf, sie rieben sich gähnend den Schlaf aus den Augen.

»Schnell, schnell, ihr Diener«, rief Amphitryon, »bringet Licht, öffnet die Türen!«

Da gab es auf einmal ein Rennen und Laufen, einer eilte mit einer Laterne, der andere mit einem brennenden Scheit, das er aus dem Herd gerissen hatte, ins Gemach. Sie hasteten alle blindlings hierhin und dorthin, keiner wußte, was geschehen war; das Zimmer ward voll von staunend gaffenden Dienern.

Da gab es auch etwas zu staunen. Der kleine Herakles, ein Kindchen, das man noch kaum auf dem Arm trug und das nur an den Busen der Mutter gewöhnt war, stand aufrecht in der Schildwiege und streckte und hielt in den winzigen Händchen seinem Vater die beiden Schlangen hin. Hell lachend, voll kindlicher Freude zeigte er sie, dann legte er sie zu Amphitryons Füßen nieder. Keine der beiden hatte mehr Leben in sich.

An der anderen Seite der Wiege bemühte sich Alkmene, Iphikles zu trösten. Ihn an den Busen drückend, hätschelte sie ihn und stillte sein bitterliches Weinen. Sie wärmte ihm den kleinen Körper, der vor Todesangst eisig kalt geworden war. Herakles aber, den brauchte Amphitryon nur wieder unter die Lammfelldecke zu legen; er schlief, als ob gar nichts geschehen wäre, gleich wieder ein, so daß sich auch Amphitryon beruhigt wieder auf seiner Lagerstatt niederließ.

Aber Alkmene konnte in dieser Nacht keine Ruhe mehr finden. Sie wußte, daß das Erscheinen der beiden Schlangen und die Heldentat des Knaben die Vorzeichen noch größerer Wunder waren. Als das Krähen des Hahnes schon zum dritten Mal die Morgendämmerung ankündigte, schickte sie die Diener und ließ *Teiresias* holen.

»Offenbare mir die Zukunft, verheimliche mir nichts, was die Götter mit dem kleinen Herakles vorhaben, weder Gutes noch Schlechtes«, so flehte sie den greisen Wahrsager an.

»Fürchte dich nicht, Alkmene«, sprach der blinde Wahrsager, der die Zukunft sah, die auch den Sehenden verborgen ist. »Fürchte dich nicht, du Mutter des heldischen Knaben, du Blut des Perseus, fürchte dich nicht. Denke nur an das kommende Glück, denn beim längst erloschenen holden Licht meiner Augen sage ich dir: Viele griechische Frauen werden, auf den Knien den weichen Faden drehend, bis in den späten Abend Alkmenes Namen singen, und du wirst verehrt sein unter den Frauen von Argos. Denn dieser dein Sohn wird zum Sternenhimmel emporsteigen, er, der breitschultrige Held, unter dessen Arm sich Ungeheuer und Menschen beugen werden. Es ist schon beschlossen, daß er nach seinen zwölf Arbeiten im Hause des Zeus wohnen wird, und was an ihm sterblich war, das hält der Scheiterhaufen von Trachis zurück. Er wird mit einer unsterblichen Göttin Hochzeit halten, und diejenigen Götter, welche jetzt die beiden höhlenbewohnenden Schlangen gegen ihn geschickt haben, auf daß sie ihn als Säugling vernichten, werden ihn ehren. Es wird die Zeit kommen, da der Wolf dem Rehkitz nichts mehr zuleide tut, und dein Sohn wird es sein, der der Welt den Frieden verschafft. Aber höre wohl auf mich. Verbrennet morgen in der Nacht die bösen Schlangen, um Mitternacht, in der gleichen Stunde, in der sie Herakles töten wollten. Sammelt dann die Asche, und beauftraget einen eurer Diener damit, sie sorglich in den Fluß zu streuen, kein Stäubchen soll er davon übriglassen, und er soll auch nicht zurückblikken, wenn er heimkehrt. Weihet dann mit reinigendem Schwefel und mit Salzwasser das Haus ein, und bringet Zeus, dem mächtigsten der Götter, ein Opfer dar, auf daß immer ihr mächtiger seid als eure Feinde.«

So sprach der alte Teiresias und ging, vom Gewicht der Jahre gebeugt, von dannen.

Und gleichwie ein treibender Setzling zum herrlichen Baum wird, wuchs Herakles und ward groß in Amphitryons Hause vor den Augen der Mutter.

Die Buchstaben lehrte ihn der alte Linos, ein Sohn des Gottes Apollon, das Pfeilschießen brachte ihm Eurytos bei und Pferde zu lenken Amphitryon selbst.

So aber gab Alkmene auf ihren Sohn acht: Herakles' Lagerstatt war ein Löwenfell, sein Frühmahl bestand aus Fleisch und einem Korb braunen dorischen Brotes, so viel, wie auch für einen Schnitter genügt hätte. Tagsüber wurde er dann nicht mit gekochter Speise verweichlicht, und stets war sein Gewand nur einfach, denn Alkmene wußte, daß sie ihren Sohn für große Aufgaben erzog.

Theokrit, XXIV. Idylle.

DER LÖWE VON KITHAIRON

Aber schon in seiner Kindheit ward seine edle Kraft von der wilden Leidenschaftlichkeit verdunkelt. Als ihn sein Lehrer *Linos*, der Bruder des Orpheus, züchtigte, schlug Herakles mit der Leier, die er gerade in der Hand hatte, im Jähzorn zurück, und der weise Linos starb durch den Schlag des wunderhaft kräftigen Knaben. Amphitryon fürchtete, Herakles werde so etwas auch ein andermal verüben, und schickte ihn zur Rinderherde auf die Wiese hinaus. Dort wuchs er bei den Hirten auf, und unter allen zeichnete er sich durch seinen gewaltigen Wuchs und seine Kraft aus. Man brauchte ihn nur anzusehen – seine furchterregende Erscheinung verriet gleich, daß er ein Sohn des Zeus war. Sein Körper war vier Ellen breit, in seinen Augen strahlte Feuer, und mit dem Pfeil wie mit der Lanze traf er stets ins Ziel.

Er war erst achtzehn Jahre alt und lebte noch bei den Hirten, als er den Löwen aus dem Kithairon-Gebirge erlegte. Diese Bestie überfiel vom Kithairon her die Herde und richtete unter den Rindern Amphitryons und *Thespios'* fürchterliche Verheerung an. Thespios war der König von Thespiai. Herakles erschien bei ihm und verkündete, er wolle den Löwen töten. Thespios freute sich darüber und sah ihn fünfzig Tage lang zu Gast. Herakles hat es auch verdient, daß ihn Thespios gern sah, denn er befreite die Gegend von dem Löwen. Er erlegte den Löwen und zog ihm das Fell ab.

Von da an trug er das Löwenfell auf den Schultern und den abgeschlagenen Kopf des Löwen als Helm.

Apollodoros, Bibliotheca II 4, 9–10.

ORCHOMENOS

Herakles war gerade auf dem Heimwege von der Jagd auf dem Kithairon-Gebirge, als er den Abgesandten des *Erginos* begegnete, die nach Theben kamen, um den Tribut zu holen. Diesen zahlten die Thebaner dem Erginos aus folgendem Grunde. Der Kutscher des Thebaners *Menoikeus* hatte einen Stein nach *Klymenos*, dem König von Orchomenos, geworfen. Der König wurde halbtot nach Hause gebracht, er hatte nur noch die Kraft, seinem Sohn Erginos die Rache ans Herz zu legen. Sowie Erginos zur Herrschaft gelangt war, begann er einen Krieg gegen Theben, er tötete viele Männer und erzwang es, daß Theben ihm zwanzig Jahre hindurch jährlich hundert Rinder als Tribut zahlen mußte. Diese Rinder zu holen, kamen nun die Abgesandten aus Orchomenos, als sie Herakles begegneten. Dieser schnitt ihnen die Ohren und die Nasen ab, band ihnen die Hände auf dem Rükken und ließ obendrein noch durch sie bestellen, hier sei der Tribut, den sollten sie Erginos bringen. Daraufhin griff Erginos Theben mit einer Heerschar an, doch war jetzt Herakles der Feldherr der Thebaner; Pallas Athene versah ihn mit Waffen. Herakles tötete Erginos und schlug die Bewohner von Orchomenos, die *Minyer*, in die Flucht, und nicht nur daß er seine Geburtsstadt vom schmählichen Tribut befreite, vielmehr zwang er die Stadt Orchomenos, nun einen doppelt so hohen an Theben zu zahlen. Und der König von Theben, *Kreon*, belohnte Herakles dadurch, daß er ihm seine ältere Tochter, *Megara*, zur Frau gab. Seine jüngere Tochter gab er Herakles' Bruder, Iphikles, zur Frau.

Apollodoros, Bibliotheca II 4, 11.

DIE ZWÖLF ARBEITEN

Die Götter zeichneten den heldischen Sohn des Zeus durch Geschenke aus: Von Hermes bekam er ein Schwert, von Apollon einen Bogen, von Hephaistos einen Panzer, von Athene einen Peplos. Eine Keule schnitt er sich selbst im Walde von Nemea.

Nur Heras Haß ließ nicht nach. Sie schlug Herakles mit Wahnsinn. Da hielt der Held seine eigenen Kinder für Opfertiere und warf sie ins Feuer, mit ihnen zusammen verbrannte er auch zwei von den Kindern des Iphikles. Als er zu sich kam und sich seiner furchtbaren Tat bewußt wurde, ging er in die Verbannung. Zuerst nahm König Thespios den reumütigen Helden auf und reinigte ihn von der Blutschuld. Doch kehrte Herakles nicht in seine Geburtsstadt zurück. Er pilgerte nach Delphi, um Apollon um Rat zu bitten, wo er sich niederlassen solle. Damals nannte ihn die Pythia zum ersten Mal Herakles, vorher hatte er nach seinem Großvater *Alkaios*, dem Vater Amphitryons, *Alkeides* geheißen. Und der Orakelspruch der Pythia tat ihm kund, er solle nun in Tiryns wohnen und dem mykenischen König *Eurystheus* dienen, er müsse die zehn Arbeiten ausführen, die Eurystheus ihm aufgeben werde. Führe er die zehn Arbeiten aus, werde ihm Unsterblichkeit zuteil.

Herakles gehorchte und meldete sich bei Eurystheus.

Eurystheus befahl ihm zunächst, dem *nemeischen Löwen* das Fell abzuziehen und es ihm zu bringen. Dieser Löwe war ein unverletzliches Tier, er war ein Sproß Typhons, des ungeheuerlichen Sohnes der Erde. Herakles brach auf. Unterwegs kehrte er bei einem Tagelöhner namens *Molorchos* ein, der ihn freundlich bewirtete. Molorchos rüstete gerade zum Opfer, doch Herakles sagte ihm, er solle noch dreißig Tage warten. Wenn er, Herakles, bis dahin heil aus dem Walde von Nemea zurückkehre, dann solle er dem *Zeus Soter*, dem »Erretter«, das Opfer darbringen; kehre er aber nicht zurück, solle er ihm, dem *Heros*, dem toten Helden, ein Totenopfer darbringen.

In Nemea angekommen, trieb Herakles die Bestie auf und schoß mit dem Pfeil nach ihr. Da erst bemerkte er, daß das Tier unverletzlich war. Er setzte ihm mit der Keule nach, da flüchtete der Löwe in eine Höhle, die zwei Öffnungen hatte. Schnell verrammelte Herakles eine Öffnung, durch die andere ging er zu dem Löwen in die Höhle hinein und preßte ihm die Kehle zu, bis er ihn erwürgt hatte. Dann warf er sich das ganze Tier auf die Schulter. Der dreißigste Tag ging schon zur Neige, als Herakles auf dem Heimwege wieder zu Molorchos gelangte. Dieser vermeinte schon, Herakles sei umgekommen, und rüstete das Totenopfer. Aber der Held kam und brachte selbst dem *Zeus Soter* das Opfer dar.

Als er mit dem Löwen in Mykene ankam, versetzte die furchtbare Kraft des Herakles den Eurystheus in Schrecken, und er verbot dem Helden, noch einmal den Fuß in die Stadt zu setzen; es genüge, wenn er am Stadttor den Beweis vorzeige, daß er den Befehl ausgeführt habe. Eurystheus kroch sogar vor Angst in ein in der Erde verborgenes ehernes Faß, sooft sich Herakles der Stadt näherte, und er verhandelte mit ihm nur durch seinen Sendboten *Kopreus*.

Die *zweite* Aufgabe, die Eurystheus dem Herakles stellte, lautete, er solle die *lernäische Hydra* töten. Das war ein Wasserungeheuer, welches im Sumpfsee Lerna (oder Lerne) hauste und sich von dort aus auf seine Zerstörungszüge begab, auf denen es furchtbaren Schaden in der Gegend anrichtete. Es hatte einen entsetzlich großen Körper und neun Köpfe, von denen acht sterblich waren, aber der mittlere war unsterblich.

Herakles bestieg seinen Kampfwagen, als Wagenlenker nahm er seinen Neffen *Iolaos*, den Sohn des Iphikles, mit. Am lernäischen Sumpf angekommen, hielt er die Pferde an und fand die Hydra bei der Quelle Amymone, wo sie ihr Versteck hatte. Er zwang sie durch feurige Pfeile, aus der Höhle hervorzukommen, und wollte mit der Keule dem Ungeheuer die neun Köpfe abschlagen. Damit konnte er aber nichts ausrichten, denn hieb er einen Kopf ab, wuchsen zwei neue Köpfe an seiner Stelle. Dem Ungeheuer kam auch ein riesiger Krebs zu Hilfe. Mit dem Krebs wurde Herakles zwar fertig, den tötete er, aber um der Hydra den Garaus zu machen, mußte er Iolaos rufen, daß er ihm helfe. Iolaos steckte in der Nähe den Wald in Brand, und mit den glühenden Stämmen brannte er der Hydra die Stellen aus, wo die Köpfe abgeschlagen waren, damit keine neuen wachsen konnten. Schließlich kam Herakles an den unsterblichen Kopf der Hydra. Er hieb auch den ab, vergrub ihn und wälzte einen riesigen Felsblock darauf. Nun schlitzte er den Leib des Ungeheuers auf und tauchte seine Pfeile in dessen Galle.

So entledigte er sich der lernäischen Hydra, aber Eurystheus wollte diese Tat nicht zu den zehn Arbeiten zählen, weil Herakles sie nicht allein, sondern mit des Iolaos Hilfe vollbracht hatte.

Die *dritte* Aufgabe lautete, er solle die *kerynitische Hindin* erjagen und lebend nach Mykene bringen. Diese Hirschkuh hatte Hörner aus Gold, und die Nymphe Taygete hatte sie einmal der Artemis geschenkt. Da Herakles wußte, daß sie ein heiliges Tier der Artemis war, wollte er sie schonen und ihr keine Wunde zufügen. Ein volles Jahr lang jagte er ihr nach, bis schließlich die Hindin erschöpft auf dem Berge Artemision Zuflucht suchte, doch Herakles war ihr überall auf der Spur. Das verfolgte Tier wollte gerade über den Ladonfluß setzen; da war Herakles gezwungen, zum Bogen zu greifen. Er brachte der Hirschkuh eine leichte Wunde bei, dann nahm er sie auf die Schulter und eilte mit ihr durch Arkadien auf Mykene zu. Unterwegs begegnete er der Göttin Artemis, sie wollte ihm die Beute wegnehmen und machte ihm Vorwürfe, weil er ihr heiliges Tier gejagt hatte. Herakles brachte zu seiner Verteidigung vor, er sei gezwungen gewesen, dem Befehl des Eurystheus zu gehorchen, und dadurch besänftigte er die zürnende Göttin. Mit Artemis' Erlaubnis trug er dann die Hirschkuh lebendig nach Mykene.

Als *viertes* befahl Eurystheus, er solle den *erymanthischen Eber* fangen und ihn lebendig zu ihm bringen. Dieses wilde Tier kam immer wieder vom Erymanthos-Gebirge herunter und verwüstete die ganze Umgebung von Psophis. Unterwegs war Herakles bei *Pholos*, einem Sohn des Silenos und einer Nymphe, zu Gast; Pholos war ein *Kentaur* – halb Pferd, halb Mensch. Er gab Herakles gebratenes Fleisch, selbst aber aß er rohes, Wein konnte er seinem Gast nicht vorsetzen, weil die Kentauren ein gemeinsames Faß hatten, das nur angezapft werden durfte, wenn sie alle beisammen waren. Herakles aber redete ihm lange zu, sich nicht zu fürchten, bis dieser schließlich das Faß öffnete. Die Kentauren spürten nun weithin den Weingeruch, und sie kamen, mit gewaltigen Felsblöcken und ganzen Fichtenstämmen bewaffnet, zu Pholos' Höhle. Aber Herakles trieb sie auseinander und verfolgte sie bis Malea. In dieser Gegend wohnte *Cheiron*. Er hauste dort seit der

Zeit, als die *Lapithen*, mit denen die Kentauren beim Hochzeitsmahl des Lapithenkönigs *Peirithoos* einen Kampf angezettelt, auch Cheiron vom Pelion-Gebirge vertrieben hatten. Jetzt flohen die Kentauren, die Herakles verfolgte, zu Cheiron. Herakles schoß zwar nur auf diese mit seinen vergifteten Pfeilen, aber ein Pfeil verirrte sich und traf Cheiron. Diesem gerechten Kentauren – der übrigens der Erzieher des Achilleus war – hatte Herakles nichts antun wollen. Er zog ihm deshalb den Pfeil aus der Wunde und nahm aus Cheirons Hand die Arznei, um sie auf die Wunde zu tun. Aber sie nützte nichts, der in die Galle der Hydra getauchte Pfeil hatte eine unheilbare Wunde geschlagen. Mit fürchterlichen Schmerzen flüchtete sich Cheiron in die Höhle und wünschte den Tod herbei. Er war zwar unsterblich, konnte jedoch sterben, als Zeus den Prometheus aus der Unterwelt heraufrief und an Cheirons Statt leben ließ. Wer von den Kentauren dem Tode entronnen war, lief davon, jeder rannte in eine andere Richtung, einige auf den Berg Malea, *Eurytion* nach Pholoe, *Nessos* an den Fluß Euenos.

Herakles kehrte nach Pholoe zurück, und dort mußte er auch seinen Gastfreund sterben sehen. Pholos zog neugierig einem gefallenen Kentauren den Pfeil aus der Wunde und staunte darüber, daß so kleine Pfeile die riesigen Kentauren hatten niederstrecken können. Er ließ dabei den Pfeil auf seinen Fuß fallen, und der vergiftete Pfeil tötete auch ihn sofort. Herakles begrub Pholos und zog dann weiter. Durch großen Lärm scheuchte er den erymanthischen Eber auf, trieb ihn in den Schnee und jagte ihn dort so lange hin und her, bis das Tier ermüdete, so daß Herakles auch den Eber lebendig nach Mykene bringen konnte.

Der *fünfte* Befehl war, Herakles solle aus dem *Stall des Augeias* an einem Tage den Mist entfernen. Augeias, ein Sohn des Helios, war König von Elis und besaß eine Unmenge Rinder. Herakles meldete sich bei ihm, verschwieg aber, daß er auf Eurystheus' Befehl nach Elis gekommen war, und machte sich erbötig, die gewaltige Menge Mist an einem Tage aus dem riesigen Stall fortzuschaffen. Als Lohn dafür erbat er sich den zehnten Teil der Rinderherde. Augeias glaubte nicht, daß Herakles das an einem Tag werde bewältigen können, er versprach ihm also leichthin den Lohn. Herakles rief *Phyleus*, den Sohn des Augeias, als Zeugen hinzu und machte sich an die Arbeit. Er nahm die Fundamente auseinander und leitete zwei gewaltige Flüsse, den Alpheios und den Peneios, durch den Stall hindurch. Als er damit fertig war, bat er den König um den Lohn, aber Augeias, der erfahren hatte, daß Herakles nach dem Befehl des Eurystheus handelte, gab ihm den zehnten Teil nicht, sondern leugnete sogar ab, überhaupt etwas versprochen zu haben. Die Sache kam vor Gericht, Herakles nahm Phyleus mit, und dieser zeugte für ihn gegen seinen Vater. Augeias wartete das Urteil der Richter gar nicht ab, sondern verwies Phyleus und Herakles des Landes. Phyleus ging nach Dulichion, Herakles nach Olenos zu *Dexamenos*. Dexamenos war gerade zu dieser Zeit von dem Kentauren Eurytion gezwungen worden, ihm seine Tochter *Mnesimache* zum Weibe zu geben. Dexamenos rief aber Herakles zu Hilfe; Herakles befreite Mnesimache und tötete den Eurytion. Dann setzte er seinen Weg nach Mykene fort; dort meldete er dem Eurystheus, daß er den Befehl ausgeführt habe, aber Eurystheus wollte auch dies nicht zu den zehn Arbeiten zählen. Er brachte als Vorwand vor, Herakles habe ja Lohn dafür verlangt.

Als *sechste* Aufgabe forderte Eurystheus, Herakles solle im Sumpf *Stymphalis* die gefräßigen *Vogelungeheuer*, die eherne Füße und eherne Schnäbel hatten, aufscheuchen. Diese Stymphaliden waren vor den Wölfen in die dichte Waldung der feuchten Gegend geflüchtet. Athene kam Herakles zu Hilfe. Sie holte ihm von Hephaistos eherne Knarren, mit diesen schlug Herakles einen derartigen Lärm, daß die Vögel erschrocken aufflatterten und aus dem Wald herausflogen. Da konnte Herakles mit dem Bogen auf sie schießen.

Als *siebente* Arbeit hatte Herakles den *kretischen Stier* zu fangen und nach Mykene zu bringen. Als König Minos von Kreta einmal gelobte, was aus dem Meere auftauche, werde er Poseidon opfern, hatte Poseidon diesen

Stier geschickt. Doch als das Meer den Stier ans Land warf, wollte sich Minos von dem prachtvollen Tier nicht trennen, er trieb es zu seiner eigenen Rinderherde. Darob zürnte ihm der Gott und machte den Stier wild. Nun kam Herakles auf Eurystheus' Befehl, um den Stier zu holen; er bat Minos, ihm das Tier zu geben. Minos erwiderte, er solle ihn nur mitnehmen, wenn er könne. Herakles nahm ihn auch mit; dem Eurystheus aber zeigte er ihn nur, dann ließ er ihn wieder frei. Der freigelassene Stier streifte in ganz Sparta und Arkadien umher, er setzte sogar über den Isthmos – die Landenge von Korinth – und gelangte auf die nahe bei Athen gelegene Ebene von Marathon. Dort behelligte er die Bewohner der Gegend, bis der berühmte athenische Held *Theseus* den Kampf mit ihm aufnahm. Er warf ihn zu Boden, dann führte er ihn durch die Straßen Athens und opferte ihn schließlich auf Pallas Athenes Altar.

Der Thrakerkönig *Diomedes,* der ein Sohn des Ares und der Kyrene war, besaß *menschenfressende Pferde.* Diese Pferde dem Eurystheus zu bringen war Herakles' *achte* Aufgabe. Er führte auch diese Arbeit aus. Er holte die Pferde und vertraute sie seinem treuen Freund *Abderos,* dem Sohn des Hermes, an, solange er selbst nicht den sich widersetzenden König Diomedes besiegt habe. Aber währenddessen traten die Pferde den Abderos tot. Ihm zu Ehren gründete Herakles die Stadt Abdera. Er übergab die Pferde dem Eurystheus, doch dieser ließ sie frei, und sie wurden an den Hängen des Olympos von wilden Tieren zerrissen.

Als *neunte* Aufgabe sollte Herakles den *Gürtel der Hippolyte,* Königin der *Amazonen,* holen. Das Volk der Amazonen wohnte am Fluß Thermodon; es bestand aus lauter Frauen, aber diese Frauen konnten sehr tapfer kämpfen. Ihre Königin Hippolyte hatte den Gürtel vom Kriegsgott Ares bekommen, zum Zeichen dessen, daß sie die Erste unter allen Amazonen sei. Diesen Gürtel zu holen, entsandte Eurystheus nun den Herakles, da es seine Tochter *Admete* nach dem Gürtel verlangte.

Herakles fuhr mit einigen Gefährten zu Schiff bis zur Stadt Themiskyra, und als er Hippolyte gesagt hatte, weswegen er gekommen sei, versprach sie, ihm den Gürtel zu geben. Doch da nahm die Göttin Hera die Gestalt einer Amazone an und verbreitete das Gerücht, die Fremden wollten die Königin rauben. So kam es zu einem Gefecht, Herakles tötete Hippolyte und nahm dann den Gürtel des Ares an sich.

Bevor Herakles aus dem Amazonenland heimkehrte, wurde er nach Troja verschlagen. Zu dieser Zeit war gerade ein großes Unglück über die Stadt hereingebrochen, weil Apollon und Poseidon ihr zürnten. Die beiden Götter waren, um König *Laomedon* auf die Probe zu stellen, in Menschengestalt zu ihm gegangen und hatten es gegen gebührenden Lohn übernommen, um Pergamon eine Mauer zu bauen. Doch als die Mauer fertig war, bezahlte Laomedon ihnen den Arbeitslohn nicht. Da schickte Apollon wegen der Schuld des Königs eine Seuche über die Stadt, und Poseidon ließ ein Meerungeheuer gegen sie los, welches auf der Ebene von Troja die Menschen vertilgte. Der Wahrsagung gemäß konnte der schreckliche Schlag von Troja nur abgewendet werden, wenn man die Königstochter *Hesione* dem Ungeheuer zum Fraß hinwarf. Man hatte sie schon am Meeresufer ausgesetzt, als Herakles ankam. Der Held gelobte, Hesione zu retten, wenn Laomedon ihm zur Belohnung die Pferde gebe, die noch sein Großvater *Tros* von Zeus zum Trost für den Raub seines Sohnes *Ganymedes* bekommen hatte. Laomedon versprach alles, als aber Herakles das Ungeheuer getötet und die Königstochter befreit hatte, erwies sich der König von Troja wieder als eidbrüchig. Herakles drohte ihm; doch zunächst mußte er weiterziehen, da er ja noch in Eurystheus' Dienst stand. Er mußte nach Mykene eilen, um dem Befehl gemäß den Gürtel der Hippolyte zu überbringen. Als er dann seinen Auftrag bei Eurystheus erledigt hatte, eroberte er mit seinen Kampfgefährten Troja, wie er auch den Eidbruch des Augeias erst danach bestrafte.

Nun schickte Eurystheus den Herakles, die *Rinder des Geryon* zu holen: Das war bereits die *zehnte* Arbeit. Geryon (oder Geryones), Sohn des Chrysaor und der Okeanide Kallirrhoe, ein Riese mit drei Leibern, hauste auf der Insel Erytheia, also in der Nähe des Okeanos. Er besaß purpurne Kühe, deren Hirt *Eurytion* hieß. Außer ihm paßte der zweiköpfige Hund *Orthos*, ein Sproß der Echidna und des Typhon, auf die Kühe auf.

Herakles zog durch ganz Europa, und er stellte bei Tartessos, an der Grenze zwischen Europa und Libyen, zwei Säulen einander gegenüber auf, zur Erinnerung an seine große Reise: Das sind die *Säulen des Herakles*. In Libyen brannte die Sonne sehr heiß; da spannte Herakles den Bogen, um sie abzuschießen. Den Sonnengott Helios wunderte Herakles' Kühnheit sehr, und er gab ihm einen gewaltigen goldenen Pokal, damit er sich hineinsetze und so den Okeanos überqueren könne. So kam Herakles auf die Insel Erytheia und brachte dort auf dem Berge Abas die Nacht zu. Der Hund bemerkte ihn und fiel ihn an, aber Herakles erschlug ihn mit der Keule, und er tötete auch Eurytion, der herbeigeeilt war, um dem Hund zu helfen. In jener Gegend ließ *Menoites* die Kühe des Hades weiden, und er meldete dem Geryon, was vorgefallen war. Herakles hatte aber die Kühe schon fortgetrieben, und Geryon holte ihn am Fluß Anthemus ein, jedoch zu seinem Verderben, denn Herakles schoß ihn tot. Er trieb die Kühe in den Pokal des Helios, fuhr mit ihnen bis Tartessos und gab dort Helios den Pokal zurück.

Doch unterwegs warteten seiner noch viele Hindernisse. Zwei Söhne Poseidons, *Ialebion* und *Derkynos*, wollten ihm die Kühe wegnehmen; Herakles tötete beide und zog weiter, quer durch Tyrrhenien. Bei Rhegion trennte sich ein Stier von der Herde, ging ins Meer und schwamm nach Sizilien. Er durchstreifte auch die ganze benachbarte Gegend, die dann nach diesem Stier *Italien* genannt wurde, denn die Tyrrhenen sagen für Stier *italos*. In Sizilien war *Eryx*, ein Sohn des Poseidon, König; dieser nahm den Stier in seine eigene Herde auf. Herakles überließ die Kühe dem Hephaistos zur Aufsicht, während er selbst sich auf die Suche nach dem entlaufenen Stier begab. Als er ihn unter den Rindern des Eryx entdeckte, forderte er ihn zurück. Aber Eryx sagte, er gebe ihm den Stier nur wieder, wenn Herakles ihn, Eryx, im Ringen besiege. Herakles schleuderte ihn dreimal zu Boden, dann tötete er ihn, nahm den Stier mit und trieb die Herde weiter, aufs Ionische Meer zu. Dort machte Hera die Herde wild, so daß Herakles kaum imstande war, sie zusammenzuhalten. Aber schließlich konnte er dennoch dem Eurystheus die Kühe abliefern, der sie dann der Hera opferte.

So vollbrachte Herakles die zehn Arbeiten, da aber Eurystheus die zweite und die fünfte nicht anerkannte, schickte er Herakles die *Äpfel der Hesperiden* zu holen; das war eigentlich schon eine *elfte* Aufgabe. Diese Äpfel hatte einst Gaia dem Zeus und der Hera als Hochzeitsgeschenk gegeben, und Zeus hatte sie den vier Hesperiden (*Aigle*, *Erytheia*, *Hesperia* und *Arethusa*) anvertraut, die sie in ihren Garten pflanzten. Es wuchsen daraus herrliche Bäume, die von einem hundertköpfigen Drachen, dem Sproß Echidnas und Typhons, bewacht wurden. Der *Garten der Hesperiden* war irgendwo am Rande der Erde, und Herakles wußte nicht, in welcher Richtung er ihn suchen sollte. Er ging los, und unterwegs forderte ihn Ares' Sohn *Kyknos* zum Zweikampf heraus. Der Kampf blieb unentschieden, weil ein niedersausender Blitz die beiden Helden trennte. Am Fluß Eridanos fand Herakles die Töchter des Zeus und der Themis, die Nymphen, die ihm den Rat gaben, Nereus zu befragen. Herakles nahm den alten Meergott, während er schlief, gefangen, und obwohl dieser sich in allerlei Gestalten verwandelte, fesselte er ihn und gab ihn nicht eher wieder frei, als bis er ihm den Weg gewiesen hatte. Nun mußte Herakles noch durch Libyen wandern. Dort begegnete er *Antaios*, dem Sohn des Poseidon und der Gaia. Antaios war König von Libyen. Er forderte alle Fremden zum Ringkampf heraus und tötete sie. Ihn konnte man nämlich im Kampf nicht ermüden; erschlaffte er, so brauchte er nur mit seiner Mutter, der Erde, in Berührung zu kommen, dann erneuerten sich sogleich seine Kräfte. Aber Herakles bezwang ihn, denn er hob ihn hoch und ließ ihn die Erde nicht berühren.

Von Libyen kam er nach Ägypten; dort war *Busiris* König, ein Abkömmling von Poseidon und *Lysianassa*. Letztere war Tochter des *Epaphos* und Enkelin der *Io*, ihr Sohn aber war Busiris. Dieser wiederum brachte, weil er sich an eine Wahrsagung hielt, alle Fremden dem Zeus zum Opfer dar. In Ägypten war nämlich neun Jahre hindurch Hungersnot gewesen, und der Wahrsager *Phrasios*, der aus Kypros kam, hatte damals gesagt, die Hungersnot werde aufhören, wenn man alljährlich einen Fremden dem Zeus opfere. Phrasios bekam dafür den gerechten Lohn: Er ward das erste Opfer. Busiris ließ nun auch Herakles fangen und vor den Altar schleifen, aber Herakles zerriß die Stricke, mit denen er gebunden worden war, und tötete Busiris samt seinem Sohn *Amphidamas* und seinem Diener *Chalbes*.

Er zog dann auch durch Asien. Unterwegs spannte er einem pflügenden Ackersmann einen Stier aus dem Joch, briet ihn und aß ihn auf. Der arme Mann machte große Augen, er konnte sich aber nicht helfen, drum fluchte er nur von weitem, vom Gipfel eines Berges herab. Daher rührte der Brauch, daß bei den Opfern, die später dem Herakles dargebracht wurden, dies stets unter Fluch- und Schimpfworten geschah.

Herakles fand im Kaukasus den *Prometheus*, den Zeus zur Strafe an einen Felsen hatte ketten lassen. Prometheus wurde von einem grausamen Adler gepeinigt. Herakles löste die Ketten und erlegte den Adler, der von des Titanen Leber fraß. Auch dieser Adler war ein Kind Echidnas und Typhons. Prometheus unterwies aus Dankbarkeit den Herakles, wie er zu den Äpfeln der Hesperiden kommen könnte. Herakles befolgte seinen Rat: Sowie er ins Land der Hyperboreer gelangt war, bat er *Atlas*, der in dieser Gegend stand und das Himmelsgewölbe auf der Schulter hielt, er möchte ihm einige der Äpfel holen. Unterdessen nahm Herakles das Himmelsgewölbe auf seine Schulter. Atlas pflückte im Garten der Hesperiden drei Äpfel und brachte sie Herakles. Er war froh, die Last des Himmelsgewölbes einmal los zu sein, und wollte sie nicht wieder auf die Schulter nehmen. Darauf war aber Herakles schon von Prometheus vorbereitet worden. Er bat also Atlas, das Himmelsgewölbe wenigstens noch so lange zu halten, bis er sich aus einem Seil ein Kissen geflochten habe, um es unter die Last zu legen. Atlas merkte nicht, daß das nur eine Falle war, er ging darauf ein – aber da war Herakles das Himmelsgewölbe los und konnte weiterziehen.

Eurystheus schenkte dem Herakles die Äpfel, Herakles schenkte sie der Göttin Athene, und die Göttin brachte sie den Hesperiden zurück, denn es waren heilige Früchte, die man nicht irgendwo herumliegen lassen durfte.

Nun war noch die *zwölfte*, die letzte und schwerste Aufgabe übrig: den *Kerberos aus der Unterwelt zu holen*. Er war, mit seinen drei Hundeköpfen, seinem Drachenschwanz und mehreren Schlangenköpfen auf dem Rücken, der Wächter der Unterwelt. Um in die Unterwelt gelangen zu können, ging Herakles nach Eleusis zu *Eumolpos* und bat darum, in die *eleusinischen Mysterien* eingeweiht zu werden. Fremde einzuweihen war aber nicht erlaubt, deshalb nahm ein Athener, der Pylios hieß, den Herakles an Sohnes Statt an. Herakles mußte auch erst noch von der Blutschuld, der Tötung der Kentauren, gereinigt werden, danach weihte ihn Eumolpos ein. Als Eingeweihter ging Herakles an das Südkap Lakedaimons, ans Kap Tainaron, wo der Eingang zur Unterwelt ist. Dort stieg er in die Unterwelt hinab.

Als ihn die Seelen der Toten erblickten, liefen sie alle davon, nur *Meleagros* und *Medusa*, die Gorgo, die von Perseus getötet wurde, wichen nicht. Gegen die Gorgo zückte Herakles das Schwert, doch Hermes, der »Seelenbegleiter«, der auch Herakles durch die Unterwelt führte, klärte ihn darüber auf, daß ihr das Schwert nichts anhaben könne, weil sie nur ein körperloser Schatten sei. Am Eingang zur Unterwelt fand Herakles die beiden guten Freunde, den athenischen Helden *Theseus* und *Peirithoos*, den König der Lapithen; diese beiden hatten Persephone, die Königin der Unterwelt, rauben wollen und waren deshalb Gefangene im Hause des Hades. Den Theseus befreite Herakles, aber als er auch dem Peirithoos die Hand reichte, erbebte die Erde, und so war er gezwungen, Peirithoos zurückzulassen. Da er die Seelen in der Unterwelt mit Blut sättigen wollte, schlachtete er eine von Hades' Kühen. Deswegen forderte ihn der Rinderhirt des Hades, *Menoites*, zum Ringkampf heraus. Ihm zerbrach Herakles die Rippen, endlich ließ er ihn aber auf die Fürbitte der Persephone frei.

In der Unterwelt angekommen, wandte sich Herakles sogleich an Pluton und bat ihn um den Kerberos. Pluton erlaubte ihm, diesen auf die Erde mitzunehmen, er bedang sich nur aus, daß er gegen Kerberos keinen Gebrauch von seinen Waffen mache. Herakles fand den Kerberos an den Toren des Acheron, er packte ihn bei der Kehle und holte ihn so auf die Erde herauf, zeigte ihn dem Eurystheus und brachte ihn dann wieder in die Unterwelt zurück.

Damit war Herakles' Dienst bei Eurystheus abgelaufen.

Apollodoros, Bibliotheca II 4,11–5,12.

HOMER
UND DER TROISCHE SAGENKREIS

In den Sagen, die sich auf den Trojanischen Krieg beziehen, hat die griechische Volksüberlieferung die Erinnerung an geschichtliche Ereignisse bewahrt. An der Stelle, wo man auch nach den antiken Überlieferungen Troja suchen mußte, nämlich in der nordwestlichen Ecke Kleinasiens, unterhalb des Hügels, der heute Hissarlik heißt, hat der Spaten der Archäologen Funde zutage gefördert, die bestätigen, daß der Kern des troischen Sagenkreises historisch glaubwürdig ist. Heinrich *Schliemann*, ein begeisterter Leser der beiden Epen Homers, der »Ilias« und der »Odyssee«, nahm sich schon als Kind vor, den Schauplatz des Trojanischen Krieges aufzusuchen. Und was er als Knabe beschlossen hatte, führte er als Mann aus. Von seiner aufopferungsvollen Frau und seinen getreuen Mitarbeitern und Anhängern unterstützt, widmete er – trotz aller Zweifel, die die zunftmäßige Wissenschaft seiner Zeit ihm entgegenbrachte – sein Leben der Aufgabe, die Trümmer Trojas zu erschließen. Die Ausgrabungen, die er im Jahre 1871 begann, waren ungemein erfolgreich. Wo Troja lag, war schon in der Urzeit (etwa 3000 Jahre v. u. Z.) eine menschliche Siedlung gewesen, und über die verfallenen Burgen und Städte wurden immer neue und neue Mauern gebaut. Bisher gelang es, im Ausgrabungsgebiet zwölf Schichten zu unterscheiden, zwölf übereinander gebaute Siedlungen. In der sechsten Schicht fanden die Archäologen genau solche Gegenstände, vornehmlich Gefäße, wie in den Trümmern Mykenes, der reichsten Stadt des griechischen Festlandes, und wie in anderen Städten des Peloponnes, die einst unter mykenischem Einfluß gestanden hatten, und wie auch auf den griechischen Inseln des Ägäischen Meeres. Das bewies, daß die sechste Schicht, deren Blütezeit in die Mitte des 2. Jahrtausends v. u. Z. fiel und die durch ein Erdbeben zerstört wurde, mit den Griechen der sogenannten *mykenischen Kultur* in Berührung gewesen war: mit den Achaiern, die auch in den in Keilschrift geschriebenen hethitischen Texten erwähnt sind. Die Hethiter beherrschten im 2. Jahrtausend v. u. Z. einen großen Teil Kleinasiens; aller Wahrscheinlichkeit nach haben auch Troja und sein Umkreis unter ihrem Einfluß gestanden, und nach dem raschen Verfall des Hethiterreichs im 13. Jahrhundert blieb Troja ohne Schutz. Die Trümmer der siebenten Schicht zeigen die Spuren feindlicher Verwüstung und verheerenden Feuers: Das ist das Troja Homers, das auch der Sage nach ein Raub der Flammen wurde. Dem freundschaftlichen Verkehr machte also um 1200 v. u. Z. die Eroberung durch die Griechen, die sich auch an der Küste Kleinasiens niederließen, ein Ende. Homer weiß davon, daß gerade Mykene (Mykenai) die führende Rolle bei der Eroberung innehatte: Beim Kampf um Troja ist der Herr von Mykene, *Agamemnon*, der oberste Feldherr.

Das Problem, wie die Homerischen Epen entstanden sind, die sogenannte *Homerische Frage*, hat Generationen von Forschern beschäftigt und ist auch heute noch nicht in jeder Hinsicht als abgeschlossen zu betrachten. Aller Wahrscheinlichkeit nach kommt der Wahrheit die Annahme am nächsten, die meint, die »Ilias« und die »Odyssee« seien im 8. Jahrhundert v. u. Z. entstanden – die »Odyssee« etwas später als die »Ilias« – und seien bewußte Schöpfungen eines großen Dichters (oder vielleicht zweier Dichter), der sich aber auf die von Generation zu Generation durch Sänger weitergegebene und bereicherte mündliche Überlieferung gestützt habe. Diese mündliche Überlieferung hat die vier bis fünf Jahrhunderte früher geschehenen historischen Ereignisse im Gedächtnis bewahrt und sie mit sagenhaften Elementen, die von der Einbildungskraft des Volks zeugen, und den Mythen von den Göttern, die sich in die Kämpfe der Sterblichen einmischen, durchwoben. So wurden die Homerischen Epen – die frühesten erhalten gebliebenen Schöpfungen der griechischen Literatur – zu den vollständigsten Zusammenfassungen zugleich der griechischen Mythologie; sie wurden maßgebend auch für die späteren Dichter, und sie beeinflußten durch ihren tiefen Humanismus fast alle dichterischen Bearbeitungen und künstlerischen Darstellungen. Daraus erklärt sich, daß bereits in der griechischen Philosophie mehrfach die Ansicht auftauchte, Homers Phantasie habe die Götter des Olympos geschaffen. Sicher ist jedenfalls, daß sich Homers dichterische Bewußtheit auch in der Gestaltung und Weiterentwicklung der Mythologie gezeigt hat; nachweisbar vermied oder milderte er rohe, uralte Elemente, die im Volksglauben oder im staatlichen Kult im Zusammenhang mit der einen und anderen Gottheit zäh weiterlebten, jedoch zu dem vollkommenen Anthropomorphismus seiner Götterwelt im Gegensatz standen. In bezug auf die Vorgänger der Homerischen Mythologie haben die Forschungen der letzten Jahre ein wichtiges Ergebnis zu verzeichnen: Eine eigenartige Silbenschrift der aus dem 2. Jahrtausend v. u. Z. stammenden Tontafeln von Knossos und Pylos ist entziffert worden, und auf diesen Tafeln fand man die früheren Varianten eines großen Teils der Homerischen Götternamen, z. B. Zeus, Hera, Athene, Poseidon, Artemis, Hermes, sogar auch die kretisch-mykenische Form des Namens Dionysos, des Gottes, der in den Homerischen Epen eine untergeordnetere Rolle spielt.

Von den großen griechischen Geschichtsschreibern sah Herodot im Trojanischen Krieg einen der ersten großen Ausbrüche der alten Gegensätze zwischen Ost und West; Thukydides hingegen suchte bereits den wirtschaftlichen Hintergrund des Krieges. Aber die Volksüberlieferungen erklären Kriege ganz anders als die pragmatische Geschichtsschreibung. Ehrenbeleidigung, Verweigerung der Hand einer Königstochter oder Frauenraub – das sind Gründe, die in den verschiedensten Sagen häufig den Anlaß zu einem großen Krieg geben.

Die griechischen Volksüberlieferungen und die Dichtung, die sie weiterentfaltet, haben die Keime des Krieges auf zwei mythische Hochzeiten zurückgeführt. Die eine ist die Liebe zwischen Zeus und *Leda*, die der *Helena*, der schönsten Frau der Welt, das Leben gab; die andere ist die Ehe zwischen *Peleus* und *Thetis*, aus der *Achilleus*, der größte griechische Held, hervorging.

Ursprünglich hatte Zeus die Tochter des Meergottes Nereus, die Göttin mit silbernen Schuhen, ehelichen wollen, aber Prometheus weissagte, Thetis' Sohn werde mächtiger sein als sein Vater. Zeus fürchtete, es werde sich auch an ihm das Schicksal des Kronos erfüllen, deshalb zwang er Thetis, den sterblichen Peleus zu heiraten, der König von Phthia in Thessalien war. Bei Peleus' und Thetis' Hochzeitsmahl erschienen auch die Götter und brachten dem Ehepaar göttliche Geschenke mit, nur *Eris*, die Göttin der »Zwietracht«, hätten sie gern von dem glänzenden Gastmahl ferngehalten. Aber Eris warf einen goldenen Apfel unter die göttlichen Hochzeitsgäste, auf dem geschrieben stand: »Der Schönsten«. Da brach die Zwietracht aus. Drei Göttinnen – Hera, Pallas Athene und Aphrodite – wetteiferten um den Apfel. Da führte Hermes sie auf den Berg Ida, hier sollte Paris entscheiden, welche die schönste Göttin sei.

Paris war der Sohn *Priamos'*, des Königs von Troja. Bei seiner Geburt war geweissagt worden, er werde seine Vaterstadt in größte Gefahr bringen. Deshalb wurde er auf dem Ida-Gebirge ausgesetzt. Dort fanden ihn Hirten, sie zogen ihn groß, und es ward ein wakkerer Mann aus ihm, der stets die Herde und die Hirten verteidigte und beschützte. Daher wurde er auch *Alexandros*, »Männerschirmer«, genannt. Auf dem Idaberge traten nun die Göttinnen vor ihn hin. Er ließ sich durch Aphrodites Verheißung bestechen: Sie, die Göttin der Liebe und der Schönheit, versprach ihm, dem Hirten, er werde die Liebe der schönsten Frau von der Welt gewinnen, wenn er ihr den Apfel der Eris zuspreche. Diese Verheißung störte Paris aus dem friedlichen Hirtenleben auf. Er bestieg ein Schiff – vergebens warnte ihn seine getreue Gattin, *Oinone*, die Tochter des Flußgottes Kebrenos, vor der gefahrvollen Reise. In Griechenland war er bei *Menelaos*, dem König von Sparta, zu Gast. Paris mißbrauchte das Gastrecht, indem er die Gemahlin seines Gastgebers, Helena, entführte.

Diese Tat des asiatischen Königssohnes faßten alle Griechen als persönliche Beleidigung auf. Unter der obersten Leitung von Menelaos' Bruder *Agamemnon* versammelten sie ihre Schiffe im Hafen von Aulis und fuhren zum Kampf gegen Troja. Zunächst aber sandten sie einen Boten zu Priamos mit der Aufforderung, er solle Helena und die mit Helena zusammen geraubten Schätze wieder herausgeben. Das verweigerten die Troer, und so begann der verheerende Krieg. Die Griechen belagerten die Stadt neun Jahre lang vergeblich, erst im zehnten Jahr konnten sie sie einnehmen, aber auch dann gelang es ihnen nur durch eine List. *Odysseus* und *Diomedes* stahlen die stadtbeschützende Gottheit: die einst vom Himmel gefallene Holzstatue der Pallas Athene, das *Palladion*. Dann schickten sie ein gewaltig großes hölzernes Pferd nach Troja. Der schlaue *Sinon* meldete den Troern, die Griechen wollten durch dieses Geschenk Pallas Athene wegen des geraubten Palladions versöhnen, sie hätten die Anker schon gelichtet und segelten nach Griechenland zurück, weil die vergebliche, neun Jahre währende Belagerung sie davon überzeugt habe, daß sie Troja nie würden einnehmen können. Der troische Priester *Laokoon* warnte seine Landsleute vergeblich vor dem Geschenk der Griechen. Poseidon, der Gott der Meere, der auf der Seite der Griechen stand, schickte zwei Schlangen aus dem Meer, die den um das Schicksal seines Volkes besorgten Laokoon und seine beiden Söhne erwürgten. Darin sahen die Troer eine Strafe der Götter dafür, daß Laokoon es gewagt hatte, gegen das der Athene gesandte Geschenk Einspruch zu erheben, und machten sich mit doppeltem Eifer daran, die Mauern einzureißen, um das hölzerne Pferd in die Stadt hereinholen zu können. Dann rüsteten sie ein heiteres Mahl und feierten das Ende der neunjährigen Belagerung. Aber die Griechen waren nicht weit gesegelt, sie warteten nur darauf, daß Sinon ihnen das verabredete Zeichen gebe. Und als die Troer, vom Wein umnebelt und ermüdet, zur Ruhe gegangen waren, öffnete Sinon die Tür in dem Holzpferd. Im Innern kauerten die tapfersten Helden der Griechen, sie kamen heraus und überrannten die Mauern Trojas. Zugleich rief Sinon die fortgesegelten Griechen durch ein Fackelzeichen zurück. Plötzlich war Troja voll von Feinden. Sie steckten die Stadt in Brand, töteten die Männer und schleppten die Frauen als Sklavinnen nach Griechenland.

Homers »Ilias« beginnt im zehnten Jahr des Trojanischen Kriegs. Die Stadt hält der Belagerung noch stand. Die herumstreifenden Griechen verheeren die Umgebung, stekken Städte in Brand, machen Beute und schleppen Gefangene weg, unter ihnen auch *Chryseis*, die Tochter des Priesters Apollons. Chryseis' Vater tritt auf – das ist der Anfang des Epos, dessen eigentliches Thema *der Groll des Achilleus* ist: der verhängnisvolle Streit zwischen dem obersten Feldherrn und dem größten Helden der Griechen. Doch, um dieses Hauptthema gruppiert, führt uns der Dichter den ganzen Trojanischen Krieg vor Augen. Homer versetzt uns, wie Horaz in seiner berühmten »Ars poetica« sagt, *in medias res*, mitten in die Handlung hinein. Aber aus Rückblicken und den verhängnisvollen Folgen einzelner früherer Handlungen ersehen wir klar auch das Vorangegangene. Das Epos schließt mit der Versöhnung Achilleus' und Agamemnons und dem Tod bzw. der Bestattung *Hektors*, des größten troischen Helden, der von dem wieder in den Kampf gezogenen Achilleus getötet wird. Aber außer Prophezeiungen deutet auch die Logik der Handlung auf das Ende des Krieges hin. Wir sehen nicht nur voraus, daß sich mit der Tötung Hektors auch des Achilleus Schicksal erfüllt hat und die Zeit nicht mehr fern ist, da auch er fällt, getroffen von Paris' Pfeil, den Gott Apollon lenkt; die Zerstörung Trojas, die dem greisen Priamos angetane Schmach und der grausame Tod des kleinen *Astyanax*, Hektors Söhnchens, werfen schon im voraus ihre düsteren Schatten auf die Handlung des ganzen Epos.

In dem, was sich unmittelbar vor Achilleus' Tod abspielt, wiederholt sich die Handlung der »Ilias«. Der Held zieht sich wieder beleidigt vom Kampf zurück und greift nur noch einmal zur Waffe, um seinen gefallenen Freund zu rächen. Nach dem Tode Hektors kam *Penthesilea*, die Königin der *Amazonen*, mit ihrer Schar weiblicher Krieger den Troern zu Hilfe. Achilleus besiegt auch sie, doch als sie tot zusammenbricht, entbrennt er in Liebe zu ihr und beweint die getötete Feindin. Deswegen verhöhnt ihn *Thersites*, der häßlichste aller griechischen Männer, aber Achilleus tötet den Feigling, der ihn schmäht. Da machen ihm Agamemnon und Diomedes Vorwürfe, woraufhin Achilleus wieder zürnt und das Schlachtfeld verläßt. Erst als der mit den Troern verbündete König *Memnon* von Äthiopien, ein Sohn der *Eos* und des *Tithonos*, Achilleus' Freund *Antilochos*, den Sohn Nestors, tötet, erscheint Achilleus wieder auf dem Kampfplatz. Den Memnon tötet er zwar, aber Eos erwirkt von Zeus Unsterblichkeit für ihren gefallenen Sohn, und Apollon lenkt den Pfeil des Paris auf die einzige Stelle, wo Achilleus verletzbar ist: auf seine *Ferse*.

Es gab auch zahlreiche Sagen, die vom Schicksal der griechischen Helden auf ihrer Heimfahrt nach der Zerstörung Trojas erzählen. Besonders viel wurde von den Abenteuern des Odysseus gefabelt. Er, der König von Ithaka, gelangte erst nach langjährigen Irrfahrten wieder nach Hause. Dies ist der Inhalt des anderen großen Epos, das die Überlieferung an Homers Namen knüpft, der »Odyssee«.

DER TROJANISCHE KRIEG

Nach der Ilias

Chryses, der Priester Apollons, kam, den mit dem Band der Götter bekränzten goldenen Stab in der Hand, zu den Schiffen der Griechen, um seine Tochter loszukaufen. Er bot ihnen ein hohes Lösegeld.

»Mögen euch die olympischen Götter geben, daß ihr Priamos' Stadt zerstört und glücklich nach Hause kehrt. Gebt mir nur meine geliebte Tochter frei, und nehmt das Bußgeld; ehret den Sohn des Zeus, den sicheren Schützen Apollon.«

Vergebens mahnten alle, daß dem Priester Ehre gebühre; *Agamemnon* wies ihn hart ab. Der greise Priester ging fort, flehte aber um Rache zu dem Gott, der in der Stadt Chryse unter dem Namen *Smintheus* verehrt wurde. Apollon erhörte ihn, stieg zürnend vom Olympos herab, Bogen und Köcher auf der Schulter. Grauenvoll klirrte die Sehne, und die Pfeile des weitschießenden Gottes brachten eine furchtbare Seuche ins Lager der Griechen. Zuerst ergriff sie nur Tiere, von den Tieren ging sie auf die Menschen über; unaufhörlich brannten neun Tage lang die Totenfeuer.

Am zehnten Tage berief *Achilleus* das Volk zum Rat zusammen. Da teilte ihnen der Seher *Kalchas* den Grund von Apollons Groll mit und fügte hinzu, Apollon könne nur versöhnt werden, wenn man das Mädchen Chryseis dem Vater zurückgebe, und zwar ohne Lösegeld. Agamemnon hing an der helläugigen Sklavin, doch konnte er der Forderung des ganzen Volkes nicht ausweichen. Er gab sie heraus, verlangte aber Ersatz für sie. Achilleus brachte erbittert vor, sie seien ja alle der Familie Agamemnons zuliebe gekommen, gegen Troja zu kämpfen – habe doch

Paris, der troische Königssohn, Helena, die Gemahlin von Agamemnons Bruder Menelaos, entführt. Da wandte sich Agamemnons Zorn gegen Achilleus, und weil dessen entschlossenes Auftreten ihn der Chryseis beraubte, verlangte er als Ersatz des Achilleus Sklavin *Briseis.*

Achilleus zog nun das Schwert, um gegen Agamemnon loszugehen, aber Pallas Athene hielt ihn zurück. Nur Achilleus sah die plötzlich dazwischentretende Göttin, die anderen nicht. Achilleus stieß das Schwert wieder in die Scheide, schwor aber, sich vom Kampf zurückzuziehen.

»Ihr werdet noch alle Achilleus herbeiwünschen, denn du wirst nicht helfen können, wenn viele Achaier, von Hektors Händen getroffen, fallen. Dann wirst du dich grämen in Zorn, weil du den besten der Helden so wenig geachtet hast!«

Nun suchte sie *Nestor* zu versöhnen, den greisen König von Pylos, der bereits über das dritte Geschlecht herrschte und der auch schon in dem berühmten Krieg zwischen den Lapithen und den Kentauren, der beim Hochzeitsmahl des Lapithenkönigs *Peirithoos* ausgebrochen war, durch seinen guten Ratschlag geholfen hatte. Aber hier sprach er vergeblich. Chryseis wurde von Männern, die Odysseus führte, nach Hause gebracht, doch Agamemnon schickte seine Diener und Herolde *Talthybios* und *Eurybates* ins Lagerzelt des Achilleus, zu den *Myrmidonen,* um Briseis zu holen. Achilleus trug seinem getreuen Waffengefährten *Patroklos* auf, Briseis hinauszugeleiten. Als sich Agamemnons Herolde mit der Sklavin entfernt hatten, ging Achilleus an den Meeresstrand und klagte seiner Mutter, der Göttin Thetis, sein Leid.

Thetis, die in der Tiefe des Meeres bei ihrem alten Vater, Nereus, weilte, hörte das Weinen ihres sterblichen Sohnes. Wie der Nebel entstieg sie aus dem Meere und setzte sich neben Achilleus, sie streichelte ihn und befragte ihn nach seinem Kummer: »Mein Sohn, warum weinst du denn so? Welch Kummer bedrückt dein Herz? Sag's nur, verbirg es mir nicht, damit wir beide es wissen.«

Dann weinte sie mit ihrem sterblichen Kinde, das sie so gern wenigstens in dem kurzen Leben, das ihm beschieden war, glücklicher gesehen hätte. Zu der Zeit war Zeus gerade bei den Äthiopern zu Gast – die Äthioper sind ein gottesfürchtiges Märchenvolk, das die Götter häufig besuchen –, aber als er am zwölften Tage auf den Olympos zurückkehrte, suchte Thetis ihn dort auf. Sie berief sich auf frühere Verdienste: Als einst die anderen Götter sich gegen Zeus auflehnten und ihn binden wollten, hielt sie getreulich bei ihm aus und rief den hundertarmigen Riesen, Briareos, zu Zeus' Schutz auf den Olympos. Jetzt setzte sie sich neben ihn, umfing mit der linken Hand seine Knie, streichelte ihm mit der rechten das Kinn und bat ihn, er möge doch ihrem sterblichen Sohn wenigstens für die kurze Zeit seines Lebens Ehre und Ansehen verschaffen. Zeus hörte ihr mißmutig zu: Er fürchtete einen Streit mit Hera, die ihm ohnehin immer vorhielt, er helfe im Kampf den Troern. Dann gab er aber Thetis doch ein Zeichen mit der weltregierenden Braue: Er werde schon sorgen, daß die Troer so lange siegten, bis Agamemnon dem Achilleus Genugtuung gebe.

Thetis kehrte ins Meer zurück und Zeus in seinen Palast. Die Götter waren alle versammelt und standen auf, als er eintrat. Aber Hera fing gleich an zu hadern, denn sie sah ihm an, daß Thetis bei ihm gewesen war und sich etwas hatte versprechen lassen. Sie sorgte sich um die Griechen. Aber Zeus wollte nicht dulden, daß sie sich einmische. Diesem Zwist machte das Dazwischentreten des Hephaistos ein Ende, der sagte: Das fehle gerade noch, daß sie sich wegen Sterblicher so zankten! Wo bleibe denn da die Freude an dem vortrefflichen Mahle? Und er ermahnte seine Mutter, friedfertig zu sein, denn es könnte ihr übel ergehen, wenn sie Zeus trotzte. Er bot Hera den doppelt gehenkelten Becher dar, auch den anderen Göttern schenkte er Nektar ein, und unauslöschliches Gelächter erhoben die seligen Götter, wie sie Hephaistos im Saale entlanghumpeln sahen. So tafelten die Götter den lieben langen Tag: Apollon spielte auf der Leier, und die Musen sangen mit berückenden Stimmen in wechselnden Chören.

Als dann die Sonne sank, gingen die Götter zur Ruhe, ein jeder in seinen Palast, den Hephaistos, der hinkende Schmied, kunstvoll und mit kluger Erfindung für jeden errichtet hatte. Auch Zeus nahte der erquickende Schlummer, er schlief an der Seite der goldthronenden Hera.

Die anderen Götter und die Streiter schliefen die ganze Nacht hindurch, nur Zeus konnte nicht schlafen. Ihm ging das Versprechen durch den Kopf, das er Thetis gegeben hatte. Schließlich schickte er Agamemnon einen verderblichen Traum.

Das Traumbild ging in der Gestalt Nestors zu Agamemnon ins Zelt, wo der Fürst in tiefem ambrosischem Schlafe lag, und stellte sich ihm zu Häupten ans Lager.

»Schläfst du, Atreus' Sohn? Es soll aber der Mann nicht die ganze Nacht schlafen, von dem die Entscheidung abhängt, dem die Heere anvertraut sind und der eine so große Verantwortung trägt. Höre nun auf mich, denn von Zeus her komme ich als Bote. Er denkt deiner in Sorge in der Ferne, und er befiehlt: Rüsten sollst du sofort die langhaarigen Männer Achaias, schnell, denn jetzt könntest du die Stadt Troja erobern, jetzt sind die Olympier in ihrer Absicht einig, denn Hera hat sie mit Bitten alle gewonnen ...«

Als Agamemnon erwachte, schritt er sogleich zu den Schiffen, versammelte bei Nestors Schiff alle Führer um sich, erzählte ihnen seinen Traum und rief sie zu einem neuen Angriff auf. Sie beschlossen aber auch gleich, erst die Kampfeslust der Mannen auf die Probe zu stellen. Der Rat der Führer löste sich dann auf, und es wurde eine Volksversammlung einberufen. Als alle beisammen waren, erhob sich Agamemnon, um zu sprechen. Der neun Jahre anhaltende Widerstand der Troer habe alle ihre Kräfte aufgezehrt, sagte er, sie sollten also die Schiffe besteigen und in die Heimat zurückkehren. Denn wenn es bis jetzt nicht gelungen sei, würden sie gewiß auch in Zukunft Troja nicht bezwingen.

Die große Menge der Griechen, die am Rat der Führer nicht teilgenommen hatte, jubelte über Agamemnons Worte; durch die Versammlung ging ein Getöse, als brauste das Meer, und jauchzend liefen die Männer zu den Schiffen. Sie wären auch zur Heimfahrt aufgebrochen, aber Hera sah entsetzt, daß sich Priamos' Wunsch erfüllte: Die Griechen wollten heimkehren und die argivische Helena bei den Troern zurücklassen. Hera schickte Pallas Athene hinab zu den Griechen, und Athene ging eilends zu Odysseus. Dieser übersah alsbald die Lage; er warf seinen Mantel ab, nahm schnell aus Agamemnons Hand das königliche Zepter und eilte zum Volke. Traf er unterwegs einen der geachteten Kämpfer, so hielt er ihn mit schmeichelnden Worten zurück und erklärte ihm, Agamemnon wolle sie ja nur prüfen. Ertappte er aber einen vom einfachen Volke, so schlug er ihn mit dem Zepter und lehrte ihn, daß er auszuharren und zu gehorchen habe. Nun widersetzte sich nur noch der häßliche *Thersites*, der erbärmlichste aller Griechen, doch dem gab Odysseus tüchtig den Stock zu kosten, und dadurch gewann er gleich alle anderen für sich, denn: »Unter den unzähligen rühmlichen Dingen, die Odysseus tat, war es das beste, daß er das freche Lästermaul zum Schweigen brachte.«

Als Ruhe und Ordnung herrschten, trat Odysseus vor, um zu reden. Die Göttin Athene selbst, in Gestalt eines Herolds, gebot dem Volke, zu schweigen und Odysseus anzuhören. Odysseus gemahnte die Mannen nun an die Weissagung, die den Griechen schon vor der Abfahrt, im Hafen von Aulis, die Einnahme Trojas gerade nach Ablauf des neunten Jahres verheißen hatte.

Da waren alle wieder voll Kampfeslust; die Führer brachten Opfer dar; schon strömten die Streiter herbei, und die Erde dröhnte unter ihren Schritten. Sie sammelten sich auf dem Felde am Ufer des Flusses Skamandros. Nur Achilleus' Volk, die Myrmidonen, nahmen am allgemeinen Rüsten nicht teil. Agamemnon holte das Volk von Mykene, Menelaos die Spartaner, Odysseus die Kephallenen (die Bewohner von Ithaka und den umliegenden Inseln), die Lokrer brachte *Aias*, der Sohn des *Oileus*; die Leute aus Salamis führte der andere *Aias*, der Sohn *Telamons*, der, wenn Achilleus nicht da war, als der größte Held gerühmt wurde. Die Männer aus Phylake folgten bereits einem neuen Führer, denn *Protesilaos,* der sie einst aus der Heimat vor Troja geführt, lag nun schon unter der schwarzen Erde. Er war der erste gewesen, der an Land gegangen, und der erste auch, der vor Troja gefallen war. Seine junge Gemahlin, *Laodameia,* und sein im Bau begriffenes Haus hatte er in Phylake zurückgelassen. Die Mannen des *Philoktetes* befehligte der Halbbruder des Lokrers Aias, *Medon,* denn den Fürsten Philoktetes selbst hatten sie auf der Fahrt gen Troja auf der Insel Lemnos zurückgelassen, weil seiner Wunde ein unerträglicher Geruch entströmte.

Zeus schickte Iris zu den Troern. Diese hatten sich gerade bei Priamos versammelt. Iris erschien bei ihnen in der Gestalt des *Polites,* der ein Sohn des Priamos war und Wachtdienst versah, und Iris brachte die Kunde, daß die Griechen rüsteten. Da löste Hektor die Ratsversammlung auf, und auch die Troer griffen zu den Waffen.

Mächtige Staubwolken wirbelten auf, als sich die beiden feindlichen Heere im Lauf einander näherten. Die Troer machten Lärm und Geschrei, wie Kraniche krächzen, wenn sie sich auf das Zwergvolk der *Pygmäen* stürzen; würdevoll schweigend schritten dagegen die Achaier heran. An der Spitze der Troer kämpfte *Paris,* der auch *Alexandros,* »Männerschirmer«, genannt wurde. Er schwang zwei erzbeschlagene Lanzen und rief die tapfersten der Griechen auf, sich ihm im entscheidenden Kampf entgegenzustellen. Wie sich ein Löwe über die sichere Beute freut, so freute sich Menelaos, als er Alexandros erblickte. Dieser aber wich vor Menelaos erschrocken zurück unter seine Gefährten. Erst als *Hektor* ihn Unglücks-Paris und weibstollen Verführer schmähte, nahm er sich zusammen und erwiderte Hektor folgendes: »Hektor, du schiltst, wie ich es verdiene, doch immer gleicht dein Sinn dem unzerbrechlichen Beile des Zimmermanns, das die Balken für Schiffe durchspaltet, und im Schwunge wächst seine Stärke. Schilt mich aber nicht wegen der lieblichen Gaben der goldenen Kypris; man soll doch die hehren Geschenke der Götter nicht verachten; selbst kann sie sich ja keiner nehmen. Wenn du jedoch gebietest, ich solle in die Schlacht, lasse die andern sich lagern, die Troer und alle Achaier, mich aber stell in die Mitte mit Menelaos, dem Schützling des Ares, auf daß wir kämpfen um Helena und sämtliche Schätze. Wer von uns beiden siegt, nehme das Weib und sämtliche Schätze und führe sie heim. Die anderen mögen, durch Freundschaft und heilige Eide gesichert, in Trojas fruchtbaren Gefilden wohnen, die Griechen aber heimziehen ins Rosse züchtende Argos und zu den blühenden Frauen Achaias.«

Hektor freute sich über den Vorschlag; auch die Griechen nahmen die Bedingungen an, sie bestanden nur darauf, daß König Priamos selbst komme, um den Vertrag abzuschließen, denn »flatterhaft ist das Herz der jüngeren Leute; beteiligt sich aber der Greis daran, so wird er vorwärts und rückwärts blikken und für alle das Beste bestimmen«. Agamemnon befahl dem Talthybios, von den Schiffen ein Lamm zum Opfer zu holen, und Hektor schickte Boten in die Stadt Troja, damit sie Lämmer bringen und Priamos rufen.

Indes erschien Iris bei Helena und rief sie auf die Bastei.

Hier saßen über dem skaiischen Tore die Ältesten des Volkes rings um Priamos. Ihres Alters wegen nahmen sie am Kampf nicht teil, aber als Ratgeber waren sie vortrefflich, und so beisammen glichen sie den Zikaden, die in dem Walde vom Baum herab die lilienreinen Stimmen ertönen lassen. So waren und so saßen die Ältesten Trojas auf der Bastei. Und als sie Helena kommen sahen, riefen sie einander eilends zu: »Man kann wahrlich nicht schelten, wenn Troer und Achaier wegen solch einer Frau soviel Leiden erdulden. Ihr Antlitz gleicht einer unsterblichen Göttin erstaunlich. Doch, so schön sie auch ist, möge sie im Schiffe heimkehren und nicht länger hier weilen, uns und unseren Kindern zum Verderb.«

Priamos forderte seine Schwiegertochter gütig auf, sich neben ihn zu setzen, und sagte: »Nicht dich beschuldige ich. Die Götter haben es bewirkt, daß mich so tränenbitter die Achaier mit Krieg überzogen.«

Und sie schauten beide auf die Scharen

der Griechen hinab. Helena zeigte einzeln auf die Helden, auf Agamemnon, ihren einstigen Schwager, auf Odysseus, auf *Idomeneus* und alle die anderen.

Da kam der Herold, um Priamos zu holen. Der greise König ging, begleitet von *Antenor*, auf die Ebene hinab; von seiten der Griechen traten Agamemnon und Odysseus vor, um den Eid abzulegen; die Boten brachten die Lämmer und den Wein, dann gossen sie den Königen Wasser über die Hände. Sie opferten ein schwarzes Schaf der Erde, einen weißen Widder der Sonne und ein drittes Lamm dem Zeus, dem höchsten Beschützer der Verträge.

So wurde der Vertrag abgeschlossen.

Danach kehrte Priamos in die Stadt zurück, denn er hätte es nicht ertragen können, seinen Sohn mit Menelaos kämpfen zu sehen. Hektor warf das Los, und durch das Los wurde Paris bestimmt, als erster die Lanze zu werfen. Er traf jedoch Menelaos nicht, und als dann Menelaos an der Reihe war, gegen Paris zu kämpfen, kam, in Nebel gehüllt, Aphrodite und entführte Paris.

Die Götter saßen im goldenen Palast des Olympos beim Mahle, und Hebe schenkte ihnen Nektar ein. Während sie mit den goldenen Bechern einander zutranken, schauten sie auf Troja hinunter. Zeus sprach stichelnd zu Hera: »Zwei Göttinnen stehen dem Menelaos bei, Hera und Athene, aber sie sehen nur aus der Ferne zu und geben sich damit zufrieden. Aphrodite dagegen geht mit lieblichem Lächeln stets dem Alexandros zur Seite; wieder hat sie ihn jetzt dem sicheren Tode entrissen. Laßt uns also jetzt beschließen, wie es von nun an sein soll, ob wir den grausigen Kampf erneuern oder Friede und Freundschaft stiften sollen. Seid ihr alle für den Frieden, nun, so wohne weiter friedlich das Volk in König Priamos' Feste, Menelaos aber führe die argivische Helena heim.«

Murrend vernahmen die beiden Göttinnen Zeus' Worte; Athene grollte nur im stillen, aber Hera packte die Wut.

»Unbarmherziger Kronides, was hast du da wieder geredet! Willst du, daß all meine Mühe umsonst sei?«

Zürnend erwiderte ihr der wolkenbeherrschende Zeus: »Was haben Priamos und seine Söhne dir so Übles getan, daß du sie dermaßen hassest? Könntest du nur durch die Tore und mächtigen Mauern dringen, Priamos und die Seinigen mit Haut und Haar verschlingen, dann wärest du wohl zufrieden. Tu, wie du gewillt, das sei von nun an kein Grund für Zank und Streit zwischen uns.«

So beschlossen die Götter die Zerstörung Trojas, und damit das Maß voll werde, betrieben sie den Eidbruch der Troer. Sie schickten wieder Athene hinunter.

Athene ging in der Gestalt des Laodokos, Sohnes des Antenor, zu *Pandaros*, dem Apollon selbst einen Bogen geschenkt hatte, und überredete ihn, einen Pfeil auf Menelaos abzuschießen. Pandaros, der berühmte Bogenschütze, nahm einen unberührten Pfeil aus dem Köcher, betete zu Apollon und gelobte, ihm hundert erstgeborene Lämmer zu opfern, sowie er nach Hause gelange. Dann spannte er den Bogen, die Saite klirrte, und der spitze Pfeil sauste in die Scharen.

Doch Pallas Athene behütete Menelaos. Wie eine Mutter, die von ihrem schlafenden Kind eine Fliege verscheucht, lenkte sie Pandaros' Pfeil seitlich, so daß die Spitze ihm nur die Haut ritzte. Doch der Wunde entströmte Blut. Als Agamemnon das sah, erfaßte ihn Schrecken, und er ließ den berühmten Arzt *Machaon*, den Sohn des Asklepios, zu seinem Bruder rufen. Der Arzt saugte die Wunde aus und bestrich sie mit Heilsalbe.

Während diese Männer sich um Menelaos mühten, rückten schon die Reihen der Troer heran, die durch Pandaros' Friedensbruch übermütig geworden waren und von neuem den Rausch des Kampfes begehrten.

Agamemnon durchschritt unterdessen zu Fuß die Reihen der griechischen Männer, er entflammte einzeln die Helden zum Kampf; hier durch lobende, dort durch tadelnde Worte erweckte er in allen die Kampfeslust.

»Achaier, laßt euch den kühnen Kampfesmut nicht nehmen! Zeus wird den Eidbrechern sicherlich keine Hilfe gewähren«, rief er.

Und wieder standen die beiden feindlichen Scharen einander gegenüber.

Hart war der Kampf, sie stritten alle untadelig. Wer im Getümmel der Schlacht unverletzt blieb, den hatte wohl Pallas Athene selbst bei der Hand geführt, und nur sie konnte es gewesen sein, die die Pfeile von ihm ablenkte. Denn an diesem Tage fielen gar viele, es reihten sich im Staub Troer und Griechen nebeneinander.

Besonders des Tydeus Sohn *Diomedes* gab Pallas Athene Kühnheit und mutige Kraft.

Aineias sah es, wie der ihm unbekannte Diomedes die Reihen der Troer lichtete, und er eilte und suchte Pandaros. Ihn spornte er dann an, seinen sicheren Pfeil auf jenen Unbekannten abzuschießen, der da so wütete und den Troern so große Verluste beibrachte, »wenn jener nicht etwa irgendein Gott, der den Troern wegen nicht gespendeter Opfer zürnt. Denn schwer lastet der Groll der Götter.« Pandaros aber wußte, daß es kein Gott, sondern Diomedes war; er hatte auch schon einmal auf ihn gezielt, ihn aber nicht getroffen. Nun ließ Aineias ihn auf seinen Kampfwagen steigen, und sie kämpften zusammen gegen Diomedes. Der aber verwundete Pandaros tödlich mit seinem Speer: Die Spitze durchschnitt ihm die Zunge an der Wurzel und drang unten am Kinn heraus.

Da sprang Aineias mit dem Schild und der langen Lanze vom Kampfwagen, um Pandaros' Leiche zu verteidigen. Doch Diomedes ergriff einen gewaltigen Stein, so groß, daß ihn von den heutigen Menschen nicht einmal zwei heben könnten. Den schleuderte er Aineias gegen die Hüfte, und Aineias brach zusammen.

Der Held Aineias wäre verloren gewesen, doch es erschien Aphrodite, seine Mutter. Sie schlang die weißen Arme um ihren Sohn und bedeckte ihn mit den Falten ihres Gewandes, so daß die Griechen ihn nicht sahen. Sie wollte ihn aus dem Schlachtgetümmel tragen, aber Diomedes folgte ihr auf dem Fuße und fügte ihr mit der Lanze eine leichte Wunde an den weichen Fingern zu. Die Göttin schrie laut auf und ließ ihren Sohn fallen. Schließlich wurde aber Aineias von Phoibos Apollon gerettet, der ihn in eine blaue Wolke hüllte.

Aphrodite ward von Iris dem Schlachtgetümmel entrissen und auf den hohen Olympos gebracht. Dort barg die verwundete Göttin ihren Kopf auf dem Schoß ihrer Mutter, Dione. Diese nahm die Tochter in die Arme, streichelte sie und befragte sie, was ihr denn Übles geschehen sei. Hera und Athene spotteten voll Schadenfreude, sogar Vater Zeus mußte lächeln. Er rief die goldene Aphrodite zu sich und sagte zu ihr:

»Nicht deine Bestimmung ist es, mein Kind, die Sorgen des Krieges zu tragen!«

Unterdessen beschützte Apollon den Aineias. Diomedes achtete zwar auch diesen Gott nicht, aber der Schütze Apollon rief ihm mit furchterregender Stimme zu: »Besinne dich, Tydeus' Sohn, und weiche! Begehre nicht, dich mit Göttern zu messen!«

Da wich Diomedes zurück, und Apollon trug den Aineias ins heilige Pergamos, dort pflegten ihn Leto und Artemis in der großen Halle von Apollons Tempel, sie heilten ihn und machten ihn noch herrlicher, als er vordem gewesen. Apollon hatte inzwischen ein Abbild des Aineias geschaffen. Während der Held selbst in Pergamos weilte, ließ der Gott das Trugbild aufs Schlachtfeld gehen, und Troer und Griechen kämpften gegeneinander um dieses trügende Bild des Aineias.

Dann wandte sich Phoibos Apollon an Ares. Er rief ihn gegen Diomedes auf, der schon jegliches menschliche Maß überschritt. Apollon selbst zog sich nach Pergamos zurück; Ares hingegen mischte sich wieder in den Kampf ein.

Athene stand dem Diomedes auch jetzt bei, und nun spornte sie ihn schon an, Ares anzugreifen. Sie selbst setzte sich den unsichtbar machenden Helm des Hades auf, um vor Ares verborgen zu bleiben. Mit ihrer Hilfe fügte Diomedes nun auch dem Ares eine Wunde zu, und Ares ging zu Zeus, sich beklagen. Aber Zeus sagte verächtlich: »Winsle nicht so, du Unbeständiger! Keiner von den Göttern des hohen Olympos ist mir so zuwider wie du. Immer hast du nur an Hader, Streit und Kampf deine Freude. Aber ich mag nicht länger zusehen, daß du Schmerzen leidest. Bist du doch mein Sohn. Stammtest du aber von einem andern der Götter, stieße ich dich wahrlich tiefer hinab als Uranos' Söhne, die Titanen.«

Dann hieß er *Paieon*, den Arzt der Götter, ihn zu heilen. Der bestrich ihm die Wunde mit schmerzbetäubenden Mitteln, und Ares genas. Hebe badete ihn und zog ihm schöne Kleider an, dann ließ er sich neben Zeus nieder und strahlte vor Stolz.

Da waren auch Hera und Athene schon in Zeus' Palast zurückgekehrt, denn unten bei den Menschen hatten sie erreicht, was sie wollten: daß Ares mit dem Gemetzel aufhöre.

So blieben die kämpfenden Männer allein auf der Ebene zwischen den Flüssen Simoeis und Xanthos.

Nestor ermahnte die Griechen mit tönender Stimme: »Freunde, Griechen, ihr tapferen Diener des Ares, keiner bleibe der Beute wegen zurück; töten wir jetzt die Männer, dann könnt ihr später die Waffen den Toten wegnehmen!«

Die Troer wären am liebsten in die Stadt zurückgeflohen, aber Aineias und Hektor spornten sie an auszuharren. Priamos' Sohn *Helenos*, der die Gabe der Wahrsagung besaß, hatte den beiden Helden zugeredet, standzuhalten und die Leute an der schmählichen Flucht zu hindern. Nun schickte er seinen Bruder Hektor in die Stadt.

»Sag unserer Mutter, sie soll die älteren Frauen im Tempel der Pallas Athene auf der Hochburg versammeln, und dort soll sie das schönste und größte Gewand, das ihr das liebste ist, über die Knie der schöngelockten Athene breiten. Dann soll sie der Göttin zwölf einjährige, fehlerlose Rinder versprechen, damit sie sich der Stadt und der troischen Frauen und der lallenden Kinder erbarme und des Tydeus Sohn vom heiligen Ilion fernhalte.«

Hektor ging sogleich zur Stadt. Als er ans skaiische Tor und an Zeus' heilige Eiche gelangte, umringten ihn die Frauen Trojas und fragten ihn nach ihren Söhnen, Brüdern, Freunden und Gatten. Hektor mahnte sie alle, sie sollten zu den Göttern beten, und schritt weiter zu Priamos' herrlichem Palast. Dort kam ihm seine gütige Mutter, *Hekabe*, entgegen.

»Warum verließest du den Kampf, mein Sohn? Die verhaßten achaiischen Söhne drängen sich schon rings um die Feste heran. Bist du gekommen, um hier auf der Burg die Hände zu Zeus zu erheben? Ich hole honigsüßen Wein, daß du zuerst dem Zeus opferst und all den anderen Göttern, dann magst du dich selber laben, denn der Wein stärkt den ermatteten Mann, und du bist doch selber müde vom Schutze der Deinigen geworden.«

Doch der Held mit dem funkelnden Helme wies es mit den Worten zurück: »Bring mir nicht honigsüßen Wein, er würde mir nur die Beine beschweren und mich schwächen. Und ich wage auch nicht, Zeus mit ungereinigten Händen Wein zu spenden.«

Dann richtete er die Botschaft des Helenos aus, schickte Hekabe mit den älteren Frauen in den Tempel der Pallas Athene und machte sich auf, Paris zu suchen, dann eilte er nach Hause. Hekabe ging zuerst in ihr duftendes Schlafgemach, wo sie die bunten, gestickten Gewänder bewahrte, suchte den schönsten und größten Peplos heraus, der funkelte wie ein Stern. Damit ging sie, von vielen Frauen gefolgt, auf die Burg in den Tempel der Pallas Athene.

Die blühend schöne *Theano*, Gattin des Helden Antenor, war Athenes Priesterin in Troja. Sie öffnete die Tür des Tempels, die Frauen traten ein und erhoben laut flehend die Hände zur Göttin. Theano nahm den Peplos, breitete ihn der schöngelockten Athene über die Knie und betete laut zu ihr: »Hohe Athene, Stadtschirmerin du, zerbrich des Diomedes Lanze und laß ihn selber fallen am skaiischen Tor, daß wir dir dann in deinem Tempel zwölf einjährige, fehlerlose Rinder opfern, damit du dich der Stadt und der Frauen und lallenden Kinder Trojas erbarmest.«

So betete sie, aber Pallas Athene erhörte das Gebet nicht.

Hektor fand seine Gattin, die weißarmige *Andromache*, nicht zu Hause. Sie war, wie ihm die Schaffnerin sagte, bitter klagend auf den Basteiturm gestiegen, um aufs Schlachtfeld hinunterzuschauen, denn sie hatte gehört, die Griechen drängten vor und die Troer seien in arger Bedrängnis. Wie eine Rasende war sie fortgestürzt, und die Amme trug ihr den Knaben nach. Hektor eilte denselben Weg zurück, den er gekommen war, und traf seine Gattin am skaiischen Tor. Auch die Amme war bei ihr, das Kind auf dem Arm, Hektors süßen kleinen Sohn, schön wie ein Stern. Hektor nannte ihn *Skamandrios*, doch die anderen riefen ihn *Astyanax*, »Fürst der Stadt«. Hektor lächelte den Knaben schweigend an. Andromache ergriff weinend die Hand ihres Gatten und wollte ihn festhalten.

»O Mann, dich tötet dein Mut! Denkst du nicht an dein Söhnchen und an mich, die du bald als Witwe zurückläßt? Mir wäre es besser unter der Erde, wenn ich dich verlieren muß. Denn kein Trost bleibt mir, wenn dich das Schicksal ereilt, nur Trauer und Jammer. Nicht Vater, nicht Mutter habe ich mehr, denn meinen Vater hat Achilleus erschlagen, als er Theben zerstörte. Ich hatte auch sieben Brüder: sie gingen am nämlichen Tage hinunter zum Hades; Achilleus, der göttliche Läufer, hat sie alle erschlagen. Meine Mutter, die Königin war am Fuß des bewaldeten Plakos, ließ er gefangen entführen, dann aber gab er sie gegen hohes Lösegeld frei. Doch im Palast des Vaters ereilte sie der Pfeil der Artemis. Hektor, du bist mir Vater und Mutter, bist mir Bruder und blühender Gatte zugleich, erbarme dich mein, und bleib auf den Zinnen, mache nicht zur Waise dein Kind und die Gattin zur Witwe! Dein Heer aber stell hier am Feigenbaum auf, denn hier ist es leichter, in die Stadt zu gelangen, hier berennen sie am ehesten die Mauer, sie haben es dreimal schon versucht.«

Hektor erwiderte ihr: »Das alles bedrückt auch mich, o Weib. Doch wie könnte ich den Blick der Troer und der Frauen in den langen Gewändern ertragen, würde ich mich feig vom Kampfe fernhalten? Auch verbietet es mir mein Herz, denn ich lernte seit je, tapfer zu sein und in der vordersten Reihe zu kämpfen, mehrend die Ehre des Vaters und den eigenen Ruhm. Denn ich weiß es wohl in meinem Innern: Es kommt einst der Tag, an dem die heilige Ilion untergeht und mit ihr Priamos und das Volk des lanzengewandten Königs. Aber mich schmerzt der künftige Kummer der Troer und auch der Kummer Hekabes und des Königs Priamos sowie der tapferen Brüder Jammer – der vielen, die im Staub liegen werden, gestürzt von den Händen der Feinde – nicht so sehr als dein eigener Schmerz, wenn einer der geharnischten Danaer dich, Weinende, wegschleppt und der Tage der Freiheit beraubt. Sitzt du dann drüben in Argos am Webstuhl der fremden Herrin, schleppst du gar Wasser von der Messeis oder von der Hypereia-Quelle, da weigerst du dich umsonst, du mußt dem mächtigen Druck gehorchen. Mancher wird dann sagen, der dich in Tränen sieht: Das ist des Hektors Weib, der unter den rossebändigenden Troern immer am tapfersten stritt, als man um Ilion kämpfte. Hörst du das, so packt dich dann aufs neue die Sehnsucht nach dem Gatten, dem Befreier aus der Knechtschaft. Mich aber bedeckt dann schon der Grabhügel, ich vernehme deine Klage nicht und erfahre deine Entführung nicht mehr.«

Der leuchtende Hektor schwieg und neigte sich zu seinem Sohne nieder. Aber das Kind warf sich weinend an den Busen der Amme, denn es erschrak vor seinem Vater, vor dem Erz und dem wehenden Helmbusch. Da lachte der Vater, und es lachte auch die erhabene Mutter; der Held nahm schnell den Helm vom Haupt und legte ihn auf die Erde. Dann küßte er seinen Sohn und wiegte ihn zärtlich und betete zu Zeus und den anderen Göttern, sie möchten gewähren, daß sein Sohn ein noch mutigerer Held werde als er selbst. Danach legte er das Kind sanft in den Arm der Mutter: Sie drückte es an den Busen, lachend und weinend zugleich. Den Gatten erbarmte der Anblick, er streichelte sein Weib und schickte es gütig nach Hause. Dann hob er den Helm mit dem Roßschweif auf. Die Gattin ging heimwärts, wandte sich aber wieder und wieder zurück, bis sie in Hektors Haus angekommen war. Drinnen fand sie die vielen Bedienerinnen, und sie alle begannen mit Weinen und Klagen. Und so bejammerten sie den noch lebenden Hektor im Hause, denn sie wähnten, er kehre nie mehr vom Kampfe heim.

In der dämmernden Frühe berief Zeus die Versammlung der Götter auf den höchsten Gipfel des Olympos. Er verbot ihnen, in den Kampf einzugreifen.

Dann spannte er seine Rosse mit den flatternden goldenen Mähnen vor den Wagen, kleidete sich selbst in eine goldene Brünne, nahm die prächtige goldene Peitsche in die Hand, stieg auf den Wagen und schwang die Peitsche ermunternd. Willig flogen die Pferde zwischen Himmel und Erde dahin. Alsbald gelangte der Gott auf die Gargaron-Spitze des quellenreichen Ida-Gebirges. Hier spannte er die Pferde aus, setzte sich in seiner Herrlichkeit auf der Spitze nieder und schaute auf die Stadt der Troer und die Schiffe der Achaier hinab.

Die Griechen griffen nach Panzer und Waffen, die Troer stürzten aus den Toren der Stadt heraus, und beide Heere stießen auf dem Schlachtfeld aufeinander. Als die Sonne schon die Mitte des Himmels erstiegen hatte, war der Kampf noch immer unentschieden. Da nahm Vater Zeus seine goldene Waage in die Hand, legte in eine Schale das Todesschicksal der Troer und in die andere das der Griechen. Die Schale der Griechen sank, sie sank bis zur Erde, die Schale mit dem Los der Troer indessen stieg bis zum Himmel empor. Zeus sandte vom Berge Ida krachenden Donner und zückte mitten ins Volk der Griechen den göttlichen Blitz: Es packte sie bleiches Entsetzen.

Von da an siegten die Troer; die Griechen wichen erschrocken vor Zeus' Blitzen zurück.

Schon wollten Hera und Athene wieder hinunterschweben und den Griechen helfen, aber Zeus, der vom Berge Ida aus sah, wie sie sich bereitmachten, schickte die goldgeflügelte Iris zu ihnen mit der Drohung, wenn sie trotz seines Verbotes wieder am Kampf teilnähmen, würde er ihre Rosse lähmen, sie selber von den Sitzen stürzen und ihre Wagen in Stücke zerbrechen, und mit seinen Blitzen würde er ihnen Wunden schlagen, die in zehn Jahren nicht heilten. Wohl oder übel gehorchten die beiden Göttinnen, die Horen schirrten die glänzenden Rosse von den Wagen und banden sie im Stall an ambrosische Krippen; die Wagen lehnten sie an die Wand. Hera und Athene setzten sich betrübt zu den anderen Göttern.

Vater Zeus kam vom Berge Ida auf den Olympos zurück und erneuerte sein Verbot: Hektor werde unaufhaltsam so lange mit gewaltigem Arm die Reihen der Griechen lichten, bis Achilleus in den Kampf zurückkehre.

Agamemnon bereute schon bitter seinen verblendeten Groll. Er war bereit, dem gekränkten Achilleus Abbitte zu tun, er wollte ihm auch Briseis zurückgeben und ihn durch kostbare Schätze und schöne Sklavinnen wieder versöhnen. Er gelobte: Wenn sie Troja einnähmen, solle der größte Teil der Beute Achilleus gehören. Und wenn sie dann nach Argos heimkehrten, solle Achilleus sein Eidam sein, er werde ihn seinem Sohn Orestes gleichstellen, und von seinen drei Töchtern könne er diejenige zu seinem Weibe machen und heimführen, die seinem Herzen gefalle, ohne Brautgeschenke zu geben. Geschenke werde er selbst noch in Menge ihm spenden; sieben bevölkerte Städte gebe er ihm, die ihm glänzende Steuern zahlen würden. Es wurden erlesene Männer zu Achilleus entsendet, ihm das Versprechen Agamemnons zu überbringen. Die Gesandtschaft bestand aus dem großen Aias, Telamons Sohn, und Odysseus, ferner zwei Herolden, und sie wurde geführt von *Phoinix*, dem alten Erzieher des Achilleus.

Achilleus saß am Strande des Meeres und ergötzte sich gerade am Klang einer feingearbeiteten Leier mit silbernem Steg; er sang dazu von den rühmlichen Taten der Männer. Ihm gegenüber saß Patroklos und lauschte, wann wohl des Aiakos Enkel zu singen aufhöre. Als die beiden nun die Ankömmlinge erblickten, sprangen sie auf, Achilleus noch mit der Leier im Arm, und sie gingen den Gästen entgegen. Achilleus begrüßte sie herzlich und trug Patroklos auf, sogleich ein Mahl zu bereiten. Dann aßen und tranken sie alle, und am Ende des Mahles hob Odysseus den Becher mit Wein Achilleus zum Gruße. Er sprach von den Freuden, die Speise und Trank gewähren, und kam dann auf die Bedrängnis der kämpfenden Griechen zu sprechen, zum Schluß trug er Agamemnons Versöhnungsangebot vor. Aber Achilleus verharrte im Groll.

»Verhaßt wie die Tore des Hades ist mir Agamemnon. Mit den Schiffen zerstörte ich zwölf Städte und elf auf dem Lande im steinigen Gefilde von Troja. Immer gab ich die Beute ihm, und das meiste behielt er. Zwar verlieh er den erlauchtesten Königen Geschenke, die sie heute noch haben, aber mir nahm er das liebende Weib fort. Was treibt denn die Leute von Argos zum Kampf gegen Troja? Weshalb hat der Atride Heere versammelt und sie hergeführt? Nicht etwa der schöngelockten Helena wegen? Sind es denn die Söhne des Atreus allein, die ihre Frauen lieben? Jeder edel und weise denkende Mensch liebt sorgend die Seinige, wie auch ich von Herzen meine Briseis liebte, obwohl sie nur meine mit dem Speere erbeutete Sklavin war. Nun, da er mich betrog, höre er mit Bitten auf! Ich kenne ihn und folge ihm nimmer. Mag er nur sehen, wie er mit euch das verheerende Feuer von den Schiffen fernhält; er hat ja auch ohne mein Zutun vieles vollbracht: hat eine Mauer gebaut und einen Graben mit eingerammten Pfählen um das Lager gezogen. Dennoch kann er der Kraft des männermordenden Hektor nicht widerstehen. Solange ich selber mit euch vereinigt gestritten, scheute sich Hektor, so weit von der Feste zu kämpfen; höchstens gelangte er an das skaiische Tor und die Buche, wo er mir einmal standhielt, doch kaum dem Angriff entrann. Jetzt aber will ich nicht mit Hektor kämpfen. Morgen bringe ich Zeus und den anderen Göttern Opfer und fahre mit meinen Schiffen heimwärts. Gibt mir der Länderumstürmer Poseidon glückliche Fahrt, kann ich am dritten Tag zu den heimatlichen Fluren von Phthia gelangen. So ist es besser für mich: Sämtliche Schätze Trojas gewähren mir keinen Ersatz für mein Leben, denn die Seele des Menschen kann man nicht halten noch rufen wiederzukommen, sobald sie durch das Gitter der Zähne entflohen ist. Meine Mutter, die silberfüßige Thetis, sagte, ich könne selbst das Schicksal mir wählen: Wenn ich bleibe und weiter um die Feste Troja kämpfe, ist mir die Heimkehr versagt, doch blüht mir ewiger Nachruhm; kehr ich aber nach Hause zum lieben Lande der Väter, hab ich den Ruhm verloren, doch wird mir ein langes Leben zuteil. Auch euch rate ich, wieder nach Hause zu segeln; denn ihr werdet das Ende der ragenden Ilios nicht erleben. Zeus, der Donnerer, breitet sicher die Hand über sie, und die Troer sind voller Hoffnung. Geht nun und überbringet meine Antwort. Phoinix aber bleibe und nächtige hier, um morgen, sofern er mag, mir zu Schiff zum lieben Lande der Väter zu folgen.«

Die Männer waren von der Härte Achilleus' schwer betroffen und schwiegen; nur der greise Phoinix, der sich die Tränen aus den Augen wischte, versuchte noch, Achilleus zu überreden. Doch umsonst berief er sich darauf, wie oft er Achilleus als Kind auf dem Arm getragen hatte und daß er ihm, als sie vor Jahren gegen Troja aufbrachen, von Achilleus' Vater, Peleus, zur Seite gegeben worden war, um ihm stets mit Rat und Hilfe beizustehen.

So gingen denn die Helden zurück, um die Antwort zu überbringen. Nur Phoinix blieb; Patroklos ließ durch die Mägde ihm in Achilleus' Zelt ein Lager für die Nacht bereiten.

Agamemnon harrte in seinem Zelt der Botschaft des Achilleus. Betroffen hörten alle an, was Odysseus berichtete, nur Diomedes fuhr auf: »Agamemnon, du erlauchter Herrscher! Hättest du doch Achilleus lieber nicht um Versöhnung gebeten, du hast ihn nur in dem trotzigen Hochmut bestärkt, trotzig war er ja immer.«

Die Könige sprengten den Rest des Weins auf die Erde als Opfer für die Götter, und so, nachdem sie gespendet, schritt jeder von dannen zum Zelte, und da ruhten sie still und genossen die Gabe des Schlafes.

Doch Agamemnon, dem Hirten der Völker, floh der beglückende Schlaf. Er seufzte tief aus der Brust, und ihm bebte die innerste Seele vor Sorge um die Griechen. Sooft er über die Ebene Trojas schaute, staunte er über die vielen Wachtfeuer weit um Troja, über die Flöten- und Pfeifentöne und über das Gelärme der Menschenmenge. Dann sah er zu den Schiffen und dem Heer der Griechen hinüber und raufte sich verzweifelt die Haare. Zu nachtschlafender Zeit rief er die Führer zur Beratung zusammen.

Als erster sprach der greise Nestor. Er stellte die Frage, ob einer den Mut habe, sich ins troische Lager zu schleichen und auszukundschaften, was sie beabsichtigten, ob sie weiter die griechischen Schiffe bedrängen wollten oder morgen nach Hause zögen.

Diomedes übernahm diese Aufgabe, bat aber um einen Begleiter, weil zwei immer mehr ausrichten können als einer. Sie helfen sich gegenseitig, und was der eine nicht sieht, das gewahrt der andere. Viele machten sich erbötig; die Helden wetteiferten, mit Diomedes zu gehen; er aber erkor sich den Odysseus als Gefährten, denn zu seinem männlichen Mut benötigte er den klugen Rat, den der andere Liebling der Pallas Athene stets zu geben wußte.

Unterdes ließ auch Hektor die Troer nicht schlafen, er wollte seinerseits gerade jemanden zu den Griechen schicken, der auskundschaftete, ob sie die Schiffe noch bewachten oder schon die Flucht vorbereiteten. Es meldete sich *Dolon*, ein häßlicher Mann, aber ein hurtiger Läufer in einer reich mit Gold und Kupfer beschlagenen Rüstung. Er übernahm es, zu Agamemnons Schiff zu gehen und zu belauschen, was die griechischen Gebieter beratschlagten. Er ging. Doch nie kehrte er zurück, um Hektor Botschaft zu bringen! Denn Odysseus bemerkte ihn sogleich, und er und Diomedes nahmen den Kundschafter Dolon gefangen. Odysseus fragte ihn über die Kampfstellungen der Troer aus, und Dolon gab ihm genauen Bericht über die Anordnung des feindlichen Lagers. Wachtposten hätten sie nicht, sondern jeder einzelne Troer wache bei den Feuern. Nur die Verbündeten schliefen und überließen den Troern das Wachsein und alle Sorge, weil ihre Weiber und Kinder ja nicht in der Nähe seien. Besonders merkten Odysseus und Diomedes auf, als Dolon von dem kürzlich erst angekommenen thrakischen Bundesgenossen, dem König *Rhesos*, und dessen Pferden sprach: »Er hat Rosse, so schöne und große wie kein anderer, weißer sind sie als Schnee und schneller als der Wind. Sein Wagen ist mit Gold und Silber beschlagen, und mit gewaltigen Waffen aus Gold kam er, man sieht sie mit Staunen. Dem sterblichen Manne gebührt es nicht, solche Waffen zu tragen, nur den ewigen Göttern.«

Als sie aus Dolon alles herausbekommen hatten, was er wußte, töteten sie ihn, und Odysseus brachte der Göttin Athene Dolons Waffen dar. Dann machten sie sich auf den Weg in der Richtung, wo sich nach Dolons Aussage König Rhesos schlafend befinden mußte. Sie fanden ihn, töteten ihn und seine zwölf Gefährten und nahmen sich auch die prachtvollen Rosse. Da trat Pallas Athene zu Diomedes und mahnte ihn, daß es Zeit sei, zu den Schiffen zurückzukehren.

Sie schwangen sich auf die thrakischen Rosse. Weit waren sie schon geritten, als Apollon den Verwandten des Rhesos, *Hippokoon*, aus dem Schlafe weckte. Dieser sah nun, welch grausiges Gemetzel geschehen war, und auf sein lautes Jammern hin erwachten die Troer. Odysseus und Diomedes aber hatten die Schiffe nun schon erreicht. Sie wuschen sich im Meer den Schweiß vom Körper, salbten sich mit Öl, setzten sich danach zum Mahle nieder und sprengten aus ihren Bechern duftenden Wein zum Opfer für Pallas Athene.

Eos, die Morgenröte, erhob sich vom Lager neben dem hehren Tithonos, ihrem Gemahl, um den Unsterblichen und Sterblichen Licht zu bringen. Zeus aber sandte Eris zu den hurtigen Schiffen der Griechen. Sie hielt das Zeichen des Krieges in Händen, und nun wollten die Griechen lieber weiterkämpfen als in den hohlen Schiffen heimkehren zum Lande der Väter.

Mit schallender Stimme gab Agamemnon Befehl, sich zu wappnen, auch er selbst hüllte sich in die funkelnde Rüstung, und als er seine beiden mächtigen Lanzen in die Hand nahm und die ehernen Spitzen gen Himmel strahlten, grüßten ihn von oben Athene und Hera mit donnernder Stimme, so gaben sie dem König des goldgefüllten Mykene die Ehre. Jeder Held vertraute sein Pferd dem Wagenlenker längs des Grabens an, sie selbst stürmten alle, schwer gerüstet, zu Fuß vorwärts. Kronos' Sohn Zeus entfesselte eine fürchterliche Schlacht und sandte blutigen Tau vom Äther herab, denn an diesem Tage gedachte er viele Helden in die Tiefe des Hades zu stürzen.

Auch die Troer zogen heran, an ihrer Spitze Hektor. Wie Wölfe fielen die beiden feindlichen Heere einander an. Eris, die Göttin der Zwietracht, freute sich, als sie das sah, und von allen Göttern stand sie allein in den Reihen der Kämpfer. Die anderen Götter saßen auf dem hohen Olympos in ihren Palästen; Zeus aber ließ sich, den Blitz in der Hand, auf dem Idaberge nieder. Er schickte die goldgeflügelte Iris zu Hektor und ließ ihm sagen, er solle sich so lange vom Kampf zurückziehen, bis Agamemnon verwundet werde und das Schlachtfeld verlasse. Dann aber möge Hektor weiterkämpfen, er, der Gott, werde ihm den Sieg verleihen.

Hektor gehorchte und hielt sich abseits. Bald durchbohrte aber *Koons* Lanze Agamemnon den Arm; der König streckte noch seinen Angreifer nieder, den Schmerz konnte er dennoch nicht lange unterdrücken und mußte sich zurückziehen. Dann warf sich Hektor in die Schlacht wie ein brausender Sturmwind, der auf das Veilchenblau des Meeres herabstürzt. Er vollführte ein grausames Gemetzel, ihm hielten nur Odysseus und Diomedes das Gleichgewicht, bis auch Diomedes, vom Pfeil des Paris getroffen, gezwungen war, sich zu den Schiffen zurückzuziehen. Odysseus, allein geblieben, erhielt auch eine Wunde, und schon umringten ihn von allen Seiten die Troer, doch Aias und Menelaos retteten ihn aus der Bedrängnis. Ein Pfeil des Paris verwundete auch Machaon. Ihn holte auf Idomeneus' Ruf der greise Nestor aus dem Getümmel und brachte ihn auf dem Wagen zu den Schiffen: Denn mehr als Männer in Menge gilt ein Arzt, der Pfeile mit Schnitten zu lösen und die Wunde mit linderndem Balsam zu streichen versteht.

Achilleus sah von weitem der Schlacht zu, er sah, in welch bedrängte Lage die Griechen geraten waren, und ein Gefühl der Freude stieg in ihm auf, denn er ahnte, daß sie nun bald zu ihm kommen und ihn um Hilfe bitten würden. Und Nestors weise Worte erweckten in Achilleus' Gefährten, Patroklos, schon Begeisterung für den Kampf.

Alsbald bestürmten die Troer die breite Mauer, die zum Schutz der griechischen Schiffe errichtet worden war, und Hektor hob einen gewaltigen Stein hoch – von den heutigen Menschen könnten ihn zwei nicht heben –, schleuderte ihn gegen das Tor, und es zersplitterte berstend. Nun sprang der herrliche Hektor finsteren Auges hinein wie die fallende Nacht, aber er strahlte im Erz und schwang seine beiden Speere. Ein Sterblicher konnte ihn da nicht mehr halten. Er wandte sich um und schrie den Troern zu, ihm zu folgen. Und alle folgten dem Ruf. Die Griechen bei den bauchigen Schiffen sahen voll Schrecken, wie die Menge durchs Tor quoll.

Apollon hatte den Troern geholfen. Er riß leichthin den Rand des Grabens ein, um so eine Brücke anzulegen. Und er stürzte auch die Mauer. Wie ein Kind zertritt, was es aus Sand gebaut hat, so zertrat der Gott, was die Griechen mit mühsamer Arbeit errichtet hatten.

Als Patroklos sah, daß die Troer auf die Schiffe losstürzten und bei den Griechen furchtbares Entsetzen ausbrach, eilte er zu Achilleus, hoffend, er könne ihn überreden, nun doch in den Kampf einzugreifen.

Bei den Schiffen war ein gräßliches Getümmel; die Griechen vermochten die Troer nicht zurückzuschlagen, aber die Troer konnten auch nicht in die Zelte und Schiffe eindringen. Teukros legte mit dem Bogen auf Hektor an, den Bogen hatte ihm einst Apollon geschenkt, doch jetzt riß die straff gespannte Sehne, obwohl Teukros sie erst frühmorgens eingesetzt hatte. Hektor sah es, und er wußte, daß Zeus den Bogen des Teukros verdorben hatte, drum spornte er die Troer zu noch grimmigeren Stürmen an: Wer fällt, der stirbt für die Heimat, für sein Weib, seine Kinder, sein Haus und seine ererbten Güter! Schon kommen sie mit brennenden Fackeln, um die griechischen Schiffe in Brand zu stekken! Fällt einer, gleich tritt ein anderer an seine Stelle: Aias allein erschlug zwölf Troer, die Feuer in die Schiffe werfen wollten.

Patroklos berichtete unterdessen weinend dem Achilleus von den fürchterlichen Verlusten der Griechen.

»Was frommt dein Ruhm der Nachwelt, wenn du nicht jetzt die Achaier vom schmählichen Unheil errettest? Steinerner Mann! Dein Vater kann nicht Peleus noch Thetis deine Mutter sein. Dich schufen harte Felsen und das blaue Meer, darum ist dein Sinn so hart und bitter. Schick doch wenigstens mich mit der Schar der Myrmidonen! Und laß mich deine eigene Rüstung anlegen.«

Achilleus dachte noch immer voll Haß an Agamemnon, doch auf diese Bitte ging er ein; er ließ Patroklos in den Kampf ziehen. Er trug ihm aber auf, die Troer nicht bis zu ihrer Feste zu verfolgen, sondern nur die Schiffe zu befreien und dann zurückzukehren. Da hatte bereits Hektor dem Aias den Speer zerbrochen und damit das letzte Hindernis beseitigt: Den Troern gelang es, das erste Schiff in Brand zu stecken.

Nun war es Achilleus, der Patroklos drängte. Dieser legte Achilleus' Rüstung an; nur des Achilleus Speer, den starken, wuchtigen, ließ er stehen: Den hatte einst Cheiron, der Kentaur, von Pelions Gipfel gebracht für Achilleus' Vater, Peleus, und er war so schwer, daß kein anderer ihn schwingen konnte als Achilleus. *Automedon* spannte Achilleus' sturmgeschwinde, unsterbliche Rosse *Xanthos* (»Falbe«) und *Balios* (»Schekkig«) vor den Kampfwagen. Der Vater dieser Pferde war Zephyr, der Westwind, und die Harpyie *Podarge*, die »schnellfüßige« Sturmgöttin, war ihre Mutter. Achilleus selbst rief die Myrmidonen zu den Waffen. Als alle da waren und in Schlachtordnung standen, feuerte Achilleus sie durch eine kurze und harte Rede an: Nun sei die große Stunde des Kampfes gekommen, die sie so ersehnt hätten, »nun kämpfe, wer mutigen Herzens, wider die Troer«. Also schlossen sich fest die gebuckelten Schilde und die Helme – »Schild an Schild gedrängt, Helm an Helm, Krieger an Krieger« –, und an ihrer Spitze zogen Patroklos und Automedon. Schon ihr bloßes Erscheinen versetzte die Troer in Schrecken: Sie vermeinten, Achilleus selbst beteilige sich wieder am Kriege. Patroklos stand seinen Mann, er vertrieb die Troer von den Schiffen und löschte das Feuer um das halbverbrannte Schiff des Protesilaos.

Die Griechen atmeten auf, sie stürmten hinter den Troern her, und sogar Hektor floh. Die mit ihnen verbündeten Lykier, von Zeus' Sohn *Sarpedon* ermutigt, hielten am längsten stand. Doch als Sarpedon sich Patroklos gegenüberfand, mußte er sterben. Es half ihm nichts, daß Zeus ihn bedauerte und ihn aus dem Schlachtgetümmel herausreißen wollte; gegen die *Moira*, das dem sterblichen Menschen bestimmte Schicksal, war sogar Zeus, der Vater der Götter und Menschen, machtlos. Zeus konnte nur noch den Leichnam Sarpedons dem Apollon anvertrauen. Apollon kam vom Idaberge und zog im Hagel der Pfeile die Leiche heraus, er wusch sie im Wasser des Flusses, salbte sie mit Ambrosia und kleidete sie in göttliche Gewänder. Dann überließ er sie den Zwillingsbrüdern *Hypnos* und *Thanatos*, dem »Schlaf« und dem »Tod«; diese trugen sie schnell nach Lykien und legten sie dort nieder, damit die Brüder und Verwandten des Toten ihn beerdigen, ihm einen Grabhügel schaufeln und eine Säule errichten konnten; »denn das ist die Ehre der Toten«.

Patroklos aber vergaß, was ihm Achilleus befohlen, er jagte die Troer und die Lykier bis zur Stadt Troja. Und dank seiner Tapferkeit hätten die Griechen nun auch schon Troja eingenommen, wäre nicht Apollon beschirmend auf dem Turm der Feste erschienen. Dreimal erstürmte Patroklos die Mauer, und dreimal stieß ihn Apollon zurück, indem er mit der unsterblichen Hand auf den glänzenden Schild schlug. Und als es Patroklos zum vierten Mal wagte, den Fuß auf die Kante der Mauer zu setzen, rief ihm der Schütze Apollon drohend zu: »Weiche, tapferer Patroklos! Nicht dir ist es vom Schicksal bestimmt, die Feste der mutigen Troer mit deinem Speer zu beugen, auch nicht dem Achilleus, dessen Kraft viel größer als deine ist.«

Da wich Patroklos zurück, und Apollon spornte Hektor zum Kampf gegen ihn an. Als die beiden Helden einander gegenüberstanden, tötete Patroklos Hektors Rosselenker Kebriones, und nun brach um dessen Leiche ringsum der wilde Kampf aus. Aber Phoibos Apollon kämpfte gegen Patroklos. Dieser sah ihn nicht, denn der Gott war in dichten Nebel gehüllt. Apollon schlug Patroklos mit der flachen Hand auf den Rücken zwischen beide Schultern und stieß ihm den Helm vom Kopf – den Helm des Achilleus, den Zeus auf diese Weise dem Hektor zukommen ließ. Dem Patroklos zerbrach nun auch der wuchtige Speer in den Händen, Rüstung und Schild fielen ihm vom Körper, und ihn selbst ergriff Schwindel. Nackt und ausgeliefert stand er dort, als ihn die Lanze des *Euphorbos* traf. Noch lebte er, als Hektors Waffe ihn traf und ihm den Tod gab. Aber schon sterbend, wies er selbstbewußt den spottenden Hektor zurecht und sagte dem troischen Helden voraus, daß er durch Achilleus' Hand fallen werde. Da umhüllte ihn der Tod, die Seele entfloh seinem Körper und fuhr zum Hades hinab, weinend um ihr Geschick, daß sie die Stärke und die Jugend des Helden verlassen mußte. Hektor sann über die Wahrsagung des Toten nach, ermannte sich aber, zog seinen Speer aus der Wunde des Erschlagenen, stieß die Leiche beiseite und stürzte sich auf Automedon, den wackeren Freund und Diener Achilleus'. Doch den entführten die schnellen, himmlischen Rosse, die einst dem Peleus die Götter geschenkt.

Menelaos rief *Aias*, den Sohn Telamons, er solle ihm helfen, des Patroklos Leiche zu retten. Da hatte Hektor die Leiche schon der Waffen beraubt, und nun zog er die Leiche weg, um ihr den Kopf abzuschlagen und dann den Leichnam den Hunden der Troer zum Fraß hinzuwerfen. Doch als er Aias sah, wich er zurück, aber zum Ärger des Glaukos, des Führers der Lykier, der gehofft hatte, mit Patroklos' Leiche die Rüstung Sarpedons auslösen zu können. Hektor hatte sich nicht dem Kampf entziehen wollen, er war nur beiseite getreten, um Achilleus' Rüstung, die er dem toten Patroklos genommen hatte, selbst anzulegen, denn diese Rüstung hatten die himmlischen Götter dem Vater Achilleus' geschenkt.

Inzwischen waren Achilleus' Rosse schon weit vom Schlachtgetümmel entfernt, und sie weinten, weil sie als erste erfuhren, daß Patroklos gefallen war. Vergebens schlug Automedon sie mit der Peitsche; vergebens trieb er sie mit freundlichen Worten an, und er fluchte auch vergebens: Die Pferde wollten weder zu den Schiffen noch in die Schlacht zurückkehren, sie standen auf der Stelle starr, »wie die Säulen fest stehen und ohne zu wanken auf den Hügeln verstorbener Männer und Frauen«, sie hielten die Köpfe gesenkt, und brennende Tränen rannen aus ihren Augen. So beweinten sie den toten Patroklos. Zeus bemitleidete sie, und kopfschüttelnd sagte er: »O ihr Armen, warum gaben wir euch dem sterblichen König Peleus, euch, die ihr beide unsterblich und von ewiger Jugend seid? Nun müßt ihr leiden und dulden gleich den unglückseligen Menschen. Nie soll aber mit euch und mit dem prächtigen Wagen Hektor, Priamos' Sohn, fahren, das gestatte ich nimmer! Ist's nicht genug, daß er die Rüstung raubte und sich eitel brüstet? Nun aber will ich euch Mut in Herz und Knie senden, daß ihr den Automedon aus dem Kampf errettet und ihn zu den bauchigen Schiffen bringt. Denn jetzt noch leih' ich den Troern den Ruhm und lasse sie morden, bis sie die Schiffe erreichen, die Sonne sich senkt und die heilige Dämmerung hereinbricht.«

Und Zeus sandte Pallas Athene hinunter, den Streit zu schüren. Sie spornte Menelaos und seine Gefährten an, auf der anderen Seite wurde Hektor von Apollon ermutigt. Vater Zeus aber ergriff die mit Quasten behängte, flimmernde Aigis und hüllte das Ida-Gebirge in Wolken, er warf Blitze und donnerte und schwenkte die Aigis, krönte die Troer mit Sieg und scheuchte das Heer der Achaier. Es entging den Helden nicht, daß Zeus selbst den Troern half. Aias, Telamons Sohn, blickte umher, weil er jemanden mit der traurigen Nachricht zu Achilleus schikken wollte, doch konnte er in dem dichten Nebel seine Gefährten nicht erkennen. Er betete zu Zeus, worauf der Gott den Nebel lichtete, die Sonne brach durch, und hell lag vor ihnen das ganze Schlachtfeld. Aias sagte dem blonden Menelaos, er solle hinter die Kampflinie gehen, Nestors Sohn Antilochos suchen und diesen zu Achilleus schicken. Als Antilochos hörte, was geschehen, war er starr vor Entsetzen, seine Augen füllten sich mit Tränen, und er konnte kein Wort hervorbringen.

Aber er folgte dem Ruf und ging, um Achilleus die schreckliche Kunde vom Tode des Patroklos zu bringen.

Menelaos aber kämpfte weiter; es ging den Griechen jetzt nur noch darum, der Leiche des Patroklos habhaft zu werden und vor den immer noch erstarkenden Angriffen der Troer zu flüchten. Endlich gelang es: Menelaos und Meriones hoben den Leichnam auf die Schultern und trugen ihn laufend zu den bauchigen Schiffen. Nun trieben nur noch Aias, der Lokrer, und Aias aus Salamis den Angriff der Troer zurück, doch die Troer, von Hektor und Aineias geführt, drangen immer weiter vor, sie schlugen die Griechen in die Flucht.

Der Kampf war noch im Gang, als Antilochos bei den Schiffen der Myrmidonen ankam und die Trauerkunde überbrachte.

»Weh mir, Sohn des Peleus, bittere Kunde mußt du von mir erfahren – o wäre es doch nimmer geschehen! Patroklos liegt tot da, jetzt kämpfen sie um den nackten Leib. Denn die Rüstung hat schon Hektor, der Helmschüttler, geraubt.«

Rief's, und Achilleus umhüllte die schwarze Wolke der Trauer. Mit beiden Händen ergriff er Staub, streute ihn auf sein Haupt und beschmierte sein blühendes Antlitz. Sein lichtes Gewand bedeckte finstere Asche. Selber lag er im Staub, gestreckt in riesiger Länge, und verwüstete wild sein Haar mit raufenden Händen. Auch die Mägde, seine und des Patroklos Sklavinnen, schrien laut vor Jammer, stürzten hinaus und schlugen sich mit den Fäusten die Brust, bis ihnen die Glieder erlahmten. Antilochos stand weinend da und hielt des Achilleus Hand, er bangte, der Held werde sich ein Leid antun. Achilleus jammerte schauerlich, und ihn hörte seine erhabene Mutter, die in den Tiefen des Meeres beim alternden Vater verweilte, und da klagte auch sie. Rings kamen die Göttinnen herbei, alle die Töchter des Nereus, aus den Tiefen der See. Sie füllten die silberne Grotte, und alle schlugen sich an die Brust, als Thetis jammernd klagte: »Hört mich, Nereiden, ihr Schwestern, welch Schmerz meine Seele beschwert. Weh mir, die ich den hehresten Helden zum Unglück gebar! Er wuchs empor wie ein Schößling, und ich nährte ihn gleich einer Pflanze im üppigen Erdreich, ließ es dann zu, daß er gen Ilios fuhr auf geschnäbelten Schiffen, gegen die Troer zu kämpfen. Nie werd' ich ihn daheim empfangen, niemals kehrt er wieder ins Haus des Peleus zurück. Ach, solang er mir lebt und die leuchtende Sonne schaut, ist er voll Jammer, und ich kann ihm nicht helfen. Dennoch geh' ich, mein liebes Kind zu sehen und zu hören, welch ein Leid es befiel.«

Also sprach sie und verließ die Grotte. Weinenden Auges gingen die Göttinnen mit. Da wich die Woge des Meeres rings um sie, und sie kamen vor Troja an und stiegen der Reihe nach dort ans Land, wo die myrmidonischen Schiffe lagen. Die erhabene Mutter trat zu dem stöhnenden Helden Achilleus, jammerte laut und umfing das Haupt des geliebten Sohnes und sprach mit klagender Stimme zu ihm: »Mein Kind, warum weinst du, welch ein Kummer bedrückt dir die Seele? Sag's, verbirg es mir nicht! Hat Zeus doch gewährt, was du von ihm erflehtest: Die Griechen wurden bis an die Schiffe zurückgeschlagen und merken nun, wie sehr sie dich vermissen.«

Tief seufzend erwiderte ihr der Held Achilleus: »Ja, meine Mutter, das hat Zeus, der Olympische, vollendet. Aber was mag mir das nützen, da doch Patroklos, mein teuerster Freund von allen Gefährten, gefallen. Ich liebte ihn wie mich selbst und habe ihn verloren; Hektor hat ihn erschlagen und ihm die riesige Rüstung weggenommen, die als herrliches Geschenk die Götter dem Peleus gaben, als sie dich zwangen, den sterblichen Mann zu ehelichen. Wärest du doch da unten bei den ewigen Meeresgöttinnen geblieben, und Peleus hätte sich einem sterblichen Weibe vermählt! Nun wirst du deinen Sohn nie mehr daheim empfangen, denn er kehrt nicht zurück. Meine Seele läßt mich nicht mehr unter den Menschen leben, wenn nicht Hektor, von meiner Lanze getroffen, das Leben verliert und mir den Mord und Raub an Patroklos, dem Sohn des Menoitios, büßt.«

Thetis erwiderte ihrem Sohn unter Tränen, es sei sein Schicksal, bald nach dem Tode Hektors sterben zu müssen.

»Stürbe ich lieber doch gleich!« sprach Achilleus, und er bereute in tiefster Seele seinen Groll, der die Ursache gewesen, daß er nicht mit dem lieben Freund Patroklos zusammen in der Schlacht war. »Hier sitze ich bei den Schiffen, eine unnütze Bürde der Erde, wo doch keiner der eisenbewehrten Achaier mir im Kampfe gleicht. Möchte doch Eris aus der Mitte der Götter und Menschen schwinden und aller Zorn, der selbst den weisesten blendet und der, süßer als Honigseim, das Herz der Männer betört und wie Rauch emporsteigt. Doch nun mag der alte Groll ruhen; ich gehe, den Mörder des teuren Hauptes zu suchen, Hektor. Dann treffe mich selbst der Tod, sobald ihn Zeus und die anderen ewigen Götter mir zuteilen.«

Aber Achilleus besaß ja keine Rüstung mehr. Thetis versprach ihm, am andern Tag in der Frühe ihm von Hephaistos neue Waffen zu bringen. Bis dahin solle er sich aber noch vom Kampf fernhalten. Dann bat sie ihre Schwestern, die Nereiden, nun in den Schoß des Meeres zurückzutauchen und ihrem Vater, dem Meergreis, Nachricht zu geben. Sie selbst schwebte auf den Olympos hinauf, um Hephaistos um neue Waffen für ihren Sohn zu bitten.

Unterdessen waren die Griechen noch weiter zurückgewichen. Patroklos' Leiche war wieder gefährdet. Zum dritten Mal schon griff Hektor nach ihr, er faßte sie schon bei den Füßen, um sie wegzuschleifen, doch auch zum dritten Mal stießen Aias, der Sohn des Telamon, und Aias, der Sohn des Oileus, ihn weg. Hektor aber ließ von seinem Vorhaben nicht ab. Da geschah es, daß Hera – hinter dem Rücken des Zeus und der anderen Götter – die Botin Iris zu Achilleus schickte, und sie rief ihn in den Kampf. Er wollte zwar seiner Mutter Thetis gehorchen und ohne Waffen nicht gehen, gab aber der Iris dennoch nach: Er ging zur Mauer, und da warf ihm Pallas Athene die Aigis auf die Schulter und entzündete ein wunderbares Licht auf seinem Haupte. Dreimal schrie Achilleus über den Graben hinüber, und dreimal wurden die Troer durch seinen bloßen Anblick und durch seine Stimme verstört. Nun konnten die Griechen sich der Leiche des Patroklos bemächtigen. Sie legten sie auf eine Tragbahre und umringten sie wehklagend. Unter ihnen stand auch Achilleus und vergoß heiße Tränen, als er den Gefährten von Lanzen durchbohrt erblickte, den lieben Freund, den er in die Schlacht geschickt hatte und der nicht lebend zurückgekehrt war.

Die ganze Nacht hindurch beweinten die Griechen Patroklos. Sie wuschen seinen Leichnam und salbten ihn mit Öl, Achilleus aber gelobte, ihn nicht eher zu begraben, als bis er Hektor getötet und die Rüstung zurückerobert habe. Vor seinem flammenden Scheiterhaufen werde er zwölf troische Jünglinge niedermetzeln. Solange solle der tote Freund bei den Schnäbeln der Schiffe ruhen, und die erbeuteten troischen Frauen und Mädchen, die Sklavinnen, sollten ihn Tag und Nacht beweinen.

Inzwischen ging Thetis zu Hephaistos. Der Schmiedegott und seine Gattin, Charis, empfingen sie freundlich, und er versprach, die Waffen zu schmieden, um so mehr, als er Thetis, die ihn einmal gerettet, Dank schuldig war. Er begab sich auch gleich an den Amboß und machte sich an die Arbeit.

Als Eos im safranfarbenen Mantel aus dem Okeanos aufstieg, langte Thetis mit dem Geschenk des Gottes bei den griechischen Schiffen an. Sie fand ihren Sohn laut weinend neben Patroklos' Leiche; die Gefährten weinten mit ihm. Thetis gab Achilleus die Rüstung, dann salbte sie die Leiche seines Freundes mit Nektar und Ambrosia.

Achilleus versammelte um sich die Heerführer. Diomedes und Odysseus fanden sich hinkend, auf ihre Lanzen gestützt, ein; auch Agamemnon war verwundet. Achilleus versöhnte sich mit ihm, und er bereute bitter seinen Groll, der den Tod so vieler Griechen verursacht hatte.

Nun wurden Agamemnons reiche Geschenke vor die Versammlung gebracht. Es waren kostbare Schätze, prächtige Gefäße, zwölf Pferde, sieben gewandte Sklavinnen und als achte die schönwangige Briseis. Und Agamemnon erhob sich, brachte ein Opfer dar, streckte die Hände zu Zeus gen Himmel und schwor, daß er die Hand nicht gegen Briseis gehoben habe, während sie bei ihm war. Die Geschenke wurden in Achilleus' Zelt getragen und die Pferde zu den anderen Rossen gestellt. Nun trat Briseis ein, sie war schön wie die goldene Aphrodite. Als sie die von Wunden entstellte Leiche des Patroklos erblickte, sank sie mit einem Aufschrei bei ihm nieder, sie schlug sich die Brust und den zarten Hals und die blühenden Wangen und sprach schluchzend: »O Patroklos, du warst mir Armen teuer wie kein anderer; lebend ließ ich dich hier, als ich fortging; und nun, zurückgekehrt, finde ich dich, Gebieter der Völker, tot wieder. Ewig beweine ich dich, der du immer so gut zu mir warst.«

Es kamen die Ältesten des Volkes und nötigten Achilleus, etwas Speise zu sich zu nehmen. Doch er lehnte es ab. Nun blieben nur noch die beiden Atreiden, Odysseus, Nestor, Idomeneus und Phoinix bei ihm. Er beweinte unaufhörlich Patroklos.

»Wie könnte mich je etwas Schlimmeres treffen: nicht wenn ich den Tod des lieben Vaters vernähme, der sich nun in Phthia sicherlich härmt und Tränen vergießt nach dem Sohn.«

So klagte er und schluchzte; auch die Volksältesten seufzten, ein jeder von ihnen gedachte dessen, was er daheim im Palaste verlassen. Der Anblick der trauernden Männer erbarmte Zeus, den Kroniden. Er schickte Athene zu ihnen hinunter, und die Göttin flößte Achilleus Nektar und Ambrosia in die Brust, damit er nicht vor Hunger zusammenbreche.

Zeus gab der Themis Befehl, die Götter zum Rat einzuberufen. Sie ging und lud sie alle in Zeus' Palast. Keiner blieb aus, auch die Flüsse nicht, einzig Okeanos fehlte. Doch kamen auch die Nymphen, welche die lieblichen Haine, die Quellen der Flüsse und die bachdurchfluteten Auen bewohnen. Zeus verkündete, sie könnten jetzt aufs Schlachtfeld hinabgehen, wo jeder der Götter helfen möge, wem er wolle, den Troern oder den Griechen; er selbst bleibe auf dem hohen Olympos und ergötze sich am Anblick des Kampfes. Da gingen denn die Götter und Göttinnen aufs Schlachtfeld: Hera, Pallas Athene, Poseidon, Hermes und Hephaistos standen den Griechen bei; Ares, Apollon, Artemis, Leto, Aphrodite und der Flußgott Skamandros, den die Götter Xanthos nannten, halfen den Troern.

Als die Götter kamen, siegten bereits die Griechen, weil Achilleus wieder bei ihnen erschienen war.

Der schnelle Achilleus suchte nur Hektor, doch Apollon sandte ihm Aineias als Gegner. Die Götter traten zur Seite und schauten zu, wie die sterblichen Söhne der beiden Göttinnen gegeneinander kämpften: Achilleus, der Sohn der Thetis, und Aineias, der Sohn der Aphrodite. Doch als sie sahen, daß Achilleus schon nahe daran war, Aineias zu töten, mischte sich Poseidon ein, obwohl er immer für die Griechen Partei genommen hatte. Er sprach: »Kommt, wir wollen Aineias dem Tode entreißen, damit Zeus nicht ergrimmt, wenn ihn Achilleus erschlägt. Sein Schicksal ist es zu entrinnen, daß nicht samenlos des *Dardanos* Sippe erlischt, denn Dardanos hat Zeus von all seinen sterblichen Kindern am meisten geliebt. Doch jetzt ist des Priamos Sippe dem Kroniden verhaßt; deshalb wird Aineias die Troer beherrschen und nach ihm seine Kinder und Enkel von Geschlecht zu Geschlecht.«

Als Achilleus die Troer schon bis zum wirbelnden Strome *Xanthos* zurückgeschlagen hatte, stürzten sie sich Hals über Kopf in den Fluß, wie Heuschreckenschwärme, die von Feuer verfolgt sind, vor den Flammen ins Wasser fliehen. Xanthos selbst, der Gott des wirbelnden Flusses, fand es schon zuviel, er erhob sich in Gestalt eines Mannes aus den Fluten und gebot Achilleus Halt: »Keiner ist, Achilleus, so gewaltig und vollführt solchen Frevel wie du! Gab des Kronos Sohn dir alle Troer zu erschlagen, treibe sie fort aus meinem Bette, und üb dein Gemetzel im Felde. Meine lieblichen Fluten sind voller Leichen, sie versperren mir den Weg, ich kann mein Wasser nicht in das heilige Meer schütten, so grauenvoll wütest du. Laß jetzt ab! Mich packt Entsetzen, und ich staune über dich, Herrscher der Völker!«

Achilleus hörte die Worte des Flusses

und erwiderte ihm: »Es sei, wie du befiehlst, gotterzeugter Skamandros« – aber der Ingrimm des Kampfes ließ ihn nicht rasten, er stürmte weiter und jagte die Troer bis zu ihrer Stadt, um sich dort mit Hektor zu messen.

Der Flußgott lehnte sich mächtig gegen Achilleus auf: Er warf alle Wasser im Wirbel empor und drängte die Toten hinaus, die Lebenden rettete er, indem er sie vor Achilleus' mordender Hand verbarg. Eine tosende Woge prallte an Achilleus' Schild, so daß sich der Held nicht mehr auf den Füßen halten konnte. Er klammerte sich mit der Hand an eine mächtige Ulme, doch der Baum, entwurzelt, stürzte in die Fluten. Sein dichtes Gezweige dämmte die Flut und überbrückte den Fluß. So rettete sich Achilleus ans Ufer. Aber der Stromgott ruhte nicht, er raste dem Helden nach und drohte, ihn zu verschlingen. Aus dieser Gefahr wurde Achilleus von Poseidon und Pallas Athene gerettet. Aber der Skamandros bat seinen Fluß-Bruder Simoeis um Hilfe, er schwoll von neuem an, stürzte sich hochflutend, Schaum und Blut spritzend und Leichen wirbelnd, auf Achilleus. Fast verschlang er ihn schon, da sandte Hera den Hephaistos zu Achilleus hinab – im Kampf der Götter war der Schmiedegott als einziger dem Flußgott Xanthos gewachsen –, und mit seinem Feuer hielt er das uferlose Strömen des Flusses auf. Es brannte sogar schon der Strom, und erst als der Skamandros versprach, die Verfolgung Achilleus' aufzugeben und den Troern nicht mehr zu helfen, auch dann nicht, wenn die Griechen die Stadt in Brand steckten, rief die weißarmige Hera ihren hinkenden Sohn, Hephaistos, auf den Olympos zurück.

Achilleus war schon dicht vor der Stadt. Die Troer liefen vor ihm davon, und Priamos ließ die Tore der Stadt öffnen, um die Flüchtenden einzulassen.

Nur Hektor blieb außerhalb der Mauern, er stand an dem skaiischen Tore, wohin ihn die verderbliche Moira gebannt hatte.

Priamos gewahrte zuerst, daß Achilleus nahte, er sah auch Hektor am Tor und streckte von der Mauer her flehend die Hände zu ihm aus; weinend rief auch Hekabe ihren Sohn. Aber Hektor hörte nicht auf die Eltern.

Schon kam Achilleus heran, die riesige Lanze schüttelnd. Hektor trat ihm gegenüber und bat ihn, einen Vertrag mit ihm zu schließen: Wer von ihnen beiden siegt, nimmt dem Besiegten die Waffen ab, den Leib aber gibt er dem eigenen Heere zurück. Achilleus jedoch erwiderte: »Hektor, Verruchter, rede mir nicht von Verträgen! So wie zwischen Löwen und Menschen keine Eide bestehen, Wölfe und Lämmer sich nicht vertragen, sondern unaufhörlich einander zu verderben trachten, so kann mich und dich kein Freundeswort einen, kein Eid zwischen uns gelten, bevor einer von uns beiden gefallen ist. Nimm jetzt all deine Kraft zusammen, eine Rettung gibt es nicht mehr. Pallas Athene besiegt dich nun durch meine Lanze. Auf einmal büßt du nun für alle meine Gefährten, die du erschlugst!«

Das rief Achilleus und suchte schon am Gegner die Stelle, wo ihn die von Patroklos erbeutete Rüstung am wenigsten schützte.

Hektor war dem Tode schon nahe, doch er bat noch seinen Gegner Achilleus, seine Leiche den Troern zu überlassen, sein Vater und seine Mutter würden ein hohes Lösegeld dafür zahlen, daß sie nicht von den Hunden zerfleischt, sondern von den troischen Männern und Frauen auf einem Scheiterhaufen verbrannt werde. Achilleus aber blieb unerbittlich. Da erwiderte ihm sterbend der helmschüttelnde Hektor: »Hüte dich, daß nicht meinetwegen die Götter dir zürnen, wenn der Tag kommt, an dem Paris und Phoibos Apollon dich, so kühn du auch bist, am skaiischen Tore töten!«

Achilleus kümmerte sich um die Weissagung nicht, hart rief er noch dem toten Hektor zu: »Stirb! Ich werde mein Los hinnehmen, sobald es Zeus und die anderen ewigen Götter vollenden wollen.«

Und dann dachte er sich eine fürchterliche Schmach aus. Er durchbohrte beide Beine Hektors an den Knöcheln, zog einen Riemen hindurch und band die Leiche an seinen Kampfwagen; er selber stieg auf den Sitz, schwang die Peitsche und fuhr los. Den schönen Kopf Hektors ließ er über den Boden schleifen, umwirbelt vom Staub. So eilte Achilleus zu den Schiffen. Und Zeus ließ zu, daß die Feinde Hektor im eigenen Lande derart schändeten. Vater und Mutter sahen von der Mauer aus, wie der Staub das Haupt ihres Sohnes besudelte. Die Mutter raufte ihr Haar, riß in ihrem Jammer den glänzenden Schleier herab und warf ihn weit weg. Jammervoll stöhnte auch der Vater, und er ließ sich kaum davon zurückhalten, hinzustürzen zu Achilleus und ihn anzuflehen für den Sohn. Noch hatte Andromache, Hektors Gattin, nichts vernommen, sie saß nichtsahnend im Hause und webte ein purpurrotes Gewand. Dann, als sie gerade den Mägden befahl, für den aus der Schlacht heimkehrenden Hektor ein warmes Bad zu bereiten, hörte sie das Wehklagen der ganzen Stadt.

Wie eine Mänade lief sie zur Mauer, und die Mägde liefen mit ihr. Als sie sah, wie Achilleus' Rosse den geschändeten Leichnam ihres Gemahls durch den Staub schleiften, schwanden ihr die Sinne; sie stürzte rücklings nieder, weit fielen ihr Stirnreif und ihr Geschmeide, auch der Schleier, den ihr die goldene Aphrodite an dem Tage geschenkt hatte, als der helmschüttelnde Hektor sie als seine Gattin aus dem Elternhaus führte. Ihre Schwägerinnen hoben sie auf, und als sie wieder zu sich kam, klagte sie: »Hektor, o weh mir! Wir beide sind zum gleichen Lose geboren, du in Priamos' Hause in Troja, ich in Theben, am Fuß des bewaldeten Plakos, in Eetions Haus, der mich von klein auf, doch nur zu Elend und Kummer erzog. O wär ich lieber nie geboren! Nun gehst du hinab in Hades' Haus unter die Erde, mich aber läßt du als Witwe in bitterem Jammer zurück. Wie ist so klein noch das Kindlein, unser beider Kind! Nimmer wirst du bei ihm sein, nie werdet ihr einander erfreuen. Sollte er dem tränenbeschwerten Kampf der Achaier entkommen, würden ihm doch nur Mühen und Leiden beschieden sein, denn Fremde werden seine Güter schmälern. Als Waise verliert er seine Gespielen, trübe wird sein Los und feucht die Wangen vor Tränen. Als Bettler geht das Kind hinaus zu des Vaters Gefährten, zupft den einen am Rock, den andern am Mantel, und wer sich seiner erbarmt, reicht ihm den Becher, daß es die Lippen benetzt, den Gaumen befeuchtet es nicht mehr. Oder ihn stößt vom Mahl ein Sohn, dessen Eltern noch leben, schlägt ihn mit der Hand und verhöhnt ihn: Scher dich fort! Dein Vater sitzt nicht bei uns am Tische! Weinend kehrt das Kind heim zur verwitweten Mutter, der kleine Astyanax, der einst, auf den Knien des geliebten Vaters sitzend, nur Mark und Fett von saftigen Lämmern aß ...«

So klagte Andromache und beweinte ihren Gatten. Und ringsum seufzten die Weiber.

Durchnäßt war der Sand am Strande von den Tränen der Myrmidonen, und naß von Tränen waren auch ihre Rüstungen, als sie alle mit Achilleus den Patroklos beweinten. Bei Nacht legte sich Achilleus im Freien am Meeresufer zur Ruhe nieder, und als er eingeschlafen war, erschien ihm die Seele des Patroklos. Sie glich ihm genau an Wuchs, auch die schönen Augen waren die gleichen, und sie war in genau solche Gewänder gekleidet, wie sie Patroklos im Leben getragen hatte. Der Geist stellte sich dem Achilleus zu Häupten und sprach: »Schläfst du, Achilleus, und hast mich völlig vergessen? Nicht den Lebenden, sondern die Sorge um den Toten. Begrabe mich schnellstens, damit ich in Hades' Tor eingehe. Jetzt halten mich die Seelenabbilder der Verstorbenen ab, lassen mich nicht zu ihnen über den Strom. Ziellos schweife ich umher an Hades' breittorigem Hause. Auch dir selber ist es beschieden, unter den Mauern der Troer den Tod zu finden. Laß unsere Gebeine nicht fern voneinander betten! Wie wir zusammen in eurem Palaste erwuchsen, so umschließe die goldene Urne gemeinsam unsere Asche.«

Achilleus streckte die sehnenden Hände nach ihm aus und wollte ihn umarmen, aber er faßte nichts. Wie Rauch floß die Seele winselnd unten an der Erde entlang. Achilleus erwachte staunend und schlug die Hände zusammen.

»So gibt's auch drunten im Hause des Hades Seele und Abbild, und doch so ohne Leben! Denn in der Nacht stand die Seele des armen Patroklos vor mir, weinte und klagte, gab mir Ratschläge und glich ihm selber so seltsam.«

So sprach er, und wieder begannen sie alle zu wehklagen. Sie weinten noch, als sich die rosenfingrige Frühe erhob. Agamemnon trieb die Männer und Maultiere aus den Zelten, Holz zu holen. Als diese vom Walde des Idaberges zurückkehrten, schichteten sie das Holz zu einem hohen Haufen und legten Patroklos' Leiche darauf. Sie schlachteten viele gemästete Schafe und glänzende Rinder, entnahmen allen das Fett, und Achilleus umhüllte damit den Toten vom Kopf bis zu den Füßen; die gehäuteten Tiere häuften sie ringsum auf. Obenauf, neben die Trauerbahre, stellte der Held Krüge mit Honig und Öl. Er tötete vier stolznackige Rosse, zwei von seinen neun Lieblingshunden und zwölf edle troische Jünglinge, sie alle warf er auf das Totengerüst. Dann beweinte er wieder seinen Gefährten und rief ihn beim Namen: »Sei mir gegrüßt, Patroklos, unten im Hause des Hades, und freue dich, denn was ich dir gelobt, habe ich gehalten: Zwölf edle Söhne der tapferen Troer verzehrt das Feuer zusammen mit dir. Hektor aber gebe ich nicht den Flammen, sondern den Hunden zum Fraße!«

Das rief er drohend aus. Aber die Hunde kamen nicht an Hektor heran, denn Zeus' Tochter Aphrodite hielt sie Tag und Nacht fern, und sie hatte den Leichnam mit ambrosischem Rosenöl gesalbt, so wurde er nicht von der Erde zerschunden, als Achilleus ihn an seinen Wagen gebunden schleifte. Nun senkte Phoibos Apollon eine dunkelblaue Wolke vom Himmel zur Erde und hüllte die Stätte, wo der Tote lag, ein, um ihn vor der Kraft der Sonne zu schützen.

Der Scheiterhaufen des toten Patroklos dagegen ging nicht in Flammen auf. Da betete Achilleus zu Boreas, dem Nordwind, und zu Zephyr, dem Westwind, und gelobte, ihnen Opfer darzubringen, wenn sie herbeieilten und das Feuer lodern machten. Und es kamen die beiden Winde mit göttlichem Brausen. Gar bald hatten sie Troja erreicht und stürzten sich in die Hölzer: Gleich prasselte laut die Lohe. Die ganze Nacht schürten sie blasend das Feuer, und Achilleus schöpfte die ganze Nacht Wein aus goldenem Kruge, goß ihn auf die Erde und rief die Seele des armen Patroklos an. Wie ein Vater, der sein Kind beweint, so weinte Achilleus, während er die Gebeine seines Freundes verbrannte; stöhnend und jammernd schleppte er dort am Holzstoß.

Als der Morgenstern aufging, löschten sie die Flammen mit Wein, dann lasen sie die Gebeine des Patroklos, die nicht verbrannt waren, in eine goldene Urne und setzten sie bei. Sie schaufelten einen kleinen Hügel darüber, wie es Achilleus befahl, und er befahl weiterhin, daß nach seinem Tode die ihn überlebenden Griechen den Hügel breit und ragend auch über seiner, Achilleus', Asche erbauen sollten.

Dann ordnete Achilleus Wettspiele zum Gedächtnis des Patroklos an und belohnte die Sieger mit teuren Preisen. Es gab Wagenrennen, Faustkampf, Ringkampf, Wettlauf, es wurde gefochten und Diskos geworfen, und schließlich hätte nach dem Scheibenschießen das Speerwerfen folgen sollen, wozu sich auch Agamemnon meldete. Doch bevor noch dieser Wettkampf begonnen hatte, gab Achilleus dem Agamemnon den ersten Preis und sagte: »Atreus' Sohn, wir wissen, wie du allen voranstehst!«

Nach den Wettspielen verstreute sich die Versammlung, jeder ging in sein Zelt. Es war schon Abend geworden, sie aßen das Nachtmahl und legten sich schlafen. Doch den Achilleus erquickte kein Schlaf, er dachte die ganze Nacht an Patroklos und wälzte sich auf seinem Lager. Endlich stand er auf und wandelte trauernd am Meeresufer. In der dämmernden Frühe aber spannte er die Rosse vor den Wagen, band wieder Hektors Leiche hinten an und schleifte sie dreimal um Patroklos' Grab. Danach ging er ins Zelt zur Ruhe; Hektor ließ er liegen, das Antlitz im Staub. Aber Apollon hütete die Leiche und hielt alles Unwürdige von ihr fern: Er bedeckte sie mit seinem goldenen Schild. Auch die anderen Götter hatten Mitleid und konnten es nicht mehr mit ansehen, wie Achilleus in seinem Grimm mit dem toten Hektor verfuhr. Sie trugen Hermes, dem Späher mit dem scharfen Blick, auf, die Leiche zu rauben. Aber Hera, Poseidon und Pallas Athene verharrten in ihrem alten Zorn gegen alles, was troisch war. Am zwölften Tage erhob Apollon wieder Einspruch, und da widersetzte sich Hera vergebens: Zeus beschloß, der Schändung Hektors ein Ende zu machen. Denn wenn auch Hektor nicht die gleiche Ehre gebührte wie Achilleus, dem Sohne der Göttin Thetis, so war doch Hektor den Göttern der liebste von allen Bewohnern Trojas. Zeus ließ sogleich Thetis rufen. Seine Botin Iris holte sie aus der Tiefe des Meeres. Thetis saß in der Grotte und weinte gerade über das Los ihres sterblichen Sohnes, Achilleus, drum wollte sie sich bei den glücklichen Göttern des Olympos nicht gern zeigen. Da aber Zeus sie rief, mußte sie folgen.

Und es sprach zu ihr der Vater der Götter und Menschen: »Du kamst zum Olympos, Göttin Thetis, sosehr du auch trauerst; welch unermeßlicher Schmerz dich getroffen, weiß ich doch selber. Höre nun, warum ich dich hierhergerufen habe. Schon neun Tage wütet ein Streit im Kreise der Unsterblichen wegen Hektors Leichnam und um den Städtezerstörer Achilleus. Hermes sollte die Leiche stehlen, meinten die anderen. Aber ich sage dir, welchen Ruhm ich Achilleus zudachte, weil ich dich achte und dir auch weiter zugetan bin. Eile schnell ins Lager und bringe dem Sohne die Weisung; sag ihm: Die Götter grollten, und von allen Himmlischen sei ich am meisten erzürnt, weil er rasend im Wahnsinn Hektor bei den bauchigen Schiffen behält und nicht herausgibt. Ich will indes Iris zum hochherzigen Priamos senden, er soll zu den Schiffen der Griechen gehen, den geliebten Sohn loskaufen und Achilleus Geschenke bringen, denn damit erweicht er sein Herz.«

Die silberfüßige Thetis gehorchte, sie flog vom hohen Olympos hinab und ging ins Zelt ihres Sohnes. Dort setzte sie sich neben ihn, streichelte ihn, rief ihn beim Namen und sagte: »Wie lange willst du, mein Kind, dich mit Klagen und Jammern verzehren und Brot und Liebe vergessen? Dein Leben währt nicht mehr lange, dir ist der Tod, das gewaltige Schicksal schon nahe.« Und dann brachte sie schnell auch den Wunsch des Zeus vor.

Achilleus erwiderte: »So sei es denn! Er bringe die Buße und nehme den Leichnam, wenn der Olympier selbst es mir gebietet.«

Iris ging zu Priamos und brachte ihm die Botschaft des Zeus, daß er, er allein, nur von einem seiner Mannen begleitet, zu Achilleus fahren solle, die Leiche seines Sohnes mit kostbaren Geschenken auszulösen. Vergebens wollte Hekabe den greisen König davon zurückhalten; er ging in die Schatzkammer, wählte herrliche Kleinodien für Achilleus aus, ließ anspannen und fuhr, von dem klugen *Idaios* begleitet, zu den griechischen Schiffen.

Als sie auf der Ebene angekommen waren, begegneten sie Hermes. Sie wußten aber nicht, daß es der Gott war, und hielten ihn für einen vornehmen griechischen Jüngling, der ihnen gut gesinnt war, da er sagte, Priamos erinnere ihn an seinen eigenen alten Vater. Hermes geleitete nun Priamos durch das Lager der Griechen hindurch. Er versenkte diese alle in Schlaf, so daß keiner die Ankömmlinge bemerkte. Dann öffnete Hermes das Tor zum ragenden Zelt des Achilleus, er löste den Riegel, den sonst nur drei Diener oder Achilleus allein wegzuschieben vermochten. Dort gab sich Hermes dem Priamos zu erkennen und verschwand, damit niemand sehe, daß er sich mit einem Sterblichen so freundschaftlich einließ.

Priamos schritt gleich auf Achilleus zu, umfaßte seine Knie und küßte die wilde, mordende Hand, die ihm nicht nur Hektor, sondern so viele andere Söhne erschlagen hatte, und sprach bittend zu ihm: »Um meines Sohnes willen kam ich her zu den griechischen Schiffen und bringe prächtige Buße. Fürchte die Götter, Achilleus, habe Erbarmen, und denk an deinen Vater. Unglücklicher bin ich als er, denn ich habe getan, was noch kein Mensch vollbrachte: Ich zog die Hand an meinen Mund, die mein Kind erschlug.«

Da brach Achilleus in Tränen aus, und sie weinten alle beide, hatten sie doch beide traurige Erinnerungen: Priamos dachte an Hektor, Achilleus an seinen Vater und an Patroklos. Dann zog Achilleus den Greis mit dem grauen Haupt und Bart voll Erbarmen vom Boden empor. Es war ihm ja auch klar, daß jener nur von einem Gott geführt durch das Lager der Griechen hatte kommen können und daß ein Gott ihm das Tor geöffnet haben mußte; auch fiel ihm der Befehl des Zeus ein, den ihm Thetis überbracht hatte. Also redete er sanft zu ihm: »So spinnen die Götter das Schicksal der armen Menschen, daß sie kummerbelastet seien, sie selber aber kennen keine Sorge. Denn auf der Schwelle des Zeus stehen zwei Gefäße, voll mit seinen Gaben, das eine nur mit Bösem, das andere mit Freuden. Wem der Donnerer Zeus sie vermischt spendet, der begegnet wechselnd einmal Unheil, dann wieder Glück. Wem er aber nur von den Plagen gibt, den macht er elend. Hunger jagt ihn über die göttliche Erde, und er irrt umher, verachtet von Göttern und Menschen. So verliehen die Götter auch Peleus herrliche Gaben seit seiner Geburt, und er besaß Glück und Reichtum mehr als alle Menschen und herrschte über die Myrmidonen. Ihm, dem Sterblichen, gaben sie eine Göttin zum Weibe. Aber auch ihm verlieh der Himmlische Böses, denn ihm wuchs daheim im Palast kein Stamm königlicher Söhne. Dem einzigen, den er hat, ist früher Tod beschieden. Ich kann ihn im Alter nicht pflegen, denn fern von der Heimat weile ich hier in Troja und bringe Leid über dich und deine Kinder. Auch dich, o Greis, pries einst die Kunde glücklich: Von Lesbos aufwärts, zwischen Phrygien und dem Hellespont war alles dein Land, und du hattest Reichtümer und Söhne wie keiner. Aber seit die himmlischen Götter dich mit Leid beschwerten, rasen rings um die Feste immerfort Schlachten und Männergemetzel. Faß dich, und jammere nicht so unablässig, denn das Klagen hilft dir ja nichts, den Sohn kannst du nicht wieder erwecken ... Du bringst mich nur gegen dich auf« – das sagte Achilleus, als er das Weinen nicht mehr hören konnte. Er nötigte Priamos in einen Sessel, obwohl der Greis sich nicht setzen wollte, solange die Leiche seines Sohnes noch unausgelöst, schmählich herumlag. Dann folgte er aber Achilleus' Geheiß, da dieser erregt war; er setzte sich; und Achilleus ging aus dem Zelt, um draußen Anordnungen zu treffen, was mit Hektors Leiche geschehen solle.

Dann kehrte er zu Priamos zurück, ließ ihn wissen, daß die Leiche seines Sohnes schon auf der Bahre ruhe, und bot dem greisen König ein Mahl an. Priamos aß und trank, zum ersten Male seit Hektors Tod. Nun bewunderten sie sich gegenseitig, Priamos pries Achilleus' Schönheit und riesigen Wuchs, Achilleus rühmte Priamos' gütigen Blick und seine sanfte Rede. Seit Hektor gefallen war, hatte Priamos kein Auge zugetan, er hatte sich schlaflos im Schmutz des Hofes gewälzt, nun begab er sich zur Ruhe. Achilleus' Mägde schlugen ihm ein Lager im Hof auf, damit ihn die griechischen Fürsten nicht sähen, wenn sie zur Beratung in Achilleus' Zelt kämen. Aber bevor sich Priamos schlafen legte, versprach ihm Achilleus einen Waffenstillstand von zwölf Tagen, damit sie Zeit genug hätten, im Wald Holz für den Scheiterhaufen zu sammeln, Hektor im Hause zu beweinen, dann ihn zu bestatten und ihm einen Grabhügel zu errichten.

Schließlich gingen Priamos und sein Begleiter, Idaios, im Hofe zur Ruhe, und Achilleus legte sich in seinem Zelt schlafen.

Priamos aber schlief nicht lange. Zu Häupten seines Lagers erschien wieder Hermes und weckte ihn, er schirrte ihm selbst die Pferde und geleitete ihn und seinen Diener wieder ungesehen durchs griechische Lager. Als sie die Furt des wirbelnden Stromes Xanthos erreicht hatten, schwang Hermes sich wieder hinauf zum hohen Olympos. Da gerade umzog Eos die Erde mit safranfarbenem Mantel. Priamos und Idaios lenkten die Rosse stadtwärts, noch sah niemand sie kommen. Als erste aber erblickte vom Turm der Feste Kassandra den Wagen, Priamos' Tochter, und sie sah auch auf der Bahre die Leiche. Da rief sie das Volk, Hektor zu empfangen. Kein Mann, kein Weib blieb daheim in Troja, sie drängten alle hinaus, den Toten weinend zu begrüßen, wie sie einst stets jubelnd den Lebenden begrüßt hatten, wenn er vom Schlachtfeld heimkehrte. Priamos konnte kaum den Wagen durch die Menge lenken. Der Leichnam wurde in den prächtigen Palast getragen und aufgebahrt, und

Sänger setzten sich um die Bahre, die den Trauergesang anstimmten. Die Frauen weinten mit ihnen. Die schöne weißarmige Andromache umfaßte Hektors Haupt und beweinte den Gatten. Dann beklagte sie laut ihr Söhnchen, das vielleicht, als Sklave in die Fremde geschleppt, Frondienst werde verrichten müssen oder das vielleicht ein grausamer Grieche erbittert vom Turm niederschleudern werde, weil Hektor dessen Bruder oder Vater oder Sohn erschlagen hatte.

Am zehnten Tage, in rosiger Frühe, legten sie die Leiche auf das hohe Scheitergerüst und verbrannten sie. Dann löschten sie das Feuer mit Wein und sammelten die Knochen in eine goldene Truhe, die mit purpurnen, weichen Gewändern bedeckt war. Diese senkten sie in eine tiefe Gruft und häuften gewaltige steinerne Blöcke darüber. Schnell schaufelten sie darauf einen Hügel, dann kehrten sie in Priamos' Palast zurück und setzten sich nieder zum Leichenschmaus.

Also feierten sie des Rossebändigers Hektor Bestattung.

ODYSSEUS' HEIMKEHR

Nach der Odyssee

Die griechischen Helden, die nach der Einnahme Trojas noch am Leben geblieben und auf der Heimfahrt auch den Gefahren des Meeres entronnen waren, befanden sich alle schon zu Hause, nur Odysseus sehnte sich vergebens heim zu seiner Gattin: Die Nymphe *Kalypso* hielt ihn gewaltsam in ihrer Grotte fest, denn sie wollte sich ihn zum Gatten machen.

Alle Götter bedauerten ihn, nur Poseidon nicht; der Gott des Meeres zürnte dem Helden Odysseus, weil er dessen Sohn Polyphemos geblendet hatte. Einmal aber hielt sich Poseidon bei dem am Rande der Erde wohnenden Volk der Äthioper auf. Er hatte diese besucht, um an der Hekatombe, dem großen Opfer von hundert Stieren und Widdern, teilzuhaben. Er ergötzte sich also dort an dem Opfermahl, während die anderen Unsterblichen auf dem Olympos im Palast des Zeus zusammengekommen waren. Zeus eröffnete die Götterversammlung, und da nahm Pallas Athene den Odysseus in Schutz.

»Oh, unser Vater Kronion, du Herrscher der Könige! Ich gräme mich um den klugen Odysseus, der so lang schon, fern von seinen Lieben, Leiden erträgt auf der flutenumspülten Insel, inmitten des Meeres. Es ist eine bewaldete Insel, und auf ihr haust eine Göttin. Sie ist die Tochter des grimmigen Atlas, der alle Tiefen des Meeres kennt und allein die riesigen Säulen hält, die den Himmel über der Erde tragen. Dessen Tochter hält den bitter Betrübten bei sich, umkost ihn mit schmeichelnden Worten, daß er Ithaka vergäße. Aber Odysseus sehnt sich nur nach der Heimat und möchte nicht sterben, bevor er nicht den Rauch von Ithaka steigen sah. Wird dir, Olympier, niemals das Herz gerührt? Hat dir denn Odysseus nicht allzeit im Gefilde von Troja und bei den Schiffen der Griechen heilige Opfer verrichtet? Warum zürnst du ihm also?«

Daraufhin beschlossen Zeus und die anderen Götter, den Boten Hermes auf die Insel *Ogygie* hinunterzuschicken, damit er der Herrin der Insel, der lockigen Nymphe, den Beschluß der Götter künde: Sie solle Odysseus in sein Vaterland heimkehren lassen. Athene aber begab sich in der Gestalt des *Mentes*, eines alten Freundes von Odysseus' Familie, nach Ithaka, um Odysseus' Sohn, *Telemachos*, gute Ratschläge zu geben.

In Odysseus' Haus machte sich eine ganze Schar von Freiern breit, die *Penelope*, die Gemahlin des in der Ferne Weilenden, in der Treue zu ihm wankelmütig machen wollten und jahrein, jahraus durch üppige Mähler und Gelage die herrenlos gebliebenen Güter des Odysseus verpraßten.

Telemachos erkannte in Mentes die Göttin erst nachträglich, nachdem sie ihm geraten hatte, die Freier zu vertreiben und die Kampfgefährten seines Vaters aufzusuchen: Er solle nach Pylos segeln zu Nestor und nach Sparta zu Menelaos, der von den griechischen Helden als letzter von Troja heimgekehrt sei; dieser wisse vielleicht etwas von Telemachos' Vater.

Am nächsten Morgen berief Telemachos das Volk von Ithaka zu einer Versammlung ein. Sie waren darüber erstaunt, denn seit Odysseus mit den bauchigen Schiffen gen Ilios gesegelt war, hatte nie jemand das Volk zum Rat zusammengerufen. Nun erhob Telemachos Klage gegen die Freier seiner Mutter, die sich im Haus seines Vaters breitmachten und das Vermögen verpraßten. Der vornehmste Freier, *Antinoos*, gab Penelope die Schuld.

»Es ist schon das dritte Jahr, bald schon das vierte, seit sie uns hinhält. ›Jünglinge, meine Freier‹, läßt sie uns immerfort sagen, ›wartet und drängt mich nicht, ehe ich dieses Leichentuch vollendet, das ich dem Helden *Laertes* webe.‹ Wir vertrauten ihr, doch was sie am Tage webte, löste sie wieder des Nachts. So vergingen drei Jahre, so täuschte sie uns Achaier. Als aber das vierte Jahr heraufzog, da verriet es eine ihrer Frauen, die alles sah; wir überraschten sie beim Lösen des schönen Gewebes; wider Willen mußte sie es nun vollenden. Deshalb höre, was dir die Freier sagen: Weise deine Mutter aus dem Hause, und heiße sie einen von uns nehmen, der ihr genehm ist; denn wir kehren nicht früher nach Haus, ehe sie nicht von den Achaiern einen zum Gatten erwählt.«

Ihm erwiderte darauf der besonnene Telemachos: »Antinoos, ich kann nicht meine eigene Mutter mit Gewalt aus dem Hause vertreiben. Euch aber sage ich: Verlasset unseren Saal, und sucht euch andre Gelage, geht von Haus zu Haus, und verzehrt eure eigenen Güter.«

Die Freier wußten nicht, daß die Göttin Pallas Athene den jungen Telemachos am Vortage aufgesucht und beraten hatte, sie sahen nur voll Staunen, daß der Jüngling, der sich bislang recht unbeholfen benommen hatte, nun auf einmal so männlich entschlossen auftrat.

Von nun an ließ sich Telemachos nicht mehr einschüchtern. Er erklärte, daß er nach Sparta und nach Pylos reisen werde, um sich nach seinem Vater zu erkundigen. Höre er, daß der Vater am Leben sei und sich unterwegs nach Hause befinde, wolle er noch ein Jahr weiterdulden, so schwer sein Los auch sei. Erfahre er aber, daß Odysseus nicht mehr lebe, so werde er heimkehren und dem Vater ein Grab schaufeln und das Totenopfer für ihn darbringen, wie es sich für die in der Ferne Verschiedenen zieme, und hernach die Mutter vermählen.

Nach der Versammlung ging Telemachos an das Gestade des Meeres und betete zu Pallas Athene. Die Göttin erschien nun in der Gestalt *Mentors*, des alten Freundes des Odysseus, und gab ihm wieder Ratschläge. Telemachos kehrte ins Haus zurück, wo er immer noch die zechenden Freier versammelt fand, die ihn sogar spöttisch aufforderten, sich zu ihnen zu gesellen. Aber Telemachos ging weiter. Er bat die alte Amme seines Vaters, *Eurykleia*, ihm Mehl und Wein bereitzustellen, da er in der Nacht fortsegeln wolle, und er ließ sie schwören, daß sie seiner Mutter nichts von alledem sagen werde, solange es irgend gehe. Noch am Abend belud Telemachos mit einigen Gefährten das Schiff, und sie fuhren ab; auf dem hinteren Deck saß in Mentors Gestalt Pallas Athene.

Und so durcheilte das Schiff die Nacht und den aufsteigenden Morgen.

Als Helios emporstieg, langte es in Pylos an. Das Volk von Pylos beging gerade am Meeresufer ein Fest: Es opferte dem Poseidon neunmal neun schwarze Stiere.

Erst als das Opfermahl beendet war, befragte Nestor die Fremden nach ihrem Vorhaben und bewillkommnete sie, nachdem ihm Telemachos gesagt, woher und zu welchem Zweck sie kämen. Der greise König von Pylos war hocherfreut, den Sohn seines einstigen Kampfbruders bei sich zu sehen, und erzählte ihm ganz ausführlich, wie er nach der Zerstörung Trojas nach Hause gelangt war. Die Göttin Athene erschwerte damals den Griechen die Heimfahrt, weil sich unter ihnen einer befand, der in der Siegestrunkenheit alle Überlegung verlor. Nestor spielte hier auf Aias, den Sohn des Oileus, an, der im Tempel der Athene Kassandra geschändet hatte. Ansonsten wußte er zu sagen, daß Diomedes, Philoktetes und Idomeneus lebend und heil zu Hause angekommen waren, ein jeder im Lande seiner Väter. Auch Agamemnon gelangte heim, doch harrte seiner zu Hause ein fürchterlicher Tod. Nestor meinte, Menelaos wisse vielleicht mehr, da er erst nach langem Umherirren zu Hause angekommen sei, deshalb verwies er Telemachos an Menelaos, denn von Odysseus wußte er selbst nichts Gewisses. Am nächsten Tag ließ Nestor also für Telemachos die Rosse anschirren, gab ihm einen seiner Söhne, *Peisistratos*, mit und entließ ihn nach Sparta.

In Sparta nahm Menelaos die Fremden mit größter Gastfreundlichkeit auf. Erst nachdem sie bei ihm ein Mahl eingenommen hatten, wollte er sie fragen, wer und woher sie seien und was sie zu ihm führe, doch wurde während des Mahles von Odysseus gesprochen. Da kamen Telemachos die Tränen, so daß er die Augen mit seinem Purpurmantel bedeckte. Das entging Menelaos nicht, und er erkannte den Gast.

»O welche Freude! In mein Haus trat der Sohn des treuen Mannes, der meinetwegen so viel Beschwerden erduldete!« rief er, und beim Gedenken des hehren Odysseus mußten sie alle weinen. Weinend saß auch Helena da, die argivische Tochter des Zeus, es weinten Telemachos und der Atreide Menelaos, sogar dem Sohn Nestors kamen die Tränen, denn er dachte an seinen Bruder Antilochos, den er selbst nicht gekannt hatte: Er war in Troja gefallen, erschlagen von Memnon, dem Sohne der Eos.

Während sie sich alle der Trauer hingaben, kam Helena plötzlich ein Gedanke: Sie streute ihnen ein Zaubermittel in den Wein, das Kummer und Sorgen stillte und so das Leid vergessen ließ. Wohl sprachen sie auch weiterhin von Odysseus, doch nun von den heitereren Erinnerungen an ihn.

Dann gingen sie schlafen; für Telemachos und Peisistratos hatten Helenas Mägde auf dem Hof Lagerstätten aufgeschlagen. Erst am folgenden Morgen wurde von dem eigentlichen Zweck der Reise des Telemachos gesprochen, und da erzählte Menelaos alles, was er von dem Meergreis *Proteus* über Odysseus erfahren hatte, als er in Ägypten gewesen und den Alten gezwungen hatte, ihm zu wahrsagen.

Unterdessen blieb es in Ithaka den Freiern nicht verborgen, daß Telemachos tatsächlich abgefahren war, und diese männliche Entschlossenheit des Jünglings flößte ihnen Furcht ein. Es wurde ihnen klar, daß Odysseus' Haus künftig nicht mehr herrenlos sein werde. Früher hatten sie den unerfahrenen Jüngling nicht ernst genommen, und auch sein Reiseplan war ihnen nur leeres Gerede gewesen. Jetzt aber sahen sie das alles anders, und auf Antinoos' Vorschlag hin beschlossen sie, Telemachos zu töten, bevor er noch von der Seefahrt heimkehrte. Deshalb legten sie sich zwischen Ithaka und Same bei der kleinen Insel Asteris auf die Lauer.

Penelope erfuhr von Telemachos' Abreise und der mörderischen Absicht der Freier zugleich. Da sie sich in Gram verzehrte, senkte Pallas Athene tröstlichen Schlaf auf ihre Lider.

Am frühen Morgen setzten sich die Götter auf dem Olympos wieder in Zeus' Palast zum Rat zusammen. Athene trat als Fürsprecherin für Odysseus und zugleich auch für dessen Sohn, Telemachos, auf, um dessen Schicksal sie besorgt war. Da trug ihr Zeus auf, den Telemachos klug zu geleiten, daß er wohlbehalten in die Heimat zurückkehre, und die böse Absicht der Freier zu vereiteln; dem Hermes wiederum befahl er, zu der Nymphe Kalypso hinabzusteigen. Hermes gehorchte; gleich umband er die Füße mit seinen schönen Sandalen, den ambrosischen, goldenen, die ihn im Hauch der wehenden Winde über die Wasser und über die Weiten der Erde trugen, dann nahm er den Heroldsstab in die Hand, mit dem er, wenn er wollte, die Augen der Menschen schließen oder aber die Schlafenden aufwecken konnte. Er flog bis Pieria durch die Luft, senkte sich dann nieder aufs Meer, glitt über die Wellen und glich einer Möwe, die dort nach Fischen taucht. Als er dann die ferne Insel erreichte, trat er aus der dunklen Flut und eilte über das Festland, bis er bei der großen Grotte ankam, wo die lokkige Nymphe wohnte. Auf dem Herd brannte das Feuer, der Duft der brennenden Zedernscheite verbreitete sich auf der ganzen Insel. Die Nymphe Kalypso war zu Hause, sie sang mit lieblicher Stimme, schritt am Webstuhl hin und her und webte mit goldenem Kamme. Um die Grotte zog sich ein Wald von Erlen, Pappeln und harzig duftenden Zypressen, flügelspannende Vögel nisteten in den Zweigen, Eulen waren darunter und Falken und Krähen des Meeres. Rings grünten weiche Wiesen voll Veilchen und Efeu, vier schimmernde Quellen entsprangen nahe beieinander, rannen aber dann dahin und dorthin. Das Ganze war ein Anblick, der sogar einen Himmlischen entzücken mußte; und so stand auch Hermes staunend da und ergötzte sich. Dann trat er eilends in die Grotte ein.

Als er Kalypso Zeus' Befehl kundgetan, daß sie Odysseus nicht länger festhalten, sondern heimwärts entlassen solle, ging ein Schaudern durch ihr Herz, doch sie wußte, daß sie sich nicht widersetzen konnte. Als Hermes sich seiner Botschaft entledigt und die Grotte verlassen hatte, ging Kalypso ans Ufer des Meeres. Dort saß Odysseus, vor Heimweh weinend, er schaute sehnsuchtsvoll über das Meer hin, und so vergingen die Tage seines süßen Lebens in Harm und Seufzen und Sorgen. Nun näherte sich ihm Kalypso und sagte, sie halte ihn nicht länger zurück, er solle sich ein Floß zusammenfügen, das werde ihn über die Wogen tragen. Sie schwor ihm, daß sie nicht sein Verderben wolle, wenn sie ihm rate, ein Floß zu besteigen. Dann geleitete sie ihn noch ein letztes Mal in die Grotte. Odysseus setzte sich auf den Sessel, von dem sich kurz zuvor Hermes erhoben hatte, und die Göttin und der sterbliche Mensch nahmen noch ein gemeinsames Mahl ein. Sie setzte Odysseus Speise und Trank vor, wie sie die Menschen genießen, für sich aber ließ sie von den Mägden Nektar und Ambrosia bringen. Und es sprach die Göttin: »Göttlicher Sohn des Laertes, listenreicher Odysseus, willst du also wirklich ins Land deiner Väter ziehen? Geh denn und sei glücklich. Aber wüßtest du, wie viele Leiden du ertragen mußt, bevor du heimgelangst, möchtest du lieber verweilen, mit mir dieses Haus hüten und unsterblich werden, trotz der Sehnsucht, die Gattin wiederzuschaun, zu der es dich alle Tage hinzieht. Doch weiß ich, daß ich nicht schlechter als jene an Wuchs und Gestalt bin. Es ziemt nicht sterblichen Frauen, sich an Schönheit mit Göttinnen zu messen.«

Am nächsten Morgen versah ihn Kalypso mit Axt und Beil und führte ihn ans Ende der Insel. Dort wuchsen mächtige Bäume, und er suchte sich von den Erlen, Pappeln und Tannen diejenigen aus, die sich für das Floß am besten eigneten. Odysseus fällte zwanzig Stämme und band sie zusammen. Kalypso gab ihm auch Linnen für ein Segel. Am vierten Tag war das Floß fertig, und am fünften Tag fuhr Odysseus ab, nachdem ihn Kalypso auch mit Speise und Trank versehen und ihn über den Lauf der Gestirne belehrt hatte. Siebzehn Tage glitt Odysseus auf dem Floß über die Wellen, ohne ein Auge zuzutun; er mußte ja das Steuer halten, da er allein war. Am achtzehnten Tage tauchte die Insel Scheria auf, das Bergland der Phäaken.

Da gerade kehrte Poseidon von seinem Besuch beim Volk der Äthioper zurück und sah Odysseus dahingleiten, dessen Heimkehr die Götter hinter Poseidons Rücken beschlossen hatten. Der Gott der Meere schüttelte zürnend das Haupt, er ballte die Wolken zusammen und wühlte mit seinem Dreizack die Wogen auf. Der *Euros*, der *Notos*, der *Zephyros* und der *Boreas* bliesen alle zugleich, und in dem stürmenden Wirbel zerbrach Odysseus' Floß. Er wäre umgekommen, hätte ihm nicht des Kadmos Tochter *Ino* geholfen, die einstige Sterbliche, die zu einer Meergöttin geworden war und als solche *Leukothea* hieß. Sie gab Odysseus einen Schleier und sagte ihm, er solle diesen ambrosischen Schleier unter seiner Brust ausbreiten und so bis ans Ufer schwimmen, dort solle er den rettenden Schleier ins Meer werfen.

Zwei Tage und zwei Nächte lang wurde Odysseus von den wütenden Wogen hin und her geworfen, aber der Schleier der Ino-Leukothea hielt ihn oben, und am dritten Tag glättete sich die Wasserfläche, Odysseus erreichte endlich das Land und kletterte bei einer Flußmündung mit Müh und Not ans Ufer. Dort warf er sich ermattet zwischen zwei dicht nebeneinanderstehenden Bäumen nieder und bedeckte sich, da er nackt war, mit abgefallenen Blättern, die dort in Haufen lagen. Athene goß ihm Schlummer über die Augen, damit er sich schnell von der schweren Erschöpfung erhole.

Während Odysseus schlief, ging Pallas Athene in die Stadt der Phäaken, und zwar geradenwegs in den Palast des Königs *Alkinoos*, zu dessen Tochter *Nausikaa* ins Gemach. Die Göttin hatte die Gestalt von Dymas Tochter, einer Gespielin Nausikaas, angenommen und trat so an das Lager der Königstochter. Sie sprach zu ihr: »Ei, Nausikaa, warum bist du so lässig? Da liegen schmutzig die kostbaren Kleider, wo doch deine Hochzeit nah ist. Dann müssen doch schöne Kleider bereit sein für dich und für jene, die dich ins Haus des Bräutigams geleiten. Denn nur so werden dich alle loben, zur Freude deines Vaters und deiner erhabenen Mutter. Laß uns waschen gehen, sobald der Morgen anbricht. Ich will mit dir gehen und helfen, damit es bald geschafft ist, denn du bleibst nicht lange mehr Jungfrau! Schon werben um dich die besten der Phäaken, des Volkes, dem auch du entstammst. Bitte den Vater noch vor Anbruch des Tages, er lasse die Maultiere anspannen, damit der Wagen die Gewänder und Tücher und all die schimmernden Decken hinbringt. Auch für dich selber ist es so besser, als zu Fuß zu gehen, die Plätze zum Waschen liegen ja weit von der Stadt.«

So sprach die eulenäugige Athene und entschwebte wieder zum hohen Olympos.

Der Morgen brach an auf goldenem Throne und weckte leise Nausikaa. Verwundert dachte sie über ihren Traum nach, dann lief sie, ihn den Eltern zu erzählen. Sie fand beide im Saale. Die Mutter saß neben dem Herd, umgeben von dienenden Frauen, und spann purpurne Fäden; den Vater traf sie gerade an der Tür, er ging zu den würdigen Fürsten, zum hohen Rate, wohin die erlauchten Phäaken ihn gerufen hatten. Nausikaa blieb vor ihm stehen und sagte: »Väterchen, möchtest du nicht einen leicht rollenden Wagen mir rüsten, damit ich die prächtigen Kleider zum Flusse fahre? Sie liegen so schmutzig umher. Auch dir selber ziemt es, in reinem Gewande mit den Edlen zu Rate zu sitzen. Und auch noch fünf erwachsene Söhne wohnen in den Sälen, zwei schon vermählt, drei noch blühende Jünglinge, und die wollen beständig in frischen Gewändern zum Tanze gehen. Und ich muß sorgen für alles.«

So sprach sie, denn sie vermied aus Scham, vor dem Vater von der Hochzeit zu reden. Der Vater aber verstand alles, er ließ von den Knechten anspannen. Nausikaa holte die Kleider und Tücher, legte sie selbst in den Wagen, die Mutter gab ihr in einem Kästchen Speise und Trank mit, legte auch eine goldene Flasche mit Öl dazu. Dann ergriff die Jungfrau die Peitsche und die prangenden Zügel, und die stampfenden Maultiere zogen sie und die Kleider im Lauf dahin. Und es folgten dem Wagen zu Fuß die dienenden Mägde.

Die Waschplätze waren an der Flußmündung, dort also wuschen sie die Gewänder; die Maultiere ließen sie unterdessen frei am Ufer im grünenden Grase weiden. Als alles reingewaschen war, breiteten sie die Sachen an dem mit Kieseln bedeckten Rand des Ufers zum Trocknen aus. Danach badeten sie im Meer und salbten sich mit Öl. Dann labten sie sich an dem Mundvorrat, und als sie von Trank und Speise gesättigt waren, warfen sie ihre Schleier ab und erfreuten sich am Ballspiel, bis die Sonne die Kleider getrocknet hatte. Nausikaa war fröhlich und sang.

Als sie sich schon zur Heimfahrt bereit machen wollten, griff heimlich Pallas Athene ein und lenkte es so, daß Odysseus erwachte und Nausikaa begegnete. Die Königstochter wollte den Ball einer der Mägde zuwerfen, doch verfehlte sie die Richtung, und der Ball fiel in die wirbelnde Tiefe des Flusses. Da schrien die Mädchen laut auf. Davon erwachte Odysseus. Er sprang auf, brach schnell von dem belaubten Gesträuch einen Zweig und bedeckte damit seine Nacktheit. So trat er in den Kreis der lockigen Mädchen.

Sie stoben auseinander, denn sein Körper war vom Schlamm des Meeres entstellt. Nur des Alkinoos Tochter lief nicht fort, denn ihr flößte Athene Mut ein. Odysseus sprach Nausikaa an und bat sie um ein Gewand, seine Blöße zu decken. Er äußerte auch den Wunsch, sie möge ihm, dem Fremdling, die Stadt zeigen.

Die Königstochter rief die Mägde zurück und befahl ihnen, den Fremdling im Flusse zu baden, ihm Kleider und Speise und Trank zu geben, wie es die Pflicht gebiete – stehe doch jeder Fremde, auch jeder Bettler, unter dem Schutze des Zeus. Die Mägde wollten tun, wie sie geheißen, aber Odysseus badete allein und zog das Gewand an, das ihm Nausikaa gab. Die Göttin Athene machte ihn schöner und stattlicher, als er vordem gewesen, so daß die Königstochter ihn nicht genug anstaunen konnte. Nun erst aß und trank er gierig, was die Mägde ihm brachten; er hatte ja schon lange jeglicher Nahrung entbehrt.

Endlich stiegen sie alle in den Wagen. Odysseus fuhr bis zum Heiligtum des Poseidon mit ihnen, dort erklärte ihm Nausikaa den Weg zum Palast ihres Vaters und ließ ihn allein, denn sie fürchtete, die Leute würden über sie reden, wenn sie mit einem Fremden durch die Stadt fahre. Odysseus folgte dem Wagen ein Stück, dann setzte er sich am heiligen Hain der Athene nieder und betete zu der Göttin, sie möge ihn bei den Phäaken Erbarmen und Mitleid finden lassen.

Dann, als Odysseus meinte, die Mädchen müßten nun schon im Palast angekommen sein, setzte er den Weg fort und ging in die Stadt. Athene hüllte ihn voll gnädiger Huld in Nebel, damit ihn unterwegs niemand mit Fragen belästige, und am Eingang der Stadt kam sie ihm selbst entgegen. Sie trug einen Wasserkrug und glich einem jungen Mädchen. Odysseus befragte sie, wie er zu Alkinoos' Palast komme; Athene führte ihn hin und gab ihm unterwegs den Rat, er solle vor allem die Gunst der Königin *Arete* zu gewinnen suchen, wenn er von den Phäaken Hilfe haben möchte.

Odysseus beherzigte das. Als er den herrlichen Palast betrat, den er bewundernd betrachtete, fand er drinnen alle phäakischen Fürsten und Führer versammelt. Sie beendeten gerade das Mahl und sprengten den Wein aus dem letzten Becher zu Ehren des Hermes, dann wollten sie sich zur Ruhe begeben. Doch nun zerstreute sich der Nebel, der Odysseus umhüllt hatte, und die Phäaken sahen ihn staunend an, während er geradenwegs auf die Königin zuschritt, ihre Knie umfaßte und sie bat, sich seiner anzunehmen.

Am nächsten Morgen wurden in der Volksversammlung, die auf dem Marktplatz stattfand, Beschlüsse darüber gefaßt, wie dem Fremden zu helfen sei. König Alkinoos ordnete an, ein neugezimmertes Schiff für ihn ins Meer zu ziehen, zweiundfünfzig bewährte Jünglinge, gute Ruderer, auszuwählen und unter ihrem Geleit den Fremden in seine Heimat zu entsenden. Dann lud er die vornehmsten der Phäaken in seinen Palast zum Mahle ein, das dem Fremden zu Ehren gerüstet wurde.

Der Königspalast füllte sich mit Gästen. Während der Mahlzeit sang der blinde *Demodokos,* und er besang, wie Odysseus und der Peleide Achilleus vor Troja einst miteinander gehadert.

Die Phäaken lauschten dem Sänger entzückt, doch Odysseus bedeckte das Antlitz mit seinem Purpurmantel, weil diese Erinnerungen ihn zu Tränen rührten und er sich seiner Rührseligkeit schämte. Nur Alkinoos bemerkte das, und er schlug taktvoll vor, es nun des Gesangs und der Leier genug sein zu lassen und ins Freie zu gehen; die Phäaken sollten zeigen, wie gewandt sie in den verschiedenen Wettkämpfen seien, damit der Fremde nach seiner Heimkehr den Seinen davon erzählen könne.

Odysseus sah, etwas abseits stehend, dem edlen Spiel der phäakischen Jünglinge zu und wartete ungeduldig auf das Ende, denn seine Gedanken schweiften nur noch sehnsuchtsvoller in die Heimat. Doch als der hochmütige Jüngling *Euryalos* sich allzu wichtig tat, erwachte auch in dem hehren Dulder Odysseus die Lust, sich im Wettkampf hervorzutun, er beteiligte sich und schleuderte mit Athenes Hilfe den Diskos viel weiter als alle anderen. Da legte Alkinoos den zwölf Phäakenkönigen nahe, den Fremden zu beschenken; er, der dreizehnte König, werde auch nicht zurückstehen, und Euryalos besonders möge den Gast durch Geschenke und freundliche Worte versöhnen, denn was er zuvor gesagt habe, sei ungerecht gewesen. Alle stimmten Alkinoos zu, Euryalos nahm sein Schwert mit dem silbernen Griff, samt der elfenbeinernen Scheide, gab es Odysseus und sagte: »Heil dir, ehrenwerter Fremder! Wenn hier ein hartes Wort gefallen, so mögen es rasch die Winde verwehen. Mögen die Götter dir gewähren, dein Weib und die heimische Scholle nach so langer Trennung und bitteren Leiden wieder zu schauen.«

Und Odysseus erwiderte ihm: »Heil auch dir, mein Freund, die Götter mögen dich segnen! Und bereue es nie, daß du dieses schöne Schwert mir geschenkt hast.«

Als dann wieder die Zeit des Mahles gekommen war, setzte sich Odysseus auf den Sessel zur Seite des Königs. Sie aßen und tranken, und der blinde Demodokos trug singend die Geschichte von dem hölzernen Pferd in Troja vor, diese Kriegslist des Odysseus. Da konnte dieser die Tränen nicht mehr zurückhalten. Wieder fiel es dem Alkinoos auf, wieder gebot er dem Sänger aufzuhören, doch diesmal bat er den Fremden, ihnen zu entdecken, wer er sei, und ihnen auch zu sagen, warum er weine, sooft er den Gesang von Ilion höre, was ihn denn mit den Griechen, die vor Troja kämpften, verbinde.

Da nannte Odysseus seinen Namen und erzählte alles, seine ganze Irrfahrt von Troja bis zu den Phäaken.

Von Ilion trug ihn und seine Gefährten der Wind zu den *Kikonen.* Dort gingen sie an Land, zerstörten die Stadt, machten viel Beute, ein jeder bekam davon seinen Teil. Es kamen aber andere Kikonen und nahmen Rache für die Zerstörung der Stadt und den Tod ihrer Verwandten, und sie töteten viele von Odysseus' Gefährten. Die wenigen, die dem Tode entrannen, segelten weiter und erreichten schon fast die Heimat, aber am Vorgebirge Maleia brach ein Sturm aus, der sie von den Ufern Griechenlands fort hinaus aufs Meer trieb.

Neun Tage lang wurden sie von widrigen Winden über das fischreiche Meer gejagt, und am zehnten Tag kamen sie am Land der *Lotophagen* an, die Blumenspeise genießen. Sie gaben freundlich auch Odysseus' Gefährten von der honigsüßen Frucht des Lotos zu kosten, aber wer davon ißt, sehnt sich nicht mehr nach Hause, sondern möchte bei den Lotophagen bleiben und immer Lotos essen. Odysseus mußte seine Gefährten gewaltsam auf die Schiffe zurückführen, sie weinten, und er band sie an den Ruderbänken fest. Den anderen befahl er, hurtig weiterzurudern, damit ja nicht noch einer Lotos esse und der Heimat nicht mehr gedenke.

Dann gelangten sie zum Lande der *Kyklopen.* Diese leben ohne Gesetz, sie überlassen alles den Göttern, sie pflügen nicht und säen nicht, ihnen gedeiht alles auch so. Ratsversammlungen kennen sie nicht, sie hausen gesondert in ihren gewölbten Höhlen auf den Gipfeln der Berge, ein jeder gebietet und richtet über Weib und Kind, und keiner kümmert sich um den andern. In der Nähe ist eine unbewohnte Insel, auf dieser gingen sie an Land und aßen sich satt, denn die Bergnymphen trieben ihnen zahllos wilde Ziegen zu. Odysseus fuhr mit einigen Gefährten nur in einem einzigen Schiff zum Kyklopenlande hinüber. Zu zwölft gingen sie an Land und nahmen einen Schlauch voll Wein mit. Da fanden sie die mächtige Grotte des *Polyphemos.* Der Kyklop war nicht daheim. Nur trocknenden Käse fanden sie dort und Lämmer und Zicklein die Menge. Die Gefährten wollten von allem an sich raffen und dann schnell davonrudern, aber Odysseus ließ die Neugierde nicht ruhen, er wartete ab, bis der Kyklop kam.

Nicht lange ließ der einäugige Riese auf sich warten. Er trug ein gewaltiges Bündel dürres Holz, schleuderte es in die Höhle und trieb von seiner Herde alle weiblichen Tiere hinein, um sie zu melken. Die männlichen ließ er draußen und rollte einen mächtigen Felsblock vor die Öffnung der Grotte, so gewaltig, daß ihn nicht einmal zweiundzwanzig Wagen hätten fortziehen können. Dann erledigte der Kyklop das Melken der Ziegen und Schafe, tat unter jedes Muttertier die Jungen zum Säugen, trank auch selbst Milch und machte schließlich Feuer. Da erst gewahrte er die Männer in der Grotte. Odysseus bat ihn um Schonung, er berief sich auf Zeus, den Beschirmer der Fremden, aber umsonst, der Kyklop schrie ihn an: »Töricht bist du, Fremder, oder du kommst aus einem fremden Land, daß du wähnst, ich würde die Götter scheuen! Die Kyklopen kümmern sich nicht um Zeus, den Aigisträger, und auch um die seligen Götter nicht.« Und er fraß auch gleich zwei von Odysseus' Gefährten auf. Die anderen faßte Grausen, und sie streckten jammernd die Hände zu Vater Zeus, aber sie waren ratlos und hilflos.

Als der Kyklop sich den Bauch mit Menschenfleisch vollgestopft und Milch dazu getrunken hatte, streckte er sich in der Höhle aus und schlief. Odysseus trug sich schon mit dem Gedanken, ihn zu töten, aber es fiel ihm ein, daß er und die noch übrigen Gefährten dann in der Höhle elend umgekommen wären, da sie ja den Felsblock nicht vom Eingang hätten wegwälzen können. Sie mußten also die Nacht dort in schauerlichem Warten verbringen. Am nächsten Morgen fraß Polyphemos wieder zwei von den Gefährten, dann trieb er seine Herde hinaus auf die Weide. Den Türstein zu heben war ihm ja ein leichtes, er legte ihn auch wieder vor die Öffnung. Inzwischen hatte sich aber Odysseus einen Plan zur Rettung ausgeklügelt. In der Höhle lag ein frisch ausgerissener Ölbaumstamm, den der Riese als Stock gebrauchen wollte, wenn er getrocknet sein würde. Davon hieb Odysseus ein klafterlanges Stück ab, machte einen Balken daraus, spitzte ihn an und versteckte ihn unter dem Mist, der in der Höhle verstreut lag. Als der Kyklop zurückkam und wieder zwei Männer zum Nachtmahl verspeiste, gab Odysseus ihm von dem trunken machenden Rotwein, den sie im Schlauch mitgebracht hatten; der Wein schmeckte dem Riesen, er wurde gesprächig und fragte Odysseus nach seinem Namen, damit er ihm ein Gastgeschenk geben könne als Dank für den Wein. Odysseus schenkte ihm dreimal ein, und als der Kyklop betrunken war, sprach Odysseus zu ihm: »Kyklop, du fragst nach meinem Namen? Nun, ich nenne ihn dir, und gib mir du die versprochene Gabe: Utis ist mein Name.«

Der Unhold erwiderte in grausamer Heiterkeit: »Utis werd ich zuletzt verzehren, alle anderen vorher. Da hast du die Gabe.«

Dann fiel er der Länge nach hin und schlief schwerbetrunken ein. Odysseus machte nun den angespitzten Pfahl glühend und trieb die glühende Spitze dem Kyklopen in sein einziges, rundes Auge. Die Gefährten halfen ihm, den Pfahl zu drehen wie einen Bohrer, daß es unter den versengten Brauen Polyphemos' laut zischte. Der Kyklop schrie fürchterlich, und das hörten die anderen Kyklopen. Sie kamen von allen Seiten herbei und scharten sich um die Höhle des brüllenden Riesen.

»Polyphemos, was fehlt dir, weswegen schreist du so sehr mitten in der Nacht und störst uns alle im Schlaf? Will dich listig oder gewaltsam einer ermorden?«

»Utis will mich listig und nicht gewaltsam ermorden«, schrie er ihnen aus der Höhle zu.

Utis – das heißt niemand.

Und sie entgegneten ihm: »Wenn dich niemand bedrängt und du allein bist, dann brüll nicht so«, und sie gingen weg. Odysseus aber lachte das Herz im Leibe, weil ihm seine List so geglückt war.

Der Kyklop erhob sich jammernd und tappte stöhnend mit den Händen umher, warf den Türblock zur Seite und setzte sich selbst in den Eingang, um den »Niemand« und dessen Gefährten zu erwischen, die doch, wie er sich sagte, nun hinauslaufen würden. Aber Odysseus hatte sich auch für die Flucht einen schlauen Plan zurechtgelegt: Er band die Widder je drei und drei zusammen, und jeder mittelste trug einen seiner Gefährten hinaus, die beiden seitlichen schritten als Deckung. Er selbst hängte sich an die Bauchzotteln des stärksten der Widder, und so tastete der geblendete Kyklop vergebens, er griff keinen von ihnen.

Als sie ins Freie gelangt waren, eilten sie zum Schiff, und sie trieben eine Menge Tiere von Polyphemos' Herde vor sich her. Odysseus gönnte sich und den Entkommenen nicht einmal Zeit, die armen Gefährten zu beweinen, die der Unhold aufgefressen hatte.

Schnell wurden die Taue gelöst, dann ruderten sie hurtig auf und davon. Als sie schon ziemlich weit vom Ufer entfernt waren, rief Odysseus hinüber: »Kyklop, wenn dich einer fragt, wer dir das Auge geblendet hat, so sprich: Das tat Odysseus, der Städteverwüster, des Laertes Sohn, aus Ithaka.«

Da entsann sich der Kyklop eines alten Orakels, das ihm geweissagt hatte, ein Mann namens Odysseus würde ihn des Augenlichts berauben. Er hatte ihn sogar erwartet, aber er war der Meinung gewesen, dieser Odysseus wäre ein Riese ähnlich wie er selbst. Jetzt betete Polyphemos zu seinem Vater Poseidon, er möge ihn rächen. Dann ergriff er einen mächtigen Felsblock und schleuderte ihn hinter dem geschnäbelten Schiff her. Er traf es aber nicht, der Block fiel ins Meer, daß es laut aufschäumte.

Als die Entkommenen wieder die unbewohnte Insel erreicht hatten, wo die anderen Schiffe lagen, landeten sie und verteilten untereinander die Schafe und Widder; Odysseus brachte auch an der Küste dem Zeus ein Opfer dar. Aber der Donnerer verschmähte das Opfer, er sann vielmehr von neuem auf Gefahren für Odysseus und seine Gefährten.

Sie ruderten weiter und gelangten zur Insel Aiolie. Dort wohnte *Aiolos*, der König der Winde. Er bewirtete sie freundlich, und als sie Abschied nahmen, gab er Odysseus einen Schlauch, in den er die Winde eingebunden hatte, so sicherte er ihm die Seefahrt heimwärts gen Westen, allein den Zephyros ließ er frei.

Am zehnten Tage tauchten auch schon die heimatlichen Ufer in der Ferne auf. Der müde Odysseus war gerade eingeschlafen. Da tuschelten die Leute untereinander; sie meinten nämlich, Aiolos habe dem Odysseus in dem Schlauch kostbare Schätze gegeben, die er nicht mit ihnen teilen wolle. Von Neugier und Habgier getrieben, machten sie den Schlauch auf. Da flogen alle Winde heraus. Es erhob sich ein fürchterlicher Sturm. Als Odysseus aufwachte, war es schon zu spät: Sie wurden wieder an Aiolos' Insel verschlagen. Odysseus eilte zum Palast des Königs der Winde. Aiolos saß im Kreise seiner schönen Familie beim Mahle. Alle staunten und fragten: »Wie kommst du wieder her, Odysseus? Welch finstere Gottheit verfolgt dich? Haben wir dich nicht sorglich auf den Weg gebracht, damit du die Heimat erreichst?«

Odysseus erwiderte bekümmert: »Meine bösen Gefährten sind schuld und der Schlaf zu unrechter Zeit. Helfet, ihr Freunde, denn ihr seid gut und könnt helfen.«

So bat sie Odysseus flehentlich, aber sie blieben stumm, bis König Aiolos entgegnete: »Scher dich schnell von der Insel, du Erbärmlicher. Denn mir ist es versagt, einen Mann zu pflegen und zu fördern, der den ewigen Göttern so verhaßt ist!«

Verbittert fuhren sie weiter. Der Mannschaft schwand der Mut von der Plage des Ruderns, die sie selbst verschuldet hatte, kein günstiger Fahrwind geleitete sie mehr. Am siebenten Tage gelangten sie nach der Stadt der *Laistrygonen*, wo menschenfressende Riesen wohnten und wo die Nächte am kürzesten sind. Die Tochter des Riesenkönigs, die gerade vor dem Tor der Stadt Wasser holte, führte die von Odysseus zum Auskundschaften vorausgeschickten Gefährten in ihres Vaters Palast. Dort sahen sie zuerst nur die Königin, die hoch war wie ein Berg. Sie ließ den König vom Rate nach Hause holen, und er, *Antiphates*, der König der Laistrygonen, verschlang sogleich einen der Schiffer. Die anderen flohen auf die Schiffe zurück, aber der König scheuchte die ganze Stadt auf. Da kamen die Laistrygonen, die nicht wie Männer aussahen, sondern wie Giganten, von allen vier Winden und warfen riesige Lasten von Steinen auf die Schiffe hinab, die die Schiffe zerbrachen und die Männer erschlugen. Nur ein einziges Schiff von den zwölfen blieb heil, weil Odysseus schnell mit dem Schwert die Taue zerhieb, mit denen es angebunden war.

Betrübt fuhren die wenigen, die dem Tode entronnen waren, weiter und kamen zur Insel *Aiaie*. Dort wohnte *Kirke*, eine Tochter des Sonnengottes Helios. Odysseus erlegte am Ufer einen Hirsch, damit stillten die Männer ihren Hunger; aber sie konnten sich nicht zurechtfinden. Irgendwo sahen sie

Rauch aufsteigen, daraus ersahen sie, daß die Insel bewohnt war. Doch sie fürchteten sich, denn sie gedachten des Kyklopen und der Laistrygonen; drum wurde durch das Los bestimmt, wer die Insel auskundschaften solle. Das Los traf den *Eurylochos* und zweiundzwanzig Gefährten.

Weinend gingen diese ins Innere der Insel. Ungefähr in der Mitte fanden sie in einer schönen Talsenkung den Palast der Kirke. Er war aus geglätteten Steinen erbaut, und ringsum lagerten Bergwölfe und Löwen. Die Tiere waren zahm und wedelten mit den Schweifen. Aus dem Inneren des Palastes hörten die Männer die Kirke singen, und ihre liebliche Stimme lockte sie weiter hinein; sie schauten in den Palast und sahen die lockige Göttin am Webstuhl. Da riefen sie sie an, Kirke trat hervor und forderte sie freundlich auf, einzutreten. Die Männer folgten dem Ruf, nur Eurylochos blieb draußen, denn er argwöhnte eine Falle. Kirke setzte denen drinnen Speise und Trank vor, mischte aber verstohlen ein Zaubermittel hinein. Dann berührte sie alle mit dem Zauberstab und sperrte sie in den Schweinestall. Sie waren nun alle in Schweine verwandelt. Eurylochos draußen wartete und wartete, bis ihm die Zeit lang wurde. Er kehrte um und brachte Odysseus weinend die Kunde, daß seine zweiundzwanzig Gefährten spurlos verschwunden seien. Nun half dem Odysseus der Götterbote Hermes: Odysseus ging hinein und zwang die Zauberin, seine armen Gefährten wieder in Menschen zu verwandeln. Als nun an dem listenreichen Odysseus die Zauberkraft der Kirke gebrochen war, konnten auch die Gefährten, die beim Schiff geblieben waren, in den Palast gerufen werden. Odysseus zuliebe bewirtete Kirke sie gut, und sie blieben alle ein ganzes Jahr bei ihr. Als sie sich aber dann doch nach Hause sehnten, entließ Kirke sie, nicht ohne Odysseus gute Ratschläge zu geben. Sie legte ihm vor allem ans Herz, das Land der Toten aufzusuchen, in das Reich des Hades und der Persephone hinabzusteigen und dort den blinden Seher von Theben, *Teiresias*, um eine Weissagung zu bitten. Ihm habe Persephone auch noch nach dem Tode die Vernunft gelassen.

Kirke gab ihren Gästen noch Opfertiere für die Götter der Unterwelt mit auf den Weg, und sosehr es Odysseus und seine Gefährten auch vor diesem Wege, den nie ein lebender Mensch ging, graute, befolgten sie doch Kirkes Rat.

Teiresias' Seele tat in der Unterwelt Odysseus folgende Weissagung kund: »Den Weg nach Hause suchst du, hehrer Odysseus? Den wird dir ein Gott erschweren. Du wirst nicht dem Erderschütterer Poseidon entgehen, denn immer noch grollt er dir, weil du den teuren kyklopischen Sohn geblendet hast. Dennoch erreicht ihr trotz schwerer Leiden die Heimat, wenn du und deine Gefährten eure Begierde bezähmen könnt, sobald dein Schiff sich auf den blauen Fluten des Meeres der Insel Thrinakie nähert. Dort weidet die Herde des Gottes Helios, der alles sieht und alles hört: Achte darauf, daß ihr die Rinder nicht anrührt, so könnt ihr nach Hause gelangen. Raubt ihr aber die Rinder der Sonne, so künde ich deinem Schiffe Verderben. Auch wenn du selber entkämest, kehrtest du elend und spät, aller Gefährten verlustig, heim auf fremdem Schiff. Zu Hause triffst du nur Unheil: übermütige Männer, die deine Habe vergeuden und um deine treffliche Gattin wetteifern. Hast du dann ihre Frevel bestraft, sie mit List und mit Waffen getötet, ergreife ein Ruder, und suche das Volk, das nie vom Meere gehört und noch keine Schiffe gesehen hat. Du wirst sie leicht erkennen: Sie werden dein Ruder für eine Schaufel zum Streuen von Getreide halten. Dort stoße das Ruder fest in die Erde und bringe Poseidon ein reiches Opfer dar: einen Widder, einen Stier und einen Eber. Kehre dann wieder heim und bringe heilige Opfer den unsterblichen Göttern, allen der Reihe nach. So wird einmal der Tod sanft dir nahen, in glücklichem Alter, und ein blühendes Volk wird dich betrauern.«

Odysseus sprach in der Unterwelt auch mit der Seele seiner Mutter, der *Antikleia*. Sie sagte ihm, die Sehnsucht nach ihrem Sohne habe sie unter die Erde gebracht, und sie sprach auch von Odysseus' treuer Gemahlin, von seinem Sohn, der zu einem wackeren

Mann herangewachsen sei, von Odysseus' Vater, Laertes, der nie mehr in die Stadt gehe, sondern auf dem Lande wohne, bei seinem Gesinde schlafe und stets nur ärmliche Kleidung trage, weil er unaufhörlich seinen Sohn betrauere. Weinend vernahm das Odysseus, und er wollte seine Mutter umarmen, um mit ihr gemeinsam zu klagen. Dreimal lief er vor, um sie zu umfassen, und dreimal zerrann die körperlose Seele ihm unter den Händen, als wäre sie ein Schatten oder ein Traumbild.

Als Odysseus aus dem Reich der Toten wieder auf die Erde emporgestiegen war, kehrte er mit seinen Gefährten noch einmal auf der Insel Aiaie bei Kirke ein, die sie mit allem Nötigen für die Heimfahrt versah und Odysseus auch über die ihnen noch bevorstehenden Gefahren aufklärte.

Die erste dieser Gefahren war der lokkende Gesang der *Sirenen,* dem kein Sterblicher widerstehen kann. Odysseus machte Wachs weich und verklebte damit seinen Gefährten die Ohren. Er selbst aber wollte die bestrickenden Gesänge der Sirenen hören, doch ließ er sich, um sich nicht von ihnen bezaubern zu lassen, von seinen Gefährten aufrecht an den Mast binden, und er trug ihnen auf, ihn noch fester anzubinden, falls er sich losreißen wolle. So geschah es auch, und sie ruderten glücklich an dem gefährlichen Felsen vorbei. Erst als sie schon so weit entfernt waren, daß man die Stimmen der Sirenen nicht mehr hören konnte, nahmen sie das Wachs aus den Ohren und lösten Odysseus die Fesseln.

Danach mußten sie zwischen zwei Felsen hindurch, die nur etwa einen Pfeilschuß weit voneinander entfernt waren: Auf dem einen hauste *Skylla,* ein fürchterlich bellendes, sechsköpfiges Ungeheuer, auf dem anderen *Charybdis,* die dreimal am Tage wirbelndes, schwarzes Wasser ausspie und es dreimal am Tage schauerlich gurgelnd wieder einsog und verschlang. Um nicht mit dem ganzen Schiff der Charybdis in die strudelnde Kehle zu geraten, ruderten sie lieber näher an die Skylla heran. Aber dieses Ungeheuer riß sogleich mit jedem seiner sechs Mäuler einen Gefährten aus dem Inneren des Schiffes heraus; so verloren sie nun doch sechs Gefährten. Die Übriggebliebenen ruderten eilends weiter und gelangten zur Insel *Thrinakie.*

Dort weidete die unsterbliche Herde des Helios, seine beiden Töchter, *Phaethusa* (die »Strahlende«) und *Lampetie* (die »Glänzende«), hüteten die Herde. Odysseus vergaß die Warnung des Teiresias nicht, aber seine ausgehungerten Gefährten kümmerten sich nicht um sein Verbot, die Tiere anzurühren. Während er schlief, schlachteten sie Helios' schönste Rinder und brieten sie.

Lampetie hinterbrachte dies eilends ihrem Vater, und Helios beklagte sich bei Zeus. Der wolkenumballte höchste Gott ließ ein Unwetter ausbrechen und zerschlug mit seinem Blitzstrahl Odysseus' Schiff. Seine Gefährten wurden von den Wogen weggeschwemmt und er selbst zur Skylla und Charybdis zurückgetrieben, doch es gelang ihm mit Müh und Not, schwimmend zu entkommen. Neun Tage lang trieben ihn die Fluten weiter, am zehnten Tage endlich warfen sie ihn auf die Insel Ogygie, den Wohnsitz der Nymphe Kalypso, die ihn hegte und pflegte.

So viele Abenteuer wußte Odysseus zu erzählen; die Phäaken hörten sie voll Staunen. Am nächsten Tage zogen sie ihm ein Schiff aufs Meer und bemannten es mit vortrefflichen Ruderern; zu steuern brauchten sie aber nicht, die Schiffe der Phäaken kannten den Weg ohnehin. Odysseus schlief ein, und das Schiff glitt dahin, schneller durchschnitt es die Wogen, als der schnellste Vogel, der Falke, die Luft durcheilt. Odysseus schlief so sanft und fest, daß er nicht einmal aufwachte, als das Schiff an der Küste von Ithaka ankam. Die phäakischen Ruderer zogen es im Hafen des alten Meergottes Phorkys ans Land. Dann legten sie den schlafenden Odysseus leise bei der Grotte der Najaden nieder, stellten die kostbaren Schätze, die ihm die Phäaken mitgegeben hatten, etwas abseits von ihm unter einen Ölbaum und traten die Rückfahrt zur phäakischen Insel an.

Aber Poseidons Zorn wandte sich gegen sie, als der Gott der Meere sah, daß der ihm verhaßte Odysseus in die Heimat gelangt und seiner zürnenden Macht entglitten war. Poseidon verfolgte das heimfahrende Schiff, an den Ufern Scherias holte er es ein, schlug es flacher mit der Hand und ließ es versteinern. Da stand nun das schnelle Schiff, ganz nahe der heimatlichen phäakischen Insel, als wäre es im Meeresgrund verwurzelt.

Unterdessen wachte Odysseus auf. Pallas Athene hüllte ihn in Nebel, damit er unerkannt bleibe. So erkannte auch Odysseus das Land seiner Väter nicht, er war allzulange von der Heimat fern gewesen. Fast vermeinte er schon, die Phäaken hätten sein Vertrauen mißbraucht und ihn irgendwo in fremdem Lande abgesetzt. Schnell zählte er die Schätze, aber es fehlte nichts.

Nun trat, gleich einem jungen Königssohne gestaltet, der Schafe hütet, Pallas Athene zu ihm. Sie, den vermeintlichen schönen Jüngling, befragte Odysseus über das Land, und von ihr hörte er, daß er in seinem Heimatland war, in Ithaka. Aber der schlaue Odysseus verriet sich nicht, sondern schwindelte ihr vor, er sei auf der Flucht von Kreta, weil er den Sohn des Idomeneus getötet habe. Da lächelte die eulenäugige Göttin und streichelte Odysseus, denn es gefiel ihr, daß der Schlaukopf sich wieder etwas Listiges ausgedacht hatte, weil er niemals vergaß, vorsichtig zu sein. Und sie gab sich ihm in ihrer göttlichen Schönheit zu erkennen: Plötzlich glich sie an Gestalt einem stattlichen Weibe, das in kunstreicher Handarbeit wohlbewandert ist. Sie teilte den Nebel und zeigte Odysseus das Land: den Hafen Phorkys, die heilige Grotte der Nymphen – dort waren die Webstühle, an denen die Nymphen arbeiteten, aus Stein, und aus Stein waren auch die Krüge, in welche die Bienen den Honig für die Nymphen legten –, und sie zeigte ihm die waldigen Berge des Neriton. Odysseus erkannte freudig seine Heimat und küßte die Scholle und betete zu den Najaden, den Töchtern des Zeus. Dann half ihm Pallas Athene, die Schätze in die Höhle zu tragen, und als dort alles geborgen war, verschloß sie den Eingang mit einem Stein.

Sie belehrte Odysseus noch über alles und mahnte ihn zur Vorsicht, und damit er zunächst unerkannt bleibe, verwandelte sie ihn in einen alten Bettler. Dann eilte sie nach Sparta, um Telemachos' Heimkehr zu betreiben. Der Jüngling hatte durch seine lange Reise schon bewiesen, daß er ein würdiger Sohn seines Vaters war, und Athene hatte ihn ja nur deshalb die Reise machen lassen. Odysseus' Sohn sollte sich auch Ansehen und Ruhm verschaffen.

Getreu dem Rat der Göttin suchte Odysseus als ersten seinen alten Schweinehirten *Eumaios* auf. Die Hunde bellten den zerlumpten Bettler an, doch der brave Hirt jagte sie fort, ließ den unter Zeus' Schutz stehenden Fremden ein und bewirtete ihn sehr gastfreundlich. Er befragte ihn, woher er komme und wie er in diese Gegend verschlagen worden sei. Der Wein löste Odysseus die Zunge, aber er verriet sich nicht, er erzählte erfundene Geschichten von sich: Er sei der Sohn eines steinreichen Kreters, diesem von einer Sklavin geboren, und im Laufe seines abenteuerlichen Lebens habe er vor Troja Seite an Seite mit Odysseus gekämpft. Er ließ auch ein Wort darüber fallen, daß er auf seiner langen Irrfahrt sichere Kunde über Odysseus vernommen habe: Odysseus sei am Leben und befinde sich nicht mehr weit von seiner Heimat, Ithaka.

Eumaios nahm die Erzählung des Fremdlings vorsichtig zweifelnd auf; es war ihm schon vorgekommen, daß Wanderer, um sich bei ihm beliebt zu machen, falsche Gerüchte über Odysseus' nahe bevorstehende Heimkehr brachten. Dennoch stieg in seinem Herzen Hoffnung auf. Odysseus indes sah sich überall um und stellte erfreut fest, daß Eumaios trotz der langen Abwesenheit seines Herrn das Vieh sorglich in Ordnung hielt, und aus seinen Worten entnahm er, daß er ihm treu geblieben war. Er hielt es aber noch nicht für an der Zeit, ihm zu entdecken, wer er sei. Er verbrachte die Nacht bei Eumaios. Der brave Sauhirt bereitete ihm am Feuer ein Lager und deckte ihn mit seinem eigenen Mantel zu.

Den in Sparta weilenden Telemachos mahnte Pallas Athene, nun heimzukehren. Und als der Jüngling, dem es gelang, den ihm unterwegs auflauernden Freiern auszuweichen, in Ithaka ankam, ging er zuerst zum Gehöft des treuen Sauhirten.

Er schickte ihn zu seiner Mutter mit der Nachricht, daß er wieder daheim sei, und legte Eumaios ans Herz, es nur Penelope selbst zu sagen. Der Hirt ging, und als nun Odysseus und Telemachos allein waren, erschien dem Odysseus wieder Pallas Athene. Telemachos sah sie nicht, denn nicht allen erscheinen die Götter sichtbar. Nur Odysseus und die Hunde sahen sie, und die Hunde bellten nicht, sie wichen winselnd zurück. Pallas winkte Odysseus mit den Augen, sie rief ihn aus der Hütte, und draußen sprach sie: »Göttlicher Sohn des Laertes, du listenreicher Odysseus, entdecke dich schon jetzt deinem Sohn, damit ihr zusammen in die Stadt zieht und den Freiern ein blutiges Ende bereitet. Ich selber folge euch bald und will mit euch gegen sie kämpfen.«

Sprach's, und mit goldener Rute berührte ihn die Göttin. Da hatte er plötzlich statt der Bettlerlumpen einen frisch gewaschenen Mantel an, sein Antlitz bräunte sich, die Wangen strafften sich, und dunkles Barthaar umwallte das Kinn. Als er wieder in die Hütte kam, sah ihn Telemachos staunend an, er hielt ihn für einen Gott und betete erschrocken zu ihm. Er wollte kaum glauben, was Odysseus darauf sagte: »Nein, ich bin kein Gott; du sollst in mir keinen Unsterblichen sehen. Sondern ich bin dein Vater, um den du so viel Leid und Tränen ertrugest durch die gewalttätigen Männer. Dies hier ist das Werk der Göttin Athene, sie vermag zu verwandeln – wie sie beschlossen –, bald zum Bettler und bald zum jugendfrischen Mann. Ein leichtes ist es für die Götter, die den weiten Himmel bewohnen, Sterbliche zu verklären oder sie zu verunstalten.«

Tränenden Auges umarmte Telemachos seinen Vater, und sie weinten beide. Über ihrem Weinen wäre es wohl Abend geworden, hätten sie nicht soviel zu besprechen gehabt. Odysseus legte seinem Sohn besonders ans Herz, niemandem zu verraten, daß er heimgekehrt sei, nicht einmal Penelope und Laertes. Die Zahl der Freier sei gewaltig groß, und gegen eine solche Übermacht könnten sie beide nur durch Schlauheit siegen. Auch müßten sie noch ausforschen, wer von dem Gesinde ihm, Odysseus, treu geblieben sei.

Gegen Abend kehrte der Sauhirt Eumaios von seinem Botengang zurück. Inzwischen hatte Athenes Rute Odysseus wieder in den alten Bettler verwandelt.

Telemachos verbrachte die Nacht im Gehöft beim alten Eumaios. Erst am Morgen suchte er seine besorgte Mutter auf. Bevor er fortging, trug er Eumaios auf, den greisen Bettler in die Stadt zu führen, dort könne er sich etwas Speise und Trank erbetteln.

Als Odysseus und Eumaios vor dem Palast ankamen, hörten sie schon draußen das Lärmen der übermütigen Freier und des Phemios Gesang. Vor dem Tor lag Odysseus' alter Hund *Argos*, den er noch selber großgezogen hatte; er lag da, vernachlässigt, von niemandem beachtet. Jetzt aber spitzte er die Ohren: Das treue Tier erkannte seinen Herrn nach zwanzigjähriger Abwesenheit wieder, es wedelte mit dem Schwanz, hatte aber nicht mehr die Kraft, seinem Herrn entgegenzueilen. Odysseus blickte gerührt zur Seite, damit Eumaios die Tränen in seinen Augen nicht sehe, dann schritten sie beide in den Palast. Der arme Hund Argos erlebte gerade noch das Wiedersehen mit seinem Herrn nach zwanzig Jahren – dann verendete er.

Im Palast hatte sich auch Telemachos in den Kreis der schmausenden Freier gesetzt. Nun winkte er Eumaios zu sich heran, gab ihm für Odysseus, der ihm in kleinem Abstand folgte, etwas zu essen und redete diesem ermutigend zu, die Runde bei allen Freiern zu machen und sie um Gaben zu bitten. Odysseus bedankte sich schließlich, setzte sich auf die Schwelle, legte seinen Bettlerranzen auf die Knie, tat das Fleisch und das Brot darauf und aß es. Dann ging er der Reihe nach zu den Gästen, jeder gab ihm etwas, nur Antinoos wies ihn hochmütig ab.

Als die kluge Penelope hörte, wie Antinoos mit einem ins Haus gekommenen Fremden verfahren war, zürnte sie ihm. Sie ließ Eumaios zu sich ins obere Gemach rufen, um ihn zu fragen, wer der Fremde sei. Auch wollte sie diesen zu sich bitten lassen: Er war doch gewiß weit gewandert und hatte vielleicht irgendwo etwas von Odysseus gehört. Und während Penelope mit dem getreuen Sauhirten Eumaios darüber sprach, wie Odysseus, wenn er heimkehrte, an den bösen Freiern Rache nehmen würde, hörten sie von unten Telemachos laut niesen. Niesen ist ein gutes Vorzeichen – darauf machte die Königin den alten Eumaios freudig aufmerksam. Eumaios ging hinunter, um den Fremden zu holen, aber dieser ließ der Königin sagen, sie möge bis Sonnenuntergang warten, denn es würde bei den Freiern Aufsehen erregen, wenn er jetzt zur Königin hinaufginge. Die kluge Penelope fand das richtig und wartete den Abend ab; Eumaios verabschiedete sich noch von Telemachos und kehrte in sein Gehöft zurück.

Es kam ein anderer Bettler hinzu, ein berühmter Vielfraß, der immer die Stadt durchstrich. Arnaios hieß er, jedenfalls hatte ihm seine Mutter diesen Namen bei der Geburt gegeben, aber die Jünglinge nannten ihn alle nur *Iros,* was soviel heißt wie »Herr Iris«, denn er trug die Nachrichten und Botschaften umher wie unter den Göttern die Botin Iris. Dieser Iros beschimpfte Odysseus und wollte ihn aus dem Hause jagen, weil hier das Betteln sein, des Iros, altes Gewohnheitsrecht war. Odysseus ließ sich aber nicht vertreiben. Als Antinoos sah, daß sich die beiden Bettler zankten, lachte er laut und hetzte sie noch auf, handgemein zu werden.

Es kam zum Faustkampf, und Odysseus warf den schlotternden Iros gar bald zu Boden. Die Zähne klapperten ihm, Blut trat ihm auf die Lippen. Da lag er, bis Odysseus ihn an den Füßen vors Tor schleifte. Die Freier lachten darüber gar laut. Als Odysseus zurückkam, begrüßten sie ihn mit Gelächter und feierten ihn als Sieger. Antinoos überreichte ihm den Siegespreis: die Magenwurst.

Die Göttin Athene weckte in Penelopes Herzen die Absicht, sich den Freiern zu zeigen. Sie kam, von zwei Dienerinnen begleitet, vom oberen Gemach herunter, und wie sie da an den Säulen der Pforte stand, den schimmernden Schleier vorm Gesicht, bezauberte sie die Freier mit ihrer wundergleichen Schönheit. Sie tadelte zuerst ihren Sohn Telemachos, weil er am Gelage der Freier teilnahm und den derben Scherz duldete, den sie mit einem Zuflucht suchenden Fremden trieben. Dann rügte sie, die Würde ihres Hauses wahrend, die Freier. Odysseus freute sich im stillen, seine Gemahlin so klug sprechen zu hören. Die Freier schämten sich, und alle schickten eilends ihre Diener nach Hause, sie sollten für Penelope kostbare Geschenke holen. Sie blieben aber noch weiter beisammen, als sich die Herrin des Hauses wieder ins obere Gemach zurückgezogen hatte.

Odysseus hielt nun die Zeit für gekommen, die Waffen aus dem Saale zu schaffen. Während Telemachos und Odysseus sie in eine nahe gelegene Kammer schleppten, hielt ihnen Athene eine goldene Lampe. Telemachos sah verwundert, wie alle Wände und Nischen hell leuchteten. Als die Arbeit getan war, ging Telemachos schlafen. Da fragte Penelope den Fremden über ihren Gatten aus. Und nun gab sich Odysseus als Bruder des Idomeneus, des kretischen Königs Minos Enkel, aus und erzählte, Odysseus sei in Kreta zu Gast gewesen, und er habe ganz sichere Kunde über ihn gehört. Jetzt sei er nach Dodona gereist, um vor seiner Heimkehr dort bei Zeus' Eichen ein Orakel zu erbitten. Penelope hörte dem Fremden weinend zu, ohne zu ahnen, daß der, um den sie weinte, neben ihr saß. Und um ihrem gastlichen Hause keine Schande zu machen, befahl sie den Mägden, den Fremden, der ihr so gute Nachricht gebracht, mit allem zu versorgen und ihm vor allem die vom vielen Wandern ermüdeten Füße in lauwarmem Wasser zu waschen. Odysseus scheute sich, die Hilfe der Mägde in Anspruch zu nehmen: Nur von einer alten Dienerin wollte er seine Füße berühren lassen. Da gab Penelope der alten Amme des Odysseus, *Eurykleia,* den Befehl. Diese bediente den Fremden mit Freuden, denn unter den vielen Gästen, die im Hause verkehrten, war nie einer gewesen, der so dem Odysseus glich wie dieser Fremde.

Als sie das aussprach, sagte Odysseus, um ihren Verdacht abzulenken: »Das haben auch schon andere gesagt, Altchen«, und er setzte sich mit dem Rücken zum Feuer, damit sie an seinem Fuß die alte Narbe nicht sehe.

Da nahm Eurykleia die Wanne, goß kaltes Wasser hinein, mischte dann heißes darunter, und als sie den Fuß des Fremden in die Hand nahm, um ihn zu waschen, erkannte sie gleich die Narbe. Der Fuß des Königs entsank ihr und fiel ins Becken, so daß es kippte und das warme Wasser herauslief. Der alten Amme traten Tränen in die Augen, und sie sagte: »Gewiß bist du Odysseus, mein teures Kind, oh, daß ich dich nicht früher erkannt habe!« Sie wollte schon zu Penelope hintreten und ihr sagen, ihr Gemahl sei zurückgekommen, aber Odysseus preßte ihr schnell eine Hand auf die Kehle und drohte ihr, während Pallas Athene Penelopes Aufmerksamkeit ablenkte. Doch Eurykleia erwiderte ihm: »Teures Kind, du brauchst mir nicht zu drohen, du weißt doch, daß ich an mich halten kann, und wenn es sein muß, werde ich schweigen, als wär ich aus Stein. Aber eins will ich dir sagen: Läßt dich ein Gott die Freier bezwingen, will ich dir jene Frauen bezeichnen, die dir untreu geworden sind.«

»Nein, Altchen, ich will selber alle beobachten«, gab ihr Odysseus zur Antwort, »du hüte nur das Geheimnis, und überlasse alles Weitere den Göttern.«

Als es Morgen wurde, weckte Eurykleia die Mägde und drängte sie, im Hause sauber zu machen, die Tische mit Schwämmen abzuwaschen, die Krüge und die schönen doppelt gehenkelten Gefäße zu reinigen und aus der Quelle Wasser zu holen. Die Diener spalteten Holz, und die Mägde brachten das Wasser. Mit ihnen kam auch Eumaios, der getreue Sauhirt, und er begrüßte auch jetzt den Fremden mit freundlichen Worten. Auch der Ziegenhirt kam, *Melanthios*, der Erbärmliche, der seinem Herrn untreu geworden war. Er trieb die schönsten Ziegen für die Freier zum Mahle herbei, und als er Odysseus sah, verspottete er den vermeintlichen Fremdling. *Philoitios* hingegen, der nur ungern eine unfruchtbare Kuh von Odysseus' Rindern und einige Ziegen für die uneingeladenen Gäste brachte, wandte sich mitleidvoll an den alten Bettler; er dachte an seinen Herrn, den König Odysseus, der, wenn er noch lebte, vielleicht auch so zerlumpt irgendwo umherirrte. Philoitios erkannte nämlich in dem Bettler seinen guten Herrn nicht, der ihn noch als Knaben der Rinderherde beigegeben hatte.

Nun trafen auch die Freier ein, gar bald füllten sie den Saal. Telemachos, von der Volksversammlung kommend, gesellte sich zu ihnen. Er ließ für Odysseus einen kleinen Tisch und einen winzigen Schemel an die Schwelle stellen und erklärte streng den Freiern, er werde es heute nicht dulden, daß sie den Fremden schmähten, der in seinem Hause Zuflucht suche. Aber mit den hoffärtigen Freiern, die ausgelassen und unbeherrscht waren, ließ sich nicht reden, ihr derbes Gespött und Gelächter nahm kein Ende. Telemachos hielt fortwährend den Blick auf seinen Vater gerichtet, um zu erspähen, wann er ihm endlich ein Zeichen gebe, gegen die Schändlichen vorzugehen.

An diesem Tage ließ Penelope Odysseus' Bogen in den Saal bringen und sprach zu den Freiern: »Höret mich, ihr stolzen Freier, die ihr in diesem Haus des lange Abwesenden schmaust und zecht. Und ihr tut das, weil ihr, wie ihr sagt, mich zu freien begehret. Wohlan, die Zeit ist da! Hier ist der Bogen des göttergleichen Odysseus: Wessen Hände die Sehne am leichtesten spannen und wer seinen Pfeil durch alle zwölf Beile hindurchschießt, dem will ich folgen; ich werde dies reiche, prächtige Haus, in dem ich die Jahre der Jugend verlebte, verlassen. Aber ich weiß, ich werde im Traum noch seiner gedenken.«

Sie gebot Eumaios, den Freiern den Bogen zu geben. Er gehorchte weinend. Sogar Philoitios, der Rinderhirt, mußte weinen, als er die alte Waffe seines Herrn erkannte. Telemachos stellte die Beile auf: Für jedes machte er im Lehmfußboden eine Grube, spannte dann eine Schnur, längs der er sie geraderichtete, und stampfte die Erde wieder fest. Die Freier nahmen der Reihe nach den Bogen, aber nicht einer konnte ihn auch nur spannen, und so mußten sie alle fühlen, wieviel schwächer sie waren als Penelopes Gemahl.

Unterdessen zog sich Odysseus mit den beiden getreuen Hirten in den Hofraum zurück und sprach freundlich zu ihnen: »Rinderhirt Philoitios und Sauhirt Eumaios! Ich könnte euch beiden etwas sagen, oder soll ich's weiter für mich behalten? Wäret ihr wohl geneigt, Odysseus zu helfen, würde ihn plötzlich irgendein Gott heim zu euch bringen? Würdet ihr dann die Freier verteidigen oder Odysseus? Sagt an, wie euch das Herz gebietet.«

»Vater Zeus«, sprach Philoitios, »o würdest du diese Sehnsucht erfüllen und ließest einen der Götter diesen Mann heimführen. Da würdest du sehen, welch eine Kraft in meinen Händen steckt!«

Ebenso flehte Eumaios, und da gab sich Odysseus ihnen zu erkennen.

Die beiden treuen Hirten weinten vor Freude, sie küßten ihm die Hände, die Schultern und hätten wohl gar bis zum Abend geweint, aber Odysseus ermahnte sie, sich zu beruhigen, es könne jemand aus dem Palast kommen und sie so sehen. Dann besprach er mit den beiden, was nun zu tun sei: wie sie die Mägde fernhalten und auf ein bestimmtes Zeichen hin die Türen zuriegeln sollten. Danach kehrten die drei, um kein Aufsehen zu erregen, einzeln in den Saal zurück.

Die Freier waren von den vergeblichen Versuchen, den Bogen zu spannen, schon ganz erschöpft. Dem Antinoos fiel ein, daß das Volk in der Stadt gerade das Fest des Apollon feierte – es war Neumond –, und vielleicht ließ es der Gott nicht zu, daß sie an diesem Festtag den Bogen spannten, da sie der Feier fernblieben. Er schlug vor, den Bogen jetzt wegzulegen und am nächsten Morgen Apollon ein Opfer darzubringen; dann würde der Gott ihnen wohl Kraft geben, den Bogen zu spannen.

Aber da bat der in Lumpen gehüllte Odysseus, sie möchten doch auch ihn seine Kraft ausprobieren lassen. Die Freier lehnten es empört ab: Andere Bettler wagten nicht einmal zuzuhören, wenn die Herren bei Tisch sprächen. Penelope jedoch bestand darauf, daß dem Bettler die Bitte erfüllt werde.

Der kluge Odysseus nahm den Bogen prüfend in die Hand, drehte ihn hin und her und sah sich seine liebe alte Waffe genau an, ob sie während seiner Irrfahrten nicht schadhaft geworden sei. Die Freier wunderten sich, wie sachkundig er mit ihr hantierte. Er betastete sie und schlug die Sehne an, wie ein erfahrener Sänger die Saiten der Leier anschlägt. Und die Sehne klang mit hellem Ton wie die Stimme der Schwalbe. Die Freier waren bestürzt, als sie das hörten. Nun donnerte es laut, und Odysseus erkannte voll Freude, daß Zeus ihm ein günstiges Zeichen gab. Er nahm den Pfeil, der schon auf dem Tisch bereitlag – die anderen Pfeile waren im Köcher –, legte ihn über den Bügel und schoß ihn ab. Der Pfeil flog und verfehlte nicht das Ziel: Er flog durch die oberen Ösen aller zwölf Beile.

Penelope hatte sich schon vorher auf Telemachos' Bitte ins Frauengemach hinaufbegeben, auch die Mägde waren unauffällig entfernt worden. Und nun gab Odysseus dem Telemachos einen Wink, dieser ergriff rasch das Schwert und die Lanze und trat zum Vater hin.

Odysseus warf rasch die Lumpen ab, ergriff Bogen und Köcher und sprang an die Tür, dort schüttelte er sich Pfeile aus dem Köcher vor die Füße und rief den Freiern zu: »Dieser Kampf mit dem Pfeil kam zum untadeligen Ende. Jetzt aber werd' ich ein anderes Ziel erproben, möge Apollon mir beistehen!«

Und er zielte auf Antinoos, der gerade nach dem doppelt gehenkelten goldenen Becher griff, um zu trinken. Doch vom Pfeile durchbohrt, sank er tot um. Die Freier verfluchten den Bettler, sie meinten, er habe das wider Willen getan, aber Odysseus maß sie verächtlich: »Ihr Hunde! Ihr meintet, ich würde aus Troja nie mehr nach Hause gelangen, und zehrtet darum mein Haus auf. Ihr habt es gewagt, um mein Weib zu werben, derweil ich noch lebe, mißachtend die Götter, die den weiten Himmel bewohnen, und die Rache der Menschen. Nun seid ihr aber alle in die Falle des Verderbens gekommen!«

Solange die Pfeile reichten, traf er mit jedem Pfeilschuß einen Freier, und als die Pfeile zu Ende waren, brachte Telemachos aus der Kammer Waffen für seinen Vater, für sich selbst und für die beiden getreuen Hirten. Aber er ließ in der Eile die Tür der Kammer offen. So holte der treulose Melanthios auch für die Freier Waffen. Als er, beladen, eintrat, überfielen ihn Eumaios und Philoitios und schlugen ihn nieder. Unterdessen hatten sich aber schon zwölf Freier bewaffnet und standen in voller Rüstung da. Doch nützte es ihnen nichts, sie konnten alle zwölf gegen Odysseus nichts ausrichten, denn Pallas Athene war vom Olympos herabgekommen, um ihrem Schützling beizustehen. Von den Freiern blieb keiner am Leben. Den Sänger Phemios aber verschonte Odysseus, weil er nur gezwungen die Freier beim Mahle durch seinen Gesang unterhalten hatte; auch stand er ja als einer, der die göttliche Gabe des Singens besaß, unter dem Schutz der Götter. Für *Medon,* der die Freier bei Tische bedient hatte, bat Telemachos um Gnade, denn Medon hatte ihn, als er noch ein Kind war, immer sorglich gepflegt. Odysseus schickte dann seinen Sohn, die alte Amme Eurykleia zu rufen. Sie fand ihren Herrn ganz mit Blut und Staub besudelt inmitten erschlagener Leiber, als wäre er ein Löwe, der auf dem Felde Rinder der Herde zerrissen hat, und sie wollte schon aufjauchzen, weil er so Großes getan und die bösen Freier getötet hatte, aber Odysseus rief ihr zu: »Still, Alte, freue dich im Herzen und frohlocke nicht. Es ist eine Sünde, über ermordete Männer zu prahlen. Diese erlagen der Moira, der göttlichen Fügung, und ihrer eigenen Untat, weil sie keinen sterblichen Menschen achteten, ob gering oder vornehm, wer immer sich ihnen nahte.«

Und er hieß Eurykleia, ihm die Mägde zu nennen, die ihm und seiner Familie untreu geworden seien.

Die Greisin stieg lachend und jubelnd ins obere Stockwerk hinauf, um ihrer Herrin die Botschaft zu bringen. Aber Penelope glaubte ihr nicht: »Alte, dich schlugen die Götter mit Wahnsinn! Willst du mich und mein bekümmertes Herz durch so wirres Gerede verspotten, daß du mich aus süßem Schlummer weckst? Schlief ich doch nie so fest, seitdem Odysseus, mein Gatte, nach dem Unglückstroja fortzog.«

Eurynome, die treue Schaffnerin, badete unterdessen Odysseus und salbte ihn mit Öl und bekleidete ihn mit reinen Gewändern. Pallas Athene, die Göttin, goß Schönheit auf sein Haupt, wandelte seine Gestalt größer und voller und ließ ihm vom Haupt die Locken herabfallen wie Blüten von Hyazinthen. Als er aus der Wanne stieg, sah er aus wie einer der unsterblichen Götter. Er setzte sich auf den Sessel seiner Gemahlin gegenüber. Jetzt hätte Penelope ihn wohl schon eher erkannt als in dem rauhen Bettlerkittel, aber die bitteren zwanzig Jahre der Trennung geboten ihr Vorsicht.

»Nun, so rüste mir draußen mein Lager, Mütterchen«, sagte er zur Amme Eurykleia, »denn diese Frau hat ein so hartes Herz wie Eisen.«

Bis zu diesem Augenblick wartete Penelope mit der letzten Probe, und nun ergänzte sie den Befehl ihres Gatten: »Stellt ihm draußen sein Bett auf, außerhalb des schönen Gemachs, das er sich selber gebaut hat, und legt Decken, Felle und schimmerndes Linnen darauf.«

Doch Odysseus sprach dazwischen: »Weib, da erteilst du einen schweren Befehl. Wer könnte denn je mein Bett von der Stelle rücken? Kein sterblicher Mensch, so stark er auch sein mag – sind doch die Füße des Bettes in der Erde verwurzelt. Es wuchs uns im Gehege ein schattiger Ölbaum, sein Stamm glich einer mächtigen Säule. Um ihn baute ich mein Schlafgemach, dann schlug ich vom Ölbaum die Krone ab, beschnitt den Stamm, hobelte ihn zum Pfosten am Bett und zierte das Lager mit Gold, Elfenbein und Silber. Endlich spannte ich purpurn gefärbte lederne Gurte aus.«

Da ward Penelope erschüttert, ihr wankten die Knie; weinend stürzte sie Odysseus entgegen, umschlang seinen Nacken mit beiden Armen, küßte ihn heiß und sagte: »Zürne mir nicht, Odysseus, du bist ja der klügste unter allen Menschen. Die Götter gaben uns Leid, sie mißgönnten es uns, ungetrennt beieinander unsere Jugend zu genießen und gemeinsam zu altern. Aber grolle mir nicht, daß ich dich nicht voll Liebe beim ersten Anblick begrüßte. Immer dachte ich mit Schaudern daran, es könne einst irgendein Fremder kommen und mich mit trügerischen Reden betören; es gibt so viele arglistige Menschen. Die Zeichen unseres Ehebetts kannten jedoch nur du und ich und außer uns eine treue Dienerin, die mir mein Vater mitgab, als ich dein Weib wurde.«

Sie hielten sich weinend umschlungen. Wie willkommen das Land schiffbrüchigen Schwimmern emportaucht, die aus dem grauen Gewässer dann freudig das Ufer erklimmen, so willkommen war nun Penelope der lange ersehnte Gemahl. Die rosenfingrige Eos hätte sie noch weinend gefunden, wäre der Pallas Athene nicht ein Gedanke gekommen. Die Nacht ging schon zu Ende, doch Pallas dehnte sie aus, sie hielt die goldene Eos am Okeanos fest und ließ sie die hurtigen Rosse, *Lampos* und *Phaethon*, noch nicht schirren, den Menschen zu leuchten.

Die Schaffnerin Eurynome hatte das Lager aufgeschlagen, und die Ehegatten gingen zur Ruhe. Sie waren überglücklich, und wieviel hatten sie einander zu erzählen! Penelope sprach davon, wieviel sie im Hause durch den Anblick der prassenden Freier erduldet hatte, Odysseus erzählte von seinen Leiden auf der langen Irrfahrt, von den vielen Städten, die er gesehen, und den verschiedenen Sitten und Gebräuchen, die er bei all den Völkern kennengelernt hatte. Endlich schliefen sie ein. Und als Athene annahm, sie hätten genug geschlafen, trieb sie die goldengeborene Eos, den Menschen das Licht zu bringen.

Odysseus erhob sich vom Lager. Dann weckte er Telemachos, seinen Sohn, und auch den Sauhirten und den Rinderhirten. Sie bewaffneten sich alle vier und verließen den Palast. Rings auf der Erde war es schon hell, Athene hüllte aber die vier Männer in dunkle Nacht und führte sie zur Stadt hinaus.

Hermes aber rief mit dem goldenen Stab die Seelen der toten Freier heraus. Wie Fledermäuse in schaurigen Höhlen, so flatterten sie schwirrend, wohin Hermes sie führte: am Okeanos entlang, am Leukasfelsen, am Tore des Helios und am Lande der Träumer vorüber, und sie gelangten zur Asphodeloswiese, wo die Seelen der Toten wohnen.

Indessen gelangte Odysseus mit Telemachos und den beiden Hirten zu dem gutgepflegten Landgut seines Vaters, Laertes. Odysseus schickte die drei voraus ins Haus, er selbst suchte seinen Vater im Garten. Er gab sich für einen Fremden, einen Gastfreund des Odysseus, aus. Laertes begann zu weinen, als er von seinem Sohn hörte, und bestreute sein ergrautes Haupt mit Staub. Da konnte Odysseus nicht mehr an sich halten, aber er war dem Weinen nahe, er umarmte und küßte seinen Vater.

»Ich bin's ja, Vater«, rief er, »zähme dein Klagen und deine Tränen!«

Doch auch Laertes konnte das nach Odysseus' zwanzigjährigem Fernsein nicht glauben, er verlangte als Beweis ein untrügliches Zeichen. Da zeigte Odysseus auch ihm die Narbe an seinem Fuß und zählte die Bäume im Garten auf, die sein Vater ihm einst, als er noch ein Knabe war, geschenkt hatte: dreizehn Birnbäume, zehn Apfelbäume, vierzig Feigenbäume und fünfzig Reihen Rebstöcke.

Da wankten dem Greis die Knie, und das Herz bebte ihm; er erkannte das Zeichen und umarmte glückselig seinen Sohn. Doch als er hörte, was am Vortage im Palast geschehen war, quälte ihn *eine* Sorge: Er fürchtete sich vor den Verwandten der Freier. Aber Odysseus beruhigte ihn, er führte ihn ins Haus, wo Telemachos und die Hirten inzwischen ein Mahl bereitet hatten. Laertes ließ sich nun auch von seinem alten Diener baden, mit Öl salben und in Königsgewänder kleiden, und als er aus dem Badebecken trat, hatte ihn Athene schöner und größer gemacht. Es kam sein alter Winzer *Dolios* mit seinen Söhnen, sie waren im Walde gewesen, Zweige für einen Zaun zu sammeln. Sie alle – Odysseus, Telemachos, die beiden Hirten, die sechs Söhne des Dolios – legten nun die Rüstung an, sogar die beiden Greise Laertes und Dolios folgten ihrem Beispiel, denn der äußerste Notfall würde auch sie noch zwingen zu kämpfen.

Und tatsächlich: Da zog auch schon die Verwandtschaft der Freier heran; das Gerücht hatte die Kunde vom grausigen Gastmahl verbreitet.

Aber auf dem hohen Olympos beschlossen die Götter es anders: Sie sollten sich alle versöhnen und die Kränkungen vergessen. Von nun an sollten die Bewohner von Ithaka einander wieder lieben wie zuvor, und erfreuen sollten sie sich an der Fülle, die *Plutos* (der »Reichtum«) und *Eirene* (der »Friede«) ihnen gewährte. Zeus schickte Athene als Vermittlerin hinab. Sie, die augenleuchtende Pallas, hatte ohnehin schon hinunterschweben wollen, weil sie um Odysseus besorgt war. Sie kam in der Gestalt Mentors und stiftete zwischen den Einwohnern Ithakas Frieden.

DIE MYTHEN DER GRIECHISCHEN TRAGÖDIE

Die griechische Tragödie ging aus den Riten des Dionysos-Festes hervor, aus dem Chorgesang der als *Satyren* verkleideten Männer, die beim Festaufzug die Begleiter des Gottes darstellten. Die Satyren lebten in der Phantasie der Griechen als Wesen mit Ziegenfüßen, und man stellte sie sich überhaupt ziegenbockähnlich vor. Die Chormitglieder bekleideten sich daher mit Ziegenfellen; deshalb wurde der Chorgesang »Ziegenbockgesang«, nämlich *tragodia* (latinisiert *tragoedia*) genannt. Dies ist die Zusammensetzung der griechischen Wörter *tragos* (»Ziegenbock«) und *ode* (»Gesang«).

Der Überlieferung nach führte *Thespis* die Neuerung ein, daß ein Schauspieler auf den Gesang des Chores *antwortete.* Und weil in der griechischen Sprache das Wort *hypokrites* soviel bedeutet wie »Antworter«, nannte man den Schauspieler *hypokrites.* Mit seiner Neuerung also begründete Thespis die griechische Tragödie. Erst die spätere Entwicklung brachte es mit sich, daß außer dem Chor zunächst zwei, dann drei Schauspieler zugleich auf der Bühne sein konnten. Diese tragischen Aufführungen handelten anfangs nur von den erschütternden Leiden des *Dionysos*: Er, der Sohn der sterblichen Semele, gelangte erst nach großen Leiden auf den Olympos, und schon der Mythos von seiner Mutter, Semele, zeigt die grausame Seite seiner Erscheinung, die vernichtende Kraft entfesselter großer Leidenschaften.

In der Stadt Sikyon geschah es zum ersten Mal, und zwar im 6. Jahrhundert v. u. Z., daß beim Dionysos-Fest auf der Bühne nicht der Dionysos-Mythos, sondern das Schicksal des Adrastos dargestellt wurde, ein Mythos also, der bereits mit dem *thebanischen Sagenkreis* zusammenhängt. Und diesen Sagenkreis, in dessen Mittelpunkt das tragische Schicksal des Königs *Oidipus* steht, haben – neben anderen Mythen – die griechischen Tragödiendichter auch noch in späterer Zeit besonders oft bearbeitet. *Adrastos,* König von Argos, erhielt vom Orakel den Rat, eine seiner beiden Töchter einem Löwen und die andere einem Eber zum Weibe zu geben. Nun begab es sich einmal, daß Oidipus' Sohn *Polyneikes,* den sein Bruder *Eteokles* aus Theben vertrieben hatte, in Argos ankam, wohin zur gleichen Zeit des Oineus Sohn *Tydeus* geflüchtet war, der eines Mordes wegen seine Heimat, Kalydon, hatte verlassen müssen. Es war eine stürmische Nacht, die beiden Landesflüchtigen suchten Unterkunft im Hof des gastlichen Königshauses in Argos, gerieten aber in Streit über die Lagerstatt. König Adrastos hörte den Lärm, kam heraus und sah die beiden Fremden: Der eine trug als Überwurf ein Löwenfell, der andere das Fell eines Ebers. Da fiel dem König der Orakelspruch ein; er vermählte seine ältere Tochter mit Polyneikes, die jüngere mit Tydeus und versprach seinen beiden Eidamen, ihnen bei der Rückkehr in ihre Heimat behilflich zu sein. So rüstete er den Zug der *Sieben gegen Theben.* Zum Kampf gegen Kalydon kam es nicht mehr, weil Tydeus vor Theben fiel. Von den sieben Heerführern entkam nur Adrastos; sein geflügeltes Roß, *Areion*, entriß ihn der tödlichen Gefahr. Zehn Jahre später zog er aber mit einem neuen Heer gegen Theben, und die Heerführer waren nun schon die Söhne derer, die den ersten Zug der Sieben befehligt hatten. Diese »Nachkommen«, die *Epigonen,* eroberten Theben, Adrastos aber verlor im Kampf seinen Sohn, und der Gram darüber brachte auch ihm den Tod.

Anfangs stieß ein solcher Ersatz für den Dionysos-Mythos auf Abneigung, später aber wurde seine Ablösung durch die Heldensage fast allgemein, und gerade sie machte die gewaltige Entwicklung der griechischen Tragödie in Athen möglich. Wenngleich sich Leben und Leiden des Dionysos durch Stoffe aus anderen Sagen ersetzen ließen, so blieb doch die Schauspielkunst durchweg mit der Verehrung dieses Gottes verbunden. Das Theater in Athen war in der Nähe eines früheren Heiligtums des Gottes erbaut worden, und es galt auch selbst als Dionysos-Tempel. Die Aufführungen der Tragödien fielen immer mit den Großen Dionysien zusammen, und zwar wurden sie in Form von Wettspielen veranstaltet. An einem Wettspiel nahm jeder Dichter mit vier zusammenhängenden Stücken, einer sogenannten *Tetralogie*, teil. Die ersten drei waren eine in engerem Sinne tragische *Trilogie*, an die sich ein heiteres Nachspiel anschloß, das sogenannte *Satyrspiel*, worin auch Raum für die derbe Komik der Satyren war. Im Laufe der Entwicklung beschränkte sich der Chor der Satyren, die den Dionysos begleiteten, auf dieses letzte Stück, aber auch die tragischen Mythen brachten alle die Herrschaft des *Dionysos Lysios*, des »Entfeßlers der Leidenschaften«, zur Schau. Die Helden der Tragödie berauschen sich, wenn sie nicht mehr vom Wein trunken sind, durch den Anblick des Blutes oder des Todes, sie sind »Bacchanten des Hades«, so Herakles in Euripides' Drama »Der rasende Herakles«, oder sie berauschen sich an der Liebe, an Rachgier oder auch an der Geschwisterliebe, in jedem Fall lassen sie sich von der Leidenschaft hinreißen und erkennen keinerlei Schranke, Hemmung oder Rücksicht mehr an.

Die Stücke des Thespis und der ersten Tragödiendichter sind uns nicht erhalten geblieben, auch nichts von den späten Werken der Verfallszeit. Wir kennen nur Dramen der drei größten Tragödiendichter der Blütezeit, also des 5. Jahrhunderts v. u. Z., und zwar gerade die besten, reifsten Meisterwerke: je sieben Tragödien von *Aischylos* und von *Sophokles*, ferner siebzehn Tragödien und ein Satyrspiel von *Euripides*. Außer diesen findet sich unter Euripides' Werken noch eine Tragödie mit dem Titel »Rhesos«, doch wird deren Authentizität in Zweifel gezogen. Demnach wäre diese die einzige griechische Tragödie, die von keinem der drei großen Meister, sondern von einem unbekannten athenischen Dichter stammt. Von anderen Tragödien hat lediglich der Zufall da und dort Bruchstücke von einigen Zeilen bewahrt, und zwar hauptsächlich Zeilen, die von späteren griechischen oder von römischen Schriftstellern zitiert wurden. Neu aufgefunden wurde am Anfang des 20. Jahrhunderts in zusammenhängenden großen Bruchstücken, aus denen sich fast das Ganze zusammenstellen ließ, ein Satyrspiel von Sophokles, »Die Spürhunde«, das den Rinderdiebstahl des Knaben Hermes zum Inhalt hat. Von anderen Fragmenten sei noch hervorgehoben: das Satyrspiel »Netzfischer« von Aischylos. Auf Grund der neuesten Papyrusfunde, die 1932 bzw. 1941 veröffentlicht wurden, können wir uns ein viel genaueres Bild von dem Werk machen als zuvor. Es vergegenwärtigt in heiterer und zarter Färbung, wie die aufs Meer ausgesetzte Danae und ihr Sohn Perseus auf der Insel Seriphos ankommen.

Nur eine einzige von den uns überkommenen Tragödien hat den Dionysos-Mythos zum Stoff: »Die Bacchantinnen« von Euripides. In Theben, der Geburtsstadt des Dionysos, hat Semeles Vater, Kadmos, im Greisenalter die Herrschaft seinem Enkel *Pentheus*, dem Sohn der *Agaue*, übergeben. Da hatte Kadmos' göttlicher Enkel Dionysos schon Asien durchwandert und kehrte in seine Vaterstadt zurück, um sich auch in Griechenland Verehrer zu erwerben. Aber Thebens König Pentheus verbot dem Volk die Verehrung des Dionysos, woraufhin der Gott tatkräftig auftrat und eine Wahnsinnsepidemie unter Thebens Frauen ausbrechen ließ, von der besonders die Schwestern seiner Mutter Semele, *Agaue*, *Autonoe* und *Ino*, befallen wurden. Sie verehren nun im Kithairon-Gebirge den Gott im Wahnsinnsrausch als *Mänaden*, und sogar der greise Kadmos und der Seher

Teiresias bekränzen die Stirn mit Efeu und schwingen den Thyrsos. Pentheus, der die Schwärmer mit Entsetzen sieht und in seiner Stadt die Ruhe wiederherstellen will, verbietet aufs strengste diese ihm unbekannte und wirre Gottesverehrung. Er schickt Häscher, die die Bacchantinnen festnehmen sollen, und sucht vor allem nach dem Dionysos-Priester, der diesen neuen Gottesdienst verbreitet. Im Priester erkennt er den Gott nicht. Und als er, der König, auf den Kithairon geht, um die rasenden Weiber heimlich zu belauschen, entdeckt seine eigene Mutter, Agaue, sein Versteck. Sie hält ihn im Wahnsinn für einen Löwen und tötet ihn. An der Spitze des Mänadenzuges trägt Agaue den Kopf ihres Sohnes, und erst als ihr Vater zu ihr spricht, begreift sie ihre fürchterliche Tat. So erfuhren die Thebaner, mit welch grausamer Macht sich Dionysos gegen diejenigen wendet, die ihn nicht anerkennen wollen.

Aischylos, der älteste von den drei großen Tragikern, sagte von seinen Werken, es seien »vom reichen Tisch Homers aufgelesene Brosamen«. Wenn er hier sein eigenes Verdienst bescheiden verkleinert, um Homers Vorrang ausdrücklich anzuerkennen, so hat er doch insofern recht, als der Dichter der *Ilias* im Ausmalen der Leidenschaften ein würdiger Lehrmeister der großen Tragiker war; außerdem ist der Stoff der griechischen Tragödien vorwiegend dem troischen Sagenkreis entnommen. Sie behandeln zumeist solche Konflikte dieses Sagenkreises, auf die in den Epen Homers nur beiläufig hingewiesen wird.

Eines der Iphigeneia-Dramen des Euripides (»Iphigeneia in Aulis«) spielt im Hafen von Aulis, wo die zum Kampf gegen Troja bereiten griechischen Schiffe versammelt sind, aber nicht absegeln können, weil sie tagelang vergebens auf günstigen Wind warten. Auf die Weissagung des Priesters Kalchas hin ist der oberste Feldherr, Agamemnon, gezwungen, für das gemeinsame Wohl der Griechen seine eigene Tochter der Artemis zu opfern. Die Göttin reißt aber das Mädchen vom Altar hinweg und schickt statt ihrer einen Hirsch als Opfertier, denn sie will nicht zulassen, daß ihr Altar mit dem Blut des edlen Mädchens befleckt werde. Da erhebt sich günstiger Fahrtwind, die Göttin gewährt den Griechen gute Fahrt, aber von Iphigeneias Schicksal hören sie nichts mehr. *Klytaimnestra*, Agamemnons Gemahlin, hat nur verbittert gesehen, daß – Helenas, der untreuen Gattin des Menelaos, wegen – gerade ihre Tochter geopfert werden sollte, und ihre Erbitterung wendet sich gegen Agamemnon, dem sie bis dahin eine treue Gattin gewesen ist.

Während Agamemnon vor Troja kämpft, herrscht Klytaimnestra mit dem Vetter ihres Gemahls, mit *Aigisthos*, in Argos und Mykene. Agamemnons Heimkehr wird in Aischylos' Tragödie »Agamemnon« dargestellt (dem ersten Stück der Trilogie »Orestie«). Klytaimnestra empfängt den nach zehnjähriger Abwesenheit heimkehrenden Gatten mit vorgetäuschter Freude, sie breitet vor den Füßen des Helden, als er vom Kampfwagen steigt, einen Purpurteppich aus. Aber hinter den Begrüßungsworten, die sie voll überströmender Freude spricht, steckt Falschheit; Klytaimnestra lockt so den Gatten nur in den Palast, um ihn samt seiner Sklavin *Kassandra*, der aus Troja verschleppten seherisch begabten Tochter des Priamos, zu ermorden. Und die ruchlose Frau hat auch noch den Mut, sich vor den Bürgern von Argos zu verteidigen. In hochmütigem Selbstbewußtsein pocht sie darauf, daß sie sich nur für ihre Tochter Iphigeneia an Agamemnon gerächt habe. Auch ihr Mittäter, Aigisthos, tritt auf und bringt zu seiner Rechtfertigung den grauenhaften Wettstreit der beiden Söhne des *Pelops* vor: *Atreus*, Agamemnons Vater, hat sich an *Thyestes*, dem Vater des Aigisthos, dadurch gerächt, daß er Thyestes' Kinder kochte und dem nichtsahnenden Vater zum Mahle vorsetzte. Nun soll Thyestes' Sohn Aigisthos statt Atreus' Sohn Agamemnon mit dessen treuloser Gemahlin gemeinsam herrschen. Aber das Volk von Argos ergibt sich ihnen nicht, es wartet die Heimkehr *Orestes'* ab, der bei *Strophios*, dem König von Phokis, erzogen wird.

Der zweite Teil der »Orestie« sind »Die Choephoren«. Orestes kommt mit Strophios' Sohn *Pylades* in Argos an und legt auf dem

Grabe seines Vaters eine Locke seines Haares als Opfer nieder. Zur selben Zeit bringt auch *Elektra*, Agamemnons und Klytaimnestras Tochter, mit ihren Mägden dem Vater ein Totenopfer dar. So begegnen sich die beiden Geschwister; Orestes gibt sich seiner Schwester Elektra zu erkennen, die ihn als Kind zuletzt gesehen hat. Sie beschließen, Orestes' Heimkehr geheimzuhalten und hinterlistig ihren Vater zu rächen, der ja hinterlistig ermordet worden ist. Orestes pocht ans Palasttor, Klytaimnestra kommt heraus. Orestes gibt sich als Wanderer aus, der unterwegs dem Strophios aus Phokis begegnet ist; Strophios habe ihn beauftragt – sagt er –, die Kunde von Orestes' Tod nach Argos zu bringen. Klytaimnestra kann ihre Freude darüber kaum verbergen. Nur die Amme trauert aufrichtig um Orestes. Klytaimnestra schickt gerade sie zu Aigisthos: Er solle kommen und – von Mann zu Mann – von dem Fremden mit voller Gewißheit erfahren, daß ihr Sohn, Orestes, tot ist. Aigisthos möchte, um vom bangen Vorgefühl drohender Rache befreit zu werden, nun auch Bestimmtes wissen, und er geht hinein. Bald aber dringt aus dem Palast ein Todesschrei: Orestes hat ihn getötet. Starr und benommen tritt Orestes aus dem Hause; nachdem er Aigisthos ermordet hat, harrt seiner eine schier unerträglich schwere Aufgabe: Er muß an seiner Mutter den Tod des Vaters rächen, der Gott Apollon hat ihm befohlen, schonungslos Rache zu üben. Orestes tötet seine Mutter. Aber nachher erschauert er vor seiner eigenen Tat; das Volk hält sie zwar für berechtigt und jubelt, weil es nun von den »beiden Drachen« befreit ist, aber Orestes sieht rings um sich grauenhafte Gestalten: schwarz gekleidete Frauen, in deren Haaren sich Schlangen winden. Die Frauen von Argos sagen ihm zum Trost, nur das frische Blut, das an seinen Händen klebe, habe seine Seele verstört. Es hilft ihm nichts, er sieht, was sonst keiner sieht, und ruhelos bricht er auf nach Delphi, zum Heiligtum Apollons, des Gottes, der die Blutschuld tilgt, und währenddessen singen die Frauen von Argos einen Gesang von dem furchtbaren Schicksal der *Pelopiden*, das nun schon im dritten Geschlecht wütet. Im wesentlichen ist dies derselbe Stoff, den auch Sophokles und Euripides in ihren Tragödien, beide »Elektra« betitelt, bearbeitet haben, doch fällt bei ihnen der Königstochter bei der Ausführung des Racheaktes eine wichtigere Rolle zu. Als Magd ihr Leben fristend – bei Euripides sogar zwangsweise einem Bauern vermählt –, hat sie jahrelang den Befreiung bringenden Bruder erwartet.

Die »Orestie« von Aischylos ist die einzige vollständig erhalten gebliebene griechische dramatische Trilogie. Ihr letzter Teil, »Die Eumeniden«, beinhaltet die Befreiung des Orestes von den ihn verfolgenden *Erinnyen* (den *Furien*, wie sie mit dem allgemeiner gebräuchlichen lateinischen Wort bezeichnet werden). Die Erinnyen verfolgen den Muttermörder, wie Hunde dem Wild nachjagen; Orestes flüchtet vor ihnen nach Delphi, dort nimmt ihn Apollon in Schutz und führt ihn nach Athen, wo Pallas Athene Schiedsrichterin zwischen Orestes und den Rachegöttinnen sein soll. Athene übernimmt es aber nicht, in diesem fürchterlichen Prozeß allein ein Urteil zu sprechen, sondern betraut damit die Auserwählten des attischen Volkes, die sie in Ares' heiligem Hain, dem *Areios pagos*, zusammengeschart hat – durch diese Tat begründete die Göttin den obersten Gerichtshof Athens, den *Areiopagos* (Areopag). Es kommt zur Abstimmung, die Mehrheit entscheidet; verteilen sich aber die Stimmen in gleicher Zahl, so bedeutet das Freisprechung. Zwei Weltanschauungen kämpfen hier vor dem *Areiopagos*: Die Erinnyen sehen in Orestes nur den Muttermörder, die »neuen Götter« hingegen den Sohn, der seinen Vater rächt. Mit Stimmenmehrheit von nur einer Stimme soll er schon verurteilt werden, aber die letzte Stimme ist Pallas Athene vorbehalten, sie gleicht die Stimmen aus und spricht somit Orestes frei. Die besiegten Erinnyen wollen nun ihre Wut an der Stadt Athen auslassen, aber Pallas Athene versöhnt sie. Sie verspricht ihnen göttliche Verehrung in Athen im Hause des Erechtheus und wandelt so den Fluch in Segen um. Auf diese Weise werden in Athen die Göttinnen des Fluches und der Rache zu *Eumeniden*, das heißt »wohlwollenden« Göttinnen.

Im »Orestes« des Euripides erlangt Orestes Freisprechung von menschlicher Verfolgung. Hier straft zunächst das Volk von Argos Orestes und seine Schwester, die ihm bei der Ausübung der Rache geholfen hat, damit, daß es sie mit Bann belegt. Die Geschwister erwarten nun von ihrem Onkel Menelaos Hilfe, dieser nimmt sich ihrer aber nicht an, um so weniger, als Klytaimnestras Vater, der greise *Tyndareos,* sich einmischt und jedem, der den Mörder seiner Tochter in Schutz nimmt, Rache androht. Der Volksbeschluß verurteilt Orestes und Elektra zum Tode. Pylades will mit ihnen sterben, aber Apollon errettet sie vom Tod und bewirkt sogar, daß Menelaos und das Volk von Argos sich mit ihnen versöhnen. Die Versöhnung wird dadurch besiegelt, daß Orestes sich mit Menelaos' Tochter *Hermione* vermählt und Pylades Elektra ehelicht.

Euripides' Tragödie »Iphigeneia bei den Tauriern« stellt ebenfalls Orestes' Freisprechung dar. Apollon hat ihm durch ein Orakel kundgetan, daß er von der Verfolgung durch die Erinnyen befreit werden könne, wenn er die vom Himmel gefallene Statue des Artemis von den Nachbarn der Skythen, von den Tauriern, hole. Orestes kommt dort, von Pylades begleitet, an, die Taurier schleifen die beiden vor ihre Priesterin, denn bei ihnen ist es Gesetz, alle Fremden auf dem Altar der *Artemis Diktynna* zu opfern. Die Priesterin ist Iphigeneia, die die Göttin vor Jahren aus Aulis entführt und durch die Luft zu den Tauriern gebracht hat. Iphigeneias Aufgabe ist es nun, die Menschen, die geopfert werden sollen, vorzubereiten und einzuweihen. Aber ihr graut vor ihrem unbarmherzigen Amt, sie denkt schmerzerfüllt an die griechischen Feste zurück und wartet auf eine Gelegenheit zu entfliehen. Als sie jetzt erfährt, daß einer der beiden Fremdlinge, die vor ihr stehen, Orestes ist, und vernimmt, weswegen er gekommen ist, täuscht sie den König der Taurier, *Thoas,* und flieht voll Freude mit Orestes und Pylades, die Statue der Artemis in der Hand, aus dem Lande der Taurier.

Auch andere Sagen, die mit dem Trojanischen Krieg verknüpft sind, haben die griechischen Tragiker beschäftigt, wenn auch nicht so anhaltend wie das Schicksal der Familie Agamemnons.

Zwei Tragödien von Sophokles, »Aias« und »Philoktetes«, befassen sich mit dem Trojanischen Krieg selbst. Im erstgenannten sinnt *Aias* aus Salamis, der Sohn Telamons, Rache gegen Atreus' Söhne, weil sie die Waffen des Achilleus nicht ihm, sondern Odysseus zugesprochen haben. Pallas Athene macht Aias wahnsinnig, so daß er die Rinder für die griechischen Heerführer hält, und der Rasende metzelt statt der Führer die Tiere nieder. Als er ein Rind in sein Zelt schleppt, weil er seinen Rivalen Odysseus in dem Tier zu sehen wähnt, kommt Odysseus und späht in das Zelt hinein. Er sieht dem unglücklichen Helden bei seinem erniedrigenden Tun voll Mitleid zu. Als Aias wieder klar im Kopf wird, betrachtet er beschämt die abgeschlachteten Tiere, schleicht sich von den salaminischen Schiffen weg, nimmt Abschied von der Welt, von seiner fernen Heimat, von Helios, von den Quellen, Flüssen und Feldern, weil er die Schande nicht überleben kann. Abseits von den Menschen stürzt er sich in sein Schwert. Seine Frau, *Tekmessa,* findet ihn tot, und nicht einmal ihre und des Kindes, des kleinen *Eurysakes,* Trauer bleibt ungestört – Atreus' Söhne sind noch nach dem Tode des Helden, der sich an ihnen hatte rächen wollen, unversöhnlich. Aias' Halbbruder Teukros hütet die Leiche und fordert, daß dem Toten die letzte Ehre gegeben werde, aber Agamemnon und Menelaos verweigern sie ihm. Erst als Odysseus mit ihnen spricht, lassen sie sich erweichen. Odysseus, der edle Gegner des Aias, überzeugt Agamemnon, daß er in dem Toten keinen Feind, sondern einen der größten Helden der Griechen sehen müsse. Da erst genehmigt der oberste Heerführer Aias' Bestattung.

Die Handlung der Tragödie »Philoktetes« fällt in den letzten Abschnitt des Kampfes um Troja. Philoktetes war noch auf der Fahrt gen Troja von den Griechen auf der Insel Lemnos zurückgelassen worden, weil seiner Wunde, die von einem Schlangenbiß herrührte, unerträglicher Gestank entströmte. Der unglückliche Mann verbrachte neun Jahre völlig einsam und verlassen auf der Insel. Unablässig verfluchte er Atreus' beide Söhne, noch mehr aber Odysseus, der seinerzeit vorgeschlagen hatte, ihn auszusetzen. Doch aus einer Weissagung des *Helenos*, Sohn des Priamos, erfahren die Griechen, daß sie Troja nur einnehmen können, wenn sie in den Besitz des Bogens und der Pfeile des Herakles gelangen. Herakles hatte diese seinem treuen Waffenträger Philoktetes als Erbe vermacht zum Dank dafür, daß Philoktetes auf dem Berge Oita den Scheiterhaufen anzündete, der ihn von seinen Qualen befreite. Nun war Philoktetes aber nicht auf gütliche Weise zu versöhnen, deshalb übernahm es Odysseus, des Herakles Bogen und Pfeile durch eine List zu beschaffen. Er begibt sich mit Achilleus' Sohn, *Neoptolemos*, den er erst nach dem Tode seines Vaters, gegen Ende der Belagerung, von der Insel Skyros geholt hat, auf die Insel Lemnos. Dort hält er sich selbst im Hintergrund und unterweist Neoptolemos, durch welche Lüge er Philoktetes' Vertrauen gewinnen solle. Als der Jüngling schon nahe daran ist, die erwünschten Waffen in Besitz zu nehmen, steigt ein edleres Gefühl in ihm auf, er schämt sich, den unglücklichen Kranken zu betrügen, und gesteht ihm, daß ihn Odysseus geschickt und daß er sich in sein Vertrauen habe schleichen wollen, um Herakles' Pfeile und Bogen zu stehlen. Doch was sich weder durch Gewalt noch durch List hatte erreichen lassen, weil dies das Anstandsgefühl des Neoptolemos nicht zuließ, das verschaffte den Griechen ein Befehl des Herakles. In eine Wolke gehüllt, erscheint Herakles, nun schon als Gott, und gebietet dem Philoktetes, seines Hasses nicht achtend, zu helfen, daß sich das Geschick erfülle: sich mit dem Bogen und den Pfeilen, die das Orakel fordere, nach Troja aufzumachen.

Wie Troja zerstört und Hektors verwaister Sohn, der kleine Astyanax, grausam ermordet wurde, lesen wir in Euripides' Drama »Die Troerinnen«. Seine Dramen »Hekabe« und »Andromache« führen aus, wie die Mutter und die Gattin Hektors das erniedrigende Los der von den Griechen verschleppten Sklavinnen tragen.

Der Tragödie »Rhesos«, ebenfalls dem Euripides zugeschrieben, liegt eine Episode der »Ilias« zugrunde. Rhesos, der thrakische König, der den Troern zu Hilfe eilt, ist der Sohn des Flusses *Strymon* und der Muse *Terpsichore*. Er wird von Odysseus und Diomedes getötet, als sich diese zu nächtlicher Stunde als Späher ins Lager der Troer schleichen.

In Euripides' Drama »Helena« finden wir eine Variante des Helena-Mythos, die jünger ist als die Homerische. Paris hat nicht Helena, Zeus' und Ledas Tochter, sondern nur ihr Abbild entführt, und während die Griechen neun Jahre lang um die vermeintliche Helena kämpfen, hält sich die wirkliche Helena in Ägypten auf, und Menelaos befreit sie auf seiner Heimfahrt dort aus den Händen des *Theoklymenos*, eines Sohnes des *Proteus*.

Mit dem troischen Sagenkreis verknüpft ist auch noch das Satyrspiel von Euripides' »Kyklops«. Sein Stoff ist eine Episode der »Odyssee«: die Blendung des einäugigen, menschenfressenden Riesen. Der Chor setzt sich aus den Satyren zusammen; sie sind auf Polyphemos' Insel, Sizilien, geraten, als sie unter der Führung des alten Silenos allenthalben ihren von den tyrrhenischen Piraten geraubten Herrn, Dionysos, suchten. Polyphemos hält sie gefangen, und erst Odysseus befreit sie.

Wie wir gesehen haben, wurden die Tragiker in erster Linie von Stoffen aus dem troischen Sagenkreis gefesselt, in denen sie das finstere, sich von Geschlecht zu Geschlecht wiederholende Geschick einer fluchbelasteten Familie vorführen konnten – in diesem Falle die Familie der *Pelopiden*, der Nachkommen des Pelops. Die griechische Sagenwelt kennt noch eine Familie, zu deren tragischem Schicksal die Dichter immer wieder zurückkehren. Es ist die Familie des thebanischen Herrscherhauses, der *Labdakiden*. Aus ihrer Geschichte schöpfen wiederum Aischylos, Sophokles und Euripides.

Laios, dem Sohn des Labdakos, König von Theben, wurde geweissagt, er werde durch seines Sohnes Hand sterben. Als ihm ein Sohn geboren wurde, ließ er ihn daher im Kithairon-Gebirge aussetzen; vorher durchbohrte er ihm die Fußgelenke. Sein Diener übergab aber den Knaben dem Hirten des Königs von Korinth, der Hirt übergab ihn seinem König, *Polybos*, und dieser erzog ihn als seinen eigenen Sohn. Wegen der durchstochenen Knöchel nannte man ihn *Oidipus*, »Schwellfuß«. Als der Knabe herangewachsen war, kam ihm einmal ein Gerede zu Ohren, welches den Verdacht in ihm weckte, daß er nicht das Kind des Polybos sei. Er ging nach Delphi, um Apollon über seine Eltern zu befragen. Zur gleichen Zeit beunruhigte seinen Vater, Laios, wieder die alte Weissagung; er brach ebenfalls nach Delphi auf, um durch einen Orakelspruch etwas über sein ausgesetztes Kind zu erfahren. Unterwegs begegneten sich die beiden. Laios' Kutscher schrie Oidipus an, er solle vor dem König ausweichen. Aber Oidipus schritt stolz weiter. Es kam zu einem Wortwechsel, der König nahm seinen Kutscher in Schutz; da geriet Oidipus in Wut; und ohne zu ahnen, daß er es mit seinem Vater zu tun hatte, tötete er Laios. Als er vor Theben ankam, trieb dort vor der Stadt gerade die *Sphinx* ihr Unwesen. Dieses Ungeheuer, das einen Löwenkörper, aber einen schönen Frauenkopf besaß, hatte den Bürgern von Theben ein Rätsel aufgegeben und von ihnen verlangt, sie sollten ihm Menschenopfer zum Fraß hinwerfen, solange sich nicht jemand fände, der das Rätsel löste. Laios' Schwager, *Kreon*, der nach dem Tode des Königs die Herrschaft in Theben übernommen hatte, ließ verkünden, daß er seine Schwester *Iokaste*, Laios' Witwe, demjenigen zur Gemahlin geben werde, der die Frage der Sphinx beantworten könne. Die Frage lautete: »Was geht morgens auf vier Beinen, mittags auf zwei Beinen, abends auf drei Beinen?« Oidipus löste das Rätsel, er gab die Antwort: der Mensch. Er kriecht in der Kindheit, an seinem Lebensmorgen, auf allen vieren herum, im Mannesalter geht er auf zwei Beinen, und im Greisenalter, an seinem Lebensabend, stützt er sich, wie auf ein drittes Bein, auf einen Stock. Da stürzte sich die Sphinx beschämt von einem Felsen in die Tiefe; die Stadt war von dem mörderischen Ungeheuer befreit und setzte ihren Befreier auf Laios' Thron. Oidipus häufte, ohne es zu wissen, Schuld auf Schuld: Zuerst hatte er seinen Vater getötet, dann heiratete er seine Mutter, schließlich zeugte er mit ihr vier Kinder – zwei Söhne, *Eteokles* und *Polyneikes*, und zwei Töchter, *Antigone* und *Ismene*. Zur Strafe ließen die Götter die Pest ausbrechen in der Stadt, deren König so fürchterliche Sünden wider die Natur begangen hatte.

An dieser Stelle beginnt die Tragödie »König Oidipus« von Sophokles. Das Volk Thebens erwartet nun, zur Zeit der Pest, Hilfe von seinem König, der einst dem Wüten der Sphinx ein Ende gemacht hat. Oidipus schickt seinen Schwager, Kreon, nach Delphi, und dieser bringt alsbald die Antwort: Die Pest wird nicht eher weichen, als bis den Mörder des Laios die gerechte Strafe ereilt hat. Oidipus selbst übernimmt es, nach dem Mörder zu forschen, und er spricht einen Fluch aus über denjenigen, der den Mörder weiterhin versteckt hält; und da er zu der Zeit, als der Mord geschah, noch nicht in Theben gewohnt hat, befragt er die Stadtältesten nach den näheren Umständen des Mordes. Ferner läßt er den blinden Wahrsager *Teiresias* rufen. Dieser weiß die Wahrheit, wagt sie aber nicht auszusprechen. Erst als Oidipus das Zögern des blinden Sehers verdächtig findet, sagt dieser dem König die volle Wahrheit. Daraufhin beschuldigt Oidipus den Kreon, Teiresias gedungen zu haben, und setzt im Bewußtsein seiner eigenen Schuldlosigkeit ruhig die Nachforschungen fort. Doch mit jedem Schritt zieht er sich selbst die Schlinge immer enger; seine Sicherheit beginnt zu wanken. Schließlich tut sich mit einer Bestimmtheit, die keinen Zweifel mehr zuläßt, die Wahrheit vor ihm auf: Er selbst hat Laios getötet, er ist Laios' Sohn, und er lebt mit seiner eigenen Mutter in sündiger Ehe. Alles um ihn stürzt ein; Iokaste nimmt sich das Leben, als sie die Wahrheit erfährt, und Oidipus sticht sich selbst beide Augen aus, denn nach alledem will er das Tageslicht nicht mehr sehen.

In Sophokles' Tragödie »Oidipus auf Kolonos« nimmt das furchtbare Leben des seines Landes verwiesenen blinden Oidipus ein versöhnliches Ende. Oidipus kommt, von seiner Tochter Antigone getreulich am Arm geführt, im heiligen Hain der Eumeniden zu Kolonos bei Athen an. Seine Vertreibung aus Theben haben seine beiden eigenen Söhne beschleunigt, als sie erwachsen waren, weil sie sich des sündigen Vaters schämten. Der unglückliche Vater hat die rücksichtslosen Söhne dazu verflucht, einander umzubringen. Als der Blinde auf Kolonos die Nachtigall singen hört und erfährt, daß er den Hain der Eumeniden betreten hat, fühlt er beglückt, daß seine Leiden nun ein Ende nehmen werden, denn Apollons Orakel hat ihm prophezeit, daß er im Hain der Eumeniden sterben wird. Die Bürger Athens wollen ihn aus dem Hain vertreiben, da es nicht erlaubt ist, das heilige Gebiet zu betreten, aber König *Theseus* nimmt den unglücklichen Fremden seinen eigenen Untertanen gegenüber in Schutz, und ebenso verteidigt er ihn auch gegen die bewaffnete Schar Kreons. Eteokles hat nämlich den Polyneikes vertrieben, dieser rückt nun mit einem verbündeten Heer gegen Theben heran, und das Orakel hat derjenigen Stadt den Sieg verheißen, in deren Erde Oidipus' Asche ruht. Deshalb will Kreon den Oidipus gewaltsam nach Theben zurückschleppen; aber König Theseus schützt den blinden Greis und seine beiden Töchter vor Kreons Gewalttätigkeit. Oidipus wiederum will die Stadt Athen mit dem Segen beschenken, den seine Asche gewährleistet. Er geht mit Theseus an einen verborgenen Ort; denn nur der König von Athen darf sehen, wie Oidipus stirbt, und nur der König von Athen darf auch die Stelle kennen, wo die Erde Oidipus in sich aufnimmt. Theseus will sich der beiden Töchter des Oidipus annehmen, aber Antigone und Ismene gehen nach Theben, weil sie versuchen wollen, den Bruderkrieg zu verhindern.

Wie sich der Fluch des Oidipus erfüllte, davon handeln zwei Tragödien: »Sieben gegen Theben« von Aischylos und »Die Phönizierinnen« von Euripides. Eteokles verbannt seinen Bruder, Polyneikes, der aber, von seinem Schwiegervater, Adrastos, unterstützt, einen Feldzug gegen seine Geburtsstadt unternimmt. Von den sieben Heerführern, die Theben angreifen, kommt einzig Adrastos mit dem Leben davon. Theben wird von der Belagerung befreit. Bei Euripides rettet *Menoikeus,* Kreons Sohn, die Stadt durch seine Selbstaufopferung. Aber Oidipus' Fluch erfüllt sich: Seine Söhne fallen beide, sie töten einander, Eteokles bei der Verteidigung, Polyneikes beim Angriff auf die Stadt. Den im Verteidigungskampf gefallenen Eteokles betrachtet die ganze Stadt als ihren ruhmvollen Toten, Polyneikes aber wird nicht bestattet, und Kreon, der nach Eteokles' Tod die Herrschaft übernimmt, droht dem, der den Vaterlandsverräter zu beerdigen wagt, mit dem Tode. Die Schwester der beiden Gefallenen, Antigone, kann in ihrer Geschwisterliebe keinen Unterschied zwischen Bruder und Bruder machen, sie trotzt dem Verbot Kreons und beerdigt Polyneikes. In Sophokles' »Antigone« muß sie für ihre Heldentat sterben; Kreons Sohn, *Haimon,* will sich aber auch im Tode von seiner Braut nicht trennen und stürzt dadurch auch seinen Vater ins Unglück.

In der Tragödie »Die Schutzflehenden« von Euripides bittet Adrastos mit den trauernden Müttern den König Theseus um Hilfe, weil Kreon nicht nur den Polyneikes, sondern alle Helden, die im Kampf gegen Theben gefallen sind, unbestattet lassen will. Theseus gewährt ihnen die Hilfe.

Auch der Mythos von Herakles wird als eine der Sagen, in denen sich innerhalb einer Familie eine uralte Schuld von Geschlecht zu Geschlecht vererbt, von den Tragikern bearbeitet. In Euripides' »Rasendem Herakles« schickt Hera die Göttin der rasenden »Wut«, *Lyssa,* gegen Herakles, und der Held mit der unbändigen Kraft hält in seinem Wahn seine eigenen Kinder für die Kinder des Eurystheus und ermordet sie samt ihrer Mutter *Megara.* Als er sich seiner furchtbaren Tat bewußt wird, sieht er die Quelle allen Unglücks, das ihn ereilt, darin, daß sein Vater, Amphitryon, zufällig seinen Schwiegervater, Alkmenes Vater, *Elektryon,* getötet hat. (Bei Euripides schuldet Herakles nicht nur dem Zeus, sondern auch seinem sterblichen Vater, Amphitryon, Kindesliebe und Verehrung.) – In dem Drama »Hippolytos«, ebenfalls von Euripides, ergibt sich eine ähnliche Lage. Hippolytos ist der Sohn des Theseus, den ihm die

Amazone *Antiope* oder *Hippolyte* geboren hat. *Phaidra*, Theseus' junge Gattin, verliebt sich in ihren Stiefsohn Hippolytos – das ist Aphrodites Strafe dafür, daß Hippolytos nur die Göttin Artemis verehrt –, und als Phaidra von Hippolytos abgewiesen wird, nimmt sie sich das Leben. In ihrem Abschiedsbrief klagt sie bei Theseus den unschuldigen Hippolytos an. Als Theseus vom Selbstmord seiner Gattin erfährt, sucht er nach dem Vorfahren, durch dessen Schuld sein Familienleben zerstört wurde.

Der Tod des Herakles ist der Inhalt der Tragödie »Die Trachinierinnen« von Sophokles. Herakles mußte einst, um die Hand seiner Gattin, *Deianeira*, zu erlangen, einen Kampf mit dem Flußgott *Acheloos* bestehen. Oineus' Tochter wurde freudig sein Weib, jetzt aber gedenkt sie betrübt ihres früheren Glückes, und sie klagt dem Chor der Trachinierinnen ihr Leid, ihre Sorgen und ihre düsteren Vorahnungen. Als sie dann erfährt, daß ihr Gatte, Herakles, des *Eurytos* Tochter *Iole* zuliebe Oichalien verheert hat, vergleicht sie mit Wehmut ihre eigene welkende Schönheit mit der blühenden Jugendfrische der Königstochter Iole, die der vom Kampf heimkehrende Herakles als Sklavin vorausgeschickt hat, und da fällt der eifersüchtigen Deianeira das Zaubermittel ein. Vor vielen Jahren, als sie mit Herakles unterwegs den Fluß Euenos überschreiten mußte, war Herakles durchs Wasser gewatet, sie aber, Deianeira, hatte der Kentaur *Nessos*, der dort den Fährdienst versah, auf die Schultern genommen. Der Kentaur war in Liebe zu der jungen Frau entbrannt, und sie schrie entsetzt auf. Da drückte Herakles einen der Pfeile, die er einst in die giftige Galle der lernäischen Hydra getaucht hatte, auf Nessos ab. Nessos lag im Sterben, gab aber Deianeira noch schnell den Rat, sein strömendes Blut aufzufangen und es gut aufzubewahren, denn es werde ihr noch gute Dienste tun: Wenn sie einmal fühle, daß Herakles' Liebe zu ihr erkaltet sei, solle sie dessen Hemd mit diesem Blut bestreichen, es sei ein Zaubermittel, und sie werde dadurch Herakles' Liebe wiedergewinnen. Jetzt also befolgte Deianeira den Rat des Nessos. Sie schickte das mit dem Blut durchtränkte Hemd ihrem Gatten. Da sieht sie plötzlich, daß das Stück Wolle, mit dem sie es bestrichen hat, in Flammen auflodert und verbrennt. Ihre Angst und Sorge kommen zu spät: Nessos hat es vermocht, sich lange nach seinem Tode an Herakles zu rächen. Das vergiftete Hemd verursacht dem unbesiegbaren Helden unerträgliche Qualen. Als Deianeira klar wird, was sie getan hat, schleppt sie sich in stummem Schmerz von den Frauen fort und macht ihrem Leben ein Ende. Herakles sehnt in seiner Pein den Tod herbei. Er läßt seinen Sohn *Hyllos* schwören, ihn auf den Oitaberg zu tragen, dort einen Scheiterhaufen zu errichten und, wenn er verbrannt ist, Iole zum Weibe zu nehmen.

Mit Herakles' Nachkommen befaßt sich Euripides in seiner Tragödie »Die Herakliden«. Nach dem Tode des Helden trachtet Eurystheus dessen Kindern nach dem Leben. Sie fliehen nach Athen, wo Theseus' Sohn *Demophon* sich ihrer annimmt. Eurystheus greift Athen mit einem Heer an, und Demophon läßt sich um der Fremden willen, die bei ihm Schutz gesucht haben, in den Krieg ein. Die Wahrsagung aber bindet den glücklichen Ausgang des Krieges daran, daß die jungfräuliche Tochter eines adligen Vaters der Persephone geopfert wird. *Makaria*, die Tochter des Herakles, meldet sich freiwillig, sie will für ihre Geschwister ihr Leben hingeben.

»Der gefesselte Prometheus« von Aischylos führt uns vor Augen, wie der unerschrockene Titan grausam dafür bestraft wird, daß er sich der Menschen angenommen hat. Er hat für sie das Feuer gestohlen. Auf Zeus' Befehl kettet ihn Hephaistos mit seinen zwei Gehilfen, *Kratos* und *Bie* (»Kraft« und »Gewalt«), in einer von Menschen nicht bewohnten Einöde in Skythien an einen Felsen. *Io*, die Tochter des Königs von Argos, die Zeus' Geliebte ist und daher von der eifersüchtigen Hera über das ganze Erdenrund gejagt wird, kommt zufällig bei ihrem wahnsinnigen Umherirren auch dorthin. Zeus hat sie in eine Kuh verwandelt, aber Hera hat ihr den »alles sehenden« tausendäugigen Sohn der Erde, den *Argos*, zur Bewachung mitgegeben. Ihren grausamen Hirten schlägt zwar Hermes, der »Argos-Töter« *(Argeiphontes)*, aber Io kommt dennoch nicht zur Ruhe, vom Stachel einer Bremse gestochen, die Hera auf sie losgelassen, rennt sie bis nach Ägypten, wo sie genesen wird, wenn Zeus sie mit der Hand berührt. Es ist eine ergreifende Szene, als sich die beiden Opfer des in seiner Männlichkeit schonungslosen Zeus begegnen: Prometheus, den Zeus als eifersüchtiger Machthaber gestraft hat, und Io, der Zeus' Liebe verderblich war.

In der Tragödie »Die Schutzflehenden«, ebenfalls von Aischylos, suchen die Abkömmlinge des in Ägypten geborenen Sohnes der Io, des *Epaphos*, die fünfzig Töchter des *Danaos*, Schutz in Argos, der Heimat ihrer Stamm-Mutter, als die fünfzig Söhne ihres Onkels *Aigyptos* sie mit Gewalt ehelichen wollen.

Euripides' Drama »Medeia« enthält den tragischen Abschluß der Argonauten-Sage. Der undankbare Iason vergißt, daß er das Goldene Vlies nur dank der Hilfe Medeias erwerben konnte. Seine Liebe zu ihr erkaltet, er verläßt sie und heiratet eine andere. Medeia aber rächt sich fürchterlich. Sie schickt Iasons neuer Braut, der *Kreusa*, mit erheuchelter Freundlichkeit ein Brautkleid, doch hat sie das Kleid in Gift getaucht, und es brennt den Körper der Unglücklichen zu Tode. Sie nimmt an Iason auch noch dadurch Rache, daß sie ihre eigenen, von ihm gezeugten Kinder tötet. Dann fliegt sie in einem Drachengespann durch die Luft von Korinth nach Athen, wo König *Aigeus* freundlich die Unglückliche aufnimmt, die durch die enttäuschte Liebe zur Sünde verleitet wurde.

Demgegenüber ist in Euripides' Drama »Alkestis« die Heldin die reinste weibliche Selbstaufopferung. Als ein Befehl des Zeus einmal den Gott Apollon zu irdischem Dienst zwang, hütete er die Herde des Königs *Admetos* auf der Weide. Und da Admetos dem göttlichen Hirten ein wohlwollender Herr war, belohnte Apollon ihn dadurch, daß er die Moiren veranlaßte, ihm den Tod zu ersparen, wenn einer seiner Angehörigen statt seiner zu sterben bereit sei. Weder Admetos' Vater noch seine Mutter wollen auf die paar Lebensjahre, die ihnen noch bevorstehen, verzichten, aber seine junge Gemahlin, Alkestis, opfert sich. Schon kommt *Thanatos*, der Tod, mit dem scharfen Schwert, Alkestis nimmt Abschied von ihrer Familie und von Hestia, der Göttin des häuslichen Herdes, und stirbt. Die Beerdigung ist bereits im Gange, als Admetos' dankbarer Gastfreund Herakles erfährt, was geschehen ist, und dem Thanatos gewaltsam die Beute entreißt. Alkestis kehrt unter die Lebenden zurück, sie muß nur noch aus dem Betäubungszustand der Todgeweihten gelöst werden. Nach drei Tagen kehrt der aus dem Reiche der Stille wiedergewonnenen Frau auch die Stimme zurück.

Mit den Apollon-Mythen hängt auch die Tragödie »Ion« von Euripides zusammen. Ion ist das Kind des Gottes Apollon und der athenischen Königstochter *Kreusa*. Er ist der *heros eponymos*, der »namengebende Held«, des Stammes der *Ionier*.

»Die Perser« von Aischylos sind von allen uns erhalten gebliebenen griechischen Tragödien die einzige, deren Stoff kein Mythos, sondern historisches Geschehen ist. Aber der Dichter gibt dem entscheidenden großen Erlebnis seiner Generation, nämlich dem griechisch-persischen Krieg, in diesem Drama doch auch ein mythologisches Gepräge. Der Inhalt ist die Schlacht bei Salamis und Plataä, doch wird sie nicht unter dem Aspekt des Sieges der Griechen dargestellt, sondern von der anderen Seite – als Tragödie der Perser. In Susa wartet Königin *Atossa*, Witwe des *Dareios* und Mutter des *Xerxes*, angstvoll auf die Heimkehr ihres Sohnes. Und es kommt der Herold mit der traurigen Botschaft: Die Griechen haben gesiegt, die persische Flotte ist bei Salamis vernichtet worden, Xerxes befindet sich auf dem Heimwege. Nun wenden sich Atossa und die Ratsältesten an den Schatten des Dareios. Dareios erscheint, als sein Geist beschworen wird. Er besitzt die Weisheit der Toten und kann künden, daß Xerxes für seinen sündigen Hochmut büßen mußte. Denn dadurch, daß er eine Brücke über den Hellespont geschlagen hat, als er sein Heer nach Europa hinüberführte, hat er dem Gott der

Meere ein Joch angelegt. Die Nichtachtung des *Maßes*, der durch die göttliche Ordnung bestimmten Grenzen – das ist der Quell, dem Xerxes' Niederlage entsprang. Dareios weiß sogar mehr als der Herold: Bei Plataä schlagen die Griechen des Xerxes Truppen auch zu Lande. In Lumpen werden Xerxes die Kleider am Leibe hängen, wenn er in die persische Hauptstadt heimkehrt. Atossa geht in den Palast, um neue Kleider zu holen, mit denen sie ihren zerlumpten Sohn empfangen will. Unterdessen kommt Xerxes an. Er zählt erbittert seine Verluste auf, die Ratsältesten stimmen in seine Klagen ein, und jammernd begleiten sie ihn zu Atossa.

Die Brücke, mit der Xerxes den Hellespont »unterjochte«, beleidigt Poseidon und die ewige Ordnung der Natur, deren Ausdruck die Götter sind. Darin zeigt sich der Hochmut des sich auflehnenden Menschen, jene *hybris*, die nach der tragischen Weltauffassung den Menschen gesetzmäßig ins Verderben stürzt. Und dadurch erhebt der Dichter die historische Erfahrung seiner Generation zum Rang des Mythos. Wenn nun Aischylos in seiner Tragödie »Die Perser« dem Geschehen der Zeit eine mythologische Färbung gibt, weil die Dionysos-Bühne es so erfordert, so sei doch auch darauf hingewiesen, daß in der griechischen Tragödie auch die mythologische Handlung stets die Wirklichkeit der Zeit spiegelt, also die griechische Sklavenhaltergesellschaft in ihrer Entwicklung und mit ihren Widersprüchen, häufig sogar die konkreten politischen Kämpfe, die die Demokratie in ihrer Blütezeit und während ihrer großen Krisen zu bestehen hatte. Der Mythos von Orestes, das wissen wir bereits, spiegelt primär den Sieg über das Matriarchat, den Sieg der patriarchalischen Gentilverfassung; Aischylos bearbeitet die alte mythologische Überlieferung so, daß er zugleich auch die Stellungnahme des Dichters in einer politischen Frage zum Ausdruck bringt, die sich um die Mitte des 5. Jahrhunderts v. u. Z. zugespitzt hatte: Er tut es in seiner Wertung des *Areiopagos*, dieses aus der Vergangenheit überkommenen, aristokratisch gebliebenen obersten Gerichtshofes und Kontrollorgans, das jedoch nach Aischylos' Meinung auch unter den demokratischen Institutionen seine Bedeutung nicht verloren hat.[1]

Sophokles bedient sich in seiner Tragödie »Antigone« des thebanischen Sagenkreises unter anderem auch, um der tyrannischen Willkür den Volkswillen gegenüberzustellen, um zu verkünden, daß das moralische Gefühl, welches sich in dem Maße entwickelt, wie die Entwicklung der Gesellschaft fortschreitet, dem Gesetz, das die alte Ordnung schützt, überlegen ist.

Euripides legt in den »Schutzflehenden« – schon im letzten Drittel des 5. Jahrhunderts v. u. Z., zur Zeit des Peloponnesischen Krieges – dem mythischen König Theseus von Athen Worte in den Mund, mit denen er die Gesetze der athenischen Demokratie preist, die Gesetze also, die bereits den Willen des Volkes ausdrücken und zum Schutz der Volksinteressen bestimmt sind. Es ließen sich noch eine Menge solcher Beispiele anführen, doch sei hier nur noch auf dies hingewiesen: Die griechische Tragödie hatte eine kultische Funktion – sie wurde ja am Dionysos-Fest im Rahmen des Kultes aufgeführt –, das hinderte aber die Tragiker nicht, die Lehren der Mythen gelegentlich den Traditionen der Religion gerade entgegenzustellen. So repräsentiert beispielsweise in Aischylos' Prometheus-Drama der dem Zeus trotzende Titan das sich von den Göttern unabhängig machende menschliche Selbstbewußtsein. Und »Die Bacchantinnen« des Euripides enthüllen glatterdings das Zerstörerische, das alle menschlichen Bande Zerreißende, das im Grunde Unmenschliche des religiösen Fanatismus. Es ist eine Entlarvung im Geiste der griechischen Philosophie der Aufklärung, der *Sophistik*.

[1] *Vgl. u. a.: G. Thomson, Aischylos und Athen. Berlin 1957, S. 308, und besonders: Th. Sinko, De consilio populari in Aeschyli tragoediis conspicuo. Studia Antiqua Antonio Salač septuagenario oblata. Pragae 1955, S. 77–81.*

DIE GRIECHISCHEN GÖTTER IN ROM UND DIE RÖMISCHE MYTHOLOGIE

Das römische Volk war noch im Anfangsstadium der Entwicklung, als es mit dem Griechentum bekannt wurde. Wie auf anderen Gebieten, nahm es auch auf dem Gebiet der Religion die Griechen als Lehrmeister an, und da es wie in allem auch in der Religion sich selbst an den Griechen maß, entfaltete es in Auseinandersetzung mit dem griechischen Geist seine eigenen, besonderen Formen. Deshalb müssen wir in einer – wenn auch nur skizzenhaften – Darstellung der römischen Götter und der römischen Heldensagen doch ausführlicher berichten, wie die griechischen Götter und die griechischen Mythen bei den Römern Eingang fanden. Wir müssen es um so mehr tun, als ein erster flüchtiger Blick geradezu denjenigen recht zu geben scheint, die behaupten, es gebe gar keine römische Mythologie.

Uns liegt zwar die Auffassung fern, die Römer seien infolge ihrer – wie man sagt – »praktischeren« Geistesrichtung unfähig gewesen, eine Mythologie zu schaffen, doch wird diese Auffassung immerhin verständlich, wenn wir die Deutung der römischen *religio* berücksichtigen. Das Wort *religio*, aus römischer Gesinnung entsprungen, deutet (im Gegensatz zur Grundbeschaffenheit der Mythologie, die der Einbildungskraft freien Lauf läßt) auf Gebundenheit hin, obgleich es nichts mit dem Wort *religare* (»binden«) zu tun hat, wie der römische Dichter *Lukrez*, ein mutiger Gegner der Religion, meinte. Betreffs der Etymologie ist die moderne Sprachforschung eher mit *Cicero* einverstanden: Aus dem in dieser Bedeutung schon früh in Vergessenheit geratenen Zeitwort *religere* (»ernst nehmen«) – dem Gegensatz zu *negligere* (»vernachlässigen«) – entstand das abstrakte Hauptwort *religio*, das ursprünglich etwa »Ernstnehmen« bedeutete, d. h. eine strenge Beobachtung aller achtungswerten Vorschriften. Dementsprechend charakterisiert der *Ritus* die römische Religion am besten; der Ritus ist die in streng festgelegtem Rahmen (Ort, Zeit, Bewegungen, Formeln usw.) vor sich gehende religiöse Handlung. Die »Offenbarung« schrieben beide Völker des klassischen Altertums den in inspirierender Naturnähe, an Quellen, im kühlen Schatten von Hainen, in geheimnisvollen Höhlen oder Grotten wohnenden schön singenden Göttinnen, den mit den Nymphen verwandten *Musen*, zu. Doch während z. B. die Musen des Griechen Hesiod die Entstehung der Welt, die Geburt der Götter, also in der Sprache des Mythos ausgedrückte Welttatsachen, und in der Stammfolge der Götter das System des Zusammenhangs der Welttatsachen erschlossen, teilten die römischen Musen – die *Camenen* – in erster Linie die Normen des menschlichen Handelns mit, in der Sage von Numa ebenso wie bei Horaz, dem Erneuerer der römischen Musenreligion.

Der Mythos, der ja denselben Ursprung hat wie die Religion, ist zwar selbst auch die phantastische Widerspiegelung der Wirklichkeit, aber er entwickelt die von der Phantasie geborenen Götter als hochgradige Verallgemeinerungen der Natur- und Gesellschaftswirklichkeiten weiter, indem er nach der Methode der Künste Typen erschafft, und er stellt in den Handlungen der Götter sowie in ihrem Verhältnis zueinander und zu den Menschen früh erkannte Gesetzmäßigkeiten der Wirklichkeit dar. Die *religio* dagegen stellt die Pflichten der Menschen den von der Phantasie geborenen Göttern gegenüber fest und arbeitet sie – oft mit minuziöser Sorgfalt – aus. Zweifellos hatte die Religion der Griechen auch ihre konservative Seite, sie gestattete dennoch einen freieren Flug der mythologischen Phantasie, während die Religion der Römer mehr kleinliche Regeln enthielt und sie gebieterischer geltend machte.

Trotz alledem folgt aus keinem der beiden hier berührten Gesichtspunkte notwendig, daß es keine römische Mythologie gebe. Wohl ist die römische Mythologie unbezweifelbar abhängig von der griechischen, und das macht es uns zur Pflicht, die einzelnen mythologischen Vorstellungen auf dem Weg ihrer Wanderung aufmerksam zu verfolgen und zu prüfen, auf welche Art sie sich entwickelt und gestaltet haben. Nicht selten werden wir sehen, daß das eine oder andere mythologische Bild einen Bedeutungswandel erlebt, der die griechische Form unbestreitbar zum Träger italischen Inhaltes macht. Übrigens werden wir häufiger Gelegenheit haben, diesen Vorgang zu beobachten, als die allgemein gebräuchliche These zu bestätigen, die römischen Götternamen seien – ganz uneingedenk ihres italischen Inhalts – auf mehr oder weniger wesensverwandte Gottheiten, die da aus der Fremde kamen, einfach übertragen worden. Der griechische Geschichtsschreiber *Timaios*, der im 3. Jahrhundert v. u. Z. in Sizilien lebte – und der aus dem griechischen Sagenschatz mehr italische Anknüpfungsmöglichkeiten zutage förderte als irgendein anderer –, hebt hervor, daß die sizilianische Quelle *Arethusa* griechischen Ursprungs sei: Der Fluß *Alpheios* im Peloponnes taucht, nachdem er Arkadien und Olympien durchlaufen hat, unter die Erde und gelangt unter dem Meer auf die 4000 Stadien entfernt gelegene Insel Sizilien, wo er wieder an die Erdoberfläche kommt. Manchmal, zur Zeit der Flut, bringt er – gleichsam zum Zeichen, daß er aus Olympien stammt – den Mist von Opfertieren oder ein zur Festzeremonie gehörendes goldenes Gefäß mit. *Polybios*, wohl (was die rationalistische Geschichtskritik angeht) der strengste Kritiker des Timaios, sagt zwar, eine solche unterirdische Verbindung zwischen Arkadien und Sizilien existiere nicht. Aber wer kann das Vorhandensein arkadischer Faktoren in der Entwicklung des griechischen Hirtenlebens in Sizilien leugnen? Und wer sähe im Quellwasser der Arethusa, das Musen inspiriert, nicht gern ein Symbol dafür, daß Keime des griechischen Geistes auf Italiens Boden aufgingen, die – wie das Beispiel des zum Teil unter der Erdoberfläche fließenden Alpheios lehrt – auf griechischem Boden kaum zur Geltung kamen?

Was nun das Verhältnis zwischen *religio* und Mythologie angeht, muß man tatsächlich zugeben, daß die römische Mythologie im allgemeinen viel weniger von der Religion losgelöst erscheint als die griechische; sie steht auch mit den staatlichen religiösen Einrichtungen in festerer und engerer Verbindung. In der römischen Mythologie treten deshalb die *ätiologischen Motive* mehr in den Vordergrund, sie geben meistens die vermeintlichen Ursachen religiöser Gebräuche, liturgischer Elemente an. Wir begegnen an der Peripherie der Mythologie verhältnismäßig vielen Legenden, die geradezu die *religio* legitimieren.

Es ist ein charakteristischer Zug der römischen *religio*, daß die Vernachlässigung des göttlichen Willens, der sich in den Orakelzeichen offenbart, als *piaculum* betrachtet wird: als eine Sünde, die Sühne erfordert. Ein solches Orakelzeichen ist vor allem das *prodigium*, eine auffallende Veränderung in der Ordnung der Natur, eine Unregelmäßigkeit, durch die die Götter ungebeten und unerwartet die Menschen auf etwas aufmerksam machen. Die *Haruspices* erkannten die Zukunft aus den Eingeweiden des Opfertieres, die *Auguren* wiederum aus dem Flug der Vögel, aus der Richtung ihres Heranfliegens, aus der Zahl und aus Einzelheiten ihres Verhaltens. Sie taten das zum Teil nach etruskischem Vorbild und in geregelten Formen, und die etruskische Pseudowissenschaft des Wahrsagens, mit der die Haruspices noch zur Zeit Ciceros das römische Volk beschwindelten, hatte auch ihre Ursprungssage. Ein Landmann pflügte einmal – so erzählt die Überlieferung – außerhalb der etruskischen Stadt Tarquinii tiefer als gewöhnlich, und da kam aus der Furche plötzlich *Tages* hervor, der Enkel Iupiters und Sohn der Erde. Der äußeren Erscheinung nach war er ein Knabe, doch legte er schon im Augenblick seiner wunderbaren Geburt die reife Weisheit eines alten Mannes an den Tag. Der Ackerknecht, der den Ochsen am Pflug lenkte, schrie entsetzt auf. Daraufhin kam ganz Etrurien herbeigelaufen, und Tages offenbarte vor den Ohren der Menge seine Lehren. Anwesende schrieben sie auf, und diese Aufzeichnungen dienten als Grundlage für die Wissenschaft der Haruspices.

Tarquinius Priscus, der fünfte König von Rom, hatte allen Grund, das *prodigium* in Ehren zu halten: Als in Etrurien erzogener Sohn eines aus Korinth verbannten Griechen hatte er unter Berufung auf eine wunderbare Erscheinung nachgewiesen, daß sein Anspruch auf den Thron Roms gerechtfertigt sei. Als er sich auf dem Wege nach Rom befand, riß ihm angeblich ein Adler den Hut vom Kopf, flog eine Zeitlang mit dem Hut hoch in den Lüften und setzte ihn ihm dann wieder auf den Kopf. Als Tarquinius Priscus später seinen Nachfolger bestimmte, berief er sich wieder auf ein *prodigium*. In Tarquinius Priscus' Königshaus erschien auf dem Kopf eines Knaben, des *Servius Tullius*, eine unlöschbare Flamme, die aber nichts verzehrte. Diese war für Tarquinius Priscus das eindeutige Zeichen, daß Servius Tullius einst Roms sechster König sein werde. Das Vogelorakel (*augurium* oder *auspicium*) zu ehren, lehrte ihn der Legende nach ebenfalls ein wunderbares Ereignis. Tarquinius Priscus wollte – so erzählt Livius – an die drei Stämme *(tribus)* des römischen Volkes – die *Ramnes*, *Tities* und *Luceres* –, die *Romulus*, der Gründer der Stadt, festgesetzt hatte, noch weitere Centurien anschließen. Aber der berühmteste Augur seiner Zeit, *Attus Navius*, pochte darauf, daß Romulus auf Grund eines Vogelorakels gehandelt habe, und hielt ohne neuerliche Befragung der Vögel keine Änderung für zulässig. Der an Widerspruch nicht gewöhnte König geriet in Zorn und sagte spöttisch zu dem Auguren: »Nun dann, du göttlicher Mensch, erfahre von den Vögeln, ob das, was ich jetzt im Sinn habe, geschehen darf!« Der Augur befragte die Vögel und erhielt eine bejahende Antwort. »Was ich im Sinn hatte, war«, rief der König triumphierend, »daß du mit dem Messer den Schleifstein zerschneiden wirst. Nimm also die Geräte, und tue, was deine Vögel für tunlich halten!« Und der Augur zerschnitt tatsächlich den Schleifstein mit dem Messer.

Doch weder mit dem Hinweis auf das nur relative Maß und den beschränkten Sinn der Originalität der römischen Mythologie noch mit der Feststellung ihrer Abhängigkeit von der *religio* haben wir den Zug hervorgehoben, durch welchen sich die römische Mythologie am entschiedensten von der griechischen abgrenzt. Die *religio* selbst, von der die römische Mythologie mindestens im gleichen Maße abhängt wie von der griechischen Mythologie, erfordert, daß wir ihre eigentümliche Beschaffenheit genauer betrachten, denn es wäre ein schwerer Irrtum und könnte zu vielen Mißverständnissen im Bereich der römischen Religionsgeschichte führen, nähme man an, die *religio* erschöpfe sich in den starren Gebundenheiten des Ritus. Zahlreiche Beispiele zeigen, wie eng und wie vielschichtig die *religio* mit dem römischen Staatsleben verknüpft ist. Als um das Jahr 390 v. u. Z. die angreifenden Gallier sogar die »Ewige Stadt« verheerten, wurden im römischen Volk Stimmen laut, die dagegen sprachen, die Ruinen mühsam wiederaufzubauen. Die Bürger Roms sollten lieber alle nach dem einige Jahre vorher eingenommenen *Veii* übersiedeln. Einer der größten Söhne Roms, *M. Furius Camillus*, der in letzter Minute aus der Verbannung heimkehrte, verteidigte Rom zuerst gegen die Feinde, dann schützte er die Stadt vor der Treulosigkeit ihrer eigenen Bürger. Der Geschichtsschreiber *Livius*, ein Zeitgenosse des Kaisers Augustus, der diese Wendung jedenfalls unter dem Gesichtswinkel seiner Zeit beurteilte, hebt hervor, daß Camillus die kleinmütigen Bürger Roms hauptsächlich durch religiöse Argumente dazu brachte, in Rom zu bleiben und die Stadt eifrig wiederaufzubauen.

Die Rede, die Livius den Camillus dabei halten läßt, ist eins der lehrreichsten Denkmäler der römischen Religionsgeschichte.

»Warum haben wir denn diese Stadt zurückerobert?« fragt der Retter Roms bitter. »Warum haben wir sie dem Eroberer wieder entrissen, wenn wir sie jetzt, da sie wieder unser ist, freiwillig verlassen sollen? Solange die Gallier siegten, waren, obwohl sie die ganze Stadt eingenommen hatten, das Kapitol und die Festung dennoch in den Händen der römischen Götter und der römischen Menschen geblieben, und sie konnten sie weiter bewohnen. Jetzt aber, da die Römer gesiegt und die Stadt zurückerobert haben, sollen die Festung und das Kapitol sich selbst überlassen werden? Damit die günstige Wendung eine schlimmere Zerstörung über diese Stadt bringe, als unser Kriegsunglück über sie gebracht hat? Selbst wenn wir nicht die Verpflichtungen durch die Religion hätten, deren Fundamente mit den Fundamenten der Stadt zugleich entstanden und die von Generation zu Generation weitergegeben wurden, hat sich meiner Überzeugung nach in diesen Tagen doch die Gegenwärtigkeit der Gottheit in der römischen Geschichte so unmittelbar offenbart, daß jedwede Vernachlässigung der Gottesverehrung seitens der Menschen unstatthaft ist. Betrachtet doch die Ereignisse – günstige wie ungünstige – der verstrichenen Jahre, und ihr werdet sehen, daß alles denen geglückt ist, die den Göttern folgten, und alles denen mißlang, die sich um die Götter nicht kümmerten … Und wenn ihr diese bedeutsamen Zeichen der Achtung und der Nichtachtung des göttlichen Willens seht, was denkt ihr, Bürger, welch große Sünde wir zu begehen wieder im Begriff sind, nachdem wir uns vom Schiffbruch früherer Schuld und Sühne noch kaum aufgerafft haben? Wir besitzen eine Stadt, deren Gründung unter Befragung des göttlichen Willens geschah. Es gibt in ihr keinen Platz, der nicht voll *religio* und voll der Götter wäre: selbst die Tage für die Festopfer sind nicht genauer bestimmt als die Orte, an denen die Opfer dargebracht werden müssen. Alle diese Götter, die Götter des Staates und der Familien, wolltet ihr verlassen, Bürger?«

Die Überlieferung verbindet das Erscheinen der römischen Götter unter den Menschen viel häufiger mit den Daten der wirklichen Geschichte als die Epiphanie der griechischen Götter. Der vorherrschende Zug der römischen Religiosität ist die Achtung vor den sich in der Geschichte zeigenden Kräften. Daraus folgt, daß die römische Mythologie eine Zeitordnung hat, und diese Zeitordnung kann im großen und ganzen mit der der Geschichte Italiens, sodann Roms, identifiziert werden. Größtenteils ist diese Geschichtlichkeit der Rahmen, innerhalb dessen die Gottheit Anerkennung findet. In diesem geschichtlichen Rahmen werden häufig auch die rein mythischen Göttergestalten gedeutet. So auch die Gestalt der *Anna Perenna*, in der wir die sich alljährlich von Frühling zu Frühling erneuernde, zwischendurch alternde und Jahr für Jahr die Bewohner der Erde mit der Fülle der Vegetation ernährende Natur zu sehen haben, sei es, weil ihr Name mit dem lateinischen Wort für Jahr *(annus)* zusammenhängt, sei es, weil er – wie auch der Name der griechischen Göttin Demeter – auf die mütterliche Beschaffenheit der Erde hindeutet.[1] Anna Perenna fügt sich in den Rahmen der römischen Geschichtlichkeit an zwei Punkten zugleich ein: Die eine Auslegung ihres Namens gibt ihrer Gestalt im Sagenkreis der Vaterlandsgründung (um Aeneas) geschichtliche Bedeutung, die andere bringt sie mit dem Klassenkampf der frühen Republik, dem Kampf zwischen Patriziern und Plebejern, in Verbindung. Diese zweite Deutung vererbt sich als plebejische Überlieferung weiter und steht als solche der patrizischen Überlieferung gegenüber, die die Gestalt des *Menenius Agrippa*, dem Interesse der herrschenden Klasse entsprechend, in den Vordergrund stellt. So verwischen sich die Grenzen des römischen Mythos zur Sage oder zur Legende hin.

Damit, daß die römische Mythologie so entschieden historisch eingestellt ist, hängt auch zusammen, daß sich in ihr viel mehr Momente durch den *Euhemerismus* erklären lassen als in der griechischen Mythologie. Allerdings ist das römische Sagengut und zum großen Teil auch die römische Mythologie in engerem Sinne durch ein stark euhemeristi-

[1] *Vgl. F. Altheim, Terra Mater. Gießen 1931.*

sches Sieb zu uns gelangt, und zwar schon zu den Klassikern der lateinischen Dichtung, jedenfalls von dem Zeitpunkt an, als *Ennius*, der »Vater der römischen Dichtung«, das berühmte Buch des Griechen *Euemeros* über den menschlichen Ursprung der Götter und den geschichtlichen Ursprung der Mythen in lateinischer Sprache bearbeitet hatte. Was die Griechen – vom Standpunkt der Aufklärung – als ein Rütteln am Thron der olympischen Götter ansahen, bedeutete bei den Römern meistens die Erhebung jener sittlichen Ideale auf das höchste Piedestal, zu denen sich die herrschenden Klassen bekannten; es stärkte somit die ideologischen Stützen des Staates. Dieser Unterschied zwischen dem negativen – dem Götterglauben widersprechenden – Euhemerismus der griechischen Philosophen und dem positiven – das geschichtliche Selbstbewußtsein weckenden oder gar apologetischen – Euhemerismus der römischen Dichter motiviert schon an sich eine selbständige Bearbeitung der römischen Mythologie, selbst dann, wenn wir keinen einzigen Götternamen anführen könnten, der nicht eine griechische Vorstellung in ein römisches Gewand kleidete, und wenn wir kein einziges Motiv kannten, welches nicht verriete, daß sein Vorbild in der griechischen Mythologie zu finden ist. Auch von der Aeneas-Sage läßt sich anführen, sie sei nichts als eine »Brosame vom reichen Tisch Homers«. Es waren sicherlich die griechischen Ansiedler in Italien, die in Aineias zum ersten Mal den Ahnen der Römer bezeichneten. Der von Troja geflohene Held aber wurde in Rom unter dem Namen *Iupiter Indiges* zum Gott. Auch zur Sage von Romulus und Remus kann man leicht Parallelen in der griechischen Mythologie finden. Da fällt vor allem die Geschichte von Pelias und Neleus ins Auge, den Zwillingssöhnen der Tyro, die gleichfalls vom heiligen Tier (Pferd) ihres göttlichen Vaters (Poseidon) gesäugt werden. Aber erst die Römer stellten den Gründer ihrer Stadt neben seinen göttlichen Vater, neben *Mars*, denn sie sahen in ihm den in göttlicher Vollkommenheit erschienenen Vertreter des römischen Volkes, wie auch sein göttlicher Name, *Quirinus*, auf eine in vielerlei Weise erklärte Bezeichnung der römischen Bürger *(Quirites)* hindeutet. Das ist mehr als der griechische Heros-Kult; man kann sagen, in solchen Fällen ist nicht die dem Mythos von außen aufgezwungene Erklärung, sondern die ihm innewohnende Tendenz in gewissem Sinne euhemeristisch.

Das historische Gedächtnis der Römer sah in *Ianus* und *Saturnus* die ältesten italischen Götter und im Saturnus-Fest, den *Saturnalien*, die älteste römische religiöse Einrichtung. Ianus und Saturnus herrschten gemeinsam, und man nahm als Zeit ihrer Herrschaft die Grenzepoche zwischen Urzeit und geschichtlicher Zeit an. Ein später Vertreter der römischen Religionswissenschaft, *Macrobius*, berichtet, daß der Giebel des Saturnus-Tempels mit Tritonen geschmückt war. Warum wohl? Weil – so sagt jedenfalls Macrobius – die Schwänze dieser Tritonen im Erdboden versanken, gleichwie sich die Zeit vor Saturnus' Herrschaft in nicht zum Sprechen zu bringender Stummheit verliert. Von Saturnus an haben die Geschehnisse Stimmen, d. h., mit Saturnus beginnt die Geschichte.

Es ist schon echter Euhemerismus, d. h., es ist keine für die römische Mythologie charakteristische, ihr immanente euhemeristische Tendenz, sondern völliges Mißverstehen des Wesens des Mythos und scheingelehrte Klügelei, wenn man hinter den Göttergestalten Ianus und Saturnus zwei sterbliche Könige sucht, die in der Urzeit gemeinsam geherrscht haben. Ennius hatte den euhemeristischen Rationalismus in Rom eingebürgert, und diesem folgten jene römischen Gelehrten, die in der Darstellung des Ianus mit zwei Gesichtern lediglich die symbolische Charakterisierung des auf alles aufpassenden, nach vorn und nach hinten blickenden, bedächtigen Königs sahen und Ianus' Verbindung mit der Tür daher ableiteten, daß unter seiner gerechten Herrschaft jedes Haus in Sicherheit war. Der Saturnus-Tempel diente als staatliche Schatzkammer: nach Angabe der römischen Euhemeristen aus dem Grunde, weil in der Zeit, als Saturnus über Italien regierte, kein Diebstahl im Lande vorkam.

Nun ist aber die Priorität Ianus' und Saturnus' noch nicht auf die Zeitordnung der Geschichte, sondern auf die des Mythos zu beziehen. Sie stehen nicht etwa deshalb an der Spitze der italischen Götter, weil jemals irgendwer hätte nachweisen können, daß in Italien keine älteren Gottheiten als sie und vor der Ianus- und Saturnus-Verehrung kein anerkannter Kult und kein Fest bekannt waren. Sie stehen vor allen Dingen deshalb am Anfang, weil das Am-Anfang-Stehen der wesentlichste Zug ihrer Göttergestalten ist. Seinem mythologischen Wesen nach ist Saturnus der Ausgangspunkt der gesamten historischen Entwicklung der Menschheit, Ianus hingegen der Ausgangspunkt jedes einzelnen Zeitabschnitts und jeder neuen Unternehmung; das Fest des Saturnus in Rom, die *Saturnalia*, vergegenwärtigt das glückliche Goldene Zeitalter, die Anfänge der Menschheit, und bis zu einem gewissen Grade heiligt es unter bestimmten Riten das Andenken an den Urkommunismus.

Keines der hier berührten Momente entbehrt seines griechischen Vorgängers, wohl aber hat an allen das Zeiterlebnis geformt, das bei den Römern viel stärker ausgeprägt war als bei den Griechen. Saturnus wird in unseren Quellen fast restlos mit dem griechischen *Kronos* gleichgestellt. Kronos, der Gott des Geschlechtes, das im Goldenen Zeitalter lebte, wurde – wie wir schon wissen – von seinem eigenen Sohn, Zeus, vom Thron gestürzt, und zwar – nach der bekanntesten Mythosvariante – in den tiefsten Tartaros. In Rom hat sich die Fortsetzung dieses Mythos größere Volkstümlichkeit erworben: In ihr kommt der seines Thrones verlustig gegangene Urgott nach Italien und verlängert dort die Dauer des Goldenen Zeitalters. Italiens Goldenes Zeitalter ist ursprünglich selbst auch griechischer Mythos und gehört in die Reihe jener Mythen, welche die an den Rändern des geographischen Gesichtskreises der Griechen liegenden Gebiete mit märchenhaften, in seliger Sanftmütigkeit lebenden Stämmen bevölkert haben. Ein solches mythisches Randvolk sind schon bei Homer die im Osten und im Westen wohnenden Äthioper, die bei ihren Mählern Götter zu Gast haben; ein solches Volk sind ferner die weit im Norden beheimateten Hyperboreer, die der Gott Apollon besucht. Mit dem trügerischen Glück der verheißungsvollen Ferne lockte auch Italien die ersten griechischen Kolonisten. Die Griechen nannten dieses Land einfach *Hesperia*, »Land der Abenddämmerung« oder »des Westens«, und stellten es sich als einen wunderhaft fruchtbaren Garten vor. Durch diesen Mythos gesehen ist Ianus, der König von Hesperia, der den ausgestoßenen Gott Saturnus aufnimmt, kein anderer als der Repräsentant des mythischen Randgebietvolkes, das die Götter bewirtet. Daraus folgt, daß der Mythos, in welchem König Ianus den in einem Schiff ankommenden Saturnus gern bei sich sieht und freudig die Herrschaft mit ihm teilt, nirgends anders entstehen konnte als in Griechenland, dessen geographischen Gesichtskreis vor der Kolonisation Süditaliens von Westen her Italien abgrenzte. In der Geographie der Mythologie ist eine solche Entfernung zweideutig: Sie zeigt z. B. in den Mythen, die den Odysseus in diese Gegenden führen, die sich mit dem Jenseits berührende Tödlichkeit der Randgebiete Italiens und Siziliens. Meistens wurden schon die Abenteuer der »Odyssee«, die sich an der Grenze des Todes abspielten, in dieser Gegend lokalisiert. Nach einem späteren Mythos fand Odysseus, der sich nach seiner glücklichen Heimkehr von neuem auf eine abenteuerliche Fahrt begab, schließlich in Italien den Tod. In dem Maße, wie die neuen Entdekkungen die Grenzen der bekannten oder gar schon kolonisierten Gebiete hinausschieben, rücken auch die mythischen Randgebiete in allen Himmelsrichtungen weiter in die Ferne; das gehört zur Natur dieser geographischen Mythen. So übernahmen im Laufe der Zeit *Hispania* oder sogar die Inseln des Atlantischen Ozeans die Rolle des mythischen Westens, die zuerst Italien innegehabt hatte. Und wenn der Mythos von Saturnus' Aufenthalt in Italien ein ausschließlich griechischer Mythos geblieben wäre, würde er nicht an Italien haften, das durch die geschichtlichen Berührungen ja seine Rätselhaftigkeit ablegte. Aber da hatten die Italer den Mythos schon von den griechischen Siedlern übernommen, die doch nach Italien ausgezogen waren, weil die märchenhafte, glückverheißende Ferne, zugleich aber deren mythische Zweideutigkeit, sie zu tödlichen Abenteuern verlockte, ihre Unternehmungslust gereizt hatte, und nun machte der typische »Randvolk-Mythos« – wenn das mythische Bild auch unberührt blieb – einen völligen Bedeutungswandel durch: Er gab der römischen Heimatliebe eine mythologische Form.

In diesem Zusammenhang müssen wir auch von Saturnus' Gemahlin sprechen. Die Gattin des Kronos ist *Rhea*, mit der sowohl Griechen als auch Römer die kleinasiatische Göttin-Mutter *Kybele* identifizierten. Da Kronos und Saturnus identifiziert wurden, mußte die systematisierende Theologie Kybele auch dem Saturnus als Ehehälfte beigeben. Nun gibt es aber auch eine Überlieferung, die davon abweicht und besagt, Saturnus' Gemahlin sei *Ops* gewesen, eine helfende, mütterliche Manifestation der Erde. Wenn die Gläubigen zu ihr beteten, setzten sie sich auf die Erde und berührten die Erde mit den Händen. Saturnus – im Verein mit seiner Gemahlin – galt als der Urheber des Ackerbaus, der Getreideerzeugung und der Obstzucht, und in einem seiner Attribute, welches ursprünglich das Werkzeug war, mit dem Kronos verstümmelt wurde, sah man das für den Gott des Ackerbaus bezeichnende Gerät: die Sichel oder das Rebmesser. Wahrscheinlich hatte auch das seine griechische Vorgeschichte; so trugen z. B. in Kyrene, der griechischen Siedlungsstadt in Afrika, beim Kronos-Fest die Feiernden Kränze aus frischen Feigen auf dem Kopf, und sie beschenkten sich gegenseitig mit Honigkuchen, weil sie in dem Gott den Erfinder des Honigs und der Früchte verehrten. Aber in Italien – »im Lande des Saturnus«, wie man sagte – kam diese Beziehung des Gottes voll zur Geltung; die Italer verehrten in Saturnus den Wohltäter ihres Heimatlandes, den würdigen Partner der Mutter Erde. Saturnus hatte als erster Obstbäume durch Pfropfzweige veredelt und zugleich die Lebensweise der Menschen geläutert, er hat den Grundstein der Kultur gelegt. Wir sagten bereits, daß das Goldene Zeitalter den Ackerbau noch nicht kannte, der Mensch jenes glücklichen Urzustandes begnügte sich mit dem, was die Erde in jungfräulicher Unberührtheit von selbst hervorbrachte. Es ist also nicht folgerichtig, daß derselbe Saturnus, der die Menschen den Ackerbau lehrte, durch seine bloße Anwesenheit in Italien die Dauer des Goldenen Zeitalters verlängert habe. Mythologisch betrachtet, ist für uns aber gerade dieser Widerspruch wertvoll, weil er überzeugend zeigt, daß es sich hier nicht nur um eine schulmäßige Latinisierung des griechischen Mythos handelt; wenn das der Fall wäre, hätte ja der Mythograph den Widerspruch vermeiden können. Unter der Vergoldung des griechischen Mythos können wir den mehr bäuerlichen Stoff des italischen Mythos abtasten. Im italischen Mythos von Saturnus sind die positive Einschätzung des Ackerbaus und die Liebe zum italischen Boden in eins verwoben. So erhält der Mythos vom Goldenen Zeitalter – im Gegensatz zur griechischen Bukolik, die eine in der unberührten Göttin Artemis versinnbildlichte Hirtenwelt darstellt – in der saturnischen Welt italischer Agrikultur mit der neuen Umgebung auch eine neue Deutung. Die griechische Kultur hielt natürlich auch in allem Mythologischen die besten Römer so stark im Bann, daß z.B. auch ein so großer lateinischer Dichter wie Vergil zuerst im griechischen Rahmen der »Bucolica« die Hoffnung auf eine Wiederkehr des Goldenen Zeitalters zum Ausdruck brachte (diese Hoffnung wurde übrigens auch durch orientalische Prophezeiungen genährt). Erst später fand Vergil in der Lobpreisung des Ackerbaus und des gesegneten italischen Bodens den nüchternbäuerlichen und zugleich eigentümlich lateinischen Ausdruck für das Goldene Zeitalter. Die Verwirklichung des Idylls, das die »Georgica« verheißen, setzt keinerlei kosmische Veränderung voraus, es ist nichts weiter dazu erforderlich als die Rückkehr des römischen Volkes zur einfachen, bäuerlichen Lebensform, die Anhänglichkeit an Italiens heiligen Boden, an das Ackerland und das Land der Väter, dem in dieser Beziehung die Bezeichnung *Saturnia tellus*, »Saturnus' Land«, zukommt. Den Mythos vom Goldenen Zeitalter aus der Zeit des Augustus werden wir noch in anderem Zusammenhang zu besprechen haben, doch können wir schon hier auf die

Zeilen in Vergils Hauptwerk, der »Aeneis«, hinweisen, in denen der Dichter die Erwartung ausspricht, Augustus werde die glücklichen Tage Saturnus', das besondere Goldene Zeitalter Latiums, wiederbringen und über die ganze Welt verbreiten.

Das Zeitalter Saturnus' bedeutet gesellschaftlich jenen Urzustand, in dem es noch kein Privateigentum und noch keine gesellschaftlichen Unterschiede gab und man den Krieg noch nicht kannte. Daß der Saturnus-Tempel als Ärarium diente, erklärte man auch so: Zur Zeit Saturnus' war noch alles gemeinsam, und was von dieser idealen Vermögensgemeinschaft übrigblieb, die staatliche Schatzkammer nämlich, befindet sich im Saturnus-Tempel. Das Saturnus-Fest im Dezember, die *Saturnalia*, hat sein Muster in den griechischen *Kronia*, die angeblich auch in Athen gefeiert wurden. Sicher ist aber, daß das griechische Fest weder an Volkstümlichkeit noch an Bedeutung dem römischen gleichkam. Die *Saturnalia* verwirklichten das saturnische Gesellschaftsideal, zumindest alljährlich im engen Zeitraum des Festes: vom 17. bis zum 21. oder auch bis zum 24. Dezember. In diesem Zeitraum durfte kein Krieg begonnen, auch keine Strafe vollstreckt werden, und zum Andenken an die Gleichheit des Goldenen Zeitalters saßen beim Festmahl Herren und Diener nebeneinander, ja die Herren bedienten sogar die Diener. Allerdings überhäuften zum Fest manchmal Klienten ihre Patrone mit so verschwenderischen Geschenken, daß die Ärmeren das Fest als drückend empfanden. Der Tribun Publicius machte als Fürsprecher des armen Volkes den Vorschlag, die Ärmeren sollten den Reicheren nur Wachskerzen schenken, was denn damals auch beschlossen wurde. So las es in alten Schriften der bereits erwähnte Macrobius, der um 400 den *Saturnalia* ein besonderes Buch widmete. Die Wachskerzen haben bei diesem Fest, das in die Zeit der Wintersonnenwende fällt, eine ganz natürliche Funktion, und so ist es wahrscheinlich, daß diese sozial gerichtete Reform kein neues Sachelement in den Volksbrauch eingeführt, sondern gerade ein charakteristisches Moment des Festes unangetastet belassen hat – mit neuer Sinngebung freilich.

Zwischen dem ersten Tag der *Saturnalia* und dem Ianus-Fest, Neujahr, lagen genau zwei Wochen. Erinnerte das Saturnus-Fest alljährlich an die nur bei der Erfüllung der Zeiten wiederkehrende idyllische Glückseligkeit der Menschheit in ihrem Anfangszustand, an den Beginn und das Endziel des geschichtlichen Seins, so stellte das Ianus-Fest das Erlebnis der Jahr für Jahr alles von vorn beginnenden und alles erneuernden Zeit in den Vordergrund. Zur Zeit der römischen Republik erhielt der 1. Januar als der Beginn des Jahres einen besonderen Nachdruck dadurch, daß auf diesen Tag die Einsetzung der neuen Konsuln fiel, die unter pompösen Zeremonien auf dem Kapitol stattfand. Denn Ianus ist der Gott jeden Beginns, jeden Aufbruchs, jeglichen Eingangs. Er hat zwei Gesichter, blickt also zugleich nach vorn und nach hinten und sieht an den Eingängen, was draußen und was drinnen ist. An seinem Fest, dem ersten Tag des Jahres, überschaut er Vergangenheit und Zukunft. Als Wächter der Türen beobachtet er die Hereinkommenden und die Hinausgehenden, er öffnet und schließt zu, in der Hand hält er einen Schlüssel, und hinter seinen zwei sich widersprechenden Beinamen – *Patulcius*, der »Öffner«, und *Clusius*, der »Schließer« – verbirgt sich wiederum die gleiche Gottheit mit den zwei Gesichtern. Ähnliche Namen tragen auch die beiden weiblichen Begleiter des Ianus: *Antevorta*, die »sich nach vorn Wendende«, und *Postvorta*, die »sich nach hinten Wendende«.

Den Römern kam es nicht nur beim Ausdruck ihrer eigenen religiösen Vorstellungen, sondern auch bei deren Deutung zu Hilfe, wenn sie sie mit der plastischen Gestalt eines griechischen Gottes in Verbindung bringen konnten. Bezeichnend ist, daß der *»poeta doctus«* der religiösen Institutionen Roms, *Ovid*, das göttliche Wesen des Ianus problematisch nennt, weil Griechenland keine ihm ähnliche Gottheit aufzuweisen hat. Dennoch kann er ihn nicht anders deuten, als daß er ihn mit dem griechischen *Chaos* identifiziert. Schon einige Jahrzehnte vorher hat *Nigidius Figulus* die Gestalt des Ianus direkt aus dem griechischen Kult abgeleitet, indem er darauf hinwies, daß Apollon mit dem Beinamen *Thyraios* als der Gott der Tür verehrt wurde und daß Apollons Schwester Artemis, die die Römer *Diana*, »Strahlende«, nannten, leicht mit einem Gott namens *Dianus* (diese männliche Form des Namens vorausgesetzt) gepaart werden könnte. Dieser wäre in Anbetracht seines Verhältnisses zu Diana und der Bedeutung des Namens ebenso mit *Phoibos* Apollon vergleichbar wie dem Klang des Namens nach mit Ianus. Was die Zweigesichtigkeit (ja sogar in Ausnahmefällen die sich nach den vier Himmelsgegenden wendende Viergesichtigkeit) des Ianus angeht, ließe sich auch auf die Darstellungen der Diana-Hekate mit drei Gesichtern hinweisen. Diese alte Erklärung findet auch heute noch Anhänger, was an sich nicht einmal unbedingt zu tadeln ist. Ein größerer Fehler wäre es, hieraus das Argument abzuleiten, daß es keine römische Mythologie gibt, weil das alles ja bloße Kopie der griechischen Mythologie sei. Im Falle Ianus kann auch höchstens, wie im Falle Saturnus, davon die Rede sein, daß die griechische Form der italischen Überlieferung zum Ausdruck verholfen hat.

Wenn die Geschichte der Menschheit mit Saturnus beginnt, so beginnt – der römischen Mythologie zufolge – die Geschichte Italiens, als Ianus, der Urgott-König Italiens, den Saturnus in sein Land aufnimmt. Da kommt zu der unermeßlich langen vorgeschichtlichen Reglosigkeit das Moment der Zeit hinzu; auch *Kronos'* Name wurde von den Philosophen, deren Bestreben es war, aus den Mythen den allegorischen Inhalt herauszuschälen, gern mit dem griechischen Wort *chronos* (»Zeit«) identifiziert. Ursprünglich herrschte über Latium Ianus mit *Cameses* zusammen, von dem die ganze Gegend den Namen Camasene erhielt, während Ianus' Name auf die urzeitliche Stadt Ianiculum, später auf den Hügel Ianiculus überging. Ianus herrschte bereits allein, als Saturnus mit dem Schiff ankam. Ianus nimmt ihn nicht nur freundlich auf, sondern teilt sogar die Herrschaft mit ihm, und zwar zum Wohle seines Volkes, denn Saturnus führt den Ackerbau ein und legt damit in Italien den Grundstein des geschichtlichen Seins. Es wurde als Andenken an diesen uralten Bund gedeutet, daß das gewöhnliche römische Geldstück, das *as*, auf der Vorderseite meistens das Bild des zweigesichtigen Ianus und auf der Rückseite das Schiff des Saturnus zeigte. War dies aber nicht der Fall, so spielten die Kinder in Rom beim Werfen eines Geldstücks dennoch »Kopf oder Schiff« (statt »Kopf oder Schrift«, wie es andernorts üblich ist). Da haben wir also das Spiel der Kinder als authentischen Zeugen der Antiquität: *lusus testis vetustatis*.

Saturnus' Anwesenheit in Italien schuf demnach – als Grundlage des historischen Seins – die dem ordnenden Prinzip der Zeit unterworfene Kultur. Derartige abstrakte Formulierungen haben natürlich ihre Gefahren: Der Mythos ist nicht Geschichtsphilosophie, wie er ja überhaupt keine mit abstrakten Begriffen arbeitende Philosophie ist. Nur ist eben der römische Mythos in erster Linie der Mythos der Geschichte, er gestaltet oft auch ein von den Griechen fertig übernommenes naturmythologisches Bild zum Geschichtsmythos um. Und wenn wir von der spezifisch römischen Bedeutung des Mythos einen Begriff geben wollen, sind wir manchmal gezwungen, die unmittelbare Sprache des mythologischen Bildes in unsere Begriffssprache zu übersetzen. Doch müssen wir uns über eines im klaren sein: Wir haben damit die Bedeutung des Mythos nicht erschöpft, sondern höchstens auf sie hingewiesen, und wir haben die Annäherung an das mythische Bild nicht ersetzt, sondern sie höchstens von der Vernunft her vorbereitet. Das Verständnis des mythischen Bildes gleicht eher dem Erfassen eines Kunstwerks als dem Verstehen einer philosophischen These.

Aber die Geschichte ist nicht nur kulturelle Entwicklung, und sie ist auch nicht ein ungestörtes Idyll des sich durch die Landwirtschaft aus dem Barbarentum erhebenden Volkes. Den Kampf bringt *Aeneas (Aineias)* in die italische Geschichte, er bringt ihn aus Troja mit, vor dessen Mauern sich das große mythische Paradigma des Krieges abspielte. Die mythologische Funktion des Aeneas besteht nicht nur darin, daß er den troischen Göttern, die ihre Heimat verloren haben, eine neue

Heimat verschafft, sondern sie besteht bei der Entfaltung der italischen Geschichte auch darin, daß er durch seine Anwesenheit die italischen Urvölker teilt. Der griechische Held Diomedes hat sich nach dem Trojanischen Krieg in Italien niedergelassen, und er, der schon in Troja dem Aeneas Auge in Auge gegenübergestanden hatte, sieht mit Schaudern, daß sich der Trojanische Krieg nun auf Italiens Boden fortsetzen und die Ruhe des Goldenen Zeitalters, in der das Land des Saturnus lebt, stören wird. Und wenn es danach auch zum Frieden kommt durch den Bund, den Aeneas mit den Völkern Italiens schließt und der zur Geburt des neuen Volkes führt, so wird doch das Goldene Zeitalter endgültig abgelöst von der mit blutigen Kämpfen trächtigen Wechselfolge des geschichtlichen Seins. Höchstens die bäuerliche Lebensform bewahrt noch etwas von der alten Glückseligkeit, was manchmal dadurch erklärt wurde, daß die Bauern Italiens die Übriggebliebenen vom Urvolk des Saturnus seien.

Indem Aeneas aus Troja die *Penaten* mitbrachte, die dort im Mittelpunkt des staatlichen Kults gestanden hatten, siedelte er unter Italiens alten Göttern neue an, ohne durch sie die früheren Elemente der italischen Religiosität in den Hintergrund drängen zu wollen. Dieses Moment der römischen Ursage drückt einen besonders bezeichnenden Zug der römischen religiösen Haltung aus, den man in der römischen Religionsgeschichte mehrfach beobachten kann: Die Einrichtung neuer und wieder neuer Kulte strebt nie die Verdrängung der alten an. Bis zum Auftreten des Christentums bedeutet das Platzgreifen neuer Götter nie, daß sie diesen Platz den alten Göttern wegnehmen mußten, im Gegenteil, sie hatten sich in das System der Kulte, die das ältere Recht genossen, einzuordnen, eine Beziehung zu den früher anerkannten Göttern und Kulten zu finden. Camillus berief sich in der bereits erwähnten Rede stolz darauf, daß die Römer auch fremde Götter nach Rom gebracht und die Verehrung neuer Götter eingeführt hätten, ohne ihre alten Religionspflichten zu vergessen. Auch bei den großen Zusammenstößen in den römischen Sagen ist die typische Wendung nicht der Sieg, durch den eins der einander gegenüberstehenden Urvölker das andere vernichtet, sondern stets der Ausgleich zwischen zwei Urvölkern (Troern und Italern, später Römern und Sabinern) und danach ihre Verschmelzung.

Manchmal ist der geschichtliche Kern solcher Sagen auch in religionsgeschichtlicher Beziehung aus archäologischen Funden herauslesbar. Auf Grund von Ausgrabungen lassen sich zwei Schichten der ersten römischen Gemeinde absondern: die Latiner und die Sabiner der römischen Ursprungssagen, die beiden Stämme also, die sich nacheinander angesiedelt haben und von denen der erste seine Toten einäscherte, der zweite die Leichen, ohne sie erst zu verbrennen, in der Erde begrub. Diese beiden Bestattungsformen entsprechen zwei ganz entgegengesetzten religiösen Auffassungen. Für diejenigen, die die Toten einäscherten, war der Tote, nachdem er sein Wesen und seine Kraft verloren hatte, endgültig aus dem Reich der Lebenden geschieden. Die aber, die den Toten unverbrannt begruben, gaben ihn dem Schoß der *Mutter Erde* zurück, aus dem alles Lebende kommt und wo der Tote nicht nur Ruhe findet, sondern auch Erneuerung seiner Kraft erfährt. Die heutige Wissenschaft sieht darin, daß sich diese beiden Arten der Religiosität ausglichen, die erste authentisch feststellbare Tatsache der römischen Religionsgeschichte. Nach dem Ausgleich war in Rom die Leicheneinäscherung die vorherrschende Bestattungsart, aber die *Mutter Erde, Tellus* oder *Terra Mater*, wurde niemals in den Hintergrund gedrängt, ihre Verehrung wurde vielmehr durch den in vieler Hinsicht ähnlichen Kult der griechischen Göttin Demeter gestärkt und trat auch mythologisch entschieden hervor. Weiter oben begegneten wir bereits den beiden Gestaltvarianten der Mutter Erde: Ops und Anna Perenna. Ops hilft – so hören wir – dem Kind, zur Welt zu kommen, sie legt das Neugeborene sogar zuerst an ihre Mutterbrust, um es zu nähren; Anna Perenna aber findet im Flusse Numicius selbst den Tod. Gottheiten, die der Mythos sterben läßt, sind im allgemeinen ihrem Wesen nach mit der Unterwelt, also mit dem Tode, verknüpft.

So kommt neben der nährenden Fruchtbarkeit der Mutter Erde auch ihre Verbindung mit dem Tod zum Ausdruck. Noch auffallender ist das bei der Gestalt der *Diva Angerona*, die, mit dem auf die Lippen gelegten Finger, die Stummheit des Reiches des Todes ausdrückt und dadurch das mythologische Synonym der *Dea Muta*, der »stummen Göttin«, oder *Mater Larum*, »Mutter der Laren«, ist, von der wir noch hören werden. Die *Fratres Arvales*, »Feldbrüder«, eine aus zwölf Priestern bestehende Körperschaft, verehrten die Mutter Erde als Göttin der Fruchtbarkeit der Felder unter dem Namen *Dea Dia*. Diese hochangesehenen Priester trugen bei den Zeremonien ein weißes Band *(infula)* um die Stirn und einen Kranz aus Ähren auf dem Kopf, und in ihren Gesängen, deren Sinn unklar war, gedachten sie auch der *Laren*.

Die Landschaft in Latium, wo Aeneas das Ufer erreicht, läßt auch in Vergils »Aeneis« die Gegenwart des »örtlichen Schutzgeistes«, des *genius loci*, fühlbar werden. Und König *Latinus* empfängt den Ankömmling im Palast seines göttlichen Vorfahren *Picus*, der der Sohn des Saturnus war. Die Häuser der römischen Patrizier trugen durchweg als Schmuck wächserne Abbilder *(imagines)* der Familienahnen. Vergil reflektiert diese Zubehöre des Gentilkults in die ferne Vergangenheit zurück, wenn er sich solche Ahnenbilder auch in der Umgebung des Königs Latinus vorstellt. Und welche Ahnen es sind, deren Bildern Aeneas hier begegnet, kann uns zumindest darüber orientieren, in welchen Gestalten die Zeit Vergils die urtümlichen Götter Italiens zu entdecken glaubte – diese Epoche, die vom Standpunkt der Religionsreform auch religiösen Überlieferungen Roms großes Interesse entgegenbrachte. Außer den *imagines* von *Saturnus* und *Ianus* – daß diese beiden allen anderen voranstehen, kann uns nun nicht mehr wundern – sieht er hier *Vater Sabinus*, der übrigens auch an den Funktionen Saturnus' seinen Anteil hat. Vergil zufolge hat er nämlich als erster Rebstöcke gepflanzt und hält daher ein Rebmesser in der Hand. Ferner ist dort König *Picus*, der berühmte Rossebändiger, den *Circe (Kirke)* in einen Specht verwandelt hat. Von Sabinus oder *Sabus* ist uns aus anderen Quellen bekannt, daß die Sabiner ihn als ihren Ahnen verehrten und in ihm den Sohn ihres höchsten Gottes, *Semo Sancus*, sahen, der später mit *Hercules* identifiziert wurde. Den Picus bezeichnet Vergil als Vater des *Faunus* und Großvater des Königs Latinus, und als seine Attribute erwähnt er das gebogene Horn *(lituus)*, den kurzen Mantel *(trabea)* und den runden Schild *(ancile)*. Picus' Verwandlung erzählt Ovid ausführlich, wobei er die italische Sage – in der die Gestalt der Circe bereits eine in Italien lokalisierte griechische mythische Gestalt ist – in die überwiegend griechischen Verwandlungsmythen *(metamorphoses)* einfügt. Der Specht *(picus)* ist übrigens als der heilige Vogel des Gottes Mars in die Sagen von der Gründung Roms aufgenommen, wo er – neben dem bekannteren Wolf – den verlassenen Kindern Romulus und Remus Nahrung gibt.

In der »Aeneis«, die mit bewußter Kunst die historische Schichtung der italischen Religiosität darstellt, hat auch die Umgebung des anderen in Urzeiten angesiedelten alten Königs ihre religionsgeschichtlichen Beziehungen. *Euander* selbst ist griechischer Abstammung – Arkadier –, aber seine Mutter *Carmenta* ist eine spezifisch italische Variante der Muse. Das Fest, das bei Aeneas' Ankunft gefeiert wird, findet seine ätiologische Legende in einem italisch gefärbten Abenteuer des Hercules: in der Tötung des in einer Höhle hausenden menschenfressenden Riesen *Cacus*. Der Mythos von dem vor Iupiter nach Italien geflüchteten Saturnus sichert auch in Euanders Augen ein besonderes Goldenes Zeitalter Italiens. Euander erwähnt außerdem, als er – ähnlich wie Nestor – von den Heldentaten seiner Jugend erzählt, den König *Herulus*, den er besiegt und in den Tartarus gestürzt hat, obwohl diesem letzteren seine Mutter, *Feronia* – in der wir wiederum die Mutter Erde erkennen können –, dreimal das Leben wiedergab.

Eine uritalische Gottheit ist auch *Pilumnus*, der Ahne von Aeneas' größtem italischem Gegner, *Turnus*. In Turnus' Genealogie setzt sich wie so oft ein wohlbekannter griechischer Mythos auf Italiens Boden fort, mit italischem Lokalkolorit bereichert. Nach diesem Mythos wurde *Danae* mit ihrer Kiste nach Italien verschlagen, dort baute sie mit Pilumnus zusammen Ardea auf und wurde durch den Bund, den sie mit dem italischen Gott schloß, die Urmutter des Turnus. In der vornehmlich historisch eingestellten römischen Mythologie dient diese genealogische Überlieferung, die Turnus' Stammbaum in Argos wurzeln läßt, dazu, im Kampf zwischen Turnus und Aeneas den uralten Gegensatz zwischen Griechen und Troern hervortreten zu lassen. So verpflanzt sich eigentlich der Trojanische Krieg nach dem glücklichen Italien Saturnus'.

Dennoch zeigte sich in der von der *religio* beeinflußten römischen mythologischen Überlieferung die an den griechischen Mythos vom Trojanischen Krieg unmittelbar angeschlossene römische Geschichte nicht nur als eine Reihe von blutigen Kriegen, sondern auch als allmähliche Entfaltung religiöser Einrichtungen. Vor der Hegemonie Roms wurden die in selbständigen Stämmen lebenden Latiner nur durch das Bundesfest, die *Feriae Latinae*, das in jedem Frühjahr stattfand, daran gemahnt, daß sie zusammengehörten. Das Festopfer wurde im Tempel des *Iupiter Latiaris* auf dem Mons Albanus dargebracht. Der Tempel blieb auch Schauplatz des Festes, als das jüngere Rom schon längst die führende Rolle, die einst Alba Longa innegehabt, an sich gerissen hatte – Rom, das von dem Enkel des aus Alba Longa vertriebenen Königs *Numitor, Romulus*, der überlieferten Berechnung nach im Jahre 753 v. u. Z. gegründet worden war.

Die Stadtgründung selbst galt als eine heilige Handlung, und die Überlieferung führt auch die in engerem Sinne gottesdienstlichen Vorschriften auf den Stadtgründer Romulus zurück. Er setzte die Anordnung des Gottesdienstes angeblich so fest, wie sie in Alba gewesen war, nur nahm er in den Hercules-Kult die von Euander eingeführte griechische Zeremonie auf. Romulus erbaute in Rom auch den ersten Tempel, und zwar weihte er ihn dem *Iupiter Feretrius* zur Erinnerung an den Sieg über *Acro* von Caecina. Damit bringt auch eine uralte Volksetymologie den Beinamen des Gottes in Zusammenhang: Angeblich wurde auf einer Trage (lateinisch: *feretra*) die dem gefallenen Heerführer des Feindes abgenommene Beute *(spolia opima)* zu der uralten Eiche geschafft, die an der Stelle gestanden hatte, wo der Tempel erbaut wurde. Man schrieb es dem Willen der Götter zu, daß die vorbildliche Geste des Romulus weder ganz ohne Nachahmung blieb noch zu etwas Alltäglichem verblaßte. Im Laufe der römischen Geschichte kam es noch zweimal vor, daß die *spolia opima*, die ein Feldherr vom anderen erbeutete, im Tempel des *Iupiter Feretrius* untergebracht werden konnte: Im Jahre 428 v. u. Z. brachte A. Cornelius Cossus die Rüstung des besiegten Königs von Veii, des Tolumnius, dorthin und im Jahre 222 v. u. Z. M. Claudius Marcellus die Rüstung des Viridomarus, eines Heerführers der Insubrer.

Die Überlieferung führte auch den Kult des *Iupiter Stator* (des »zum Stehen bringenden« Gottes) bis auf Romulus zurück. Als infolge des Verrats der sündigen Jungfrau *Tarpeia* die Sabiner bereits in Roms Festung eingedrungen waren und die Römer, durch die anfänglichen Erfolge des Feindes verwirrt, schon zurückwichen, betete Romulus vor dem Palatium: »Du, Vater der Götter und Menschen, halte den Feind wenigstens von hier fern! Nimm den Römern das Entsetzen und bring ihre schimpfliche Flucht zum Stehen. Und ich gelobe, dir als *Iupiter Stator* hier einen Tempel zu weihen, der die Nachwelt daran erinnern soll, daß deine helfende Gegenwart die Stadt gerettet hat.« Als hätte er gefühlt, daß seine Bitte erhört werde, wandte er sich dem Volk zu und sagte mit einer keinen Widerspruch duldenden Festigkeit: »Römer, der beste und größte Iupiter *(Iupiter Optimus Maximus)* befiehlt, daß wir hier stehenbleiben und von hier aus den Kampf wieder beginnen!« Das war jene Schlacht, in der die Römer dann ihre Gegner nur deshalb nicht vernichteten, weil ihre Frauen, die *Sabinerinnen* (die von den Römern geraubt worden waren, weswegen ihre Verwandten den Krieg gegen die Römer begonnen hatten), sich ins Mittel legten, um zwischen ihren Vätern, den Sabinern, und ihren Gatten, den Römern,

Frieden zu stiften. Der Friedensschluß sollte dann zur Verschmelzung der beiden Völker führen.

Dem *Iupiter Elicius* errichtete der Nachfolger des Romulus, *Numa Pompilius*, auf dem Mons Aventinus einen Altar, und zwar, wie es heißt, um dadurch aus der Gottheit Orakelzeichen herauszulocken (*elicere:* »herauslocken«). Doch was für den friedliebenden Numa ein Quell des Segens war, brachte dem unwürdigen Nachfolger tödliche Gefahr. *Tullus Hostilius*, der dritte König von Rom, wandte sich, nachdem er fast sein ganzes Leben lang Krieg geführt hatte, im Alter, als seine Kräfte schwanden, den Göttern zu. In Rom war eine Seuche ausgebrochen, auch der König erkrankte, und da – so schreibt Livius – »brach mit seiner Körperkraft zugleich auch seine geistige Kraft, und derselbe Mann, der vorher nichts für weniger königlich gehalten hatte, als religiösen Zeremonien Aufmerksamkeit zu schenken, überließ sich nun allerlei Aberglauben und erfüllte auch sein Volk mit religiösen Ängsten. Weit und breit wünschten die Menschen die Zustände zurück, die unter Numas Herrschaft bestanden hatten, und waren davon überzeugt, daß es nur noch eine einzige Arznei für ihren kranken Körper gebe: sich bei den Göttern Frieden und Vergebung zu erwirken. Der Überlieferung nach schlug der König selbst die Aufzeichnungen des Numa auf, und als er darin von den geheimnisvollen Festopfern für *Iupiter Elicius* las, versteckte er sich und brachte diese Opfer dar. Er hielt aber bei den Zeremonien nicht die heiligen Regeln ein, und so wurde ihm nicht nur keine Erscheinung zuteil, sondern Iupiter, durch die scheinheilige Frömmigkeit erbost, schlug ihn obendrein mit seinem Blitz, so daß er samt seinem Hause verbrannte.«

Den Unterschied zwischen Numa Pompilius und Tullus Hostilius machte in bezug auf die *religio* nicht nur das Kennen oder Nichtkennen des Ritus aus, vielmehr lag er auch darin, daß Tullus sein ganzes Leben mit Blutvergießen zubrachte, Numa hingegen dank seiner friedlichen Herrschaft geeignet war, auch als Priester zu fungieren. Livius weiß sogar, daß Numa die verschiedenen Priesterämter, besonders das des Oberpriesters Iupiters, des *flamen Dialis*, einrichtete, weil er sich sagte, seine Nachfolger würden mehr dem kämpferischen Romulus als ihm selbst gleichen. So durfte ja auch Aeneas nicht mit seinen vom Trojanischen Krieg blutbefleckten Händen vor die Götter treten (deshalb mußte er auf der Flucht die Penaten dem Anchises anvertrauen), und auch in der Bibel fällt die Errichtung des Heiligtums nicht dem kämpferischen David zu, sondern seinem Sohn Salomon, dessen Name schon besagt, daß er der Fürst des Friedens ist.

Der Sage nach war der griechische Philosoph *Pythagoras* der Lehrmeister des Numa Pompilius. Diese Überlieferung wurde aber schon von den römischen Geschichtsschreibern widerlegt. Livius bemerkt, Pythagoras habe hundert Jahre später gelebt als Numa. Trotzdem ist nicht unverständlich, daß man in Numas Staatsorganisation die Lehren des Pythagoras verwirklicht sah. Es war Pythagoras, der den Vorschlag machte, in einer griechischen Stadt Süditaliens, in Kroton, einen Musentempel zu errichten, der das Einvernehmen unter den Bürgern sichern sollte. Die römischen Musen sind die *Camenen*, und Numa Pompilius berief sich auf ihre Eingebung, als er die religiösen Anordnungen zur Sicherstellung der inneren Ordnung des Staates traf. Der Geschichtsschreiber kann die Ergebnisse der Herrschaft Numas folgendermaßen zusammenfassen: Die Nachbarn, die anfangs sämtlich fürchteten, durch die von Romulus gegründete Stadt sei es mit ihrem Frieden vorbei, hegten später so viel Achtung vor Rom, daß sie es für Sünde hielten, die Stadt Rom, die sich ganz dem Dienst der Götter widmete, durch Gewalttaten zu beleidigen.

Italische örtliche Überlieferungen setzen den griechischen Mythos in dem der Diana geweihten Tal von Aricia fort, wo die Nymphe *Egeria*, die Gemahlin des Numa Pompilius, die Göttin der Quelle ist. Wir erinnern uns an den Mythos von Hippolytos, dem Euripides' Tragödie für die Hellenen die endgültige Gestalt gab. In Italien, in der Gegend des Aricia-Sees, kannte man eine Fortsetzung dieses Mythos: Der Liebling der Artemis-Diana wird, nachdem er unschuldig den qualvollen Tod erlitten hat, von Apollons Sohn *Asklepios* (bei den Römern *Aesculapius*) wieder zum Leben erweckt. Den heilenden Gott bestrafte dafür Iupiter, der Wächter über die Rechte des Lebens und des Todes, mit dem Blitzschlag, der neugeborene Hippolytos aber verbirgt sich unter dem italischen Namen *Virbius,* und im Tal Aricia wird ihm lokaler Kult zuteil. Ein taktvolles Verbot spielt auf den Tod Hippolytos' an: Ovid weiß zu sagen, dieser Gegend dürfe man sich mit Pferden nicht nähern. Hier – oder einer anderen Überlieferung nach in Rom, im Hain an der *Porta Capena* – umgeben Egeria die Camenen, die römischen Musen, mit ihrer beratenden, inspirierenden Eingebung. Numa traf sich mit Egeria heimlich, und wenn sie beisammen waren, übermittelte die Göttin ihrem sterblichen Gatten die Weisungen der Camenen. Die Mythen von Egeria und den Camenen oder auch von anderen italischen Wahrsagegottheiten – wie Picus und Faunus – verliehen den Anordnungen des Numa Pompilius die Glaubwürdigkeit einer Offenbarung.

Numa wurde vor allem die Errichtung des Ianus-Tempels zugeschrieben, Ianus ist der Gott allen Beginns: Er schickt das in den Krieg ziehende Heer auf den Weg, und der Ianus-Tempel erwartet die heimkehrenden Krieger mit offenem Portal. Deshalb darf er nur in Friedenszeiten geschlossen sein. Steht Rom im Kampf, so ist er Tag und Nacht offen. Im Laufe der wechselvollen Geschichte Roms wurde der Ianus-Tempel nur selten geschlossen: während der friedlichen Herrschaft des Numa Pompilius, nach dem ersten Punischen Krieg, und dreimal unter der Regierung des Augustus, zum erstenmal, als sein Sieg bei Actium dem Bürgerkrieg ein Ende machte.

Numa setzte auch die Tage fest, an denen die Erledigung der öffentlichen Angelegenheiten ruhte; das waren die *dies nefasti,* die »verbotenen Tage«, die anderen Tage hießen *dies fasti.* Numa gründete die wichtigsten Priesterkorporationen, so auch die Institution der *Vestalinnen. Vesta,* die Göttin des häuslichen Herdes, war die Garantie für die ständige Niederlassung des Menschen. Jede Familie wohnte um einen Herd herum, in dem das Feuer nie erlöschen durfte. Die Bürger der Stadt hatten als eine große Familie auch einen gemeinsamen Herd. Das Feuer dieses gemeinsamen Herdes zu hüten, das im kreisförmigen Tempel der Vesta ständig brannte, war das Amt von sechs Vestalinnen oder Vesta-Jungfrauen. Der höchste Priester, *pontifex maximus,* wählte die Vestalinnen schon in ihrer frühen Jugend aus den vornehmsten Familien Roms aus, und die ausersehenen Mädchen wurden von Kindheit an für ihr heiliges Amt erzogen. Die Vestalinnen standen in sehr hohem Ansehen. Sogar wenn sie für einen zum Tode Verurteilten um Gnade baten, wurde ihre Bitte erhört. Erlosch aber das heilige Feuer, so wurde die unachtsame Priesterin dafür mit dem Tode bestraft.

Numa gründete auch die aus zwölf Mitgliedern bestehende Korporation des *Salius-Priester,* diese setzte er zu Ehren des Kriegsgottes *Mars Gradivus* ein. Der Sage nach fiel im achten Jahr seiner Regierung ein Schild *(ancile)* vom Himmel in den Königspalast, und da tat Egeria die Wahrsagung kund, daß Rom so lange bestehen werde, wie man diesen vom Himmel gefallenen Schild in der Stadt aufbewahre. Der König ließ von dem Schild elf Abbilder anfertigen, so genau, daß niemand den echten Schild hätte erkennen können. Zur Bewachung der zwölf Schilde setzte Numa zwölf Priester ein, die zweimal im Jahr – im März und im Oktober – hüpfend und tanzend die Schilde durch die Stadt trugen. Deshalb wurden sie *Salius-Priester* genannt (*salire,* das heißt »springen«).

Schon zu der noch halb im Sagenhaften dämmernden Zeit der Könige wurden die Römer erstmalig mit griechischen Göttern bekannt, hauptsächlich, als die Könige etruskischer Abstammung, die Tarquinier, regierten. Bei den Etruskern fand durch die griechischen Kolonien in Italien griechische Bildung Eingang, und durch die Etrusker gelangten mehrere Motive der griechischen Mythologie und unter anderem die Verehrung des Herakles und der Dioskuren nach Rom. Herakles wurde in Rom *Hercules* genannt, und die sagenbildende Phantasie weilte mit besonderer

Vorliebe bei allem, was sich von Herakles' kampfreichen Wanderfahrten auf Italien bezog. Nachdem er die Kühe des Geryon weggetrieben hatte, tötete er den mit der saturnischen Welt Italiens im Widerspruch stehenden uritalischen Riesen *Cacus*. Gleichzeitig lehrte er die Urbewohner Italiens, von dem barbarischen Brauch der Menschenopfer abzulassen und *Dis*, dem Herrn der Unterwelt, statt der Menschenköpfe kleine Masken als Opfer darzubringen. Die Dioskuren, Kastor und Polydeukes, tragen in Italien die lateinischen Namen *Castor* und *Pollux*. Mit diesen beiden zusammen wurde in Rom die Nymphe *Iuturna* verehrt. Der Tempel der Dioskuren stand auf dem Forum Romanum, an ihn knüpfte sich die Legende, er sei zur Erinnerung an die Schlacht am Regillus-See, die 499 v. u. Z. stattgefunden hatte, gegründet worden, weil Castor und Pollux die Siegesbotschaft nach Rom gebracht und ihre müden Pferde an der Quelle der Iuturna getränkt hätten. Den ursprünglichen Nährboden der Sage von *Camilla* bildeten – nach einer wohlbegründeten Annahme – durch illyrische Vermittlung nach Italien gelangte griechische Mythen. Später wurde dann die Camilla-Sage – wie auch die Gestalt der Iuturna – in den Kreis der Sagen von der römischen Landnahme einbezogen; für die Römer galt sie jedenfalls bereits als italische Überlieferung.[2]

Von den griechischen Kolonien Süditaliens aus verbreitete sich die Verehrung des Phoibos Apollon, lateinisch *Phoebus Apollo*, in Rom. Der Mittelpunkt seiner Verehrung ist in Italien Cumae, wo sich die Höhle der *Sibylla* befindet. Mit dem Apollon-Kult zusammen erwarben sich die *Sibyllinischen Bücher*, diese griechischen dunklen Orakelverse, Ansehen. Aus den Sibyllinischen Büchern las eine eigens zu diesem Zweck bestallte Priesterkörperschaft in Roms kritischen Tagen Weisungen heraus. Der Überlieferung nach hat die Sibylle von Cumae die Sibyllinischen Bücher *Tarquinius Superbus*, dem letzten König von Rom, gegeben. Der aus Etrurien stammende König schickte gelegentlich auch jemanden in das Heiligtum Apollons nach Delphi, um von dort ein Orakel zu erhalten. Schon der Vorgänger des Tarquinius Superbus, Servius Tullius, hatte der Schwester Apollons, *Diana*, einen Tempel erbaut. Diana war auch Mondgöttin, doch war sie nicht nur in ihrem Verhältnis zum Mond der griechischen *Artemis* verwandt; in der Zeit, aus der wir kontrollierbare Quellen besitzen, war sie bereits Artemis gleichgestellt. Sogar *Iupiter*, dessen Verwandtschaft mit *Zeus pater* (»Vater« Zeus) sich zum Teil bereits aus dem gemeinsamen indogermanischen Ursprung ergibt, gibt seine besondere römische Entwicklung auf und wird, zumindest in der Literatur, völlig mit der Gestalt des griechischen Gottes identisch. Im Kult wird jedoch Iupiter im Zusammenhang mit verschiedenen Beinamen (wie *Pistor* und wie die bereits erwähnten *Feretrius, Stator, Elicius*) als eine sich in der römischen Geschichte offenbarende Gottheit verehrt. Und als Tarquinius Superbus jenem Iupiter, der schon die Züge des griechischen Zeus in sich vereinigt hat, auf dem Kapitol einen Tempel erbaut, erhält der griechische Gott der universalen Weltordnung eine spezifisch römische Sinngebung: Die Verehrung des *Iupiter Capitolinus* wird mehr und mehr zum ideologischen Ausdruck der mit der Weltordnung gleichgesetzten Einheit des römischen Weltreiches. »Wenn Iupiter aus seiner Hochburg in die Welt hinausblickt, findet er nichts anderes anzuschauen als Römisches.« Zeus war, wie wir gesehen haben, auch bei den Griechen der Gott der *Grenzen*, der Hüter des *horkos* (des »Eides«) und des *herkos* (der »Hecke«). Auch im Tempel des *Iupiter Capitolinus* hatte *Terminus*, der Gott des »Grenzsteins«, seinen Platz, und daß er dort seinen Platz hatte, erklärt eine ätiologische Sage, die gleichzeitig auch das Wesen des Terminus, die *Unverrückbarkeit*, ausdrückt. Als dem Iupiter auf dem Kapitol ein Tempel geweiht wurde, wurden alle Götterstatuen von dort fortgeschafft, nur den Terminus konnte man nicht von seinem Platz wegrücken.

Die Sibyllinischen Bücher sind früh zu offizieller Anerkennung gelangt. Man setzte zu ihrer Aufsicht Priester mit griechischer Bildung ein. Dadurch öffnete die römische

[2] *Vgl. F. Altheim, Messapus. In: Archiv für Religionswissenschaft, 1931, S. 29.*

Staatsreligion sozusagen sämtlichen griechischen Göttern die Tore. Traf Rom ein Schicksalsschlag, oder war es durch ein wunderbares Vorzeichen, ein *prodigium,* beunruhigt, so holte man sich in den Sibyllinischen Büchern Rat. Zum ersten Mal wurden die Sibyllinischen Bücher um 500 v. u. Z. befragt, als Rom infolge einer Mißernte von Hungersnot heimgesucht war. Im Jahre 496 v. u. Z. gelobte Rom auf Weisung der Sibyllinischen Bücher den griechischen Göttern, welche die Fülle der Erde gewähren, der Demeter und dem Dionysos, Tempel zu erbauen. Demeter wurde mit der römischen *Ceres,* Dionysos mit *Liber* identifiziert, oder aber man benannte Dionysos mit der latinisierten Form eines seiner griechischen Beinamen, *Bacchus,* und die ihn ergänzende weibliche Gottheit *Libera.* Auf ähnliche Weise wurde 293 v. u. Z., als eine verheerende Seuche herrschte, der epidaurische Asklepios bzw. jene Schlange geholt, die man für die Erscheinungsform der heilenden Gottheit – des Sohnes Apollons – hielt. *Asklepios* hieß latinisiert *Aesculapius,* seine Tochter *Hygieia,* die »Gesundheit«, nannte man *Salus;* zu ihrer Begleitschaft gehört auch der auf griechisch *Telesphoros* benannte zwerggestaltige Todesdämon, der das Sinnbild des alles verbergenden Todes, die Kapuze, trägt und daher mit dem *genius cucullatus* (»Genius mit der Kapuze«) mancher römischen Provinzialdenkmäler gleichgesetzt werden kann.

Im Jahre 367 v. u. Z. wird auf dem Forum Romanum der *Concordia,* der »Eintracht«, ein Tempel geweiht, nachdem der Kampf zwischen Patriziern und Plebejern zum Stillstand gekommen war. In der drückenden Atmosphäre des ersten Punischen Krieges erhielt *Spes* (die »Hoffnung«) einen Tempel, bei der Einnahme von Syrakus *Honos* (die »Ehrenhaftigkeit«) und nach einem Soldatenaufstand im Jahre 216 v. u. Z. wieder Concordia. Es gibt auch Beispiele dafür, daß man aus der Erfolglosigkeit oder Verworrenheit einer menschlichen Handlung auf den Mangel einer einem Gott zugeschriebenen oder mit ihm identifizierten Kraft schließt und daß dieses Mangelgefühl es erheischt, die Verehrung des betreffenden Gottes einzuführen. Nach der verlorenen Schlacht am Trasimenischen See 217 v. u. Z. gelobten die Römer – nach Befragung der Sibyllinischen Bücher –, *Mens,* der »Vernunft«, einen Tempel zu erbauen, weil sie die Niederlage dem Mangel an nüchterner Überlegung, der Unbesonnenheit, zuschrieben. Es ist vom Gesichtspunkt der Religionsgeschichte ebenso zu beurteilen, wenn z. B. nach einem *prodigium* die Sibyllinischen Bücher fordern, daß dieser oder jener griechische Gott staatlich anerkannt werde. Das Mangelgefühl, das zum Erkennen und zur Anerkennung einzelner griechischer Götter führte, tauchte in der Geschichte des römischen Volkes auf, aber zur Befriedigung dieses Mangelgefühls fanden die Römer meist bei den Griechen Beispiele, denen sie folgen konnten.

Im Jahre 217 v. u. Z. wird in Rom bereits ein Fest zu Ehren der »zwölf« großen griechischen Götter *(dodekatheon)* veranstaltet.

Die Römer nannten diese zwölf Götter wie folgt: *Iupiter* (Zeus), *Iuno* (Hera), *Neptunus* (Poseidon), *Minerva* (Pallas Athene), *Mars* (Ares), *Venus* (Aphrodite), *Apollo, Diana* (Artemis), *Vulcanus* (Hephaistos), *Vesta* (Hestia), *Mercurius* (Hermes) und *Ceres* (Demeter). Der große Bahnbrecher der römischen Dichtung, Ennius, setzte die Namen in Verszeilen, wobei er die Reihenfolge den Hexametern zuliebe gestaltete und für »Iupiter« die kürzere Form »Iovis« gebrauchte:

Iuno, Vesta, Minerva, Ceres, Diana,
Venus, Mars,
Mercurius, Iovis, Neptunus, Vulcanus,
Apollo.

Die römischen Mythographen sahen die griechische Mythologie fast als ein geschlossenes System an und hielten es für ihre Aufgabe, in diesem System jedes Moment der römischen Mythologie unterzubringen. Auch eine solche Entwicklungsrichtung machte es aber nicht völlig unmöglich, daß man neuen Göttern, die ein augenblickliches politisches Bedürfnis befriedigten, Anerkennung verschaffte. Eine Legende, die die Einführung einer solchen neuen Gottheit legitimiert, erzählt, der Einfall der Gallier sei durch einen wunderhaften Mahnruf im voraus kundgetan worden: Ein einfacher Sohn des Volkes hört, während er über die *Nova Via*, die »Neue Straße«, geht, von dem am Fuße des Berges Palatinus gelegenen Hain der Vesta her in der Stille der Nacht eine Stimme, die, klarer tönend als menschliche Stimmen, ihn ermahnt, den *magistraten* zu melden, daß die Gallier herannahen: »Die Römer sollen Mauern und Tore instand setzen; denn wenn sie nicht auf der Hut sind, wird Rom fallen.« Aber niemand kümmerte sich um die Meldung, weil *Caedicius*, der den göttlichen Mahnruf gehört hatte, niedriger Abstammung war. Das Unheil aber traf wirklich ein. Brennus, der siegreiche Heerführer der Gallier, hatte sein *Vae victis* (»Wehe den Besiegten!«) schon ausgesprochen, als Camillus durch energisches Auftreten eine Wendung in die mißliche Lage brachte. Da sorgte man dann dafür, daß die Nichtbeachtung der göttlichen Offenbarung schleunigst gesühnt werde: Die Römer weihten dem *Aius Locutius*, der »Sprechenden Stimme«, einen Tempel. Aber der neuen Gottesgestalt fehlt das Plastische, und dieser Mangel zeigt an, daß die griechische Formgebung nicht an ihr gewirkt hat.

Natürlich sahen die Römer in der griechischen Mythologie viel eher ein unanfechtbares System als die Griechen selbst, die sich vermittels ihrer Phantasie ihre Mythologie geschaffen hatten. Momente der italischen Mythologie, die sich mit diesem System auf keine Weise in Einklang bringen ließen, kamen oft schlecht weg. Deshalb geriet eine typisch italische Göttin fast völlig in Vergessenheit: *Nerio*, die als der weibliche Widerpart des Mars in vielen Zügen Verwandtschaft mit Pallas Athene aufwies. Doch während Pallas Athene Jungfrau ist, wurde Nerio von Mars geehelicht, was ihm allerdings erst nach schweren Kämpfen, vielleicht sogar, wie die spärlichen Angaben vermuten lassen, nur durch Raub gelang. Mit der griechischen Aphrodite, der Geliebten des Ares, konnte Nerio eben wegen ihres kriegerischen Wesens dennoch nicht völlig gleichgesetzt werden, deshalb wurden ihre Funktionen zwischen Minerva und Venus aufgeteilt, ihr mythologisches Wesen verdunkelte sich, und die ursprünglich mit ihrem Namen verbundenen mythischen Züge verloren den organischen Zusammenhang. Nur eine moderne Rekonstruktion – ein in vieler Hinsicht bahnbrechender Aufsatz des deutschen Religionshistorikers H. Usener – konnte uns die einst von Leben strotzende Gestalt dieser Göttin sinnfällig vor Augen führen. Ihr Name (Nerio, Nerienis, Neria oder Neriene) bedeutet in der sabinischen Mundart wahrscheinlich »mutig«, wenn nicht gar »Tapferkeit«, »Männlichkeit«. Mars entbrannte in Liebe zu ihr und bat ein altes Frauchen, eine auch in anderem Zusammenhang für die italische Mythologie sehr typische Gestalt, nämlich *Anna Perenna*, ihm zu helfen; diese hält erst den verliebten jungen Gott zum besten und schmuggelt sich selbst, in einen Brautschleier gehüllt, in das Hochzeitsgemach ein. Der so schmählich hintergangene Gott raubt schließlich das Mädchen, das er liebt. Die Sage vom *Raub der Sabinerinnen* ist uns auch in einer Fassung überliefert worden, in welcher der Raub der Nerio als mythisches Vorbild erwähnt wird. Romulus, der beim Frauenraub der Führer der römischen Männer ist, nimmt *Hersilia* für sich. Sie, mit ihrem Schicksal ausgesöhnt, ruft ihre Verwandten zur Versöhnung auf und betet folgendermaßen: »Neria, die du dem Mars angehörst, zu dir flehe ich, gib Frieden, gib, daß unsere Hochzeit gesegnet sei, da es dem Plan deines Gatten gemäß geschah, daß sie (die Römer) uns, dir ähnlich, als Jungfrauen raubten, damit sie sich und den Ihrigen auf diese Weise Kinder verschaffen, dem Vaterland ein kommendes Geschlecht.«

Bei den offiziellen staatlichen Gottesdiensten kam die Vorherrschaft der griechischen Götter zur Geltung, die Literatur und die Kunst wiederum machten sich unter den römischen Namen die griechische Mythologie zu eigen. Deshalb konnten auch wir als Quellen griechischer Mythen mehrmals die römischen Dichter verwenden: Catull, Vergil, Ovid, Valerius Flaccus und Claudian. Und deshalb können unter den Illustrationen unseres Buches so viele in Rom oder in Pompeji aufgefundene Kunstdenkmäler figurieren, die übrigens größtenteils von griechischen Künstlern geschaffen wurden oder Nachbildungen griechischer Kunstwerke sind.

Aber das einfache Volk, das seinen Acker bestellte, vertauschte seine alten Götter nicht gegen neue, es erwartete den Segen für das Familienleben, das Gedeihen der Saat, des Obstes und der Herde von seinen alten Göttern. Solche sind: *Consus*, der das Getreidekorn in der Erde beschützt; *Silvanus*, der Gott der Wälder; *Nemestrinus*, der Gott der Haine; *Pales*, der Gott oder die Göttin des Weidelandes. Die Rinder haben ihre eigene Schutzgöttin: *Bubona*; die Göttin der Bienenzucht ist *Mellonia*, die der Obstbäume *Pomona*. Sogar das Düngen hat seinen Gott: *Stercutus* oder *Sterculius*, der zuweilen mit Saturnus, zuweilen mit *Picumnus* gleichgesetzt wird. Dagegen ist *Priapus*, der Hüter der Gärten, der derbe Scherze liebt, eine griechische Vorstellung – er ist der Sohn des Hermes-Mercurius –, allerdings erwarb er sich in Italien viel größere Volkstümlichkeit als in seiner Heimat. *Faunus*, der Gott der Tierwelt, kann mit dem griechischen Pan identifiziert werden, wie man auch *Flora*, die Göttin der Pflanzenwelt, besonders der Blumen, mit dem griechischen Namen *Chloris* benennen kann (*chloris*: »Grünende«, »Blühende«), die die Gemahlin des Zephyros war, des lauen Windes, der das Blühen fördert. Beide bieten den Dichtern Gelegenheit, der nach griechischem Muster zugeschnittenen hohen Mythologie italische Färbung zu geben. Faunus ist ein Wahrsagegott und der Vater des Königs Latinus. – Flora gelangt zu einer Rolle in einem Mythos von Mars' Geburt, der in den auf uns gekommenen Quellen im Zusammenhang mit dem griechischen Ares nicht erwähnt wird: Flora überreicht der Iuno eine wunderbare Blume, und der Duft der Blume macht die Göttin zur Mutter. Die Geburt des Mars fiel nach dem römischen Kalender auf den 1. März, die Begegnung Iunos mit Flora wird von Ovid neun Monate früher angesetzt, auf den zweiten Tag des Juni, des blumenreichsten Monats. – Mit dem Wechsel der Vegetation, bedingt durch die Jahreszeiten, brachte man die Wandelbarkeit des Gottes *Vertumnus* oder *Vortumnus* in Zusammenhang; außer dem Jahreszeitenwechsel gehörte auch der Handelsverkehr – eigentlich das Gebiet des Mercurius – zu seinem Bereiche, man meinte sogar zu wissen, daß er in Etrurien als die Hauptgottheit galt. – Schon in der Kaiserzeit und vielleicht unter dem Einfluß einer keltischen Gottheit setzt sich die Verehrung der Göttin *Epona* durch, deren einfache Abbilder besonders die Pferdeställe beschützen.

Besondere Gottheiten regeln jedes einzelne Moment des Familienlebens, sie lenken mit ängstlicher Sorgfalt die Entwicklung des kleinen Kindes. *Partula* steht den gebärenden Müttern bei, *Ops* gibt auf das neugeborene Kind acht, *Vagitanus* verhilft ihm, sowie es auf die Welt kommt, zum ersten Lebenszeichen, zum Weinen, *Cunina* schaukelt die Wiege, *Rumina* gewährt die Fülle der Muttermilch, *Cuba* legt das der Wiege entwachsene Kind ins Bettchen, *Ossipago* stärkt seine Knochen, *Fabulinus* lehrt es sprechen, *Iterduca* führt es auf dem Wege, und *Domiduca* bringt es ins Elternhaus zurück.

Selbst die griechisch gebildete herrschende Klasse hat in allem, was die Familie und den häuslichen Herd betrifft, zähe die alten religiösen Traditionen bewahrt. Die Gottheiten, die den häuslichen Herd beschützen, sind die *Penaten* (*penates*; stets in der Mehrzahl) und *Lar Familiaris*, der Gott der Familie, der ursprünglich der gute Geist des verstorbenen Ahnen ist. Am Geburtstage des Familienoberhauptes wurde zum *Genius* gebetet, zu der Gottheit, die der Familie Leben gab. Jeder Mann hat einen solchen Genius neben sich, die Frauen hingegen werden von den *Iunonen* durchs Leben begleitet. Die Seelen der verstorbenen Ahnen sind die *manes* oder *di manes*, die »gütigen Götter«, die in der Tiefe der Erde wohnen, in einer tiefen Grube; diese Grube (*mundus* genannt) tut sich dreimal im Jahr auf, und dann besuchen jedesmal die Toten die Lebenden. Ihr Erscheinen ist zweideutig, sie kommen als *Laren*, als wohltätige Geister, und sie kommen als *Larven* oder *Lemuren*: als erschreckende Gespenster. Die »Mutter der Laren«, die Göttin *Stumme Mutter, Dea Muta*, ist die Nymphe der unterweltlichen Sümpfe. Diese altitalischen Todesvorstellungen wurden jedoch in der Literatur von den griechischen Unterweltsmythen ziemlich in den Hintergrund gedrängt.

Bei den Dichtern ist der lateinische *Orcus* völlig identisch mit dem griechischen Reich der Unterwelt, dem Hades. Die Herren der Unterwelt sind: Hades oder Pluton, dessen lateinischer Name *Dis, Dis pater* oder *Pluto* lautet, und seine Gemahlin, die griechische Persephone, die lateinisch *Proserpina* genannt wird.

ANNA PERENNA

Die Iden des März sind der *Anna Perenna* geweiht. Nicht weit vom Ufer des Tibers vergnügt sich da das Volk auf dem frischen Rasen, die Liebespärchen lagern im Gras und trinken gemächlich. Diesen Festtag verbringen die Menschen zumeist unter freiem Himmel, es gibt aber auch welche, die sich ein Zelt aufschlagen, manche bauen sich aus belaubten Zweigen eine Hütte, andere machen sich aus Schilfstengeln ein Gestell und breiten ihre Toga darüber aus. Die Sonne scheint schon warm, von innen erwärmt der Wein, die Stimmung wird feurig, und die Feiernden wünschen sich so viele Lebensjahre, wie sie Gläser leeren. Und zöge man wirklich nur die Zahl der geleerten Gläser in Betracht, so hätte sich manch einer geradezu die Jahre Nestors angetrunken oder sich gar das Alter die Sibylla gesichert. Sie singen auch, klatschen dazu in die Hände, stellen das Weingefäß in die Mitte und tanzen ringsherum einen schwerfälligen Tanz. Die Mädchen haben sich fein herausgeputzt, aber ihre Haare lösen sich auf, während sie um das Gefäß kreisen. Wenn sie heimkehren, taumeln sie alle, jeder, dem sie begegnen, lacht sie aus, aber es erkennt auch jeder an, daß sie wirklich glücklich sind.

Wer ist denn die Göttin, deren Fest in Rom so gefeiert wird? Die Überlieferung weiß auf die Frage mehrere Antworten.

Kaum hatte man die unglückliche Königin *Dido* beigesetzt, die von der Flamme der Liebe zu *Aeneas* und der Flamme des Scheiterhaufens verzehrt worden war, die sie selbst unter sich angezündet hatte, da fielen schon die Numidier in das herrenlos gebliebene Land ein.

»Ich gelange also dennoch in Didos Gemach, aus dem sie mich so oft, mir ihre Hand verweigernd, hinausgewiesen hat«, sagte hochmütig der König von Numidien, *Hiarbas*.

Die Tyrier, denen Dido Karthago erbaut hatte, liefen davon; schließlich war auch *Anna*, die Schwester der Königin, zu fliehen gezwungen.

Anna nahm weinend Abschied von den Mauern, die auf Befehl ihrer Schwester erbaut worden waren, und suchte noch ein letztes Mal die teure Asche auf. Sie schnitt sich eine Haarlocke als Totenopfer ab; das Öl, welches sie auf den Grabhügel goß, vermischte sich mit ihren heißen Tränen. Dreimal sagte sie Lebewohl, und dreimal küßte sie die Aschenurne, als drücke sie ihre arme Schwester an sich.

Dann bestieg sie mit ihren Gefährten ein Schiff, indes sie traurig nach der verlassenen Stadt ihrer Schwester zurückblickte.

Sie fuhr auf die fruchtbare Insel Melite zu, weil die Bande einer alten Gastfreundschaft sie mit *Battus*, dem König der Insel, verknüpften. Er vernahm das traurige Schicksal der beiden Schwestern mit aufrichtigem Mitleid.

»Mein Land ist nur klein, aber betrachte es als das deinige«, sagte er, und gewiß hätte er der Verbannten niemals die Zuflucht verweigert, wenn er nicht die Macht des Tyrierkönigs *Pygmalion*, des bösen Bruders von Dido und Anna, zu fürchten gehabt hätte.

Nach drei Jahren erschien Pygmalion mit einem Heer, um Annas Herausgabe zu fordern.

»Wir sind an Waffen nicht gewöhnt«, sagte der friedliebende König zu Anna. »Fliehe und rette dein Leben, so gut du kannst.«

So überließ sie denn wieder ihr leichtes Schiff dem Spiel des Windes und der Wellen: War doch ihr Bruder grausamer als jedes

Meer. Sie steuerte in Richtung auf die Wiese Camere, und nicht mehr weit war sie vom Ziel entfernt, als der günstige Fahrwind ausblieb und das Segeltuch schlaff herabhing.

»Teilt das Wasser mit Rudern!« rief der Steuermann.

Sie waren gerade im Begriff, das Segel einzuziehen, als plötzlich der Südwind in das Schiff fuhr. Vergebens plagte sich der Steuermann, sie wurden auf die offene See hinausgetrieben, und es entschwand ihren Augen das Land, das sie bereits erblickt hatten. An die Planken schlugen Wogen, das Meer wirbelte von unten herauf, und die Tiefe verschlang den weißen Schaum. Der Sturm wurde Herr über alle Gewandtheit, schon erwartete selbst der Steuermann nicht mehr vom Ruder, sondern nur noch vom Gebet Hilfe. Die heimatlose phönizische Königstochter wurde auf der schwellenden Flut umhergeworfen, sie bedeckte die tränenvollen Augen mit ihrem Gewand und beneidete die tote Dido und einen jeden, der, wo auch immer auf der Welt, doch noch ein Stückchen Land unter sich wußte, um sein Glück. Schließlich warf der Sturm die bereits geborstenen Planken bei Laurentum ans Ufer.

Damals regierte in Latium schon der fromme Aeneas, der, nachdem er mit des *Latinus* Tochter auch das Land des alten Königs erworben hatte, die beiden Völker, das troische und das latinische, unter seiner Herrschaft vereinigte.

Aeneas wandelte gerade bloßfüßig an dem Ufer, welches er als Hochzeitsgeschenk bekommen hatte, nur der getreue *Achates* teilte mit ihm die Einsamkeit. Aeneas erblickte die ziellos irrende Anna und wollte seinen Augen nicht trauen.

Wie sollte sie denn in Latinus' Land gekommen sein? – sann er bei sich, aber Achates rief laut aus: »Das ist Anna!«

Die Verbannte hob den Blick, als sie ihren Namen hörte, und da sie sah, wem sie gegenüberstand, wußte sie nicht, was tun. Sollte sie bleiben oder fliehen? In welchem Versteck der Erde sollte sie Zuflucht suchen? Ihr schwebte das unglückliche Los ihrer Schwester vor Augen. Aeneas bemerkte das. Auch ihm trieb die Erinnerung an Dido Tränen in die Augen, und er sprach die zitternde Frau an: »Anna, ich schwöre bei dem Lande, welches mir das Geschick schon damals verhieß, als ich bei euch war, und ich schwöre bei den Göttern, welche auch damals mit mir waren und denen ich hier einen neuen Stammsitz erworben habe, daß sie es waren, die mir oft Vorwürfe machten, weil ich die kostbare Zeit in Karthago zubrachte. Doch habe ich nie gedacht, daß der Kummer den Tod dieser seelisch starken Frau verursachen könne. Erzähle mir nicht, wie es geschah: Ich bin ihr auf dem Wege in die Unterwelt begegnet und habe ihre Wunden gesehen. Du aber, ob dich nun dein eigener Entschluß oder irgendein Gott an unser Ufer geführt hat, nimm all das Gute an, welches mein Land dir zu bieten vermag: Ich bin dir und Didos Andenken viel schuldig.«

Anna glaubte ihm, was er sagte, und sie hatte ja auch gar keine andere Hoffnung, an die sie sich hätte klammern können. So erzählte sie denn Aeneas ihre lange Irrfahrt. Und als sie, in tyrische Pracht gekleidet, in die königliche Wohnung eintrat, stellte Aeneas sie in Gegenwart seines in tiefem Schweigen verharrenden Hausvolkes der *Lavinia* mit den Worten vor: »Ich habe, meine liebe Gemahlin, guten Grund, diese fremde Frau dir anzuvertrauen. Einst aß ich als Schiffbrüchiger ihr Brot und genoß ihre Hilfe. Sie stammt aus Tyrien und hatte ihr Land am libyschen Ufer. Ich bitte dich, liebe sie, wie eine gute Schwester ihre Schwester liebt.«

Lavinia versprach es. Sie setzte sich über die vermeintliche Kränkung hinweg und schmollte nur im geheimen. Sie war sich noch nicht darüber klar, was sie tun würde, doch ließ ihr die Eifersucht keine Ruhe, und so zerbrach sie sich den Kopf, wie sie sich rächen könne.

Es war Nacht, und Anna erschien der blutige Schatten Didos im Traum.

»Fliehe von hier, verlaß ohne Zögern dieses verfluchte Haus!« sagte der Schatten, und während er sprach, knarrten im Wind schmerzlich die Türen.

Anna sprang auf, und sie sprang zum niedrigen Fenster hinaus auf die Wiese. Die

Furcht machte sie waghalsig. Sie nahm sich nicht einmal Zeit, ihre Tunika zu gürten. Angstvoll lief sie wie ein aufgescheuchtes Reh, das von Wölfen verfolgt wird. Der Fluß *Numicius* nahm sie in seine Fluten auf.

Unterdessen suchte man sie und schlug auf den Feldern großen Lärm. Bis zum Flußufer konnte man ihre Fußspuren verfolgen. Da glättete sich der Fluß, er hielt das Strömen seiner Wasser an, und die Suchenden vermeinten die Stimme der verschwundenen Frau zu hören: »Ich bin zur Nymphe des sanften Numicius geworden, und da ich mich in dem ewigen Flusse verborgen halte, wird mein Name von nun an Anna Perenna, Ewiges Fließen, sein.«

Andere erzählen anderes.

Vor langer Zeit, als es noch keine Tribunen gab, die die Rechte des Volkes schützten, zogen die armen Leute einmal auf den Heiligen Berg hinaus und wollten nicht in die Stadt zurückkehren, solange die Patrizier ihnen nicht ihre Wünsche erfüllten. Aber die Nahrungsmittel, die sie sich mitgenommen hatten, gingen zur Neige, und sie kamen auf keine Weise zu dem zur Ernährung des Menschen bestimmten Geschenk der Ceres: zu Brot.

Es lebte dort ein altes Mütterchen aus dem nahe bei Rom gelegenen Städtchen Bovillae, und das hieß Anna. Anna war eine arme, aber sehr arbeitsame Frau, die, ihre grauen Haare mit einem Band zusammengebunden, mit zittrigen Händen Bauernkuchen knetete. Ihre Fladen dampften noch, wenn sie sie des Morgens dem Volke austeilte. Das erhielt Mut und Ausdauer im Volk. Und als der Kampf dann seinen Zweck erreicht hatte und zwischen den Patriziern und Plebejern der Friede wiederhergestellt war, wurde Anna ein ewiges Denkzeichen gesetzt, weil sie dem Volk in der Not geholfen hatte.

Ovid, Fasti III, Vers 523–674.

PICUS

Picus, der Sohn des Saturnus, war König in Italien. Er war ein schöner Jüngling, und weit und breit im Lande züchtete er die besten Pferde. Wo er auch ging, überall verfolgten ihn die Dryaden der Wälder Latiums mit ihren Blicken, und die Nymphen der italischen Flüsse – der Albula, des Numicius, des Anio, des Almo, des Nar und des Farfarus – wetteiferten um seine Liebe. Der junge König erwählte von ihnen allen die Tochter des *Ianus* und der *Venilia*, die Nymphe *Canens* (»Singende«), deren Name schon andeutete, daß sie eine besonders schöne Stimme hatte. Sie konnte mit ihrer Stimme Wälder und Felsen in Bewegung setzen, wilde Tiere zähmen, Flüsse im Lauf und Vögel im Flug anhalten. Die Nymphe wurde auf dem Mons Palatinus geboren, und kaum daß sie herangewachsen war, schenkte sie dem Picus ihre Hand. Während sie sang, durchstreifte ihr Gemahl auf flinkem Roß die Wälder, um Eber zu jagen.

Einmal geschah es, daß Picus auf der Jagd in denselben Wald kam, in dem die Tochter des Sonnengottes, *Circe*, Zauberkräuter suchte. Hinter dem Gebüsch hervorlugend, beobachtete die Göttin den Jüngling und staunte über seine außergewöhnliche Schönheit. Vor Überraschung ließ sie sogar die Kräuter aus der Hand fallen, die sie so eifrig gesammelt hatte. Schon trat sie ein wenig hinter dem Strauch hervor, um dem Jüngling zu gestehen, daß sie ihn liebe, doch das flinke Roß sprengte mit dem Reiter dahin, und rings umgab ihn sein Jagdgefolge.

»O du«, sprach die Göttin bei sich, »wenn ich mich recht kenne und wenn aus den Kräutern nicht alle Zauberkraft entschwunden ist und mich nicht alle meine Beschwörungssprüche im Stich lassen, wirst du mir nicht entfliehen, und flögest du auch auf den Flügeln der Winde.«

Schon formte sie aus einem körperlosen

Schatten die Gestalt eines Ebers und trug ihm auf, vor dem König herzulaufen und im dichten Walde zu verschwinden, an einer Stelle, wo zwischen eng aneinander stehenden Bäumen kein Pfad sei, der Pferden Durchlaß gewährt. So geschah es auch. Picus verfolgte mit Ausdauer den Schatten, den er für eine prachtvolle Beute hielt, und als sie an die dichten Bäume gelangten, sprang er vom schaumig schwitzenden Rücken des Pferdes und folgte zu Fuß der eitlen Hoffnung weiter durch den tiefen Wald. Unterdessen begann Circe ihre Zaubersprüche herzusagen, und sie betete zu unbekannten Göttern mit einem unbekannten Gesang, durch den sie sogar das Antlitz des weißen Mondes trüben und um das Haupt ihres Vaters, des Sonnengottes, trunkene Wolken ballen konnte. Auf ihren Zaubergesang hin verfinsterte sich nun der Himmel, und aus der Erde stieg der Nebel auf. Picus' Gefolgschaft tappte auf stockfinsteren Pfaden, und der König blieb ohne Leibwache.

Darauf hatte Circe gewartet.

»Bei deinen Augen, zu deren Gefangenen die meinen geworden sind, und bei deiner schönen Gestalt bitte ich dich«, sprach sie den allein gebliebenen jungen König an, »heile das Feuer, das in mir brennt, nimm den Sonnengott als Schwiegervater an, und verachte auch nicht hoffärtig meine göttliche Person.«

Aber Picus wies sie kurz und bündig ab. »Wer du auch sein magst, ich kann nicht der Deine werden. Mein Herz gehört schon einer anderen, und ich werde den Bund nicht durch fremde Liebe verletzen, solange das Geschick mir des Ianus Tochter Canens bewahrt.«

Circe versuchte es noch mehrere Male, aber immer vergebens.

»Das bleibt nicht ungestraft«, sagte sie schließlich zornig, »und du gelangst auch nicht mehr zu Canens zurück.«

Sie wandte sich zweimal nach Westen und zweimal nach Osten, berührte den Jüngling dreimal mit ihrem Stab und murmelte drei Zaubersprüche. Da lief der Jüngling davon, und er wunderte sich selbst, als er fühlte, daß er viel schneller vorwärts kam als gewöhnlich. Da erblickte er die Federn an seinem Körper. Entsetzt gewahrte er, daß ein neuer Vogel der Wälder Latiums aus ihm geworden war, und vor Wut hackte er mit seinem harten Schnabel Wunde über Wunde in die Rinde der Bäume. Die Federn hatten die Purpurfarbe seines Königsmantels beibehalten, die goldene Schnalle, die den Mantel zusammenhielt, war zu goldschimmerndem Flaum an seinem Halse geworden, sonst aber war nichts anderes von ihm geblieben als sein Name: Die Menschen nannten ihn auch weiterhin *picus*, das heißt »Specht«.

Als sich der Nebel zerstreute, scheuchten die Männer, die König Picus suchten, den ganzen Wald auf, sie fanden aber ihren König niemals wieder. Nur der Circe begegneten sie und verlangten von ihr den Verlorenen zurück. Sie drohten ihr sogar schon mit den Waffen, aber Circe bediente sich wieder ihrer Zauberkraft. Sie beschwor die Nacht und die Götter der Nacht, Erebus und Chaos, und rief brüllend Hecate an. Da bewegte sich wahrhaftig der Wald, die Erde stöhnte auf, blutiger Regen durchnäßte die Wiesen, es kreischten heiser die Felsen, es bellten die Hunde, der Erdboden füllte sich mit ekligen Schlangen, und die Seelen der stummen Toten flatterten in der Luft.

Picus' Gefolgschaft ward von dem wundersamen Anblick betäubt, und ehe die Männer wieder zu sich kamen, hatte Circe sie alle in verschiedene Tiere verwandelt.

Unterdessen spähte und wartete die getreue Canens daheim, ob ihr Gemahl noch nicht nach Hause käme, aber vergebens; und vergebens schickte sie ihre Diener kreuz und quer durch den Wald auf die Suche nach Picus. Sie beweinte ihn bitterlich, halb wahnsinnig irrte sie auf den Feldern von Latium umher. So verbrachte sie sechs Tage und sechs Nächte, ohne zu rasten und ohne auch nur einen Bissen zu sich zu nehmen. Sie durchwanderte Berge und Täler, wohin sie der Zufall gerade führte, bis sie schließlich am Ufer des Tibers vor Ermüdung umsank.

Dort streckte sie sich aus und fing in ihrem Kummer zu singen an wie der Schwan, der in seiner Todesstunde zum letztenmal und am schönsten singt. Sie löste sich vollends in Kummer auf und verschwand in der Luft. Die Stelle aber, wo dies geschah, bewahrte lange ihr Andenken: die Camenen benannten den Ort nach dem Namen der Nymphe Canens.

Ovid, Metamorphosen XIV, Vers 320–434.

POMONA UND VERTUMNUS

Es gab unter den Dryaden Latiums keine, die den Gärten mehr Sorgfalt gewidmet oder eifriger auf die Früchte der Bäume achtgegeben hätte als *Pomona.* Sie ging auch nie im Walde oder bei den Flüssen umher, stets liebte sie nur die Wiesen und die mildes Obst tragenden Äste. Sie hielt ein krummes Rebmesser in der Hand, damit beschnitt sie die allzu stark wuchernden Zweige, oder sie setzte Pfropfreiser in die aufgeschlitzte Rinde, und wenn es nötig war, begoß sie auch selbst die durstigen Wurzeln.

Der Garten war ihre einzige Liebe. Sie kannte Venus nicht und wollte sie auch nicht kennen. Stets verschloß sie sorgfältig die Tür des Gartens, damit niemand sie in ihrer Einsamkeit stören könne. So konnten sie denn weder die Satyrn noch die Faune bestürmen, ebensowenig konnte das Silvanus, der Gott des Waldes, oder Priapus, der die Gartendiebe verscheucht.

Mehr als alle anderen war *Vertumnus* in Pomona verliebt, doch mehr Glück als jene hatte er bei ihr auch nicht. Und er brachte ihr doch so oft, als derber Schnitter verkleidet, reife Ähren in seinem Korbe. Andere Male hatte er frisches Gras im Haar stecken, wie es einem beim Heuumwenden hängenbleibt. Oft trug er in der harten Hand einen Stachel, als hätte er eben erst die Ochsen aus dem Joch gespannt. Und mit dem Rebmesser in der Hand, war auch er selber Gärtner oder Winzer, der das Laubwerk stutzte oder die Weinstöcke beschnitt. Er hatte auch eine Leiter bei sich, als wollte er gerade Obst pflükken. Er stellte mit seinem Schwert einen Soldaten, mit der Angelrute einen Fischer dar, immer erschien er in neuer Gestalt, und durch jeden Gestaltwechsel suchte er Einlaß bei Pomona, um sich wenigstens an ihrem Anblick ergötzen zu können.

Einmal verkleidete er sich als altes Mütterchen. Er band sich die falschen weißen Haare mit einem bunten Band um die Schläfen fest und trat, auf einen Stock gestützt, in den Garten ein. Dort bewunderte er die Obstbäume, er kauerte sich mit gebeugtem Rücken auf die Erde nieder und schaute zu den unter der Last des Herbstes schier brechenden Ästen hinauf.

Ihm gegenüber zog eine Ulme voll leuchtender Weintrauben seine Aufmerksamkeit auf sich. Er schüttelte den Kopf und ließ sich folgendermaßen vernehmen: »Stünde dieser Baumstamm nur einsam da, ohne Weinranken, kein Mensch würde ihn dann beachten, es sei denn seines Laubes wegen. Und auch der Weinstock, hättest du ihn nicht mit der Ulme gepaart, der würde wohl nur auf der Erde liegen. Dich aber rührt dieses Beispiel nicht: Du weichst dem Leben zu zweit aus. Du tust schlecht daran. Auch Helena hatte nicht mehr Freier, selbst Penelope nicht. Obgleich du dich von ihnen abwendest, werben wohl tausend um deine Hand: Männer, Götter, Halbgötter, alle, die da in den Bergen von Alba wohnen. Aber wenn du Verstand hast und auf mich alte Frau hörst, die dich mehr liebt als alle, kannst du nur einen zum Gatten wählen: Vertumnus. Glaube mir, er kann sich selbst nicht besser kennen, als ich ihn kenne, und ich weiß, daß er nicht ruhelos in der großen Welt umherschweift; er begnügt sich mit der bescheidenen Welt der Gärten, und er ist auch nicht wie die anderen Freier, daß er etwa eine Frau nur sähe und sich gleich in sie verliebte. Du bist seine erste und seine letzte Liebe, nur dir allein widmet er alle seine Jahre. Nimm noch hinzu, daß er jung und mit allen Geschenken der Natur gesegnet ist, und was du auch von ihm wünschest, dein Wort ist ihm Befehl, und glücklich erfüllt er jeden deiner Wünsche. Und dann habt ihr ja auch beide die gleiche Liebhaberei. Das Obst, dem dein Bemühen gilt, hält er schon glücklich in der Rechten. Aber jetzt kümmert er sich weder um die Früchte der Bäume noch um die süßen Kräuter der Erde, um nichts anderes kümmert er sich als um dich. So erbarme dich doch seiner!«

Und weitschweifig führte das Mütterchen auch noch Beispiele dafür an, wie Menschen es zu büßen haben, wenn sie sich der Liebe verschließen: Die erbarmungslose *Anaxarete* sei zu Stein geworden, weil sie den verliebten *Iphis* nicht erhörte.

»Denke an sie, mein Kind«, so redete die Alte weiter, »sei nicht so störrisch, folge lieber dem, der dich wirklich liebt. Auf daß der Frühjahrsfrost deine Obstbäume verschone und der Wind sie nicht zausen möge, wenn sie gerade blühen.«

Das Mütterchen konnte aber mit ihrem langen Gerede nichts ausrichten. Da warf Vertumnus seine Vermummung fort. Wie wenn sich die Wolken plötzlich rings um die Sonne zerstreuen, so stand auf einmal der schöne Jüngling vor Pomona. Jetzt hätte er sie sogar gewaltsam umarmt, wenn es der Gewalt noch bedurft hätte, doch das Mädchen verliebte sich auf der Stelle in ihn und wurde freudig des Vertumnus Gemahlin.

Ovid, Metamorphosen XIV, Vers 623–771.

DEA MUTA

Iupiter liebte Iuturna, die Nymphe, und er litt unter dieser Liebe mehr, als es des großen Gottes würdig war. Bald hielt sich das Mädchen im Wald zwischen den Haselsträuchern versteckt, bald lief sie vor dem Gott davon und sprang in die schwesterlichen Fluten hinein.

Schließlich rief Iupiter alle Nymphen Latiums zusammen und sprach zu ihnen: »Eure Schwester gönnt sich selber das Glück nicht. Ihr könnt uns beiden zugleich einen Dienst tun, denn was für mich die größte Wonne ist, wird eurer Schwester nicht zum Schaden gereichen. Verstellt ihr den Weg, wenn sie längs des Ufersaums dahinhuscht, damit sie ihre Glieder nicht in die Wellen des Flusses tauchen kann.«

So sprach der Gott, und die Nymphen des Tibers hießen es gut. Es war aber eine unter ihnen, *Lara*, deren Name schon von ihrem Fehler zeugte: Sie hieß ursprünglich *Lala*, die »Schwatzhafte«. Oft sagte drum auch der Flußgott *Almo* zu ihr: »Bezähme deine Zunge, mein Kind!«

Aber sie bezähmte ihre Zunge nicht.

So auch jetzt. Kaum hatte sie die Wasser ihrer Schwester Iuturna erreicht, sagte sie zu ihr: »Meide die Ufer!«

Und sie wiederholte ihr, was Iupiter gesagt hatte. Sie suchte sogar auch Iuno auf, und wie wenn sie die betrogene Gattin bedauerte, gab sie ihr zu wissen: »Dein Gatte liebt Iuturna, die Najade, die Wassernymphe.«

Iupiter geriet in Zorn, und was die Nymphe nicht maßvoll zu gebrauchen wußte, die Zunge, riß er ihr aus. Und er rief den *Mercurius*: »Führe dieses Mädchen zu den Seelen der Unterwelt hinab; das ist eine Wohnung, derer würdig, die ewig stumm sind. Eine Nymphe wird sie auch dort sein, aber die Nymphe der unterweltlichen Sümpfe.«

Iupiters Befehl wurde ausgeführt. Unterwegs nahm ein Hain die beiden auf, und die Nymphe gefiel ihrem Begleiter. Mercurius riß sie gewaltsam an sich, sie konnte nicht mit Worten, sondern nur mit Blicken flehen, und mit ihrem stummen Munde versuchte sie vergebens zu sprechen.

Die stumme Göttin ward Mercurius' Weib, und es wurden ihnen Zwillinge geboren: die *Laren*; diese hüten nun die Kreuzwege und wachen in alle Ewigkeit über der Stadt.

Ovid, Fasti II, Vers 583–616.

CAMILLA

Als Aeneas für die Penaten Trojas eine neue Heimat suchte und sich die Italer gegen ihn verbündet hatten, kämpfte in deren Heerschar an der Spitze der Volsker ein heldenmütiges Mädchen: *Camilla.* Sie konnte es an Schnelligkeit mit den Winden aufnehmen, und wenn sie über das Saatfeld dahineilte, krümmte sich unter ihren leichten Füßen keine Ähre; nahm sie den Weg übers Meer hin, wurden ihre flinken Sohlen von den Fluten nicht einmal naß.

Die Göttin Diana hatte für sie von Kindheit an gesorgt.

Ihr Vater, *Metabus,* war König der Volsker, aber seines tyrannischen Hochmuts wegen vertrieb ihn das Volk von seinem angestammten Wohnsitz, Privernum. Der fliehende König nahm nur sein kleines Töchterchen mit. Das Kind auf dem Arm, lief er auf die Wälder zu, während die Verfolger von allen Seiten Speere hinter ihm herwarfen.

Auf der Flucht kam er an den Fluß Amasenus, der, hoch angeschwollen, ihn hemmte. Wäre Metabus allein gewesen, hätte er sich gleich in die Fluten geworfen und wäre hinübergeschwommen, aber daran hinderte ihn die teure Last, das Kindlein. Er wußte sich aber zu helfen: Er wickelte den Säugling in Baumrinde, band ihn so recht fest an seinen wuchtigen Wurfspeer, und während er diesen mit der rechten Hand schwang, betete er: »O Herrin der Wälder, jungfräuliche Diana, dir sei meine kleine Tochter geweiht; betrachte sie als die Deine, sie, deren Leben ich jetzt den unsicheren Lüften anvertraue!«

So sprach er und schleuderte den Speer. Die Wogen rauschten, und über den reißenden Strom flog am sausenden Speere Camilla. Sie kam unversehrt ans andere Ufer.

Nun drängte sich schon die Schar der Verfolger heran, doch Metabus warf sich in den Fluß und schwamm hinüber. Drüben riß er das Geschoß, das sich in den Rasen gebohrt hatte, aus dem Boden und bot es Diana zum Dank für die Rettung als Weihegeschenk dar.

Kein Mensch nahm ihn in sein Haus auf, keine Stadt ließ ihn in ihre Mauern ein; doch hätte er, der wild und starr von Natur war, auch niemandem die Freundschaftshand geboten. Er lebte nun in ödem Gebirge ein einsames Hirtenleben. Im dichten Walde in stacheligem Gehege zog er seine Tochter auf, er nährte sie mit der Milch einer Stute.

Als das Kind noch kaum die ersten wankenden Schritte tat, gab er ihm schon einen scharfen Spieß in die Hände, und er hängte ihm einen Bogen und einen Köcher mit Pfeilen um die schwachen Schultern. Das Mägdlein trug keinen Goldschmuck im Haar und war nicht mit einem langen Gewand bekleidet, nein, das Fell einer Tigerin wallte ihr vom Haupt den Rücken hinunter. Kein Knabe handhabte geschickter den Speer und die Schleuder, sie traf den strymonischen Kranich und den weißen Schwan im Fluge.

Die Mütter in den etruskischen Städten hätten sie sich wohl zur Schwiegertochter gewünscht; sie aber war einzig der Diana ergeben. Sie gab ihr Mädchentum nicht auf und verzichtete nicht auf die Freuden der Jagd. Als dann die Troer landeten und sich infolgedessen Italiens Völker teilten, schloß Camilla ein Bündnis mit *Turnus,* der das gegen Aeneas kämpfende Heer befehligte. Sie befand sich auch unter denen, die Laurentum verteidigten.

Vor der entscheidenden Schlacht schickte Diana aus ihrer heiligen Gefolgschaft *Opis* zu Camilla hinab.

»Zu grausamem Kriege rüstet das liebe Mädchen«, sagte sie zu der Nymphe. »Geh hinunter nach Latium, nimm diesen Pfeil, und wer den heiligen Körper meines Lieblings verwundet, sei es ein Troer oder ein Italer, wird dafür mit seinem Blute sühnen. Den Leib des armen Mädchens aber und ihre Rüstung, die ich keinem als Beute überlasse, bringe ich, in eine Wolke gehüllt, selbst nach Hause, auf daß ihr in der Heimat ein Grabhügel errichtet werde.«

Im Kampf um Laurentum zeichnete sich unter den Verteidigern der Stadt niemand so sehr durch Tapferkeit aus wie Camilla. Sie führte das Heer der Volsker. Ihre unmittelbare Gefolgschaft waren im Kriege ebenso wie im Frieden die getreuen Gefährtinnen: Larina, Tulla, Tarpeia, die wie sie selbst auch keusche Jungfrauen waren.

Sie erschien auf ihrem flinkfüßigen Roß bald hier, bald dort und zielte mit sicherer Waffe der Reihe nach auf die Besten der Troer und der mit ihnen verbündeten Etrusker. Der Sohn des Ligurers Aunus versuchte, ihr durch eine List zu entkommen, aber es gelang ihm nicht.

»Was ist Großes getan, wenn du, Mädchen, dem tapferen Rosse vertraust? Nicht dein, sondern sein Verdienst ist alles, was du erreicht hast«, sprach er, sich geschickt an die Eitelkeit des Mädchens wendend. »Steig herab aufs Erdreich, und wage dich heran, mit mir im Fußkampf zu kämpfen, dann wirst du bald sehen, wem windiges Prahlen Verderb bringt!«

Zornig saß da Camilla ab und stellte sich mit gezücktem Schwert zu Fuß dem Gegner zum Kampfe. Doch der schlaue Ligurer warf plötzlich sein Pferd herum und gab ihm die Sporen; so gedachte er Camilla entgehen zu können.

Aber sie holte ihn auch zu Fuß ein. Wie der Falke die Taube packt, so ergriff sie die Zügel des Pferdes und machte dem betrügerischen Sohn des Aunus den Garaus.

Aber da war *Arruns*, der sie überall im Auge behielt und auf den geeigneten Moment lauerte, da er ihr unheimliches Vorstürmen zum Stehen bringen könnte.

Camilla jagte schon hinter Chloreus her, der einst in Phrygien Priester der Kybele gewesen war, denn in weiblicher Habgier hatte sie es auf die goldene Rüstung und die reich mit Gold verzierten Gewänder des Priesters abgesehen. In der Vorfreude auf diese seltene Beute sah und hörte sie nichts. Diese günstige Lage wollte nun Arruns eilends ausnutzen. Er ergriff den Wurfspeer, und dabei betete er: »Beschützer des geweihten Berges Soracte, hoher Apollo, dem zu Ehren wir fichtene Stapel entzünden und in frommem Vertrauen gläubig durch das Feuer hindurchschreiten, gib, allmächtiger Vater, daß meine Waffe diese Schmach austilge. Nicht sehne ich mich, die Rüstung der Elenden zu erbeuten, und Ruhm werden mir auch andere Taten verschaffen, laß nur durch meinen Arm dies schlimme Unheil erliegen, gern kehre ich dann auch ruhmlos in die Stadt meiner Ahnen zurück.«

Phoebus vernahm das Gebet, doch nur eine Hälfte erfüllte er, die andere Hälfte verstreute er in die Winde. Er gewährte, daß Arruns' Waffe Camilla niederstreckte, aber er ließ Arruns nicht mehr heimkehren.

Camilla gewahrte den Speer nicht, der ihr Leben auslöschte. Plötzlich schwand die rote Farbe von ihren Lippen, und es blieb ihr nur noch Zeit, sich an ihre vertrauteste Gefährtin, *Acca*, zu wenden. Zu ihr sprach sie also: »Soweit, liebe Schwester, mein Tun. Jetzt raubt mir die bittre Wunde die Kraft und bringt mir das Ende, rings um mich hüllt sich alles in Dunkel. Eile davon, und bringe dem Turnus meine Botschaft: Er nehme im Kampf meinen Platz ein und schütze die Stadt vor den Troern. Lebe nun wohl«, sagte sie noch, dann entglitten ihrer Hand die Zügel, und sie sank auf die Erde.

Doch gelang es auch Arruns nicht, sich zu retten. Von den nahen Bergen aus beobachtete Opis auf Befehl ihrer Herrin den Kampf. Sie seufzte auf, als sie Camilla sterben sah, und klagte: »Grausam mußtest du büßen, armes Mädchen, weil du die Troer zu bekämpfen gewagt; es nützte dir nichts, daß du im wilden Gehölz der Diana gedient und mit uns der Jagd gefrönt hast. Dennoch verläßt dich Diana nicht, und dein Tod bleibt nicht ungerächt.«

Am Fuße des Berges stand seit Urzeiten das Grab des Königs *Dercennus*, hoch aufgeschüttet aus Erde. Dorthin schwang sich die Nymphe und zielte auf Arruns. Schon bohrte sich ihm die eherne Spitze in den Körper, als er erst das Sausen des Pfeils vernahm. Bei seinem letzten Röcheln waren all seine Gefährten schon entsetzt davongelaufen. Treulos vergaßen sie alles und ließen den Freund im unbekannten Staube des Gefildes liegen.

Opis, die ausgeführt hatte, was ihr von Diana aufgetragen war, schwang sich mit ihren Fittichen zum ätherhellen Olympus.

Vergil, Aeneis XI, Vers 498–867.

Prometheus und Atlas. Innenbild einer lakonischen Schale.
Museo Vaticano.

Orpheus bei den Thrakern. Bild eines attischen Kraters.
Berlin, Staatliche Museen.

Apotheose Homers. Relief des Archelaos von Priene.
London, British Museum.

Kronos und Rhea. Römisches Relief.
Rom, Museo Capitolino.

Geburt der Pandora. Attischer Krater.
Oxford, Ashmolean Museum.

Danae. Die beiden Seiten eines attischen Kraters.
Leningrad, Ermitage.

Zeus und Hera. Metope vom Heraion (Tempel E) in Selinus.
Palermo, Museo Nazionale.

Medusa vom Giebel des Artemis-Tempels von Korfu.
Korfu (Korkyra), Museum.

Die Geburt der Athene. Attisches Vasenbild.
Budapest, Museum der bildenden Künste.

Athene vom Westgiebel des Aphaia-Tempels aus Ägina.
München, Staatliche Antikensammlungen.

Ares Ludovisi.
Rom, Museo Nazionale Romano.

Apollon Kitharodos.
Museo Vaticano.

Tod der Niobiden. Attischer Krater.
Paris, Louvre.

Geburt der Aphrodite, sogenannter Ludovisischer Thron.
Rom, Museo Nazionale Romano.

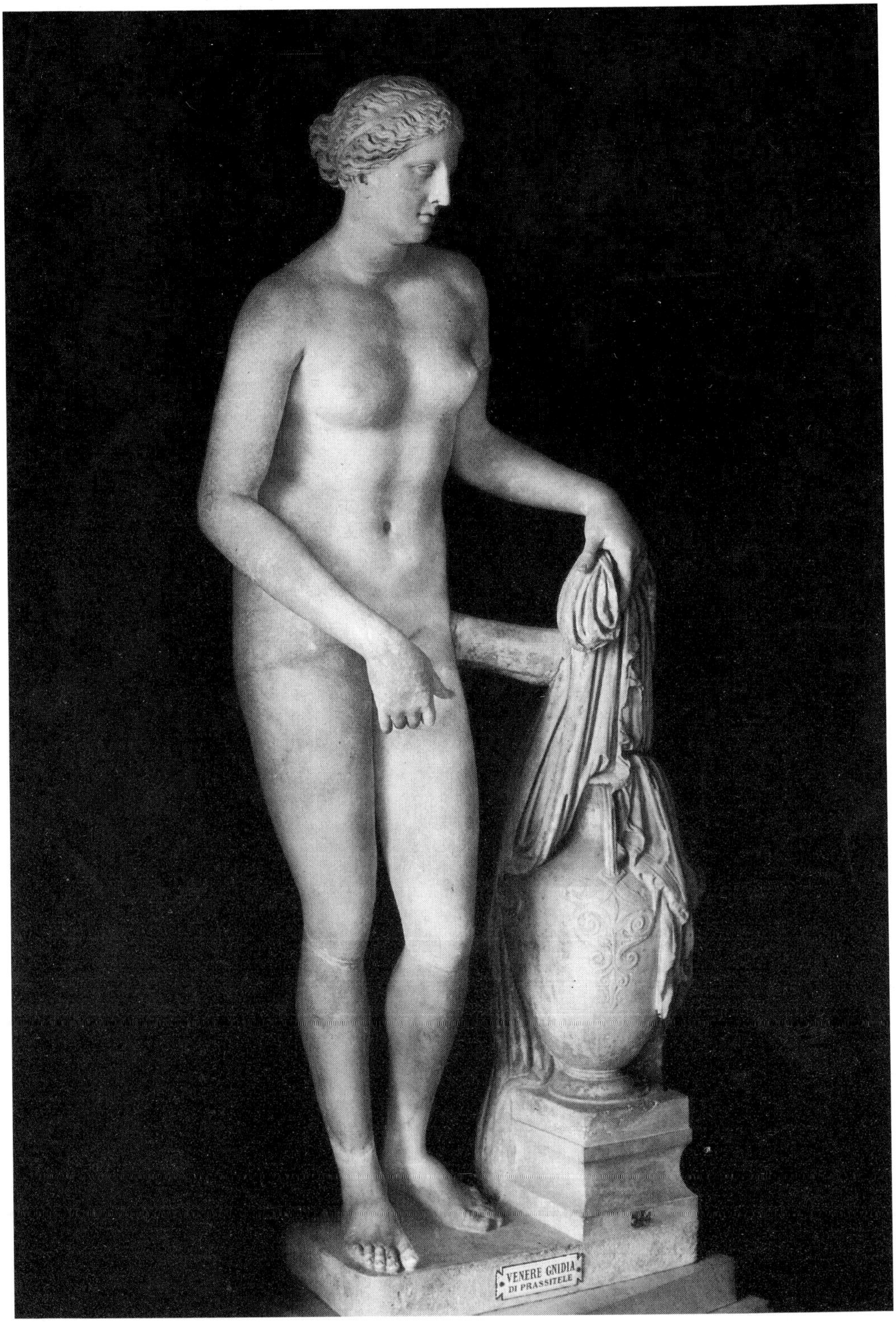

Aphrodite von Knidos. Römische Kopie der Marmorstatue des Praxiteles.
Museo Vaticano.

Artemis von Versailles.
Paris, Louvre.

Hermes. Von Praxiteles.
Olympia, Museum.

Amor und Psyche.
Rom, Museo Capitolino.

Iason und das Goldene Vlies. Attische Schale.
New York, Metropolitan Museum.

Theseus vor Amphitrite auf dem Meeresgrunde. Innenbild einer attischen Schale.
Paris, Louvre.

Kampf des Theseus mit dem Minotauros. Schale des Aison.
Madrid, Museo Arqueológico Nacional.

Bellerophon und die Chimäre. Apulischer Krater.
Karlsruhe, Badisches Landesmuseum.

Marmorstatue der Demeter aus Knidos.
London, British Museum.

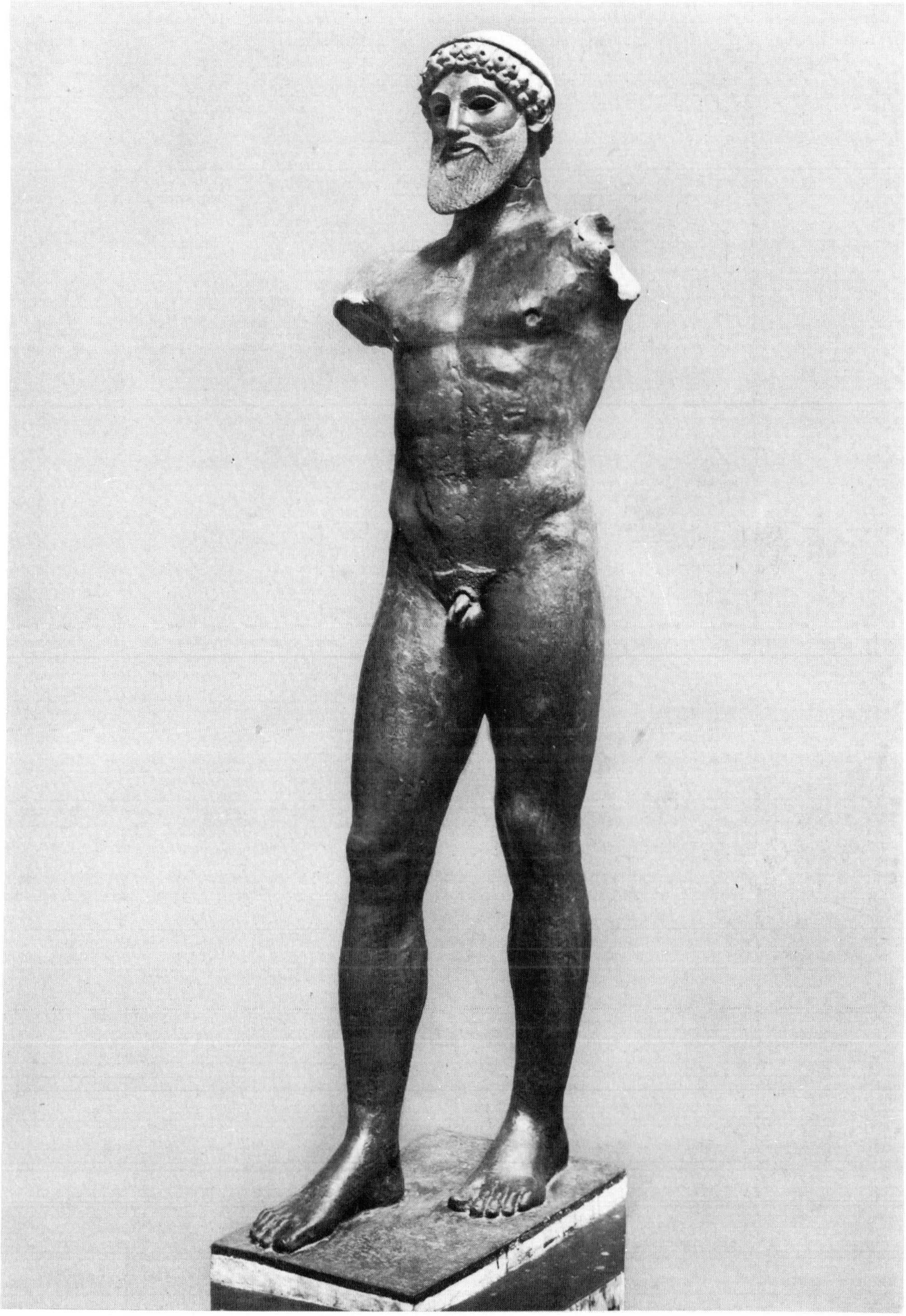

Poseidon. Bronzestatue aus Böotien.
Athen, Nationalmuseum.

Orpheus und Eurydike mit Hermes, dem Seelenbegleiter. Marmorrelief.
Neapel, Museo Nazionale.

Triptolemos zwischen den Göttinnen Demeter und Persephone. Marmorrelief aus Eleusis.
Athen, Nationalmuseum.

Bacchantin. Innenbild einer attischen Schale.
München, Staatliche Antikensammlungen.

Dionysos fährt über das Meer. Schale des Exekias.
München, Staatliche Antikensammlungen.

Tod des Pentheus.
Wandbild im Hause der Vettier, Pompeji.

Herakles und Atlas. Metope des Zeus-Tempels in Olympia.
Olympia, Museum.

Herakles Farnese.
Neapel, Museo Nazionale.

Kentaur und Lapith. Eine der südlichen Metopen des Parthenons.
London, British Museum.

Paris und Helena. Marmorrelief.
Neapel, Museo Nazionale.

Die Opferung der Iphigeneia. Wandbild aus Pompeji.
Neapel, Museo Nazionale.

Kampf des Achilleus mit Hektor. Die beiden Seiten einer attischen Amphora.
Würzburg, Martin-von-Wagner-Museum.

Briseis wird aus dem Zelt des Achilleus weggeführt. Wandbild aus Pompeji.
Neapel, Museo Nazionale.

Die Laokoon-Gruppe.
Museo Vaticano.

Odysseus und die Sirenen. Attischer Stamnos.
London, British Museum.

Odysseus und Nausikaa. Bild einer attischen Amphora.
München, Staatliche Antikensammlungen.

Romulus und Remus mit der Wölfin und Hirten. Altar aus Ostia.
Rom, Museo Nazionale Romano.

Vesta und die beiden Laren.
Wandbild im Hause der Vettier, Pompeji.

Tellus-Relief der Ara Pacis Augustae, Rom.

Opfer des Aeneas.
Relief der Ara Pacis Augustae, Rom.

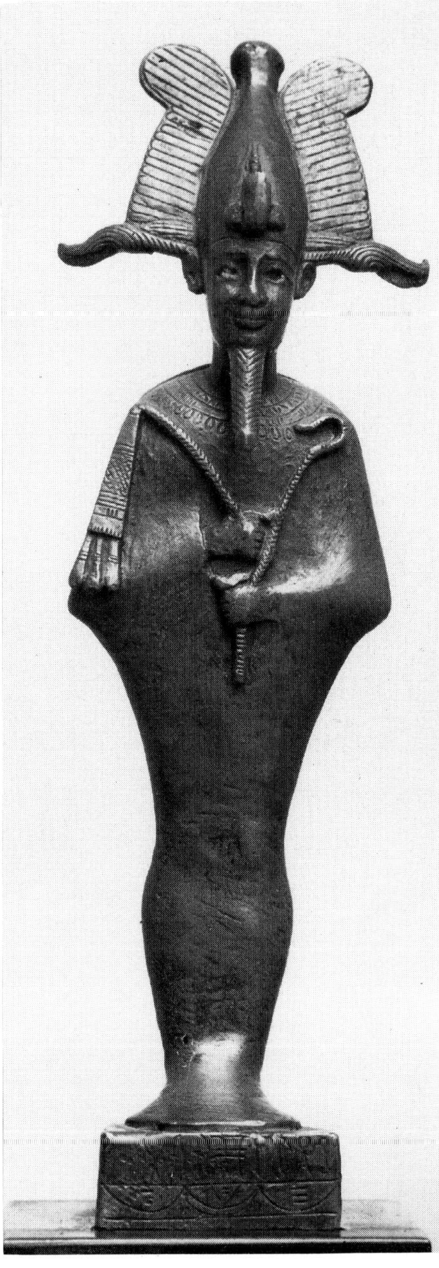

Links. Isis mit dem Horuskind auf dem Schoß. Ägyptische Bronzestatuette.
Budapest, Museum der bildenden Künste.

Rechts. Osiris. Ägyptische Bronzestatuette.
Budapest, Museum der bildenden Künste.

Mithras-Relief vom Mithras-Heiligtum auf dem Kapitol in Rom.
Paris, Louvre.

Jupiter Dolichenus. Bronzestatue aus Mauer an der Url.
Wien, Kunsthistorisches Museum.

CACUS

Nachdem *Hercules* den dreileibigen Geryon getötet hatte, entführte er die wunderbar schönen Kühe in die Gegend, wo später Rom erbaut wurde. Die Herde vor sich her treibend, schwamm er durch den Tiber, dann streckte er sich zur Rast aus, um die Tiere weiden zu lassen und sich von den Anstrengungen der Reise auszuruhen. Er aß und trank, schließlich schlief er ein.

Es wohnte in dieser Gegend ein Hirte von gewaltiger Kraft, er hieß *Cacus*. Ihm gefielen die selten schönen Tiere, und er beschloß, sie zu stehlen, während ihr Herr schlief. Aber er wußte, daß die Spuren ihn verraten würden, wenn er die Herde in seine Höhle triebe. Deshalb suchte er nur die schönsten Tiere aus und zog sie beim Schwanz in die Höhle.

Der Morgen graute, als Hercules aufwachte. Er bemerkte, daß Tiere fehlten, und suchte nach den verlorenen, aber vergebens. Er ging bis an die Höhle heran, dort sah er aber, daß die Spuren von der Höhle nach außen führten, und das verwirrte ihn so, daß er das Suchen aufgab und sich damit begnügen wollte, wenigstens die übriggebliebenen Kühe in eine sicherere Gegend zu treiben.

Wie er nun die Kühe weitertrieb, blökte bald hier eine, bald dort eine nach den zurückgebliebenen Gefährten. Und darauf gaben diese aus der Höhle, wo sie eingesperrt waren, Antwort. Da horchte Hercules auf.

Er ging zur Höhle zurück, dort verstellte ihm Cacus den Weg. Aber Hercules ergriff seine Keule, und der Dieb rief umsonst die Hirten zu Hilfe, Hercules erschlug ihn.

Zu dieser Zeit herrschte über jene Gegend *Euander*, der aus Griechenland hierhin geflohen war. Nicht sosehr seine Königsgewalt hatte ihn zum Herrscher gemacht als vielmehr seine große Gelehrtheit: Er kannte sogar die Buchstaben, worüber das ungebildete Hirtenvolk sich nicht genug wundern konnte. Noch mehr aber wurde er um seiner Mutter willen geschätzt, *Carmenta*, die man für eine Göttin hielt und, bevor die Sibylla nach Italien kam, nach der Zukunft befragte.

Als er den großen Auflauf bemerkte, kam auch Euander heraus. Er sah, daß sich die verängstigten Hirten um den Fremden drängten, und der Fremde leugnete auch gar nicht, daß er mit der Keule den Cacus erschlagen habe. Euander hörte aber nicht nur die Tat, sondern auch den Grund der Tat und bemerkte auch gleich, daß der Fremde von übermenschlich großem Wuchs und in der Erscheinung erhabener war als die Menschen. Auf sein Befragen hin gab der Fremde seinen Namen an, nannte seinen Vater und seine Heimat.

»Sei gegrüßt, Sohn des Iupiter, Hercules«, sagte Euander. »Meine Mutter, die wahrsagende Vermittlerin der Götter, hat mir in einem Orakelgesang gekündet, daß du einst die Zahl der Himmelsbewohner mehren wirst und daß hier in dieser Gegend dir zu Ehren ein Altar stehen wird, den die mächtigste Nation des Erdenrundes den Größten Altar nennen und den dein Dienst heiligen wird.«

Hercules reichte ihm die Hand und erklärte, daß er durch die Einweihung des Altars die Weissagung annehme und das Geschick erfüllen werde.

Sie wählten gleich dort auf der Stelle aus der Herde die schönste Kuh aus und brachten Hercules das erste Opfer dar, es wirkten dabei die *Potitier* und die *Pinarier* mit. Diese waren damals die beiden vornehmsten Familien in dieser Gegend.

Es ergab sich zufällig, daß die Potitier, da sie gleich zum Dienst bereit waren, die Eingeweide des Opfertiers sofort vorgelegt bekamen. Die Pinarier kamen erst später, als die inneren Teile schon verzehrt waren, und nahmen am weiteren Mahle teil. Daher blieb es dann Brauch, daß die Pinarier niemals, solange ihr Geschlecht bestand, von den Eingeweiden der Festtiere essen durften. Die Potitier waren, nachdem Euander sie unterwiesen hatte, viele, viele Geschlechter hindurch die Priester dieser Zeremonie, bis schließlich, nachdem sie den Priesterdienst dafür bestimmten Amtspersonen übergeben hatten, das ganze Geschlecht der Potitier ausstarb.

Livius, Ab Urbe condita I, 7.

DIE RÖMISCHE HELDENSAGE

Man muß der Vorzeit das Recht zugestehen, durch Vermischung von menschlichen Dingen und göttlichen Beziehungen die Anfänge der Städte erhabener zu machen – sagt Livius im Vorwort zu seinem großen historischen Werk, in welchem er die Geschichte Roms »von der Gründung der Stadt an« bis zu seiner Zeit erzählt. Die Überlieferungen, die sich auf die Vorgeschichte der Stadtgründung und die Gründung selbst beziehen, findet er zwar eher der Dichtung als der Geschichtsschreibung würdig, aber er will – und hier mäßigt er seinen kritischen Sinn durch sein Selbstbewußtsein als Römer – diese Überlieferungen weder bestätigen noch widerlegen. Er betont vielmehr, wenn es je ein Volk gegeben habe, das mit Recht seinen Ursprung auf die Götter zurückführen konnte, so mache der Ruhm des römischen Volkes dies ganz besonders verständlich, und diejenigen Völker, die Roms Herrschaft über sich ertrügen, könnten ruhig mit ansehen, daß es den Gott Mars als seinen Ahnen betrachte.

Die Sagen von den Stadtgründungen in Italien (und Sizilien) haben zum großen Teil den gemeinsamen Zug, daß sie sich an den troischen Sagenkreis anschließen. In ihnen blinkt auch eine blasse Erinnerung an die wahrhaftige Siedlungsgeschichte Magna Graecias auf; die Griechen, die Süditalien kolonisiert haben, entdeckten in der Einwohnerschaft Italiens entweder Verwandte, die in Urzeiten nach dem fernen Westen verschlagen worden waren, oder aber Nachkommen des uralten Feindes, vielleicht je nachdem, ob sich die Italer den Ansiedlern gegenüber freundschaftlich oder feindlich verhalten hatten. Schon Hesiod weiß, daß *Latinos*, der *heros eponymos* der Latiner, der Sohn des Odysseus und der Kirke ist; anderen Quellen zufolge hat der Grieche *Diomedes* Arpi und der Troer *Antenor* Patavium gegründet. Eine troische Gründung – schon aus der Zeit vor dem Trojanischen Krieg – ist Egesta oder Segesta: als Poseidon zur Strafe für Laomedons Eidbruch ein Meerungeheuer gegen Troja schickte, ließ *Hippotes* seine Tochter nach Sizilien bringen, um sie vor dem Ungeheuer zu retten, das es hauptsächlich auf unberührte Mädchen abgesehen hatte. Dieses Mädchen, mit Namen *Egesta*, wurde die Gattin des sizilianischen Flußgottes *Krimissos (Crinisus)* und die Mutter des *Akestes (Acestes)*, der später eine Stadt gründete und sie nach seiner Mutter *Egesta* oder *Segesta* benannte.

Von allen sich auf Italien beziehenden Fortsetzungen des troischen Sagenkreises gewann die größte Bedeutung die Sage von *Aeneas (Aineias)*, an deren voller Ausgestaltung die mythographische Tüftelei der griechischen Systematiker mehr Anteil hatte als die Volksphantasie. Allem Anschein nach hat sie aber schon früh, bereits vor der vollen Ausgestaltung, in Italien Wurzel gefaßt, wohin sie vermutlich schon im 8. oder 7. Jahrhundert v. u. Z. von griechischen Siedlern gebracht wurde. Sicher ist jedenfalls, daß neuerdings Aeneas-Abbildungen aus dem Gebiet Etruriens zum Vorschein gekommen sind, die aus dem 6. Jahrhundert v. u. Z. stammen.

Die Aeneas-Sage knüpft unmittelbar an Homer an. In der »Ilias« wird eine Wahrsagung erwähnt, der zufolge der durch eine Seitenlinie mit Priamos verwandte Aineias, der göttlicher Abstammung sei, nach dem Untergang der Stadt des Priamos über die

Troer herrschen werde. Es gab auch Überlieferungen, die eine alte Rivalität zwischen dem Hause Priamos und dem Hause Aineias voraussetzen, und der griechische Logograph *Akusilaos* behauptete um 500 v. u. Z. sogar, Aphrodite habe den Trojanischen Krieg heraufbeschworen, weil sie um die Wahrsagung wußte, die ihrem Sohne die Herrschaft nach Priamos zusicherte. Anscheinend hat man sich anfangs vorgestellt, daß die überlebenden Troer unter Aeneas' Herrschaft nur die Hänge des Ida-Gebirges bewohnten. Aber um 600 v. u. Z. führt auch *Stesichoros*, ein in Sizilien lebender griechischer Dichter, Aeneas' Weg nach Hesperien, und nicht viel später führt ihn *Hellanikos* bereits geradenwegs nach Rom. Dem einflußreichen, in Sizilien lebenden griechischen Geschichtsschreiber *Timaios* zufolge gewährten die Griechen einigen troischen Helden, die bei der Verteidigung der Stadt bis zum Äußersten durchhielten, freien Abzug und erlaubten ihnen auch, von ihrem Vermögen so viel mitzunehmen, wie sie tragen konnten. Alle anderen beluden sich mit Gold und Silber, aber Aeneas nahm seinen alten Vater auf die Schultern. Diese schöne Manifestation der Sohnesliebe erweckte Achtung bei den Griechen, und sie erlaubten Aeneas, noch einmal umzukehren und aus seinem Hause mitzunehmen, was er wolle. Aeneas griff auch da nicht nach den Kostbarkeiten, sondern holte die Hausgötter aus den Trümmern hervor. Dadurch verdiente er es sich, den Rest des troischen Volkes in die neue Heimat führen zu dürfen.

Timaios' Einfluß war zum Teil bereits zuzuschreiben, daß sich in den Römern das Bewußtsein ihrer troischen Abstammung festsetzte. Schon vom 3. Jahrhundert v. u. Z. an zogen sie daraus auch mehrmals politische Konsequenzen, z. B. als die Gesandten Roms bei dem Ätolischen Bunde für die Unabhängigkeit Akarnaniens auftraten. Sie beriefen sich darauf, daß die Akarnanier Roms Unterstützung verdient hätten, weil seinerzeit sie als die einzigen Griechen dem Trojanischen Krieg ferngeblieben seien. Eins der vornehmsten Geschlechter Roms, die *gens Iulia*, sah und verehrte in Aeneas bzw. in dessen Sohn *Iulus* seinen Ahnen. Sogar Iulius Caesar trat mit diesem Rechtstitel als ein Gönner Iliums auf, und sein Adoptivsohn Augustus sah es aus ebendiesem Grund gern, daß Vergil gerade den Aeneas in den Mittelpunkt seines Epos stellte.

Vergil schafft bei der Bearbeitung der Aeneas-Sage in den gewaltigen Bildern von Vergangenheit, Gegenwart und Zukunft einen Zusammenhang zwischen der römischen Geschichte und den politischen Bestrebungen des Augustus. Auch was das Religionsgeschichtliche angeht, tritt deutlich hervor, daß er bemüht ist, alle Schichten der römischen Mythologie zu vereinigen und sie nicht in einem System, sondern in einer einheitlichen künstlerischen Komposition zusammenzufassen. Durch den von Troja fliehenden Aeneas schließt sich die Sage von der römisch-latinischen Staatsgründung unmittelbar an die *griechische Mythologie* an, und leicht sind auch unter den Namen Iupiter und Iuno, Venus und Mars, Mercurius und Neptunus die olympischen Götter Homers zu erkennen. Aber der Apollo, der auf dem Berge Soracte verehrt wird, deutet bereits auf die italische Wolf-Gottheit *Soranus* hin, und der *Apollo von Actium* wird in dem Sinne geschildert, wie der über Antonius und Kleopatra siegende Augustus ihn als seinen eigenen Gönner hinzustellen liebte. Auch die Sagengestalt des Aeneas – mit der sich bis Iulius Caesar und Augustus fortsetzenden Reihe seiner angeblichen Nachkommen – wächst in die römische Geschichte hinein. Durch die troischen Penaten, die Aeneas nach Latium bringt, wird der *staatliche Kult* in den Vordergrund gestellt. Die neue Umgebung hingegen, in der Aeneas die Götter Trojas, die ihre Heimat verloren haben, ansiedelt, ist von den alten Göttern Italiens durch die Bande der *italischen religio* geheiligt. Und diejenigen Geschehnisse, in deren Mittelpunkt Aeneas steht, führen nicht nur zur Gründung des römischen Staatslebens, sondern bergen in sich auch die ätiologischen Sagen von der *römischen Liturgie.* Aeneas selbst gründet – beispielsweise – das pietätvolle Fest *Parentalia,* als er am Todestage seines Vaters auf dessen Grab ein Opfer darbringt. Ebenfalls Aeneas wird von Helenus mit auffallendem Nachdruck in der –

auch die späten Enkel verpflichtenden – Vorschrift für den Opferritus unterwiesen: Bei der Darbringung des Opfers bedecke er das Haupt mit seinem Purpurmantel, damit ihm während der heiligen Handlung kein feindliches Gesicht als störendes Vorzeichen ins Auge falle. Die genealogische Beweisführung in der »Aeneis« dient auch nicht bloß dazu, Augustus als Abkömmling der Venus vorzustellen, der Zweck ist vielmehr, die römische Geschichte tatsächlich *in nuce*, Aeneas als den Ahnen der langen Reihe seiner Nachfolger, die belaubte Eiche gleichsam in ihrem Keim, die Geschichte in den Möglichkeiten der Entwicklung aufzuzeigen.

In dieser Genealogie sowie auch in anderen Einzelheiten der Aeneas-Sage finden wir bei Livius Stellen, die etwas von Vergil abweichen, z. B.: Nach Livius ging Latinus, der König der Ureinwohner Latiums, der *Aborigines*, als er erfuhr, von welch vornehmer Abstammung Aeneas war, ein Bündnis mit ihm ein und gab ihm seine Tochter Lavinia zur Frau. Der in den Hintergrund gedrängte Turnus kämpft bereits gegen das unauflösliche Bündnis zwischen Aeneas und Latinus, also zwischen Troern und Aborigines, und er verliert die Schlacht, in welcher der Führer des siegreichen Bündnisses, König Latinus, fällt. Livius teilt auch den Zweifel mit, dem die Identität des Iulus mit Ascanius unterliegt; er weiß von einer anderen Lösung: Iulus, der noch in Troja geborene Sohn des Aeneas und der *Creusa*, war der Ahne der *gens Iulia*, wohingegen Ascanius, der Sohn des Aeneas und der Lavinia, Alba Longa gegründet haben soll. Demnach wäre des Ascanius Sohn der im Walde geborene *Silvius*, der Sohn dieses wäre *Aeneas Silvius* und dessen Sohn *Latinus Silvius*. Dann folgten der Reihe nach *Alba*, *Atys*, *Capys*, *Capetus*, *Tiberinus* (der Namengeber des Flusses), *Agrippa*, *Romulus Silvius*, *Aventinus* und *Proca* auf Alba Longas Thron. Der jüngere von Procas beiden Söhnen, *Amulius*, stößt den rechtmäßigen Erben *Numitor* vom Thron. Bei Vergil steht die Identität Ascanius-Iulus außer Zweifel; Aeneas' und Lavinias Sohn ist Silvius, der Stammvater der alba-longaischen Dynastie. Von alba-longaischen Königen bis zu Romulus erwähnt Vergil nur Proca, Capys, Numitor und Aeneas Silvius.

Amulius wollte verhindern, daß der vertriebene Numitor Nachkommen habe, deshalb bestimmte er dessen einzige Tochter, *Ilia* – oder nach einer anderen Variante *Rhea Silvia* –, zur Priesterin der Vesta, denn die Vestalinnen durften nicht heiraten. Doch diese Vestalin wurde von Mars geschwängert und gebar Zwillinge: *Romulus* und *Remus*. Da ließ der grausame Amulius die Tochter Numitors in den Tiber werfen, aber der Flußgott, Vater *Tiberinus*, fing sie mit den Armen auf und machte sie zu seinem Weibe. Auf Befehl des Königs hätten auch die Zwillinge in den Fluß geworfen werden sollen, doch die Diener hatten Mitleid mit den Säuglingen und ließen sie am Ufer liegen. Dort säugte sie eine Wölfin. Und so fand der Hirt *Faustulus* sie vor, der dann im Verein mit seiner Frau, *Acca Larentia*, die Kinder des Gottes Mars großzog. Sie waren es, die später Rom gründeten – vielmehr war es Romulus, dem der Vorrang durch eine Vogelschau bestimmt worden war. Als der benachteiligte Remus geringschätzig die Mauern der im Bau befindlichen Stadt übersprang, geriet Romulus in Zorn und tötete seinen Bruder.

Die Römer sahen zu kritischen Zeiten ihrer Geschichte in manchem schweren Schlag, der Rom traf, die Strafe dafür, daß bei der Gründung der Stadt ein Brudermord begangen und Remus' Blut unschuldig vergossen worden war.

AENEAS

Nach der Aeneis

In weiter Ferne, den italischen Ufern gegenüber, stand in alten Zeiten eine Stadt: Karthago. Kolonisten aus Tyrus hatten sie gegründet. Von allen Städten auf dem ganzen Erdenrund liebte *Iuno* diese Stadt am meisten, sie war ihr noch teurer als die Insel Samos. In Karthago hatte sie ihre Waffen, und dort stand auch ihr prächtiger Wagen. Schon in den Urzeiten hegte sie im Herzen den Plan, daß diese Stadt, sofern das Geschick es zulasse, zur Herrscherin über die Nationen werden solle. Doch es kam ihr zu Ohren, daß aus troischem Blut ein mächtiges neues Volk hervorgehen werde, das bestimmt sei, dereinst die tyrischen Burgen zu stürzen. So rollten das Schicksal die Göttinnen des Geschicks: die *Parzen.*

Davor fürchtete sich Iuno, und sie hatte ja auch den Krieg noch nicht vergessen, den sie für ihre lieben Griechen vor Troja geführt, und ihrem Gedächtnis waren die früheren Kränkungen noch nicht entfallen, um derentwillen sie damals in Haß gegen das ganze troische Volk entbrannt war, vor allem das Urteil des Paris, der ihre Gestalt im Vergleich mit Venus' Schönheit geringschätzte, aber auch die Vorliebe, die einst Iupiter zu ihrer Schande dem Ganymedes zuteil werden ließ. Deshalb hatte sie jetzt das Häufchen Troer, das den Waffen der Griechen entronnen war, so lange daran gehindert, nach Latium zu gelangen. Sie mußten viele Jahre umherirren.

Sie vermeinten schon, sich dem Ende ihrer Irrfahrt zu nähern. Auch die Insel Sizilien war bereits fast vom Horizont verschwunden, voll Glück hißten sie dem Winde die Segel, und ihre Schiffe durchfurchten mit ehernem Buge die Meeresfluten. Aber Iuno sah sie, und mit der unheilbaren Wunde im Herzen sprach sie bei sich: »Soll ich denn meinem Vorsatz entsagen? Verbietet mir das Schicksal, den König der Troer von Italien fernzuhalten? Pallas hat die Flotte der Griechen verbrannt, einzig wegen des *Aiax* Schuld, ich aber, die Herrin der Götter, Iupiters Schwester und Gattin, ich kämpfe so lange Jahre vergebens mit den Troern. Wer wird da noch zur göttlichen Macht der Iuno beten und, die Knie gebeugt, Opfer auf ihrem Altare darbringen?«

In flammendem Zorn eilte sie zu König *Aeolus*, der in einer großen Höhle die Winde gefesselt hielt, und wandte sich bittend an ihn: »Aeolus, dir gab Iupiter die Macht, die Fluten zu sänftigen und aufzuwühlen. Meine Feinde durchkreuzen das Tyrrhenische Meer: Sie tragen Ilium selbst, Trojas besiegte Penaten nach Italien. Stärke die Gewalt der Winde, versenke die Schiffe, schlage die Schiffer und zerstreue ihre Leichen im Meere. Zweimal sieben auserlesene Nymphen stehen in meinem Dienste, die schönste von ihnen, *Deiopeia*, will ich dir schenken für ewige Zeiten als Ehegenossin, auf daß sie dich mit vielen schönen Kindern beschenke.«

Ein Wunsch der Gemahlin Iupiters war für Aeolus Befehl. Er stieß die Spitze seines Zepters in den Berg, und wo die Öffnung entstand, stürmten die Winde in Scharen hinaus und durchrasten wirbelnd die Lande, alle zugleich, *Eurus, Notus* und der gewitterschwere *Africus*, warfen sich auf das Meer, wühlten es auf und wälzten gewaltige Fluten ans Ufer. Da ertönte Männergeschrei und vermischte sich mit dem Knarren der Ruder. Wolken entrissen den Augen der Troer den Himmel, finstere Nacht lagerte sich auf dem Meere. Donner erschütterte die Höhe, Blitze durchleuchteten den Äther, und alles kündete die plötzliche Nähe des Todes.

Eisiger Schreck ließ Aeneas' Glieder erstarren, und beide Hände gen Himmel gereckt, rief er mit lauter Stimme: »Oh, dreimal selig sind jene, denen beschieden war, unter den Mauern von Troja im Kampfe zu fallen!«

Kaum hatte er das ausgesprochen, schlug der pfeifende Nordwind von vorn gegen das Segel und türmte die Fluten zum Himmel, die Ruder zersplitterten krachend, der Bug drehte sich, das Schiff lag mit der Seite auf den Wellen, und ein Wasserberg stürzte schwellend darüber. Eins der Schiffe, das den treuen *Orontes* mit den verbündeten Lykiern trug, wurde vor Aeneas' Augen von einer Sturzsee von hinten gepackt: Der Steuermann flog kopfüber ins Meer, die Flut drehte das Schiff an derselben Stelle dreimal herum, dann verschlang es strudelnd der Abgrund. Zuweilen tauchte noch da und dort ein Schwimmer auf, auch Waffen und Planken und verstreute troische Schätze. Aber auch das starke Schiff des *Ilioneus*, das des *Achates*, das von *Abas* gelenkte und das des greisen *Aletes* überwältigte der Sturm, durch die gelockerten Planken hindurch drang das Wasser.

Aber indessen bemerkte *Neptunus* den Sturm, und er erhob sein Haupt über die Wogen. Er sah Aeneas' Geschwader weit im Meere verstreut und sah die Troer bedrängt von den Fluten. Der Gott des Meeres erkannte klar, daß Iunos Groll dies alles verursacht hatte.

»Seid ihr Winde so vermessen, daß ihr es wagt, ohne mich zu befragen, Erde und Himmel zu mischen?« So fuhr er die Winde an. »Wäre es nicht dringlicher, die Wogen zu glätten – ich würde euch schon belehren! Aber ein andermal kommt ihr mir nicht so billig davon. Macht euch schleunigst von hinnen, und sagt euerm Gebieter: Nicht ihm gab das Los Gewalt über das Meer und die Macht des Dreizacks, sondern mir.«

Sprach's, und noch ehe er geendet, besänftigte er die Gewässer, verscheuchte die Wolken und holte die strahlende Sonne zurück. *Cymothoe*, Nereus' Tochter, und *Triton* stießen die Schiffe von den zackigen Felsen, und Neptunus selbst machte ihnen mit dem Dreizack die Bahn zwischen den Sandbänken frei, mit den leichten Rädern seines Wagens fuhr er dahin auf den Wellen.

Aeneas und seine Gefährten, die ganz erschöpft waren, suchten das nächste Ufer zu erreichen und lenkten nach der Küste Libyens. Dort liefen sie in eine geschützte Bucht ein, in deren Nähe die Grotte der Nymphen mit Süßwasserquellen lag. Hier suchte Aeneas mit sieben geretteten Schiffen Zuflucht. Voll Begierde, an Land zu gehen, stiegen die Troer an das ersehnte Gestade und lagerten sich erschöpft im Sande. Des Achates erste Sorge war, aus einem Kiesel Funken zu schlagen und ein Feuer zu entzünden. Sie waren zwar alle sehr müde, holten aber doch das durchnäßte Getreide aus den Schiffen, auch die Handmühle, dann trockneten sie die geretteten Körner an den Flammen und mahlten sie.

Unterdessen erklomm Aeneas eine Felsenspitze, um weithin übers Meer auszuschauen, ob er vielleicht irgendwo eins der sturmverschlagenen Schiffe erspähen könne. Aber er sah nirgends ein Schiff, nur drei Hirsche erblickte er am Ufer, und hinter den Hirschen weidete ein ganzes Rudel im Tal.

Aeneas ruhte nun nicht eher, als bis er mit Pfeil und Bogen, die Achates ihm nachtrug, sieben Hirsche erlegt hatte: für jedes Schiff einen. Dann kehrte er zum Hafen zurück und verteilte die Beute an seine Gefährten. Er gab ihnen auch allen von dem Wein, den der freundliche *Acestes*, troischer Herkunft, ihnen in Sizilien beim Abschied geschenkt hatte, dann tröstete er sie: »O ihr Gefährten! Viel Schweres habt ihr schon erlebt und auch größeres Leid überstanden; auch dieses wird ein Gott beenden. Faßt frischen Mut, einst werdet ihr euch vielleicht auch daran gerne erinnern. Durch schwere Gefahren streben wir Latium zu, wo das Schicksal uns eine Heimat verheißt: Dort soll sich nach göttlicher Fügung Trojas Herrschaft erneuern.«

Während er so sprach, unterdrückte er seine eigenen Leiden und bemühte sich, den Gefährten ein heiteres Gesicht zu zeigen. Diese machten sich daran, die Hirsche zum Mahle zu bereiten. Dann aßen und tranken sie alle, und als sie den Hunger gestillt hatten, gedachten sie in langem Gespräch der vermißten Gefährten. Sie wußten ja nicht, ob sie noch lebten oder umgekommen waren. Aeneas beklagte vor allen *Orontes*, *Amycus*, *Lycus*, *Gyas* und *Cloanthus*.

Iupiter schaute vom Himmel herab über die Meere, die Lande und heftete schließlich den Blick auf Libyen. Tränenfeuchten Auges trat Venus zu ihm hin und sprach: »Mächtiger Iupiter, was hat mein Sohn Aeneas an dir verschuldet, was die Troer, daß ihnen nun

Italiens wegen der ganze Erdkreis verschlossen ist? Du selbst hast versprochen, dort würden aus ihrem Samen die Römer erstehen, die nach ihrem Gesetz über die ganze Welt herrschen werden – was hat deinen Willen geändert, Vater? Das allein gab mir Trost beim traurigen Ende Trojas, und jetzt werden die Männer weiter vom Schicksal verfolgt. *Antenor*, ja, der durfte den Griechen entrinnen, an Illyriens Gestade landen, Patavium gründen, wo er jetzt behaglich in Frieden lebt. Aeneas aber, der von dir selber abstammt, ist dem Grimm der Iuno ausgesetzt und darf Italiens Küsten nicht erreichen. Ist das der Frömmigkeit Lohn? So schenkst du uns die Herrschaft, die du versprachst?«

Lächelnd wandte sich ihr der Vater der Götter und Menschen zu, mit dem Blick, der den stürmischen Himmel erheitert, küßte die Lippen der Tochter und sprach begütigend: »Laß ab von der Furcht, Cytherea, das Schicksal der Deinigen bleibt unverändert.«

Und er legte ihr die Zukunft dar: die Kämpfe, die Aeneas noch bestehen müsse, und daß Aeneas' Sohn, *Ascanius-Iulus*, die Stadt Alba Longa und später dessen Nachfahre Romulus die Stadt Rom gründen werde, und damit sei dann das Reich der »Römer« begründet, das dereinst die ganze Welt durch seine Größe beherrschen solle. Des Aeneas Nachkomme, ein Glied der von Iulus abstammenden *gens Iulia*, werde jener *Octavianus* sein, dessen Herrschaft dann den heißersehnten Frieden bringe. Das Friedenspfand sei dies: *Romulus*, der an der Schwelle der römischen Geschichte das Blut seines Bruders vergießt, versöhnt sich mit *Remus*. Das Zeichen des Friedens aber sei auf Erden: das geschlossene Tor des Ianus-Tempels.

So sprach Iupiter, und schon sandte er *Mercurius* hinab zur Königin *Dido* mit der Weisung, sie auf Aeneas' Ankunft vorzubereiten, damit die Zuflucht suchenden Troer nicht etwa unfreundlich in Karthago aufgenommen würden.

Nach einer sorgenvoll durchwachten Nacht beschloß der fromme Aeneas, bei Tagesanbruch die unbekannten Gegenden zu erforschen, in die ihn die Winde verschlagen hatten, und Umschau zu halten, ob dort Menschen oder wilde Tiere wohnten. Die Schiffe verbarg er unter gehöhlten Felsen, die von dichten Bäumen beschattet waren, nur den getreuen Achates nahm er als Begleiter mit.

Mitten im Wald erschien ihm seine Mutter, doch in Gestalt und Tracht glich sie einer Jungfrau Spartas auf der Jagd: Der Bogen hing ihr auf der Schulter, ihre Haare flatterten im Winde, und das Gewand hatte sie hoch über den Knien zusammengeknotet.

»Sprecht, ihr Jünglinge«, rief sie, »habt ihr vielleicht meine Schwestern gesehen, die Spur des Ebers verfolgend?«

»Ich weiß nichts von deinen Schwestern«, antwortete Aeneas, »und weiß auch nicht, wie ich dich, Jungfrau, nennen soll. Antlitz und Stimme verraten dich als eine Göttin, Phoebus' Schwester, vielleicht auch eine der Nymphen. Gepriesen seist du, und hilf uns in der Not, wer du auch seist, sag uns wenigstens, wo wir hier sind. Wir irren umher, von Sturm und Fluten in diese Gebiete verschlagen. Auf deinem Altare werden wir dir Dankopfer darbringen.«

Das aber wehrte Venus mit den Worten ab: »So hohe Verehrung gebührt mir nicht. Es ist bei tyrischen Mädchen Brauch, den Köcher und das hohe Purpurschuhwerk zu tragen.«

Dann antwortete sie bereitwillig auf die Fragen des Aeneas: Dies sei eine phönizische Siedlungsstadt, ein punisches Königreich, wo Dido herrsche, die, vor dem eigenen Bruder flüchtend, aus Tyrus hierhergekommen sei. Sie erzählte auch die ganze Flucht der Königin: Ihr Gemahl war *Sychaeus*, der ackerreichste Phönizier, König aber war dort *Pygmalion*, Didos Bruder. Dieser, der Liebe seiner Schwester nicht achtend, tötete aus Habgier heimlich den Sychaeus und verhehlte lange Zeit die Schandtat. Aber der unglücklichen Frau erschien der Schatten ihres Gemahls im Traume und entdeckte ihr das Geheimnis seines Todes, zugleich riet er Dido, schleunigst die Heimat zu verlassen.

Es gab viele, die Pygmalion haßten oder Grund hatten, seine Tyrannei zu fürchten. Diese schlossen sich Dido an, und was gerade an Schiffen bereit war, beluden sie mit Gold und allerlei Schätzen – Sychaeus hatte mit der Allwissenheit der Toten seine Gattin auch auf verborgene Schätze aufmerksam gemacht –; sie segelten ab und landeten schließlich in Libyen, wo sie sich Land kauften.

Hiarbas, der König von Libyen, wollte zwar die Ankömmlinge zuerst vertreiben, aber als Dido für ihre Schätze nicht mehr Land erbat, als man mit einer Stierhaut einschließen konnte – zum Ausruhen genüge ihnen das –, ging Hiarbas gern auf den Handel ein. Er kam nicht auf den Gedanken, daß die Phönizier die Stierhaut in schmale Streifen schneiden würden, mit denen sie dann ein sehr großes Stück Land umgrenzen konnten. Auf dieser Fläche werde – sagte Venus – nun bereits die neue Stadt erbaut: Karthago.

Verheimlichend, daß sie ja alles wisse, fragte die Göttin dann: »Aber wer seid denn ihr? Wo kommt ihr her, und wohin lenkt ihr die Fahrt?«

Und Aeneas antwortete: »Wir kommen aus Troja – sofern du den Namen dieser alten Stadt je gehört hast. Ich bin Aeneas und führe die dem Feind entrissenen Penaten mit, um in Italien eine neue Heimat zu finden. Mit zwanzig Schiffen stach ich ins Meer, meine Mutter, die eine Göttin ist, zeigte uns den Weg. Nur sieben Schiffe sind noch übrig, die anderen hat der Sturm zerschlagen. Fremd durchirre ich Afrikas Wüsten, da mich Europa und Asien verstoßen haben.«

Venus ertrug es nicht länger, ihn klagen zu hören.

»Wer du auch seist«, sprach sie dazwischen, »ich glaube nicht, daß dich der Haß der Himmlischen hierher in die Stadt der Punier geführt hat. Wandle so fort bis an die Schwelle der Königin. Auch deine verlorenen Gefährten und Schiffe erhältst du wieder, das künde ich dir. Nicht umsonst haben mich meine Eltern über Zeichen belehrt. Schau dort die zwölf Schwäne: Ein Adler hat sie gejagt, aber nun sind sie gelandet, schlagen spielerisch mit den Fittichen und lassen hellen Gesang ertönen. So birgt deine Schiffe und deine Gefährten teils schon der Hafen, teils nahen sie ihm. Wandere drum weiter, wohin dich der Weg führt.«

Sprach's und wandte sich um. Da erglänzte ihr rosiger Nacken, und ein süßer, göttlicher Duft entströmte ihren Locken; ihr Kleid floß herab auf die Füße. Im Gange erschien sie deutlich als Göttin. Und als Aeneas nun die Mutter erkannte, rief er hinter der flüchtenden Gestalt her: »Warum bist du so grausam und täuschst den Sohn so oft mit Truggestalten? Warum läßt du uns nicht offen miteinander reden wie Mutter und Kind?«

Venus aber umhüllte die beiden Männer mit dichtem Nebel, damit sie unterwegs nicht angehalten würden, und entschwebte froh nach Paphus in ihr Heiligtum.

Die Männer gingen auf dem Fußpfad weiter, und Aeneas staunte über die gewaltigen Bauten, die da entstanden. Er sah alles, wurde aber nicht gesehen, da ihn die Nebelwolke verdeckte. So mengte er sich unter die fleißigen Arbeiter und seufzte: »O die Glücklichen, die Mauern ihrer Stadt erheben sich schon.«

Inmitten der Stadt lag ein schattiger Hain, dort stand schon der Tempel der Iuno. Hier fand Aeneas zum ersten Mal Trost, als er an den Tempelmauern Szenen aus dem Trojanischen Krieg erblickte und in einer Gestalt auch sich selbst erkannte.

»Wo ist auf Erden ein Ort«, so rief er zu Achates, »nicht voll von unseren Leiden? Da ist Priamus, sieh! Auch hier wird dem Verdienste die Ehre gegeben und manche Träne über das Schicksal der Sterblichen vergossen. Drum fürchte dich nicht, der Ruhm der Troer bringt Rettung auch dir.«

Und während Aeneas noch alles bewundernd betrachtete, schritt die Königin, die wunderherrliche Dido, mit einem großen Gefolge von Jünglingen zum Tempel. Sie schritt hindurch und ließ sich dann auf dem hohen Thronsessel nieder, um den Männern Recht und Satzung zu geben und die Arbeit an den Bauten einzuteilen. Plötzlich sah dann Aeneas in großem Gewühl den Antheus nahen und den Sergestus, auch Cloanthus und die übrigen Troer, die er schon verloren geglaubt, als sie auf dem Meer von dem finsteren Strudel mitgerissen wurden.

Er und Achates schauten die Freunde ergriffen an und brannten vor Verlangen, ihnen die Hände zu drücken, aber sie waren noch verwirrt durch die Ungewöhnlichkeit der Lage. Sie blieben noch verdeckt durch die Nebelwolke und spähten und lauschten, was denn das Los dieser Männer gewesen sei, an welchem Ufer sie ihre Schiffe gelassen hatten und was sie hierhergeführt haben mochte. Jedes Schiff war durch Abgesandte vertreten, und diese waren in den Tempel gekommen, zur Königin, um sie hier um Zuflucht zu bitten. Ilioneus, als Ältester, trug die Bitte vor. Aus seinen Worten erfuhr nun auch Aeneas, daß die Einwohner Libyens seine Gefährten, die der Sturm von ihm weggetrieben hatte, nicht landen lassen wollten. Doch als die Königin hörte, daß auf den Schiffen schiffbrüchige Troer seien, die, von Aeneas geführt, dem Lande Italien zustrebten, versprach sie, ihnen zu helfen.

»Bannt im Herzen die Sorgen, ihr Troer. Mein neugegründetes Reich und Bedrängnis zwangen mich, die Grenzen mit Wachen zu schützen. Doch wer sollte Troja und den Stamm des Aeneas nicht kennen? Wäre doch er, euer König, selber hier! Meine verläßlichen Leute werden sogleich den ganzen Küstenstrich absuchen, vielleicht hat der Sturm auch ihn in diese Gegend verschlagen.«

Sie hatte das noch kaum ausgesprochen, als sich die Nebelwolke um Aeneas und Achates teilte. Da stand nun Aeneas im Glanze des Lichtes, hehr an Haupt und Schultern, gleich einem Gotte. Und zur Königin gewandt, sprach er: »Da bin ich, den ihr so sucht, ich, der Troer Aeneas, den Fluten des libyschen Meeres entronnen. Dir, die du allein, von Mitleid mit Trojas unsäglichen Leiden ergriffen, uns, jeden Besitzes Entblößten, Zuflucht in deiner Stadt gewährst, können wir nie genug danken. Himmlische werden es dir würdig lohnen, und wohin mich das Los auch ruft, immer werde ich wissen, was ich dir schuldig bin.«

So sprach er, dann trat er zu seinen Gefährten und umarmte einen nach dem anderen.

Dido hatte schon im Hause ihres Vaters von Aeneas' Ruf gehört. Und als sie sich nach seinen Worten von der ersten Überraschung erholt hatte, begrüßte sie ihn herzlich. Dann führte sie den göttlichen Helden in den Königspalast, wo sie ihn gastfreundlich bewirtete. Seinen Gefährten schickte sie zwanzig Stiere, hundert Schweine und hundert Lämmer mit den Mutterschafen auf die Schiffe.

Doch Aeneas ließ die Vaterliebe nicht ruhen. Er bat Achates, zu den Schiffen zu gehen und seinen Sohn, Ascanius, zu holen. Er trug ihm auch auf, von den restlichen Schätzen Trojas einige prächtige Stücke mitzubringen, die Frauenaugen entzücken.

Auch Venus ruhte nicht. Sie überredete *Cupido*, des Ascanius Gestalt anzunehmen, beim Gastmahl der Dido zu erscheinen und heimlich im Herzen der Königin das Feuer der Liebe zu Aeneas zu entfachen. Cupido gehorchte der lieben Mutter gerne, er legte seine Flügel ab, und während die Göttin den süßen Ascanius sanft einschläferte und zärtlich auf dem Arm nach Zypern in Idaliums Hain brachte, wo linder Majoran ihn duftend umhauchte, konnte Cupido ungestört den Auftrag der Mutter ausführen.

Beim Mahle staunten die Punier alle über die reiche Kostbarkeit der Geschenke Aeneas' ebenso wie über die wunderbare Schönheit seines Sohnes. Dido nahm den Knaben entzückt auf den Schoß, nicht ahnend, daß der vermeintliche Ascanius der Gott Cupido war und in ihrem Herzen Liebe zu Aeneas erweckte. Schon begann das Bild ihres Gatten, Sychaeus, zu verblassen, und nach und nach vergaß sie ihn. Den goldenen Becher voll Wein in der Hand, flehte sie zu den Göttern, sie möchten gewähren, daß noch die späten Enkel der Tyrier und der Troer freudig einst dieses Tages gedächten.

Bis tief in die Nacht saßen sie beim Mahle zusammen. Sie lauschten dem Sänger *Iopas* und sprachen über vieles. Unterdessen sog die unglückliche Dido geradezu die Liebe ein. Sie befragte ihren hohen Gast nach Einzelheiten des Trojanischen Krieges.

»Aber erzähle doch lieber von Anbeginn«, bat sie schließlich, »sprich von der List der Griechen, den Leiden der Deinigen und deinen Irrfahrten. Das siebente Jahr durchfährst du ja schon alle Länder und Meere.«

Da verstummten alle und blickten gespannt vor sich hin. Und Aeneas, auf dem hohen Ruhebett liegend, begann: »Unaussprechlich ist das Leid, o Königin, das du zu erneuern befiehlst. Auch mahnen die sinkenden Sterne eher zum Schlafe. Aber wünschst du es so sehr, all unser Elend und die letzten Leiden von Troja zu wissen, so will ich, sosehr sich auch die Erinnerung sträubt, beginnen.«

Und er erzählte von Trojas letzten Stunden, die Geschichte von dem hölzernen Pferd, von dem Betrug Sinons, und er verschwieg auch den grausigen Tod des warnenden Laokoon nicht, dem niemand glauben wollte. Ihn selber, Aeneas, hatte in jener schrecklichen Nacht der Schatten des gefallenen Hektor im Traume besucht, und diese Vision klärte ihn über seine Sendung auf.

»Fliehe, du Sohn der Göttin, entreiß dich den Flammen! Der Feind hat die Mauern überflutet, Troja ist zerstört. Was möglich war, haben wir für Heimat und Priamus getan. Könnten starke Hände Ilium erretten, so hätten es meine errettet. Dir vertraut nun Troja sein Heiligstes und die Penaten an; sie mögen dich geleiten auf dem Weg des Schicksals, und für sie suche ragende Mauern!«

So sprach der Schatten und brachte in den Händen aus dem Heiligtum das mit Bändern geschmückte Standbild der Vesta und das ewige Feuer heraus.

Da erscholl Kriegslärm und Getöse und machte der Vision ein Ende. Aeneas fuhr aus dem Schlaf auf und eilte auf das Dach des Hauses. Dort tat sich ihm die ganze Tücke der Griechen auf. Troja stand in Flammen; Deiphobus' Haus war schon eingestürzt, daneben brannte das Haus *Ucalegons*; rings um das Kap von Sigeion war die breite Bucht vom Feuer rot gefärbt. Aeneas ergriff die Waffen und eilte zu den anderen hinunter, doch kam ihm schon *Panthus*, der Priester Apollos, entgegen, er trug heilige Geräte und Trojas besiegte Götter und zog seinen kleinen Enkel hinter sich her, um wenigstens diese in dem scheinbar noch sicheren Haus des *Anchises* unterzubringen.

»Der letzte Tag ist gekommen. Troer sind wir nur gewesen; der grimmige Iupiter hat alles den Griechen gegeben«, rief Panthus verzweifelt dem Aeneas zu. Aeneas rannte weiter, mitten in die Waffen und Flammen hinein.

Er stieß auf seine getreuen Kameraden. Voll kühnen Mutes nahmen sie den hoffnungslosen Kampf mit den Griechen auf den Mauern auf, bis schließlich Achilles' Sohn, *Pyrrhus*, der auch *Neoptolemus* genannt wurde, eine Bresche in die Mauer des Königspalastes schlug und Priamus tötete. Der schmählich gemordete Leib des greisen Königs brachte Aeneas seinen eigenen hilflosen alten Vater, Anchises, in Erinnerung, auch an *Creusa* mußte er denken und an seinen kleinen Sohn, Iulus. Auch hier erschien wieder Venus, seine Mutter, und gab ihm Aufschluß über die den Sterblichen sonst verborgenen Ursachen des Geschehens: Troja sei unrettbar verloren, weil es die Götter verderben wollten.

Aeneas folgte dem Rat seiner Mutter, er entschloß sich zur Flucht und ging nur noch zurück, um seine Familie zu holen. Anchises aber war es genug, daß er die Zerstörung seiner Heimat einmal hatte erleben müssen: als Hercules die Stadt des eidbrüchigen Laomedon zerstörte. Er weigerte sich jetzt zu fliehen.

»Ihr, mit jugendlich ungebrochener Kraft, mögt flüchten von hier. Wäre es der Wille der Himmlischen, daß ich länger lebe, hätten sie mir mein Haus erhalten. Nehmt Abschied von mir, und laßt mich allein: Irgendeine Hand wird mich schon töten, ein Feind, der begehrt, was an mir ist. Ich bin schon lange den Göttern verhaßt und friste unnütz das Leben, seit mich Iupiters Blitz getroffen hat.«

Aeneas', Creusas und des kleinen Ascanius Tränen nützten nichts, sie konnten Anchises nicht bewegen, anderen Sinnes zu werden.

»Denkst du, mein Vater, ich könnte dich verlassen?« fragte Aeneas verbittert. »Willst du, daß auch die Deinen mit Troja verderben? Nun gut: bald naht Pyrrhus, vom Blute des Priamus triefend, der den Sohn vor dem Vater, den Vater am Altare erschlägt. Ich kämpfe weiter mit den Kämpfern, so werden wir wenigstens nicht ungerächt sterben.«

Aeneas bewaffnete sich und wollte schon hinauseilen, aber seine Gattin verstellte ihm den Weg und hielt ihm den kleinen Iulus hin.

»Gehst du in den Tod, so nimm uns mit dir. Kannst du mit den Waffen noch irgendwas ausrichten, so schütze dies Haus. Wem bleibt dein kleiner Iulus, wem dein Vater zurück und wem ich, die du einst deine Gattin nanntest?«

So füllte die arme Frau das Haus mit ihrem Wehruf. Und da geschah plötzlich ein Wunder: Auf dem Scheitel des kleinen Iulus, den nun beide Eltern hielten, leuchtete ein spitzes Flämmchen, es leckte ringsum die weichen Locken und umzüngelte die Schläfen, ohne das Kind zu verbrennen. Doch die Eltern erschraken und wollten mit Quellwasser schnell das Feuer löschen. Vater Anchises aber blickte freudebewegt zu den Sternen auf, er streckte die Hände gen Himmel und betete: »Iupiter, Allmächtiger, blick uns nur diesmal an, und sind wir es würdig, dann sende uns Hilfe und bekräftige dieses Zeichen.«

Da ertönte von links her krachender Donner, und vom Himmel schoß ein Stern herab, der einen feurigen Streifen hinter sich herzog. Er sauste über dem Dach des Hauses dahin und versank in den Wäldern des Ida-Gebirges, eine strahlende Furche zeigte seine Bahn an; in weitem Umkreis dampfte die Erde von Schwefel.

Da erhob sich auch Anchises.

»Auf denn, ohne zu zögern: Ich folge, wohin ihr mich führt. Götter meiner Väter, erhaltet mein Haus, erhaltet den Enkel. Von euch kommt dieses Zeichen, und eine göttliche Macht waltet über Troja. Ich zögre nicht länger, dir, Sohn, zu folgen.«

Aeneas nahm seinen gelähmten Vater auf die Schultern, den kleinen Iulus führte er an der Hand, Creusa ging in kurzem Abstand hinter ihnen her. Die heiligen Geräte und die Götter des häuslichen Heiligtums, die Penaten, hatte Anchises in den Händen, Aeneas durfte sie nicht tragen, weil er eben erst aus dem Kampf gekommen war: Er durfte die Götter nicht berühren, solange er die blutbefleckten Hände nicht in fließendem Wasser reingewaschen hatte. Zu den Dienern sagte er, sie sollten vorangehen, der Treffpunkt sei außerhalb der Stadt beim Ceres-Tempel auf dem Hügel.

Niemals noch hatte sich der Held Aeneas vor den Waffen der Griechen gefürchtet, jetzt aber, da er den Vater auf den Schultern trug und den Sohn bei der Hand führte, erschrak er bei jedem Lüftchen und jedem Geräusch. Sie hatten das Tor und damit das Ende des Weges schon fast erreicht, als er plötzlich hinter sich nahende Schritte hörte, und sein Vater glaubte sogar Waffen blinken zu sehen. Sie bogen vom Weg ab, und dort blieb Creusa zurück. Aeneas bemerkte erst am Ceres-Tempel, daß sein Weib nicht mitgekommen war.

Er vertraute Sohn, Vater und die troischen Penaten seinen Gefährten an, die er an der verabredeten Stelle traf, und eilte in die Stadt zurück. Dort mußte er die furchtbare Zerstörung sehen, die die griechischen Feinde anrichteten, aber Creusa suchte er vergebens, und vergebens rief er sie wieder und wieder beim Namen.

Schließlich erschien ihm ihr Schatten. Ihre Gestalt kam ihm größer vor als sonst. Ihm stockte die Stimme. Aber Creusa sprach zu ihm, sie sagte die tröstlichen Worte: »Warum gibst du dich dem sinnlosen Schmerz hin, mein lieber Gemahl? Die Götter wollten es so, daß ich dir nicht folge. Dir steht ein langer Weg bevor, am Ufer des Tibers wartet deiner ein Königtum und eine königliche Gattin. Beweine nicht länger die liebe Creusa. Mich schleppen die Griechen nicht mit den troischen Sklavinnen fort, ich bin die Schwiegertochter der Venus, und hier hält mich jetzt Cybele, die Mutter der Götter, zurück. Lebe wohl und bewahre dein Herz unserem Sohn.«

Dreimal wollte Aeneas sie mit den Armen umschlingen, doch dreimal entglitt Creusas Gestalt seinen Händen wie ein verwehender Wind oder ein flüchtiger Traum.

Er kehrte zu den Gefährten am Ceres-Tempel zurück. Verwundert sah er, wie groß die Zahl derer geworden war, die die Heimat zu verlassen bereit waren. Als der Tag anbrach, hielten die Griechen schon die Tore besetzt, kein Troer konnte mehr zur Stadt hinaus noch herein. So konnte Aeneas gar nichts anderes mehr tun: Er stieg mit den Seinigen in die Berge.

Dort zimmerten sie sich Schiffe, und als der Sommer kam, fuhren sie aufs Meer hinaus; tränenden Auges verließen sie die Küste, wo einst die blühende Stadt Troja gestanden hatte.

Sie landeten zunächst am thrazischen Ufer; Aeneas gedachte schon dort eine Stadt zu gründen. Zuallererst wollte er den Göttern ein Opfer darbringen. Er holte von den Kornellengesträuchen und Myrten belaubte Zweige, um mit dem Laub die Altäre der Götter zu bedecken. Doch aus dem herausgerissenen Myrtenstrauch tropfte Blut, und aus der Tiefe des Hügels drang eine Stimme: »Was zerfleischst auch du mich, Aeneas? Verunreinige nicht deine fromme Hand mit verwandtem Blut, denn es ist mein Blut, das hier trieft. Ich bin *Polydorus,* der hier getötet wurde. Fliehe du aus diesem grausamen Land!«

So erhielt Aeneas Kenntnis von dem traurigen Schicksal seines Verwandten Polydorus. Priamus hatte diesen seinen jüngsten Sohn zum thrazischen König, seinem Gastfreunde und Eidam, geschickt, damit wenigstens dieser Jüngste am Leben bleibe, wenn Troja untergehen müsse. Aber der thrazische König brach den Treueid: Als er vernahm, daß die Griechen siegten, tötete er den Knaben und raffte die Schätze an sich, die ihm mitgegeben worden waren.

Aeneas erwies seinem unglücklichen Verwandten die Ehren, die dem Toten gebührten, und verließ dann mit seinen Gefährten eilends das thrazische Land. Auf der Insel Delos hielten sie wieder Rast; dort begrüßte sie der König der Insel, *Anius,* ein Priester Apollos und ein alter Freund von Anchises. Sie wurden freundlich bewirtet und erhielten im Heiligtum des Apollo einen Orakelspruch: »Standhafte Troer, das Land, aus dem eure Ahnen stammen, nimmt euch freudig wieder an den Busen. Suchet eure Mutter: Dort wird das Haus des Aeneas herrschen und auch die Söhne der Sohne durch viele Geschlechter.«

Anchises deutete die Weissagung so, daß er sie auf Kreta bezog; denn von dort war sein Ahne *Teucrus* nach Troja geschifft, vor sechs Generationen. Aeneas segelte daher mit seinen Gefährten nun nach Kreta, wo er auch gleich die Grundsteine einer Stadtmauer legte. Aber seltsame Zeichen hinderten die Flüchtlinge daran, sich dort anzusiedeln: Es kam ein todbringendes Jahr, die Menschen wurden von einer Seuche geplagt, und die Saatfelder verdorrten.

Die Troer wollten bereits wieder zurück nach Delos schiffen und das Orakel Apollos noch einmal befragen, doch da erschienen dem Aeneas in der Nacht, von strahlender Lichtflut umflossen, die Götter der Troer, die er aus der brennenden Stadt gerettet hatte, und die Penaten selbst gaben ihm Aufschluß, daß Apollo mit der Urheimat der Troer nicht Kreta, sondern Italien gemeint hatte. Da entsann sich auch Anchises unklarer Worte der Seherin Kassandra, mit denen sie die Zukunft der Troer auf Hesperien, das märchenhafte Land im Westen, bezogen hatte – doch damals hatte noch niemand Kassandras Prophezeiungen ernst genommen.

Durch die neue Weissagung der Götter belehrt, befahl Aeneas sogleich, die Schiffe wieder dem Meere anzuvertrauen. Aber auf hoher See ereilte sie ein gewaltiges Unwetter. Drei Tage und drei Nächte lang herrschte finstere Nacht, weder Sonne noch Mond noch Sterne waren zu sehen. Selbst *Palinurus,* der Steuermann, konnte nicht den rechten Weg finden.

Am vierten Tage gelangten sie zu einer Inselgruppe, den Strophaden; dort gingen sie an Land und fanden Tiere, die da unbehütet weideten. Sie wollten einen Opferschmaus bereiten und sich einmal satt essen, aber wie einst den König Phineus, so hinderten auch sie die ekelerregenden *Harpyien* daran, das schon gerüstete Mahl zu verspeisen. Und als die Troer zu den Waffen griffen, um diese zu verjagen, erhob sich eine der Harpyien als Unglücksprophetin – Celaeno (Kelaino) war es – und stieß die Worte hervor: »Was Iupiter dem Phoebus und Phoebus mir offenbarte, melde ich euch: Ihr kommt zwar nach Italien, doch die verheißene Stadt errichtet ihr nicht eher, als bis rasender Hunger euch zwingt, an den Tischen zu nagen.«

Den Troern sank der Mut, sie eilten von dieser Stätte fort. Eine Zeitlang segelten sie zwischen den griechischen Inseln hindurch und an der griechischen Küste entlang. An Epirus' Gestaden liefen sie in den Hafen Buthrotum ein. Dort trafen sie Troer. Über diese Gegend herrschte *Helenus*, Priamus' seherischer Sohn, gemeinsam mit *Andromache*, der Witwe Hectors. Achilles' Sohn, der grausame Pyrrhus, hatte sie dorthin verschleppt, dann hatten sie, zwei Sklaven, sich zusammengetan, aber nach Pyrrhus' Tode wurde auf sonderbare Weise Helenus König über die Griechen dieser Gegend. Er suchte hier Entschädigung für das untergegangene Troja, gab dem Fluß seiner neuen Heimat den Namen Simois und nannte die Burg zur Erinnerung Pergamum und Ilium.

Helenus und Andromache bewirteten Aeneas und seine Gefährten sehr gastfreundlich. Helenus sprach sogar eine Weissagung aus: Wo sie am Ufer eines Flusses eine weiße Sau mit dreißig weißen Ferkeln finden würden, dort hätten sie das Ziel ihrer Irrfahrt erreicht. Und er legte Aeneas ans Herz, den östlichen Saum der italischen Küste, der sich nach Griechenland wende, zu meiden, sich sodann vor der Scylla und der Charybdis zu hüten, die Göttin Iuno auszusöhnen und, wenn er nach Cumae gelange, die Sibylla um eine Wahrsagung zu bitten.

Schließlich beschenkte Helenus jeden einzelnen Troer reich, und Andromache, ihres kleinen Astyanax gedenkend, gab dem Ascanius Kleider, die sie eigenhändig gestickt hatte.

Aeneas befolgte Helenus' Rat und suchte von der westlichen Küste her an Italien heranzukommen. Um der Scylla und der Charybdis zu entgehen, segelten sie um die ganze Insel Sizilien herum.

In Drepanum starb Anchises. Auf diesen schmerzlichen Verlust hatte weder der Seher Helenus noch die Weissagung der grausamen Celaeno Aeneas' treues Sohnesherz vorbereitet.

Jetzt beendete er den Bericht über seine Irrfahrt mit den Worten: »Dorther verschlug mich ein Gott an euer Gestade.«

Königin Dido, längst von den Qualen der Liebe verwundet, fand keine Ruhe mehr. Als *Aurora* den feuchten Schatten vom Himmel vertrieb, sprach Dido klagend zu ihrer Schwester, *Anna*: »Seit mein armer Gatte starb und wir unsere Heimat verloren, ist dieser unser göttlicher Gast der erste, der mir Herz und Sinne aufwühlt. Eher aber soll mich die Erde verschlingen, eh ich meiner ersten Liebe untreu werde.« Und als sie dies sagte, quollen ihr Tränen aus den Augen.

Die getreue Schwester aber beruhigte ihr Gewissen mit den Worten: »Die Gnade der Götter und die Gunst der Iuno erkenne ich darin, daß der Sturm die troischen Schiffe hierher verschlug. Schwester, wie wird die Stadt durch solche Vermählung aufblühen! Neidische Nachbarn sehen auf unsere Mauern, und auch dein Bruder droht uns mit Krieg! Wie wird sich, geschützt durch die Waffen der Troer, punischer Ruhm erheben!«

Sie gingen zu den Tempeln und brachten den Göttern Opfer dar. Aber die Seher konnten diesmal aus den Eingeweiden der Opfertiere die Zukunft nicht herauslesen.

Iuno auf dem Olympus sah, wie Königin Dido litt, und sie sah auch, daß der Bau der Stadt seitdem stockte. Und sie wandte sich erbost an Venus: »Herrlichen Sieg errangst du fürwahr, du und dein Knabe: welch ein Ruhm, wenn zwei Götter durch List ein einzelnes Weib überwinden! Du hast ja nun, was du begehrtest: Dido glüht in Liebe. Am besten schlössen wir beide ein Bündnis, um gemeinsam über das gemeinsame Volk zu herrschen.«

Darauf erwiderte Venus schlau: »Wer wäre so töricht, dein Friedensangebot abzulehnen? Es ist nur die Frage, ob Iupiter wünscht, daß sich Tyrier und Troer zu einem Volke vermischen.«

»Das überlaß nur mir«, sprach Iuno. Der Plan der Göttin war folgender: Wenn Aeneas und Dido gemeinsam im Walde jagen gingen, sollten sie von einem Gewitter überrascht werden, und während die Begleitschaft sich nach allen Seiten flüchtete, würde sie Didos und Aeneas' Schritte so lenken, daß sie beide in ein und derselben Grotte Zuflucht suchten; und dort sollten sie heimlich Hochzeit halten. Iuno, die Göttin der Ehe, werde dabeisein, um die Gültigkeit der heimlichen Hochzeit zu sichern.

Und es geschah dann auch so, wie die beiden Göttinnen es verabredet hatten.

Aber *Fama*, die geflügelte Göttin des Gerüchts, die so viele wachsame Augen hat, wie Federn sie decken, und ebenso viele Ohren, die lauern, so viele Zungen und Mäuler, die raunen, flog dahin und plauderte in allen Städten Libyens die Neuigkeit aus, Aeneas sei angekommen, ein Sproß aus troischem Blute, und die schöne Dido geruhe, sich ihm zu verbinden. Die beiden schwelgten schon den ganzen Winter zusammen. Die garstige Fama nahm auch den Weg weithin zu Hiarbas, dem König der Gaetuler.

Hiarbas ergrimmte darüber, hatte doch Dido, als sie nach Afrika kam, ihm Land abgekauft, und er hatte um ihre Hand angehalten. Sie jedoch hatte ihn, den Sohn des Iupiter Ammon, abgewiesen. Nun aber buhlte sie mit diesem an ihr Ufer verschlagenen Fremden! Entrüstet hob er die Hände zum Himmel und flehte Iupiter an, dem zu Ehren er wohl hundert Tempel und hundert Altäre in seinem Reich hatte errichten lassen.

»Iupiter, Allmächtiger, siehst du dem ruhig zu? Schaudern wir umsonst vor deiner Blitze schleudernden Rechten, und rollt der Donner nur eitel und nichtig in den Wolken?«

Iupiter vernahm seine Klage, er wandte den Blick auf Karthago und schickte Mercurius hinunter.

»Eile, mein Sohn, und bringe meinen Befehl dem Aeneas, der seine Sendung vergaß. Er ist berufen, Italien zu regieren und für die ganze Welt Gesetze zu erlassen. Er gehe unverzüglich an Bord.«

Mercurius band sich die goldenen Flügelschuhe an die Füße und eilte nach Karthago. Dort fand er Aeneas den Bau der Mauern befehligend. Um seine Schultern gleißte ein Mantel in tyrischem Purpur, ein Geschenk der Dido, so auch das mit Jaspis besetzte Schwert, das ihm an der Seite hing.

Der Götterbote eilte auf Aeneas zu und sagte: »Baust du einem Weibe zuliebe Karthago auf und hast deine Bestimmung vergessen? Iupiter sendet mich zu dir vom hellen Olympus, ich solle dir sagen: Was hast du im libyschen Lande zu suchen? Wenn du dich schon um deinen eigenen Ruhm nicht kümmerst, so denk an Ascanius, dem Italien und die Gebiete Roms bestimmt sind!«

So sprach Mercurius und entschwand den Blicken des Sterblichen.

Aeneas standen die Haare zu Berge, die Stimme stockte ihm, dermaßen hatte ihn die göttliche Erscheinung entsetzt. Er war aber bereit, dem strengen Gebot der Götter zu folgen, und er brannte auch sogleich vor Verlangen, dieses Land, wo er so süße Stunden erlebt hatte, zu verlassen, nur wußte er nicht, wie er Dido seinen Entschluß mitteilen solle. Deshalb gab er seinen Gefährten heimlich die Weisung, die Schiffe unbemerkt zur Abfahrt bereitzumachen. Und die Gefährten gehorchten freudig.

Aber das liebende Herz der Königin konnte er nicht täuschen. Sie erriet, was ihr drohte, und hörte auch durch die Fama, daß die Flotte zum Abzug rüste. Vorwurfsvoll und leidenschaftlich sprach sie zu Aeneas: »Was kann ich noch vom Leben erwarten, wenn du mich verläßt? Mein Bruder Pygmalion wird meine Stadt zerstören, Hiarbas, der Gaetulerkönig, den ich gerade dadurch gegen mich erbost habe, daß ich dir meine Hand gab, wird mich in Gefangenschaft schleppen. Trüg' ich zumindest, ehe du fortgehst, ein Denkmal unserer Liebe im Schoß und spielte ein kleiner Aeneas mir im Palaste, der deine Züge mir wachruft, dann würde ich mich nicht so verlassen fühlen.«

Was sie sagte, tat auch Aeneas weh, doch eingedenk der göttlichen Mahnung bekämpfte er den Kummer. Er war sich seiner Bestimmung wieder bewußt geworden und zögerte nicht länger. Als die Flotte schon zur Fahrt gerüstet war, schickte die Königin noch ihre Schwester zu den Schiffen hinunter.

»Sage dem trotzigen Aeneas, er solle wenigstens auf günstigere Winde warten: Ich begehre nicht mehr, daß er meinetwegen auf Latium verzichte, kurze Frist nur erbitt' ich, bis ich mich daran gewöhne, mich mit dem Schicksal abzufinden.«

Aeneas aber blieb unerbittlich.

Die arme Dido wünschte sich nun nur noch den Tod. Dazu trugen auch nächtliche Gesichte bei: Sie wähnte zu hören, daß Sychaeus sie rufe. Aber um Anna die Todesgedanken zu verbergen, zwang sie sich, heiter zu scheinen.

»Schwester, ich habe den Weg gefunden«, sagte sie mit vorgetäuschter Zuversicht, »den geliebten Mann wiederzugewinnen oder auf immer zu vergessen. Eine massylische Priesterin, die Hüterin des Tempels der Hesperiden, hat mir versprochen, mir durch Zauberei zu helfen. Türme du nur einen Scheiterhaufen, und lege alles darauf, was von Aeneas hiergeblieben ist, die Waffen, die er im Gemach gelassen, die Gewänder, die er abgelegt hat, und unser gemeinsames Ehebett.«

Anna tat nichtsahnend, was die Schwester wünschte, und als das Scheitergerüst fertig war, stellte sich die Priesterin daneben und rief die Götter der Unterwelt an: Erebus, Chaos und die dreigesichtige Hecate.

Es war Nacht, und alle Lebewesen ruhten in mildem Schlaf. Nur Dido nicht, der Groll und die Liebe ließen sie nicht schlafen.

Aeneas aber lag auf dem zur Abfahrt bereiten Schiff in Schlummer, doch da weckte ihn der Gott Mercurius: Er solle den günstigen Fahrtwind nicht ungenutzt lassen. Da stand Aeneas auf, weckte seine Gefährten und gab den Befehl zur Abfahrt: Er durchhieb die Taue, die die Schiffe hielten, mit dem Schwert. Alle machten sich hurtig und kräftig ans Rudern, und als Aurora leuchtete, sah Dido vom Fenster ihres Palastes aus, wie die Schiffe schon fern mit schwellenden Segeln dahinfuhren.

»Beim Iupiter, er entflieht!« rief sie und schlug sich verzweifelt die Brust. »Will denn niemand aus der Stadt den Treulosen verfolgen? Ihr Götter, vernehmt meine Bitte: Wenn ihm die glückliche Landung an dem verheißenen Ufer bestimmt ist, dann werde er dort von tapferen Völkern bekriegt; von Iulus werde er getrennt, und er soll das schreckliche Ende der Seinen schauen. Und wenn er endlich – unter schmachvollen Bedingungen – Frieden schließen kann, soll er ihn nicht lange genießen. Unversöhnlicher Haß soll sein Volk und das meine trennen, bis aus dem Stamme der Punier einst einer aufsteht, Rache zu üben für mich an seinen Enkeln.«

Dann stieg Dido rasend vor Haß auf das Scheitergerüst, und als sie dort Aeneas' Schwert fand, machte sie sich bereit zu sterben.

»Ich habe gelebt und den Weg vollendet, den mein Los mir beschied. Ich schuf eine herrliche Stadt und war glücklich, bis die troischen Schiffe an unserer Küste gelandet sind. Nun werde ich ungerächt sterben, aber ich sterbe ...« Und mit diesen Worten stürzte sie sich in Aeneas' Schwert. Ihre Frauen fanden sie in ihrem Blute.

Rasend lief die Kunde durch die Stadt; und rasend vor Jammer, eilte Anna zu ihrer sterbenden Schwester.

»So war es gemeint? Deshalb mußte ich dir, Liebste, helfen, mit meinen Händen den Scheiterhaufen zu richten? Oh, hättest du doch die Schwester in den Tod mitgenommen!«

Die unglückselige Dido versuchte dreimal, sich zu heben, doch sie sank zurück. Sie starb schwer, weil weder Schicksal noch Schuld ihr Ende verursacht hatten, sondern sie vor der Zeit aus dem Leben scheiden wollte. Doch die allmächtige Iuno erbarmte sich ihrer Qual und sandte Iris vom Himmel, der ringenden Seele zu helfen. Iris, im tausendfarbigen Schimmer des Regenbogens, stellte sich zu Häupten der Sterbenden, schnitt ihr eine Haarlocke ab, die sie Dis, dem Herrn der Unterwelt, zum Opfer darbrachte, und erlöste Didos Seele vom Leibe.

Die Schiffe der Troer durchkreuzten indessen die Wellen des Meeres, und Aeneas sah nur aus weiter Ferne den Widerschein der Flammen, die die unglückliche Dido verzehrten, an Karthagos Mauern.

Sie segelten schon auf hoher See, und kein Land war mehr sichtbar, als sich der Himmel verdunkelte. Der Steuermann Palinurus gewahrte als erster, daß ein Unwetter nahte, und er gab Aeneas den weisen Rat, sich dem Windwechsel anzupassen und auf Sizilien zuzusteuern. So gelangten sie zu Acestes zurück, der sie in Sizilien schon einmal bewirtet hatte und ihnen auch jetzt gerne sein gastliches Haus öffnete.

Es war gerade ein Jahr vergangen, seit sie in Siziliens Erde Anchises begraben hatten. Daß sie nun die erste Wiederkehr des Todestages bei der Asche von Aeneas' Vater traurig-feierlich begehen konnten, war wohl der Wille der Götter.

Am Morgen nach ihrer Ankunft rief Aeneas seine Leute zusammen; auch Acestes schloß sich den Feiernden an. Aeneas bedeckte die Schläfen mit dem Laub der Myrte, des heiligen Baumes seiner Mutter, die anderen folgten seinem Beispiel. Er goß zwei Becher reinen Weines auf die Erde, dann zwei Becher Milch und zwei Becher vom geweihten Blute des Opfertieres, zum Schluß streute er purpurne Blumen auf das Grab und betete: »Sei mir gegrüßt, du heiliger Erzeuger, seid gegrüßt, vergebens wiedergewonnene Asche, Seele und Schatten des Vaters! Es ist mir versagt, mit dir Italiens Grenzen und die gelobten Gefilde zu finden und den Tiber, Ausoniens uns noch unbekannten Fluß.«

Kaum hatte er das ausgesprochen, da kroch eine sich siebenfach ringelnde Schlange aus dem Heiligtum hervor zwischen die Altäre, kostete zahm von den Opferspeisen und verschwand dann hinter dem Grabhügel. Aeneas wußte nicht, ob er den Genius des Ortes oder den Geist des Vaters in der Schlange verehren sollte, auf jeden Fall aber trachtete er, die Opferzeremonie nun um so reicher und glänzender zu gestalten.

Neun Tage darauf begannen die großangelegten festlichen Wettspiele zu Anchises' Gedächtnis, die Aeneas bei den Troern und den Sizilianern angekündigt hatte. Dem Wettkampf der Ruderer, in dem Cloanthus dank der Hilfe des Gottes der Häfen, *Portunus*, siegte, folgten Wettlauf, dann Faustkampf und Bogenkampf. Zum Schluß führte Ascanius mit seinen jugendlichen Gefährten das Trojaspiel vor, ein Reiterkampfspiel.

Noch ehe die Wettspiele beendet waren, sandte Iuno vom Himmel die Iris zu den Schiffen herab. Dort am Ufer beweinten die troischen Frauen gesondert den Anchises, als plötzlich Iris bei ihnen erschien, die Gestalt einer alten Troerin, der *Beroe*, annahm und sie aufhetzte, die Schiffe in Brand zu stecken und so den zwecklosen Irrfahrten ein Ende zu machen. Die Frauen, des ewigen Schiffahrens müde, ließen sich beschwatzen, nahmen von Neptunus' Altar brennende Scheite und schleuderten sie mitten in die Schiffe.

Die Männer sahen von weitem den Rauch aufsteigen, das Festspiel wurde abgebrochen, und alle eilten zu den Schiffen. Aeneas betete zu Iupiter, dieser goß strömenden Regen herab, und das Feuer erlosch. Vier Schiffe waren schon ein Raub der Flammen geworden, aber die übrigen blieben unversehrt.

Der bejahrte weise *Nautes* gab Aeneas den Rat, von dem ganzen Trupp die kühnen und allen Gefahren gewachsenen Männer auszusondern und nur diese auf die weitere Fahrt mitzunehmen; die Kleinmütigen, die Greise und die Frauen solle er hierlassen bei Acestes. Dann erschien auch in der Nacht dem Aeneas sein Vater Anchises im Traum und ermahnte ihn, den Rat des Nautes zu befolgen.

»Nur erlesene Jugend mit tapferstem Herzen nimm nach Italien mit; denn du mußt ein hartes und rauhes Volk bekriegen«, betonte Anchises, und er trug seinem Sohn auch noch auf, in die Unterwelt hinabzusteigen; die Sibylla werde ihn geleiten.

So geschah es denn auch. Acestes freute sich sogar darüber, daß ein kleines Volk bei ihm zurückblieb, dessen König er sein konnte. Die Stadt dieser zurückgelassenen Troer erhielt nach ihm den Namen Acesta.

Unterdessen erbat Venus für ihren Sohn die Hilfe Neptunus', und der Gott der Meere versprach der aus dem Meer geborenen Göttin, daß ihr Sohn Aeneas nunmehr ungehindert die Küste Italiens erreichen werde; nur ein einziges Opfer fordere das Meer als Ablösung für alle anderen.

Dieses einzige Opfer war Palinurus; der sonst so umsichtige Steuermann schlief auf dieser Fahrt am Steuer ein und fiel ins Meer. Aeneas beweinte ihn bitter, und er lenkte nun selbst das Schiff.

So glitt nun Aeneas' Flotte dahin und gelangte zur Küste von Cumae.

Dort ging sie vor Anker, und Aeneas suchte zuerst den Tempel Apollos auf, den Daedalus erbaut hatte, als er aus Minos' Gefangenschaft freigekommen war. In die Felswand war eine riesige Grotte eingehauen, sie hatte an die hundert Öffnungen. Durch diese ertönte der Spruch der Sibylla, der Priesterin Apollos, wenn sie von der Gottheit besessen war.

»Gib, daß uns das Mißgeschick Trojas nicht weiter verfolge«, betete Aeneas zu Apollo, dann wandte er sich an die Sibylla: »Vertraue deine Orakel nicht den Baumblättern an, zum Spiel der Winde. Singe sie selber, so fleh' ich.«

Und die Sibylla, deren Busen sich, von der Gottheit erfüllt, schon wölbte, sprach schäumenden Mundes: »Wohl hast du die schweren Gefahren des Meeres bestanden, doch Schwereres wartet deiner zu Lande. Die Troer werden nach Lavinium gelangen – deswegen brauchst du nicht länger zu sorgen –, aber sie werden noch wünschen, dort lieber nicht hingelangt zu sein. Denn grausame Kriege schau' ich und von Blut den Tiber geschwellt. Schon ist in Latium ein neuer Achilles geboren, auch einer Göttin Sohn, und Iuno verfolgt die Troer weiter mit Haß. Du wirst in deiner Bedrängnis alle möglichen Städte und Völker Italiens um Hilfe anflehen. Und die Not für die Troer kommt wieder durch ein Weib aus der Fremde. Du aber weiche nicht. Der Weg der Rettung erschließt sich dir, von wo du es am wenigsten erwartest, durch eine Stadt der Griechen.«

So der rätselvoll-schaurige Spruch der Sibylla von Cumae. Den Aeneas indes entsetzte er nicht, der Held war auf alles gefaßt. Er bat die Sibylla nur noch um eines: Sie möge ihm den Weg in die Unterwelt zeigen, damit er dem Auftrag seines toten Vaters Genüge tun könne.

Die Sibylla gab ihm die Weisung. Im tiefen Walde sei ein goldener Zweig im Schatten verborgen, den müsse er zuallererst finden, denn Proserpina, die Königin der Unterwelt, erwarte von jedem Ankömmling dieses Geschenk. Wenn der Zweig abgebrochen werde, wachse an seiner Stelle ein neuer, ebenfalls aus Gold. Abbrechen könne ihn aber nur, wer vom Schicksal berufen sei. Zum Schluß wurde Aeneas von der Sibylla noch daran gemahnt, daß einer seiner Gefährten unbeerdigt am Ufer liege; diesen solle er zunächst würdig bestatten, ehe er es wage, den Weg in die Unterwelt anzutreten.

Diese Worte erfüllten Aeneas mit Trauer und Sorge. Mit seinem treuen Begleiter Achates zusammen suchte er herauszubekommen, wen die Sibylla mit dem Unbeerdigten gemeint habe. Schließlich fanden sie dann die Leiche des *Misenus* am Ufer. Misenus war der Tubabläser des großen Hector gewesen, nach Hectors Tod hatte er sich Aeneas angeschlossen. Hier am Meeresufer blies er eines Tages die Muscheltrompete, und der vermessene Tor forderte die Götter zum Wettstreit heraus. Da packte ihn der eifersüchtige Triton, der Bläser des Meeres, und ertränkte ihn zwischen den Klippen im Meere.

Die Troer beweinten ihn, dann liefen sie in den Wald, um Holz für den Scheiterhaufen zu holen. Auch Aeneas nahm daran teil, und sein Blick suchte zwischen den Bäumen immerzu den goldenen Zweig.

Da flogen dicht vor seinen Augen zwei Tauben vom Himmel und ließen sich im Grünen nieder. Tauben – die heiligen Vögel seiner Mutter, der Venus! Und tatsächlich, diese Tauben führten ihn zu dem goldenen Zweig: Sie setzten sich darauf. Voll Freude brach Aeneas den Zweig ab.

Unterdessen trafen die anderen die Vorbereitungen zu Misenus' Bestattung. Als die Zeremonie beendet war, ließ der fromme Aeneas dem Bestatteten ein würdiges Grabmal unter dem Vorgebirge errichten, das die Nachwelt dann Misenum nannte.

Danach folgte Aeneas dem anderen Geheiß der Sibylla. Vor der Höhle bei dem schwarzen See, über den kein Vogel ungestraft zu fliegen vermochte, weil der Schlucht giftige Dünste entströmten, bereitete er die vorgeschriebenen Opfer vor. Diese Opfer wurden den Göttern der Unterwelt bei Nacht dargebracht. Als dann die Sonne aufging, schritt Aeneas, einzig von der Sibylla begleitet, durch das Tor bei Avernus mutig in die Unterwelt.

Durch Düsternis und an schrecklichen Schatten vorbei gingen die beiden weiter und gelangten zu den Flüssen der Unterwelt, Acheron, Cocytus und Styx. Hier trafen sie den Fährmann Charon. Unfreundlich wählte er aus der Menge der zur Fähre strömenden Seelen nur die aus, deren Leiber schon begraben waren. Die Seelen der Unbeerdigten müssen erst hundert Jahre lang umherirren. In ihrer traurigen Gruppe erkannte Aeneas den Orontes, dann den Palinurus.

Charon wollte auch Aeneas zurückschikken, doch die Sibylla zeigte ihm den goldenen Zweig, den sie unter ihrem Gewand verborgen hatte: Da nahm der Ferge die beiden erstaunt in den Nachen auf.

Vom andern Ufer her bellte sie schon der Cerberus an, und als die Sibylla sah, wie sich Nattern an seinem Halse bäumten, warf sie, ihn zu betäuben, einen Brocken aus zaubergetränktem Mehl und Honig hin. Er riß alle drei Rachen auf, schnappte den Brocken, dann streckte er seinen greulichen Körper aus und lagerte sich auf dem Boden der Höhle. Und so konnte Aeneas seinen Weg fortsetzen.

Sogleich hörten er und die Sibylla das Gewimmer der Schatten von Kindern, und es folgte der traurige Chor der unschuldig zum Tode Verurteilten und der Selbstmörder; Minos verhörte sie. Er war in der Unterwelt ihr Richter und bestimmte einem jeden seinen Platz. In den weiten Trauergefilden wohnten diejenigen, die in unglücklicher Liebe hingesiecht waren. Hier irrte mit ihrer frischen Wunde auch Königin Dido umher. Bei ihrem Anblick brach Aeneas in Tränen aus, und er sprach sie an: »Unglückselige Dido, so war die Kunde doch richtig, und meinetwegen bist du gestorben. Ich wollte es nicht.«

Sie aber wandte sich ab und entfloh in den schattigen Hain, wo ihr früherer Gatte, Sychaeus, sie in Liebe erwartete. Gerührt von dem traurigen Schicksal, folgte Aeneas der entschwindenden Gestalt mit den Blicken.

Die Seherin führte Aeneas zum Palaste des Dis. Er legte den goldenen Zweig auf der Schwelle nieder, besprengte sich mit frischem Wasser, und so konnte er durch den Eingang zu den Gefilden der Wonne und den lieblichen Auen gelangen, wo die Frommen wohnten und alle die, die fürs Vaterland gestorben waren oder als Priester ein reines Leben geführt hatten, auch die Dichter und Wahrsager, deren Wort des Phoebus immer würdig war, alle, die durch Erfindung der Künste das Leben veredelt hatten, kurz alle, die es verdienten, daß die Nachwelt sich ihrer erinnere. Sie alle trugen die Schläfen mit schneeweißen Binden umwunden. *Musaeus*, der Sänger der Urzeit, den hier eine große Menge umgab und der alle um Kopfeslänge überragte, wies den beiden Ankömmlingen, die den Anchises suchten, den Weg.

Vater Anchises musterte gerade im Grunde des grünen Tales die Seelen derer, die hinaufschreiten sollten ans Licht, besonders prüfte er die lange Reihe seiner Enkel. Sowie er aber Aeneas erblickte, streckte er ihm freudig bewegt die Hände entgegen und sprach zu ihm tränenden Auges: »Kommst du endlich, überwand die Liebe zum Vater die Mühen des Weges? Ich darf dich sehen und deine Stimme vernehmen?«

Dreimal versuchte Aeneas, den Vater zu umarmen, dreimal umsonst: Das Bild entfloh den tastenden Händen schnell wie der wehende Wind und gleich einem flüchtigen Traumbild.

Aeneas sah dann unten im Tale den Lethe-Strom, an dessen Ufern es von Seelen wimmelte. Zahllose Geschlechter und Völker schwärmten da, wie auf Triften und Auen im heiteren Sommer die Bienen vielerlei Blumen umfliegen und sich um die weißen Lilien tummeln. Das waren die Seelen, die das unterweltliche jahrtausendelange Leiden von aller Körperhaftigkeit des Lebens gereinigt hatte und die vom Wasser der Lethe Vergessen trinken mußten, bevor sie ein neues Leben begannen.

Dort drängten sich auch schon Aeneas' Nachkommen. Anchises zeigte ihm von einem hohen Hügel die kommenden Geschlechter. Die Reihe begann mit Silvius, dem späten Sohn des Aeneas, der erst in Italien geboren werden sollte. Seine Mutter, die vertriebene Lavinia, erzieht ihn im Walde zum König und Ahn von Königen. Dort war auch Romulus, der Gründer Roms, auch des Iulus Nachfahr war da, Augustus, der das Goldene Zeitalter wieder nach Latium bringen wird, das einst zu Saturnus' Zeiten geblüht hat. So zogen der Reihe nach die Großen der römischen Geschichte vorüber, die Roms Bestimmung verwirklichen sollten: machtvoll die Völker regieren, Gesittung im Frieden verwirklichen, die Unterworfenen schonen, die Trotzigen aber niederringen.

Nach dem Besuch in der Unterwelt kehrte Aeneas zu seinen Gefährten zurück. Sie ruderten an der Küste entlang und erreichten den Hafen Caieta. Dort warfen sie Anker.

Dieser Hafen wurde nach Aeneas' treuer Amme Caieta genannt, die gerade dort starb. Aeneas bestattete sie nach Brauch und türmte ihr einen Hügel, bevor seine Flotte die Anker wieder lichtete. Sie segelten weiter, berührten nur eben das Land der Circe – von weitem hörten sie das Heulen derer, die die Tochter des Helios in Tiere verwandelt hatte –, Neptunus schwellte die Segel mit günstigem Winde, so brauchten sie nicht an der gefährlichen Küste an Land zu gehen.

Als Auroras Strahlen das Meer röteten, erblickten sie die Mündung des Tibers. Ein großer Hain beschattete sie, und bunte Vögel erfüllten den Himmel mit süßem Gesang. Freudig glitt Aeneas mit seinen Gefährten in die sich zu einer Bucht verbreiternde Flußmündung hinein.

In Latium herrschte zu dieser Zeit der greise *Latinus*, der Sohn des Gottes *Faunus* und der Nymphe *Marica*. Schon seit langen Jahren regierte er in Frieden. Latinus hatte keinen Sohn, nur eine ledige Tochter, *Lavinia*. Um ihre Hand bewarben sich wetteifernd die italischen Jünglinge. Vornehmlich *Turnus*, der schöne junge König der Rutuler, begehrte sie zur Gemahlin, und Königin *Amata* hätte es auch sehr gern gesehen, daß er ihre Tochter eheliche, doch sprachen verschiedene Orakelzeichen dagegen.

In der Mitte des königlichen Palastes stand ein heiliger Lorbeerbaum. König Latinus selbst hatte ihn gefunden, als er die Burg errichtete, und ihn dem Apollo geweiht. Er umgab ihn mit einer Mauer und benannte sein Volk – nach diesem *laurus* – *Laurenter*. Einst umflogen plötzlich in dichtem Schwarme Bienen die Krone dieses Baumes und ließen sich dort nieder. Niemand wußte, woher sie mit großem Gesumm durch die Luft gekommen waren. Es war eine wunderbare Erscheinung, und ein Seher deutete sie so: Lavinia werde die Gemahlin eines Mannes werden, der aus weiter Ferne komme.

Dann wieder, als Lavinia einmal neben ihrem Vater stand, als er mit heiliger Kienfakkel auf den Altären das Opferfeuer anzündete, schienen ihre Haare und ihr Gewand Feuer gefangen zu haben, ihr ganzer Körper stand in Rauch und Flammen gehüllt und versprühte die Lohe bis aufs Dach des Palastes. Dieses Wunderzeichen war von schlimmer Bedeutung: Ein schwerer Krieg würde ihretwegen über das Volk hereinbrechen.

Die Zeichen beunruhigten auch den König. Deshalb begab er sich zum Orakelplatz seines Vaters, des Gottes Faunus, im Haine unterhalb der Schwefelquelle Albunea. Dort holten sich alle italischen Völker in ihren Nöten Rat. Wer hier ein Opfer darbrachte und sich dann auf die ausgebreiteten Felle der Opferschafe schlafen legte, hatte, auch von den Schwefeldämpfen der Quelle betäubt, im Traum wunderbare Gesichte und hörte auch seltsame Stimmen: Er konnte Zwiesprache mit Göttern halten und sogar mit dem Acheron in der Tiefe des Avernus reden.

Als sich König Latinus dort zur Nacht gebettet hatte, erklang ihm eine Stimme aus der Tiefe des Haines: »Gib deine Tochter keinem latinischen Freier zum Weibe. Ein fremder Freier naht aus weiter Ferne, dessen Blut wird unsern Namen bis zu den Sternen erhöhen, und seinen Kindeskindern wird das ganze Erdenrund untertan sein.«

Da Latinus den Orakelspruch nicht schweigend verbarg, trug ihn die geschwätzige Fama durch ganz Italien, überall wußte man schon davon, als die troischen Schiffe am Ufer Latiums landeten.

Aeneas, die übrigen Fürsten und der kleine Iulus streckten sich im Schatten der Bäume aus, dann rüsteten sie sich ein einfaches Mahl. Sie legten Weizenfladen ins Gras, auf diese die ländlichen Früchte, und als sie die Früchte verzehrt hatten, ihr Hunger aber noch nicht gestillt war, machten sie sich über die Fladen her, und da rief scherzend Iulus: »Wir verzehren sogar die Tische!«

Das brachte Aeneas die Weissagung in Erinnerung: Ihre Irrfahrten würden an dem Ort beendet sein, wo der Hunger sie zwingen werde, die Tische zu essen. Und sofort rief er: »Sei gegrüßt, du Land, mir vom Schicksal verheißen! Und seid gegrüßt, ihr treuen Penaten Trojas! Hier ist unser Land, unser Heim!«

Und sich die Stirn mit einem belaubten Zweig kränzend, betete er zu den Göttern. Zuerst rief er den Schutzgeist des Ortes an, dann Tellus, die Erde, dann auch die Nymphen und die ihm noch fremden Flüsse.

Am nächsten Tage erforschten sie die Gegend, und Aeneas wählte aus seiner Schar hundert Gesandte aus, die er mit Geschenken und Ölbaumzweigen, dem Zeichen friedlicher Absicht, in den Königspalast schickte. Während diese fort waren und die Gunst des Königs Latinus zu gewinnen suchten, begann er selbst dort einen Graben zu ziehen, wo er die Mauern der neuen Stadt errichten wollte.

Dem König Latinus war schon zu Ohren gekommen, daß seltsam gekleidete, starke Männer gelandet seien. Der greise König empfing die Gesandten im Palast seines göttlichen Ahnen Picus.

»Hat euch der Sturm an dieses Ufer getrieben«, sprach er freundlich, »so verschmähet das Gastrecht der Latiner nicht: Sie sind vom Geschlecht des Saturnus und bedürfen keiner Gesetze, um gerecht zu sein.«

Im Namen aller Gesandten erwiderte Ilioneus dem König: »Weder der Zufall des Sturmes noch ein verfehlter Stern hat uns hierhergetrieben. Wir hatten die Heimat verloren und uns diese Stadt zum Ziel unserer Reise gesetzt. Aus den Stürmen, die Europa und Asien gegeneinanderjagten, sind wir geflohen und suchen für die Götter unserer Väter einen bescheidenen Raum an freundlichem Ufer, suchen Wasser und Luft, die allen gemeinsam. Wir werden keine Schande über dein Reich bringen, und es wird nicht dein Schaden sein, wenn du uns aufnimmst. Viele Völker haben gewünscht, sich mit uns zu verbinden, aber der Ratschluß der Götter befahl uns, dein Land zu suchen. Von hier stammt Dardanus, der Ahne der Troer, und hierher ruft er uns heim. Apollo hieß uns zum Tiber zu segeln und zur heiligen Furt am Quell des Numicus.«

Nachdem Ilioneus so gesprochen, breitete er die Geschenke von Aeneas aus, Andenken, aus den Flammen Trojas gerettet: den goldenen Becher des Anchises, des Priamus Königszepter, auch Gewänder, von troischen Frauen gewebt.

König Latinus blickte sinnend zu Boden, denn ihm war die Weissagung des Faunus eingefallen. Endlich rief er erfreut: »Troer, ich gewähre die Bitte. Doch Aeneas möge selbst zu mir kommen, damit ich zum Zeichen unseres Bündnisses seine rechte Hand berühre. Geht nun zurück und meldet ihm meine Botschaft: Ich habe eine Tochter; Orakel verkündeten, der Gemahl für sie werde aus weiter Ferne kommen. Wenn mich die Ahnung nicht trügt, so ist er derjenige, den das Schicksal verhieß.«

Die Gesandten des Aeneas waren zu Fuß gekommen, aber sie kehrten zu Pferde zurück, denn Latinus schenkte jedem von ihnen ein reich geschirrtes Roß mit glänzendem Fell, und für Aeneas schickte er einen Wagen, vor den ein Pferdepaar aus dem Gestüt des Helios gespannt war.

Iuno schnitt es ins Herz, als sie sah, daß Aeneas bereits eine Stadt baute. Sie, Iupiters hohe Gemahlin, die alles versucht hatte, war von Aeneas besiegt?

»Nein«, sagte sie bei sich, »beug ich die Himmlischen nicht, so werd ich den Acheron stürmen.« Sie schwebte nieder in die Unterwelt und rief aus dem Hause der Furien die *Allecto* heraus. »Rette du meine Ehre, mächtige Jungfrau«, sprach sie zu der Hassenswerten, »sprenge den Bund, du vermagst ja auch einträchtige Brüder zum Streit zu hetzen, Häuser durch Haß zu zerrütten. So säe denn Krieg!«

Allecto suchte zunächst einmal Amata in ihrem Gemach auf, nahm sich eine Schlange aus den Haaren und warf sie der Königin in den Busen, die sie mit giftigem Atem durchhauchte.

»Willst du Lavinia wirklich dem flüchtigen Troer vermählen?« wandte sich die Königin klagend an ihren Gemahl. »Bindet dich nicht das Versprechen, das du dem Turnus gegeben hast? Soll uns nach deines Vaters, Faunus', Verheißung ein Eidam aus fremdem Lande erstehen, nun, so bedenke: Jedes Land ist fremd, das nicht deiner Macht unterworfen. Und auch Turnus stammt – richtig betrachtet – vom Geschlecht des Acrisius und Inachus ab und ist aus Mycenae.«

Als sie aber sah, daß sie Latinus nicht wankend machen konnte, rannte sie rasend, schon vom Furiengift der Schlange durchströmt, umher, nahm ihre Tochter mit und führte sie in den Wald, um sie vor dem troischen Freier zu verstecken. Auch ihre Frauen rief sie, sie sollten ihr folgen.

»Wehe«, schrie sie mit funkelnden Augen, »hört mich, ihr latinischen Mütter, wenn ihr euer frommes Gemüt noch nicht von der armen Amata abgewendet habt, wenn es auch euch Sorge macht, Rechte der Mütter schwinden zu sehen, löst die Binden in eurem Haar, und feiert die Orgien mit mir zu Ehren des Bacchus.«

Als sie im Haus des Latinus den Frieden zerrüttet hatte, raste die Furie Allecto zur Stadt des Rutulerkönigs, nach Ardea. Dort weckte sie mitten in der Nacht den schlafenden Turnus und hetzte ihn zum Kampf gegen den neuen Rivalen auf. Dann stiftete sie Unruhe an der Küste, wo Iulus sich damit vergnügte, dem Wild nachzustellen. Hier hetzte sie die Hunde auf einen Hirsch; diesen Hirsch hatten die Söhne des Tyrrhus, des Hirten des Königs Latinus, einst dem säugenden Muttertier weggenommen, und ihr Schwesterchen Silvia hatte das junge Tier mit zärtlicher Sorgfalt aufgezogen, so daß ein ganz zahmer Hirsch aus ihm wurde. Er war an die Hand und den Tisch seiner Herrin gewöhnt; wenn er tagsüber umhergestreift war, kehrte er für die Nacht immer von selbst in die Hütte des Hirten zurück.

Diesen Hirsch nun spürten des Iulus Hunde am Flußufer auf, wo er trinken wollte. Da zielte Iulus auf ihn und traf das schöne Tier mit dem Pfeil. Weidwund schleppte sich der Hirsch zur heimischen Schäferhütte zurück und stöhnte und klagte laut. Silvia rief die Bauern zur Hilfe herbei. Diese kamen sofort, und zwar – da Allectos Gift im Schweigen des Waldes gewirkt hatte – mit Knütteln und Knotenstöcken bewaffnet. Sie schlugen auf die Troer ein, und gleich darauf fiel Almo, der älteste Sohn des Tyrrhus, von troischem Pfeil getroffen. Ähnlich erging es dem alten Galaesus, einem der reichsten Männer in Ausonien. Er besaß nicht nur zahlreiche Rinder- und Schafherden, sondern auch viel Ackerland – hundert Pflugschare pflügten bei ihm zugleich. Jetzt war er gekommen, um die Streitenden zu versöhnen.

Allecto meldete stolz der Iuno das Ergebnis. Die Göttin fand, die Furie habe genug getan, und schickte sie in die Unterwelt zurück. Alles Weitere werde sie selber besorgen können, sagte sie sich.

Der ganze Haufe der Hirten strömte zur Stadt und nahm die Leichen Almos und Galaesus' mit: König Latinus sollte sie sehen und danach handeln. Auch Turnus kam und machte die Verwirrung vollständig, denn er schimpfte, man habe die Troer ins Land aufgenommen und wolle sogar die königliche Familie durch sie verseuchen, ihn aber treibe man aus dem Palaste fort. Es kamen auch die Männer, denen der Ruf der Königin Amata die Frauen entrissen hatte. Sie alle wollten König Latinus bewegen, einen Krieg zu beginnen. Er ging aber nicht darauf ein, denn ihm war die Bündnistreue heilig, die er eben erst dem Aeneas gelobt hatte, doch konnte er die wilde Leidenschaft des Volkes nicht eindämmen. Er sprach Turnus die Verantwortung zu und schloß sich in seinem Palast ein.

Iuno selbst öffnete die Pforte des Ianus-Tempels – König Latinus war nicht dazu zu bewegen –, und damit gab sie das Zeichen zum Kriege. In den italischen Städten begann nun ein eifriges Rüsten: in Atina, Tibur, Ardea, in Crustumeria und Antemnae, überall schmiedete die Einwohnerschaft Waffen.

Kampfbereit zogen auch Turnus' Verbündete heran, als erster kam mit seinen Scharen *Mezentius*, der gottlose etruskische König, mit ihm kam *Lausus*, sein Sohn, eines besseren Vaters würdig, dann Hercules' Sohn *Aventinus*; sodann die tiburtischen Zwillingsbrüder, *Catillus* und *Coras*; *Caeculus* folgte, der Gründer Praenestes, ein Sohn des Gottes Vulcanus; auch des Neptunus Sohn *Messapus* und noch viele andere. Sie alle überragte um

Haupteslänge der Rutulerkönig Turnus. Den Reiterzug der Volsker führte das Mädchen *Camilla*.

Das Zeichen zum Kriege gab Turnus von der Burg Laurentum. Zur Stadt des Diomedes wurde ein Gesandter geschickt mit der Bitte, sie als griechische Gründung möge in diesem Krieg gegen die alten Feinde der Griechen, die Troer, Hilfe leisten.

Aeneas, der alle die Kriegsvorbereitungen sah, konnte vor Sorgen des Nachts nicht schlafen. Da tauchte in nächtlicher Stunde zwischen den Pappeln *Tiberinus* auf, der Gott des Tiber-Flusses. Er trug einen Schilfkranz im Haar. Und er gab Aeneas den Rat, er solle zu der nahen Stadt Pallanteum gehen und sich mit dem dortigen, aus Arkadien stammenden König *Euander* verbünden, der schon lange mit den Latinern in Fehde liege. Der Flußgott wiederholte auch die Weissagung, die Aeneas einst kundgetan worden war: An der Stelle, wo er eine weiße Sau mit dreißig weißen Ferkeln finden werde, dort sei das Ende der Mühsal, und das sei der Ort, wo dereinst Aeneas' Stadt stehen werde. Dann ermahnte Tiberinus ihn noch, seine mächtigste Feindin, die Göttin Iuno, durch Gebete und Opfer gnädig zu stimmen. Danach verschwand er im Flußbett.

Nun konnte Aeneas erst recht nicht mehr schlafen. Als er umherblickte, sah er im Osten auch schon die Sonne aufgehen. Da schöpfte er mit beiden hohlen Händen Wasser aus dem Fluß, wie es Brauch war, und betete zu den laurentinischen Nymphen und zu Vater Tiberinus: »Du hast dich unserer Leiden erbarmt, dich werde ich überall ehren und immer mit Opfern feiern, du gehörnter Herrscher der Wasser Hesperiens. Steh mir auch weiterhin bei, und mache deine Verheißung wahr.«

Kurz danach erblickte er auch schon am Ufer des Tibers die weiße Sau mit den dreißig weißen Ferkeln. Diese Tiere opferte Aeneas der Iuno auf ihrem Altare, um die Göttin gnädig zu stimmen. Der Tiber bezähmte seine bewegten Wellen, still floß sein Wasser dahin und trug Aeneas mit einigen rudernden Gefährten zur Stadt des Arkaderkönigs Euander. Wo sich diese Stadt erhob, wurde später Rom erbaut.

Es war gerade der Tag, an dem Euander mit seinem Volk wie alljährlich das Hercules-Fest feierte, zur Erinnerung daran, daß der starke Held, der Halbgott, die Gegend von dem Riesen *Cacus*, dem Höhlenbewohner, befreit hatte. Der König erkannte in Aeneas den Sohn seines einstigen Gastfreundes, er bewillkommnete und bewirtete ihn samt seinen Gefährten, dann schloß er mit ihnen das Bündnis.

Sie verbrachten die Nacht in der bescheidenen Behausung Euanders, der in einer Schlichtheit lebte, die fast an das Goldene Zeitalter gemahnte. Am Morgen entließ der greise König den Aeneas wieder und gab ihm *Pallas*, seinen einzigen Sohn, mit, ferner vierhundert Krieger als Pfand des Bündnisses. Zwecks größerer bewaffneter Hilfe verwies er Aeneas an die Etrusker, deren König Mezentius seiner Gottlosigkeit und tyrannischen Grausamkeit wegen vertrieben worden war und sich im Lager des Turnus aufhielt. Wer des Turnus Feind war, konnte ebendeshalb damit rechnen, in den Etruskern kühn entschlossene Verbündete zu finden.

Aeneas näherte sich schon Agylla (Caere), der Stadt, bei der *Tarchon*, der Führer der Etrusker, sein befestigtes Lager hielt. Da erschien zwischen den Wolken in blendendem, weißem Lichte Venus; sie brachte ihrem Sohn Aeneas Geschenke: herrliche Waffen, vom Gott Vulcanus, ihrem Gemahle, eigenhändig geschmiedet. Besonders prächtig verziert war der Schild; der Gott, der die Zukunft kannte, hatte darauf die Geschichte Roms dargestellt, meisterlich in erhabener Arbeit: die Nachkommen des Ascanius-Iulus, von Romulus' und Remus' Kindheit an bis zur Schlacht bei Actium, in der Octavianus Augustus den mit Kleopatra verbündeten Antonius besiegt; doch der eigentliche Sieger ist der *Apollo von Actium*: Er triumphiert über die unförmigen Götter des Ostens, er bezwingt auch den ägyptischen Gott, der gegen Neptunus und Venus und Minerva die Waffen erhebt, den hundeköpfigen *Anubis*.

Während die Kriegsvorbereitungen auf beiden Seiten im Gange waren und Aeneas noch fern von seiner neuerbauten Stadt weilte, gab Iuno der Botin Iris den Auftrag, zu Turnus hinunterzuschweben und ihn anzutreiben, sich schnell zu entschließen: Er müsse Aeneas' Abwesenheit ausnutzen. Als die Troer die Truppen des Turnus heranrücken sahen, bezogen sie Stellung hinter den Mauern, in den Bollwerken; Turnus sprengte voran, und wie wenn lauernd ein Wolf die Hürde der Schafe umstreicht, so schaute und suchte er in den Wällen nach einem Zugang. Doch er fand keinen und wandte sich in seinem Grimm anderswohin: Er ergriff eine lodernde Fackel, spornte seine Gefährten an, ein Gleiches zu tun und den Brand in die am Ufer liegenden Schiffe der Troer zu schleudern.

Aber *Cybele*, in deren Wäldern im Ida-Gebirge Aeneas die Stämme zum Bau der Schiffe gefällt hatte, war umsichtig gewesen. Bei Iupiter hatte sie einen besonderen Vorzug für diese Schiffe durchgesetzt. Sie konnten sich in Meernymphen verwandeln, sobald die Troer sie nicht mehr brauchten. Daran dachte Cybele, die Mutter der Götter, als sie sah, wie sich Turnus gebärdete. Sie hielt den verheißenen Tag für gekommen, erschien und rief mit furchterregender Stimme den beiden einander gegenüberstehenden Truppen zu: »Ihr braucht euch, Troer, nicht zu wappnen, um eure Schiffe zu schützen! Eher wird Turnus die Meere als das heilige Holz entzünden. Und euch, ihr Meergöttinnen«, sprach sie zu den Schiffen, »befiehlt eure Mutter, euch vom Ufer zu lösen und eurer Wege zu gehen.«

Da zerrissen die Schiffe sogleich die Taue, mit denen sie am Ufer festgebunden waren, und glitten nach der Art der Delphine mit den Schnäbeln in die Flut hinab, und als sie wieder emportauchten, waren sie alle in schöne Mädchen verwandelt.

»Nun haben die Troer wenigstens keine Schiffe mehr und können nicht übers Meer entfliehen«, sagte Turnus, der in diesem Wunder ein Zeichen dafür sah, daß er siegen werde. Und seine Heerschar, die die Stadt umzingelte, brach in Frohlocken aus.

Die Troer aber hinter den Mauern waren in schwerer Sorge, weil sie nicht wußten, wie sie Aeneas von ihrer bedrängten Lage benachrichtigen könnten. Zwei gute Freunde, *Nisus* und *Euryalus*, die gerade mit der Bewachung des Tores betraut waren, setzten kurzerhand ihr Leben aufs Spiel und schlugen sich durchs Lager der Rutuler hindurch, um Aeneas Kunde zu bringen. Sie richteten unter den schlaf- und weintrunkenen Feinden große Verwüstung an und machten viel Beute. Doch als sie durch das Lager hindurch waren, kam ihnen Volscens mit dreihundert Reitern entgegen.

Der Helm, den Euryalus soeben erbeutet hatte, blinkte durch die Nacht, Volscens bemerkte die beiden; Nisus flüchtete in den Wald, Euryalus aber war durch seine schwere Beute am Laufen gehindert. Als sein treuer Freund von weitem sah, daß Volscens ihm nach dem Leben trachtete, eilte er aus dem Gebüsch hervor.

»Da bin ich«, rief er, »mich, mich töte! Mein war der Plan, ich schwöre beim Himmel: Dieser Jüngling hat keine Schuld, nur die Liebe zu mir verführte ihn.«

Aber Euryalus verblutete schon. Sterbend stürzte er zu Boden, das Haupt sank ihm auf die Schulter, so wie eine purpurne Blume, von dem Pflugschar getroffen, hinwelkt und stirbt. Nisus nahm noch Rache an Volscens, dann starb auch er – von dessen Lanze durchbohrt, fiel er tot auf den toten Freund.

Ohne zu ahnen, daß das im Italerland neuentstandene Troja sich schon gegen kühne Feinde verteidigen mußte, weilte Aeneas mit Pallas zusammen bei Tarchon, dem Heerführer der Etrusker. Sie gingen gern ein Bündnis mit Aeneas ein, weil ihnen einst geweissagt worden war, unter der Führung eines aus der Fremde gekommenen Helden würden sie siegen. Gutverrichteterdinge also lenkte Aeneas den Lauf seines Schiffes wieder nach dem Tiber zur Rückfahrt. Mit ihm fuhren seine neuen Verbündeten: Pallas, der Sohn Euanders, und die etruskische Hilfstruppe, die dreißig Schiffe füllte.

Es war Nacht. Aeneas saß selbst am Steuer seines eigenen Schiffes. Da sah er plötzlich, wie die Meernymphen den Reigen tanzten. Und als er näher kam, sprach ihn eine von ihnen, *Cymodocea*, an: »Wachst du, göttlicher

Aeneas? Wache und lockre die Taue der Segel! Wir sind die Fichten vom Gipfel des Ida, deine frühere Flotte, jetzt Nymphen des Meeres.«

Und sie berichtete ihm, wie und warum Cybele die Schiffe in Nymphen verwandelt, wie Turnus die Troer angegriffen hatte und in welcher Notlage sich jetzt Ascanius und die anderen alle befänden.

Aeneas betete zu Cybele und erteilte seinen Gefährten den Befehl, sich kampfbereit zu machen. Am Morgen erblickte er schon in der Ferne das bedrohte Lager der Troer. Auch sie sahen ihn kommen, und da brach auf dem Wall ein Jubelgeschrei aus. Eine golden leuchtende Flamme umgab des Aeneas Haupt. Dieser Anblick versetzte die Italer in Staunen, doch des Turnus Mut und Selbstvertrauen blieben ungebrochen.

Turnus wollte die Ankommenden an der Landung hindern. Das führte zu einem heftigen Zusammenstoß. Auf beiden Seiten wurde mit harter Entschlossenheit gekämpft. Zwei tapfere Jünglinge, Pallas und Lausus, gerieten im Handgemenge aneinander. Turnus eilte auf den Rat seiner Schwester, der Nymphe *Iuturna*, dem Lausus zu Hilfe.

Pallas flehte umsonst den göttlichen Gastfreund seines Vaters, den Hercules, um Hilfe an; der heldenhafte Jüngling wurde von Turnus' Speer getroffen und fiel. Turnus lieferte den Arkadiern den Leichnam aus, aber die prächtige Rüstung behielt er als Beute und legte sie stolz selber an.

Aeneas vergaß die Gastfreundschaft nicht, mit der König Euander ihn, den Fremden, empfangen hatte. Er wollte den Tod des Pallas sofort rächen, aber Iuno entführte den Turnus aus dem Kampf und brachte ihn nach Ardea, der Stadt seiner Väter.

Nach ihm trat Mezentius in den Mittelpunkt des Gefechts. Aeneas verwundete ihn schwer. Als dies Lausus sah, eilte er seinem Vater zu Hilfe. Doch die Parzen hatten dem Jüngling den Schicksalsfaden nur bis hierhin gesponnen: Aeneas streckte ihn nieder; aber als er ihn sterben sah, beweinte er ihn voll Mitleid.

Des Lausus Vater, Mezentius, wusch sich unterdessen am Tiber die Wunden; er sandte Boten auf Boten zum Schlachtfeld ab, die ihm Kunde über seinen Sohn bringen sollten. Am Ende trugen sie den toten Sohn, auf den Schild gehoben, zum Vater. Mezentius bestreute sich das Haupthaar mit Staub und wehklagte: »Liegt mir am Leben so viel, daß ich auch um den Preis deines Lebens, o Sohn, weiterleben mag?« Und er kümmerte sich nicht mehr um seine tiefe Wunde, sondern bestieg sein Roß, ritt aufs Schlachtfeld zurück und suchte Aeneas, um den Tod seines Sohnes zu rächen. Aber er fiel, von Aeneas getroffen. Bevor er starb, sagte er noch zu diesem: »Ich bitte dich, laß meinen Leib in der Erde bestatten. Ich weiß, mein Volk haßt mich; beschütze du mich nach meinem Tode, und laß mich an der Seite des Sohnes im Grabe ruhen.«

Am nächsten Tag frühmorgens dankte Aeneas den Göttern für den Sieg. An eine Eiche mit abgehauenen Ästen hängte er – als Siegeszeichen zu Ehren des Mars – die Waffen des Mezentius. Dann nahm er traurig Abschied von allen jenen Gefährten, die mit ihrem Blute den Troern eine neue Heimat im Italerlande erkämpft hatten. Schließlich schickte er die Leiche des jungen Pallas, von einer Anzahl erlesener Mannen begleitet, in dessen Heimat, zu Euander. Er schloß mit den Latinern einen Waffenstillstand für zwölf Tage, damit auf beiden Seiten die Toten beigesetzt werden konnten.

Die Trauertage waren noch nicht zu Ende, als die Gesandten, die zu Diomedes geschickt worden waren, nach Laurentum zurückkehrten, und zwar unverrichteterdinge. Der griechische Held Diomedes, der nach der Einnahme Trojas nicht mehr in seine Heimat zurückgekehrt war, sondern in Apulien eine neue Stadt – Arpi – gegründet hatte, weigerte sich, ein Bündnis gegen die Troer einzugehen, die den Fall ihrer Heimat überlebt hatten und offenbar unter dem Schutz der Götter standen. Er gab sogar den Latinern den Rat, mit den Troern Frieden zu schließen.

Im königlichen Palast, um König Latinus' Thron versammelt, hörten sich die höchsten Führer des Volkes die Botschaft des Diomedes an. Der greise König, der diesen Krieg nie gewollt hatte, wäre gern bereit gewesen, Frieden zu schließen, und er war auch geneigt, den Troern innerhalb seiner Landesgrenzen ein Gebiet zu bestimmen, wo sie sich ansiedeln könnten.

Drances aber, ein alter Neider des Turnus, gab sich damit nicht zufrieden, er wünschte darüber hinaus, daß König Latinus zur Besiegelung des Friedens die Hand seiner Tochter dem Aeneas anbieten solle. Wenn Turnus aber darauf bestehe, Lavinia zu ehelichen, so solle er sich dem troischen Helden zum Zweikampf stellen, aber nicht verlangen, daß ihm zuliebe ganz Latium durch Krieg verheert werde.

»Um Worte bist du nie verlegen, Drances, wenn im Kriege ein starker Arm vonnöten ist«, herrschte ihn Turnus an, der nichts von Friedensschluß wissen wollte, jedoch zum Zweikampf mit Aeneas bereit war.

Nun war aber der Waffenstillstand schon abgelaufen, und in Laurentum wurde noch immer mit Worten herumgestritten, als Aeneas zum Angriff gegen die Stadt aufbrach.

»Haltet nur Ratsversammlung, sitzt still und lobt den Frieden, während die Feinde unser Land erstürmen!« rief Turnus triumphierend und eilte hinaus vor die Stadt, wo er schnell die verbündeten Truppen zum Verteidigungskampf ordnete.

Drinnen klagte sich der alte Latinus selber an, weil er Aeneas nicht gleich als Eidam angenommen hatte. Nun blieb nichts anderes übrig, als den Angriff der Troer abzuwehren. Die Stadttore wurden verrammelt und durch Gräben gesichert, die Mauern auf jede Weise verstärkt. Die Mütter scharten sich um die Königin: Sie gingen hinauf in die Hochburg, in den Tempel der Göttin Minerva, und spendeten der Stadtbeschirmerin Geschenke. Mit ihnen ging auch Lavinia, die ungewollt die Urheberin all dieses Leids war, den Blick zu Boden gesenkt.

In der großen Schlacht vor der Stadt zeichnete sich vor allen anderen Camilla aus. Tarchon vermochte durch sein Schelten kaum die mit den Troern verbündeten Etrusker von der Flucht zurückzuhalten. Als dann aber auch das heldenmütige Mädchen fiel, erschien die Abgesandte ihrer Schutzgöttin Diana, um Camillas Tod zu rächen.

Den Turnus erreichte im Wald die Kunde, daß Camilla gefallen sei. Zornig eilte er zur Stadt zurück, fast gleichzeitig mit Aeneas langte er vor den Mauern an. Die beiden Fürsten hätten nun gleich den Zweikampf ausgefochten, wenn es inzwischen nicht schon dunkler Abend geworden wäre. So zogen sich denn auf beiden Seiten die Heere zurück und verschanzten ihr Lager.

Am Morgen meldete Turnus dem König Latinus, er sei nun zum Zweikampf mit Aeneas bereit; Lavinia solle die Gattin des Siegers werden. Es nützte nichts, daß der König ihm sagte, es gebe für ihn noch würdige Bräute genug im Lande, Lavinias Hand solle als Unterpfand des Friedens dem aus weiter Ferne gekommenen Fremden gegeben werden, den die Orakel schon lange verheißen hätten, und man solle doch weder das Los des Latinervolkes noch des Turnus junges Leben dem launischen Kriegsglück aussetzen. Und es nützte auch nichts, daß Königin Amata nun Turnus unter Tränen bat, dem Kampf mit den Troern zu entsagen: Turnus ließ seine blitzschnellen Rosse vor den Kampfwagen spannen, die einst Orithyia, die Gattin des Boreas, seinem Ahnen, dem Gott *Pilumnus*, geschenkt hatte, und er umgürtete sich mit ebendem Schwert, das vom feuergewaltigen Vulcanus für seinen Vater, *Daunus*, geschmiedet und noch glühend in das Wasser der Styx getaucht worden war. Im anderen Lager wappnete sich Aeneas mit der Rüstung, die ihm seine Mutter geschenkt hatte.

Vom Gipfel des Mons Albanus sah Iuno diese Vorbereitungen, und, um ihren Günstling Turnus besorgt, sprach sie zu dessen Schwester Iuturna, der Quellnymphe, die durch Iupiters Liebe zur Göttin erhoben worden war: »Von allen latinischen Jungfrauen, die Iupiters Lager teilten, bist du mir, das weißt du, die liebste. Wisse, Iuturna, welch Schmerz dir droht, nicht daß du später mich beschuldigst: Solange ich es vermochte, beschirmte ich deine Stadt und den Turnus. Nun aber seh' ich deinen Bruder sich gegen ein stärkeres Schicksal wenden: Ihm naht die feindliche Macht und die Stunde, die ihm die

Parzen bemaßen. Eile! Sieh zu, ob du durch deine Anwesenheit noch zu helfen vermagst.«

Iuturna zerfloß in Tränen und schlug sich den lieblichen Busen. Iuno aber drängte sie: »Jetzt ist keine Zeit für Tränen! Eile und entreiße den Bruder dem Tode, wenn es noch geht.«

Unterdessen besiegelten Aeneas und Latinus den Vertrag durch Eid.

Aeneas und Turnus traten zum Zweikampf an, dessen Ausgang, wie es die Könige geschworen, über Lavinias Hand entscheiden sollte.

Da befand sich aber schon Iuturna bei den Rutulern. Sie hatte die Gestalt eines ihrer tapferen Kampfgenossen angenommen, des Camers, und erregte in ihren Reihen Unruhe. Sie begann auch gleich zu schelten: »Schämt ihr euch nicht, Rutuler, von euch allen dem Tode nur einen zu bieten? Sind wir etwa weniger, oder sind wir schwächer als die vereinigte Heerschar der Troer und Arkader und Etrusker? Kämpften wir Mann gegen Mann, hätte kaum jeder einen Gegner. So aber erringt Turnus allein den Ruhm, wenn er siegt. Fällt er aber, müssen wir ewig als Sklaven trotzigen Zwingherren dienen!«

Solche Reden entflammten auch diejenigen wieder, die sich schon gefreut hatten, daß Friede sei. Dazu kam noch ein himmlisches Zeichen: Aus der Höhe stieß ein Adler auf die Vögel am Ufer herab, packte einen herrlichen Schwan und trug ihn davon, aber die entflohenen Vögel kehrten kreischend zurück, vertrieben in dichtem Schwarm den Adler und zwangen ihn, sein Opfer loszulassen. Dieses Zeichen deutete sogar der Seher *Tolumnius* günstig: »Ich erkenne darin einen Wink der Götter«, jubelte er. »Ich, ich selber gehe voran. Ergreift die Waffen und folgt mir, befreiet einmütig euren König aus der Gefahr. Seht dann, wie der Fremdling, der eure Gestade verwüstet, die Flucht ergreift!«

Und damit warf er auch schon den Speer in die feindlichen Reihen, wodurch er den eben erst geschlossenen Vertrag brach.

Der arkadische Held Gylippus hatte neun Söhne, die alle in Aeneas' Heer standen. Einen von ihnen traf der blindlings geschleuderte Speer. Rachgierig stürzten sich seine Brüder auf die Latiner, und so kam es von neuem zu blutigem Schlachtgetümmel. König Latinus selbst trug entsetzt die Götter in die Stadt zurück. In ihrer Gegenwart war der Vertrag geschlossen worden, und die Schmach des Vertragsbruches schändete auch sie.

Der fromme Aeneas indes erhob die waffenlose Rechte zu seinem Volke und rief: »Wohin rennt ihr? Zähmt euern Zorn! Der Bund ist ja beschworen, die Bedingungen stehen fest: Nur ich allein habe mit Turnus zu kämpfen, drum bannet die Furcht!«

Doch der Lärm des Getümmels verschlang seine Worte, und ein gefiederter Pfeil schwirrte auf ihn zu – niemand wußte, wer ihn gesendet. Aber Turnus auf der anderen Seite sprang auf den Wagen und stürmte in grausamer Kampfeslust gegen die Mannen des Aeneas. Diesen führten – mit blutender Wunde – Ascanius und der treue Achates fort. Iapyx, den Phoebus Apollo liebte, versuchte Aeneas zu heilen, aber er konnte nicht einmal den Pfeil aus der Wunde ziehen. Da kam, in eine finstere Wolke gehüllt, die Mutter Venus. Sie brachte Kräuter, die sie heimlich auf dem kretischen Idaberge gepflückt hatte, drückte unbemerkt deren Saft in das Wasser, mit dem der erfahrene Iapyx die Wunde wusch: Plötzlich hörte sie zu bluten und zu schmerzen auf, und die Spitze des Pfeils gab der Hand des Arztes nach.

»Schnell, schafft die Waffen des Helden herbei«, rief Iapyx, »denn nicht durch meine Hand ist dies geschehen, Aeneas. Ein Gott bescherte die Heilung und treibt dich zu größeren Taten an.«

Aeneas nahm noch Abschied von seinem Sohne.

»Lerne von mir den Mut, das Glück aber von andern«, sagte er, legte die Rüstung an und ging wieder in den Kampf.

Die Schlacht hatte riesige Ausmaße angenommen. Gefallen war inzwischen auch der Augur Tolumnius, der als erster durch seinen Speerwurf den Waffenstillstand gebrochen hatte. Aeneas' Augen suchten fortwährend Turnus, aber Iuturna, in der Gestalt des Rosselenkers, lenkte den Kampfwagen ihres Bruders dem Aeneas immer aus dem Weg.

Lange noch dauerte das blutige Ringen, als wäre es Iupiters Wille gewesen, daß Troer und Italer sich in so grausamem Kampf maßen, bevor das ewige Bündnis die beiden Völker vereinte.

Auf Eingebung seiner schönen Mutter rief schließlich Aeneas aus: »Wenn sie sich nicht als Besiegte bekennen, zerstöre ich noch heute die Stadt, das Königtum des Latinus, das diesen Krieg verursacht hat, und mache die schwelenden Dächer dem Boden gleich! Schafft Fackeln herbei, und fordert mit Flammen die Erfüllung des Bündnisses!«

Da brach großes Entsetzen in der Stadt aus. Königin Amata erhängte sich, die Selbstanklage trieb sie in den Tod. Lavinia und Latinus hüllten sich in Trauergewänder. Von den Mauern schallte das Trauergeschrei weithin. Auch Turnus hörte es, und nun konnte ihn auch Iuturna nicht mehr vor der Gefahr schützen.

»Jetzt siegt das Schicksal, Schwester«, sprach Turnus zu ihr, die er in der Gestalt des Rosselenkers längst erkannt hatte. »Halt mich nicht länger. Laß uns folgen, wo ein Gott und die harte Fortuna uns rufen.«

Er kehrte zu den Kämpfenden zurück, und vor den Mauern der Stadt traf er endlich mit Aeneas zusammen.

Alle anderen legten die Waffen nieder und schauten, wie die beiden riesigen Helden einander gegenüberstanden: Sie stürzten aufeinander los mit geschwungenen Schwertern, und – mitten im Schlage – zerbrach des Turnus Schwert. Nahebei stand einst ein dem Faunus geweihter Ölbaum. Die Troer hatten ihn als ein Hindernis gefällt, jetzt aber hielt er mit den Wurzeln die Lanze, die Aeneas geschnellt hatte, auf. Da betete Turnus in Ängsten: »Faunus, höre mein Flehen, und erbarme dich mein, und du, gütige Mutter Erde, halte den Speer, hab ich doch euch stets Verehrung bewiesen, die Troer dagegen haben euch jetzt im Kriege geschändet.«

Und wirklich war Aeneas nicht imstande, den in den Baumwurzeln steckenden Speer herauszuziehen, sosehr er sich auch anstrengte. Da erschien wieder Iuturna und gab ihrem Bruder Turnus ein neues Schwert. Darüber ergrimmte Venus und riß Aeneas' Speer aus der Wurzel; wieder gingen die beiden Helden aufeinander los, um endlich den Kampf zu entscheiden.

Aus einer strahlenden Wolke sah Iuno auf den Kampf hernieder. Iupiter trat zu ihr und machte ihr Vorwürfe, weil sie sich mit dem Geschick nicht abfinden wollte und Iuturna in den hoffnungslosen Kampf geschickt hatte: »Das Spiel ist aus: Durch Länder und Meere vermochtest du die Troer zu treiben, unsägliche Kämpfe zu schüren, ein königliches Haus zu entehren, die Hochzeit in Trauer zu verwandeln. Mehr zu tun, verbiete ich dir!«

Iuno senkte das Haupt und erwiderte: »Nun gut, ich gebe den Kampf auf. Nur um das eine bitte ich dich, das nicht gegen die Satzung des Schicksals verstößt: Mögen sie durch glückliche Hochzeit nun das Bündnis schließen, doch sollen die Latiner nicht ihren heimischen, alten Namen ändern und sich nicht Troer nennen müssen, auch nicht die Sprache und ihre Kleidung vertauschen. Latium bleibe, was es war, und herrschen sollen für immer die albanischen Könige, und die kommende Macht der Römer sei durch italischen Mut gesichert. Troja ging unter; so lasse auch Trojas Namen untergehen.«

Darin willigte Iupiter ein.

»Die Ausonier behalten die heimische Sprache und Sitte und auch ihren Namen. Die Troer werden sich schon als ein Teil der Gesamtheit anschließen. Doch das Recht, die Ordnung der Opfer zu regeln, behalte ich mir selbst vor, im übrigen mache ich sie zu Latinern von gleicher Sprache. So wird das Volk, du wirst es erfahren, gemischt mit ausonischem Blute, alle Menschen und sogar die Götter an Frömmigkeit überragen, und kein Volk wird dich höher ehren als dieses.«

Darauf verließ Iuno hocherfreut die Wolke, Iupiter aber sandte eine der Furien zu Turnus. Diese erschien bei ihm in Gestalt eines unheilverkündenden Totenvogels und verscheuchte Iuturna von der Seite ihres Bruders.

»Das also ist der Lohn meiner Liebe?« jammerte Iuturna. Sie raufte sich die Haare, zerkratzte mit den Nägeln ihr Gesicht und schlug sich die Brust mit der Faust, weil sie begriffen hatte, daß der Tod unabwendbar nahte. »Hätte mich doch der Gott nicht unsterblich gemacht! Ich könnte meinen Bruder ins Reich der Schatten begleiten. Oh, wenn sich mir doch die Erde öffnete und mich, die Göttin, hinab zu den Manen versinken ließe!«

So sprach sie, umhüllte laut stöhnend das Haupt mit blauem Schleier und barg sich unter den tiefen Wellen des Flusses.

Turnus ward von zagender Todesfurcht ergriffen, als er weder einen Kampfwagen noch seine Schwester mehr neben sich sah. Das unheimliche Gefühl des Alleinseins lähmte ihm alle Kraft. Er stand Aeneas Aug in Auge gegenüber, und dieser schleuderte seinen Speer. Der Speer durchbohrte Turnus den Schenkel, und der Held stürzte mit brechenden Knien zu Boden. Er hob flehend die Augen und streckte Aeneas die Hand hin.

»Ich habe es verdient«, sprach er. »Nutze du dein Glück. Doch wenn dich der Gram eines unseligen Vaters zu rühren vermag – denk an deinen Vater, Anchises –, so bitte ich, erbarme dich des greisen Daunus: Gib mich, wenn auch des Lebens beraubt, meinem Volke zurück. Du hast gesiegt. Und das Volk sah, wie ich, der Besiegte, zum Sieger die Hand ausstreckte. Lavinia ist deine Gemahlin. Doch geh nicht weiter im Haß.«

Aeneas zauderte noch, fast hatte ihn schon die Bitte bezwungen, doch da sah er an der Schulter des Turnus jenes Waffengehenk, das dieser vom jungen Pallas erbeutet hatte. Das brachte ihm wieder das grausame Leid in Erinnerung, das ihn beim Tode des schönen Jünglings niedergeschmettert hatte. Der Ingrimm glühte wieder in ihm auf, und er rief: »Du hoffst, mit den geraubten Waffen meiner Getreuen mir zu entrinnen? Nein! Den Stoß versetzt dir jetzt Pallas!«

Und er durchstieß ihm die Brust.

ROMULUS UND REMUS

Die Vestalin *Silvia* ging am frühen Morgen ans Flußufer, um die heiligen Tempelgeräte in frischem Wasser zu reinigen. Wiegenden Ganges schritt sie zum sanft abfallenden Ufer und trug den irdenen Krug auf dem Kopf. Als sie unten ankam, stellte sie die Gefäße nieder und setzte sich auf die Erde, um ein wenig auszuruhen, sie hielt den Busen dem Winde zugekehrt und ordnete ihre zerzausten Locken. Und während sie dort rastete, bezauberten sie die schattigen Gräser und die zwitschernden Vögel, und das leichte Geplätscher des Wassers wiegte sie in Schlummer.

Mars erblickte sie und liebte sie sogleich, doch sie wußte nicht, daß der Gott sie im Schlaf umarmte. Als sie aufwachte, trug sie Mars' Samen unter dem Herzen. An eine Weide gelehnt, wisperte sie: »Wenn mir doch mein Traum Glück brächte! Ich habe am Altar gestanden, die Wollbinde ist mir von der Stirn gefallen, und es sind zwei Palmen aus ihr gewachsen. Die eine war höher als die andere, sie bedeckte die ganze Erde mit ihren üppigen Zweigen und reichte mit den Blättern bis zum Himmel hinauf. Aber mein Oheim wollte sie alle beide fällen – mir bebte das Herz, als ich das sah. Doch der Specht, Mars' Vogel, und der Wolf haben sie dennoch beide geschützt.«

So sprach die Priesterin der Vesta; inzwischen hatte sich der Krug mit frischem Wasser gefüllt, und obwohl Silvia kraftloser geworden war, hob sie ihn hoch.

Als die Zeit gekommen war, wurde Silvia die Mutter von *Romulus* und *Remus*. Sowie dies der grausame *Amulius* erfuhr, der widerrechtlich das Königreich *Numitors*, des Vaters der Silvia, in Besitz genommen hatte, befahl er seinen Dienern, die Neugeborenen im Tiber zu ertränken. Aber die Wogen des Flusses scheuten vor der Sünde zurück und legten die Knäblein zärtlich aufs Trockene. Eine Wölfin säugte sie, und ein Specht brachte ihnen Nahrung, bis sie eines Tages *Faustulus* fand, der brave Hirte, der mit seinem Weibe, *Acca Larentia*, zusammen beide Kinder aufzog.

Als sie Jünglinge von achtzehn Jahren geworden waren, sorgten sie schon für Gerechtigkeit unter den Hirten. Sie boten mutig den Räubern Trotz und führten das Vieh, das diese weggetrieben hatten, wieder heim. Später töteten sie Amulius und gaben ihrem Großvater die Königsherrschaft in Alba Longa zurück.

Ovid, Fasti III, Vers 11–68.

Romulus und Remus beschlossen, eine neue Stadt zu gründen. Sie überließen es dem Flug der Vögel, zu entscheiden, wer von ihnen beiden die Mauern errichten solle. Romulus ging auf den Hügel Palatinus, Remus auf den Aventinus, und von den Hügeln her beobachteten sie beide den Flug der Vögel. Remus sah sechs Vögel, Romulus zwölf, und so hatte er das Anrecht darauf, die Stadt zu erbauen.

Am Feste der *Pales* begannen sie mit der Arbeit. Sie hoben einen Graben aus und streuten Getreidekörner hinein, dann schleppten sie vom benachbarten Gebiet Erde herbei, und auf dem mit Erde zugeschütteten Graben errichteten sie den Altar, auf dem gar bald die Flammen des Opferfeuers brannten. Danach spannte Romulus einen schneeweißen Stier und eine schneeweiße Kuh vor den Pflug und zog eine Furche, durch diese bezeichnete er die Linie für die Stadtmauer, und er betete also: »Iupiter, Vater Mars und Mutter Vesta, helfet ihr mir bei der Gründung dieser Stadt! Möge die Stadt lange bestehen und über das ganze Erdenrund herrschen!«

Iupiter gab ein günstiges Zeichen: Von links donnerte und blitzte es. Gar bald stand schon die Stadtmauer. Die Arbeit leitete *Celer*, den Romulus dafür bestimmt hatte, indem er sagte: »Sorge dafür, daß niemand über die Mauer springt; erkühnt sich einer, das zu tun, so gib ihn dem Tode anheim!«

Remus, der das nicht wußte, sprach geringschätzig über die niedrigen Mauern: »Die sollten geeignet sein, das Volk zu schützen?« Und damit sprang er auch schon über die Mauern.

Celer schlug ihn mit dem Spaten tot, und als das Romulus erfuhr, schluckte er die Tränen hinunter und barg seine Trauer im Busen, um ein Beispiel zu zeigen.

»Möge so der Feind wagen, über meine Mauern zu springen!« sagte er. Aber als Remus die letzte Ehre erwiesen wurde, brach bei Romulus der verhaltene Schmerz durch, er küßte seinen Bruder und nahm so von ihm Abschied, dessen Tod er ungewollt verursacht hatte. Mit ihm zusammen weinten Faustulus und Acca und die künftigen Bürger der Stadt.

Ovid, Fasti IV, Vers 811–855.

QUIRINUS

Als Vater Mars, der Herr der Waffen, bereits die neuen Mauern und die vielen Kriege gesehen hatte, die durch Romulus' Hand zu siegreichem Ende geführt worden waren, wandte er sich folgendermaßen an Iupiter: »Die Macht des römischen Reiches ist schon gesichert, es ist nicht mehr darauf angewiesen, daß mein Geblüt ihm diene. Gib dem Vater den Sohn zurück. Wenn schon der andere gefallen ist, so soll er es sein, der mir – für sich selbst und auch für Remus – erhalten bleibt. ›Es wird einer sein, den du einst in die Bläue des Himmels erheben wirst‹ – das hast du mir versprochen, und Iupiters Wort darf nicht unerfüllt bleiben.«

Iupiter stimmte ihm bei, und auf sein Nikken hin erbebten beide Pole der Welt, sogar Atlas bewegte die Schulter, auf der das Gewicht des Himmelsgewölbes lag.

An der Stelle, wo sich einst der Ziegensumpf ausgebreitet hatte, sprach Romulus gerade Recht unter dem Volke. Plötzlich verschwand die Sonne, Wolken ballten sich zusammen, die den Himmel verdunkelten, und es brauste ein großer Platzregen hernieder. Von der einen Seite her donnerte es, an der anderen Seite zerriß ein Blitz das Himmelszelt. Alle Menschen suchten Zuflucht, und mitten in der Verwirrung stürmte der König auf dem Kampfwagen seines Vaters, des Gottes Mars, hinauf zu den Sternen.

Als die Bürger bemerkten, daß Romulus verschwunden war, betrauerten sie ihn, und es wurden Stimmen laut, welche die Volksältesten des Mordes bezichtigten. Vielleicht würde dieser Verdacht sogar Wurzel geschlagen haben, da ja die Volksältesten zuletzt den Recht sprechenden König umstanden hatten.

Nun geschah es aber, daß von Alba Longa her gerade *Proculus Iulius* kam. Zu nächtlicher Stunde kam er bei so strahlendem Mondschein, daß er nicht einmal eine Fackel brauchte. Plötzlich entstand Bewegung, linker Hand erzitterte die Hecke – er trat erschrocken zurück, und die Haare standen ihm zu Berge –, und mitten auf dem Wege erschien vor ihm, herrlich schön, höher von Statur als jeglicher Mensch und von der Pracht seiner purpurumsäumten Toga umflossen, Romulus und sprach also zu ihm: »Halte die Bürger Roms, die *Quiriten,* ab von der Trauer, sie sollen meine Göttlichkeit nicht durch Tränen verletzen. Vielmehr bringe man Weihrauch, und eine fromme Menge huldige dem neuen Gott Quirinus. Die Kunst meines Vaters aber, das Waffenführen, setze man fort.«

Solchen Befehl gab der in den Himmel entrückte und unter dem Namen *Quirinus* zum Gott erhobene Romulus. Proculus Iulius rief das Volk zusammen und wiederholte vor dem versammelten Volke die Worte des Befehls. Dem neuen Gott wurde ein Tempel erbaut, und alljährlich feierte man am 17. Februar ihm zu Ehren das Fest *Quirinalia.* Einer der Hügel Roms, auf dessen nordwestlicher Seite der Quirinus-Tempel stand, wurde gleichfalls nach Quirinus benannt: Er hieß fortan *Collis Quirinalis.*

Ovid, Fasti II, Vers 481–512.

DIE GÖTTER DES OSTENS IM WESTEN

Die griechische Kultur hat, wenngleich sich ihre spezifischen Züge im Laufe der historischen Entwicklung des griechischen Volkes herausgestalteten und wenngleich sich vor allem die bezeichnenden Tatsachen dieser historischen Entwicklung in ihr spiegeln, bereits von der kretisch-mykenischen Epoche an doch auch östliche Einwirkungen in sich aufgenommen. Die Elemente, die sie vom Osten übernahm, hat sie dann mit unvergleichlicher Originalität weiterentwickelt. Eine der wichtigsten Brückenkopfstellungen für die frühen Berührungen zwischen Ost und West ist die Insel Kypros (Zypern), auf der schon gegen Ende des 2. Jahrtausends v.u.Z. griechische Siedler in friedlicher Nachbarschaft mit der Bevölkerung phönizischen Typs lebten. Auch die hurtigen Schiffe der weite Fahrten unternehmenden Phönizier brachten nicht nur östliche Handelswaren, sondern auch geistige Güter nach dem Westen. Es ist kein Zufall, daß gerade Kypros zu einem namhaften Mittelpunkt der Verehrung *Aphrodites* wurde und daß sich auf den Inseln und in den Küstenstädten, die von den phönizischen Schiffen berührt wurden, auch viele andere der Aphrodite geweihte Kultstätten finden. Durch phönizische Vermittlung wird Aphrodites Gestalt mit Zügen der babylonischen Göttin *Ischtar* durchwoben; ihr jung verstorbener, aber alljährlich im Frühling, wenn sich die Pflanzenwelt erneuert, wieder auferstehender Geliebter, *Adonis*, ist ebenso wie *Daphnis*, den die sizilischen Hirten beweinen, als eine griechische Variante des babylonischen *Dumuzi* oder *Tammuz* zu betrachten. Auch Dumuzi war wie Daphnis ein Hirt, der jung starb, Ischtar liebte ihn und verlangte ihn vom Reich des Todes zurück, wenigstens für einen Teil des Jahres, genau wie Aphrodite den Adonis zurückforderte.

Der Küstenstreifen Kleinasiens, der später zum Nährboden der griechischen Kultur wurde – erst der epischen Dichtung, dann der ionischen Philosophie –, stand im 2. Jahrtausend v. u. Z. unter dem Einfluß der benachbarten *Hethiter.* In der Zeit, als sich das Hethiterreich am weitesten nach Osten ausbreitete, kam es mit Mesopotamien in Berührung, und an seiner Kultur sind – sowohl in der Religion wie in der Mythologie – die Spuren des babylonischen Einflusses deutlich erkennbar. Die Griechen Kleinasiens dürften noch durch die Vermittlung der aus dem untergegangenen Hethiterreich zurückgebliebenen Völkerschaften mit den Denkmälern dieser gemischten Kultur, auch mit der hethitischen Mythologie, bekannt geworden sein. Davon zeugt unter anderem, daß sich unter den vor kurzem erst entzifferten Keilschrifttexten der Völker des hethitischen Reichs epische Fragmente finden, aus denen hervorgeht, daß dort drei Göttergenerationen – *Anu,* der Herr des Himmels, *Kumarbi* und *Teschub,* der Gott des Sturmes – einander durch genauso gewaltsame Handlungen ablösen wie in der griechischen Mythologie Uranos, Kronos und Zeus.

Die schon verblaßten Erinnerungen an den griechischen *Theriomorphismus* werden durch das Bekanntwerden mit den tiergestaltigen oder tierköpfigen Göttern Ägyptens aufgefrischt; es fällt vornehmlich in die Zeit, als – im 6. Jahrhundert v. u. Z. – der Aufstieg der im Nildelta gegründeten griechischen Handelsstadt *Naukratis* beginnt, und setzt sich im folgenden Jahrhundert fort, als die Griechen in lebhafteren Verkehr mit Ägypten kommen. So wird die in Kuhgestalt umherirrende *Io* von neuem zeitgemäß, die am Ufer des Nils ihren Sohn Epaphos gebiert und die, wie schon Herodot hervorhebt, in ihren Zügen eine gewisse Verwandtschaft mit der ägyptischen Göttin *Isis* aufweist; Herodot, der »Vater der Geschichtsschreibung«, war überhaupt bestrebt, die Identität der ägyptischen und der griechischen Götter aufzuzeigen. Vom 5. Jahrhundert v. u. Z. an stand bei den Griechen das in einer Oase der Libyschen Wüste gelegene Heiligtum *Ammons* in hohem Ansehen; dieser bald als »sich versteckendes«, unsichtbares Wesen, bald mit Widderhörnern dargestellte ägyptische Wahrsagegott wurde mit Zeus gleichgesetzt (*Zeus* bzw. *Jupiter Ammon*); einem Bericht zufolge hat Pindar einen Hymnus ihm zu Ehren geschrieben. Alexander von Mazedonien (»Alexander der Große«) suchte, als er Ägypten erobert hatte, den Orakeltempel in der heutigen Oase Siva auf; die Priester Ammons erklärten den Eroberer für einen Sohn der Gottheit. Für die sogenannte *hellenistische Epoche*, die mit Alexanders Eroberungen im Osten begann, ist eine gewisse Ausgleichung zwischen der griechischen und der östlichen Kultur bezeichnend. Die griechischen Herrscher des nach Alexanders frühem Tod (323 v. u. Z.) rasch in Teile zerfallenden Reichs förderten diesen Vorgang um staatlicher Interessen willen. Die Mischform, die so entstand, war – besonders in religionsgeschichtlicher Hinsicht – der *Synkretismus*. Er trat vor allem in Alexandria in Erscheinung, der ägyptischen Hauptstadt, die Alexander gegründet und nach seinem eigenen Namen benannt hatte. Dort gelang es den Ptolemäern, eine dauernde griechische Herrschaft zu sichern. Um sie ideologisch zu stützen, strebten sie planmäßig an, die ägyptische und die griechische Religion miteinander in Einklang zu bringen. Schon der Begründer der Dynastie, *Ptolemäus Soter*, einst Alexanders Feldherr, berief ein Mitglied jener eleusinischen Priesterfamilie, die ihre Abstammung auf Eumolpos zurückführte, den *Timotheos*, an seinen Hof und betraute ihn mit dieser Aufgabe. Es geht wahrscheinlich großenteils auf Timotheos zurück, daß im Mythos von Isis und vielleicht auch im Isis-Kult immer mehr Züge der Demeter auftauchten. Die Überlieferung schreibt diesem griechischen Priester sogar zu, die Verehrung des Gottes *Sarapis* (Serapis) in Ägypten begründet zu haben. Wahrscheinlich verhält es sich damit so wie auch in anderen ähnlichen Fällen: Ein alter ägyptischer Kult wurde von den neuen, eingeführten Zügen überlagert. Zweifellos ist aber die Herausgestaltung der synkretistischen, für die griechische und die ägyptische Einwohnerschaft gleichermaßen annehmbaren Züge des Kults mit den Reformbestrebungen der Ptolemäer verknüpft.

Die Religionsverhältnisse im Hellenismus haben wesentlich die Verbreitung der östlichen Götter in Rom erleichtert, aber den ersten Schritt dazu begünstigte die – sich übrigens aus griechischen Quellen nährende – Ursprungssage der Römer. Da die Überlieferung besagte, in Rom würden die durch *Aeneas* geretteten Penaten Trojas aufbewahrt, sahen die Römer in ihrer Hauptstadt ein neues Ilium. Und als vermeintliche Nachkommen der Troer hielten sie es auch für ihre Pietätspflicht, Ilium neu aufzubauen. Die untergegangene Stadt sollte wiedergeboren werden gleich dem wunderbaren Vogel *Phönix* des Ostens, der, wenn er alt geworden ist, verbrennt, dann aber aus seiner Asche immer wieder neu ersteht.

Der Glaube an ihre troische Abstammung bewog die Römer, zum ersten Mal eine Gottheit des Ostens staatlich anzuerkennen. Die Sibyllinischen Bücher machten zur Zeit des zweiten Punischen Krieges den Sieg der Römer davon abhängig, daß sie die kleinasiatische Göttin *Ma* oder *Kybele* unter die römischen Götter aufnähmen. Diese Göttin, die auch *Magna Mater* (»Große Mutter«) und »Mutter der Götter« genannt wurde, identifizierten sie mit der griechischen Rhea, der Gemahlin des Kronos (bei den Römern: *Saturnus*); sie wurde auch auf dem Idaberge verehrt. Mit der Erlaubnis des Königs *Attalus* von Pergamon holten die Römer aus Pessinus den schwarzen Meteor, an den man die Gegenwart der Göttin knüpfte, bauten ihr einen

Tempel und ordneten ihr zu Ehren ein mit Wettspielen verbundenes Fest an. In diesem Falle war es die Vorstellung von ihrer troischen Herkunft, die die Römer diese Göttin des Ostens in Rom aufnehmen ließ. Gegen andere östliche Götter jedoch wehrte sich in der gleichen Zeit die Staatsreligion, die sich darauf berief, daß der »Brauch der Ahnen«, *mos maiorum*, in Ehren gehalten werden müsse. In den Augen der Römer, die stets um die maßhaltende Würde der althergebrachten *religio* besorgt waren, erregte dann auch später der Kybele-Kult durch die ekstatischen Zeremonien ihrer Priester, der *galli*, Mißfallen, weil sie dem *Attis*, dem Geliebten der Göttin, der sich selbst verstümmelte, nachfolgten. Diese Abwehr konnte aber, je mehr sich die Grenzen des römischen Weltreiches ausdehnten, nicht lange verhindern, daß sich die östlichen Religionen Geltung verschafften. Für die Kaiserzeit trifft schon zu, was *Minucius Felix* bezeichnend sagt: Jedes Volk verehrt seine eigenen Götter, Eleusis Ceres, die Phrygier die Magna Mater, die Epidaurier Aesculapius, die Chaldäer Baal, die Syrier Astarte, die Taurier Diana, die Gallier Mercurius, Rom aber verehrt die Götter der ganzen Welt. Besonders viele Anhänger hatte in Rom die ägyptische Göttin Isis, Gemahlin des *Osiris* und Mutter des *Horos*. Auch in der pannonischen Stadt *Savaria*, dem heutigen Szombathely (Steinamanger in Ungarn) haben die neuesten Ausgrabungen ein großangelegtes Isis-Heiligtum zutage gefördert.

Hauptsächlich Söldner fremder Abstammung verbreiteten allenthalben ihre eigenen Götter. So hieß z. B. der Gott der Stadt Doliche (in der Provinz Kommagene) *Iupiter Dolichenus*. Eine solche »römische Deutung« fremder Götter nennt man *interpretatio Romana*. Die syrischen Söldner verbreiteten den Kult der Göttin *Atargatis*, die *Dea Syria* genannt wird. Die aus dem unweit Persien gelegenen Kommagene stammenden bzw. auch dort stationierten Söldner verbreiteten die Verehrung des persischen Sonnengottes *Mithras*, dieser hatte auch in Aquincum (zum heutigen Budapest gehörig) einen Tempel. – Ebenfalls unter persischem Einfluß wurde die Zeit zur Gottheit erhoben; ihr Symbol war die Schlange, die sich in den eigenen Schwanz beißt und so das zyklisch Wiederkehrende sinnfällig macht. Sie hieß persisch *Zrwan* und wurde griechisch *Aion*, lateinisch *Aevum* benannt und manchmal mit Kronos-Saturnus identifiziert. Wie wir wissen, ist Saturnus der Gott des Goldenen Zeitalters. Die kreisförmige Vorstellung von der Zeit, die auch im Aion-Kult zum Ausdruck kommt, stärkte in hohem Maße die Erwartung, mit der man die Wiederkehr des saturnischen Goldenen Zeitalters und damit den Weltfrieden erhoffte. Auch jüdische Prophezeiungen, Verkündungen der messianischen Epoche, gerieten später unter die Weissagungen der griechischen Sibylla. Dazu hat vielleicht auch beigetragen, daß der *Sabbath* im römischen Kalender als *Saturnus-Tag* bezeichnet wurde; daher konnte man sich unter der saturnischen Zeit leicht den »ewigen Sabbath« vorstellen.

So gelangte in den Mythos vom Goldenen Zeitalter, den auch die Griechen einst vom Orient übernommen hatten und den die Römer bereits mit Recht als eine auf Hesiod zurückgehende griechische Überlieferung betrachteten, wieder eine Menge orientalischer Elemente. Zur Zeit der Bürgerkriege und auch noch nachher bot der Mythos in dieser von weiteren östlichen Elementen durchsetzten, erneuerten Form den Unterdrückten der Sklavenhaltergesellschaft, aber auch zahlreichen Angehörigen der in ihrer Machtstellung erschütterten herrschenden Klasse Trost. Hesiod mit seinem bäuerlich nüchternen Verstand weiß wohl, daß die Epoche, in der er lebt, ein bitteres »Eisernes Zeitalter« ist, in dem die Menschen viele Übel und Mißstände auszustehen haben, daß die Götter aber neben dem Übel auch Gutes geben. Der völlige Verfall, die unterste Stufe sittlicher Verkommenheit, figuriert bei ihm nur als Prophezeiung und zählt als eine genauso wunderhafte Erscheinung wie etwa, daß dann die Menschen mit grauen Haaren geboren werden. Solch ein äußerstes Absinken der Menschheit wird das Vorzeichen dafür sein, daß sich die Epoche, in welcher der Dichter lebt, ihrem Ende nähert und von einer neuen Epoche abgelöst werden wird, wie ja auch das Goldene

Zeitalter vom Silbernen abgelöst wurde. Der römische Dichter der Weltzeitalter, Ovid, sieht zu Beginn der Kaiserzeit, in seiner eigenen Epoche, die Verwirklichung allen Verfalls und aller Schlechtheit, und er teilt nicht die Hoffnung jener Dichter, welche das Nahen des neuen Goldenen Zeitalters verkündeten. Dabei hat doch auch Hesiod einen solchen, zur Glückseligkeit des Anfangs zurückkehrenden Kreislauf gekannt, deshalb konnte er, als er vom Eisernen Zeitalter sprach, aufseufzend wünschen, wenn er doch bloß nicht jetzt leben müßte, wenn er doch lieber früher gestorben wäre oder erst später geboren würde. Im letzten Abschnitt der römischen Bürgerkriege und zur Zeit des Prinzipats von Augustus fanden viele Trost durch den Glauben daran, daß nach dem völligen Verfall der Welt das Goldene Zeitalter wiederkehren werde. Vergil brachte das Kommen dieses erwarteten Goldenen Zeitalters mit der Geburt eines wunderbaren Kindes in Zusammenhang. Er hatte die messianischen Prophezeiungen des Orients, die unter anderem durch die Sibyllinischen Bücher vermittelt wurden, sowie auch Theokrits Hirtengedicht vom Knaben Herakles vor Augen. Später setzten die den Frieden Herbeisehnenden auf jeden neuen Kaiser die Hoffnung, daß er nach den blutigen Kriegen das Goldene Zeitalter verwirklichen werde. Die Schmeichler aber priesen ungeachtet der tatsächlichen Lage jeden neuen Kaiser als den Verwirklicher aller Hoffnungen. Daher konnte man einen Kaiser jeweils als »neuen Hercules« preisen, eingedenk dessen, daß Teiresias dem Herakles-Hercules schon in der Wiege geweissagt hatte, daß er der Welt den Frieden bringen und daß dann der Wolf dem Rehkitz nichts mehr zuleide tun werde.

Zweifellos hat auch einer der größten römischen Dichter, Vergil, die Vergötterung der Kaiser, den sogenannten Kaiserkult, unbeabsichtigt mit vorbereitet. Geeignet waren dazu schon seine Hirtengedichte, besonders die von der Geburt des Kindes handelnde IV. Ekloge. (Übrigens trug auch die sizilische Hirtendichtung viel dazu bei, daß der Mythos vom Goldenen Zeitalter wachgehalten wurde.) Auch Vergils großes Epos, die »Aeneis«, hat Anteil an der Vorbereitung des Kaiserkults. Dieses Heldengedicht trägt die Flucht des Aeneas, seine Irrfahrten und seine Ankunft in Latium so vor, daß es in Weissagungen und den Reliefs auf Aeneas' Schild bereits die Zukunft sehen läßt: Das von Aeneas abstammende Geschlecht der Iulier kommt zur Herrschaft, die Herrschaft des Adoptivsohns Iulius Caesars, nämlich des Augustus, sichert den Frieden des Goldenen Zeitalters. Den Frieden der Augustus-Zeit konnte auch das Christentum von seinem Standpunkt aus werten. Die kirchliche Literatur sieht auch darin das Werk Jesu Christi: Er hatte es gewollt, daß bei seiner Geburt schon das Licht des Friedens leuchte. Darüber aber, daß der heidnische Kaiser Augustus den ewigen Frieden hätte schaffen können, spöttelt schon die Legende. Sie erzählt: Apollo tat das Orakel kund, der Friede des Augustus werde so lange bestehen, bis die Jungfrau einen Sohn gebären werde. Also ewig – sagten die Römer und errichteten dem »ewigen Frieden« einen Altar, der aber in der Nacht, da Jesus geboren wurde, einstürzte. Wir fügen hinzu, daß dieser Altar, *Ara pacis*, tatsächlich gebaut wurde und eine klassizistische, der Dichtung Vergils kongeniale Schöpfung der römischen Kunst ist. Für den Mythos vom Goldenen Zeitalter hingegen war es der denkbar größte Hohn, daß seine Symbole nach dem endgültigen Untergang der römischen Republik von der offiziellen und pflichtmäßigen Schmeichelei auch auf die blutrünstigen Tyrannen angewendet wurden und daß später, zur Zeit des Feudalismus, die Theologie aus der neutestamentlichen Variation desselben Mythos neue Fesseln für das Selbstbewußtsein der unterdrückten und ausgebeuteten Volksmassen schmieden konnte.

CYBELE

Die *Mutter der Götter* wohnte mit Vorliebe in der Umgebung von Troja: auf den Bergen Dindymos und Cybele (Kybele) sowie in dem von Quellen bewässerten, kahlen Ida-Gebirge. Als dann Aeneas Troja nach den italischen Gefilden brachte, fehlte nicht viel, und die Göttin wäre den Schiffen gefolgt, die die Heiligtümer trugen. Sie sah aber ein, daß die Zeit noch nicht gekommen war, da ihre göttliche Anwesenheit vom Geschick für Latium gefordert würde, und so blieb sie in ihrem alten Herrschaftsbereich.

Nach langer Zeit, als Rom in der Fülle seiner Macht schon fünf Jahrhunderte hinter sich hatte und das Haupt über eine unterjochte Welt erhob, blickte der Priester in die Sibyllinischen Bücher und las dort folgendes: »Die Mutter fehlt: Suche die Mutter, Römer! Und wenn sie kommt, soll sie von reiner Hand empfangen werden!«

Die Väter verstanden die zweideutigen Weisungen des dunklen Orakels nicht, sie wußten nicht, wer die Mutter sei, die fehle, und wo man sie suchen müsse. Apollo, den sie um Rat baten, gab ihnen zur Antwort: »Nehmet die Mutter der Götter bei euch auf: Ihr könnt sie auf dem Berge Ida finden!«

Vornehme Gesandte wurden hingeschickt, sie zu holen.

Damals war in Phrygien Attalus der König: Er lehnte die Bitte der Römer zuerst ab. Jedoch es erbebte mit lange währendem Gebrause die Erde, und tief in ihrem Heiligtum sprach die Göttin selbst: »Ich selbst wollte, daß sie mich holen kommen. Entlasse mich unverzüglich auf meinen Weg, den ich freiwillig beschreite. Rom ist dessen würdig, daß alle Götter hinziehen.«

Als der König die Stimme hörte, erschrak er.

»So geh denn«, sagte er zu der Göttin. »Du bleibst ja auch dann die Unsre, führt doch auch Rom seinen Ursprung auf phrygische Ahnen zurück.«

Da begannen die unzähligen Äxte die Fichten zu fällen, die gleichen, aus denen einst für den fliehenden Aeneas die Schiffe gezimmert worden waren. Tausende von Händen arbeiteten gemeinsam, und gar bald stand das bauchige Schiff mit den eingebrannten Verzierungen fertig da, um die Mutter der himmlischen Götter aufzunehmen.

Ruhig und sicher glitt die Göttin auf den Wogen ihres Sohnes Neptunus über den Hellespont dahin, zwischen den griechischen Inseln hindurch. Sie umschiffte die südlichen Ufer Italiens, fuhr auch an Sizilien vorbei, und so kam sie schließlich zur Mündung des Tibers.

Ganz Rom kam ihr in den Hafen von Ostia entgegen: die Ritter, der Senat und das einfache Volk, auch die Matronen mit Töchtern und Schwiegertöchtern zogen auf, und es kamen die mit der Bewachung des heiligen Feuers betrauten Jungfrauen, die Vestalinnen.

Man wollte das weither gekommene Schiff mit Tauen ins Flußbett hinaufziehen. Die Taue strafften sich, die Männerarme ermüdeten, doch das Schiff bewegte sich kaum. Jung und alt zog mit aller Kraft, den Schwung der tatkräftigen Hände begleiteten laute Rufe. Aber das Schiff blieb regungslos am Fleck, wie eine Insel lag es da mitten im Meer. Auf dieses Wunderzeichen hin standen die Männer wie angewurzelt da.

Es war dort eine Frau, *Claudia Quinta*, deren Schönheit der Vornehmheit ihrer Abstammung gleichkam. Sie führte einen reinen Lebenswandel, doch zweifelte man an ihrer Reinheit, unwürdiges Gerede tat ihrem guten Ruf Abbruch, man beschuldigte sie fälschlich. Ihre hübsche Kleidung, die schmucke Haartracht und ihre flinke Zunge sprachen in den Augen der fühllosen Alten gegen sie. Die gute Seele, von der Sicherheit ihres Rechts durchdrungen, lachte nur über den verlogenen Klatsch, aber die Menschen glauben gern Schlechtes von anderen.

Diese gebrandmarkte Frau, abgesondert von der Schar der anständigen Mütter, schöpfte nun von dem reinen Flußwasser beide Hände voll. Dreimal besprengte sie damit ihr Haupt, dreimal breitete sie die Hände gen Himmel aus, alle, die es sahen, meinten, sie habe den Verstand verloren. Mit wallenden Haaren ließ sie sich aufs Knie nieder, heftete den Blick auf das Abbild der Göttin und tat dann den Mund auf, um folgende Rede vernehmen zu lassen: »Erhöre, o gnädige Göttin, du, der Götter Mutter mit fruchtbarem Schoße, erhöre das Gebet der kniend zu dir Flehenden. Die Menschen zweifeln an meiner Unschuld. Wenn auch du mich verurteilst, erkenne ich an, daß ich es verdient habe, und bin bereit, durch den Tod zu sühnen. Wenn ich aber schuldlos bin, so wirst du für mein Leben zeugen und wirst in deiner Reinheit diesen meinen reinen Händen nachgeben.«

So sprach sie, und kaum daß sie das Tau berührte, brachte sie auch schon das Schiff in Bewegung. Die Göttin kam, sie gab der Frau nach, und dadurch, daß sie ihr nachgab, machte sie Lob und Preis der Frau augenscheinlich. Das Freudengejubel des Volkes drang bis zu den Sternen hinauf.

So ging es flußaufwärts bis zur Biegung des Tibers.

Es kam die Nacht. Sie banden das Tau an den Stamm einer Eiche, nahmen Speise zu sich und legten sich schlafen.

Dann kam der Tag. Sie lösten das Tau von dem Stamm der Eiche, erst aber streuten sie Weihrauch in das Feuer eines rasch aufgeschlagenen Altars. Vor dem bekränzten Schiff opferten sie eine unberührte und fehlerlose Färse, die noch nicht ins Joch gespannt worden war.

Wo das schnelle Wasser des Almo in den Tiber fließt, badete ein in Purpur gekleideter greiser Priester die Göttin im Wasser des Almo und wusch darin die heiligen Geräte. Währenddessen jubelten seine Gefährten, sie bliesen die berauschende Flöte, und ihre Hände schlugen die Trommel.

An der Spitze des Zuges schritt Claudia: Nun, da die Göttin Zeugnis für die Reinheit ihres Lebenswandels abgelegt hatte, wurde sie von der glücklichen Menge gefeiert. Die Göttin zog in einem Wagen durch das Stadttor, die Porta Capena, ein; unterwegs wurden die vor ihren Wagen gespannten Kühe allenthalben mit frischen Blumen überschüttet.

Ovid, Fasti IV, Vers 249–346

ISIS UND OSIRIS

Rhea hielt heimlich mit Kronos Hochzeit, aber Helios, der alles sehende Sonnengott, gewahrte es, und er sprach den Fluch aus, es solle keinen Monat und auch kein Jahr geben, da sie ihre Kinder zur Welt bringen könnte. Hermes, der selbst auch die Göttin liebte, spielte einmal mit Selene, der Mondgöttin, Brettspiel und gewann den siebzigsten Teil aller Tage. Diese Bruchstücke setzte er zu fünf ganzen Tagen zusammen, die er als zusätzliche Tage den 360 Tagen des aus zwölf Monaten von je dreißig Tagen bestehenden Jahres anfügte. Diese fünf Tage, die außerhalb des Jahres und der Monate stehen, sind die Geburtstage der Götter.

Am ersten der fünf Tage wurde *Osiris* geboren. Als er geboren war, verkundete eine göttliche Stimme, daß der Herr des Alls zur Welt gekommen sei. Ein Mann namens *Pamyles* schöpfte in Theben gerade Wasser, als er vom Zeus-Tempel her eine Stimme hörte, die ihm auftrug, laut zu verkünden: Der große König, der wohltätige Osiris, ist geboren. Und dieser Pamyles zog den Osiris auch auf, denn Kronos vertraute ihn ihm an; ihm zu Ehren wurde dann das Fest *Pamylia* Brauch.

Am zweiten Tage wurde *Harueris* geboren, den manche mit Apollon identifizieren, andere wiederum Horos den Älteren nennen. Am dritten Tage kam *Typhon* zur Welt, der sein gewaltsames Wesen schon in der Minute seiner Geburt an den Tag legte. Am vierten Tage wurde *Isis* geboren, am fünften *Nephthys*, die auch das Ende oder Aphrodite oder der Sieg genannt wird. Der Vater des Osiris und des Harueris war Helios, der Vater der

Isis Hermes; Typhons und Nephthys' Vater aber war Kronos. Nephthys wurde Typhons Weib, Isis und Osiris indessen hatten einander schon vor ihrer Geburt geliebt.

Sobald Osiris König geworden war, erlöste er die Ägypter aus der ärmlichen und fast tierischen Lebensweise. Er zeigte ihnen den Akkerbau, gab ihnen Gesetze und lehrte sie die Verehrung der Götter. Dann machte er sich auf, die ganze Erde zu zähmen, wozu er Waffen kaum nötig hatte, er gewann die Menschen durch Zureden, durch Argumente des Verstandes und band sie durch den Zauber des Gesanges und der Musik an sich. Deshalb setzen die Griechen ihn mit Dionysos gleich.

Während Osiris in der Ferne weilte, hinderte einzig Isis' Wachsamkeit den Typhon daran, allerlei Neuerungen einzuführen. Als sich dann Osiris schon auf dem Heimwege befand, schmiedete Typhon Ränke gegen ihn. Typhons Verbündete waren zweiundsiebzig Männer und eine äthiopische Königin mit Namen *Aso*.

Er nahm im geheimen Maß von Osiris und verfertigte eine schöne, reich verzierte Kiste von der Länge seines Körpers, diese trug er zum Gastmahl hinein. Die Kiste gefiel allen, sie wurde von der ganzen Tafelrunde bewundert. Typhon sagte, als scherze er nur, wer die Kiste gerade ausfülle, wenn er sich hineinlege, dem schenke er sie. Da versuchten es alle der Reihe nach, aber keiner paßte hinein, bis schließlich Osiris in der Kiste lag. Gleich liefen da Typhons Verbündete zusammen, sie warfen den Deckel auf die Kiste, schlossen sie von außen mit Nägeln zu und gossen sogar noch flüssiges Blei obendrauf. So trugen sie die Kiste an den Fluß und warfen sie nahe bei der tanitischen Mündung des Nils ins Meer.

Pane und Satyren, die in der Gegend von Khemmis hausten, erfuhren es als erste, und sie gaben die traurige Kunde weiter. Deshalb wird noch heute eine plötzlich entstandene Massenangst »panischer Schreck« genannt.

Als Isis von dem Los ihres Gatten Kenntnis erhielt, schnitt sie sich sogleich eine Locke von ihrem Haar ab und zog Trauergewänder an. Dann begann sie ein langes Umherirren, begleitet von *Anubis*, der den Göttern genauso treu folgt, wie die Hunde die Menschen behüten. In ihrer Ratlosigkeit erkundigte sich Isis bei jedem, dem sie begegnete. Sogar kleine Kinder befragte sie nach der Kiste. Nun traf es sich so, daß gerade diese die Kiste gesehen hatten, und sie zeigten ihr auch die Flußmündung, wo Typhons Gefährten die Kiste ins Meer gestoßen hatten. Seitdem denken die Ägypter, Kinder besäßen die Gabe des Wahrsagens, und ziehen aus Kinderworten Schlüsse für die Zukunft, vornehmlich aus solchen, die die Kinder nur aufs Geratewohl sagen, während sie auf den Höfen der Tempel spielen.

Ferner erfuhr Isis von dem göttlichen Hauch des Gerüchts, daß das Meer die Kiste in der Gegend von Byblos ans Ufer geworfen und der Wellenschlag sie zart unter einen Heidekrautstrauch gelegt habe. Der Strauch trieb plötzlich einen herrlichen Sprößling, der Sprößling wuchs in ganz kurzer Zeit riesengroß, er wuchs rings um die Kiste und bedeckte sie völlig. Über diese zu ungewöhnlicher Größe gewachsene Heidekrautstaude staunte auch der König von Byblos. Er fällte den Stamm, der den Sarg unbemerkt in sich barg, und verwendete ihn in seinem Palast als Stütze des Daches.

Als die Göttin in Byblos ankam, setzte sie sich neben der Quelle nieder, ärmlich gekleidet und mit verweinten Augen. Sie ließ sich mit niemandem in ein Gespräch ein, nur zu den Mägden der Königin war sie freundlich und liebenswürdig. Sie flocht ihnen sogar die Haare und umhüllte sie mit dem Wohlgeruch, den sie selbst ausströmte. Als die Königin die Mägde so sah, wurde sie auch von Sehnsucht nach der fremden Frau erfaßt. So gelangte Isis in die traute Umgebung der Königin und wurde die Amme des Königssohnes. Der König hieß übrigens *Malkandros* und die Königin *Astarte*, nach Angaben anderer *Saosis* oder *Nemanus*.

Isis nährte das Kind auf die Weise, daß sie ihm den Finger in den Mund steckte, und sie säuberte seinen Körper zu nächtlicher Stunde von den sterblichen Bestandteilen im Feuer. Sie selbst aber flatterte in der Gestalt einer Schwalbe um die Säule herum und sprach

Trauergesänge. Einmal belauschte die Königin sie und schrie auf, als sie das Kind im Feuer erblickte; dadurch beraubte sie ihr eigenes Kind der Unsterblichkeit. Die Göttin aber gab sich zu erkennen und bat um die Säule, die das Dach trug.

Es war ihr ein leichtes, die Kiste aus dem Heidekrautstamm herauszuschälen. Die leere Säule umhüllte sie mit Leinwand, streute Myrrhe darauf und gab sie der königlichen Familie. Diese bewahrte dann von Geschlecht zu Geschlecht den Baumstamm im Isis-Tempel zu Byblos auf und ehrte ihn sehr. Nun aber, als sich Isis über den Sarg beugte, brach sie in grausiges Wehklagen aus, so schaurig, daß der jüngere Königssohn starb, als er es hörte. Den größeren nahm sie mit. Sie legte den Sarg aufs Schiff und fuhr ab. Und weil unterwegs am frühen Morgen der Phaidros-Strom einen rauhen Wind entfachte, ließ die Göttin vor Zorn darüber sein Flußbett austrocknen.

Allein geblieben, öffnete sie die Kiste und legte ihr Antlitz an das Antlitz des Toten, küßte ihn und weinte. Der Knabe aber, der mit ihr zusammen von Byblos gekommen war, trat lautlos vor und wurde Zeuge ihrer Trauer. Göttin Isis bemerkte das, sie drehte sich um und warf dem Knaben einen zornigen Blick zu: Da starb er vor Entsetzen. Dennoch, der Göttin zuliebe wurde ihm selbst im Tode Verehrung zuteil; es heißt, dieser Königssohn aus Byblos sei jener *Maneros*, den die Ägypter bei ihren Gastmählern in den Gesängen feiern.

Der Sohn der Isis und des Osiris, *Horos*, wurde in Buto aufgezogen. Als Isis sich aufmachte, um ihr Kind zu suchen, versteckte sie die Kiste irgendwo. Aber Typhon, der in tiefer Nacht danach suchte, stieß beim Mondschein auf sie. Er erkannte den Körper des Osiris, zerstückelte ihn in vierzehn Teile und warf diese in alle Richtungen.

Isis fuhr in einem Papyrusnachen durch die Sümpfe und suchte wieder Osiris, sobald sie erfahren hatte, was inzwischen geschehen war. Die pietätvolle Erinnerung überliefert mehrere Osiris-Gräber in Ägyptens Boden, entweder weil Isis überall, wo sie ein Glied des Toten fand, einen Grabhügel errichtete, oder weil sie mehrere Abbilder von ihm machte und diese verschiedenen Städten gab, damit einerseits möglichst viele Städte dem Osiris Verehrung zuteil werden ließen und andererseits Typhon in Verlegenheit gerate, wenn er einmal vielleicht doch über Horos triumphieren sollte und das echte Grab des Osiris ausfindig zu machen wünschte.

Osiris kam später aus der Unterwelt herauf, um seinen Sohn, Horos, auf den Kampf vorzubereiten. Zuerst fragte er ihn, was er für das Schönste halte. Darauf antwortete Horos: »Meinem Vater und meiner Mutter Genugtuung zu verschaffen, wenn sie Unbilligkeit erlitten haben.«

Die zweite Frage lautete: »Welches Tier kann einem, der in den Krieg geht, am meisten von Nutzen sein?«

»Das Pferd«, antwortete Horos.

Osiris wunderte sich, warum er denn nicht den Löwen genannt habe, aber Horos erklärte es ihm: Der Löwe kann zwar jemandem, der auf seine Hilfe angewiesen ist, nützen, aber das Pferd hilft, wenn man den fliehenden Feind einholen und vernichten will. Als Osiris all dies hörte, war er erfreut, denn er ersah daraus, daß Horos gehörig für den Kampf gerüstet war.

Es gingen auch mehrere zu Horos über, so die Geliebte des Typhon, *Thueris*, da Horos sie einmal vor einer Schlange, die sie verfolgte, gerettet hatte. Der Kampf dauerte mehrere Tage, schließlich siegte Horos. Aber Isis, der er den gefesselten Typhon übergab, tötete diesen nicht, sondern löste die Fesseln und ließ ihn seiner Wege gehen. So mußte dann Horos noch zweimal den Kampf mit Typhon bestehen.

Plutarch, De Iside et Osiride XII–XIX.

DIE HÖHLE AIONS

Irgendwo, in einer für unseren Verstand unfaßlichen, aber auch für die Götter kaum erreichbaren Ferne, befindet sich eine versteckte Höhle; sie ist die rauhe Mutter der Jahre, die Wohnung der unermeßlichen Zeit. Aus ihrem gewaltigen Schoße entsendet sie die vielen, vielen Zeitalter und wartet, daß sie wieder zurückkehren. Eine mit der stillen Kraft ihrer Gottheit alles verzehrende Schlange, deren Schuppen immergrün glänzen und die sich in den eigenen Schwanz beißt, umschlingt diese Höhle und vermerkt, während sie sich stumm ringelt, mit immer wacher Aufmerksamkeit jeglichen Anfang.

An der Tür der Vorhalle sitzt eine hochbetagte Frauengestalt mit edlem Blick und wacht: die Natur; und an alle ihre Glieder klammern sich flatternde Seelen. Ein ehrwürdiger Greis zeichnet die ewigen Gesetze auf, und dieser berechnet auch den Lauf der Gestirne, schreibt ihre Bahn vor und setzt für alles die unabänderliche Zeit fest, die es zu leben hat und in der alles und nach den vorbestimmten Bedingungen untergehen muß. Er prüft, was des Mars ungewisser und was Iupiters fester, sicherer Weg der Welt bringt, wie weit der schnelle Pfad des Mondes und der schwerfällige des Saturnus abweichen sollen, wie lange die Göttin von Cythera, Venus, oder Phoebus' cylleneischer Begleiter, Mercurius, auf ihrem strahlenden Wege wandeln sollen.

Auf der Schwelle dieser Höhle bleibt Phoebus Apollo stehen, der strahlende Sonnengott; Frau Natur kommt ihm entgegen, und auch der Greis beugt das weiße Haupt zu den stolzen Strahlen hin. Die schweren Flügeltüren springen von selbst auf, es öffnet sich das tiefe Heiligtum, und der Sitz der Zeit mit all seinen Geheimnissen tut sich auf. Hier sind die Jahrhunderte untergebracht, von denen jedes von einem anderen Metall zeugt: Da drängen sich die Erzzeitalter, da ist die öde Eisenzeit, und da sind die weiß glänzenden Jahrhunderte des Silbernen Zeitalters. In einer besonderen Ecke des Palastes stehen die rötlichgelben Jahre, die der Erde nur schwerlich zuteil werden. Wie eine goldfarbene Herde stehen sie da. Von diesen wählt sich Phoebus eines aus, und zwar das schönste, um den Namen Stilicho, des zum Konsul gewählten Feldherrn, hineinzuschreiben. Dann trägt er den anderen auf, sie alle, diese ganze goldfarbene Herde, sollten diesem Jahr nachfolgen, und er spricht also zu ihnen: »Sehet, nun ist der Konsul da, um dessentwillen wir das Erscheinen des Goldenen Zeitalters bis jetzt aufgeschoben haben. Gehet nun, ihr Jahre, nach denen sich die Sterblichen schon lange sehnen. Nehmt edle Kräfte mit, bringet wieder menschliche Begabungen zur Blüte, erheitert die Gemüter durch Wein, schüttet Getreide in Fülle aus. Zwischen den beiden Wagen hauche die Schlange nicht zischend Frost, und auch der Bär bringe keine maßlose Kälte. Nicht soll vor Wut der Löwe Feuer sprühen, der Monat des Krebses verstreiche ohne sengende Dürre, und der Wassermann gehe nicht so verschwenderisch mit dem Regen um, daß der Samen in der Erde verfaule. Der Widder mit dem Goldenen Vlies gieße aus den rosigen Hörnern einen fruchtbaren Frühling über die Erde aus, und der Skorpion soll die schwellenden Oliven nicht mit Hagel schlagen. Dem herbstlichen Keimen helfe die Jungfrau, und gelinder soll der Hundstern die schwer tragenden Weinberge anbellen.«

Sprach's und schritt mit seinem safrangelben Strahlenbündel auf die taubenäßten Gärten zu, hinab in sein trautes Tal, das ein Flammenbach umgibt, wo die Pferde des Sonnengottes weiden. Duftende Kränze umwinden sein langes Haar und die Mähnen der schnellfüßigen Rosse: Von der einen Seite schmückt ihm Lucifer, von der anderen Seite Aurora die Locken, und neben dem Zügel lächelt das goldene Jahr, von weitem zeigt es schon den Namen des neuen Konsuls.

Die Weltachse dreht sich, und an den Anfang der neu beginnenden Bahn schreiben die Sterne den Namen Stilicho in ihren himmlischen Kalender.

Claudianus, De laudibus Stilichonis II, Vers 424–476.

MYTHOS UND MÄRCHEN

Nach den Dichtern der Augusteischen Zeit, die das Goldene Zeitalter der römischen Literatur war, tritt uns die klassische Mythologie nur noch ausnahmsweise mit der von lebendiger Überlieferung zeugenden, sich selbst treu bleibenden Veränderlichkeit vor Augen. Zunächst erschüttert die allgemeine Krise der Sklavenhaltergesellschaft die Fundamente jener Haltung, die die Wirklichkeit zu respektieren und die Größe des Menschen anzuerkennen wußte, der Haltung also, die im Mythos zum Ausdruck gelangte; dann erklärt die Kirche vorgeblich den »heidnischen« Göttern, in Wirklichkeit aber der Freiheit des menschlichen Selbstbewußtseins und der Lebensfreude den Krieg. Doch die ausdrucksvollsten Symbole leben weiter: »Titanenkampf«, »Gigantenkampf«, »Tantalusqualen«, »Sisyphusarbeit« usw. usw. – sie gehören geradezu zum Wortschatz aller europäischen Sprachen. Die Mythologie solcherart zu verwenden wurde schon bei den späten Dichtern und Rednern der Antike Brauch.

Es gibt noch eine weitere Möglichkeit für das Weiterleben des Mythos. Im Laufe der mittelalterlichen Entwicklung der europäischen Gesellschaft hört jenes »mythologische Verhältnis zur Natur« auf, welches Marx als Voraussetzung der griechischen Kunst bezeichnet hat, einstweilen jedoch noch nicht im entferntesten infolge der tatsächlichen Herrschaft über die Naturkräfte, sondern weil an Stelle der mythologischen Auffassung von der Ordnung der Natur das die Naturgesetze aufhebende Wunder unbedingte Anerkennung für sich fordert. Außerdem dämmt die Kontrolle seitens der Kirche in Literatur und Kunst die freie Variierung ihres vom Mythologischen herrührenden Schatzes an Vorstellungsbildern mit viel straffferer organisierter Strenge ein, als es die Institutionen der antiken Religion den Dichtern und Künstlern gegenüber, die die Mythologie weiterentwikkelten, tun konnten. Der Mythos kann also nur auf den weniger kontrollierten Gebieten sein verborgenes Leben fortsetzen, besonders im Volksmärchen, aber auch in Legenden, die den Überlieferungen des Mythos eine christliche Tünche, eine oberflächliche Übermalung geben, häufig im Rahmen ketzerischer Bewegungen von volkstümlichem Gepräge, die sich von der kirchlichen Kontrolle unabhängig machen. Schon die griechische Philosophie stempelte nicht selten die sich auf Götter beziehenden dichterischen Überlieferungen als Märchen; sie nennt eine Erzählung geringschätzig »Mythos«, indem sie ihr einen völlig ernst zu nehmenden Wahrheitsgehalt abspricht. Denn das Wort »Mythos« bedeutete ursprünglich soviel wie »Wort«, »Rede«, »Gerede«, »Mär«. Und gerade dieser Wortgebrauch beweist, daß »Mythos« und »Märchen« selbst in der Blütezeit der griechischen Mythologie doch keine völlig identischen Begriffe sind; in ersterem liegt mehr von der Hochachtung für die Gesetze der Wirklichkeit, in letzterem gesellen sich zur größeren Leichtgläubigkeit auch mehr Humor und Spielerisches. Zwischen den beiden Begriffen gab es schon im Altertum zahlreiche Überschneidungen, und dementsprechend kann man auch Übergangsformen beobachten. Natürlich wurde nicht aus jedem Mythos ein Märchen, und wir können auch nicht behaupten, daß jedes Märchen einmal ein Mythos gewesen sei, zweifellos aber gibt es Mythen, die schon im Altertum zu Märchen geworden sind. Schon durch die olympische Weltordnung Homers in den Hintergrund gedrängte urmythologische Vorstellungen (Kyklops, Kirke usw.) leben in der »Odyssee« als Märchenmotive weiter; darauf weist mit hochgradiger künstlerischer Bewußtheit Homer selbst hin, indem er diese Geschichten Odysseus, den »weit hergekommenen Mann«, in erster Person erzählen läßt und sie zugleich von den Heldenliedern des Sängers, die mit größerem Anspruch auf Glaubwürdigkeit auftreten, scharf unterscheidet.

Auch daraus folgt aber natürlich nicht, daß wir das Märchen im allgemeinen und unter allen Umständen für ein Zersetzungsprodukt der diskreditierten Mythologie halten müssen. Mit der besonderen Funktion des Märchenerzählens haben wir schon früh zu rechnen; das »Volksmärchen« als charakteristische epische Kunst der Bauernklasse ist im Altertum vornehmlich unter den volkstümlichen Motiven des attischen Lustspiels zu finden. Die Kompositionsgesetze des Märchens – Dreigliederung und dergleichen – finden wir jedoch nicht nur an das bäuerliche Märchenerzählen gebunden. Zum großen Teil gestalteten sie sich in der mündlichen Überlieferung von Erzählungen freierer Form heraus, wo sie als Schranke und zugleich Erleichterung für den innerhalb des gegebenen Formschemas frei improvisierenden Vortrag dienten, deshalb konnten sie auch im Mythos zur Geltung kommen, und zwar häufig *vor* dessen »endgültiger« dichterischer Formulierung. Außer der Volksmärchenstruktur beweist jedenfalls eine ganze Reihe von Motiven, in denen die volkstümliche Anschauungsweise zutage tritt, daß Phantasieschöpfungen des werktätigen Volkes sogar in die typisch genealogischen Überlieferungen der herrschenden Klasse gelangt sind. Eine solche ist z. B. die Rolle des »Jüngsten« und der brotbackenden Königin in der Perdikkas-Sage. Rechnen muß man hier auch – und zwar vermutlich schon in den ältesten Zeiten – mit dem »Ammenmärchen«. Der griechische *graodes mythos* und die lateinische *anilis fabula* sind in solchem Sinne »Altweibermärchen«. Sie mögen vornehmlich dazu gedient haben, Kinder zu belustigen, zu trösten oder in den Schlaf zu wiegen. (Platon wollte bereits im 4. Jahrhundert v. u. Z. ihre Auswahl behördlich vorschreiben, was er mit der Empfänglichkeit der Kinderseele begründete.)

Das schönste Beispiel eines halbwegs entmythisierten antiken Volksmärchens ist das Märchen von *Amor* und *Psyche*, freilich in einer literarischen Bearbeitung überliefert, die sogar die überlegene Kunst eines verhältnismäßig späten Schriftstellers aufweist. *Psyche* ist ein griechisches Wort und heißt soviel wie »Seele«. In künstlerischer Gestaltung wurde sie häufig mit Schmetterlingsflügeln dargestellt. *Amor*, der jugendliche Gott der »Liebe«, ist bei den Römern das, was bei den Griechen Eros. Die Seele, der sich die Liebe zuerst von ihrer grausamen Seite zeigt und die es sich durch todesverachtende Kämpfe verdienen muß, mit dem himmlischen Verlobten, der verkörperten Liebe selbst, in ewiger Glückseligkeit vereinigt zu werden: das ist ein ursprünglich tiefsinniger Mythos, der sich wahrscheinlich unter orientalischer Einwirkung weiterentwickelt hat. Für Apuleius aber, den geistreichen römischen Schriftsteller des 2. Jahrhunderts, ist er nichts weiter als ein Märchen. In seinem Roman »Der goldene Esel« (der auch »Verwandlungen«, *Metamorphoses*, betitelt ist) erzählt er es, er nennt es auch selbst eine *anilis fabula*, ein »Altweibermärchen«, und legt die Erzählung einer einfachen alten Frau in den Mund, die damit das verzweifelte Mädchen, das Räubern in die Hände gefallen ist, tröstet. So ist es kein Mythos mehr; es zeugt jedoch von Apuleius' feinem Gefühl, daß er statt des Mythos keine Allegorie, sondern lieber ein Märchen nach Art und Weise der Volksdichtung schreibt, voll mit Motiven, die auch in den Volksmärchen der Neuzeit oft auftauchen. Er nennt die Götter alle mit den römischen Namen, sagt also Amor bzw. Cupido für Eros, Venus für Aphrodite, Ceres für Demeter usw., aber dem Mädchen läßt er den griechischen Namen Psyche. Nicht daß er an eine allegorische Deutung des Mythos überhaupt nicht gedacht hätte, nein, er tut es, weil er fühlt, daß das farbige Mädchen, das seinen mythischen Wert bereits verloren hat, unrettbar zu einer gelehrsamen Allegorie verblassen würde, wenn er auch die Psyche latinisierte und eine »Anima« aus ihr machte. Der ironische Tonfall dabei schmälert wohl die Glaubwürdigkeit des Mythos, nicht aber das Märchenhafte der lebhaften Erzählung, an dem er offensichtlich seine Freude hat.

PERDIKKAS

Von Argos zogen drei Brüder nach dem Lande der Illyrier: *Gauanes*, *Aeropos* und *Perdikkas*. Vom Lande der Illyrier wanderten sie weiter nach dem oberen Makedonien und kamen in die Stadt Lebaia. Dort traten sie beim König in Dienst; der älteste Bursche hütete die Pferde, der zweitälteste die Rinder, der jüngste die Ziegen und die Schafe. Einst lebten auch die Könige bescheiden, nicht nur das Volk, und so buk die Königin selbst das Brot für die Diener. Während sie also das Brot buk, wuchs das für den kleinsten Hirtenjungen bestimmte Brot stets und wurde doppelt so groß. Als dies die Königin bemerkte, sagte sie es ihrem Mann. Er faßte die Sache nicht als Scherz auf, sondern sah darin das Vorzeichen eines großen Ereignisses. Er ließ die drei Brüder zu sich rufen und forderte sie auf, das Land zu verlassen. Sie aber erklärten, keinen Schritt weichen zu wollen, bevor der König ihnen den Lohn nicht gebe, den sie schon abgedient hätten.

Durch die Dachöffnung schien gerade die Sonne herein. Der gottlose König zeigte auf sie und sprach: »Da, das gebe ich euch, das soll euer Lohn sein!«

Die beiden älteren Brüder, Gauanes und Aeropos, hörten das mit Bestürzung, aber der Kleinste, Perdikkas, nahm sein Messer hervor und umritzte damit auf dem Fußboden des Palastes die Stelle, wohin die Sonnenstrahlen fielen.

»Wir nehmen an, mein Herr und König, was du uns gibst«, sagte er. Dabei schöpfte er dreimal die Sonnenstrahlen in den Busen und ging mit seinen Brüdern zusammen fort.

So waren sie nun weggegangen, aber einer vom königlichen Rat machte den König auf das, was der jüngste der Brüder getan hatte, aufmerksam und sagte, er habe es gewiß nicht ohne Grund getan. Als der König das hörte, geriet er in Zorn und schickte Reiter hinter den drei Burschen her, die sollten sie umbringen.

Es gibt in dieser Gegend einen Fluß, und noch heute bringen die Nachkommen der drei Brüder diesem Fluß als rettendem Gott Opfer dar. Und sie tun es mit Recht, denn sobald die drei Brüder übergesetzt waren, schwoll der Fluß plötzlich dermaßen an, daß die Reiter nicht mehr hinüber konnten. Die Burschen aber siedelten sich in einer anderen Gegend Makedoniens an, nahe beim Garten des *Midas*, in einem Gebiet, wo die Rosen von selber gedeihen, jede einzelne mit sechzig Blütenblättern und duftender als alle anderen. Es wird erzählt, in diesem Garten habe König Midas einmal den alten *Silenos* gefaßt, der ihm dann die geheime Weisheit der Natur dargelegt habe. Oberhalb des Gartens erhebt sich der Berg Bermios, den der Schnee unbegehbar macht.

Zuerst nahmen die Brüder diese Gegend in Besitz, dann unterwarfen sie ganz Makedonien ihrer Herrschaft. Das Recht dazu hatte Perdikkas erworben, als er die Sonne Makedoniens vom König als Löhnung annahm.

Dieser Perdikkas war der siebente Urahne des Königs Alexandros – des Ahnen Alexanders des Großen.

Herodot VIII, 137–139.

AMOR UND PSYCHE

Es waren einmal ein König und eine Königin. Sie hatten drei Töchter. Eine war schöner als die andere, aber die jüngste, die war so wunderschön, daß keine Zunge es sagen kann.

Aus fernen Landen kamen die Menschen, die Schönheit der jüngsten Königstochter anzustaunen, und sie sagten untereinander, Venus, die Göttin der Liebe und der Schönheit, sei zu ihnen herabgestiegen. Und sie wanden auch gar keine Kränze mehr für Venus' Altar, sondern streuten alle Blumen vor die Füße der Königstochter.

Die echte Venus schüttelte unwillig den Kopf und sprach zürnend: »Am Ende werd ich noch mit diesem sterblichen Fräulein meine göttliche Würde teilen. Nein, das kann ich nicht länger dulden!«

Und schnell ließ sie ihren Sohn rufen, den geflügelten kleinen Gott, den mutwilligen, waghalsigen *Amor*. Sie nahm ihn mit in jene Stadt, wo die Königsfamilie wohnte, und zeigte ihm *Psyche* – denn so hieß die jüngste Königstochter.

»Sieh mal«, sagte Venus zu Amor, »wenn du deine Mutter wirklich liebst, mußt du dieses Mädchen bestrafen, weil es durch seine Schönheit die meinige verdunkelt. Schieße ihr einen deiner flinken Pfeile ins Herz, entflamme Liebe in ihr, und zwar Liebe zu dem elendesten, unglücklichsten Mann von der Welt. Er kann ohne Würde, er kann auch bettelarm oder gar verkrüppelt sein, nur soll der, den sie liebgewinnt, an Unglück nicht seinesgleichen finden.«

So sprach Venus und nahm mit einem heißen Kuß von ihrem Sohn Abschied, denn sie kehrte ins Meer zurück. Ihre rosigen Füße berührten die weichen Fluten kaum, und die Wirbel der Meerestiefe legten sich. So wartete sie auf ihre Gefolgschaft. Sie brauchte nicht lange zu warten: Es kamen, im Chor singend, die Nereiden, und es kamen die Tritonen. Einer blies in die Muscheltrompete, ein anderer schützte durch weiche Seide die Göttin gegen die Sonnenhitze, ein dritter hielt ihr einen Spiegel hin, und zwei spannten sich rasch vor den Wagen der Göttin.

Psyche hatte von alledem keine Ahnung. Sie saß nur traurig, tieftraurig zu Hause, weil zwar allenthalben von ihrer Schönheit geredet wurde, aber weder ein König noch ein Prinz, ja nicht einmal ein gewöhnlicher Mensch, der etwas taugte, kam und um ihre Hand anhielt. Ihre beiden älteren Schwestern waren schon längst von königlichen Freiern geehelicht worden, aber Psyche, die schönste von den dreien, saß noch immer daheim und weinte über ihre einsame Schönheit.

Der König dachte: Vielleicht hat irgendein Gott die Hand im Spiel. Denn auch er war stolz auf die Schönheit seiner jüngsten Tochter und wunderte sich sehr, daß sich für sie kein Freier fand. Er überlegte nun nicht mehr lange, sondern suchte Apollos berühmte Orakelstätte zu Milet auf, um durch Gebet und Opfer Rat und einen Gemahl für seine Tochter zu erbitten.

Apollo antwortete auf die Frage des Königs also: »Führe deine Tochter auf den Gipfel eines hohen Berges, aber vorher beweine sie als eine liebe Tote, und kleide sie prächtig wie eine wunder-wunderschöne Braut. Denn erhoffe du keinen menschlichen Eidam. Ein grausamer Unhold, der die ganze Welt unterjocht und durch seine Waffe sogar Iupiter in Schrecken versetzt, wird deine Tochter holen kommen.«

Der arme König, wie betrübt ging er da nach Hause, um seiner Frau das Orakel mitzuteilen. Tagelang war das Haus laut von Weinen und Jammern, dann aber machten sie sich daran, alles so zu tun, wie es Apollo befohlen hatte.

Der Palast prangte in Hochzeitsschmuck, aber auf der Flöte wurde ein Trauergesang gespielt, und die Stimmen des singenden Hochzeitszuges erstickten in Schluchzen. Die arme kleine Psyche wischte sich mit dem Brautschleier die Tränen, und die ganze Stadt weinte mit ihr. Aber dem göttlichen Befehl mußte gehorcht werden.

Psyche wurde auf den Berg begleitet, der ganze Hochzeitszug ging mit, und mit ihr gingen auch die armen Eltern. Psyche tröstete sie: »Warum peinigt ihr euer trauriges Alter noch mit bitterlichem Schluchzen? Warum vergießt ihr Tränen, und warum rauft ihr euch die ehrwürdigen grauen Haare? Ihr hättet damals weinen sollen, als mich alle Welt eine neue Venus nannte, denn ich weiß nun schon, ich fühle es, für meine unvergleichliche Schönheit muß ich jetzt büßen. Aber kommt schnell auf den Gipfel des Berges, denn was nützt das Zögern, was nützt das Aufschieben, da es doch nun einmal so sein muß?«

Sie beschleunigten die Schritte, begleiteten das Mädchen auf den Gipfel des Berges, dort ließen sie es auf einem Felsen allein und löschten mit ihren Tränen die Hochzeitsfakkeln aus. Der ganze Zug ging nach Hause; nach Hause gingen auch die unglücklichen Eltern, und daheim zogen sie sich in den finstersten Winkel des königlichen Palastes zurück, denn nachdem sie ihre jüngste Tochter verloren hatten, wollten sie die Sonne nicht mehr sehen.

Psyche aber weinte hoch oben auf dem Felsen vor sich hin und zitterte am ganzen Leibe vor Angst. Doch es kam der Westwind, der linde Zephyrus, und spielte zärtlich mit den Falten ihres Gewandes, er bauschte die weiche Seide, machte sie langsam wie ein Segel schwellen, und so hob er Psyche in die Luft und trug sie, trug sie am Hang des Berges hinab. So legte er sie in einem versteckten Tal in den weichen Schoß eines blütenreichen Rasenbeetes.

Nach soviel Weinen schlief Psyche im taufrischen Grase ein. Sie wachte erquickt auf und war etwas froheren Mutes.

Erst jetzt blickte sie umher, und sie erstarrte vor Staunen, so viel Schönes sah sie.

Mächtige belaubte Bäume umstanden den Hain, und in der Mitte sprudelte eine kristallklare Quelle! Und erst der Königspalast neben der Quelle! Aber wer Augen hatte, konnte sehen, daß den nicht Menschenhände gebaut hatten. Goldene Säulen trugen die aus Zitronenholz und Elfenbein geschnitzte Decke, Tiere, aus Silber gegossen, begrüßten von den Wänden her den Eintretenden. Der Fußboden war ein großes buntes Mosaik aus glänzenden Edelsteinen, die Füße der kleinen Psyche traten da und dort auf Diamanten und echte Perlen. Wohin sie auch blickte, alles glänzte und strahlte. Fenster hatte der Palast nicht nötig, um hell zu sein, denn das viele, viele Gold ersetzte das Sonnenlicht.

So vielerlei Schönes lockte Psyche hinein, so daß sie am Ende ganz vergaß, sich zu fürchten. Mutig ging sie vorwärts, in jeden Winkel schaute sie hinein, und sie sah so viele Schätze auf einem Haufen, wie sie sich nie erträumt hatte. Und sie wunderte sich in einem fort, daß diese Menge Schätze durch kein Schloß geschützt und von keinem Menschen bewacht wurden.

Sie kam aber gar nicht dazu, sich so recht nach Herzenslust zu wundern, denn sie hörte plötzlich, daß sie beim Namen gerufen wurde. Sie blickte sich um, sah aber niemanden, sondern hörte nur eine körperlose Stimme: »Warum wunderst du dich über die Unmenge Schätze, unsere Herrin? Sie gehören ja alle dir. Geh nur in dein Schlafgemach, ruhe dich auf deinem Bett aus, dann nimm, wenn es dir beliebt, ein erquickendes Bad. Wir, von denen du nur die Stimmen hörst, sind deine Bediensteten, du wirst aber über uns nicht zu klagen haben. Wenn du gebadet hast, wird der Tisch gedeckt sein.«

Sie hatte auch wirklich alles, was Augen und Mund begehrten. Erst schlief sie, dann wusch sie sich den Schlaf aus den Augen, und danach konnte sie sich schon an einen reich gedeckten Tisch setzen. Sie aß und trank nach Herzenslust. Nach dem Mahle sang ein unsichtbarer Sänger, und ein unsichtbarer Künstler spielte dazu auf einer unsichtbaren Zither.

So verging ihr der Tag in lauter Wonne. Am Abend legte sie sich schlafen, und es war schon Nacht, als sie eine sanft tönende Stimme näher kommen hörte. Ihr unbekannter Gatte kam.

Bis zum Morgengrauen war sie mit ihm zusammen, aber vor Sonnenaufgang entfernte er sich stets. So ging das Tag für Tag. Psyche sah ihren Gatten nie, sie hörte nur seine Stimme, und diese Stimme war das Glück ihres einsamen Lebens.

Unterdessen alterten ihre Eltern in ununterbrochener Trauer weiter. Mit der Zeit gelangte die Kunde von Psyches Verschwinden auch in die Nachbarländer, sie kam auch Psyches Schwestern zu Ohren, und diese eilten, in tiefe Trauer gekleidet, zu den Eltern, um sie zu trösten.

In dieser Nacht sprach zu Psyche ihr unsichtbarer Gemahl: »Liebe Psyche, mein süßes Weib, unserem Glück droht große Gefahr. Deine Schwestern suchen nach dir, sie werden auch auf den Bergesgipfel kommen, von dem ich dich habe herholen lassen. Wenn du sie auf dem Berge wehklagen hörst, antworte ihnen nicht, du würdest mir sonst große Traurigkeit verursachen und für dich selbst eine fürchterliche Gefahr heraufbeschwören.«

Psyche versprach, sich an den Wunsch ihres Gatten zu halten.

Aber den nächsten Tag verbrachte die Ärmste mit bitterem Weinen. Jetzt erst kam sie sich vor wie in einem Gefängnis, wo sie von aller menschlichen Gesellschaft abgeschlossen war und nicht einmal ihre eigenen leiblichen Schwestern sehen und sie nicht trösten durfte, die doch gerade um sie trauerten. An diesem Tage verlangte es Psyche weder nach dem erquickenden Bad noch nach Speise und Trank, sie vergoß den ganzen Tag Tränen, bis sie sich schließlich am Abend in den Schlaf weinte.

Bei Nacht kam wieder ihr Gemahl, er zog ihr tränenfeuchtes Gesicht an sich und rügte sie in milder Traurigkeit: »Das also hast du mir versprochen, kleine Psyche? Wie kann ich denn nun noch Vertrauen zu dir haben, wenn du Tag und Nacht bloß weinst und nicht einmal in meinen Armen zu weinen aufhörst? So tue denn, was du willst, gib deiner gefährlichen Begierde nach, denke aber dereinst an meine warnenden Worte zurück, wenn die Zeit der zu späten Reue da ist.«

Durch Tränen und flehentliches Bitten nötigte Psyche ihrem Gemahl die Erlaubnis ab, ihre Schwestern bei sich sehen und die um sie Trauernden in vertrautem Gespräch trösten zu dürfen. Obendrein erlaubte er ihr auch noch, ihnen Gold und kostbaren Schmuck zu schenken, soviel sie nur wollte. Er warnte sie einzig davor, in irgend etwas den Rat ihrer Schwestern zu befolgen. Nie solle sie in frevlerischer Neugier danach forschen, wer ihr Gatte sei, denn sonst müßten sie sich für immer trennen.

Psyche bedankte sich für seine Nachgiebigkeit und versprach, daß alles so sein werde, wie er wünsche.

»Lieber hundertmal den Tod, als mich von dir zu trennen«, fügte sie hinzu und trocknete ihre Tränen.

Als es hell wurde, verschwand Psyches Gemahl wieder.

Am Morgen standen Psyches Schwestern auf dem Felsen, sie jammerten bitterlich und beweinten Psyche, daß die Berge alle ihren Namen widerhallten.

Auch Psyche hörte es drunten im Tale. Sie lief vor den Palast und rief hinauf: »Weinet nicht, trauert nicht mehr, denn ich, um die ihr trauert, bin ja hier!«

Sie ließ Zephyrus rufen, und ihm trug sie auf, da ihr Gemahl es ihr noch in der Nacht erlaubt hatte, auf den Flügeln des schwebenden Windes ihre Schwestern vom Felsen herunterzuholen.

War das eine Freude, als sie sich wieder begegneten! Sie umarmten und küßten einander.

»Kommt herein, seht euch mein Heim an«, sagte Psyche und führte ihre Schwestern in den Palast. Sie zeigte ihnen alles und bewirtete sie auch mit allerlei Gutem, denn die unsichtbaren Bediensteten hatten den Tisch schon gedeckt.

Anfangs waren die beiden Älteren sehr froh gewesen, daß sie ihr verloren geglaubtes Schwesterchen gefunden hatten; als sie den großen Prunk und die vielen kostbaren Schätze sahen, stieg der böse Neid in ihren Herzen auf. Sie waren natürlich auch neugierig, wer wohl der Herr dieses wunderbaren Palastes, wer Psyches Gemahl sein möge. Sie fragten Psyche auch oft genug, aber sie hatte das Verbot ihres Gatten nicht vergessen. Anfangs gab sie ausweichende Antworten, doch ihre Schwestern hörten nicht auf, zudringlich zu fragen.

Da war die Ärmste gezwungen zu lügen, und sie sagte, ihr Gemahl sei ein schöner junger Mann mit einem flaumigen Bärtchen ums Kinn, und er sei nur selten zu Hause, weil er in Wald und Feld jage. Und um nicht beim Lügen ertappt zu werden, hatte sie es nun eilig, die lieben Gäste wieder fortzuschicken. Sie gab ihnen Goldgeräte und Halsketten, mit Edelsteinen geschmückt, soviel sie nur tragen konnten, und ließ schnell Zephyrus rufen, damit er sie wieder wegbringe, so wie er sie geholt hatte.

Unterwegs bemächtigte sich ihrer vollends der Neid.

»Siehe, wie blind und ungerecht ist das Glück«, begann die eine. »Darf das denn sein? Wir sind ein und derselben Eltern Kinder, Königstöchter sind wir alle drei, und wir beide, die älteren, leben fern von Vater und Mutter in fremden Landen geradezu als Mägde unserer Gatten, und die hier, die Kleinste, ist die Gemahlin eines Gottes. Und welche Unmenge Schätze da in dem Palast sind! Du hast doch gesehen, Schwester, nicht wahr? Wie viele goldene Halsketten, wie viele prächtige Kleider, wie viele glänzende Edelsteine! Und was sie – wenn's wahr ist – von der Schönheit ihres Mannes redet! Und womöglich wird ihr göttlicher Gemahl auch sie noch zur Göttin machen, sie trägt jedenfalls die Nase schon so hoch, als ob sie eine Göttin wäre. Und ich? Ich Unglückliche hab einen alten Glatzkopf zum Mann, der sogar den Schlüssel der Vorratskammer vor mir versteckt, und muß zu Hause hocken!«

»Laß nur«, fuhr die andere fort, »das weiß auch Psyche sehr gut, deshalb hat sie uns wie elende Mägde behandelt. Oder hast du etwa nicht gemerkt, wie hochmütig sie gesprochen und wie sie uns aus dem Haus gedrängt hat? Mit den paar Handvoll Juwelen, die sie uns knauserig hinwarf, wollte sie uns bloß Sand in die Augen streuen. Ich will nicht weiterleben, wenn ich mich für diese Schmach nicht rächen kann! Halte dich nur an mich, ich werde sie schon um ihr großes Glück bringen, das schwöre ich.«

Die beiden einigten sich sofort und verabredeten, niemandem ein Wort davon zu sagen. Die vielen Kostbarkeiten, die sie von Psyche geschenkt bekommen hatten, versteckten sie, machten Risse in ihre Kleider, rieben sich die Augen rot und kehrten jammernd zu ihren Eltern zurück.

Das arme alte Königspaar fiel wieder in die frühere Trauer, und unter lautem Schluchzen beweinten sie gemeinsam die kleine Psyche. Die beiden bösen Töchter waren so herzlos, auch weiterhin zu verheimlichen, daß sie Psyche gefunden hatten.

Sie gingen dann nach Hause, eine jede zu ihrem Gatten, und spannen und webten weiter an dem bösen Plan gegen Psyche.

In dieser Nacht sprach zu Psyche ihr Gemahl: »Siehst du, welche Gefahr dir wieder droht? Wenn du jetzt nicht doppelt auf der Hut bist, wird sie dich ereilen. Deine bösen Schwestern beratschlagen jetzt, wie sie unser Glück vernichten könnten, und sie kommen, dich zu überreden, du sollest heimlich mein Gesicht erspähen. Aber ich sage dir, wenn du es einmal siehst, hast du es auch zum letzten Mal gesehen, und du wirst dann auch meine Stimme nicht mehr hören. Drum sprich erst gar nicht mit den bösen Hexen, wenn sie wieder hier sind, oder solltest du das nicht fertigbringen, so höre sie wenigstens, wenn von mir die Rede ist, nicht an. Du mußt nämlich wissen, du wirst bald ein Kind haben, und wenn unser Geheimnis Geheimnis bleibt, wird das Kind ein Gott sein; verrätst du es aber, dann wird es nur ein Sterblicher.«

Als Psyche diese Verheißung vernahm, wußte sie sich vor Freude und Glück nicht zu lassen.

Aber es kamen ihre Schwestern, der geflügelte Zephyrus brachte sie, nicht sehr gern allerdings, doch was hätte er anderes tun können, da doch Psyche es ihm befohlen hatte.

Wie sie schmeichelten, die beiden Hexen, und wie sie sich verstellten! Es fiel ihnen nicht schwer, das Vertrauen der kleinen Psyche zu gewinnen.

Sie bewirtete sie mit allem möglichen Guten, ließ auch ihre unsichtbaren Sänger rufen, damit sie ihre Schwestern unterhielten, diese aber spannen und webten mit betrügerischem Gerede weiter das Netz. Sie fragten sie wieder in die Kreuz und in die Quere aus, wie ihr Mann sei, ob alt oder jung. Die kleine dumme Psyche hatte schon vergessen, was sie neulich erzählt hatte, und sagte in ihrer Verwirrung, er reise mit vollgeladenen Schiffen durch die Welt, er treibe Handel mit kostbaren Schätzen, im übrigen sei er nicht gerade jung, aber auch noch nicht alt, seine Haare fingen schon an, ein ganz kleines bißchen grau zu werden.

Und um sich nicht weiter in Lügen zu verstricken, stopfte sie den beiden schnell die Hände voll mit Geschenken und überließ sie eilends dem Diener ihres Gemahls, dem wehenden Zephyrus.

Nun zogen sie aber auf dem Heimweg erst recht über Psyche her.

»Na, was sagst du, Schwester, zu den neuesten Lügen der dummen Gans? Wie schnell deren löblicher Gatte altert! Neulich war er noch jung, hatte nur einen Bartflaum, und jetzt werden ihm schon die Haare grau. Psyche lügt entweder, oder sie hat ihren eigenen Mann noch nie gesehen. Wir müssen aber die Wahrheit wissen! Denn wenn Psyche ihn nicht einmal selber sehen kann, ist er offenbar ein Gott, und dann platze ich vor Neid.«

Sie gingen gar nicht nach Hause, eine jede zu ihrem Gemahl, sondern übernachteten nur in der Nähe, bei ihren Eltern. Am nächsten Morgen eilten sie wieder auf den Bergesgipfel und von dem einsamen Felsen weiter auf den Flügeln des Westwindes geradenwegs zu Psyche.

»Armes kleines Schwesterchen«, so überfielen sie sie mit gespielter Güte, »du lebst hier so sorglos allein dahin und ahnst gar nicht, welche Gefahr dir droht. Gut, daß wir aufpassen! Wir haben nämlich erfahren, was dein Mann ist: weder ein Mensch noch ein Gott, sondern eine riesige, böse giftige Schlange. Denk nur an Apollos Orakel zurück: Dein Gemahl werde ein so grausames Wesen sein, vor dem sich sogar Iupiter fürchten müsse. Bauern haben ihn belauert, wenn er abends nach Hause kam, eine böse Schlange ist er, der bloß darauf wartet, daß du dick wirst, und der dich dann gleich verschlingt, und wenn du ein Söhnchen bekommst, verschlingt er das mit dir zusammen. Nun muß es deine Sorge sein, ob du auf den guten Rat deiner Schwestern hörst oder lieber bei der ekligen Schlange bleiben willst. Wir tun unsere Geschwisterpflicht und warnen dich.«

Arme kleine einfältige Psyche! Vor Entsetzen lief es ihr kalt über den Rücken, alle Ermahnungen ihres Gatten verflüchtigten sich aus ihrem Kopf, und sie vergaß auch, was sie selbst versprochen hatte. Hilflos schmiegte sie sich an ihre Schwestern.

»Oh, verlaßt mich nicht in meiner Not, denn die Bauern haben euch gewißlich die Wahrheit gesagt. Jetzt muß ich es euch gestehen, ich habe meinen Gemahl nie gesehen, nur seine Stimme höre ich, denn er kommt immer nachts, und ehe die Sonne aufgeht, verschwindet er plötzlich. Und er hat mich immer hingehalten und mir gesagt, es würde zu einem großen Unheil führen, wenn ich einmal neugierig wäre und sein Gesicht sehen wollte. Oh, gebt mir einen Rat: Was soll ich tun, wohin mich wenden?«

Da trafen sich die böse blitzenden Blicke der beiden Hexen, denn gerade das war es ja, worauf sie gewartet hatten. Eine ließ die andere nicht ausreden, so rasch wollten sie ihren hinterlistigen Rat der Schwester einflößen.

»Nimm heut abend ein scharf geschliffenes Messer mit in dein Schlafgemach und stelle schon vorher ein brennendes Öllicht bereit, aber decke es mit einer Scherbe zu, und paß auf, daß alles vorsichtig versteckt ist. Und wenn die Schlange kommt und du dann an ihrem Atem merkst, daß sie tief schläft, dann gleite du vom Bett, nimm den Deckel vom Öllicht, und schneide mit dem Messer der Schlange den Kopf ab, im Dunkeln würdest du ihn verfehlen. Hab keine Angst, wir werden hier sein, in deiner Nähe, und wenn du die Schlange umgebracht hast, wird es unsere Sorge sein, dir einen menschlichen Gemahl zu suchen, der zu dir paßt.«

So redeten sie daher, aber sie ließen es sich nicht im geringsten angelegen sein, bei Psyche zu bleiben. Als sie der Schwester genug Gift ins Herz geträufelt hatten, machten sie sich schleunigst aus dem Staube, denn sie fürchteten sich vor der Rache des Gottes. Sie bestiegen sogleich ein Schiff und fuhren, ohne zu halten, bis nach Hause.

Psyche blieb mit ihren Gedanken und ihrem Kummer allein. Sie glaubte nicht mehr so recht, was ihre Schwestern gesagt hatten. Bald haßte sie die böse Schlange, bald liebte sie ihren Mann mit der schönen Stimme, den sie nie gesehen. Lange Zeit schwankte sie, auf wen sie hören solle, auf den Gatten und sein Verbot oder auf ihre Schwestern. Doch es kam der Abend, und Psyche tat, wie ihr die Schwestern geraten hatten.

Es wurde Nacht, und im Dunkel der Nacht kam Psyches Gemahl. Bald schlief er ein. Da nahm Psyche alle Kraft zusammen, sie holte das geschliffene Messer hervor, nahm den Deckel von der Öllampe, hielt die Lampe über das Bett und schaute, schaute, wer dort neben ihr auf dem Bett lag. Und wen sah sie?

Das schönste und lieblichste von allen grausamen Wesen: Amor, den Sohn der Venus, die Liebe. Da lag er und schlief, der süße Gott, und er lächelte süß im Schlaf. Bei seinem Anblick flackerte sogar die Flamme des Öllichts heiterer, und die böse Messerklinge blitzte auf.

Psyche, die Ärmste, erbleichte, und reuevoll brach sie in die Knie. Sie war schon im Begriff, das Messer gegen sich selbst zu richten, aber es fiel ihr aus der zitternden Hand. Sie kniete bewußtlos vor dem Bett, und nur dadurch kam sie wieder zur Besinnung, daß sie sich an der Schönheit des göttlichen Antlitzes ergötzen konnte. Sie schaute und konnte sich nicht an ihm satt sehen.

Sie sah die goldblonden, losen Locken seines duftenden Haares, die den milchweißen Hals und das rosige runde Gesicht einrahmten. Eine Locke stand hierhin ab, die andere dorthin, neben ihrem Glanz war das Licht der Lampe ein blasses Glimmen. Taufrisch leuchteten an Cupidos Schultern die Flügel, auch sie ruhten jetzt, aber ihre leichten weißen Flaumfedern bewegten sich dennoch schwebend.

Vor dem Bett lag der Bogen, auch der Köcher, gefüllt mit spitzen Pfeilen. Neugierig sah sich Psyche die Waffen ihres lieben Mannes an, sie nahm einen der Pfeile in die Hand und probierte an ihrem eigenen Finger aus, ob er spitz sei. Blut quoll hervor; sie hatte sich verwundet, und ihre Liebe zu Amor war nun unlöschbar. Ganz von Liebe erfüllt, beugte sie sich über Amor und überhäufte ihn mit heißen Küssen. Sie küßte ihn schnell, schnell, denn sie fürchtete, er würde unterdes aufwachen.

Doch die Öllampe – vielleicht tat sie es aus Neid, vielleicht aber, weil auch sie sich nicht enthalten konnte, den schönen Körper des geflügelten Gottes zu berühren – tröpfelte einen Tropfen heißen Öls auf die rechte Schulter des Gottes.

Erschrocken sprang Amor auf; schon als er die Augen öffnete, wußte er alles, und sogleich löste er sich aus Psyches Armen und flog von dannen. Vergebens griff sie nach ihm, vergebens faßte sie ihn bei den Füßen, er flog unaufhaltsam weiter. Psyche sank verzweifelt zu Boden, und der verliebte Gott konnte sie nicht verlassen, ohne noch einmal zu ihr zu sprechen: »Einfältige kleine Psyche, habe ich mich denn deshalb um deinetwillen dem Befehl meiner Mutter widersetzt? Sie hatte nämlich von mir verlangt, daß ich in deinem Herzen Liebe zum elendesten Mann der Welt entfache. Habe ich dich denn deshalb für mich behalten, dich zu meiner Gemahlin gemacht, daß du mich für eine böse Schlange hältst und mir den Kopf abschneiden willst? Siehst du, siehst du, meine Warnungen waren vergeblich, du hast auf die guten Ratschläge deiner Schwestern gehört. Sie werden grausam dafür büßen, die Bösen, aber dich strafe ich nur dadurch, daß ich von dir weggehe.«

So sprach er und schwang sich mit seinen Flügeln in die Höhe.

Psyche lag kraftlos auf der Erde. Sie verfolgte den Flug ihres Gemahls mit den Blikken, solange es irgend möglich war, und weinte bitterlich. Dann, als sie ihn nicht mehr sehen konnte, schleppte sie sich zum ersten Fluß und stürzte sich in die Fluten. Der Fluß aber wußte, daß er es mit dem Weibe des Gottes zu tun hatte: Er legte sie zart ans blumenbestandene Ufer ins weiche Gras.

Zufällig saß Pan dort am Ufer, der Hirtengott mit den Ziegenfüßen. Er tröstete das Mädchen mit sanften Worten: »Hör auf mich, ich bin zwar nur ein einfacher Hirte, doch bin ich schon alt und habe vieles erfahren. Wenn ich richtig sehe, bist du verliebt, das ist weiter nicht schlimm, deswegen braucht man noch nicht zu sterben. Gib dich nicht der Traurigkeit hin, sieh lieber zu, wie du Amor versöhnen könntest, denn – da gibt's nichts zu leugnen – er ist ein bißchen verwöhnt und eingebildet.«

Psyche dankte dem Hirtengott für den Rat und ging weiter. Und als sie so wanderte, kam sie zufällig auch in das Land, wo der Mann ihrer ältesten Schwester der König war. Sie suchte ihre Schwester auf und sagte zu ihr: »Erinnerst du dich noch, Schwester, was ihr mir geraten habt? Nun, ich habe getan, was ihr sagtet, aber als ich die Öllampe am Bett hochhob, sah ich da keine böse Schlange, sondern etwas herrlich Schönes, den wunderschönen Sohn der Göttin Venus. Ich schaute und schaute ihn mir lange an, die Lampe in der Hand, und zufällig fiel von dem heißen Öl ein Tropfen auf seine Schulter. Da fuhr er aus dem Schlaf auf, und als er mich mit dem geschliffenen Stahl in der Hand erblickte, sprach er zornig: ›Scher dich weg von mir, statt deiner werde ich jetzt deine älteste Schwester zur Frau nehmen.‹ Er ließ auch sogleich Zephyrus rufen, und der trug mich aus dem Palast fort.«

Psyche konnte gar nicht weiter erzählen, ihre böse Schwester ließ sie einfach stehen, verabschiedete sich eilends mit einer Lüge von ihrem Gemahl, fuhr zu Schiff los und rannte dann wie von Sinnen den Berg hinauf, zu dem einsamen Felsen. Dort wehte ein wenig Wind, und sie dachte, es sei Zephyrus, den Gott Amor geschickt habe, sie zu holen.

»So nimm mich denn zu dir, Amor, mich, die deiner würdige Gattin«, rief sie, »und du, Zephyrus, trage deine neue Herrin zu ihrem Gemahl!«

Und mit ausgebreiteten Armen stürzte sie in die Tiefe. Am Felsen zerschellten alle ihre Glieder.

Auch die Strafe der anderen bösen Schwester ließ nicht lange auf sich warten. Psyche irrte weiter umher und gelangte auch in jenes Land, wo ihre andere Schwester wohnte. Ihr sagte sie das gleiche wie der ältesten, und auch sie glaubte fest, die wahre, des Gottes würdige Gattin Amors werden zu können. Und auch sie zerschmetterte am Felsen.

Psyche indes suchte und suchte weiter ihren verlorenen Gemahl. Amor lebte im Hause seiner Mutter; er hütete das Bett und kurierte die Wunde, die der heiße Öltropfen ihm in die Schulter gebrannt hatte.

Die schöne weiße Möwe brachte Venus die Kunde, daß ihr Sohn krank darniederliege. Doch der geschwätzige Vogel wußte eine noch größere Neuigkeit: »Die ganze Welt spricht schon davon, daß Cupido in den Bergen eine Liebschaft hat, Venus indes badet immerfort bloß im Meer. Derweil verwildern die Völker, denn die Götter müßten doch die schöne Liebe, die Gattentreue, die edle Freundschaft und alles, was herrlich und wünschenswert ist, auf der Erde ausstreuen.«

Solche Dinge schwatzte die schöne weiße Möwe Venus ins Ohr.

»So? Der kleine Kerl hat also schon eine Liebschaft?« fuhr Venus ärgerlich auf. »Sag mir schnell, du meine einzige treue Dienerin, wer ist das Mädchen, das ihn verführt hat? Ist es wenigstens eine Nymphe oder eine der Horen oder eine aus dem Chor der neun Musen, oder gehört sie zu meinem Gefolge und ist eine der Grazien?«

»Ich weiß nicht, wer es ist, ich habe nur gehört, daß sie Psyche heißt«, antwortete die Möwe.

Da wurde die Göttin erst recht wütend und rief: »Psyche? Vielleicht gar die, die durch ihre Schönheit meine Schönheit in den Schatten stellt? Ja hat denn der Taugenichts gedacht, ich hätte ihm deshalb Psyche gezeigt?«

Sie säumte auch nicht länger, sondern stieg aus dem Meer empor und begab sich eilends zum goldenen Palast. Tatsächlich, die Möwe hatte die Wahrheit gesagt: Amor lag dort auf dem Bett. Schon von der Schwelle aus fuhr Venus ihn an: »Das sind ja schöne Sachen! So befolgst du, was deine Mutter dir sagt? Du bist fast noch ein Kind und denkst schon an Frauen, und hinter meinem Rücken nimmst du dir gerade das sterbliche Mädchen zur Gattin, diese Königstochter, die ich dir anvertraut habe, damit du sie grausam bestrafst? Das wirst du noch bereuen! Ich nehme dir die Flügel weg, auch den Bogen und den Köcher und gebe sie dem Sohn einer meiner Dienerinnen, der soll dann statt deiner mein Sohn sein, denn du verdienst es nicht.«

Mit diesen Worten verließ sie ihren Sohn; sie war sehr erzürnt und schlug die Tür hinter sich zu. So fanden sie Ceres und Iuno.

»Nun«, sagten diese, »warum ziehst du denn so ärgerlich die Augenbrauen zusammen und runzelst die Stirn über deinen schönen leuchtenden Augen?«

»Ihr kommt mir gerade recht«, erwiderte Venus, »sicher habt ihr auch schon von der Schmach meines Hauses gehört. Helft mir, die entflohene Psyche zu finden, die Gemahlin meines Sohnes.«

Natürlich wußten Ceres und Iuno schon von der Sache.

»Nun, was kann denn dein Sohn Schlimmes angestellt haben? Daß er sich in die schöne Psyche verliebt und sie geehelicht hat? Das ist der Lauf der Welt. Er ist doch schon ein Jüngling, nur du meinst, er bleibe immer ein Kind.«

Doch mit ihren begütigenden Worten gossen sie nur Öl ins Feuer. Da Venus sah, daß die ihr zugefügte Kränkung nicht ernst genommen wurde, ließ sie die beiden einfach stehen und eilte ins Meer zurück.

Psyche suchte während der ganzen Zeit bei Tag und bei Nacht ihren Mann. Sie wollte ihn versöhnen, damit er sie, wenn sie nicht würdig war, seine Gemahlin zu sein, wenigstens als niedrigste Magd bei sich dulde.

Unterwegs sah sie einen Tempel und dachte, vielleicht wohne ihr Gatte gerade hier. Eilends trat sie ein. Aber sie sah nur Garben, volle Ähren in Haufen, Erntekränze, Sicheln, Sensen und allerlei Schnitterwerkzeug, die lagen in großer Unordnung, wie die Schnitter sie in der Eile hingelegt hatten. Psyche räumte alles schön ordentlich zusammen.

Dies beobachtete die gütige Göttin Ceres – es war nämlich ihr Tempel, in dem Psyche sich befand –, und Ceres sprach aus der Ferne zu ihr: »Arme kleine Psyche, Venus sucht dich allenthalben, durchstöbert die ganze Welt nach dir, und du nimmst dir Zeit, meinen Tempel zu säubern?«

Psyche fiel der Göttin zu Füßen, sie weinte bitterlich und fegte mit ihren aufgelösten Haaren den Fußboden. Und sie flehte zu Ceres: »Bei deiner heiligen Rechten, die Ähren spendet und Segen austeilt, flehe ich dich an, jage mich nicht von dir fort, laß mich hier zwischen den Garben einige Tage weilen, bis Venus' grausamer Zorn gegen mich nachläßt oder wenigstens, bis ich mich von dem langen Umherirren ein wenig ausgeruht habe.«

Doch Ceres sagte: »Venus ist meine Verwandte, und mich verbindet eine alte Freundschaft mit ihr, ich kann eine ihr entlaufene Magd nicht verstecken, sosehr ich dich auch bedaure.«

Weinend schleppte sich Psyche weiter zu Iunos Tempel. Sie wischte sich die Tränen ab und flehte Iupiters Gemahlin an, sie aufzunehmen.

Aber auch Iuno jagte sie fort.

»Du tust mir leid, kleine Psyche, aber Venus ist meine Schwiegertochter, und ich habe sie immer wie meine eigene Tochter geliebt, und dann, sieh mal, du bist eine entlaufene Sklavin, ich kann dich nicht beherbergen.«

Was sollte die arme Psyche tun? Sie dachte, es wäre wohl noch das beste, wenn sie sich freiwillig bei Venus meldete, dann werde sich schon zeigen, was aus ihr werden solle, und im stillen hoffte sie auch sehr, Amor im Hause seiner Mutter wiederzutreffen. Aber sie hatte große Angst vor Venus' strafender Hand und zögerte lange, bis sie den Mut aufbrachte, vor Venus hinzutreten.

Venus lachte höhnisch, als sie Psyche erblickte, die todmüde vom langen Umherirren und zitternd vor Angst vor ihr stand.

»Nun, ist es dir endlich eingefallen, deine Schwiegermutter begrüßen zu kommen?« So empfing sie sie mit streng gerunzelter Stirn. »Oder wolltest du vielleicht deinen Gemahl besuchen, der noch immer das Bett hüten muß wegen der Wunde, die du ihm zugefügt hast? Aber hab keine Angst, ich bin dir eine gute Schwiegermutter, ich werde dich lehren, was sich schickt.«

Und sie rief ihr Gesinde, gab ihnen Peitschen in die Hand, damit sie Psyche schlugen. Danach ließ sie Psyche wieder vor sich hintreten und sprach zu ihr: »Glaube nicht, du seist wirklich die Frau meines Sohnes. Er hat zu dieser Heirat die Einwilligung des Vaters nicht erhalten, und so bist du nichts weiter als meine Magd! Und wenn du mir nicht gehorchst, wirst du sehen, was daraus folgt.«

Und sie schüttete einen Haufen Samenkörner vor sie, Weizen, Gerste, Hirse, Mohn, Erbsen, Linsen und Bohnen, alles durcheinandergemischt.

»Du bist die letzte von meinen Mägden, und wenn du nicht arbeitest, bekommst du nichts zu essen. Siehst du den Haufen hier? Lies die siebenerlei Samen aus, und mach von jeder Sorte ein besonderes Häufchen. Wenn ich nach Hause komme, muß das fertig sein!«

Die arme kleine Psyche fing gar nicht erst mit der Arbeit an, sie wußte ohnehin, daß sie bis zum Abend nicht damit fertig werden konnte, vielleicht überhaupt nie, denn es war ein riesiger Haufen, der vor ihr lag. Sie setzte sich hin und saß allein da, sie wußte nicht, was sie tun sollte.

Doch eine kleine Ameise erbarmte sich ihrer, die sagte sogleich zu ihren Nachbarinnen: »Kommt, Ameisen, kommt, ihr winzigen Kinder der Mutter Erde, kommt her, laßt uns Amors Frau helfen!«

Und es kamen aus allen Winkeln die Ameisen hervor, im Zimmer wimmelte es auf einmal von Ameisen, und gar bald hatten sie die Samenkörner sortiert. Psyche brauchte nur zuzusehen.

Am Abend kam Venus und sah voll Staunen, daß ihr Befehl ausgeführt war. Sie warf ihrer Schwiegertochter ein Stück trockenes Brot hin, dann ging sie schlafen.

Amor saß unterdessen hinter Schloß und Riegel. Venus ließ ihn bewachen, damit er das Zimmer nicht verlassen konnte, er wäre sonst vielleicht wieder auf ein mutwilliges Abenteuer ausgeflogen, seine Wunde hätte sich verschlimmert, und er wäre womöglich gar Psyche begegnet. So waren die beiden unter einem Dach und konnten einander dennoch nicht sehen.

Am nächsten Tag ließ Venus schon am frühen Morgen Psyche zu sich rufen, um ihr einen neuen Befehl zu geben.

»Siehst du den Hain dort am Flußufer? Da weiden Schafe mit goldenem Vlies ganz ohne Hirten. Ich befehle dir jetzt, mir von ihrer Wolle den glänzenden Goldflaum zu holen.«

Freudig ging Psyche hin, sie dachte, wenn sie dort umkomme, sei dieses Elend wenigstens zu Ende. Aber das raschelnde Schilf am Ufer flüsterte ihr ins Ohr: »Warte, Psyche, warte nur, geh jetzt nicht zu den goldenen Schafen. Zu dieser Stunde macht die brennende Sonne sie wild, sie könnten dich mit ihren harten Hörnern aufspießen, wenn sie dich sehen. Warte, bis am Nachmittag die Hitze abnimmt, versteck dich solange hinter der großen Platane, und warte ab, bis sie sich unter die Sträucher legen. An den Dornen bleibt genug von ihrer Wolle hängen, dann kannst du dich hinschleichen. Du brauchst bloß die Zweige zu schütteln, und der Goldflaum fällt dir in den Schoß.«

Psyche tat, wie ihr geheißen, und am Abend brachte sie Venus den Goldflaum.

»Meinst du, ich wüßte nicht, wer dir geholfen hat?« sagte Venus ärgerlich und gab ihr einen neuen Befehl. »Siehst du den Berggipfel dort über dem Felsen? Dort entspringt eine dunkle Quelle, die mit ihrem schwarzen Wasser den Cocytus, den Fluß in der Unterwelt, nährt. Bring mir von dieser Quelle eiskaltes Wasser.« Und sie gab ihr einen aus Kristall geschliffenen Krug in die Hand.

Psyche machte sich auf den Weg, und sie fand auch die schwarze Quelle. Aber jetzt erst sah sie, wie grausam schwer das war, was Venus ihr befohlen hatte. Die Quelle entsprang einem vorstehenden Felsen in unerreichbarer Höhe und stürzte wild herab in die Tiefe, und daneben – daneben wachten mit immer offenen Augen zwei zischende Drachen.

Das schwarze Wasser plätscherte und spritzte, es schreckte Psyche überall ab, wo immer sie sich heranwagte.

»Lauf hier weg!« sagte eine der Wellen. »Was willst du hier?« fragte die andere. »Wohin gehst du?« – »Sieh doch her!« – »Fliehe!« – »Du kommst hier um!« So riefen die Wellen. Die arme kleine Psyche erstarrte vor Schreck fast zu Stein.

Es war gut, daß gerade Iupiters großer Adler dort vorüberflog.

»Arme kleine einfältige Psyche«, sagte der

Adler zu ihr, »du glaubst doch wohl nicht, daß es dir gelingen wird, auch nur einen einzigen Tropfen Wasser von dieser Quelle zu bekommen? Weißt du denn nicht, daß vor ihr sogar die Götter zurückschrecken?«

Und er nahm Psyche den Kristallkrug aus der Hand, flog unter den Felsen, fing dort das herabstürzende Wasser auf und füllte den Krug. Die beiden Drachen zischten wütend, aber der Adler log ihnen vor, Venus habe ihn geschickt, Wasser zu holen, daraufhin wurden sie zahm.

Freudig nahm Psyche den Krug vom Adler in Empfang und brachte ihn Venus. Aber Venus war das noch immer nicht genug.

»Nimm diese Büchse«, sagte sie, ohne Psyche ein bißchen Zeit zum Ausruhen zu gönnen. »Geh damit in die Unterwelt, und bitte in meinem Namen Proserpina, sie möchte von ihrer Schönheitssalbe wenigstens eine Tagesportion da hineintun, meine Salbe ist nämlich verbraucht, ich habe meinen kranken Sohn damit eingerieben, als ich ihn pflegte. Aber beeile dich, ich muß dringend auf den Olympus gehen zu den anderen Göttern.«

Psyche wußte nun schon, daß Venus sie um jeden Preis umbringen wollte. Und sie dachte sich, am besten steige sie jetzt auf einen hohen Turm und springe hinunter. Doch es sprach der Turm: »Arme kleine Psyche, was dir nicht einfällt! Allerdings, wenn du von mir hinunterspringst, brichst du dir alle Knochen und kommst in die Unterwelt, aber zu den toten Seelen, und dann könntest du niemals mehr heraufkommen. Paß gut auf: Nicht weit von hier liegt Lakedaimon, und von dort ist es nur ein Schritt zum Kap Tainaron. Dort kann dir jeder, den du fragst, den Eingang zur Unterwelt zeigen. Du wirst dort einen Pfad sehen, den gehe getrost entlang, so kommst du zum Palast des Königs der Unterwelt. Aber geh nicht mit leeren Händen. Nimm in der rechten Hand und auch in der linken je ein Stück Honigkuchen mit, und im Mund halte zwei Geldstücke. Wenn du schon ein gutes Stück auf diesem Pfade gegangen bist, wirst du ein lahmes Eselchen und, zu ihm passend, einen lahmen Stallknecht sehen, der dich bitten wird, du mögest ihm helfen, sein Bündel Holz dem Esel auf den Rükken zu laden. Sag du aber darauf gar nichts, sondern geh geradenwegs weiter. Du kommst dann an einen Fluß. Der Fährmann dort heißt Charon, er wird dich in seinem Nachen ans andere Ufer fahren, wenn du das Fährgeld bezahlst. Du brauchst nur den Mund aufzumachen, er findet darin schon das für ihn bestimmte Geldstück. Aus den Fluten des Flusses wird sich ein alter Mann zu dir hinaufrecken, er möchte, daß du ihm hilfst, zu dir in den Nachen zu klettern, aber kümmere dich nicht um ihn. Am anderen Ufer werden dir alte Frauen entgegenkommen und dich bitten, ihnen ein wenig weben zu helfen, du darfst aber gar nicht auf sie hören. Venus schickt sie dir in den Weg, damit du, wenn du ihnen hilfst, den Honigkuchen aus den Händen fallen läßt. Wenn du aber auch nur einen davon verlierst, könntest du nie mehr ans Tageslicht heraufkommen. Vor Plutos Palast steht ein Wachhund mit drei Köpfen, das ist der Cerberus, aber wenn du ihm einen von den Honigkuchen gibst, läßt er dich zu Proserpina ein. Die Königin der Unterwelt wird dich freundlich empfangen, sie wird dir auf einem weichen Ruhebett Platz anbieten und dir allerlei Gutes vorsetzen wollen. Aber setz du dich nur bescheiden auf den Fußboden, bitte lieber nur um ein Stückchen Brot, und sage ihr dann, weswegen du gekommen bist. Wenn sie die Büchse gefüllt hat, kehre gleich wieder um, gib dem dreiköpfigen Riesenhund den zweiten Honigkuchen, damit er dich aus dem Palast hinausläßt, dem Fährmann Charon gib die andere Kupfermünze, dann setzt er dich wieder über den Fluß, danach komm auf demselben Pfad zurück, auf dem du hingegangen bist. Aber vor einem warne ich dich: Laß dir nicht einfallen, die Büchse zu öffnen, um nachzusehen, was darin ist.«

Psyche säumte nicht, sie ging und machte alles so, wie es ihr der Turm geraten hatte. In jeder Hand trug sie einen Honigkuchen, im Munde zwei Kupfermünzen. Sie traf auch wirklich das lahme Eselchen mit seinem lahmen Herrn, auch der alte Mann reckte sich nach ihr, damit sie ihn zu sich in den Nachen heraufziehe, auch die webenden alten Weiber kamen ihr entgegen, aber Psyche kümmerte sich um niemanden. Mit der einen Münze bezahlte sie das Fährgeld, mit dem Honigkuchen schläferte sie den dreiköpfigen Riesenhund ein, und so gelangte sie zu Proserpina. Den Platz auf dem Prunksitz nahm sie nicht an, auch nichts von all dem Guten, was die Königin der Unterwelt ihr anbot, sondern sie setzte sich auf den Fußboden und bat um ein Stückchen Brot; dann trug sie vor, weshalb Venus sie geschickt habe, und sie erhielt auch das Erbetene. Auf dem Rückweg gab sie dem Cerberus den zweiten Honigkuchen, dem Fährmann Charon die zweite Kupfermünze, und so gelangte sie wieder ans Tageslicht hinauf.

Aber die Neugierde ließ ihr keine Ruhe, und sie öffnete die Büchse. Doch darin war nicht eine Spur Schönheitssalbe, sondern die Büchse war bis zum Rande mit tiefem, tiefem Unterweltsschlaf gefüllt. Der Schlaf entstieg der Büchse, ergoß sich über Psyches Glieder, und sie schlief auf der Stelle ein.

Inzwischen war Amors Wunde vernarbt. Er sehnte sich schon sehr nach Psyche, und ganz umsonst hatte seine Mutter die Tür verschlossen, er flog einfach zum Fenster hinaus. Und er fand Psyche gerade zur rechten Zeit, denn viel fehlte nicht mehr, und sie wäre für immer eingeschlafen.

Aber Amor wischte den Schlaf von ihr ab und tat ihn wieder in die Büchse, und er stach Psyche ein ganz klein wenig mit der Spitze seines Pfeiles, damit sie aufwachte.

»Siehst du, siehst du, kleine Neugierige«, sagte er zu ihr, als sie endlich die Augen öffnete, »viel hat nicht gefehlt, und du wärest für immer eingeschlafen. Jetzt aber lauf schnell, und bring meiner Mutter, was sie dir aufgetragen hat, dann werden wir weitersehen.«

Psyche konnte nichts erwidern, weil Amor mit seinen leichten Flügeln gleich von ihr wegflog.

Psyche ging ganz munter weiter und brachte Venus das Geschenk der Proserpina.

Nun wurde alles gut, Amor war wieder gesund, und niemand konnte den kleinen Schelm von dem, was er sich in den Kopf gesetzt hatte, zurückhalten oder abbringen. Er flog in den Himmel hinauf und blieb dort vor Iupiter stehen.

Iupiter war sehr froh, ihn zu sehen, er streichelte das liebe Gesichtchen und versprach Amor, alles für ihn zu tun, er könne sich wünschen, was er wolle. Und schon entsandte er Mercurius, damit er die Götter zu einer Ratsversammlung rufe.

»Ihr kennt Amor, den kleinen Schelm, und habt schon Ärger mit ihm gehabt. Jetzt ist er aber selbst in Verlegenheit; er ist in ein kleines Mädchen verliebt, er hat sie sogar schon heimlich geheiratet. Nun vermählen wir die beiden hier im Himmel, feierlich, wie es sich gehört, dann soll Venus nur versuchen, an unserm Beschluß etwas zu ändern.«

Die Götter stimmten zu, und Mercurius machte sich sogleich auf, um Psyche in den Himmel zu holen. Und da wurde dann festlich die Hochzeit begangen. Am Hochzeitsschmaus nahmen auch Iupiter und Iuno sowie alle die anderen Götter teil, Bacchus selbst schenkte den Nektar in die Pokale, nur Iupiter hatte seinen eigenen Mundschenk: Ganymedes. Das Hochzeitsmahl wurde auf dem Feuer des Vulcanus gekocht; die Horen, die schönen Göttinnen der Jahreszeiten, bestreuten den Tisch mit Blumen; die Grazien durchströmten die himmlischen Säle mit balsamischem Duft, und die Musen sangen.

Apollo spielte auf seiner Zither, und Venus – was sollte sie tun? –, auch sie tanzte auf der Hochzeit ihres Sohnes.

So war nun Psyche untrennbar die Gemahlin Amors geworden. Bald darauf wurde ihnen auch ein wunderschönes Töchterchen geboren, das wir Menschen die *Wonne* nennen.

Apuleius, Metamorphosen IV, 28–VI, 24.

REGISTER

Zusammengestellt von R. Mária Berényi-Révész
Die Namen der Schriftsteller und Künstler
sind kursiv gesetzt